Desarrollo de aplicaciones para

Windows 8

Desarrollo de aplicaciones para Windows 8

István Novák
György Balássy
Zoltán Arvai
Dávid Fülöp

ANAYA MULTIMEDIA

ANAYA MULTIMEDIA/WROX

Título de la obra original:
Beginning Windows 8 Application Development

Traductor:
Patricia Scott Peña

Edición española:

© EDICIONES ANAYA MULTIMEDIA (GRUPO ANAYA, S.A.), 2013
Juan Ignacio Luca de Tena, 15. 28027 Madrid
Depósito legal: M. 40.364-2012
ISBN: 978-84-415-3328-8
Printed in Spain

A Henriett, Eszter y Réka. Gracias por vuestro amor y apoyo.

-István Novák

A Adrienn. Gracias por haberme apoyado tanto y por estar siempre junto a mí.

-Zoltán Arvai

A todos mis amigos y familiares que me soportaron mientras escribía el enésimo "último" párrafo del día (a las 10 de la noche... en nuestras vacaciones).

-Dávid Fülöp

Agradecimientos

¡Escribir este libro ha sido una aventura extraordinaria! Tan solo unas semanas después de terminar mi libro anterior, Paul Reese me llamó y me pidió que participase en un libro sobre Windows 8. No lo dudé ni un minuto y le dije que sí inmediatamente. Estoy muy contento de que Paul me diese de nuevo la oportunidad y espero que él esté satisfecho con el resultado.

El libro no se hubiese terminado a tiempo sin la ayuda de Kevin Shafer y Mary E. James. Kevin no solo ha realizado una impresionante labor editorial sino que además ha tenido la paciencia de ir ajustando el libro una y otra vez a medida que Microsoft cambiaba la terminología de Windows 8. Mary siempre ha mantenido el libro en el camino apropiado y nos animó mucho cuando tuvimos que revisar capítulos completos ya escritos debido a los cambios realizados en una nueva versión de Windows 8.

También me gustaría dar las gracias a Kim Cofer por su lectura detallada del manuscrito, eliminando ambigüedades y traduciendo párrafos complejos en frases simples y sencillas. Alex Golesh no solo ha revisado el libro desde el punto de vista técnico sino que además ha sugerido extraordinarias ideas para que los ejercicios incluidos sean más fáciles de seguir y entender. Estoy muy agradecido por su ayuda.

No hubiera sido capaz de escribir este libro sin este extraordinario grupo de autores, por lo que me gustaría dar las gracias a György, Zoltán y Dávid por poner su cuerpo y alma en esta aventura. ¡Ha sido maravilloso trabajar con vosotros!

Por último, les debo muchos besos a mi esposa y a mis hijas por dejar que dedicase tantas horas en mi estudio, trabajando en el proyecto. Voy a mantener mi promesa y vamos a pasar juntos los restantes fines de semana del verano.

—István Novák

Escribir este libro ha sido realmente difícil pero, definitivamente, una de las tareas más excitantes que he realizado. Windows 8 es tan extraordinario y hay tanto que decir sobre sus posibilidades y las brillantes soluciones técnicas ofrecidas que parecía casi imposible encajar toda esta información en un solo libro.

Nunca lo hubiera conseguido sin la ayuda de István Novák, Kevin Shafer y Mary E. James. Gracias por dirigirme por la ruta apropiada en mis capítulos para conseguir que este libro sea tan impresionante como ha resultado ser.

También me gustaría dar las gracias a György y a Dávid por contribuir en el proyecto y por todo su esfuerzo. ¡Ha sido realmente increíble y divertido trabajar con vosotros!

También me gustaría dar las gracias a Kim Cofer y a Alex Golesh, quienes han leído mis capítulos con sumo cuidado y se han asegurado de que mis errores no viesen la luz. Gracias por todas vuestras sugerencias y vuestro esfuerzo.

Estoy muy agradecido por tener la oportunidad de trabajar en este proyecto. Ha sido realmente una aventura. Gracias a todos por toda vuestra ayuda.

Por último, pero no por ello menos importante, Adrieen, gracias por apoyarme durante todo el camino y aceptar que no podía estar contigo en esas largas noches. Te prometo que te compensaré.

—Zoltán Arvai

Primero, me gustaría dar las gracias a Zoltán y a István por tenerme en cuenta para escribir mi primer libro no húngaro. ¡Ha sido muy divertido! Gracias por guiarme y evitar que todas mis aplicaciones de ejemplo tengan algo que ver con Trek o South Park. También me gustaría dar las gracias a György, que ha conseguido completar el libro con sus valiosos capítulos.

Me gustaría dar las gracias al equipo editorial de Willey: a Kevin Shafer por sus impresionantes consejos sobre cómo conseguir que cada página sea mejor, y a Mary E. James por ayudarme con el proceso de escritura. Kim Cofer merece todo mi aprecio por conseguir que mis oraciones parecidas al inglés sean realmente oraciones en inglés. La legibilidad del libro ha mejorado mucho gracias a Kim. Por último, pero no por ello menos importante, quiero dar las gracias a Alex Golesh, nuestro editor técnico, que siempre ha estado ahí, proporcionando otro punto de vista importante en todas las materias.

Finalmente, quiero dar las gracias a mis padres, Gyuri y Zsuzsa, y a mi novia, Dóri, por su apoyo mientras viví como un ermitaño durante días, viviendo una vida distante con mis portátiles cuando se acercaba una fecha de entrega. Espero que me perdonéis esa falta de interés en las reuniones sociales, durmiendo y comiendo como si fuese uno de nuestros gatos, Seven y Cica.

—Dávid Fülöp

Sobre los autores

István Novák es socio y consultor jefe de tecnología en SoftwArt, una pequeña empresa húngara de consultoría IT. Trabaja como arquitecto de software y es predicador de la comunidad. En los últimos 20 años ha participado en más de 50 proyectos de desarrollo de software para empresas. En 2002, fue coautor del primer libro húngaro sobre desarrollo .NET. En 2007, fue galardonado con el título de Profesional más valioso de Microsoft (MVP, *Microsoft Most Valuable Professional*) y en 2011 se convirtió en Director regional de Microsoft. Como autor principal, contribuyó en la escritura del libro Visual Studio 2010 y .NET 4 Six-In-One (Indianápolis: Wiley, 2010) y es autor del libro Beginning Visual Studio LightSwitch Development (Indianápolis: Wiley, 2011). Tiene un máster de la Universidad Técnica de Budapest (Hungría) y también un doctorado en tecnología de software. Vive en Dunakeszi (Hungría), con su esposa y dos hijas quinceañeras. Es un apasionado del submarinismo. Es muy común verlo en el Mar Rojo durante cualquier época del año.

György Balássy enseña desarrollo Web como profesor en la Universidad de Tecnología y Económicas de Budapest. Es miembro fundador del Centro de competencia MSDN (MSDNCC) y juega un importante papel en la enseñanza de la plataforma .NET como conferenciante, autor de libros y consultor. Balássy ha sido líder en la fundación de la comunidad

.NET húngara como predicador principal sobre eventos de Microsoft, foros técnicos y como cabeza principal del Grupo de tecnología de portales en MSDNCC. Es conferenciante habitual en eventos académicos e industriales, presentando sesiones técnicas muy detalladas sobre .NET, ASP.NET, desarrollo de Office y *hacking* ético, ganando varias veces los premios al Mejor Orador y Profesional más valioso en SharePoint, ASP.NET e IIS. También ha sido seleccionado como miembro del grupo ASPInsiders. Desde 2005, Balássy ha sido el Director Regional de Microsoft en Hungría. Puede visitar su blog en `http://gyorgybalassy.wordpress.com` o contactar con él en `balassy@aut.bme.hu`.

Zoltán Arvai es ingeniero de software, especializado en el desarrollo de aplicaciones de cliente y arquitecturas de interfaz de usuario. Es un apasionado de la interacción del usuario y de las interfaces de usuario de próxima generación. Ha estado trabajando por cuenta propia los últimos siete años en diversos proyectos .NET, principalmente en el mundo del desarrollo de software. Arvai ha tenido el honor ser premiado como Profesional más valioso de Microsoft (MVP, *Microsoft Most Valuable Professional*) en 2009 y ha sido reconocido tres veces como MVP de Silverlight. Es orador frecuente en eventos locales sobre Microsoft. Arvai ha sido coautor de libros húngaros sobre Silverlight 4.60 y Windows Phone 7.5. Vive en Budapest (Hungría), donde disfruta tocando jazz en su viejo piano, y le apasiona conocer las distintas culturas de todo el mundo.

Dávid Fülöp es un desarrollador de software húngaro que ha dedicado la última década a crear aplicaciones .NET y Silverlight. Además de programar y escribir libros sobre la escritura de código, ha trabajado por cuenta propia como profesor de desarrollo de software de diversas compañías y ha sido conferenciante en la Universidad de Óbuda para los estudiantes. Además, es un presentador habitual en eventos locales sobre desarrollo relacionado con Microsoft. En su tiempo libre, practica kárate, juega en línea e intenta aprender el lenguaje de Klingon.

Sobre el editor técnico

Alex Golesh es Oficial jefe de tecnología (CTO, *Chief Technology Officer*) en Sela (Seattle). Es un experto internacional especializado en Windows 8, Windows Phone, XNA, Silverlight y Fundación de presentación de Windows (WPF, *Windows Presentation Foundation*). Golesh trabaja actualmente como consultor de diversas empresas por todo el mundo, creando arquitecturas y desarrollos de Windows 8, Windows Phone, RIA (*Rich Internet Applications* o Aplicaciones de Internet enriquecidas) y soluciones Smart Client. Ha desarrollado ejemplos prácticos de entrenamiento y cursos para diversos grupos en Microsoft (Redmond, WA). Da conferencias e imparte sesiones en talleres además de dirigir proyectos en todo el mundo sobre Windows 8, Windows Phone, RIA y Smart Client. Ha sido profesor de Windows Phone 7, WPF y Silverlight en Israel, India, Suiza y Polonia, como parte del programa Microsoft Early Adoption. Ha recibido el reconocimiento como Professional más valioso de Microsoft (MVP, *Most Valuable Professional*) durante cuatro años seguidos.

Índice de contenidos

Agradecimientos 6
Sobre los autores 7
Sobre el editor técnico 8

Introducción 19

A quién va dirigido este libro 20
Contenido del libro 20
Estructura del libro 21
Parte I. Introducción al desarrollo de aplicaciones Windows 8 22
Parte II. Creación de aplicaciones Windows 8 22
Parte III. Desarrollo profesional de Windows 8 24
Parte IV. Apéndices 24
Requisitos para utilizar este libro 24
Convenciones 25
Código fuente 25

Parte I. Introducción al desarrollo de aplicaciones Windows 8 27

1. Una breve historia del desarrollo de aplicaciones de Windows ... 29

La vida de Windows 30
De Windows 3.1 a 32 bits 30
Windows XP y Windows Vista 31

Windows 7 hace olvidar el fracaso de Vista 32
El cambio de paradigma de Windows 8 32
Primeros pasos de Microsoft hacia el consumidor 32
Windows 8 aparece en escena 33
Historia de las API y herramientas 35
El poder de C 36
C++ predomina sobre C 39
Visual Basic 40
Delphi 41
El surgimiento de .NET 42
Nuevas tecnologías de interfaz de usuario 43
Trampa-22 del desarrollo de aplicaciones Windows 46
Resumen 47
Ejercicios 48
Qué ha aprendido en este capítulo 48

2. Utilizar Windows 8 51

Dos mundos, un sistema operativo 52
Métodos de entrada 54
Entrada multitáctil 54
El teclado de software 56
Otros dispositivos de entrada 56
Inicio de sesión 57
La pantalla Inicio 58
Evolución del menú Inicio 59
Explorar y buscar aplicaciones instaladas 61
Mosaicos dinámicos 66
Utilizar aplicaciones estilo Windows 8 75
La barra de accesos 80
Introducción de la barra de accesos 80
Botón Inicio 81
El botón Buscar 82
Botón Compartir 83
Botón Dispositivos 85
Botón Configuración 85
Escritorio de Windows 87
Introducción de la aplicación Escritorio 87
Cambiar entre programas del escritorio 88
¿Dónde está el botón Inicio? 88
Resumen 89
Ejercicios 89
Qué ha aprendido en este capítulo 90

3. Arquitectura de Windows 8 para el desarrollador 91

Arquitectura de desarrollo de Windows 8 92
Capas de una aplicación de escritorio........ 94
Capas de una aplicación estilo Windows 8........ 96
Acerca de Windows Runtime 98
Arquitectura de Windows Runtime........ 99
Metadatos en Windows Runtime........ 102
Ventajas de Windows Runtime 110
Lo que no tiene Windows Runtime........ 111
.NET Framework 4.5 113
Instalación del modelo de .NET Framework 4.5 113
Integración de Windows Runtime........ 114
Compatibilidad asíncrona 114
Otras opciones nuevas........ 115
Escoger la tecnología apropiada para su proyecto 115
La Tienda de Windows 116
Aplicaciones Windows 8 o aplicaciones de escritorio........ 116
Elegir un lenguaje de programación 118
Resumen........ 118
Ejercicios 119
Qué ha aprendido en este capítulo 119

4. Aprender a conocer su entorno de desarrollo 121

Descarga de códigos para este capítulo........ 121
Introducción de la caja de herramientas 122
Visual Studio 2012 122
Instalar Microsoft Visual Studio 2012........ 124
Un paseo por la IDE de Visual Studio 127
Crear un nuevo proyecto 127
Utilizar muestras y extensiones........ 136
Algunos elementos útiles que debe conocer sobre la IDE 141
Dar vida a sus aplicaciones con Expression Blend 145
Iniciar Expression Blend con una solución de Visual Studio........ 145
Añadir un objeto animado a la UI 147
Iniciar la animación........ 154
Utilizar Visual Studio y Blend juntos........ 154
Resumen........ 155
Ejercicios 155
Qué ha aprendido en este capítulo 156

Parte II. Creación de aplicaciones Windows 8 157

5. Principios del desarrollo actual de aplicaciones de Windows 159

Aplicaciones estilo Windows 8 160
¿Cuál es el lenguaje de diseño de Windows 8? 160
Principios generales del diseño de aplicaciones para Windows 8 161
Modelos de estructura y navegación de la aplicación 163
Plataforma de desarrollo asíncrono 170
Introducción a la programación asíncrona 171
Evolución de la programación asíncrona en la plataforma .NET 173
Programación asíncrona con C# 5.0 177
Desarrollo asíncrono en Windows Runtime 190
Promesas de programación asíncrona con JavaScript 194
Resumen 203
Ejercicios 204
Qué ha aprendido en este capítulo 204

6. Creación de aplicaciones estilo Windows 8 con HTML5, CSS y JavaScript 205

HTML5 y CSS en la Web 206
Conocer las tecnologías HTML5 206
Primeros pasos con HTML 208
Aplicar estilo a las páginas con CSS 213
Primeros pasos con CSS 214
Ejecutar código en la parte del cliente 222
Primeros pasos con JavaScript 223
Aplicaciones HTML5 en Windows Runtime 229
Biblioteca de Windows para JavaScript 230
Crear aplicaciones estilo Windows 8 con JavaScript 231
Acceder al sistema de archivos 231
Administración de datos 237
Respetar el dispositivo del usuario 246
Desplazamiento y zoom 256
Elementos gráficos de lienzo en aplicaciones estilo Windows 8 261
Utilizar la biblioteca de animación de Windows 8 266
Resumen 272
Ejercicios 272
Qué ha aprendido en este capítulo 273

7. Utilizar XAML para crear interfaces de usuario estilo Windows 8 275

Describir la interfaz del usuario con XAML 276
Utilizar espacios de nombre 278
Conocer el sistema de administración del diseño 282
Un nuevo concepto: Propiedades de dependencia 283
Mejorar las propiedades de dependencia con propiedades enlazadas 283
Propiedades que afectan al tamaño y diseño de un control 284
Panel Canvas 285
Panel StackPanel 286
Panel Grid 287
Recursos reutilizables en XAML 294
Hacer referencia a los recursos 295
Jerarquía de los recursos 295
Diccionarios de recursos 296
Recursos del sistema 296
Controles básicos en aplicaciones estilo Windows 8 299
Controles con valores simples 299
Controles de contenido 304
Trabajar con datos 307
Propiedades y notificaciones dependientes del enlace de datos 308
Modos y direcciones de enlace 310
Propiedad DataContext 311
Cambiar los datos en el canal del enlace con convertidores de valor 311
Enlace de colecciones 313
Resumen 316
Ejercicios 317
Qué ha aprendido en este capítulo 317

8. Trabajar con controles XAML 319

Utilizar animaciones en su aplicación 320
Biblioteca de animaciones 320
Conocer los estados visuales 324
Animaciones personalizadas 328
Diseñar la apariencia visual de un control 334
Conectar el control con el interior 336
Responder a las interacciones 336
Trabajar con Expression Blend 340
Trabajar con controles complejos 351
Conocer los controles ListViewBase 351
Utilizar el control GridView 351
Utilizar el control ListView 355

Utilizar el control FlipView 357
Utilizar SemanticZoom 358
Utilizar el control AppBar 362
Resumen 363
Ejercicios 363
Qué ha aprendido en este capítulo 364

9. Crear aplicaciones estilo Windows 8 365

Ciclo de vida de una aplicación Windows 8 366
Estados del ciclo de vida de una aplicación 366
Administrar los cambios de estado de una aplicación 367
Suspender, reanudar y cerrar la aplicación 369
Utilizar los eventos del ciclo de vida de una aplicación 370
Implementar aplicaciones Windows 8 376
Paquete de la aplicación 376
El manifiesto del paquete de la aplicación 379
Instalación, actualización y eliminación 382
Superficies de comandos 383
Usar el menú contextual 384
Utilizar la barra de la aplicación 388
Utilizar cuadros de diálogo de mensajes 395
Utilizar la barra de accesos de configuración en su aplicación 399
Conservar los datos de la aplicación 401
Almacenes de datos de la aplicación 401
Clase ApplicationData 402
Aplicaciones y la pantalla Inicio 406
Logotipo de la aplicación y la pantalla de presentación 406
Dar vida a los mosaicos con notificaciones 410
Resumen 414
Ejercicios 414
Qué ha aprendido en este capítulo 415

10. Creación de aplicaciones de múltiples páginas 417

Elementos básicos de la navegación 418
Patrones de navegación 418
Trabajar con páginas 422
Navegación hacia atrás y hacia adelante 424
Parámetros y eventos de navegación 427
Utilizar barras de la aplicación para la navegación 431
Abrir archivos y páginas Web 438
Utilizar las plantillas Aplicación dividida y Aplicación de cuadrícula 440
Estructura de las plantillas 442
Administrar datos de ejemplo y datos en tiempo de ejecución 446

Administración del diseño ... 448
Otras opciones para estudiar ... 451
Resumen ... 451
Ejercicios ... 452
Qué ha aprendido en este capítulo ... 452

11. Crear aplicaciones conectadas ... 455

Integración con el sistema operativo y con otras aplicaciones ... 456
Selectores: Diseño unificado para acceder a los datos ... 456
Conocer el concepto de contratos ... 464
Acceder a Internet ... 477
Detectar los cambios de conectividad de Internet ... 477
Utilizar fuentes ... 480
Acceder a Windows Live ... 485
Resumen ... 486
Ejercicios ... 487
Qué ha aprendido en este capítulo ... 487

12. Mejorar las opciones de tableta ... 489

Acomodar los dispositivos de tableta ... 490
Crear aplicaciones que conozcan la ubicación ... 491
Utilizar el reconocimiento o detección de ubicación geográfica ... 492
Utilizar sensores ... 500
Utilizar datos del sensor sin procesar ... 501
Utilizar los datos de fusión del sensor ... 516
Resumen ... 520
Ejercicios ... 521
Qué ha aprendido en este capítulo ... 521

Parte III. Creación profesional de aplicaciones Windows 8 ... 523

13. Crear aplicaciones estilo Windows 8 con C++ ... 525

Microsoft y el lenguaje C++ ... 526
Limpieza y seguridad ... 527
C++ y las aplicaciones Windows 8 ... 530
Privilegios de C++ en aplicaciones Windows 8 ... 531
Windows Runtime y C++ ... 532
Administrar objetos de Windows Runtime en C++ ... 533
Definir clases en tiempo de ejecución ... 536
Excepciones ... 537

Descubrir opciones C++ con Visual Studio ... 539
Creación de proyectos C++ ... 540
Elementos de un proyecto C++ ... 541
Utilizar el tipo Platform::String ... 543
Utilizar colecciones en tiempo de ejecución ... 545
Utilizar operaciones asíncronas ... 547
Utilizar el paralelismo masivo acelerado ... 549
Resumen ... 552
Ejercicios ... 553
Qué ha aprendido en este capítulo ... 553

14. Conceptos avanzados de programación ... 555

Crear soluciones con múltiples lenguajes ... 556
Soluciones híbridas ... 556
Crear y consumir componentes de Windows Runtime ... 561
Tareas de segundo plano ... 565
Conocer las tareas en segundo plano ... 566
Implementar tareas en segundo plano ... 572
Dispositivos de entrada ... 581
Consultar las opciones de los dispositivos de entrada ... 581
Opciones de teclado ... 582
Opciones del ratón ... 582
Opciones de dispositivos táctiles ... 583
Consultar la información del dispositivo apuntador ... 584
Resumen ... 586
Ejercicios ... 587
Qué ha aprendido en este capítulo ... 587

15. Probar y depurar aplicaciones estilo Windows 8 ... 589

La calidad de su software ... 590
Familiarizarse con la depuración ... 590
Controlar el flujo del programa en modo de depuración ... 591
Supervisar y editar variables ... 592
Cambiar el código durante la depuración ... 595
Escenarios específicos de aplicaciones estilo Windows 8 ... 596
Introducción de la prueba de software ... 599
Introducción de las pruebas unitarias ... 599
Pruebas unitarias de aplicaciones estilo Windows 8 ... 600
Resumen ... 603
Ejercicios ... 604
Qué ha aprendido en este capítulo ... 604

16. Introducción a la Tienda Windows 607

Conocer la tienda Windows 608
  Cómo ven los clientes una aplicación en la Tienda Windows 608
  Detalles de la aplicación 609
  Ganar dinero con su aplicación 610
  Crear una versión de prueba 611
Proceso de registro del desarrollador 617
  Enviar la aplicación 618
  Proceso de certificación de la aplicación 620
  Kit para certificación de aplicaciones en Windows 620
Resumen 621
Ejercicios 621
  Qué ha aprendido en este capítulo 622

Parte IV. Apéndices 623

Apéndice A. Respuestas de los ejercicios 625

Apéndice B. Enlaces útiles 641

Códigos de ejemplo 641
Directrices 642
Windows Runtime 642
Referencias de lenguaje 643
Controles 643

Índice alfabético 645

Introducción

A lo largo de sus 27 años de vida, Windows ha sufrido diversos cambios importantes, y sin lugar a duda, tanto los usuarios como los desarrolladores perciben una gran diferencia entre Windows 7 y Windows 8. Cuando Microsoft inició el desarrollo de la reciente versión de Windows, reinventó el sistema operativo. En lugar de parchear las versiones anteriores y simplemente añadir funciones nuevas u obligatorias, Microsoft inició la programación de Windows 8 desde cero, definiendo la interacción del usuario como una de sus prioridades.

El nuevo sistema operativo se presentó a principios del verano de 2011. En la conferencia de programadores Build que tuvo lugar en Anaheim, California, en septiembre de 2011, Microsoft lanzó públicamente la versión Developer Preview de Windows 8. Es más, a los asistentes se les entregó una tableta Samsung Core 2 Quad Intel con Windows 8 Developer Preview instalado. Este evento supuso un impulso para la versión más actual del sistema operativo de Microsoft. Windows 8 dejaba de ser un concepto para convertirse en algo tangible, tanto metafórica como físicamente.

Windows 8 introduce un nuevo tipo de aplicaciones conocidas como aplicaciones estilo Windows 8. Estas proporcionan una solución novedosa para los usuarios, ofreciendo una nueva interfaz de usuario (UI, *User Interface*) realmente digital, con pantallas de aplicación fluidas y de respuesta rápida así como la exploración e instalación de aplicaciones directamente desde la Tienda Windows. Estas nuevas aplicaciones no solo proporcionan una experiencia única y muy agradable para el usuario sino que, además, los programadores pueden aprovecharse de sus novedosas herramientas, API y técnicas de programación.

A quién va dirigido este libro

Este libro está dirigido a una gran variedad de programadores y desarrolladores de software. Aunque las herramientas y los lenguajes de programación para crear aplicaciones Windows 8 han madurado y son millones de programadores quienes los usan por todo el mundo, la mayoría de los conceptos y las API son muy nuevos.

Si ya ha programado con C++ o (en .NET) con C#/Visual Basic o tiene experiencia en la creación de páginas Web con HTML y JavaScript, podrá utilizar sus conocimientos y aprender los nuevos conceptos y las API. Si lee los capítulos del libro desde el primero hasta el último, aprenderá los fundamentos del diseño y la creación de aplicaciones estilo Windows 8, aunque sea un programador principiante o acaba de entrar en el mundo del desarrollo de Windows.

La primera parte del libro le prepara para el desarrollo de aplicaciones estilo Windows 8. Proporciona una visión general de los conceptos y las herramientas más importantes y explica los conceptos básicos sobre la nueva plataforma de desarrollo. Si es un programador de Windows experimentado, puede omitir la lectura de los capítulos 1 al 4.

La segunda parte del libro empieza explicando los principios esenciales que conforman las características principales del desarrollo de aplicaciones modernas que se usan en los siguientes capítulos. Los cuatro lenguajes de programación que se pueden usar para crear aplicaciones estilo Windows 8 son C++, C#, Visual Basic y JavaScript.

El tamaño y el ámbito de este libro se duplicarían si hubiésemos tratado con detalle los cuatro lenguajes, por lo que en la mayoría de ejemplos y ejercicios, usamos C#. Si tiene experiencia como desarrollador Web o está interesado en programar aplicaciones con tecnologías Web, el capítulo 6 se centra en HTML5, CSS3 y JavaScript. Si actualmente está usando C++, el capítulo 13 trata sobre ese extraordinario lenguaje de programación dentro del contexto de las aplicaciones Windows 8.

Contenido del libro

Con Windows 8, Microsoft asegura que se puede ejecutar cualquier aplicación de Windows 7 en la nueva versión del sistema operativo. Es más, pueden ejecutarse tecnologías y herramientas existentes para desarrollar aplicaciones en Windows 8. El libro cubre el desarrollo de aplicaciones estilo Windows 8 nuevas y no disponibles en ninguna versión anterior del sistema operativo. Trata sobre las tecnologías existentes únicamente dentro del contexto del desarrollo de aplicaciones estilo Windows 8.

Después de leer este libro se habrá familiarizado con las siguientes áreas generales:

- La arquitectura básica de la nueva plataforma de desarrollo de aplicaciones.
- Los nuevos principios y características del desarrollo de aplicaciones de Windows 8 usando tanto los lenguajes .NET como HTML/JavaScript.

- Los elementos básicos del desarrollo de aplicaciones estilo Windows 8 usando tecnologías Web de HTML5/CSS3/JavaScript.
- La marcación XAML utilizada para crear UI de aplicaciones estilo Windows 8 con controles de UI integrados.
- La creación de interfaces de usuario más complejas, con múltiples páginas y nuevas superficies de comandos introducidas en Windows 8.
- Las API fundamentales de Windows Runtime, utilizadas para crear aplicaciones con grandes prestaciones que hacen uso de las opciones táctiles y de las tabletas.
- Los escenarios en los que el lenguaje de programación C++ es la elección apropiada.
- La distribución y venta de sus aplicaciones en la Tienda de Windows.

Aprenderá estos temas con ayuda de ejercicios prácticos que le conducirán a través del uso de Microsoft Visual Studio 2012 , cuya versión Ultimate incorpora Blend para Visual Studio para crear aplicaciones estilo Windows 8.

Estructura del libro

El libro está dividido en cuatro partes que le ayudarán a conocer los conceptos básicos del desarrollo de aplicaciones Windows 8, así como a familiarizarse con herramientas y técnicas fundamentales.

- La primera parte proporciona una rápida visión general que presenta los cambios fundamentales introducidos en Windows 8 para el desarrollo de aplicaciones, incluidos escenarios de interacción del usuario, conceptos de UI, arquitectura de aplicaciones y herramientas.
- En la segunda parte, los numerosos ejercicios prácticos le permiten aprender los principales conceptos, las técnicas fundamentales y las mejores prácticas en el desarrollo de aplicaciones estilo Windows 8.
- La tercera parte introduce algunos temas avanzados que le ayudarán a avanzar en su carrera como desarrollador profesional de aplicaciones Windows 8.
- La cuarta parte incluye dos apéndices, uno con las respuestas a los ejercicios del libro y otro con una serie de enlaces útiles de los temas que se tratan en el libro.

La mayoría de capítulos establecen primero un contexto y tratan los conceptos esenciales, ilustrados con figuras y fragmentos de código. Aprenderá a utilizar estos conceptos con ayuda de ejercicios prácticos, en los que creará aplicaciones Windows 8 desde el principio y mejorará las creadas anteriormente. Cada ejercicio incluye una sección "Cómo funciona" que explica cómo conseguir el objetivo del ejercicio (incluidos todos los detalles importantes).

Parte I. Introducción al desarrollo de aplicaciones Windows 8

Windows 8 cambia completamente el ámbito del desarrollo de aplicaciones con un nuevo estilo de aplicación. En esta parte encontrará los conceptos, tecnologías y herramientas fundamentales que hacen posible el uso de estas extraordinarias opciones.

- **Capítulo 1. Una breve historia del desarrollo de aplicaciones de Windows:** Windows 8 representa el mayor cambio de la familia del sistema operativo hasta el momento. Aquí sabrá cómo ha evolucionado el sistema operativo durante los pasados 27 años y después hará un recorrido por las tecnologías y herramientas de desarrollo a medida que evolucionan con Windows.
- **Capítulo 2. Utilizar Windows 8:** Windows 8 cambia mucho en cuanto a la interfaz de usuario. Se creó teniendo en cuenta una solución más centrada en las pantallas táctiles. Aunque el usuario puede aprenderlo todo intuitivamente, para un desarrollador es importante conocer todos los engranajes y recovecos del uso de la interfaz de usuario de Windows 8. Tras leer este capítulo, conocerá lo básico sobre la creación de aplicaciones atractivas e intuitivas para que los usuarios no solo ejecuten una tarea sino que además disfruten de utilizar la aplicación.
- **Capítulo 3. Arquitectura de Windows 8 para el desarrollador:** Windows 8 proporciona un nuevo modelo de desarrollo a través de un nuevo tipo de aplicación (aplicaciones estilo Windows 8) a la vez que sigue permitiendo el desarrollo de aplicaciones de escritorio tradicionales. Aquí conocerá la arquitectura de componentes que le ayudarán a desarrollar este tipo de aplicaciones, siendo Windows Runtime su base.
- **Capítulo 4. Aprender a conocer su entorno de desarrollo:** Microsoft proporciona herramientas extraordinarias para impulsar las magníficas tecnologías de Windows 8. En este capítulo conocerá dos herramientas fundamentales que va a utilizar para el desarrollo de sus aplicaciones: Visual Studio 2012 y Blend para Visual Studio.

Parte II. Creación de aplicaciones Windows 8

En esta parte estudiará los conceptos y patrones indispensables que necesita conocer sobre el desarrollo de aplicaciones Windows 8. Empezará con principios modernos y avanzará hacia la creación de interfaces de usuario para aplicaciones. Con este conocimiento cambiará hacia las técnicas y componentes que le permiten desarrollar aplicaciones estilo Windows 8 con todas las prestaciones.

- **Capítulo 5. Principios del desarrollo actual de aplicaciones de Windows:** Antes de empezar a programar, primero debe conocer los principios básicos del desarrollo actual de aplicaciones Windows. Aquí aprenderá los conceptos clave del lenguaje de diseño en Windows 8 y después explorará y probará los nuevos patrones de programación asincrónica en C# y JavaScript.

- **Capítulo 6. Creación de aplicaciones estilo Windows 8 con HTML5, CSS y JavaScript:** Windows 8 permite a los desarrolladores Web trabajar basándose en sus experiencias pasadas porque podrán utilizar sus conocimientos sobre HTML, CSS y JavaScript. Este capítulo proporciona una breve visión general sobre estas tecnologías con respecto al desarrollo de aplicaciones estilo Windows 8.
- **Capítulo 7. Utilizar XAML para crear interfaces de usuario estilo Windows 8:** En este capítulo aprenderá lo básico sobre el desarrollo de interfaces de usuario de aplicaciones estilo Windows 8 utilizando el Lenguaje extensible de marcado de aplicaciones (XAML, *eXtensible Application Markup Language*). XAML proporciona un medio para desarrollar una interfaz de usuario con un amplio conjunto de herramientas, incluida la administración de diseños, estilos, plantillas y datos vinculados, como podrá comprobar aquí.
- **Capítulo 8. Trabajar con controles XAML:** Windows 8 proporciona diversos controles de interfaz de usuario predefinidos, como botones, cuadros de texto, listas, cuadrículas y mucho más, que se pueden usar en XAML. En este capítulo aprenderá no sólo a utilizar estos controles sino a personalizarlos y a transformarlos, además de aprender a utilizar Expression Blend.
- **Capítulo 9. Crear aplicaciones estilo Windows 8:** Las aplicaciones estilo Windows 8 utilizan una serie de patrones para proporcionar una interacción uniforme para el usuario. Aquí conocerá los patrones que determinan cómo puede implementar en su aplicación la misma interacción de usuario que la ofrecida por las nuevas aplicaciones que forman parte de Windows 8. También puede aprender detalles importantes sobre la integración de sus aplicaciones con la pantalla Inicio del sistema operativo.
- **Capítulo 10. Creación de aplicaciones de múltiples páginas:** En este capítulo aprenderá a crear aplicaciones con múltiples páginas. Empezará estudiando los conceptos de navegación utilizados en aplicaciones estilo Windows 8 y se familiarizará con los controles de interfaz de usuario que admiten paginación. Visual Studio proporciona dos plantillas de proyecto: la plantilla Aplicación de cuadrícula y Aplicación dividida que son extraordinarias para empezar sus aplicaciones de múltiples páginas. Aquí descubrirá los detalles que rodean estas plantillas.
- **Capítulo 11. Crear aplicaciones conectadas:** Normalmente las aplicaciones modernas utilizan los servicios disponibles en Internet, como la información del clima, servicios financieros, redes sociales y muchos más. En este capítulo aprenderá a utilizar las opciones de Windows 8 que le permiten desarrollar aplicaciones conectadas utilizando estos servicios de Internet como base.
- **Capítulo 12. Utilizar funciones de tableta:** Windows 8 está muy enfocado a las tabletas con dispositivos táctiles y diversos sensores. Aquí descubrirá las API que le permiten integrar la experiencia táctil y la información de los sensores en sus aplicaciones para proporcionar al usuario una interacción parecida a la que obtiene en una tableta.

Parte III. Desarrollo profesional de Windows 8

Los temas tratados en esta parte amplían sus conocimientos sobre el desarrollo de aplicaciones estilo Windows 8. Aquí aprenderá los conceptos y las técnicas que le permitir empezar a crear aplicaciones profesionales e incluso a venderlas a través de la Tienda Windows.

- **Capítulo 13. Creación de aplicaciones estilo Windows 8 con C++:** El lenguaje de programación C++ ha experimentado un renacimiento debido a sus características de ejecución. Ahora puede desarrollar aplicaciones estilo Windows 8 con C++. En este capítulo aprenderá cómo admite la versión más moderna de C++ aplicaciones Windows 8 y en qué escenarios C++ es la mejor opción.
- **Capítulo 14. Conceptos avanzados de programación**: En este capítulo aprenderá los diversos conceptos que le permiten desarrollar aplicaciones estilo Windows 8 más avanzadas, como proyectos híbridos que combinan diversos lenguajes de programación, tareas de fondo y buscar dispositivos de entrada y opciones táctiles.
- **Capítulo 15. Probar y depurar aplicaciones estilo Windows 8:** La creación de aplicaciones de alta calidad es importante si desea tener éxito con ellas. Aquí aprenderá a escribir código adicional para aprobar la lógica de su aplicación con el fin de asegurarse de que el código se comporta exactamente como debería hacerlo. También aprenderá técnicas de depuración indispensables para encontrar las causas del mal funcionamiento de su código.
- **Capítulo 16. Introducción a la Tienda Windows:** Como desarrollador, puede enviar su aplicación a la Tienda Windows para permitir que los usuarios la compren y la instalen sin problemas. En este capítulo conocerá los requisitos previos y el flujo del proceso de envío así como otras herramientas que le ayudarán en este flujo de trabajo.

Parte IV. Apéndices

Como hemos mencionado anteriormente, esta cuarta parte incluye dos apéndices:

- **Apéndice A. Respuestas de los ejercicios:** Contiene las respuestas a los ejercicios que se mencionan a lo largo del libro.
- **Apéndice B. Enlaces útiles**: Incluye una serie de enlaces útiles de los temas que se tratan en el libro.

Requisitos para utilizar este libro

Windows 8 admite dos plataformas de hardware independientes. Una de ellas es la plataforma Intel (igual que las versiones anteriores), incluidas las versiones x86 de 32 bits y x64 de 64 bits. La otra se basa en la arquitectura de procesador ARM (normalmente utilizada en teléfonos móviles y en dispositivos de tableta con pantalla táctil), y esta proforma (Windows on ARM) es nueva en la familia del sistema operativo Windows.

Para crear aplicaciones estilo Windows 8 necesitará las herramientas de desarrollo y éstas sólo se ejecutan en la plataforma Intel. Por tanto, tiene que instalar bien la versión x86 o bien la versión x64 de Windows 8 en el equipo que vaya a utilizar para el desarrollo. En el momento de escribir este libro, Windows on ARM no se encuentra disponible. Puede utilizar Microsoft Visual Studio 2012 y Blend para Visual Studio para crear aplicaciones estilo Windows 8. Si tiene la suscripción de Microsoft Developer Network (MSDN) apropiada, puede que tenga licencias para usar estas herramientas. En caso contrario, puede descargar Microsoft Visual Studio 2012 para Windows 8 de forma gratuita (que incluye Blend para Visual Studio). Este libro utiliza la versión Ultimate. Gracias a las herramientas de desarrollo, las aplicaciones estilo Windows 8 que cree se ejecutarán tanto en la plataforma Intel como en la plataforma ARM.

Convenciones

Para ayudarle a sacar el mayor partido al texto y saber dónde se encuentra en cada momento, a lo largo del libro utilizamos distintas convenciones:

- Las combinaciones de teclas se muestran en negrita, como por ejemplo **Control-A**. Los botones de las distintas aplicaciones también aparecen así.
- Los nombres de archivo, URL y código incluido en texto se muestran en un tipo de letra `monoespacial`.
- Los menús, submenús, opciones, cuadros de diálogo y demás elementos de la interfaz de las aplicaciones se muestran en un tipo de letra Arial.
- En el código se resalta el código nuevo e importante en negrita.

```
Private Sub mnuHelpAbout_Click(ByVal sender As Object, _
   Dim objAbout As New About
   objAbout.ShowDialog(Me)
   objAbout.Dispose()
   objAbout = Nothing
End Sub
```

> **Nota:** En estos cuadros se incluye información importante directamente relacionada con el texto adjunto. Los trucos, sugerencias y comentarios afines relacionados con el tema analizado se reproducen en este formato.

Código fuente

Para desarrollar los ejemplos, puede optar por introducir manualmente el código o utilizar los archivos de código fuente que acompañan al libro. En el sitio Web de Anaya Multimedia: `http://www.anayamultimedia.es/`, diríjase a la sección Soporte técnico>Complementos, donde encontrará una sección dedicada a este libro introduciendo el código **2327348**.

Parte I.
Introducción al desarrollo de aplicaciones Windows 8

1

Una breve historia del desarrollo de aplicaciones de Windows

En este capítulo aprenderá a:

- Saber cómo empezó el sistema operativo Windows y su evolución en los últimos 27 años.
- Conocer las distintas herramientas y tecnologías históricas que han caracterizado el desarrollo de Windows.
- Percibir el cambio de paradigma de Windows 8 y a usarlo para el desarrollo de aplicaciones.
- Conocer las aplicaciones estilo Windows 8.

Windows 8 representa el cambio más importante en la vida de este sistema operativo. No es simplemente una nueva versión que actualiza funciones antiguas y añade otras nuevas. Según palabras de Microsoft, el sistema operativo se ha "reinventado". Si no sabemos de dónde viene Windows 8, es difícil saber las implicaciones del mencionado cambio de paradigma.

En este capítulo primero aprenderá cómo ha evolucionado el sistema operativo en los últimos 27 años y después conocerá cuáles son las tecnologías y herramientas de desarrollo a medida que han evolucionado junto con Windows.

La vida de Windows

Cuando el 20 de noviembre de 1985 se lanzó la primera versión de Microsoft Windows, esta se había diseñado teniendo en cuenta las interfaces gráficas de usuario (GUI, *Graphical User Interfaces*). Microsoft creó Windows como un elemento adicional para su sistema operativo MS-DOS y cambió el entorno de los ordenadores personales. Su primera versión utilizaba elementos gráficos muy simples y en realidad se trataba más de una interfaz para MS-DOS que de un sistema operativo real.

De Windows 3.1 a 32 bits

Tuvimos que esperar casi siete años para ver la primera versión, Windows 3.1, que se lanzó al mercado en marzo de 1992. Este sistema operativo de 16 bits admitía la multitarea en un entorno que los usuarios no estaban acostumbrados a ver. La nueva versión de Windows contenía controladores virtuales que podían compartirse entre aplicaciones DOS. Gracias a su modo protegido, Windows 3.1 podía controlar diversos megabytes de memoria (el modo de dirección predeterminado usado por la familia 8086 de las unidades de procesamiento central (CPU, *Central Processing Units*) admitían en aquel momento solo 640 KB), sin necesitar ningún software de administración de memoria virtual. Quizá los usuarios de aquel momento recuerden la pantalla de inicio de este sistema operativo que se muestra en la figura 1.1.

Figura 1.1. Pantalla de inicio de Windows 3.1.

Nota: La multitarea es una opción de los sistemas operativos que permite ejecutar múltiples tareas (también conocidas como procesos) durante el mismo periodo de tiempo. Estas tareas comparten los recursos del equipo, como la CPU y la memoria. El sistema operativo realiza intercambios entre las distintas tareas mientras las ejecuta. Cada tarea o proceso se ejecuta durante un pequeño periodo de tiempo y debido a la gran velocidad del intercambio, parece que se ejecutan simultáneamente.
El modo protegido es un modo operativo de CPU compatibles con x86 que habilita funciones especiales, como la administración de la memoria virtual y la multitarea.

La versión de Windows 95 lanzada en agosto de 1995 era un sistema operativo de 32 bits que admitía la multitarea preferente, es decir, el sistema operativo podía interrumpir una tarea sin ninguna contribución activa por parte de la misma. Windows 95 ya no era un complemento para MS-DOS, sino un sistema operativo completamente funcional (hecho que fue debatido durante mucho tiempo). A esta versión le siguieron algunas otras (específicamente Windows 98 y Windows Me), antes del lanzamiento de Windows XP en octubre de 2001.

Windows XP y Windows Vista

Con su famoso logo (que puede ver en la figura 1.2), Windows XP se convirtió en la versión de Windows más popular. Por extraño que pueda parecer, este éxito (en función de su instalación en una gran cantidad de equipos) era solo parcialmente debido a la nueva experiencia (o interacción) del usuario (XP proviene del inglés *eXPerience*, o experiencia) que ofreció en su lanzamiento. También las innovaciones, como el subsistema gráfico GDI+, el rápido intercambio entre usuarios, la representación de fuentes ClearType, la compatibilidad con 64 bits y muchas otras más, contribuyeron solo parcialmente al éxito de esta versión de Windows. En realidad, la base del éxito de XP fue la impopularidad de Windows Vista, su sucesora.

Figura 1.2. Logotipo de Windows XP.

Lanzada en noviembre de 2006, Windows Vista apareció con un nuevo diseño y ofrecía una seguridad muy mejorada, al contrario que XP, el cual requería tres *service packs* (paquetes de servicio) para eliminar sus problemas de seguridad. Aunque podría haber sido suficiente como para conseguir más popularidad que la de su predecesor, lo cierto es que Vista requería mejorar el hardware para sus nuevas opciones. La mayoría de empresas que habían gastado una importante parte de sus presupuestos IT para estabilizar XP (tras el lanzamiento de SP3, Windows XP Service Pack) simplemente decidieron que no merecía la pena migrar a Vista. Muy pronto, Vista se convirtió en el sistema operativo con la vida más corta de la familia Windows.

Windows 7 hace olvidar el fracaso de Vista

Tal como Steven Sinofsky (presidente de la división Windows de Microsoft) confesó varias veces, Microsoft había aprendido su lección antes incluso de empezar a diseñar Windows 7, cuyo lanzamiento tuvo lugar en julio de 2009, dos años y ocho meses después de Vista. Windows 7 contiene mejoras significativas en el rendimiento sobre Windows XP y Vista, como el tiempo de arranque, el tiempo del cierre, una mejor programación de tareas en las CPU de múltiples núcleos (es decir, CPU con más de un procesador), búsquedas y mucho más. La interacción del usuario mejoró mucho y se introdujeron nuevas opciones, como las Jump Lists (menús contextuales de acceso directo), Aero Peek, Aero Snap y otros pequeños elementos que facilitaban la navegación entre las ventanas de las aplicaciones así como su organización en pantalla. Definitivamente Windows 7 hizo olvidar el fracaso de Vista. Para el equipo de Windows, hubiera sido fácil seguir la dirección indicada por Windows 7, pero decidieron superar un reto más atractivo.

El cambio de paradigma de Windows 8

Aunque Windows nació en una era donde los ordenadores personales habían pasado a formar parte de la vida diaria, seguía siendo un sistema operativo creado teniendo en cuenta a las empresas y a los profesionales de la información. La mayoría de funciones ofrecidas por el sistema en realidad querían (e incluso algunas veces forzaban) a los usuarios a trabajar conectados a él. No se podrían ejecutar acciones sin antes familiarizarse con conceptos como archivos, directorios, grupos de seguridad, permisos, compartir, el registro, etc. Esta solución reflejaba cómo suponían los administradores que debían interactuar los usuarios con el sistema.

> **Nota:** Como estas aplicaciones llenaban los recursos del sistema disponibles, el sistema operativo Windows necesitaba un mantenimiento periódico en forma de limpiezas, desfragmentación de discos, comprobaciones de virus, instalaciones de Service Pack, etc. Aunque cada nueva versión ha mejorado considerablemente la automatización de estas tareas, la responsabilidad de la carga todavía no se ha desvanecido por completo.

Primeros pasos de Microsoft hacia el consumidor

Los productos de consumidor de Apple como iPhone e iPad han demostrado al mundo que hay otra forma de interactuar con un software informático: de una manera intuitiva, sin tener idea de lo que es un archivo, un directorio, el registro del sistema o un procedimiento de instalación de una aplicación. Parece que Microsoft no entendió esta solución durante mucho tiempo, pero las cifras de ventas del mercado obligaron a la compañía a cambiar su dirección a dispositivos y sistemas operativos centrados en el consumidor.

El primer cambio importante en el comportamiento de Microsoft podría considerarse el efectuado en febrero de 2010 durante el Congreso mundial de móviles en Barcelona, España, donde la empresa presentó al público por primera vez Windows Phone 7. El sistema se había diseñado totalmente para la interacción del consumidor. Su diseño visual, simplicidad y cuidadas animaciones mejoraron la interfaz del usuario (UI, *User Interface*), consiguiendo así que el uso del dispositivo fuese muy intuitivo. El mercado valoró este cambio y casi un año después del lanzamiento de Windows Phone 7.5 "Mango", Microsoft es el tercer competidor en el mercado de los sistemas operativos (OS, *Operative System*) móviles, acercándose cada vez más al iOS de Apple y al Android de Google.

> **Nota:** La familia del sistema operativo Windows tuvo ediciones para dispositivos incrustados (Windows Embedded) y teléfonos móviles (Windows CE y Windows Mobile), disponibles antes del lanzamiento de Windows Phone 7.

Windows 8 aparece en escena

La solución centrada en el consumidor de Windows Phone 7 se convirtió en una parte de la interacción con el sistema operativo en el lanzamiento de Windows 8. Al iniciar el sistema operativo (el tiempo de arranque ha disminuido considerablemente en comparación con el de Windows 7), la nueva pantalla Inicio de Windows 8 no nos recuerda para nada a la del antiguo escritorio con su barra de tareas en la parte inferior de la ventana. En su lugar, aparece una serie de mosaicos, que representan a las distintas aplicaciones, como puede ver en la figura 1.3.

Esta nueva pantalla Inicio es un claro mensaje a los consumidores. Windows no es solo un sistema operativo para quienes trabajan con información y usuarios de equipos de la vieja escuela, sino también un dispositivo para el consumidor, diseñado teniendo en cuenta la sensibilidad multitáctil, las tabletas y las pizarras. La superficie de esta pantalla es muy intuitiva y la mayoría de usuarios puede empezar a jugar por ella rápidamente sin ningún tipo de guía. A los usuarios que tienen experiencia con teléfonos inteligentes (*smartphones*) y tabletas les resulta natural usar la pantalla Inicio, abrir aplicaciones, desplazarse, aumentar o reducir el zoom y aplicar los gestos que ya han aprendido a utilizar en otros dispositivos.

A quienes usan Windows para ejecutar aplicaciones comerciales (como Word, Excel o PowerPoint), o una interfaz de usuario de cualquier sistema específico de una empresa, este cambio en la interfaz de usuario de Windows podría parecerles poco usual. Bueno, Windows 8 se diseñó con una total compatibilidad con las aplicaciones existentes, por lo que también tiene un modo de escritorio. Al abrir una aplicación creada para cualquiera de las versiones anteriores de Windows (o una que simplemente no utilice la interfaz de usuario estilo Windows 8), la aplicación se ejecutará en el conocido entorno del escritorio. Por ejemplo, si un usuario abre Excel, la aplicación se abrirá en modo escritorio, como puede comprobar en la figura 1.4.

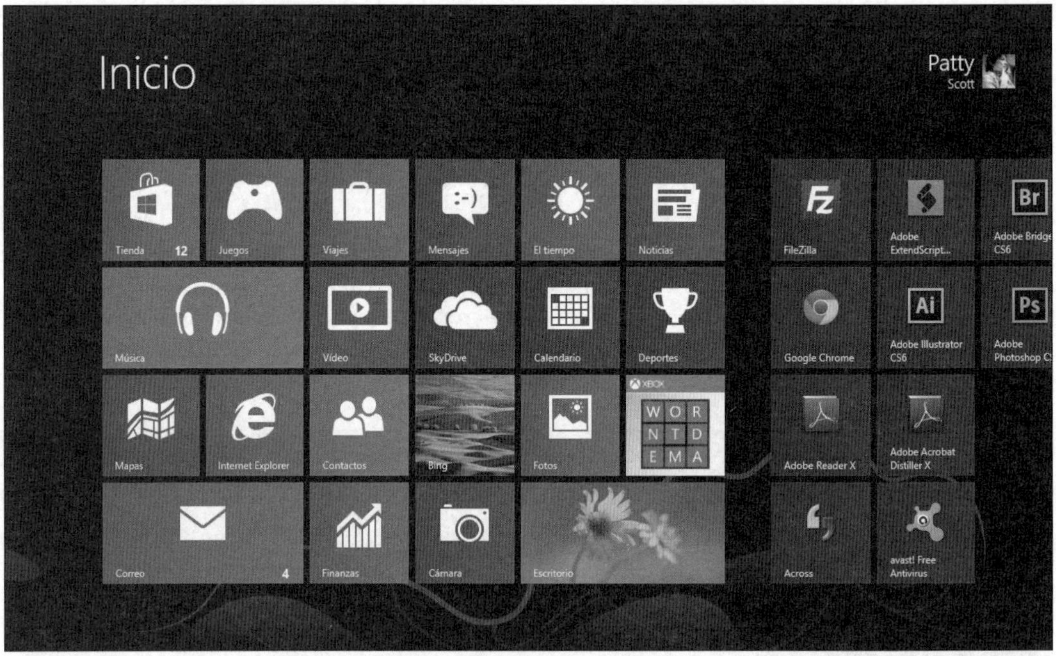

Figura 1.3. Pantalla Inicio de Windows 8.

Figura 1.4. Ejecución de Excel en el modo escritorio de Windows 8.

Esta es la segunda cara de Windows 8: familiar para todo aquél que haya utilizado antes Windows. Si no viese el menú Inicio ni el indicador de estado mostrando la fecha y la hora actual, podría pensar que está utilizando Windows 7. La nueva pantalla Inicio de Windows 8 no es una simple adición a Windows 7. Detrás de esta simple pantalla se encuentra un nuevo mundo de aplicaciones centradas en el consumidor, denominadas aplicaciones estilo Windows 8. En lugar de utilizar un escritorio lleno de iconos y ventanas de aplicaciones rectangulares, los usuarios solo ven una aplicación a la vez, que ocupa la pantalla completa. No hay leyendas de pantalla, botones de cierre, bordes ajustables ni ningún otro elemento (pantalla denominada "chrome" en la terminología de la interacción del usuario) que distraiga la vista del usuario en la aplicación. La aplicación El tiempo, mostrada en la figura 1.5, es un extraordinario ejemplo de este nuevo estilo.

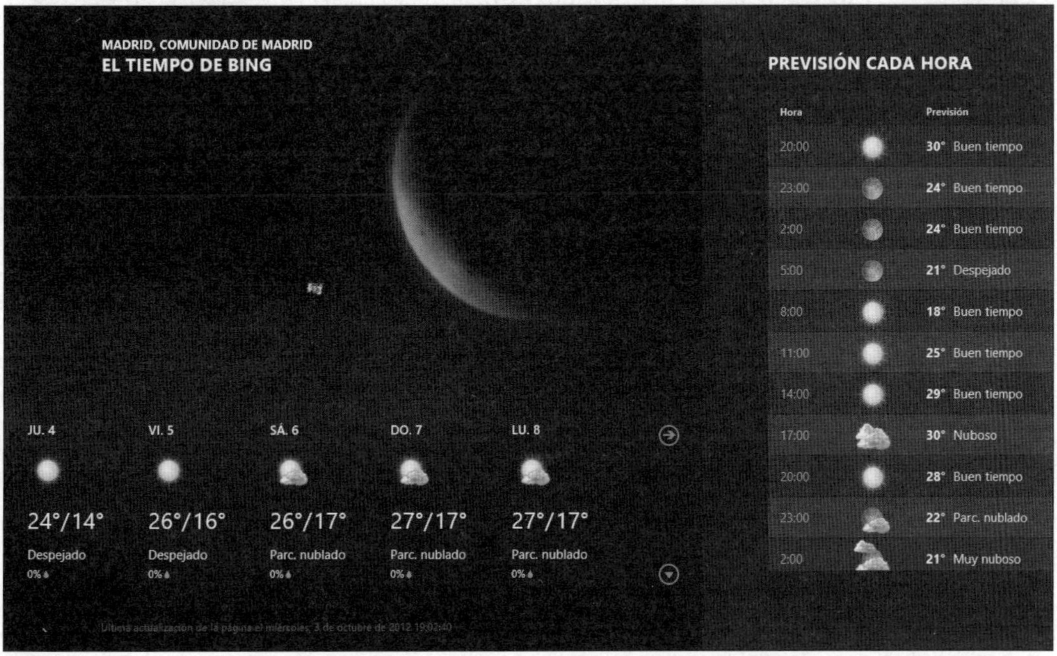

Figura 1.5. Aplicación El tiempo en Windows 8.

En este libro aprenderá todo sobre el nuevo paradigma de la interfaz de usuario y, más importante aún, adquirirá una destreza en el desarrollo de este tipo de aplicaciones con su nuevo estilo. Antes de entrar en los detalles de los aspectos de Windows de aplicaciones estilo Windows 8, debe conocer algo más sobre la historia del propio desarrollo de Windows.

Historia de las API y herramientas

La historia de Windows no estaría completa sin la ejecución de aplicaciones en la plataforma y de los desarrolladores que crean estos programas. Microsoft siempre se ha caracterizado por crear una fuerte comunidad de desarrolladores alrededor de sus productos, y esto incluye Windows.

> **Nota:** La importancia de esta comunidad normalmente se escucha de los líderes de Microsoft. Si busca en Internet el nombre **Steve Ballmer**, es imposible que se pierda los vídeos donde empieza a gritar apasionadamente "developers, developers, developers,..." (desarrolladores, desarrolladores, desarrolladores...) y repite la palabra docenas de veces.

En 2012, la plataforma de Windows cumplió 27 años. Durante su larga vida, no solo ha mejorado mucho el sistema operativo, sino también sus interfaces de programación de aplicaciones (API, *Application Programming Interface*) y las herramientas de desarrollo correspondientes. Desde este punto de vista, Windows 8 representa el cambio más importante producido en la historia de Windows. Para entender por qué decimos esto, merece la pena volver la vista atrás, hasta el primer momento en el que apareció el desarrollo de las aplicaciones de Windows.

El poder de C

Aunque actualmente la programación de aplicaciones Windows es muy común, no lo era al principio cuando surgió Windows. En aquel momento, los programadores que habían crecido con las aplicaciones MS-DOS, percibieron que la solución de Windows era algo rara, como si estuviese diseñada al revés. Aunque una aplicación MS-DOS limpia controlaba todo y podía llamar a funciones del sistema operativo cuando las necesitaba, Windows seguía una ruta disparatada. El sistema operativo controlaba la aplicación y la llamaba cuando quería incitar al programa para hacer algo, como actualizar la interfaz de usuario o ejecutar un comando de menú.

Y este no era el único atropello para los pobres desarrolladores. Con el lenguaje de programación C (que era el "lenguaje del momento"), escribir la aplicación "Hola, Mundo" más simple en MS-DOS era muy fácil, como se muestra a continuación:

```
#include <stdio.h>

main()
{
   printf("Hola, Mundo");
}
```

Pues bien, para conseguir el mismo resultado, Windows requería un poco más de trabajo. Necesitaba escribir un código de "andamiaje" alrededor de la función `printf` y se podría decir que el resultado era todo menos intuitivo, como muestra el listado 1.1.

Listado 1.1. Programa "Hola, Mundo" en Windows 3 (extracto).

```
#include <windows.h>

/* Exportar el punto de entrada al que va a llamar Windows */
long FAR PASCAL _export WndProc(HWND, UINT, UINT, LONG)

/* Punto de entrada de la aplicación */
```

```
int PASCAL WinMain(HANDLE hInstance, HANDLE hPrevInstance,
   LPSTR lpszCmdParam, int nCmdShow)
{
   static char szApplication[] = "HelloW";
   HWND hwnd;
   MSG msg;

   WNDCLASS wndClass;

   /* Crear una clase Window */
   if (!hPrevInstance)
   {
      wndClass.Style = CS_HREDRAW | CS_VREDRAW;
      wndClass.lpfnWndProc = WndProc;
      /* Algunas líneas de código omitidas por brevedad */
      wndClass.hbrBackground = GetStockObject(WHITE_BRUSH);
      wndClass.lpszMenuName = NULL;
      wndClass.lpszClassName = szApplication;
      RegisterClass(&wndClass);
   }

   /* Crear una instancia de clase de ventana */
   hwnd = CreateWindow(szApplication,
      "Mi programa Hola, Mundo",
      WS_OVERLAPPEDWINDOW,
      /* Algunos parámetros omitidos por brevedad */
      hInstance,
      NULL);
   /* Iniciar la presentación de la ventana */
   ShowWindow(hwnd, nCmdShow);
   UpdateWindow(hwnd);

   /* Administrar el bucle del mensaje */
   while (GetMessage(&msg, NULL, 0, 0))
   {
      TranslateMessage(&msg);
      DispatchMessage(&msg)
   }
}

/* Procesar mensajes */
long FAR PASCAL _export WndProc(HWND hwnd, UINT message,
   UINT wParam, LONG lParam)
{
   HDC hdc;
   PAINTSTRUCT ps;
   RECT rect;

   switch (message)
   {
      case WM_PAINT:
         hdc = BeginPaint(hwnd, &ps);
         GetClientRect(hwnd, &rect);
         DrawText(hdc, "Hola, Mundo", -1, &rect,
            DT_SINGLELINE | DT_CENTER | DT_VCENTER);
         EndPaint(hwnd, &pd);
```

```
         return 0;

      case WM_DESTROY:
         PostQuitMessage(0);
         return 0
   }
   return DefWindowProc(hwnd, message, wParam, lParam);
}
```

Este programa contiene muchas líneas de código porque fue escrito sobre una API que ofrecía solo funciones básicas de sistema operativo. Aunque este código fuente es largo, revela importantes detalles internos de Windows. Evidentemente todos ellos siguen formando parte de Windows 8, pero de una forma mejorada:

- Inicialmente, el programa crea una clase de ventana estableciendo los campos de la estructura `wnd-Class` y utilizando el método `RegisterClass`. La clase de ventana (*window class*) es un concepto que identifica un procedimiento (denominado procedimiento de ventana o *window procedure*) que procesa los mensajes enviados a la ventana.
- El programa crea una ventana (con el método `CreateWindow`) utilizando la clase de ventana registrada y posteriormente la muestra con el método `ShowWindow`. El método `UpdateWindow` envía un mensaje a la ventana para actualizar su interfaz de usuario.
- El alma de la aplicación es el bucle del mensaje, como se muestra aquí:

  ```
  while (GetMessage(&msg, NULL, 0, 0))
     {
        TranslateMessage(&msg);
        DispatchMessage(&msg)
     }
  ```

  Este bucle obtiene mensajes de una cola, traduce las pulsaciones de tecla en mensajes equivalentes (por ejemplo, como si su hubiese utilizado un ratón) y después los envía al procedimiento de ventana apropiado.
- Si el bucle del mensaje es el alma, el procedimiento de ventana es el corazón. En el listado 1.1, se llama a `WndProc` mediante el bucle del mensaje. Su parámetro `message` contiene el código del mensaje (el evento a controlar) y una instrucción `switch` envuelve los elementos de los fragmentos de código procesando mensajes individuales.
- El mensaje `WM_PAINT` le indica a la ventana que debe actualizarse. Con el método `BeginPaint`, obtiene un recurso en el contexto del dispositivo que utiliza para dibujar el área de cliente de la ventana. Después se utiliza el contexto del dispositivo para escribir el mensaje "Hola, Mundo" en el centro de la ventana. `ReleasePaint` libera este contexto de dispositivo (algo que en realidad se trata de un recurso muy limitado en el sistema).

Con esto se puede hacer una idea de lo que se tardaba en desarrollar Windows y lo difícil que era ya que los programadores tenían que utilizar construcciones del sistema operativo de bajo nivel a través del API de Windows.

C++ predomina sobre C

En 1983, solo unos años después de que Brian Kernighan y Dennis Ritchie publicaran la primera edición de C (1978), Bjarne Stroustrup creó un nuevo lenguaje que añadía aspectos de orientación a objetos a C. Este lenguaje era C++, y pronto se hizo muy popular también en la plataforma Windows.

C++ admite el encapsulado de datos y funcionalidad en clases, así como la herencia de objetos y el polimorfismo. Con estas características, la sencilla API de Windows se podía presentar como un conjunto más pequeño de entidades que agrupan estructuras de datos y operaciones de API en un contexto lógico. Por ejemplo, todas las operaciones relacionadas para crear, presentar y administrar ventanas en la interfaz de usuario se podían colocar en una clase denominada `Window`. La solución C++ ayudó a los desarrolladores a tener una mejor visión general de la API y a reducir la barrera de entrada a la programación de Windows. Por ejemplo, las partes esenciales del programa "Hola Mundo" descritas en el listado 1.1 se podían organizar alrededor de los objetos, como muestra el listado 1.2.

Listado 1.2. Anteproyecto del programa "Hola, Mundo" en C++ (extracto).

```
// --- Clase que representa al programa principal
class Main
{
   public:
      static HINSTANCE hInstance;
      static HINSTANCE hPrevInstance;
      static int nCmdShow;
      static int MessageLoop( void );
};

// --- Clase que representa a la ventana
class Window
{
   protected:
      HWND hWnd;
   public:
      HWND GetHandle( void ) { return hWnd; }
      BOOL Show( int nCmdShow ) { return ShowWindow( hWnd, nCmdShow ); }
      void Update( void ) { UpdateWindow( hWnd ); }
      virtual LRESULT WndProc( UINT iMessage, WPARAM wParam, LPARAM lParam ) = 0;
};

// --- Clase que representa a la ventana principal de este programa
class MainWindow : public Window
{
   // --- Implementación omitida por brevedad
};

// --- Extracto de la implementación de la clase Main
int Main::MessageLoop( void )
{
   MSG msg;
```

```
    while( GetMessage( (LPMSG) &msg, NULL, 0, 0 ) )
    {
        TranslateMessage( &msg );
        DispatchMessage( &msg );
    }
    return msg.wParam;
}
LRESULT MainWindow::WndProc( UINT iMessage, WPARAM wParam, LPARAM lParam )
{
    switch (iMessage)
    {
        case WM_CREATE:
        break;
    case WM_PAINT:
        Paint();
        break;
    case WM_DESTROY:
        PostQuitMessage( 0 );
        break;
    default:
        return DefWindowProc( hWnd, iMessage, wParam, lParam );
    }
    return 0;
}
```

Con la solución orientada a objetos ofrecida por C++, los comportamientos de los objetos se podían empaquetar en bibliotecas de código reutilizables. Los programadores podían crear sus programas basándose en estas bibliotecas por lo que sólo tenían que definir los comportamientos que diferían de los integrados. Por ejemplo, tenían que sobrescribir el método `Paint()` del listado 1.2 para actualizar la interfaz de usuario de sus objetos de ventana.

La programación de Windows cambió mucho con C++ y las bibliotecas de objetos. Microsoft creó dos bibliotecas: MFC (*Microsoft Foundation Classes*) y ATL (*Active Template Library*), que se siguen manteniendo y se encuentran disponibles en su entorno de desarrollo más importante: Visual Studio.

> **Nota:** Enseguida conocerá el entorno de desarrollo Visual Studio.

Visual Basic

Las aplicaciones escritas en los lenguajes de programación C o C++ exponen muchos detalles sobre cómo funciona Windows. Algunas veces, es importante conocer dichos detalles, pero en general, puede ser frustrante y evitar que los desarrolladores se concentren en la funcionalidad de la propia aplicación.

En mayo de 1991, Visual Basic cambió extraordinariamente este estilo de programación. En lugar de exponer detalles internos de Windows, Visual Basic los ocultó a los programadores y ofreció construcciones de alto nivel, como formularios, controles, módulos, clases y los archivos de código. En lugar de escribir docenas de líneas para conseguir una funcionalidad sencilla, el lenguaje de Visual Basic permitió a los desarrolladores concentrarse en sus aplicaciones. El programa "Hola, Mundo" se podía escribir en una sola línea:

```
MsgBox("Hola, Mundo")
```

¡Ninguna programación de configuraciones de clases de ventana, registros o bucles de mensajes! Los conceptos de alto nivel del lenguaje hicieron que fuese innecesario tratar con detalles. Todo se implementaba en el tiempo de ejecución de Visual Basic.

Con un entorno de desarrollo integrado (IDE, *Integrated Development Environment*) gráfico, esta forma de desarrollo de aplicaciones sigue siendo la preferida y la solución más productiva. Los programadores diseñan gráficamente las ventanas de los cuadros de diálogo (o formularios, en terminología de Visual Basic) de la aplicación, arrastrando elementos (controles) de la interfaz de usuario desde un cuadro de herramientas del IDE y colocándolos en la superficie del formulario. Cada control tiene diversos controladores de eventos que responden a los mismos llegando desde el entorno, como cuando el usuario hace clic en un botón o cambia la selección en un cuadro combinado. La programación es en realidad escribir el código que controla dichos eventos.

En 1993, Microsoft desarrolló un estándar binario, el modelo de objeto componentes (COM, *Component Object Model*), que permitía la creación de objetos reutilizables que otras aplicaciones podían consumir. Existen varias tecnologías creadas sobre COM, como la incrustación y enlazado de objetos (OLE, *Object Linking and Embedding*), que hacen posible la automatización de aplicaciones. Las versiones de Visual Basic lanzadas después de 1993 se crearon teniendo en cuenta COM y OLE. Esta solución tuvo tanto éxito que un dialecto del lenguaje Visual Basic, Visual Basic for Applications (VBA), se convirtió en el lenguaje de programación de macros de Microsoft Office.

Delphi

Visual Basic no era el único entorno de programación que podía haber seguido la estela de C y C++. Originalmente desarrollado por Borland, Delphi utilizaba el lenguaje de programación Object Pascal. Al contrario que Visual Basic, un lenguaje basado en objetos (admitía clases con datos encapsulados y funciones, pero no permitía la herencia de objetos), Object Pascal era un lenguaje orientado a objetos real. El IDE de Delphi (su primera versión se lanzó en 1995) era muy similar al IDE de Visual Basic. Delphi se diseñó para ser una herramienta de desarrollo rápido de aplicaciones (RAD, *Rapid Application Development*) que admitía el desarrollo de aplicaciones de bases de datos, tanto sencillas como de sistemas empresariales.

El producto evolucionó rápidamente, con cinco versiones lanzadas en sus primeros cinco años de vida. Delphi fue la primera herramienta capaz de compilar aplicaciones de 32 bits para Windows. De forma similar a los controles de Visual Basic, proporcionaba más de 100 elementos visuales (organizados en la biblioteca de componentes visuales, *Visual Componente Library* de Delphi) que los desarrolladores podían utilizar de forma inmediata. Además, los desarrolladores podían crear fácilmente sus propios elementos visuales y añadirlos a la biblioteca existente.

El surgimiento de .NET

En 2002, la estructura .NET proporcionó una nueva forma de desarrollo Windows. Los programas .NET se compilaban en un lenguaje intermedio denominado Lenguaje intermedio de Microsoft (MSIL, *Microsoft Intermediate Language*). El código intermedio se transformaba en operaciones específicas de la CPU ejecutables durante el tiempo de ejecución mediante un compilador JIT (*Just-In-Time*). Esta nueva solución introdujo diversos paradigmas importantes en el desarrollo de Windows, incluidos los siguientes:

- Antes del lanzamiento de .NET, cada lenguaje (y entorno de desarrollo) utilizaba su propia biblioteca en tiempo de ejecución. Aprender un nuevo lenguaje implicaba aprender también una nueva biblioteca en tiempo de ejecución. Con .NET, todos los lenguajes utilizaban el mismo tiempo de ejecución. En 2002, Microsoft sólo admitía dos lenguajes de programación (C# y Visual Basic.NET). Actualmente, se utilizan más de 100 lenguajes .NET. El propio Microsoft añadió F# a esta lista y la empresa también admitía IronPython e IronRuby (dirigidos por sus propias comunidades).
- Mediante un mecanismo de recolección de residuos, el entorno en tiempo de ejecución administra la asignación de memoria y la destrucción automática de objetos. Este comportamiento ayuda a incrementar la productividad y permite a los desarrolladores crear un código menos propenso al error. La recolección de residuos también reduce la oportunidad de escribir programas con fugas de memoria.
- En lugar de métodos API de bajo nivel, los programadores pueden trabajar con objetos que cubren la complejidad de fondo de las API. En lugar de tratar con detalles de Windows internos, los desarrolladores pueden utilizar la abstracción de nivel superior, estimulando la productividad.
- .NET proporciona un gran nivel de cooperación entre objetos COM y objetos .NET. El código .NET no sólo puede acceder a objetos COM sino que además proporciona objetos que puede consumir el mundo COM.

.NET se denomina entorno administrado y sus lenguajes, lenguajes administrados (para diferenciarlo de los lenguajes nativos, como C, Object Pascal (Delphi) y C++, que compilan código específico de la CPU).

> **Nota:** La estructura .NET no fue el primer entorno administrado en tiempo de ejecución. Esta distinción pertenece a Java, que lanzó Sun Microsystems en 1995. .NET fue la respuesta de Microsoft al fenómeno Java y gran parte de sus funciones se inspiraron en la implementación Java de Sun.

Lanzado junto con .NET Framework, Visual Studio jugó un papel importante en el éxito de .NET. Visual Studio ofrecía unas dos docenas de plantillas de proyecto para iniciar el desarrollo de aplicaciones Windows. Hoy en día, la edición Ultimate de Visual Studio contiene más de cien plantillas de proyecto.

Las plantillas de Visual Studio son muy eficaces. Por ejemplo, puede crear la aplicación mostrada en la figura 1.6 con tan solo unos clics utilizando la plantilla de aplicación de formularios para Windows, Windows Forms.

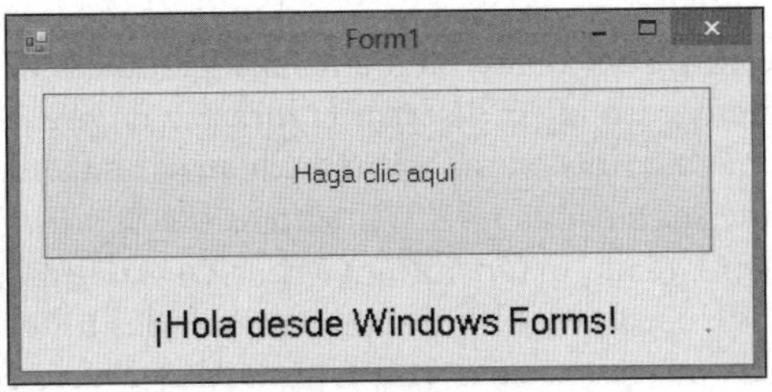

Figura 1.6. Una simple aplicación de Windows Forms creada con Visual Studio.

Con las herramientas de Visual Studio, puede establecer las propiedades visuales de la ventana mostrada en la figura 1.6. El listado 1.3 muestra sólo el código que debe añadir manualmente a este ejemplo.

Listado 1.3. Código de formulario de la figura 1.6.

```
using System;
using System.Windows.Forms;

namespace HelloWorldWinForms
{

   public partial class Form1 : Form
   {
      public Form1()
      {
         InitializeComponent();
      }
      private void button1_Click(object sender, EventArgs e)
      {
         label1.Text = "Hola desde Windows Forms!";
      }
   }
}
```

Aunque .NET contenía bibliotecas con muchos objetos y extraordinarias herramientas, seguía utilizando la API basada en el diseño de las primeras versiones de Windows.

Nuevas tecnologías de interfaz de usuario

Durante mucho tiempo, la interfaz de usuario de Windows se administró a través de la Interfaz gráfica de dispositivo (GDI, *Graphics Device Interface*), una API que evolucionó a GDI+ con el lanzamiento de Windows XP. GDI y GDI+ son API basadas en tramas y todos los controles de interfaz de usuario de Windows UI utilizados para su representación. La única forma en que un desarrollador podía cambiar la apariencia visual predeterminada de cualquier control estándar era sobrescribir el evento de Windows real que representaba la interfaz de usuario de controles.

Cuando se introdujo el subsistema gráfico WPF (*Windows Presentation Foundation*) en.NET Framework 3.0 (y posteriormente como elemento integrado en Windows Vista), el paradigma GDI cambió completamente. En lugar de crear la interfaz de usuario de forma imperativa (es decir, usando instrucciones escritas en un lenguaje de programación), WPF emplea el Lenguaje de marcado de aplicaciones extensible (XAML, *eXtensible Application Markup Language*), un derivado del Lenguaje de marcado extensible (XML, *eXtensible Markup Language*), para describir elementos de la interfaz de usuario. WPF también mejora las funciones de hardware acelerado de las unidades gráficas de procesamiento (GPU, *Graphics Processing Units*) integradas en los equipos. Silverlight (la estructura de aplicaciones de Internet enriquecidas de Microsoft) también utiliza XAML para definir la interfaz de usuario. El listado 1.4 muestra una implementación XAML muy sencilla de la aplicación "Hola Mundo" en Silverlight.

Listado 1.4. Archivo MainPage.xaml de aplicaciones "Hola, Mundo".

```
<UserControl x:Class="HelloFromSL.MainPage"
   xmlns="http://schemas.microsoft.com/winfx/2006/xaml/presentation"
   xmlns:x="http://schemas.microsoft.com/winfx/2006/xaml"
   xmlns:d="http://schemas.microsoft.com/expression/blend/2008"
   xmlns:mc="http://schemas.openxmlformats.org/markup-compatibility/2006"
   mc:Ignorable="d"
   d:DesignHeight="300" d:DesignWidth="400">

   <Grid x:Name="LayoutRoot" Background="White">
      <TextBlock FontSize="48">Hola desde Silverlight</TextBlock>
</Grid>
</UserControl>
```

Este código ofrece como resultado la página mostrada en la figura 1.7. El texto de esta figura se muestra como resultado de la línea de código mostrada en negrita del listado.

Figura 1.7. Resultado del listado 1.4.

WPF y Silverlight son unas tecnologías extraordinarias. Usarlas es como reemplazar un motor Lamborghini de 1930 (tipo uno GDI/GDI+) por uno de vanguardia fabricado en 2012 (WPF/Silverlight).

Estas tecnologías no solo definen la interfaz de usuario sino que además pueden declarar su comportamiento dinámico sin utilizar ningún código (o con una mínima cantidad de él). Estas tecnologías conectan la interfaz de usuario con la capa (modelo) lógica de una aplicación. Estas son las características más importantes de estas tecnologías:

- Están diseñadas a medida para poder crear aplicaciones de escritorio o de Internet eficaces y enriquecidas o para producir una interacción de usuario superior. Además de proporcionar elementos de interfaz simples (como cuadros de texto, botones, listas, cuadros combinados, imágenes, etc.) también proporcionan la libertad de crear contenido con animación y elementos de medios, como vídeo y audio. Al contrario que la solución tradicional de interfaz de usuario (algunos añadirían incluso aburrida) con elementos de interfaz de usuario rectangulares, WPF y Silverlight le permiten cambiar toda la interfaz de una aplicación.
- Ofrecen un sistema de diseño flexible que facilita la creación de esquemas que puede adaptar automáticamente a diversos factores (como el tamaño de pantalla disponible, el número de elementos mostrados, el tamaño de dichos elementos y el aumento).
- Los estilos y las plantillas son opciones que contribuyen a un funcionamiento fluido entre desarrolladores y diseñadores. Los desarrolladores implementan la lógica de la aplicación por lo que no establecen nunca las propiedades de la interfaz de usuario directamente. En su lugar, señalan en la programación que el estado de la interfaz de usuario ha cambiado. Los diseñadores crean los elementos visuales de la interfaz de usuario teniendo en cuenta los posibles estados de la misma.
- Silverlight y WPF aplican en forma declarativa (es decir, sin código) el enlazado de datos, que se trata de una tecnología utilizada para conectar elementos de interfaz de usuario a datos u otros elementos de la misma. El enlazado de datos funciona en cooperación con estilos, plantillas, esquemas e incluso animaciones. Este mecanismo es especialmente útil en aplicaciones de línea empresarial (LOB, *Line-Of-Business*). Con ayuda de la información del enlazado de datos que proviene de la base de datos y se procesa a través de la lógica de la aplicación, los elementos enlazan de forma declarativa a los elementos de la interfaz de usuario.

> **Nota:** Un sistema de esquemas es el que se utiliza para ordenar los elementos de la interfaz de usuario. Con un sistema de esquemas flexible (como el que se encuentra detrás de WPF, Silverlight y Windows 8), podemos definir relaciones entre los elementos de una interfaz de usuario y se colocan automáticamente en dicha interfaz en tiempo de ejecución. Por ejemplo, podemos definir un sistema de esquemas de forma que organice los controles de la interfaz de usuario en dos columnas y distribuirlos uniformemente. En WPF y Silverlight, los estilos y plantillas se usan de forma similar que en un sistema de edición de documentos. Un estilo guarda atributos comunes de los elementos de la interfaz de usuario; una plantilla es una estructura con marcadores de posición para el contenido de un elemento de interfaz de usuario.

Probablemente la principal virtud de WPF y Silverlight sea que pueden ayudar a separar de forma clara las tareas relacionadas con la interfaz de usuario que pertenecen a los desarrolladores de las tareas ejecutadas por los diseñadores. Con las aplicaciones actuales centradas en el consumidor, se trata de una ventaja evidente sobre las soluciones donde las tareas de desarrolladores y diseñadores se mezclan.

Nota: XAML juega un papel muy importante en las aplicaciones estilo Windows 8, tal como podrá comprobar en otro capítulo del libro.

Trampa-22 del desarrollo de aplicaciones Windows

Durante la evolución del desarrollo de aplicaciones Windows, las tecnologías y técnicas relacionadas se ramificaron. Una rama trataba el desarrollo nativo, que empezó con el lenguaje de programación C al principio del lanzamiento de Windows. La otra rama consistía en el desarrollo administrador, que utiliza .NET Framework, junto con sus tecnologías y lenguajes administrados.

Debido a la compilación de código específica de la CPU y el acceso de bajo nivel a la API de Windows y los recursos del sistema, las aplicaciones nativas pueden ejecutarse de forma extraordinaria, algo que no pueden hacer las tecnologías administradas. Sin embargo, cuando se escriben aplicaciones empresariales, usar el código nativo es menos productivo y más complicado que emplear un código administrado con .NET Framework. Como generalmente las aplicaciones empresariales funcionan con bases de datos, la sobrecarga de rendimiento en los lenguajes administrados casi no se percibe, ya que la aplicación dedica su tiempo a comunicarse con servicios y bases de datos subyacentes.

Cuando los desarrolladores de aplicaciones Windows buscan la tecnología y la herramienta apropiada para una determinada aplicación, pueden encontrarse a sí mismos en la posición de Yossarian, el aviador de la novela de Joseph Heller, *Catch-22* (New York: Alfred A. Knopf, 1995), traducida al español con el título *Trampa-22*.

Muchas veces, especialmente cuando se escriben aplicaciones de escritorio, no hay una elección óptima entre el desarrollo nativo y el administrado. Aunque WPF y Silverlight son tecnologías extraordinarias para aplicaciones espectaculares, no se encuentran disponibles desde el código nativo. WPF y Silverlight no están incrustadas en el sistema operativo en capas lo suficientemente profundas. Por ejemplo, para abrir una aplicación WPF se tarda un poco ya que hay que esperar a que el subsistema WPF se cargue en la memoria. En muchas ocasiones en las que se requiere capacidad de computación, .NET produce resultados peores que el código nativo.

Visual Studio es un extraordinario ejemplo de esta situación caótica. Utiliza una base de código mixta. La mayoría de los elementos se implementan en C++, y determinadas partes en C# (usando WPF). La pantalla de inicio debería aparecer inmediatamente en pantalla en cuanto el usuario abre la aplicación. Se implementa en C++ con GDI+, por lo que WPF no sería lo suficientemente rápido. El editor de código de Visual Studio se implementa en WPF, ya que tiene una caja de herramientas amplia y de fácil uso para alojar un elemento tan completo con una extraordinaria interfaz de usuario.

En el desarrollo de aplicaciones LOB, la productividad es el factor más importante. La ventaja de rendimiento del desarrollo de código nativo no añade mucho valor a una aplicación ya que, en general, el nivel de la base de datos es el cuello de botella del rendimiento. Con un código administrado, la fase de programación de una aplicación empresarial es generalmente más rápida y menos propensa a errores.

Por tanto, cuando se escribe una aplicación de escritorio, el código nativo proporciona el rendimiento óptimo pero, en este caso, no podemos usar la amplia caja de herramientas de WPF y Silverlight. Al movernos a un código administrador, podemos ganar en productividad, pero perder el rendimiento final de la aplicación. En nuestra desesperación final, podríamos utilizar una solución más "especial", como lo hace Visual Studio pero, en este caso, obtendríamos una gran cantidad de sobrecarga. Una decisión nada fácil, ¿verdad?

Con Windows 8, esta situación cambia completamente. Los desarrolladores Web con experiencia en HTML5/hojas de estilo en cascada 3 (CSS3, *Cascading Style Sheets 3*)/JavaScript, los programadores C++ y los desarrolladores con experiencia en.NET descubren que sus conocimientos son suficientes y apropiados para afrontar el desarrollo de aplicaciones estilo Windows 8. No existe un campo privilegiado para los genios informáticos, como sucedía con los programadores de C al principio de la era Windows. Todos pueden utilizar las mismas tecnologías y herramientas; y todo sin compromiso. ¿Cómo es posible? En otro capítulo del libro encontrará la respuesta.

Resumen

La plataforma Windows ha evolucionado extraordinariamente en los últimos 27 años. Se ha transformado de una simple extensión MS-DOS en un sistema operativo complejo y completo utilizado en la mayoría de equipos personales de todo el mundo. Windows se diseñó teniendo en cuenta a los trabajadores de la información y usuarios experimentados. Aunque cada versión se movía cada vez más a usuarios menos avanzados, nunca se podría convertir en el sistema operativo de dispositivos de consumidor más sencillos como los iPhone o iPad de Apple.

Windows 8 cambia todo este panorama. Además del tradicional modo de escritorio, familiar para todos sus usuarios, el sistema operativo presenta ahora una nueva cara con las aplicaciones estilo Windows 8 que proporcionan al usuario una interacción intuitiva: la aplicación se apodera de toda la pantalla y de toda la atención del usuario.

El sistema operativo no solo ha cambiado, sino también las herramientas de desarrollo y las API, que han sufrido una mejora significativa. Al contrario que en el pasado, donde solo los programadores de C y C++ tenían el privilegio de crear aplicaciones Windows, los programadores actuales de C++, Visual Basic, C# y Delphi también pueden desarrollar aplicaciones con sus IDE favoritos. Dependiendo del lenguaje y las herramientas elegidas, los programadores tienen que utilizar diferentes API y tecnologías. Aunque los lenguajes de programación nativos (como C, C++ y Delphi) ofrecen un código específico de CPU y mejor rendimiento, el código administrado es más productivo para desarrollar aplicaciones LOB, y pueden acceder fácilmente a las tecnologías de interfaz de usuario modernas, como WPF y Silverlight.

Las aplicaciones estilo Windows 8 proporcionan la misma API disponible tanto en el código nativo como en el administrado, sin ningún compromiso. Es más, esta API está disponible también para los desarrolladores de HTML5/CSS3/JavaScript.

Windows 8 no solo cambia la interfaz de usuario del sistema operativo, sino también la forma en la que podemos interactuar con él. Además de admitir dispositivos de entrada tradicionales, como el teclado y el ratón, proporciona una compatibilidad de primera clase para interactuar con el sistema operativo y las aplicaciones estilo Windows 8, siendo compatible con gestos táctiles en pantalla, lápices y a través de sensores de giroscopios y acelerómetros.

En otro capítulo del libro conocerá todos estos elementos cuando utiliza Windows.

Ejercicios

1. ¿Cuál fue el primer sistema operativo de Microsoft en la familia Windows diseñado y desarrollado para los consumidores?
2. ¿Tienen las aplicaciones estilo Windows 8 leyendas y bordes?
3. Haga una lista con los lenguajes de programación que se utilizan frecuentemente para el desarrollo de aplicaciones Windows.
4. ¿Qué lenguajes pueden utilizar los desarrolladores Web para crear aplicaciones estilo Windows 8 con Windows 8?

Nota: Las respuestas a los ejercicios se encuentran en el apéndice A del libro.

Qué ha aprendido en este capítulo

- **El sistema operativo Windows:** Windows es la familia de sistemas operativos iniciada con Windows 1.0, que se lanzó el 20 de noviembre de 1985 como un elemento adicional del sistema operativo MS-DOS. La familia también ha incluido miembros para dispositivos incrustados (Windows Embedded) y teléfonos móviles (Windows CE, Windows Mobile y Windows Phone). Las versiones actuales son Windows 8 y Windows Phone 7.5.
- **Las API de Windows:** Las aplicaciones que se ejecutan en Windows pueden acceder a los servicios subyacentes del sistema operativo a través de las interfaces de programación de aplicaciones (API, *Application Programming Interfaces*) de Windows.

- **Los lenguajes de programación C y C++:** Como lenguajes de programación que se pueden utilizar para desarrollar aplicaciones Windows, C y C++ aprovechan todas las funciones del sistema operativo, incluidas las específicas de hardware y las de nivel muy bajo. Estos lenguajes se han estado utilizando para el desarrollo de aplicaciones desde la aparición de Windows. C++ extiende C con opciones orientadas a objetos y se ha convertido en un lenguaje de programación muy desarrollado en los últimos 25 años.
- **El lenguaje de programación Visual Basic:** Lanzado en 1991, Visual Basic es un lenguaje de programación revolucionario que reduce significativamente la labor de programación requerida mediante conceptos de interfaz de usuario de alto nivel, como formularios, controles y eventos. El lenguaje también proporciona una integración uniforme con el modelo de objeto componentes (COM, *Component Object Model*) y la incrustación y enlazado de objetos (OLE, *Object Linking and Embedding*).
- **.NET Framework:** Microsoft .NET Framework es un entorno en tiempo de ejecución que se coloca entre el sistema operativo y las aplicaciones. Su tarea principal es proporcionar acceso a todos los servicios del sistema operativo subyacente de una forma administrada, permitiendo así a los desarrolladores ser productivos. C# y Visual Basic .NET son los lenguajes utilizados con más frecuencia para crear aplicaciones para .NET Framework.
- **WPF y Silverlight:** Windows Presentation Foundation (WPF) y Silverlight son plataformas de interfaz de usuario modernas y sofisticadas que se ejecutan en .NET Framework. Nos permiten crear aplicaciones con una interfaz de usuario enriquecida con esquemas flexibles, elementos multimedia y animaciones. Utilizan técnicas avanzadas, como estilos, plantillas y enlazado de datos para proporcionar una forma muy eficiente de unir la capa de interfaz de usuario de las aplicaciones con la capa lógica subyacente.
- **Las aplicaciones estilo Windows 8:** Las aplicaciones estilo Windows 8 son una nueva forma de aplicaciones introducida en Windows 8. Son totalmente diferentes a las aplicaciones de escritorio tradicionales debido a su apariencia visual y a sus formas de administrar las interacciones del usuario. Estas aplicaciones se apoderan de toda la pantalla (pantalla chrome) y el usuario ya no necesita mostrar y administrar múltiples ventanas dentro de la aplicación.

2

Utilizar Windows 8

En este capítulo aprenderá a:

- Utilizar Windows 8 con el ratón y el teclado.
- Utilizar Windows 8 utilizando dispositivos multitáctiles.
- Aprovechar las funciones de la pantalla Inicio, los mosaicos dinámicos y la barra de accesos.
- Cambiar al escritorio y utilizar las aplicaciones tradicionales de Windows.

Windows 8 cambia considerablemente la interfaz de usuario (UI, *User Interface*). Se creó teniendo en cuenta una solución táctil. El escritorio tiene algunos ligeros cambios, pero la mayoría de las funciones tradicionales basadas en el ratón siguen ahí. En la nueva interfaz estilo Windows 8 casi todo es nuevo. Los mosaicos dinámicos no son solo accesos directos y las aplicaciones estilo Windows 8 no se controlan como las aplicaciones tradicionales de Windows. Incluso la pantalla Inicio contiene opciones que el antiguo menú del mismo nombre no incluía.

Aunque el usuario puede aprender estas funciones de forma intuitiva, para un desarrollador es imprescindible conocer todos los recovecos de la interfaz de usuario de Windows 8. Solo con un amplio conocimiento de estas opciones, podremos crear aplicaciones realmente atractivas e intuitivas con las que el usuario no solo pueda completar tareas, sino que además disfrute al hacerlo.

Dos mundos, un sistema operativo

Windows 8 tiene dos interfaces de usuarios diferentes: la del escritorio tradicional (con la que probablemente esté familiarizado) y otra complemente diferente, la UI de Windows 8. ¿Por qué esta interfaz es tan importante?

Durante las pasadas décadas, los usuarios han experimentado el triunfo del ratón sobre casi cualquier otro dispositivo de control en sus PC. Para un usuario de Windows normal, el uso del ratón se considera la forma más fácil de utilizar una interfaz gráfica de usuario (GUI, *Graphical User Interface*). Además del ratón, los usuarios también utilizan el teclado. Los métodos abreviados del teclado, como **Control-Alt-Supr** y las teclas especiales como la tecla **Windows**, agilizan su trabajo.

Microsoft creó sus sistemas operativos Windows dando por hecho que íbamos a utilizar un ratón y un teclado para controlar el sistema operativo y los programas. Esta premisa condujo a Microsoft a crear una GUI que coordinara las interacciones del usuario con estos dispositivos. Siempre se suponía que el usuario tenía un apuntador con precisión de píxel y que podía hacer clic sobre un pequeño icono sin ningún problema.

Los dispositivos más pequeños, como los asistentes digitales personales (PDA, *Personal Digital Assistants*) y los teléfonos inteligentes (*smartphones*) solían tener botones de hardware o lápices (*stylus*) para utilizar sus interfaces. Debido a su tamaño, estos dispositivos son menos efectivos para crear contenido que para consumirlo. Una vez dicho lo anterior, imitar la GUI del escritorio en estos dispositivos podría no haber sido la mejor opción. Sin embargo, cuando los teléfonos inteligentes y los PDA empezaron a ser habituales, era la mejor opción. Los sistemas operativos de estos dispositivos inteligentes empezaron a recrear una GUI simplificada de sus homólogas de escritorio para preservar la interacción del usuario y facilitar la curva de aprendizaje lo más posible.

En 2001, Microsoft creó una tercera categoría de dispositivo: la tableta PC (*Tablet PC*). Estas tabletas eran básicamente pequeños equipos portátiles con pantallas táctiles reversibles. Eran equipos totalmente funcionales, pero más móviles. Con la pantalla táctil, el usuario podía manipular los objetos en la pantalla de una forma más natural, sin necesidad de usar el ratón o el teclado.

Debido a sus inherentes carencias, el factor de forma de las tabletas PC tuvo poco impacto en el mercado de entonces. Eran dispositivos pequeños, pero pesados. Eran buenos para la creación de contenido y su consumo, pero carecían de una batería de larga duración, y así sucesivamente. Junto con los problemas relacionados con el hardware, las tabletas PC tenían otro problema importante: la ausencia de una GUI, como las creadas para pantallas táctiles (o multitáctiles). Windows XP simplemente permitía a los usuarios utilizar sus dedos en lugar del puntero del ratón.

En la pasada década surgió otro nuevo tipo de GUI. Los teléfonos móviles normales comenzaron a ser más grandes y más inteligentes. En un momento determinado, se empezaron a parecer más a los PDA: compañeros digitales, organizadores y dispositivos para el consumo de contenido. Sin embargo, si echa un vistazo a cualquier teléfono inteligente moderno, con su gran pantalla, no encontrará casi en ninguno de ellos un lápiz. Y, más importante aún, sus GUI son totalmente diferentes a las de un equipo de escritorio de Windows o a un PDA más antiguos.

Este nuevo tipo de GUI se creó desde cero para permitir la manipulación de objetos en la pantalla de una forma natural, sin utilizar dispositivos de hardware adiciones, como lápices o teclas. El usuario simplemente toca los objetos en pantalla con sus dedos. Casi todos estos dispositivos tienen una pantalla multitáctil por lo que pueden reconocer las manipulaciones realizadas con varios dedos, algo que se conoce comúnmente como gestos multitáctiles. Estas opciones permiten una forma más natural de interactuar con un dispositivo manual.

Aunque podamos utilizar los teléfonos inteligentes para el consumo de contenido, como navegar por Internet o leer documentos, la pequeña pantalla de 3 a 4 pulgadas normalmente se convierte en un obstáculo. Los equipos portátiles se consideran como el otro extremo. Son demasiado grandes, demasiado pesados, demasiado ruidosos y no tienen la movilidad suficiente para realizar tareas tan sencillas. Se crearon para permitirnos hacer todo lo que podemos hacer en un equipo de escritorio. Como dispositivos de creación de contenido, proporcionan posibilidades increíbles, pero a un precio. Para rellenar el hueco entre los teléfonos inteligentes y los equipos portátiles, reapareció un tercer tipo de dispositivo, con cambios.

Se siguen llamando tabletas (algunas se llaman pizarras o *slates*) pero en general carecen de teclado de hardware. Tienen pantallas multitáctiles de entre 7 y 10 pulgadas y sólo unos cuantos botones de hardware. Algunos tienen lápices, pero principalmente utilizan los gestos táctiles como método de interacción. Y debido a esto, tienen sistemas operativos heredados de los teléfonos inteligentes, con una GUI centrada en los toques. El uso de estas tabletas generalmente es muy natural, incluso para alguien que nunca haya usado antes un ordenador.

El nuevo tipo de tableta puede considerarse un descendiente de los teléfonos inteligentes. Al contrario que los dispositivos antiguos, no comparten casi nada con los equipos de escritorio, aunque son bastante buenos como dispositivos de consumo de contenido. Su GUI es completamente diferente. Requieren métodos de interacción diferentes y no ejecutan las mismas aplicaciones.

Los sistemas operativos creados sobre una de estas interfaces de usuario están predestinados a ser mejores sólo para uno de los dos mundos. O son buenos para un dispositivo de consumo de contenido o para uno de creación de contenido, pero no para ambos. El hardware actual ha evolucionado hasta el punto en el que el concepto de tableta original podría convertirse en realidad, sin todos los defectos de hace diez años. No obstante, el software simplemente no está preparado todavía, porque ningún sistema operativo encaja en ambos métodos de uso.

Con Windows 8, Microsoft ha creado el primer sistema operativo que intenta ser el mejor para ambos mundos al proporcionar una combinación de dos paradigmas de interfaz de usuario. Las conocidas aplicaciones de escritorio encajan mejor en escenarios de creación de contenido (como la escritura de libros o de programas), mientras que las aplicaciones estilo Windows 8 son mejores para el consumo de contenido (como leer los libros mencionados anteriormente).

Estas dos caras convierten a Windows 8 en el primer sistema operativo en ser lo suficientemente flexible como para permitir al usuario elegir el método que quiere utilizar para cualquier dispositivo que ejecute el sistema operativo. Tanto si usa una tableta de nueva generación con una base para teclado (*keyboard dock*), o un *ultrabook* con un teclado integrado y una pantalla táctil, o un equipo portátil o de escritorio, siempre podrá utilizar el familiar sistema operativo. Además, la pantalla Inicio, las configuraciones del usuario y las aplicaciones de Windows 8 le siguen a todos los dispositivos que utilice.

La aparente naturaleza compleja de la GUI de Windows y las mejoras en el núcleo del sistema operativo nos permiten, como desarrolladores, crear aplicaciones que se ejecutan en todos los dispositivos que tengan una pantalla de 7 a 70 pulgadas de tamaño (y evidentemente, se adhieran a determinados requerimientos de hardware). Estas aplicaciones son igual de atractivas cuando se utilizan en una pantalla multitáctil, o se controlan con un ratón y un teclado. Este sistema operativo sin compromisos ofrece un nuevo nivel de comodidad a los usuarios y una oportunidad de mercado sin precedentes para los desarrolladores.

Métodos de entrada

Si su dispositivo o equipo tiene puertos USB, puede usar el ratón y el teclado para interactuar con él. Pero con Windows 8, es importante conocer otros métodos que puede utilizar para controlar un dispositivo.

Entrada multitáctil

Mientras las versiones anteriores de Windows eran principalmente para equipos portátiles y de escritorio, Windows 8 abre nuevas posibilidades para una variedad completamente nueva de dispositivos: tabletas basadas en ARM, tabletas creadas sobre una arquitectura x64, los nuevos *ultrabooks*, etc. Una característica común de todos ellos es una pantalla táctil capacitiva y de múltiples toques. Cuando cree aplicaciones estilo Windows 8, es mejor que lo haga teniendo en cuenta la interfaz de usuario.

Microsoft nos ayuda con dos elementos en la creación de aplicaciones de este tipo:

- Los controles integrados en Visual Studio 2012 para aplicaciones estilo Windows 8 son apropiados para el ratón y la pantalla táctil. Aprenderá a utilizar estos controles en otros capítulos del libro.
- Microsoft asegura un uso consistente de gestos únicos y múltiples específicos a lo largo del sistema operativo y una forma clara y concisa de describirlos. Se trata de las interacciones del usuario realizadas con uno o dos dedos.

A continuación pasamos a relacionar todos los gestos definidos para Windows 8. Es una buena práctica tenerlos en cuenta ya que todos los usuarios de Windows los conocerán y podrá crear sus aplicaciones adhiriéndose a este cuasi-estándar.

- **Tocar:** Esta es la interacción principal con un objeto en la pantalla, como abrir una aplicación tocando con el dedo su mosaico dinámico en la pantalla Inicio. El homólogo de este gesto es hacer clic con el ratón.
- **Tocar y mantener:** Esta es la interacción secundaria con un objeto, como abrir el menú contextual tocando el objeto por un segundo sin soltar el dedo. Es como hacer clic con el botón derecho del ratón.

- **Deslizar:** Es muy raro ver un programa sin listas. Desplazarse por una lista normalmente requiere hacer clic (o dar un toque con el dedo) sobre una barra deslizante y moverla manteniendo pulsado el botón del ratón. Aunque se puede seguir haciendo, es mucho más natural para los usuarios de pantallas táctiles moverse por la vista dando un toque a la lista con un dedo y girándolo. La lista se enfocará, o desplazará, en esa dirección.
- **Arrastrar:** Utilice este gesto para seleccionar un objeto en la pantalla. Un arrastre es muy parecido a un deslizamiento. Toque el objeto con un dedo y arrastre hacia abajo ligeramente sin soltar. Cuando pare y suelte el dedo, completará el gesto de arrastre. Si no detiene el movimiento hacia abajo con su dedo, liberará la pantalla y es muy probable que se interprete como un gesto de deslizamiento.
- **Pinchar:** Este gesto multitáctil implica tocar la pantalla con dos dedos al mismo tiempo y moverlos apartándolos o juntándolos. Normalmente, este gesto está vinculado al uso de efectos de zoom, aumentado o disminuyendo la vista de una imagen o de cualquier otro objeto.
- **Girar:** Este gesto se ejecuta con dos dedos tocando la pantalla y girándolos alrededor de un punto central (que puede ser uno de los dedos). El gesto se puede utilizar para girar o rotar un objeto.
- **Arrastrar desde el borde:** Como podrá ver más adelante en el capítulo, los bordes y las esquinas de la pantalla tienen funciones importantes en Windows 8. Así, un gesto de arrastre sobre uno de los bordes de la pantalla se puede usar para activar algo útil. Por ejemplo, si arrastra el dedo desde el borde derecho de la pantalla táctil, abrirá la barra de accesos (o *Charm Bar*), que como aprenderá más adelante, contiene el botón **Inicio** y otras opciones útiles. Si arrastra desde el borde inferior de la pantalla, normalmente activará la barra contextual de comandos de la aplicación (algo que también aprenderá más adelante).

En la figura 2.1 puede ver todas estas interacciones de gestos

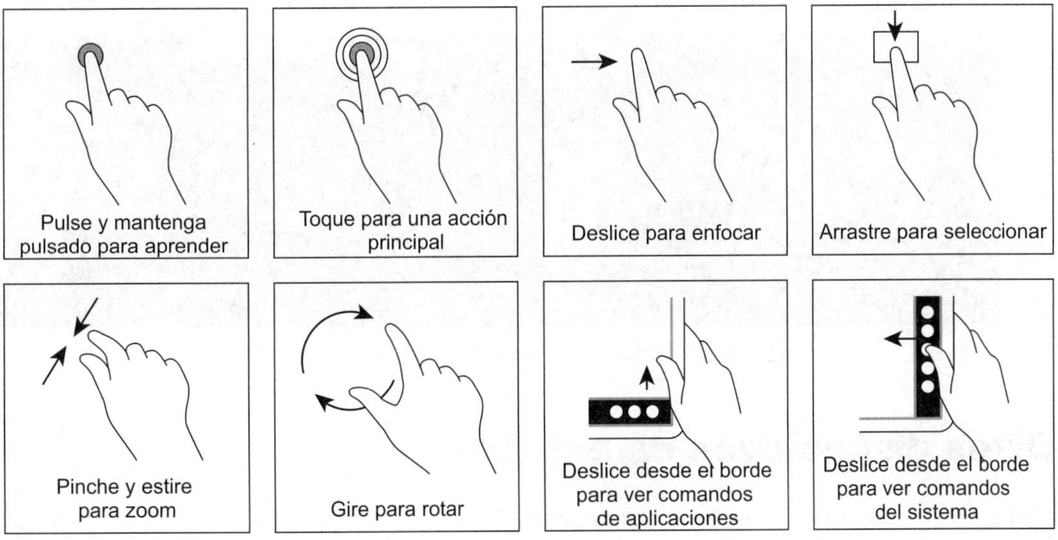

Figura 2.1. Gestos táctiles de Windows 8.

> **Nota:** Puede encontrar más información sobre los gestos en `http://msdn.microsoft.com/es-ES/library/windows/apps/hh761498.aspx`.

El teclado de software

Muchos dispositivos de Windows 8 serán demasiado pequeños para tener un teclado de hardware. La entrada de teclado en dichos dispositivos se realiza a través de un teclado de software en pantalla. Cuando un usuario toca un cuadro de texto (o algún otro control que espera la entrada de teclado), el teclado de software se abre automáticamente en la parte inferior de la pantalla. En pantallas más pequeñas, el teclado ocupará casi todo el espacio. Por tanto, cuando diseñe una aplicación que recibe entradas alfanuméricas del teclado, tiene que asegurarse de que el control tiene el tamaño suficiente para encajar en la resolución de la pantalla más pequeña cuando se abra el teclado de software.

Windows 8 ofrece diversos esquemas de teclado de software, que le ayudan a escribir en el teclado lo más cómodamente posible. En determinados esquemas, el tamaño de los botones se puede modificar también. Sin embargo, el esquema del teclado de software y el tamaño de los botones no afectan al espacio requerido por el teclado completo.

En la figura 2.2 puede ver el nuevo esquema de teclado de "dos dedos" que le ayudará a moverse cómodamente con sus dedos pulgares mientras mantiene en sus manos una tableta de Windows 8. La elipsis vertical en la parte izquierda le permite elegir el tamaño de los botones (siendo la configuración más grande la mostrada en la figura).

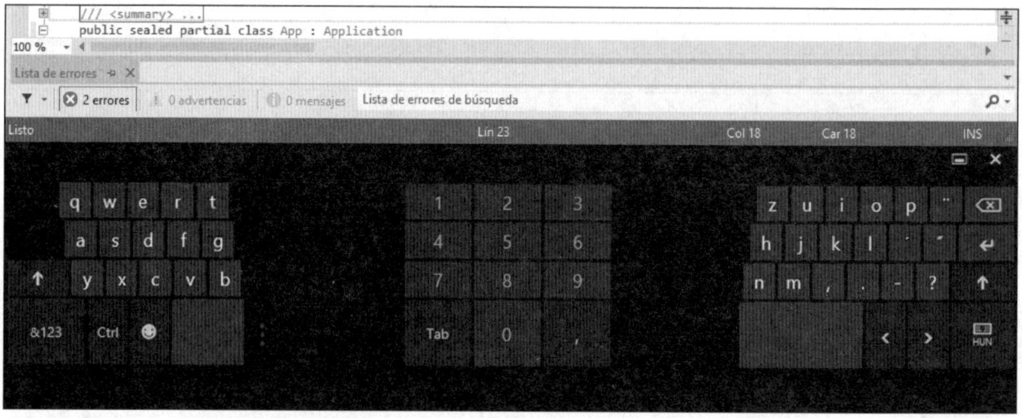

Figura 2.2. Teclado de software con un esquema especial.

Otros dispositivos de entrada

En general, sus aplicaciones se utilizarán junto con un ratón o con una pantalla táctil. Pero esto no significa que Windows 8 no admita otros dispositivos de entrada.

Algunos dispositivos (principalmente los de mano) tienen un lápiz. El lápiz es una ayuda para la pantalla táctil que proporciona mayor precisión que el uso de los dedos. Pero como un lápiz no es algo tan común, debe crear la interfaz de usuario para una entrada táctil normal.

Un tipo más importante de dispositivo de entrada es el sensor. La gran mayoría de tabletas de Windows 8 nuevas van a integrar un equipamiento para detectar la ubicación y actitud (forma de sostener el dispositivo) del dispositivo, entre otras cosas. Si el dispositivo o el equipo tienen un sensor, sus datos se pueden utilizar en su aplicación estilo Windows 8.

Estos son algunos ejemplos de sensores:

- Un servicio global de posicionamiento (GPS, *Global Positioning Service*) indica la ubicación geográfica del dispositivo.
- Un acelerómetro informa sobre el cambio en la velocidad del dispositivo.
- Un giroscopio indica la velocidad de rotación del dispositivo.
- Un magnetómetro o compás indica el ángulo de la dirección norte.
- Un sensor de luz ambiental informa sobre las condiciones del entorno del dispositivo.

Puede incorporar la entrada sensorial en su aplicación fácilmente utilizando las API proporcionadas por Microsoft y así tendrá la oportunidad de crear aplicaciones más atractivas o fáciles de usar.

Inicio de sesión

El inicio de sesión en el sistema operativo en realidad no es importante desde el punto de vista de un desarrollador de aplicaciones de Windows 8 (aparte del hecho de que no se pueden escribir aplicaciones si no se inicia la sesión). Pero merece la pena decir que Windows 8 se creó para su uso con las Cuentas de Microsoft (básicamente un nuevo nombre para Live ID), al contrario que para cuentas locales de usuario en cada equipo.

> **Nota:** Windows Live es la colección de servicios en línea de Microsoft. Puede acceder a ellos a través de `http://live.com`. Windows Live incluye funcionalidad de correo, calendario, almacenamiento en línea y mensajería instantánea. Puede acceder a todas ellas de forma gratuita mediante la creación de una Cuenta de Microsoft en `http://live.com`.

Esto significa que si inicia la sesión con su dirección de correo electrónico Live ID y su contraseña, Windows 8 le permite llegar a todo lo que tenga almacenado en Live Services, de la forma más fácil posible. Por ejemplo, si abre `http://live.com` en Internet Explorer, se registrará inmediatamente con el nombre de usuario y la contraseña que utiliza en Windows. O si prefiere seleccionar una imagen en una aplicación, verá no solo las imágenes del equipo que esté utilizando, sino todas las imágenes que haya guardado en su SkyDrive (como si estuviesen guardadas localmente). Evidentemente el equipo tiene que tener acceso a Internet para obtener estas imágenes de SkyDrive.

Nota: SkyDrive es la tecnología de almacenamiento en línea de Microsoft. Si tiene una Cuenta de Microsoft (conocida antiguamente como Windows Live ID), obtendrá 5 GB de espacio de almacenamiento gratuito que puede utilizar para que sus fotos y documentos estén en línea en `http://www.skydrive.com`. Puede hacer que esos archivos estén disponibles de forma privada o pública, o puede incluso compartirlos con otras personas.

Al crear una aplicación, puede aprovechar esta integración Live y permitir que su aplicación utilice información del usuario y datos tan fácilmente como si Microsoft los hubiese integrado en Windows 8. La primera vez que el usuario abre la aplicación e intenta registrarse en Windows Live, se abre una pantalla pidiendo información sobre los permisos para dicha aplicación. Cuando el usuario lee los detalles y hace clic o toca el botón **Aceptar**, la aplicación podrá ejecutar las acciones para las que tenga permiso el usuario (leer mensajes de correo electrónico, acceder a datos personales, descargar o cargar archivos en SkyDrive, etc.). El usuario puede revocar estos permisos en cualquier momento.

Además de las Cuentas de Microsoft, sigue existiendo la posibilidad de utilizar cuentas locales.

También merece la pena mencionar los dos nuevos tipos de inicio de sesión. Escribir contraseñas seguras puede implicar tiempo (y esfuerzo), algo que puede ser especialmente complicado en un dispositivo de pantalla táctil sin teclado de hardware. Por ese motivo, Windows 8 nos permite crear una imagen y/o un número de identificación personal (PIN, *Personal Identification Number*) para iniciar la sesión, además del tradicional inicio con una contraseña segura.

Las contraseñas de imagen le permiten elegir una imagen, dibujar figuras en ella (puntos, líneas y círculos) y la próxima vez que inicie la sesión, podrá hacerlo sin tener que escribir una contraseña probablemente muy larga. Solo tiene que repetir el dibujo de tres figuras en la misma secuencia y en los mismos lugares (algo muy fácil de hacer con una pantalla táctil).

La opción de contraseña PIN le permite elegir un número de identificación personal de cuatro dígitos, que es más fácil de escribir que una contraseña larga.

La pantalla Inicio

Tras iniciar una sesión en su dispositivo Windows 8, la primera pantalla que verá es la nueva pantalla Inicio. Windows 8 ha dado la vuelta al tradicional menú del botón **Inicio** conocido durante décadas. Sin embargo, como podrá comprobar, todas las funciones de este menú siguen existiendo en la pantalla Inicio, así que seguro que no le costará acostumbrarse a ella rápidamente.

Evolución del menú Inicio

Básicamente, la pantalla Inicio representa una evolución del menú del botón **Inicio**. Como resultado de dicha evolución, en lugar de ver iconos o texto plano, se muestran unos mosaicos dinámicos. Si está familiarizado con el último sistema operativo de telefonía móvil de Microsoft (Windows Phone 7), ya sabrá a lo que nos estamos refiriendo. Si es la primera vez que ve el diseño de Windows 8, los botones pueden parecerle iconos, pero simplemente más grandes. Pero estos mosaicos pueden hacer mucho más: ¡tienen un contenido enriquecido y que cambia! El mosaico **Calendario** se sincroniza con sus calendarios en línea (Windows Live, Hotmail, Exchange, etc.), y muestra información sobre la siguiente cita. Si mira al mosaico **Mensajes**, podrá ver cuántos mensajes instantáneos esperan su respuesta. En el mosaico **El tiempo**, puede ver información básica sobre el tiempo y en el de **Contactos**, actualizaciones de estado de sus amigos en diversas redes sociales. La figura 2.3 muestra la pantalla Inicio en acción.

Figura 2.3. Pantalla Inicio de Windows 8.

Estos mosaicos dinámicos representan las aplicaciones y los programas, igual que en el antiguo menú del botón **Inicio**, pero también proporcionan información básica sobre el propósito de la aplicación. Así, no tendrá siquiera que abrir estas aplicaciones ya que, con un solo vistazo a su pantalla Inicio, podrá ver toda la información importante.

Evidentemente, es muy probable que quiera tener más mosaicos activos de los que caben en la pantalla. El número de mosaicos colocados verticalmente en su pantalla Inicio se adapta a la resolución de la pantalla de su equipo, por lo que en un monitor más grande, obtendrá automáticamente más filas de mosaicos. Sin embargo, sus mosaicos pueden desbordarse horizontalmente. Si aprovecha esta característica, podrá colocar un número arbitrario de mosaicos en su pantalla Inicio. Más adelante en el capítulo aprenderá más sobre la colocación de mosaicos en la pantalla Inicio.

Un control de lista es un concepto básico de programación y de interfaz de usuario que debería conocer. Se trata de un complemento de una aplicación que representa un número arbitrario de elementos de la interfaz de usuario, normalmente de una manera unificada. En Todos los programas del botón **Inicio** en Windows 7, puede ver un ejemplo básico de un control de lista, con todos los programas representados como iconos y cadenas simples.

El panel de elementos en el Explorador de archivos (Explorador de Windows en versiones anteriores) es un control de lista más complejo. Puede representar el contenido de una carpeta de muchas formas (iconos pequeños o grandes, detalles o una simple lista) y tiene opciones de agrupación y ordenación.

Los controles de lista pueden ser diferentes entre sí, pero comparten algunas características con las que los usuarios de Windows se han familiarizado con el paso de los años.

Como la pantalla Inicio es una especie de control de lista, comparte estas características de uso. Si utiliza un ratón y un teclado, el desplazamiento funciona exactamente como cabría esperar. En la parte inferior de la pantalla hay una barra de desplazamiento que puede utilizar para mover la vista hacia la izquierda o hacia la derecha. Igual que cualquier otro control de lista, puede utilizar también la rueda de su ratón para desplazarse por esta pantalla. Además, pruebe a colocar el puntero de su ratón en el borde derecho y desplácelo hacia la derecha. Como puede ver en la figura 2.4, la vista se mueve hacia la derecha.

Figura 2.4. Desplazamiento en la pantalla Inicio.

Si tiene un dispositivo con pantalla táctil, puede aprovechar las interacciones de usuario naturales. Solo tiene que tocar la pantalla Inicio en cualquier parte (excepto en sus bordes) y deslizar su dedo horizontalmente. La vista seguirá su gesto.

Aunque el desplazamiento o deslizamiento por la pantalla pueden ser muy cómodos, existe otra forma de ver todos los mosaicos: **Alejar**. Este tipo de vista encoge todos los mosaicos de la pantalla y le permite verlos todos a la vez. De esta forma podrá ir a un punto (a un determinado mosaico) rápidamente en lugar de tener que desplazarse por todos los mosaicos de la pantalla. En la figura 2.5 puede ver la pantalla en la vista **Alejar**.

Figura 2.5. Pantalla Inicio en la vista Alejar.

Más adelante en el capítulo explicaremos con más detalle los mosaicos dinámicos y el uso de la vista **Alejar**. No obstante, primero vamos a ver cómo podemos buscar aplicaciones en la pantalla Inicio de Windows 8.

Explorar y buscar aplicaciones instaladas

En cierto modo, las aplicaciones definen las opciones de todo el sistema. Por consiguiente, añadir nuevas opciones y funciones significa añadir e instalar nuevas aplicaciones. Enseguida se encontrará en una situación en la que tendrá más aplicaciones de las que desea ver en la pantalla Inicio como mosaicos dinámicos.

> **Nota:** Por cierto, no es necesario que tenga ancladas todas las aplicaciones en su pantalla Inicio; seguramente no va a usar todas con la misma frecuencia.

Evidentemente, podrá dar prioridad u ocultar (desanclar) algunas aplicaciones. ¿Dónde (o más específicamente, cómo) puede encontrar estas aplicaciones?

En versiones anteriores de Windows, la sección Todos los programas del botón **Inicio** era el lugar principal para ver una lista de todo el software instalado, explorarlo y buscar una aplicación determinada. Tal como hemos indicado anteriormente, cada función de ese botón sigue existiendo en la pantalla Inicio, pero no encontrará ningún mosaico denominado "Todos los programas".

En la pantalla Aplicaciones verá grupos identificados por letras. Estos grupos contienen las aplicaciones cuyos nombres empiezan por la letra en el nombre del grupo. Algunas tienen un nombre mucho menos expresivo (como Sistema de Windows). Estos grupos son como las carpetas del antiguo botón **Inicio**. Contienen programas que se instalaron juntos y que están unidos por algún tipo de relación.

La nueva pantalla Aplicaciones (y sus funciones) le ayudan a explorar numerosas aplicaciones (una experiencia rápida y fluida si la comparamos con la larga lista del botón **Inicio**).

Esta es una forma eficiente de encontrar la aplicación que busca. Desde el lanzamiento de Windows Vista, el antiguo botón **Inicio** tenía una característica espléndida: buscar programas. Al abrir el menú, se mostraba un cuadro de texto y sólo había que empezar a escribir. El menú filtraba su contenido. Si queríamos buscar algo específico, como "panel de control", solo teníamos que hacer clic en **Inicio**, escribir **pa** y hacer clic en el icono **Panel de control** sin tener que desplazarnos por toda una larga lista.

En Windows 8, puede aprovechar este familiar flujo de trabajo, como podrá comprobar en el siguiente ejercicio. Asimismo, aprenderá a explorar aplicaciones ya instaladas en su equipo o dispositivo y anclar aplicaciones a la pantalla Inicio.

Ejercicio: Explorar, buscar y anclar aplicaciones en la pantalla Inicio

Para explorar o buscar aplicaciones en la pantalla Inicio, siga estos pasos:

1. Haga clic con el botón derecho del ratón sobre un área vacía (es decir, en cualquier parte de la pantalla menos en un mosaico) dentro de la pantalla Inicio. En el menú de la parte inferior de la pantalla, aparece el botón **Todas las aplicaciones**, como puede ver en la figura 2.6. Si utiliza un dispositivo con pantalla táctil, use el gesto "arrastrar desde el borde" desde la parte inferior de la pantalla para conseguir el mismo efecto.
2. Haga clic o toque el icono **Todas las aplicaciones**. Los mosaicos dinámicos desaparecen y se muestra una lista de todo el software instalado en el sistema, como puede ver en la figura 2.7. Puede desplazarse por esta lista igual que haría en la propia pantalla Inicio y hacer clic en cualquier icono o nombre para abrir el programa apropiado (no tiene que hacerlo ahora mismo, pero si lo ha hecho, puede utilizar el botón **Inicio** del teclado o del dispositivo para volver a la pantalla Inicio. Aprenderá más sobre todo esto más adelante).

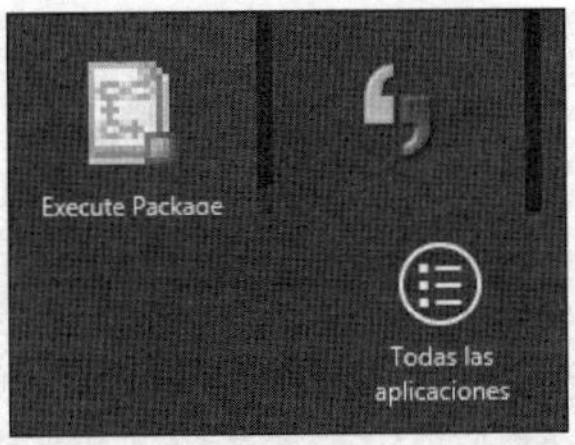

Figura 2.6. Comando Todas las aplicaciones en el menú inferior de la pantalla Inicio.

Figura 2.7. Pantalla Aplicaciones.

3. Para buscar una aplicación por su nombre o afiliación con otras aplicaciones, mueva la rueda del ratón mientras pulsa **Control** en su teclado o haga un gesto de pinchar en la pantalla para encoger los iconos. Los iconos en la pantalla Aplicaciones se combinan en grupos, como puede ver en la figura 2.8. Haga clic en un grupo para ver las aplicaciones del mismo.

4. Pulse el botón **Inicio** de su teclado o de su dispositivo de pantalla táctil para volver a la pantalla Inicio. Si su teclado no tiene dicho botón, mueva el cursor del ratón hacia la esquina inferior derecha de la pantalla para abrir la barra de accesos. Si está utilizando un dispositivo con pantalla táctil que no tiene un botón **Inicio** de hardware, use el gesto "arrastrar desde el borde" desde el borde derecho de la pantalla para conseguir el mismo efecto.

   Aparecerán cinco iconos superpuestos sobre el contenido de la pantalla. Haga clic (o toque con el dedo) el icono de color azul en forma de ventana que está en el centro para volver a la pantalla Inicio (aprenderá más sobre la barra de accesos más adelante en el capítulo).

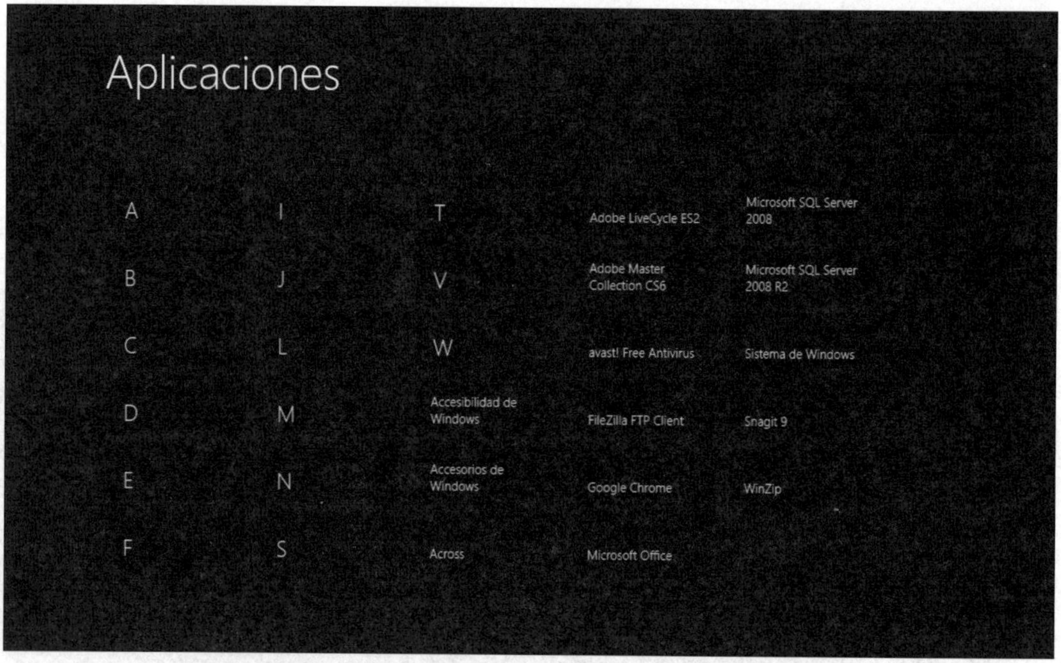

Figura 2.8. Grupos de aplicaciones en la pantalla Aplicaciones.

5. Para buscar una aplicación, empiece a escribir con su teclado cuando se abra la pantalla Inicio. Por ejemplo, escriba **C**. Se abrirá la misma pantalla Aplicaciones que acaba de abrir, con dos diferencias. Primera, ahora está filtrada y muestra las aplicaciones cuyos nombres empiezan por "c". Segunda, a la derecha de la pantalla, se abre una barra lateral que contiene el cuadro de texto en el que aparece la letra que acaba de escribir además de otros elementos. Conseguir lo mismo con un dispositivo táctil que no tiene un teclado de hardware es un poco más complicado. Para abrir la barra Buscar, utilice el gesto "arrastrar desde el borde" en el borde derecho de la pantalla. Se abrirá la barra de accesos mostrada en la figura 2.9. Después toque con el dedo el primer icono, denominado **Buscar**. Se abrirá la familiar pantalla Aplicaciones mostrando una barra lateral a la derecha. Esta barra lateral contiene un cuadro de texto. Tóquelo con el dedo para abrir el teclado virtual y pulse la tecla **C**.
6. Pulse o toque la tecla **o**. Las aplicaciones se volverán a filtrar, pero ahora solo podrá ver aquellos cuyos nombres contienen "co", como puede ver en la figura 2.10.
7. Ancle la aplicación Panel de control en la pantalla Inicio haciendo clic con el botón derecho sobre el icono de la aplicación o arrastrándolo hacia abajo para seleccionarlo. Se abrirá su barra contextual en la parte inferior de la pantalla (véase la figura 2.11). La barra contextual contiene cuatro iconos. Haga clic o toque con el dedo sobre el icono **Anclar a Inicio**. La barra contextual desaparece y, si vuelve a la pantalla Inicio, encontrará el mosaico **Panel de control** en el borde derecho de la pantalla (puede que tenga que desplazarse para verlo). La próxima vez que seleccione el **Panel de control**, el primer botón de la barra contextual será **Desanclar de Inicio**. Al hacer clic en (o tocar) dicho icono, puede revertir el anclaje y borrar el mosaico dinámico de su pantalla Inicio.

Figura 2.9. Barra de accesos mostrando el comando Buscar.

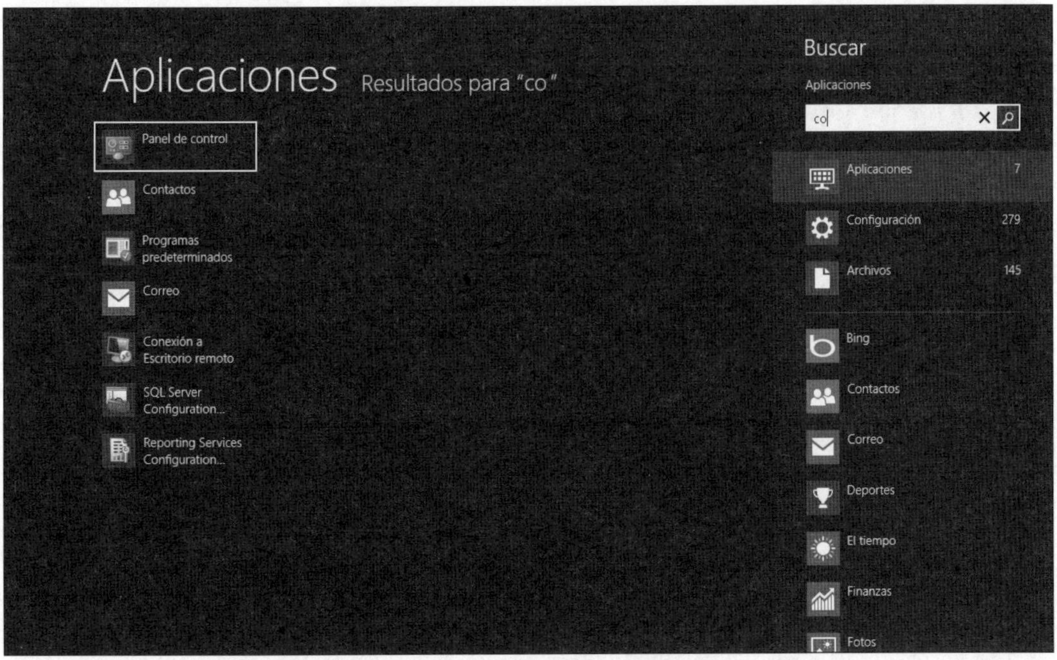

Figura 2.10. Aplicaciones que contienen "co" en sus nombres.

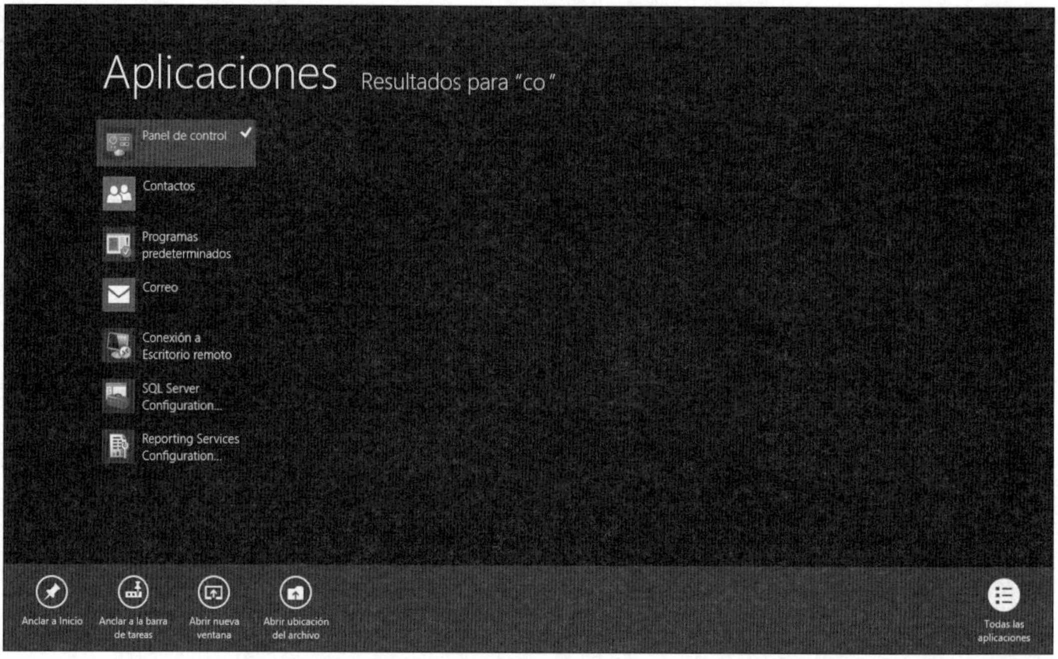

Figura 2.11. Icono de aplicación seleccionado con su barra contextual abierta

Nota: No está limitado a buscar utilizando solo la primera palabra del nombre de una aplicación. El algoritmo de filtrado busca la subcadena introducida en todas las palabras del nombre de una aplicación. Por ejemplo, si escribe **c**, aparecerá en la lista el icono de **Windows Media Center**, porque una de las palabras de su nombre empieza por "c".

Tanto la barra de accesos como la función Buscar son elementos centrales de Windows 8, algo que aprenderá más adelante en el capítulo. Pero ahora vamos a ver lo que puede hacer con los elementos centrales de la pantalla Inicio: los mosaicos dinámicos.

Mosaicos dinámicos

Como hemos dicho anteriormente, podríamos considerar un mosaico dinámico como un acceso directo porque representa a una aplicación. Pero los mosaicos dinámicos no son simples iconos. Canalizan algunos datos consumidos por la aplicación para que el usuario sea más eficiente. No es necesario abrir una aplicación de correo electrónico para ver si hay mensajes nuevos esperando en la bandeja de entrada. Solo tiene que echar un vistazo al mosaico dinámico de la aplicación. En realidad, algunas aplicaciones pueden tener más de un mosaico dinámico. Por ejemplo, puede decirle a determinadas aplicaciones sobre el tiempo que anclen un mosaico dinámico a la pantalla Inicio para ver el tiempo de una ciudad y anclar otro mosaico dinámico para ver la información de otra ciudad. No obstante, esta función es opcional. Las únicas aplicaciones que la proporcionan son las que están preparadas (programadas) para hacerlo. Para abrir una aplicación, haga clic en su mosaico (o tóquelo con su dedo si utiliza un dispositivo con pantalla táctil). En la mayoría de mosaicos, esta acción hace que la aplicación simplemente se abra. Pero es bueno saber (no solo como desarrollador) que hay mosaicos dinámicos especiales (mosaicos secundarios) que pueden contener alguna información de inicialización para la aplicación. Esta opción (denominada enlazado profundo) permite al usuario no solo abrir la aplicación sino además especificar qué parte de la misma quiere utilizar. Por ejemplo, si el usuario ancla un mosaico dinámico sobre el tiempo en Budapest utilizando la aplicación sobre el tiempo mencionada antes, y después abre la aplicación sobre el tiempo desde este mosaico dinámico, la aplicación abrirá y mostrará el tiempo en Budapest.

Ahora vamos a echar un vistazo a las operaciones básicas de los mosaicos dinámicos.

Barra contextual de un mosaico dinámico

Cuando utilizamos Windows (o cualquier otro sistema operativo de escritorio gráfico), nos introducimos en las nociones de menús contextuales y emergentes. Estos proporcionan operaciones adicionales a cualquier objeto representado gráficamente, ya sea un icono en el escritorio o el propio escritorio. En Windows 8, los menús contextuales aparecen de una manera más controlada. Al hacer clic con el botón derecho del ratón en la pantalla Inicio para abrir una barra contextual, verá el menú contextual de Windows 8.

Cada mosaico dinámico tiene su propio menú contextual y, evidentemente, los elementos de dichos menús pueden variar un poco. Al abrir la barra contextual de aplicaciones estilo Windows 8, probablemente encuentre los siguientes botones:

- **Anclar a Inicio/Desanclar de inicio:** Al hacer clic en (o tocar) este botón, el mosaico dinámico aparece en la pantalla Inicio, o desaparece de ella, tal como ha podido comprobar anteriormente.
- **Desinstalar:** Al hacer clic en (o tocar) este botón, se borra de su dispositivo la aplicación que reside en el mosaico dinámico seleccionado. Puede revertir este efecto instalando de nuevo la aplicación desde la Tienda de Windows.
- **Más pequeño/Más grande:** Algunas aplicaciones proporcionan dos tipos del mismo mosaico dinámico: uno cuadrado y pequeño y otro rectangular con el doble del tamaño que proporciona más información. Cuando se selecciona un mosaico dinámico y la aplicación enlazada a él puede tener esos dos tamaños de mosaico, verá un botón denominado **Más grande** o **Más pequeño** en su menú contextual. Estos mosaicos le permiten elegir si desea usar un mosaico pequeño o el doble de grande con dicha aplicación, pero solo si la aplicación admite mosaicos más grandes.
- **Desactivar o Activar el icono dinámico:** Este botón le permite desactivar las notificaciones de un mosaico dinámico o activarlas de nuevo. Cuando está desactivado, el mosaico solo muestra una representación de icono predeterminada de la aplicación. Estos botones aparecen solo si la aplicación del mosaico lo admite.

Las aplicaciones estilo Windows 8 son solo parte de la historia. Windows 8 también puede ejecutar aplicaciones Win32/.NET tradicionales. Cuando una de estas aplicaciones se ancla a la pantalla Inicio, en realidad su correspondiente mosaico no es dinámico, es decir, no se actualizará. Las aplicaciones de software tradicionales actualmente carecen de medios para hacerlo. Asimismo, la barra contextual de estos programas será algo diferente.

Cuando abra la barra contextual de uno de estos programas, además de los botones de las barras contextuales de las aplicaciones estilo Windows 8, encontrará principalmente los siguientes botones:

- **Anclar a la barra de tareas:** Puede utilizar este botón para anclar de forma permanente el programa a la barra de tareas del escritorio.
- **Abrir nueva ventana:** Utilice este botón para abrir en el escritorio una nueva instancia de la aplicación.
- **Ejecutar como administrador:** Este botón ejecuta la aplicación en el escritorio con privilegios de Administrador. Tenga en cuenta que no necesita ser Administrador para ver el botón pero a la hora de usarlo se le pedirá que escriba la contraseña del administrador.
- **Abrir ubicación del archivo:** Este botón abre la carpeta que contiene el archivo ejecutable de la aplicación en el Explorador de archivos y, por supuesto, en el escritorio.

Como puede ver, todos estos botones están relacionados con el escritorio de Windows. Otra diferencia con respecto a las aplicaciones estilo Windows 8 es que no encontrará los botones **Más grande/Más pequeño** ni **Activar/Desactivar el icono dinámico** en la barra contextual por razones obvias. En el siguiente ejercicio aprenderá a usar la barra contextual de un mosaico dinámico.

Ejercicio: Utilizar la barra contextual de un mosaico dinámico

Para cambiar el tamaño de los mosaicos dinámicos o activarlos y desactivarlos con la barra contextual, siga estos pasos:

1. Para abrir la barra contextual, haga clic con el botón derecho del ratón sobre un mosaico dinámico o arrástrelo. Por ejemplo, haga clic con el botón derecho del ratón sobre el mosaico dinámico **Música** o arrástrelo.
2. Haga clic o toque con el dedo sobre el botón **Más pequeño** en la barra contextual para reducir el tamaño del mosaico dinámico **Música** (véase la figura 2.12). Tenga en cuenta que la barra contextual desaparece automáticamente tras la operación, como muestra la figura 2.13.
3. Haga clic con el botón derecho del ratón sobre el mosaico dinámico **Música** otra vez (o arrástrelo) y posteriormente haga clic sobre el botón **Más grande** (o tóquelo). El mosaico dinámico vuelve a tener un tamaño grande.
4. Para desactivar las actualizaciones de un mosaico dinámico, primero haga clic con el botón derecho en el mosaico dinámico **Música** o arrástrelo. Después haga clic en (o arrastre) el botón **Desactivar el icono dinámico** en la barra contextual. El mosaico dinámico dejará de actualizar su contenido; solo aparecerá un gráfico sobre él.

Figura 2.12. Barra contextual del mosaico dinámico Música.

Figura 2.13. El mosaico dinámico Música se hace más pequeño.

5. Para activar de nuevo las actualizaciones, haga clic con el botón derecho en el mosaico dinámico **Música** o arrástrelo. Después haga clic en (o arrastre) el botón **Activar el icono dinámico** en la barra contextual. Cuando reproduzca música con la aplicación, las actualizaciones volverán a aparecer de nuevo en el mosaico.

Cómo funciona

Los mosaicos dinámicos deberían considerarse como pequeñas aplicaciones por sí mismos, excepto por el hecho de que se tienen que conectar a una aplicación "real". Cuando cree una aplicación estilo Windows 8, podrá enviar actualizaciones de estado para el mosaico dinámico de la aplicación a través de un tercer componente denominado tarea de segundo plano. El sistema operativo llama al agente de segundo plano de vez en cuando y le envía dos tipos de actualizaciones al mosaico dinámico: una para el mosaico más pequeño y otra para la versión más grande. El hacer clic en (o tocar) el botón **Desactivar el icono dinámico** en la barra contextual, evitará que el mosaico reciba estas actualizaciones.

> **Nota:** Aunque el escenario descrito anteriormente es la forma más común de funcionamiento de un mosaico dinámico, existen situaciones especiales que aprenderá más adelante en el libro.

Puede seleccionar más de un mosaico dinámico haciendo clic con el botón derecho del ratón o con el gesto de arrastre. Cuando se seleccionan varios mosaicos dinámicos, solo aparecerá el botón **Desanclar de Inicio** o el botón **Borrar selección**. Este permite anular la selección de los mosaicos dinámicos seleccionados. Para borrar la selección de un solo mosaico dinámico, haga clic con el botón derecho del ratón sobre él de nuevo o vuelva a arrastrarlo.

Reubicar mosaicos dinámicos

Los mosaicos dinámicos se sitúan en la pantalla Inicio de una forma ordenada y limpia. Una columna de mosaicos está compuesta de dos pequeños mosaicos dinámicos (cuadrados) y cuando los mosaicos ocupan la fila final (determinada por la resolución de la pantalla), el siguiente mosaico se coloca en una nueva columna. Para proporcionar y mantener una experiencia consistente y familiar cuando se usa cualquier dispositivo Windows 8, el sistema operativo no permitirá que nadie cambie este mecanismo de esquema. Sin embargo, sí se puede personalizar. Aparte de las acciones anteriormente descritas, los usuarios pueden reunir los mosaicos dinámicos en grupos o simplemente reorganizarlos. Vamos a probar a hacerlo.

Ejercicio: Reubicar los mosaicos dinámicos

Para reubicar los mosaicos dinámicos siga estos pasos:

1. Desplácese a la pantalla Inicio. Haga clic y mantenga pulsado el botón del ratón sobre un mosaico dinámico. Mueva el ratón ligeramente en cualquier dirección. El resto de mosaicos se congela y se encogen con relación al que está sosteniendo, pero este sigue teniendo el

mismo tamaño que tenía. Advierta además que el mosaico que sostiene es semitransparente. Para ejecutar esta acción en un dispositivo con pantalla táctil, arrastre hacia abajo el mosaico dinámico y no lo suelte hasta que se desacople de su lugar.

2. Mueva libremente el mosaico dinámico hacia cualquier dirección. El resto de mosaicos dinámicos se moverán para hacer sitio para el que está intentando reubicar, como puede ver en la figura 2.14.

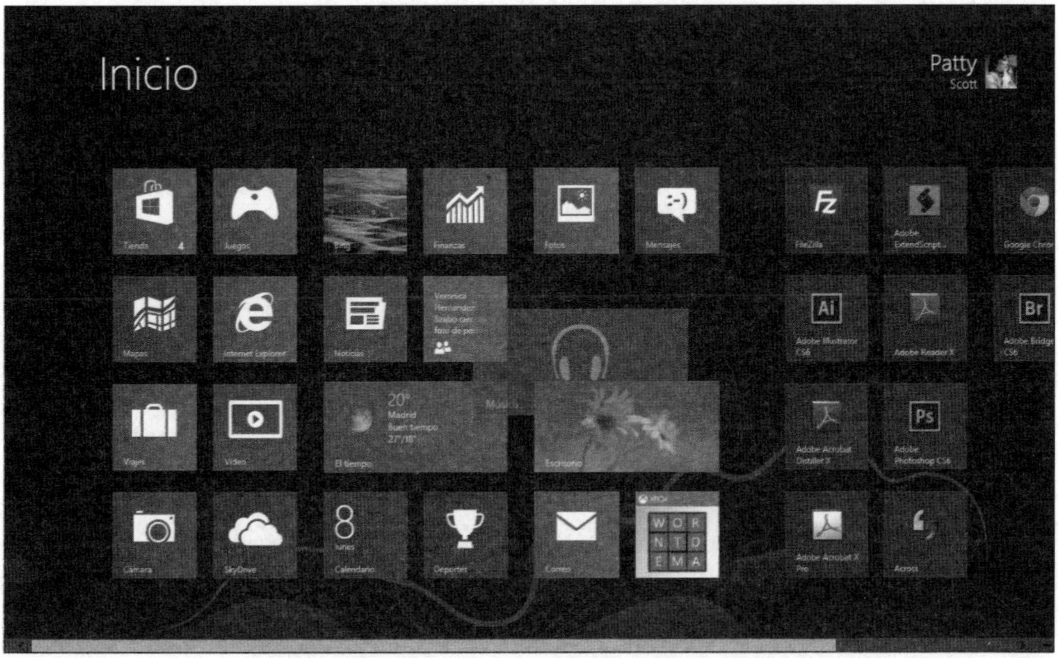

Figura 2.14. Reubicación de un mosaico dinámico.

3. Suelte el botón del ratón o su dedo cuando haya encontrado el lugar donde quiere colocar el mosaico dinámico. La nueva ubicación y el nuevo esquema se conservarán.

Cómo funciona

Cuando desacopla un mosaico dinámico de su sitio, Windows 8 entiende que quiere colocarlo en alguna otra parte de la pantalla Inicio. Para ayudarle a hacerlo, el resto de mosaicos dinámicos se congelan y se encogen. Cuando mueve el mosaico dinámico a un nuevo lugar, el resto de mosaicos se mueven automáticamente para mostrarle cómo se van a organizar cuando coloque el que está arrastrando a ese lugar.

Grupos de mosaicos dinámicos

Como ya habrá advertido, los mosaicos dinámicos en la pantalla Inicio están divididos en grupos. Esta agrupación es muy sutil. Lo único que los separa es el espacio entre dos columnas de mosaicos. Asimismo, los grupos pueden tener sus propios nombres, que se muestran sobre los mosaicos dinámicos.

Creación de un grupo de mosaicos dinámicos

La creación de grupos de mosaicos dinámicos es muy fácil, pero en contra de lo que podría pensar, no encontrará ningún botón de comando para ejecutar esta tarea. Al arrastrar un mosaico dinámico a una nueva ubicación y quedar suspendido entre dos grupos, aparece una línea gris horizontal. Si suelta el mosaico dinámico arrastrado, se convertirá en el primer elemento del nuevo grupo de mosaicos.

Utilizar grupos de mosaicos dinámicos

Cuando crea un nuevo grupo de mosaicos dinámicos, no tendrá ningún nombre. Si desea que lo tenga o quiere colocar al grupo en cualquier otra parte entre los otros grupos, tiene que entrar en la vista **Reducir** de la pantalla Inicio. En esta vista verá todos los mosaicos dinámicos y los grupos a la vez, si bien no puede seleccionar un mosaico individual pero puede seleccionar los grupos (uno a la vez). La selección de un grupo abre la barra de contexto en la parte inferior de la pantalla con un comando **Dar nombre al grupo de iconos**. Al seleccionar este comando, podrá añadir un nombre al grupo o modificar el existente.

La reorganización de grupos funciona de una forma muy similar a la reubicación de mosaicos dinámicos. En la vista **Reducir**, puede seleccionar un grupo de mosaicos dinámicos y arrastrarlo hasta el lugar donde quiera colocarlo. Mientras arrastra el grupo, los otros grupos se mueven para hacer sitio al que está arrastrando.

Ejercicio: Administrar grupos de mosaicos dinámicos

Para crear un nuevo grupo de mosaicos dinámicos, darle un nombre y colocarlo en cualquier otra parte entre los otros grupos, siga estos pasos:

1. Abra la pantalla Inicio. Seleccione un mosaico activo haciendo clic en él y moviéndolo mientras sigue manteniendo pulsado el botón del ratón. Si utiliza un dispositivo de pantalla táctil, arrastre el mosaico dinámico y no lo suelte. Cuando el mosaico se acople en su sitio, puede moverlo. Arrastre el mosaico dinámico horizontalmente hasta que encuentre un hueco más grande entre mosaicos (este es el separador entre los distintos grupos). Aparece una gruesa línea gris entre los grupos, como puede ver en la figura 2.15. Suelte el mosaico dinámico.
2. Entre en la vista **Reducir**. Para ello, pulse la tecla **Control** y mueva hacia atrás la rueda del ratón, o ejecute un gesto de pinchar en la pantalla Inicio. Si su ratón no tiene rueda, haga clic en la esquina inferior derecha de la pantalla, donde aparece un signo menos. La figura 2.16 muestra una pantalla Inicio en la vista **Reducir**.

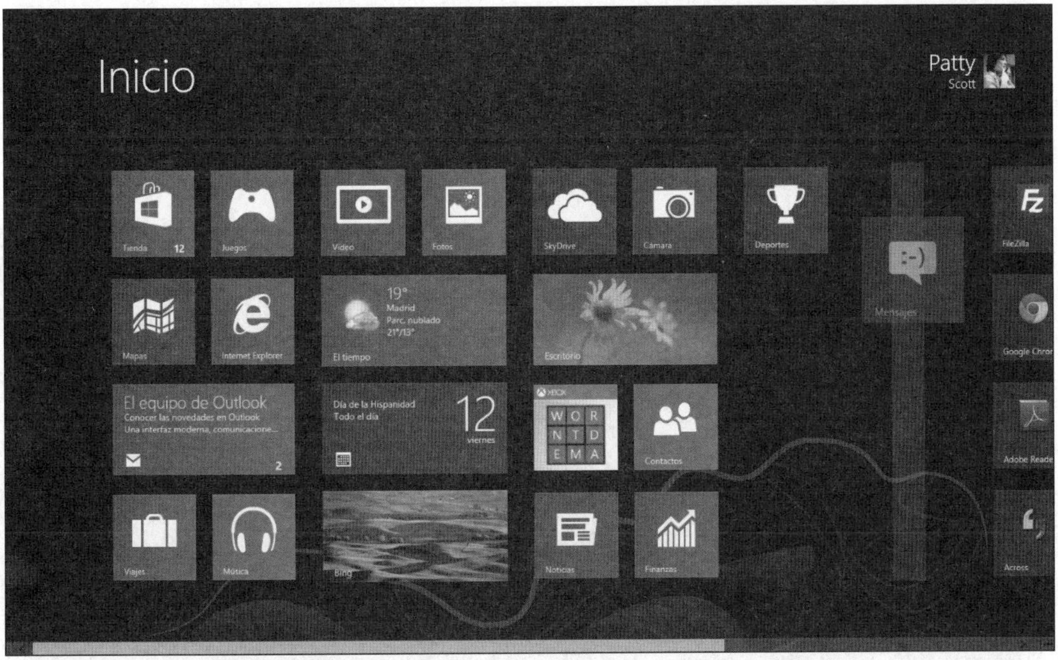

Figura 2.15. Creación de un grupo de mosaicos dinámicos.

Figura 2.16. Vista Reducir.

3. Haga clic con el botón derecho del ratón o arrastre el nuevo grupo que acaba de crear en el paso 1. Se abrirá la barra contextual en la parte inferior de la pantalla. Esta barra tiene un solo comando: **Dar nombre al grupo**. Haga clic sobre él o tóquelo con el dedo para abrir la ventana emergente sobre la barra contextual, escriba un nombre para el grupo. La figura 2.17 muestra este paso. Cuando haya escrito el nombre, haga clic en el botón **Nombrar** que se encuentra debajo del cuadro de texto o tóquelo con el dedo.

Figura 2.17. Dar nombre a un grupo de mosaicos dinámicos.

4. Mientras sigue en la vista **Reducir**, haga clic y mantenga pulsado el botón del ratón sobre el grupo que acaba de crear, o arrástrelo. Mueva el grupo con el ratón o su dedo. Tras moverlo unos píxeles, el grupo se desacoplará de su sitio. Arrastre el grupo lateralmente hasta que un grupo adyacente cambie su lugar para hacerle sitio al grupo que está arrastrando, como muestra la figura 2.18. Suelte el boto del ratón o su dedo para colocar el grupo ahí.
5. Haga clic en la pantalla o tóquela con el dedo para salir de la vista **Reducir**.

Cómo funciona

Los grupos de mosaicos dinámicos le ayudan a categorizar los mosaicos dinámicos en su pantalla Inicio. Para crear un grupo coloque un mosaico dinámico entre otros dos grupos o en el borde de la pantalla Inicio. Cuando crea un grupo, aparece sin nombre, pero al seleccionarlo en la vista **Reducir**, podrá darle un nombre. También en esta vista puede cambiar la colocación de los grupos.

Figura 2.18. Reorganizar grupos de mosaicos dinámicos.

Utilizar aplicaciones estilo Windows 8

Windows 8 y las aplicaciones estilo Windows 8 están diseñados para controlarse fácilmente con un ratón o con una pantalla táctil. Existen algunos gestos (multi) táctiles con los que puede ejecutar tareas específicas, como cerrar una aplicación o cambiar entre las distintas aplicaciones. Por consiguiente, existen algunas diferencias entre utilizar aplicaciones estilos Windows 8 y los antiguos programas de escritorio de Windows que se ejecutan en el sistema por lo que es imprescindible que conozca estas diferencias.

Cerrar una aplicación estilo Windows 8

En primer lugar, en realidad no puede cerrar una aplicación estilo Windows 8 (a no ser, por supuesto, que la cierre utilizando un código o desde el Administrador de tareas). Puede decirle al sistema operativo que quiere cerrar una aplicación que se está ejecutando, pero no liberará la misma durante un tiempo. Esto es algo de poca importancia desde un punto de vista de "cómo utilizar Windows 8", pero como resultado de esta acción y de otras decisiones de diseño, las aplicaciones estilo Windows 8 no tienen un botón **Cerrar**. De hecho, no tienen un marco, ni un encabezado o nada que pudiera considerarse como un elemento *chrome* (normalmente Microsoft utiliza el término *chrome* para hacer referencia a algunos elementos de diseño que no tienen ninguna función).

Es más, las aplicaciones estilo Windows 8 no tienen ventanas; siempre aparecen en pantalla completa, (excepto cuando se utilizan en pantalla dividida, pero todavía no vamos a llegar a este asunto). Por consiguiente, cerrar una aplicación estilo Windows 8 puede ser difícil al principio, ya que la mayoría de estas aplicaciones no tienen un botón apropiado.

Para cerrar una aplicación estilo Windows 8 puede usar un simple gesto con un dedo o con el ratón. Si arrastra el "encabezado" de la aplicación (es decir, algunos píxeles de la parte superior de la pantalla) hacia abajo, hasta el borde inferior de la pantalla, la aplicación se cierra, y se abrirá de nuevo la pantalla Inicio.

Es muy fácil utilizar este gesto y debe crear sus aplicaciones teniendo en cuenta sus implicaciones. No coloque botones ni ningún otro control de comando demasiado cerca del borde superior de la aplicación. Si no es estrictamente necesario, no incorpore un botón **Cerrar** en su aplicación porque los usuarios dejarán de acostumbrarse a utilizar el gesto descrito anteriormente.

Cambiar entre aplicaciones estilo Windows 8

¿Qué sucede si quiere cambiar a otra aplicación estilo Windows 8 cuando está utilizando otra? Cuando ejecuta una aplicación de este tipo, consume todos los píxeles de su pantalla. No hay ninguna barra de tareas por lo que no puede simplemente hacer clic en el icono de la aplicación.

Si su equipo tiene un teclado, puede utilizar los antiguos métodos de teclado abreviados **Alt-Tab** o las teclas **Windows-Tab** para cambiar entre aplicaciones. Para hacerlo con el ratón o en un dispositivo de pantalla táctil, tiene que aprender otro movimiento del ratón u otro gesto.

Para hacerlo con un ratón, muévalo a la esquina superior izquierda de la pantalla. Aparecerá la imagen en miniatura de la aplicación utilizada anteriormente. Si hace clic en ella, la aplicación actual queda en segundo plano e intercambia su lugar con la última aplicación utilizada. Si no hace clic en el borde izquierdo pero mueve en esa zona el puntero del ratón, aparecerá una barra negra, y en ella, todas las aplicaciones estilo Windows 8 que se están ejecutando en segundo plano. Puede hacer clic en cualquiera de ellas para traerla a la pantalla.

Si utiliza un dispositivo de pantalla táctil, el método de cambiar entre aplicaciones es algo diferente. Para cambiar a otra aplicación, utilice el gesto "arrastrar desde el borde" en el lateral izquierdo de la pantalla. Aparecerá la imagen en miniatura de la aplicación anterior. Si sigue arrastrando esta imagen con su dedo y luego la suelta, se convertirá de nuevo en una pantalla completa y activa. Con este gesto, puede recorrer todas las aplicaciones estilo Windows 8 que se estén ejecutando.

Para elegir la aplicación exacta a la que quiere cambiar, utilice el gesto "arrastrar desde el borde" en el lateral izquierdo y cuando aparezca la miniatura de la aplicación anterior, arrástrela de nuevo hacia el borde. Así se abrirá la misma barra lateral que puede ver cuando utiliza el ratón para acceder a las aplicaciones que se están ejecutando. Cuando se abra esta barra, podrá liberar la pantalla y la barra lateral seguirá abierta. Después, sólo tiene que tocar la aplicación que quiere reactivar.

Nota: Merece la pena advertir que la miniatura de la pantalla Inicio se encuentra en la parte inferior de la barra lateral de aplicaciones. Si hace clic en esta miniatura, puede volver de nuevo a dicha pantalla. La aplicación que haya estado utilizando hasta ese momento no se cerrará, simplemente quedará en segundo plano.

Utilizar múltiples aplicaciones estilo Windows 8 al mismo tiempo

Es muy probable que quiera ejecutar dos aplicaciones al mismo tiempo sin tener que cambiar entre ellas. Para admitir este escenario tan común, las aplicaciones de Windows 8 tienen tres estados visuales.

Además del estado de pantalla completa (el predeterminado), las aplicaciones pueden "rellenar" o "acoplarse". Cuando quiera utilizar dos aplicaciones al mismo tiempo, una de ellas se puede acoplar, lo que significa que consumirá solo una pequeña parte en un lado de la pantalla. Mientras tanto, otra aplicación Windows 8 puede rellenar el resto del espacio.. Al hacer clic en la estrecha línea que existe entre una aplicación acoplada y otra de relleno (o al tocarla), y arrastrarla horizontalmente, puede conseguir que las aplicaciones cambien sus estados (de acoplada a rellenar o viceversa). Si arrastra la línea hasta el borde de la pantalla y después la suelta, se cerrará la aplicación que se encontraba detrás de la línea.

En el siguiente ejercicio verá estas funciones en acción, utilizando sus correspondientes gestos de ratón o táctiles.

Ejercicio: Utilizar aplicaciones estilo Windows 8

Para familiarizarse con las tareas básicas de las aplicaciones de Windows 8, siga estos pasos:

1. Haga clic en el mosaico dinámico de una aplicación (o tóquelo) en la pantalla Inicio. Por ejemplo, abra la aplicación **Música**.
2. Cuando se esté ejecutando la aplicación, mueva el cursor ligeramente hacia abajo desde la esquina superior izquierda de la pantalla. Se abrirá la barra lateral de aplicaciones mostrando todas las aplicaciones Windows 8 que se estén ejecutando. Para abrir esta barra lateral con una pantalla táctil, utilice el gesto "arrastrar desde el borde" en el borde izquierdo y arrastre de nuevo inmediatamente hacia el borde. En la figura 2.19 puede ver una barra lateral de aplicaciones abierta.
3. Haga clic en la miniatura de la pantalla Inicio (o tóquela) que se encuentra en la parte inferior de la barra lateral de aplicaciones para volver a dicha pantalla.
4. En la pantalla Inicio, haga clic en otro mosaico dinámico o tóquelo con el dedo. Por ejemplo, abra la aplicación **El tiempo**.
5. Cuando se esté ejecutando la aplicación, repita el mismo proceso descrito en el paso 2 para abrir la barra lateral de las aplicaciones que se están ejecutando.

Figura 2.19. Barra lateral mostrando las aplicaciones Windows 8 que se están ejecutando.

6. Haga clic en la miniatura que se encuentra en la parte superior de la barra lateral, o tóquela con el dedo. Al hacerlo, volverá a la aplicación utilizada anteriormente: la aplicación **Música** (en realidad, esto es algo que puede ejecutar simplemente moviendo el ratón a la esquina superior izquierda y haciendo clic en la miniatura que aparece, sin necesidad de abrir la barra lateral de aplicaciones).

7. Desplace el ratón hasta la parte superior de la pantalla de la aplicación, hasta que el puntero se convierta en una pequeña mano. Después, haga clic y mantenga pulsado el botón del ratón mientras desplaza el cursor hacia la parte inferior de la pantalla. Hacer lo mismo con una pantalla táctil es muy similar. Arrastre desde el borde superior de la pantalla para capturar la aplicación. Ésta se reduce a la mitad o a un tercio de su tamaño original.

8. Arrastre una aplicación hacia el lateral derecho o el izquierdo de la pantalla y suelte el botón del ratón o su dedo cuando esté cerca del borde. Así, la aplicación se introduce en el estado de acoplamiento. Mientras arrastra la aplicación, aparecerá una tenue línea vertical, lo que indica que si suelta la aplicación que está arrastrando, se acoplará cerca del lateral de la pantalla. La mitad más grande de la pantalla permanecerá en gris o vacía. Esta área ahora puede mostrar una aplicación de relleno.

> **Advertencia:** Para poder ejecutar las acciones de acoplamiento y relleno necesitará tener una resolución de pantalla de 1366x738.

9. Para llenar el resto del espacio vacío de la pantalla con la aplicación anterior, mueva el cursor a la esquina superior izquierda de la pantalla y haga clic en la miniatura para abrir la última aplicación utilizada. Si está utilizando un dispositivo con pantalla táctil, utilice el gesto "arrastrar desde el borde" en el lateral izquierdo de la pantalla. La figura 2.20 muestra este estado.

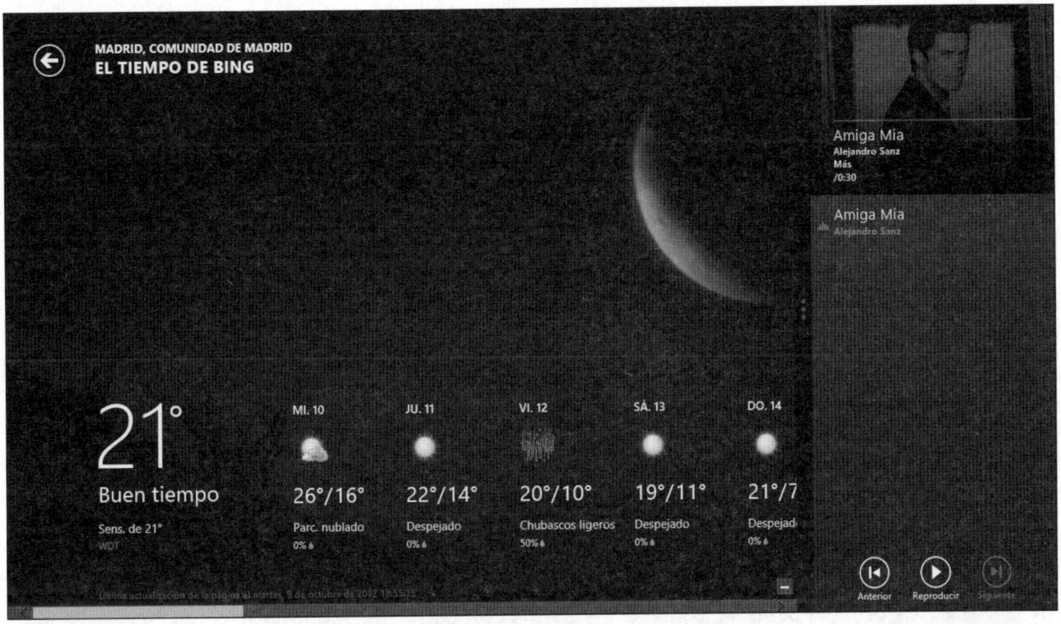

Figura 2.20. Estado de relleno en una aplicación Windows 8 a la izquierda y estado de acoplamiento de otra a la derecha.

10. Para modificar la división de la pantalla entre las dos aplicaciones, haga clic y mantenga pulsado el botón del ratón (o toque con el dedo y mantenga el dedo pulsado, si está utilizando una pantalla táctil) en la línea gris que separa ambas aplicaciones (lugar que aparece señalado en la figura 2.20). Mueva el ratón o su dedo hacia el extremo más alejado de la pantalla hasta que la aplicación de relleno se mueva. Suelte el botón del ratón o el dedo para cambiar los porcentajes de tamaño en pantalla de las dos aplicaciones.

11. Vuelva a capturar el separador de línea de nuevo y desplácelo hacia el extremo más cercano de la pantalla. Cuando lo suelte, la aplicación acoplada desaparecerá y la aplicación de relleno ocupará la pantalla completa.

12. Para cerrar la aplicación que se está ejecutando, primero capture su encabezado, tal como lo hizo en el paso 7. Después mueva la aplicación hacia la parte inferior de la pantalla. Se hará transparente si la mueve lo suficientemente cerca del borde.

13. Suelte el botón del ratón para cerrar la aplicación. Si utiliza un dispositivo de pantalla táctil, no suelte el dedo hasta que no la haya arrastrado al borde inferior.

Cómo funciona

Las aplicaciones estilo Windows 8 necesitan un método para que los usuarios ejecuten tareas comunes fácilmente, bien tocando la pantalla o bien utilizando el ratón. Si quiere intercambiar aplicaciones, puede hacerlo moviendo el cursor hasta la esquina superior izquierda y haciendo clic en una de las miniaturas, o arrastrando sobre el resto de aplicaciones que se están ejecutando, en el lateral izquierdo. Si quiere utilizar dos aplicaciones al mismo tiempo, puede dividir la pantalla en una parte más pequeña y otra más grande. Cada una de ellas puede llenarse con una aplicación que puede tener estilos de acoplamiento o de relleno. Para cerrar una aplicación Windows 8, capture su encabezado, arrastre la aplicación hacia el borde inferior de la pantalla y suéltela.

La barra de accesos

Algunas tareas comunes del sistema operativo necesitan estar en un lugar para poder acceder a ellas en cualquier momento. Estas tareas incluyen operaciones como volver a la pantalla Inicio (algo parecido a pulsar el botón Windows en versiones anteriores para abrir el menú Inicio), buscar, cambiar entre aplicaciones y administrar dispositivos o configuraciones. Más aún, como las aplicaciones estilo Windows 8 ocupan toda la pantalla, estas funciones tienen que ser invisibles, pero accesibles.

Tal como ha aprendido, el intercambio de aplicaciones se efectúa a través de la barra lateral de aplicaciones que se encuentra en el lateral izquierdo de la pantalla. Los gestos ejecutados en el borde superior de la pantalla están relacionados con cerrar una aplicación o cambiar su tamaño entre tres estados de esquemas. El borde inferior de la pantalla se utiliza para abrir una barra contextual o de comandos. Esto nos deja sólo el borde derecho de la ventana para que contenga todas las funciones importantes del sistema operativo que quedan por ubicar.

Introducción de la barra de accesos

Independientemente de si se encuentra dentro de la pantalla Inicio, trabajando en una aplicación estilo Windows 8 o en el escritorio, si desplaza el ratón a una de las esquinas del lateral derecho de la pantalla (o utiliza el gesto "arrastrar desde el borde" en el lateral derecho), aparecerán cinco botones en una barra. Esta es la barra de accesos (o *charm bar*).

La barra de accesos es un tipo de concentrador central que utilizará para trabajar con sus aplicaciones y con el sistema operativo en general. Siempre contiene los mismos cinco botones (**Inicio**, **Buscar**, **Compartir**, **Dispositivos** y **Configuración**) y siempre están ahí, a un arrastre o movimiento de ratón. Las aplicaciones no pueden sobrescribir este comportamiento. La figura 2.21 muestra la pantalla Inicio con la barra de accesos abierta.

Asimismo, cuando se abre la barra de accesos, aparece un pequeño cuadro de información en la esquina inferior izquierda de la pantalla indicando la fecha y hora actuales, la fortaleza de la señal de red y cuánta batería queda.

Figura 2.21. Barra de accesos abierta.

Botón Inicio

Con su posición central y un color diferente al del resto de botones, e botón **Inicio** destaca realmente de una forma especial. Dada la importante función del botón **Inicio** en otras versiones de Windows a lo largo de su historia, es algo comprensible. Tenga en cuenta que en Windows 8 no hay un botón **Inicio** permanente en la pantalla y si tiene un dispositivo con pantalla táctil que carece de teclado de hardware, sin este botón no tiene ningún medio de volver a la pantalla Inicio.

Al hacer clic en el botón **Inicio** (o al tocarlo) mientras utiliza una aplicación, se abre la pantalla Inicio. Cuando lo hace de nuevo (mientras está abierta la pantalla Inicio), vuelve a la última aplicación que estaba utilizando. Podría parecer que este es un comportamiento diferente al de las versiones anteriores de Windows, pero es exactamente igual. En realidad la diferencia reside en la nueva pantalla Inicio. Ésta ocupa toda la pantalla, no sólo una pequeña parte de ella, como lo hacía el menú Inicio, pero la aplicación que estaba ejecutando al hacer clic en **Inicio** o tocar dicho botón se sigue ejecutando en segundo plano; su ejecución no se suspende.

> **Nota:** Merece la pena advertir que en un equipo con ratón puede utilizar siempre la miniatura de la pantalla Inicio (tal como ha hecho en el último ejercicio). Mueva el cursor a la esquina inferior izquierda de la pantalla mientras está utilizando una aplicación Windows 8 y haga clic en la miniatura que aparece.

El botón Buscar

Encontrar archivos o aplicaciones en el equipo o en el dispositivo rápidamente es importante. Windows Vista facilitaba la tarea colocando un cuadro de búsqueda en el propio menú Inicio. Ya sabe utilizar esta opción y buscar aplicaciones, pero Windows 8 puede hacer mucho más.

Al abrir la barra de accesos y hacer clic en el botón **Buscar** o tocarlo con el dedo, se abrirá el cuadro de búsquedas mencionado anteriormente en el capítulo. De forma predeterminada, Windows buscará las aplicaciones que contienen el texto escrito en dicho cuadro, pero debajo de él puede ver tres botones: Aplicaciones, Configuración y Archivos. A medida que escribe en el cuadro, aparecen números junto a dichos botones. Estos números indican cuántas aplicaciones, configuraciones de Windows o archivos contienen en sus nombres el texto escrito y cuántos archivos contienen dicho texto.

La pantalla de búsqueda sólo muestra las aplicaciones mientras escribe, pero cuando hace clic en el botón **Configuración** o **Archivos**, la página de aplicaciones desaparece y se muestra la lista filtrada por configuraciones o archivos de Windows. Cuando busque archivos, en la parte superior de la pantalla de búsqueda, se mostrarán incluso categorías, para ayudarle a agilizar su búsqueda. La figura 2.22 muestra la pantalla de búsqueda en modo Archivos.

Figura 2.22. Búsqueda de archivos.

Cuando crea una aplicación Windows 8, puede configurarla como un proveedor de búsquedas. Esto significa que la aplicación funciona con datos que se pueden buscar desde fuera de la misma: desde la pantalla de búsqueda de Windows. Siempre que le indique a Windows que puede buscar datos en su aplicación, Windows habilitará los datos de búsqueda de la aplicación sin tener que abrirla primero. Debajo de los tres botones se encuentran las aplicaciones que indican a Windows que tienen dentro una función de búsqueda. Al hacer clic en uno de estos iconos (o cuando lo toca), se abre la aplicación correspondiente y enseguida se presentan los resultados de búsqueda dentro de la aplicación.

Botón Compartir

Compartir información (enlaces, documentos, etc.) es una tarea que cada día es más común. Normalmente requiere abrir una aplicación que "tiene" la información (como un explorador que puede abrir una determinada página Web) y abrir después otra aplicación que se puede utilizar para comunicarse con otros (como un cliente de correo electrónico) y configurar después el método para compartir (crear un nuevo mensaje de correo electrónico) y copiar la información de una aplicación a la otra.

Con Windows 8, esta tarea tan común forma parte del sistema que, a su vez, la simplifica para ahorrar al usuario tiempo y esfuerzo. El botón **Compartir** de la barra de accesos se puede utilizar en una aplicación que puede compartir datos con otras aplicaciones para abrir una barra lateral que enumere las aplicaciones que aceptan estos datos. Al hacer clic en una de las aplicaciones o tocarla, se abre dicha aplicación e inmediatamente establece todo lo que puede para compartir la información con alguien lo más rápidamente posible (como crear un mensaje de correo electrónico y establecer el remitente y el cuerpo del mensaje).

En el siguiente ejercicio podrá comprobar lo fácil que es.

Ejercicio: Compartir a través de la barra de accesos

Siga estos pasos para compartir algunos datos entre aplicaciones utilizando la barra de accesos:

1. Abra Internet Explorer (IE) haciendo clic en su mosaico dinámico o tocándolo dentro de la pantalla Inicio.
2. Escriba **www.microsoft.es** haciendo clic en el cuadro de texto (o tocándolo) que se encuentra en la parte inferior de la aplicación. Pulse **Intro** o toque la flecha que se encuentra junto al cuadro de texto.
3. Cuando se abra la página, abra la barra de accesos moviendo el cursor del ratón hacia la esquina superior derecha de la pantalla o realizando un gesto de arrastre en el borde derecho de la pantalla. Haga clic en el botón **Compartir** o tóquelo para que Windows muestre una lista de todas las aplicaciones que pueden aceptar y compartir el URL abierto en IE. La figura 2.23 muestra la barra lateral con una lista de dichas aplicaciones.
4. Haga clic en el icono de la aplicación **Correo**. Se abre la aplicación en la parte derecha de la pantalla e inmediatamente muestra un mensaje de correo electrónico listo para su envío. La figura 2.24 muestra lo que puede ver en su dispositivo.

Figura 2.23. Aplicaciones que pueden aceptar los datos proporcionados por IE.

Figura 2.24. Aplicaciones que pueden aceptar los datos proporcionados por IE.

5. Escriba una dirección de correo electrónico en el cuadro de texto de la aplicación **Correo** (puede hacer clic en las direcciones sugeridas o tocarlas para acelerar el proceso) y haga clic en el botón **Enviar** que se encuentra en la esquina superior derecha de la aplicación (puede verlo en la figura 2.24 resaltado). La aplicación **Correo** indica que el mensaje de correo se ha enviado y después se cierra.

Cómo funciona

Las aplicaciones Windows 8 pueden indicarle a Windows que pueden compartir algún tipo de datos o información con otras aplicaciones. Una aplicación puede enviar estos datos a otra que los acepte. Cuando utilice aplicaciones Windows 8 y abra la barra de accesos, podrá hacer clic sobre el botón **Compartir** (o tocarlo) para iniciar dicho proceso. Seleccione la aplicación desde la que desea recibir la información. La aplicación de destino recibirá los datos a través de Windows y podrá procesarlos (o hacer lo que quiera con ellos).

Botón Dispositivos

Los equipos y las tabletas no son un hardware monolítico e independiente. Casi siempre admiten la conexión de algún tipo de periférico, como monitores externos, dispositivos de entrada, bases de acoplamiento, etc. Los equipos de escritorio suelen tener un conjunto constante de dichos elementos debido a que no se mueven mucho. Por el contrario, los equipos portátiles y las tabletas son dispositivos móviles y casi siempre se utilizan en distintos entornos.

Los distintos periféricos se ajustan mejor a determinados entornos. Si utiliza su equipo portátil cuando está de viaje, lo utilizará de forma independiente, pero cuando llegue a su oficina, probablemente conectará a él un ratón y una segunda pantalla.

El botón **Dispositivos** le permite acceder a esos dispositivos externos de hardware conectados, todo en un solo lugar. No tiene que ir al Panel de control ni a Mi PC para ver los dispositivos. Simplemente abra la barra de accesos y haga clic en el botón **Dispositivos** (o tóquelo) para ver una lista de todos sus dispositivos.

Botón Configuración

El último botón de la barra de accesos es "lo demás" que es útil para el usuario diario de su dispositivo. Al hacer clic en el botón **Configuración**, o tocarlo, se abre la barra Configuración. Esta contiene elementos ligeramente distintos cuando se abre desde Windows 8 (es decir, cuando se abre desde la pantalla Inicio) que cuando se abre desde el escritorio (aprenderá más sobre el escritorio enseguida). En la figura 2.25 puede ver la barra Configuración abierta en modo Windows 8.

En la esquina inferior de la barra Configuración verá seis iconos. Estos son dichos iconos, de izquierda a derecha y de arriba a abajo:

- **Red:** Indica si su equipo o dispositivo tiene una conexión activa a una red de área local (LAN, *Local Area Network*) o una conexión a Internet y (cuando utiliza Wi-Fi) la fuerza de la señal. Al hacer clic sobre el icono (o tocarlo) se abre la barra lateral **Redes**, que puede utilizar para conectarse a las mismas.

Figura 2.25. La barra Configuración.

- **Volumen:** Muestra la configuración de volumen de los altavoces o auriculares conectados al equipo. Al hacer clic sobre él, o al tocarlo, se abre el deslizador de volumen, que puede utilizar para ajustar esta configuración.
- **Brillo:** Muestra la configuración de brillo de la pantalla, si está disponible. Al hacer clic sobre este icono, o al tocarlo, se abre el deslizador de brillo, que se puede utilizar para ajustar esta configuración.
- **Notificaciones:** Algunas aplicaciones (y el propio Windows 8) pueden crear notificaciones emergentes. Estas notificaciones son unos pequeños cuadros que aparecen en la pantalla con algún tipo de información y desaparecen pasados unos segundos. Al hacer clic en este botón (o tocarlo), puede habilitar o deshabilitar estas notificaciones para todas las aplicaciones que pudieran estar molestándole.
- **Iniciar/Apagar:** Haga clic en este botón, o tóquelo, para apagar, reiniciar, hibernar o enviar a su equipo al modo suspendido. Las opciones de encendido pueden variar dependiendo de otras configuraciones o directivas.
- **Teclado:** Este icono indica el esquema y el idioma actual de los teclados de software y hardware. Haga clic en él o tóquelo para cambiar a otro esquema de teclado.

Debajo de estos seis botones se encuentra el enlace Cambiar la configuración de PC. Si hace clic en él o lo toca, se abrirá la aplicación Configuración. Desde aquí podrá administrar las configuraciones más importantes de su equipo. La barra Configuración puede actuar como una página de configuración para su aplicación, desde donde podrá añadir contenido personalizado para que el usuario pueda administrar las configuraciones de la aplicación activa.

Escritorio de Windows

Tal como señalamos en otro capítulo, Windows tiene una larga historia que se remonta a los años noventa. Microsoft siempre ha tenido como objetivo principal mantener la compatibilidad hacia atrás al lanzar nuevas versiones de sus sistemas operativos. Windows 8 cambia mucho las cosas con su interfaz de usuario y las aplicaciones estilo Windows 8 y convirtiendo el menú Inicio en una pantalla Inicio a pantalla completa. Tras iniciar la sesión, antes siempre aparecía el escritorio de Windows (lugar donde todos los programas se ejecutan en ventanas independientes). Ahora, con Windows 8, se abre inmediatamente la pantalla Inicio. ¿Qué ha pasado con el escritorio y con las aplicaciones que no son de Windows 8 y que estábamos habituados a utilizar?

Introducción de la aplicación Escritorio

En la pantalla Inicio encontrará una aplicación algo especial cuyo mosaico dinámico es Escritorio. Al hacer clic en ella o tocarla, verá el antiguo escritorio de Windows y comprobará que no ha cambiado mucho desde Windows 7. Tenga en cuenta que si desacopla esta aplicación por alguna razón, siempre puede volver a acoplarla desde la página de búsqueda Aplicaciones, tal como hemos indicado anteriormente.

Es importante que entienda que la propia aplicación Escritorio se trata igual que cualquier otra aplicación Windows 8. Puede cerrarla arrastrándola hacia abajo. Puede estar en estado de relleno o de acoplamiento y se mostrará igual que cualquier otra aplicación en la barra lateral de aplicaciones cuando abra dicha barra. Lo que hace que sea especial es que ejecuta todas las aplicaciones de escritorio heredadas, creadas para versiones anteriores de Windows y todas las aplicaciones que no sean de Windows 8 creadas para Windows 8. En la figura 2.26 puede ver la aplicación Escritorio en estado de relleno mientras otra aplicación Windows 8 ocupa la posición de acoplamiento.

Aparte de iniciar la propia aplicación Escritorio en la pantalla Inicio, hay otra forma de cambiar al escritorio de Windows. Cuando abre una aplicación que no es de Windows en Windows 8, dicha aplicación abre inmediatamente la aplicación Escritorio. Esto es bastante razonable ya que sin este comportamiento, las aplicaciones que no fuesen de Windows al abrirse darían como resultado muchas aplicaciones de escritorio ejecutándose (pero a las que no se podría acceder).

Si la aplicación Escritorio se cierra, todos los programas que se estaban ejecutando en el mismo seguirán haciéndolo en la memoria. No les pasará nada; simplemente no serán accesibles hasta que se vuelva a abrir la aplicación Escritorio.

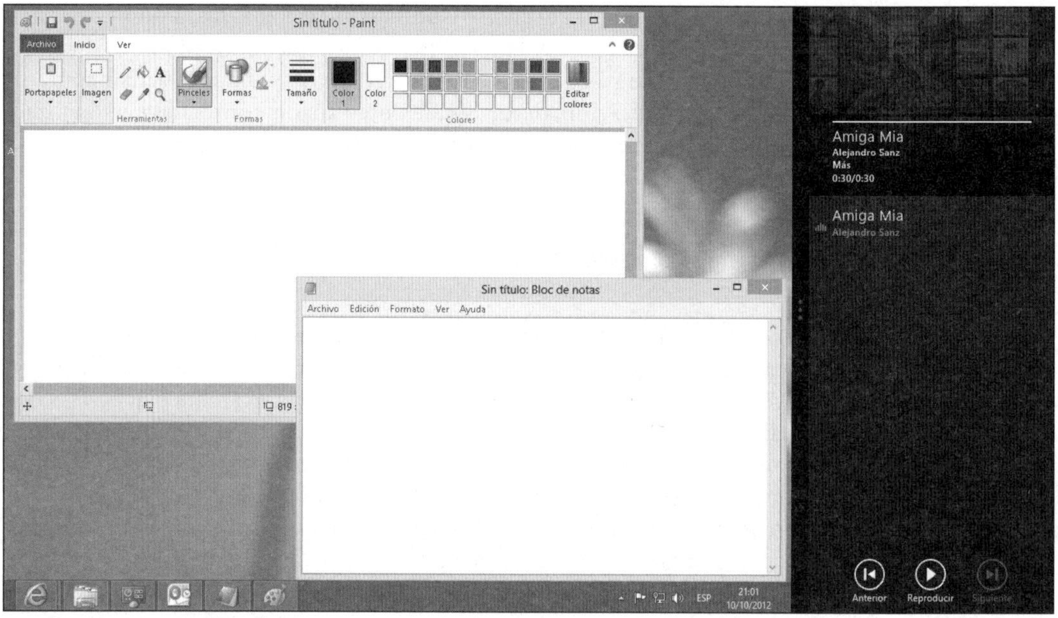

Figura 2.26. Aplicación Escritorio y otra aplicación Windows 8 compartiendo la pantalla.

Cambiar entre programas del escritorio

Si dispone de un teclado, puede cambiar entre todos los programas (de Windows 8 y no de Windows 8) pulsando y manteniendo pulsada la tecla **Alt** y pulsando la tecla **Tab** repetidamente, y posteriormente soltando la tecla **Alt** al llegar a la aplicación o programa de escritorio que quiere utilizar.

En un dispositivo con pantalla táctil que no tiene dichas teclas, puede simplemente abrir la aplicación Escritorio para traerla a primer plano y tocar el icono de una aplicación en la barra de tareas. Evidentemente, los usuarios que dispongan de un ratón, pueden hacer lo mismo haciendo clic en el icono, igual que en las versiones anteriores de Windows.

Las aplicaciones de escritorio no se mostrarán en la barra de aplicaciones del lateral izquierdo de la pantalla; sólo la propia aplicación de escritorio que las ejecuta.

¿Dónde está el botón Inicio?

Con Windows 8, Microsoft ha decidido romper la tradición de colocar un botón **Inicio** en la esquina inferior izquierda de la pantalla, pero esto no significa que tengamos que aprender un nuevo flujo de trabajo para abrir la pantalla Inicio. Entre el borde izquierdo de la pantalla y el primer icono que se encuentra en la parte izquierda de la barra de tareas, hay un pequeño espacio vacío. Al mover el cursor del ratón hacia esta esquina inferior izquierda de la pantalla, verá la miniatura de la pantalla Inicio. Haga clic en ella para abrir dicha pantalla. En realidad, no es tan diferente de lo que ha hecho en versiones anteriores de Windows. Evidentemente, si pulsa la tecla **Windows** en un teclado, obtendrá el mismo efecto.

Para los usuarios de pantallas táctiles, las opciones descritas anteriormente se encuentran disponibles para poder abrir la pantalla Inicio desde cualquier parte, incluso desde la aplicación del escritorio. Los usuarios pueden abrir la barra de accesos arrastrando el borde derecho de la pantalla y después tocando simplemente el botón **Inicio** en la barra lateral.

Resumen

Con Windows 8 puede aprovechar una nueva clase de aplicaciones y servicios de infraestructura. Las aplicaciones de Windows 8 proporcionan una forma de crear aplicaciones para tabletas a la vez que conservan todas las ventajas del software de escritorio tradicional. Con la ayuda de Windows 8, puede crear aplicaciones que se van a ejecutar en un espectro más amplio de dispositivos (equipos de escritorio, equipos portátiles y tabletas). Al aprovechar los gestos multitáctiles y del ratón, la funcionalidad de las esquinas y los bordes, compartir y buscar contactos, puede crear aplicaciones más intuitivas, pero todo tiene su precio. Como desarrollador, tiene que saber cómo utilizar la interfaz de usuario de forma efectiva, tanto con el ratón como con una pantalla táctil.

El propósito de la pantalla Inicio no es solo servir como un menú Inicio de pantalla completa. Es mucho más probable que los usuarios anclen una aplicación en la pantalla Inicio si su mosaico dinámico les proporciona una información útil.

La barra de accesos es el lugar donde los usuarios buscan opciones como la búsqueda de elementos y la acción de compartirlos. Si una aplicación proporciona funciones de búsqueda y/o compartir, es una buena práctica proporcionárselas mediante una conexión a los centros **Buscar** y **Compartir** de la barra de accesos.

En otro capítulo del libro aprenderá algunos detalles internos sobre la arquitectura de Windows 8 para saber cuáles son los elementos que le van a ayudar a crear aplicaciones estilo Windows 8.

Ejercicios

1. ¿Cómo puede cambiar a la aplicación estilo Windows 8 anterior con un toque?
2. ¿Dónde puede encontrar una aplicación que no tiene un mosaico dinámico en la pantalla Inicio?
3. ¿Cómo puede desactivar un mosaico dinámico para que deje de actualizar su contenido?
4. ¿Cómo se cierra una aplicación estilo Windows 8?
5. ¿Cómo puede compartir datos de una aplicación con otra?

6. ¿Cómo puede cambiar de una aplicación de escritorio de Windows a la ejecución de una aplicación de escritorio?

> **Nota:** Las respuestas a los ejercicios se encuentran en el apéndice A del libro.

Qué ha aprendido en este capítulo

- **Gestos multitáctiles:** Tocar, pulsar y mantener, deslizar, arrastrar, pinchar, arrastrar desde el borde y girar son gestos que permiten al usuario interactuar con una aplicación más intuitiva y natural cuando utiliza un dispositivo de pantalla táctil.
- **Modos de inicio de sesión:** Aunque el tradicional inicio de sesión con contraseña sigue estando disponible, puede utilizar una contraseña de número de identificación personal de cuatro dígitos y una identificación de imagen más práctica para las pantallas táctiles.
- **Pantalla Inicio:** Esta es la descendiente del antiguo menú Inicio. Se trata de la pantalla central para trabajar con su equipo o tableta.
- **Mosaico dinámico:** Es un acceso directo a una aplicación, pero puede mostrar información que se actualiza continuamente en segundo plano, incluso cuando la aplicación no se está ejecutando. Los mosaicos dinámicos residen en la pantalla Inicio y se pueden agrupar.
- **Barra lateral de aplicaciones:** Puede abrir esta barra en la parte izquierda de la pantalla y ver las aplicaciones de Windows 8 que se están ejecutando actualmente.
- **Estado de pantalla completa, acoplada y de relleno:** Las aplicaciones de Windows 8 pueden tener estos tres estados de esquema. La pantalla del dispositivo puede acomodar una aplicación en pantalla completa o acoplada y una de relleno. La aplicación acoplada reside en cualquiera de los laterales de la pantalla y puede proporcionar una funcionalidad completa, a pesar de su menor tamaño. La aplicación de relleno ocupa el resto de la pantalla que deja la aplicación acoplada.
- **Barra de accesos:** Este es el lugar de Windows 8 que puede utilizar para realizar tareas comunes. Aquí encontrará los botones **Buscar** y **Compartir**, que sirven como centros para que las aplicaciones proporcionen opciones de búsqueda o para compartir, respectivamente. El botón **Inicio** también se encuentra en esta barra.
- **Compartir:** Este botón de la barra de accesos le proporciona una opción para enviar datos de una aplicación a otra.
- **Escritorio de Windows:** Aquí es donde están y se ejecutan todas las aplicaciones que no son de Windows 8. Sigue siendo una función crucial y central en los equipos de escritorio y portátiles y se puede acceder a ella iniciando una aplicación que no sea de Windows 8 o abriendo la propia aplicación Escritorio desde la pantalla Inicio.

3

Arquitectura de Windows 8 para el desarrollador

En este capítulo aprenderá a:

- Conocer las pilas de tecnología independientes para las aplicaciones estilo Windows y las de escritorio.
- Reconocer el papel de Windows Runtime en el desarrollo de aplicaciones estilo Windows 8.
- Utilizar distintos lenguajes de programación para acceder a las interfaces de programación de la aplicación Windows Runtime.
- Conocer cuáles son las nuevas opciones de .NET Framework 4.5.
- Elegir el lenguaje de programación y la tecnología de pila apropiada para crear sus propias aplicaciones Windows 8.

Cuando desarrollamos aplicaciones, generalmente utilizamos un conjunto de tecnologías que funcionan bien juntas. La plataforma de desarrollo de Windows nos proporciona una gran variedad de herramientas, técnicas y tecnologías. En la última década, el número de estos elementos ha incrementado extraordinariamente. Windows 8 nos ofrece un nuevo modelo de desarrollo a través de un nuevo tipo de aplicación (aplicaciones estilo Windows 8) que admite diversos lenguajes de programación (C++, C#, Visual Basic, JavaScript), a la vez que sigue manteniendo bajo el número de componentes tecnológicos. Además, Windows 8 nos sigue permitiendo el desarrollo de aplicaciones de escritorio tradicionales.

En este capítulo conocerá la arquitectura de los componentes que le ayudan a desarrollar aplicaciones Windows 8. Empezará aprendiendo la diferencia entre las pilas de tecnología de desarrollo de aplicaciones de escritorio y de Windows 8. Tal como sabrá enseguida, el componente clave del desarrollo de aplicaciones Windows 8 es Windows Runtime, por lo que conocerá su estructura y sus ventajas. Elegir la tecnología apropiada para una determinada aplicación no es fácil. Este capítulo concluye con una sección que le ayuda a tomar esta decisión de una forma más sencilla.

Arquitectura de desarrollo de Windows 8

Tal como hemos indicado anteriormente, Windows 8 le permite desarrollar un nuevo tipo de aplicación (aplicaciones estilo Windows 8) a la vez que le permite ejecutar aún aplicaciones de Windows tradicionales. Es más, puede seguir utilizando sus herramientas y tecnologías favoritas para desarrollar aplicaciones estilo Windows 8. Los arquitectos de Windows 8 tomaron una decisión importante cuando crearon una nueva pila de capas de arquitectura para las aplicaciones estilo Windows 8. Por consiguiente, este sistema tiene dos pilas fundamentales de tecnologías (una para las aplicaciones estilo Windows 8 y otra para las aplicaciones de escritorio) que se pueden usar juntas, como muestra la figura 3.1.

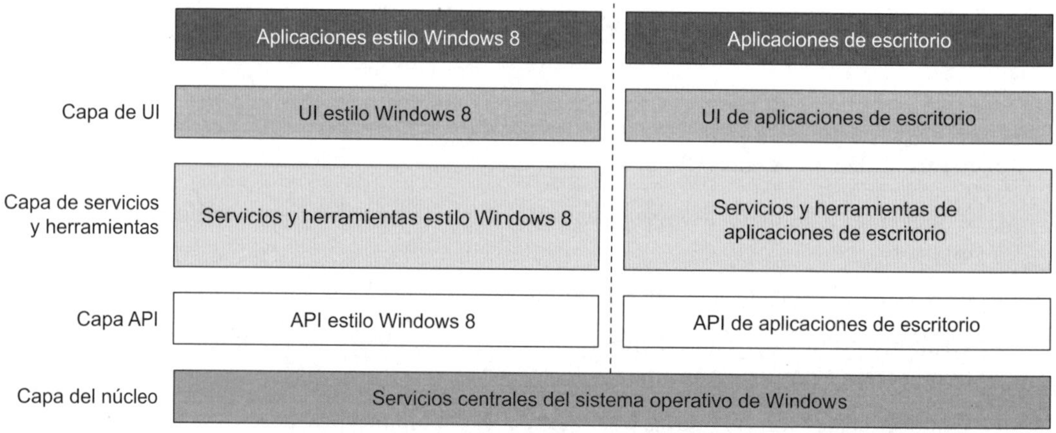

Figura 3.1. Windows 8 tiene pilas de componentes de arquitectura independientes para las aplicaciones estilo Windows 8.

> **Nota:** Una capa de arquitectura es un conjunto de componentes que tienen el mismo papel (por ejemplo, comunicarse con el sistema operativo). Una pila de capas de arquitectura refleja cómo los servicios de dichas capas se crean uno sobre el otro.

Aunque estas aplicaciones estilo Windows 8 de escritorio utilizan el mismo núcleo de sistema operativo, tiene que considerar dos elementos importantes cuando esté desarrollando la aplicación. La tabla 3.1 recoge una comparación entre los dos tipos de aplicaciones.

Tabla 3.1. Aplicaciones de escritorio y estilo Windows 8.

Aplicaciones de escritorio	Aplicaciones estilo Windows 8
Las aplicaciones de escritorio se pueden programar bien sobre la interfaz de programación de aplicaciones (API, *Application Programming Interface*) que data de 1995 (y muchos de sus elementos incluso se remontan a 1991), o bien con. NET Framework, que utiliza clases de base administradas. Tal como hemos indicado en otro capítulo del libro, existe una amplia variedad de opciones de lenguaje, herramientas y tecnología para las aplicaciones de escritorio. Aunque está bien tener una variedad de opciones, desde el punto de vista del desarrollo de aplicaciones, esto puede ser un inconveniente. Dependiendo del objetivo de su aplicación (o de su intención), puede elegir una mezcla de lenguajes o tecnologías para programar la funcionalidad esperada.	Las aplicaciones estilo Windows 8 representan una nueva solución. Tratan de proporcionar al usuario una interacción de primera clase, con opciones multitáctiles y sensores, y son muy sensibles en cuanto a la respuesta de su interfaz de usuario (UI, *User Interface*). Imagine una aplicación donde puede arrastrar un objeto en la pantalla con su dedo en lugar de experimentar una respuesta imprecisa a medida que mueve el objeto por la pantalla con su ratón. Para asegurar una experiencia perfecta, la API utilizada por las aplicaciones estilo Windows 8 deben admitir respuestas de la interfaz de usuario de forma nativa. Evidentemente, las aplicaciones estilo Windows 8 siguen admitiendo una perfecta integración con el ratón y el teclado.
La mayoría de las aplicaciones de escritorio muestran ventanas y cuadros de diálogo en la pantalla y esperan la entrada, respuesta o confirmación del usuario. Algunas veces, estas aplicaciones muestran más de un cuadro de diálogo sin modo (es decir, cuadros de diálogo que le permiten volver atrás a las aplicaciones principales sin cerrar el cuadro de diálogo) sobre la ventana principal. Mientras trabaja, el usuario tiene que cambiar de una ventana a la otra, centrándose a menudo en distintas tareas simultáneas y otras veces de forma inconsciente.	El desarrollo de aplicaciones estilo Windows 8 proporciona una UI intuitiva, donde la aplicación ocupa toda la pantalla. Esta solución no fomenta el uso de cuadros de diálogo por la pantalla sino que sugiere el uso de páginas de aplicación, igual que las aplicaciones Web que se ejecutan en el explorador. Las aplicaciones estilo Windows 8 se pueden desarrollar a través de la Tienda Windows y tienen que ajustarse a las guías de interacción del usuario y de la UI de Microsoft para pasar el proceso de certificación.
Generalmente, las aplicaciones de escritorio requieren un procedimiento de configuración estándar que incorpora algunas pantallas que guían al usuario a través de los pasos de instalación. Todo el proceso puede tardar un minuto (o incluso más) mientras se copian todos los archivos y recursos al equipo, y se ejecutan los registros	Las aplicaciones estilo Windows 8 son para los consumidores que no estén necesariamente familiarizados con conceptos como archivos, el registro y los procedimientos de configuración. Estos usuarios esperan poder agregar una aplicación con un simple toque o clic y que el sistema ejecute automáticamente el resto

Aplicaciones de escritorio	Aplicaciones estilo Windows 8
necesarios. La eliminación de una aplicación también sigue un procedimiento estándar y requiere que el usuario abra el **Panel de control**.	de pasos. Estos mismos usuarios quieren eliminar programas con la misma facilidad, sin importarles cómo implementa Windows este procedimiento en segundo plano.

Como puede ver, debido a que esta tecnología de información presenta una solución más centrada en el consumidor, las expectativas para las aplicaciones estilo Windows 8 son muy diferentes en comparación con las de las tradicionales aplicaciones de escritorio. El equipo de arquitectura de Windows ha decidido crear un subsistema independiente para las aplicaciones estilo Windows 8 y también una API distinta para crearlas.

Antes de entrar en los detalles de esta nueva API, primero vamos a echar un vistazo a los elementos de las aplicaciones de escritorio tradicionales.

Capas de una aplicación de escritorio

Para crear aplicaciones de escritorio tradicionales, el desarrollador tiene una amplia variedad de tipos de aplicación con pilas de elementos relacionados. Es curioso (pero no sorprendente) cómo ahora la palabra "tradicional" tiene un significado totalmente diferente al que tenía hace algunos años (quizá hace cinco años). Aunque con Windows 8 ahora podemos denominar "tradicionales" a todas las pilas de aplicación mostradas en la figura 3.2, la pila de la aplicación administrada era nueva en 2002 y la pila de Silverlight es la más moderna, disponible desde 2008.

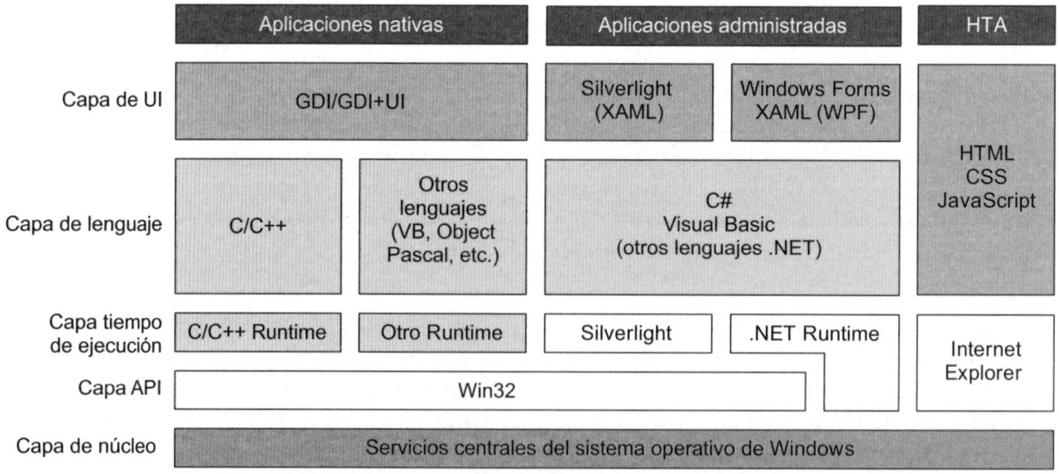

Figura 3.2. Capas de una aplicación de escritorio.

Nota: No se sienta intimidado si no conoce todas las tecnologías presentadas en la figura. El objetivo de la misma es mostrar la variedad de elementos tecnológicos relacionados con el desarrollo de aplicaciones de escritorio. Si está interesado en cualquiera de ellas en particular, busque su nombre en MSDN (`http://msdn.microsoft.es`).

Observe en la figura 3.2 la relación existente entre la capa Lenguaje y la capa UI. Como puede ver, el lenguaje de programación elegido determina fundamentalmente la pila de tecnologías que puede utilizar para crear su aplicación de escritorio.

Para aplicaciones nativas, elegir C o C++ (o cualquier otro lenguaje nativo como Visual Basic, Object Pascal, etc.) que se compilan directamente en un código específico de la unidad central de procesamiento (CPU, *Central Processing Unit*) significa que tiene que utilizar una interfaz gráfica de dispositivo (GDI, *Graphics Device Interface*) o tecnologías GDI+ para la interfaz de usuario.

Con las aplicaciones administradas, puede seguir utilizando GDI y GDI+ (en .NET se utilizan bajo el alias de los formularios de Windows Forms). Una opción más moderna y eficaz es Windows Presentation Foundation (WPF), basada en el Lenguaje de marcado de aplicaciones extensible (XAML, *eXtensible Application Markup Language*), o en su hermana pequeña (aunque no por ello menos eficaz), Silverlight XAML.

Nota: Aunque las aplicaciones nativas se compilan directamente en un código específico de la CPU, las aplicaciones administradas se traducen en un lenguaje intermedio (IL, *Intermediate Language*). Al ejecutar una aplicación administrada, el IL se transforma en un código específico de la CPU a través de un compilador en tiempo de ejecución (JIT, *Just In Time*).

Aunque no es muy común crear aplicaciones de escritorio con el lenguaje de marcado de hipertexto (HTML, *HyperText Markup Language*) y tecnologías relacionadas, puede crearlas utilizando Aplicaciones HTML (HTA, *HTML Applications*).

El lenguaje que prefiera utilizar también determina las bibliotecas en tiempo de ejecución disponibles y los entornos en los que puede utilizar la programación (capa Runtime o en tiempo de ejecución mostrada en la figura). Estas bibliotecas contienen operaciones utilizadas de forma nativa por el lenguaje para acceder a servicios del sistema operativo, como mostrar valores, administrar archivos o comunicarse a través de la red. Con las aplicaciones nativas, cada lenguaje solía tener su propio tiempo de ejecución de lenguaje, como Microsoft Foundation Classes (MFC) y Active Template Library (ATL) para C/C++, VB Runtime for Visual Basic (el antiguo lenguaje Basic antes del surgimiento de .NET) o Visual Component Library (VCL) para Delphi (Object Pascal).

.NET eliminó todo esto introduciendo su propia biblioteca de clases base (*Base Class Library*) que está disponible en todos los lenguajes .NET, incluidos C# y Visual Basic (así como otros lenguajes .NET conocidos, como F#, IronPython, IronRuby y otros). No obstante, este cuadro uniforme quedó algo borroso con el lanzamiento de Silverlight, otro lenguaje .NET en tiempo de ejecución disponible en aplicaciones de exploradores (como Internet Explorer, Firefox, Safari y algunos otros más) y en aplicaciones de escritorio. La biblioteca de clases base de Silverlight (*Silverlight Base Class Library*) es solo un subconjunto de tipos del entorno en tiempo de ejecución en .NET.

Las bibliotecas en tiempo de ejecución (*runtime*) de las aplicaciones nativas se crean encima de la API Win32 (mostrada en la capa API de la figura 3.2), que es una API plana con miles de puntos de entrada que llaman a los servicios centrales del sistema operativo de Windows (Windows Core OS Services) mostrado en la figura 3.2 en la capa del núcleo. Por el contrario, .NET tiene su propio entorno en tiempo de ejecución, denominado Entorno en tiempo de ejecución de lenguaje común (CLR, *Common Language Runtime*), que proporciona una mejor abstracción del API Win32 en forma de objetos que empaquetan estructuras de datos y operaciones relacionadas en tipos reutilizables. Imagine que es un arquitecto que quiere crear la pila de componentes de desarrollo para aplicaciones estilo Windows 8. ¿La combinaría con tecnologías de aplicaciones de escritorio existentes? Quizá sí, pero aun así, el equipo de arquitectos de Microsoft decidió crear un conjunto nuevo e independiente de API para eliminar la fragmentación de tecnologías.

Capas de una aplicación estilo Windows 8

Con la solución centrada en el consumidor del sistema operativo de Windows 8, Microsoft se enfrenta ahora a nuevos retos. La creación de una interfaz de usuario intuitiva, multitáctil y con sensibilidad de respuesta es solo uno de ellos. Un reto mayor es el establecimiento de una plataforma que admita el desarrollo de la forma correcta, permitiendo a los desarrolladores utilizar la tecnología y las herramientas que conoce y, más importante aún, ser productivos.

El reto

Microsoft tiene a su lado una fuerte comunidad de desarrollo que trabaja con Windows. Un amplio número de desarrolladores han experimentado el "consumo" de IT a través del desarrollo de aplicaciones Web. Sin embargo, solo un pequeño número de desarrolladores están familiarizados con dispositivos de consumidor basados en Windows, principalmente los desarrolladores de Windows Phone. Durante mucho tiempo, Windows Phone fue el único dispositivo de consumidor real de Microsoft.

Muchos desarrolladores Web y aficionados de todo el mundo han experimentado el desarrollo de plataformas para la creación de aplicaciones de consumidor para Android (Google) o iOS (Apple). Windows 8 pretende ser un sistema operativo que atraiga no solo a desarrolladores profesionales de Windows, sino también a aquellos que no estén directamente relacionados con la comunidad de Microsoft.

Parece que Microsoft empezó tarde a prepararse para competir en el mercado del consumidor. La creación de nuevos dispositivos y sus sistemas operativos es un importante paso adelante para unirse a la competencia, pero sin una plataforma de desarrollo y una estrategia extraordinaria, sería imposible proporcionar aplicaciones de calidad lo suficientemente buenas como para fortalecer Windows y ofrecer alternativas de calidad a los consumidores.

Microsoft siempre ha proporcionado extraordinarias herramientas de desarrollo que han seguido evolucionando a lo largo del tiempo, herramientas que han ofrecido una increíble productividad. En lugar de apostar solo por un lenguaje de programación para su plataforma (como hacen Apple y Google), Microsoft admite una variedad de lenguajes, permitiendo así a los desarrolladores elegir con el que quieren trabajar. Proporcionar la mejor plataforma para crear aplicaciones de consumidor es definitivamente un factor importante para obtener una mejor posición en el mercado.

Microsoft ha respondido al reto con la plataforma de desarrollo para aplicaciones estilo Windows 8.

Capas de la arquitectura

Mediante la creación de una pila independiente de componentes de capas para aplicaciones estilo Windows 8, Microsoft ha introducido un nuevo concepto que se deshace de los problemas del desarrollo de aplicaciones de escritorio tradicionales y vuelve a concebir la idea de la API de Windows y de los tiempos de ejecución de los lenguajes. Este nuevo concepto abarca la compatibilidad con múltiples lenguajes sobre una sola API de programación, como puede ver en la figura 3.3.

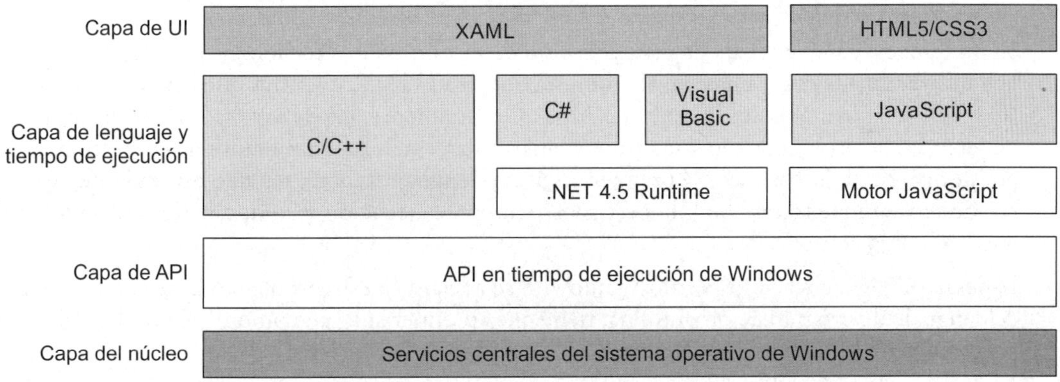

Figura 3.3. Capas de tecnologías de una aplicación estilo Windows 8.

A partir de la figura se deducen temas importantes.

Todas las aplicaciones estilo Windows 8 tienen una última capa de API (Windows Runtime) para comunicarse con los servicios centrales del sistema operativo de Windows y no hay ninguna otra API a la que necesiten acceder los programas. Independientemente del lenguaje de programación utilizado, cada servicio se encuentra disponible sin ningún tipo de limitación, por lo que podrá acceder a ellos desde C++, C#, Visual Basic, y también JavaScript.

Son millones los desarrolladores que utilizan HTML y CSS en todo el mundo para crear sitios y páginas Web. Estos desarrolladores utilizan JavaScript para agregar una lógica de UI (algunas veces compleja) a sus páginas Web. En el modelo de aplicaciones estilo Windows 8, Microsoft ha incrementado el potencial de JavaScript para acceder a un conjunto completo de las API ofrecidas a través de Windows Runtime. El estándar HTML (HTML5) más moderno, junto con las Hojas de estilo en cascada 3 (CSS3, *Cascading Style Sheets 3*) y JavaScript, es más potente que sus predecesores. Los sitios HTML5 pueden reproducir multimedia y mostrar gráficos vectoriales de forma nativa, aprovechando la aceleración de hardware de la unidad de procesamiento gráfico (GPU, *Graphics Processing Unit*) en el equipo. En los últimos años, se han creado miles de sitios Web con HTML5 para proporcionar una nueva interacción al usuario. Los desarrolladores pueden utilizar todo este poder, tanto los familiarizados con tecnologías HTML como con JavaScript, para crear aplicaciones estilo Windows 8.

En Windows 8, el centro de las tecnologías WPF basadas en XAML y Silverlight se ha convertido en parte del sistema operativo (reescrito en el código nativo). La UI de aplicaciones C++, C# y Visual Basic se puede definir en XAML. Este produce exactamente la misma UI en cada lenguaje, sin limitaciones ni barreras de ningún tipo. Debido a la tecnología de UI uniforme y a las mismas API proporcionando acceso a los servicios del sistema operativo, los modelos de aplicación son iguales para C++, C# y Visual Basic.

Si compara las capas de arquitectura de una aplicación de escritorio de la figura 3.2 con las capas de una aplicación estilo Windows 3 de la figura 3.3, comprobará de inmediato que esta última es más simple en función del tiempo de ejecución, las API y la elección de tecnología de UI. Independientemente de si es un desarrollador Web, un fan de C++ o un programador .NET, la barrera de entrada para crear aplicaciones estilo Windows 8 en realidad se ha reducido en comparación con la creación de aplicaciones de escritorio tradicionales.

Su preferencia en el lenguaje de programación determina sólo la tecnología de UI que tiene que utilizar en sus programas. JavaScript está ligado a HTML, mientras que otros lenguajes (C++, C# y Visual Basic) lo están a XAML. Generalmente, los desarrolladores utilizan más de un lenguaje de programación y lenguaje de marcado y están acostumbrados a ser multilingües, por decirlo de alguna manera. Aprender un nuevo lenguaje debería ser algo estimulante, no restrictivo, aunque tratar con bibliotecas en tiempo de ejecución y componentes independientes pueda ser algo complicado.

El desarrollo de aplicaciones estilo Windows 8 se adelanta a este problema. Independientemente del lenguaje de programación que elija, tiene que aprender solo un conjunto de API, proporcionadas por Windows Runtime.

Acerca de Windows Runtime

Sin duda alguna, Windows Runtime es el componente principal en la arquitectura de una aplicación estilo Windows 8. Representa una gran evolución en el modelo de programación, similar a lo que supuso .NET Framework en 2002. El equipo de Microsoft responsable de esta gran pieza arquitectónica describe a Windows Runtime como "una base sólida y eficiente para crear extraordinarias aplicaciones estilo Windows 8".

En otro capítulo del libro indicamos que la API Win32 contiene un conjunto plano de operaciones y estructuras de datos. Los tiempos de ejecución de lenguajes utilizados antes de .NET proporcionan bibliotecas que ocultan la mayoría de operaciones de API, y exponen un conjunto de objetos y funciones más simple para facilitar las tareas de programación comunes. .NET Framework agrega control sobre el entorno en tiempo de ejecución, admite la comunicación entre aplicaciones y mucho más.

Aunque las bibliotecas en tiempo de ejecución del lenguaje y .NET Framework han seguido evolucionado continuamente desde hace mucho tiempo, siguen todavía sin exponer todas las estructuras y datos y las operaciones presentadas por la API Win32. La razón principal es que los componentes en tiempo de ejecución que utilizan Win32 se crearon de forma independiente de los servicios del sistema operativo.

Esta situación cambió totalmente con Windows 8. Windows Runtime es una parte orgánica del sistema operativo. No es un componente adicional que se deba instalar de forma separada, como el kit de desarrollo de software de Windows (*Windows Software Development Kit*, Windows SDK). Cada vez que se crea un nuevo Windows 8, las API y Windows Runtime se crean junto con otros componentes del sistema operativo. Vamos a entrar en detalles en la potencia de este extraordinario componente nuevo.

Arquitectura de Windows Runtime

Igual que Windows 8 se diseñó teniendo en cuenta la interacción del usuario, Windows Runtime se diseñó teniendo en cuenta al desarrollador. Los entornos de desarrollo modernos, como Visual Studio (sobre el que aprenderá más en otro capítulo del libro), proporcionan a los desarrolladores extraordinarias herramientas para que sean más productivos.

Principios del diseño de Windows Runtime

Un buen ejemplo de herramienta productiva es IntelliSense, que observa el contexto en el que se está escribiendo el código y ofrece inmediatamente una lista de continuaciones posibles. Como puede ver en el ejemplo mostrado en la figura 3.4, IntelliSense proporciona una lista de expresiones que pueden seguir al miembro `this` en el contexto del método `MainPage`. IntelliSense no solo muestra la lista de miembros apropiados, sino que además presenta una breve explicación del miembro seleccionado (`AllowDrop`) en una sugerencia de pantalla. El equipo responsable del diseño de Windows Runtime tuvo en cuenta continuamente que la nueva API debía ser fácil de usar con herramientas poderosas, como IntelliSense.

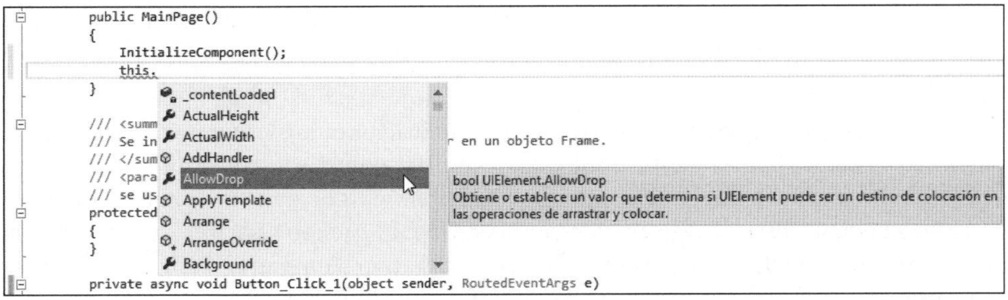

Figura 3.4. IntelliSense consigue que los desarrolladores sean más productivos.

Una interacción del usuario homogénea en Windows 8 es posible solo a través de aplicaciones que mantienen una interfaz de usuario muy sensible a responder. En el pasado, los problemas más importantes de Windows estaban ligados a un comportamiento del sistema operativo y de sus aplicaciones, un tanto perezoso y brusco. Por ejemplo, el usuario empezaba a arrastrar un objeto en la pantalla moviendo mucho el ratón, pero el objeto se movía muy lentamente.

El modelo de programación asíncrona proporciona un remedio extraordinario para este tipo de problemas. El modelo no bloquea la interfaz del usuario mientras ejecuta cómputos que requieren el empleo de muchos recursos en segundo plano. Las API de Windows Runtime se establecieron teniendo en cuenta el modelo asíncrono. El equipo de diseño tomó una gran decisión: Todos los sistemas operativos que tardasen más de 50 milésimas de segundo se implementarían como operaciones asíncronas. Las nuevas versiones de los lenguajes de programación C# y Visual Basic incluían Visual Studio 2012 y compatibilidad con este modelo de programación, tal como podrá comprobar en otro capítulo del libro.

> **Nota:** No se deje intimidar por conceptos con los que no está familiarizado, como "programación asíncrona" o "bloqueo de UI". En el capítulo dedicado a los principios del desarrollo moderno de aplicaciones de Windows encontrará todo lo relacionado a dichos conceptos. Por ahora, sepa que la programación asíncrona proporciona una forma de enviar a segundo plano operaciones, mientras el resto de la interfaz de usuario sigue respondiendo.

En cada nuevo lanzamiento de Windows, el equipo siempre ha invertido mucho para proporcionar compatibilidad hacia atrás entre las distintas aplicaciones. Windows Runtime está diseñado y establecido para que las aplicaciones sigan ejecutándose en nuevas versiones de Windows. Si una API cambia una operación en una nueva versión del sistema operativo, las versiones de operaciones antiguas siguen estando disponibles junto con la nueva, por lo que se pueden utilizar en paralelo. Cada aplicación utiliza la versión de la operación con la que se creó.

Elementos básicos de Windows Runtime

Como reflejo de los principios de diseño de Microsoft, Windows Runtime no es simplemente un conjunto de varias API. Es un entorno en tiempo de ejecución real que enlaza servicios del sistema operativo con las aplicaciones estilo Windows 8 creadas sobre ellos, independientemente del lenguaje de programación utilizado para implementar una determinada aplicación. Este entorno en tiempo de ejecución se compone de distintos elementos básicos, que puede ver en la figura 3.5.

El sistema operativo de Windows se expone a las aplicaciones estilo Windows 8 a través del elemento Núcleo de Windows Runtime que, como su nombre sugiere, es la esencia del entorno en tiempo de ejecución. Este núcleo envuelve a los servicios de nivel más bajo en tipos e interfaces. Encima del núcleo se encuentran muchas API, siendo cada una de ellas responsable de un determinado tipo de tarea común del sistema operativo. Aunque en la figura solo se muestran algunas de ellas, existen más de dos docenas de API disponibles.

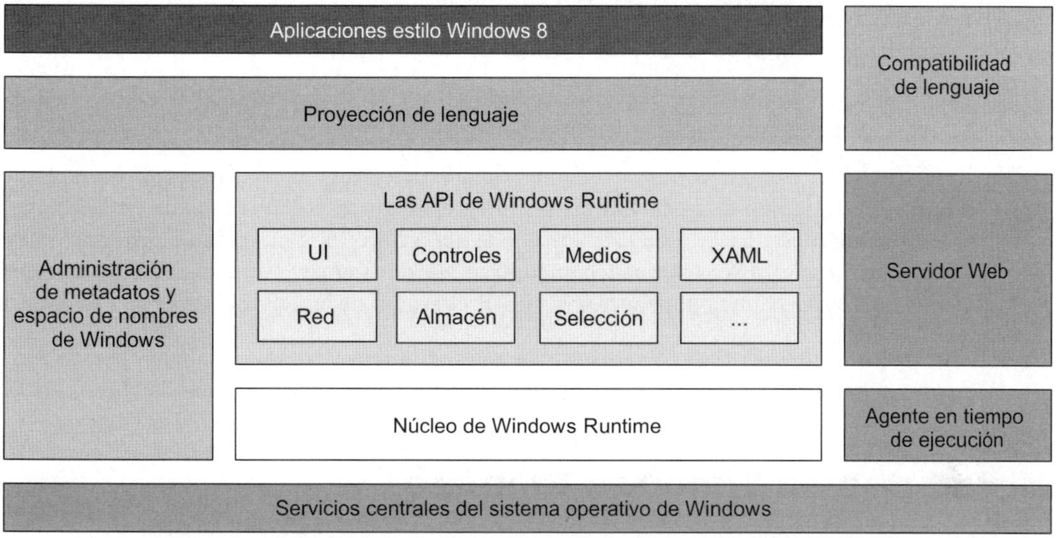

Figura 3.5. Elementos básicos de Windows Runtime.

No tiene que recordar cada tipo, interfaz o API en el que se encuentran determinados tipos de funcionalidad ya que Windows Runtime tiene sus propios metadatos que describen información sobre ellos. Es más, los tipos elementales se agrupan en espacios de nombre jerárquicos (como los objetos en .NET Framework o en Java Runtime) por lo que es fácil encontrarlos.

Nota: Enseguida aprenderá más sobre Windows Runtime.

Los lenguajes de programación tienen características diferentes y utilizan distintos convenios. Encima del bloque de las API y los metadatos puede ver una fina capa, la de proyección de lenguaje, que es la responsable de exponer las API en un determinado lenguaje. Las aplicaciones estilo Windows 8 acceden a las API de Windows Runtime a través de esta capa.

Nota: Aprenderá más sobre esta capa más adelante en el capítulo.

Algunos elementos mostrados en la figura completan el entorno donde las aplicaciones estilos Windows 8 pueden explotar completamente las opciones del sistema operativo a través de Windows Runtime:

- Su aplicación puede que tenga que acceder a recursos específicos del sistema (como a una cámara web, el micrófono o Internet) donde se requiere el permiso del usuario. A estos recursos se puede acceder sólo a través del agente en tiempo de ejecución (*Runtime Broker*) que pregunta al usuario si permite el acceso a los recursos, la primera vez que una operación intenta utilizarlo. Por ejemplo, si crea una aplicación que captura la fotografía del usuario desde una cámara web, el agente en tiempo de ejecución no permite al sistema capturar la fotografía a no ser que el usuario lo permita de forma explícita.

- Tal como acaba de aprender, puede utilizar HTML5 y JavaScript para crear aplicaciones estilo Windows 8. Estas aplicaciones (debido a su naturaleza Web) se ejecutan en un host Web.
- Cada lenguaje tiene una compatibilidad en tiempo de ejecución específica (por ejemplo, las bibliotecas en tiempo de ejecución que admiten el lenguaje, como la función `printf` de C++ o el método `append` de JavaScript, o la operación `String.Split` disponible desde C# y Visual Basic). Estos se pueden encontrar en el elemento Compatibilidad de lenguaje (*Language Support*) que coopera con la capa Proyección de lenguaje (*Language Projection*).

Algunos de los elementos básicos mostrados en la figura representan un papel importante en las actividades de programación diarias. En las siguientes secciones aprenderá más detalles sobre ellos.

Metadatos en Windows Runtime

Proporcionar una forma de utilizar metadatos en Windows Runtime es una opción muy importante en el desarrollo de aplicaciones estilo Windows 8. Es un recurso indispensable para conseguir que la arquitectura sea más robusta, que las API se revelen más fácilmente y, al final, los desarrolladores sean más productivos. Bueno, las distintas tecnologías de desarrollo de Windows están algo dispersas en cuanto al formato de metadatos que utilizan:

- La API Win32 es una gran colección de estructuras y operaciones de datos a las que se puede acceder a través de las bibliotecas de enlace dinámico (DLL, *Dynamic Link Libraries*) que se encuentran en la carpeta `System32` del directorio de instalación de Windows. Estas bibliotecas incluyen `kernel32.dll`, `user32.dll`, `netapi32.dll`, `avicap32.dll` y muchas otras. Las DLL tienen muchos puntos de entrada de operación. Sin embargo, al tener únicamente archivos `.dll` planos, no se puede saber qué operaciones contienen y cómo llamarlas ya que no se autodescriben.
- El modelo de objetos de componentes (COM, *Component Object Model*) que introdujo Microsoft en 1993 es un estándar binario que permitía a los desarrolladores escribir las interfaces de los objetos en el lenguaje de definición de interfaces (IDL, *Interface Definition Language*). Un archivo `.idl` se puede compilar en una biblioteca tipo (*Type Library*) cuyo archivo es `.tbl` y que representa a los metadatos relacionados con objetos COM.
- .NET Framework convirtió a los metadatos tipo en un ciudadano de primera clase. En .NET, los tipos son objetos que proporcionan operaciones utilizables y los metadatos tipo describen las operaciones disponibles. Los archivos de ensamblaje (archivos binarios resultantes de la compilación del código fuente escrito en cualquiera de los lenguajes .NET) son autodescriptivos. Contienen los metadatos sobre los tipos y las operaciones encapsuladas en el ensamblaje.

La forma en que .NET controla los metadatos es magnífica. Sin embargo, los metadatos se pueden enlazar sólo a los tipos administrados. Muchas operaciones de Win32 simplemente no tienen un tipo .NET que las envuelva. El uso de estos tipos desde un código administrado requiere la creación de una definición que substituya a los metadatos faltantes. Dichas definiciones son laboriosas de describir y necesitará documentación sobre la operación que pretende utilizar. Uno de estos ejemplos es la definición de la operación `capCreateCaptureWindow` que se puede encontrar en el archivo `avicap32.dll`:

```
[DllImport("avicap32.dll", EntryPoint="capCreateCaptureWindow")]
static extern int capCreateCaptureWindow(
   string lpszWindowName, int dwStyle,
   int X, int Y, int nWidth, int nHeight,
   int hwndParent, int nID);
```

Si crea una definición errónea (por ejemplo, utiliza `double X` en lugar de `int X`), su código fuente se compilará pero activará un error en tiempo de ejecución, obligándole a esforzarse por encontrar y solucionar el problema.

Formato de los metadatos

Los diseñadores de Windows Runtime se inspiraron en .NET Framework cuando creaban la arquitectura del subsistema de metadatos. Decidieron utilizar el formato de metadatos usado en los ensamblajes de .NET, que han probado su adecuación en los últimos diez años. Los diseñadores eligieron el formato utilizado por .NET Framework 4.5 (la versión más reciente de .NET, lanzada junto con Windows 8).

Los archivos de metadatos proporcionan información sobre cada una de las API disponibles en Windows Runtime. Se instalan con Windows 8 y, por tanto, se pueden encontrar en cualquier equipo con Windows 8 de forma independiente, incluso si dicho equipo se utiliza para el desarrollo o para otras tareas. Estos archivos los puede leer el equipo y se puede examinar su contenido, tal como aprenderá en el siguiente ejercicio.

Ejercicio: Echar un vistazo a los metadatos de Windows Runtime

Los archivos de metadatos de Windows Runtime se ubican debajo de la carpeta de instalación de Windows. Tienen una extensión `.winmd` y puede examinar su contenido con la utilidad `ILDASM`.

Para examinar los archivos de metadatos, siga estos pasos:

1. Haga clic en el mosaico **Escritorio** dentro de la pantalla Inicio y haga clic en el icono del **Explorador de archivos** de la barra de tareas.
2. Busque la carpeta `System32\WinMetadata` en el directorio de instalación de Windows. Si su sistema operativo se ha instalado en la ubicación predeterminada, encontrará esta carpeta dentro de `C:\Windows`. Si ha proporcionado una ubicación diferente durante la instalación de Windows, seleccione dicha carpeta.
3. Esta carpeta tiene más de cien archivos, cada uno con un nombre que empieza por `Windows`, y con una extensión `.winmd`, como puede ver en la figura 3.6. Estos archivos representan la información de los metadatos de las API de Windows Runtime.

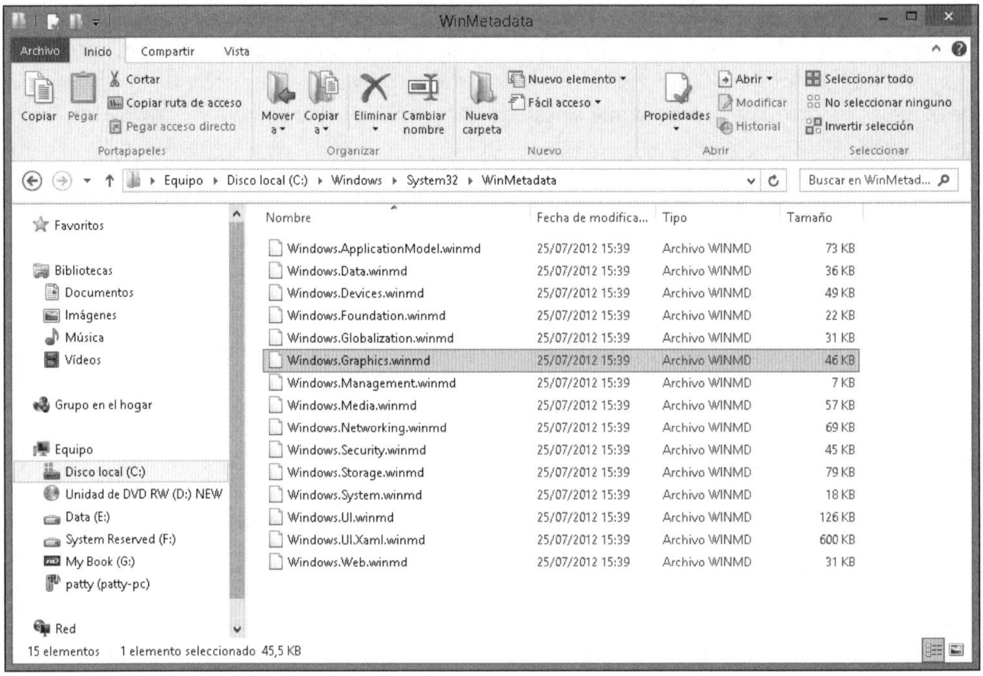

Figura 3.6. Archivos de metadatos de Windows Runtime en la carpeta System32\WinMetadata.

4. Desplácese hasta el archivo `Windows.Graphics`. Haga clic con el botón derecho del ratón sobre él y seleccione el comando **Abrir con** del menú contextual. Aparece un mensaje en pantalla y ahí puede asociar una aplicación al tipo de archivo `.winmd`. Desplácese hacia abajo y seleccione **Buscar otra aplicación en el equipo**, como puede ver en la figura 3.7.

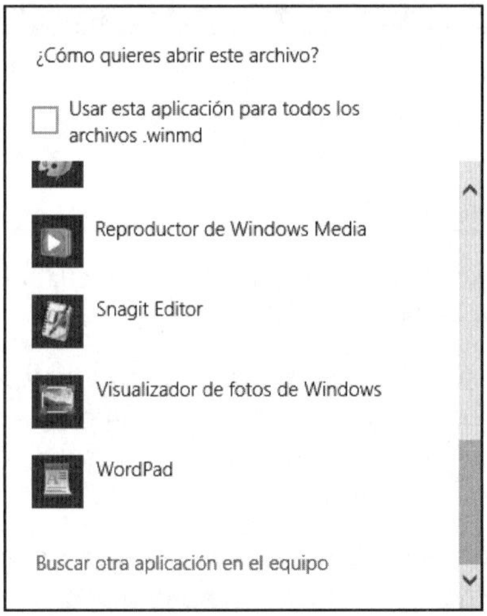

Figura 3.7. Asociación de archivos .winmd con una aplicación.

5. Se abre en pantalla el cuadro de diálogo Abrir con. En el cuadro de texto Nombre, escriba la ruta de acceso **C:\Archivos de programa\Microsoft SDKs\Windows\v8.0A\bin\NETFX 4.0 Tools** (o búsquela utilizando el cuadro de diálogo Abrir con). Haga clic en **Abrir**. El cuadro de diálogo se llena con los archivos de esta carpeta. Desplácese hacia `ildasm` y haga clic de nuevo en **Abrir**.

6. Se abre la utilidad `ILDASM` y muestra el árbol de los metadatos del archivo `Windows.Graphics.winmd`. Expanda el nodo `Windows.Graphics.Display` y después el nodo `Windows.Graphics.Display`. Descubrirá todos los tipos definidos en este árbol de metadatos y también los valores de enumeración del tipo `ResolutionScale`, como puede ver en la figura 3.8.

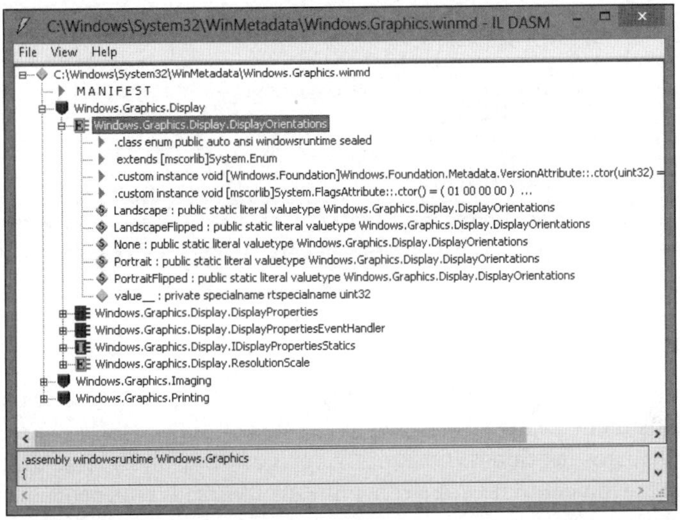

Figura 3.8. Información de los metadatos de Windows.Graphics.Display en la utilidad ILDASM.

7. En la ventana de la aplicación `ILDASM`, haga doble clic en el nodo `MANIFEST`. Se abre una nueva ventana para mostrar la información del manifiesto del archivo de metadatos, como muestra la figura 3.9. El manifiesto de un archivo de metadatos contiene información importante sobre el archivo y sobre los tipos descritos en el mismo. En la figura 3.9 puede ver que existe una entrada `.module Windows.Graphics.winmd` con diversas líneas que le siguen. Estos elementos describen información sobre el archivo de metadatos. Puede ver tres entradas que empiezan por `.assembly extern`, y estas son referencias a otra información de metadatos relacionada con los tipos utilizados dentro del archivo de metadatos `Windows.Graphics`. La primera referencia, `mscorlib`, es el componente del sistema principal del entorno en tiempo de ejecución del lenguaje común (CLR, *Common Language Runtime*) de .NET 4.5. Las otras dos, `Windows.Foundation` y `Windows.Storage` respectivamente, son otros archivos `.windm`, como se puede deducir de la etiqueta modificadora `windowsruntime` que tienen.

8. Abra otros archivos de metadatos de la carpeta `System32\WinMetadata` y examine su estructura. Cuando haya terminado, cierre todas las instancias de `ILDASM` abiertas.

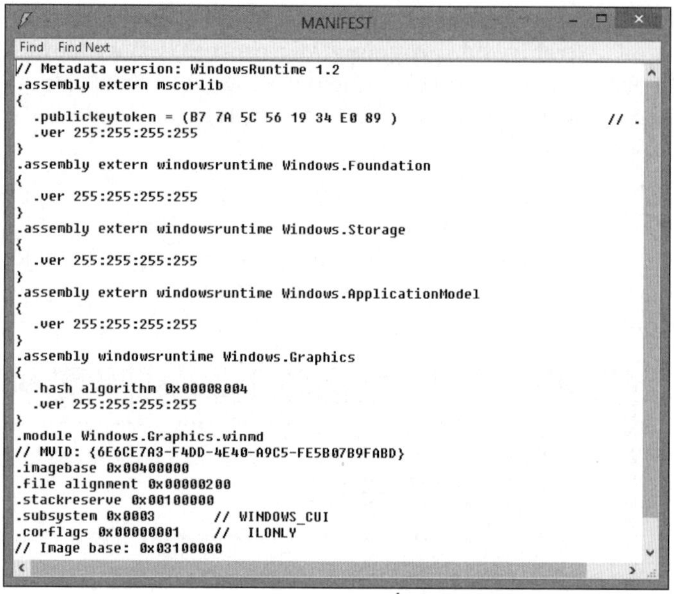

Figura 3.9. Información del manifiesto del archivo de metadatos Windows.Graphics.

Cómo funciona

La carpeta `System32\WinMetadata` contiene archivos `.windm` esenciales. En el paso 5 ha asociado la extensión de archivo `.winmd` con la utilidad `ILDASM`. En el paso 6 ha echado un vistazo a los metadatos del tipo `Windows.Graphics.Display.ResolutionScale`. En el paso 7 ha examinado cómo describe el manifiesto `.winmd` las dependencias con archivos de metadatos externos.

Espacios de nombres

Tal como ha podido comprobar en el ejercicio anterior, los tipos de Windows Runtime tienen nombres jerárquicos. Por ejemplo, la enumeración con los valores de escala de resolución tienen el nombre completo de `Windows.Graphics.Display.ResolutionScale`. La última etiqueta de este nombre es el nombre simple del tipo y las etiquetas de prefijo forman la jerarquía del espacio de nombres. El espacio de nombres de nivel superior es `Windows`. Tiene un espacio de nombres incrustado, `Graphics`, y `Graphics` incrusta a `Display`.

> **Nota:** Los programadores de .NET, Java y C++ están familiarizados con el concepto de los espacios de nombres. Windows Runtime utiliza el espacio de nombres exactamente con la misma semántica que se aplica en .NET.

Los espacios de nombres son conceptos importantes cuando administra la gran cantidad de tipos que utiliza en la creación de aplicaciones. Si tuviese solo nombres de tipos, sería muy difícil encontrarlos y adivinar cuál es el tipo apropiado para determinada tarea.

Otro problema sería denominar los tipos. No puede garantizar que nadie más va a utilizar el mismo nombre de tipo. Por ejemplo, cuando denomina un tipo como `Circle`, es muy probable que alguien más utilice el mismo nombre. Si compra un paquete de elementos UI personalizados, seguro que contiene algún tipo denominado `Circle`. ¿Cómo sabrá su aplicación qué tipo Circle utilizar en una determinada ubicación del código fuente y si pretende utilizar su propio tipo Circle o el que ha comprado?

Los espacios de nombres son construcciones que le ayudan a agrupar objetos en categorías. Con el uso de jerarquías de espacios de nombres bien diseñadas, su trabajo será más productivo porque podrá encontrar fácilmente tipos apropiados para determinadas tareas. Por ejemplo, cuando está a punto de mostrar imágenes en la pantalla, primero tendrá que verlas en el espacio de nombres `Windows.Graphics.Imaging` porque su nombre sugiere que esos tipos existen ahí.

Los espacios de nombres también le ayudan a evitar nombres conflictivos de tipos. Si coloca sus propios tipos en sus propios espacios de nombres (por ejemplo, si coloca `Circle` en el espacio de nombres `MyCompany.Shapes`), no colisionarán con los tipos de otros programadores o empresas.

Los tipos pueden tener nombres muy largos. Afortunadamente, todos los lenguajes de programación que administran el concepto de espacio de nombres ofrecen algún tipo de construcciones para evitar nombres completos y permitir escribir solo los nombres simples. Vamos a echar un vistazo a algunos ejemplos.

C# ofrece la cláusula `using` para ayudar a resolver los nombres de tipos:

```
   using Windows.UI.Xaml;

   namespace MyAppNamespace
   {
   class MyClass: UserControl
      {
         public MyClass()
      {
         // ...
         selectedItem = this.FindName(itemName) as ListBoxItem;
         // ...
      }
   }
}
```

Visual Basic ofrece la misma construcción con la palabra clave `Imports`:

```
Imports Windows.UI.Xaml

Namespace MyAppNamespace

   Class MyClass
      Inherits UserControl
```

```
        Public Sub New()
            ' ...
            selectedItem = TryCast(Me.FindName(itemName), ListBoxItem )
            ' ...
        End Sub
    End Class
End Namespace
```

No es sorprendente que C++ ofrezca el mismo concepto también con la cláusula `using namespace`:

```
using namespace Windows::UI::Xaml;

namespace MyAppNamespace
{
   class MyClass: UserControl
   {
      public MyClass()
      {
         // ...
         selectedItem = dynamic_cast< ListBoxItem ^>(this->FindName(itemName);
         // ...
      }
   }
}
```

Las construcciones `using`, `Imports` y `using namespace` en C#, Visual Basic y C++ respectivamente le indican al compilador que esos nombres de tipos deben buscarse en los espacios de nombres especificados. Este mecanismo permite escribir solo nombres de tipo `ListBoxItem` en sus programas ya que el compilador comprobará también el espacio de nombres `Windows.UI.Xaml`. En caso contrario, tendría que escribir el nombre completo: `Windows.UI.Xaml.ListBoxItem`.

> **Nota:** Evidentemente, se puede acceder a los objetos en los espacios de nombres de Windows Runtime también desde programas JavaScript. En JavaScript puede utilizar un mecanismo diferente, tal como aprenderá en el capítulo dedicado a la creación de aplicaciones estilo Windows 8 con HTML5, CSS, JavaScript y jQuery.

Protecciones del lenguaje

Los lenguajes de programación tiene sus propias características. A los aficionados de un determinado lenguaje de programación les gusta trabajar con él por sus atributos, como legibilidad, construcciones de alto rendimiento, funcionalidad, poco ruido de sintaxis, etc. Al crear aplicaciones estilo Windows 8, puede usar diversos lenguajes, con distintas soluciones sintácticas y semánticas. Sin embargo, para los diseñadores de Windows Runtime fue un gran reto permitir el uso de todos los servicios desde lenguajes muy diferentes. La capa de proyecciones de lenguaje (*Language Projections*) es la responsable de transformar las API de

Windows Runtime en la forma del lenguaje. Debido a esta transformación, los programadores pueden utilizar las API como si formasen parte del entorno en tiempo de ejecución nativo del lenguaje.

La mejor forma de saber lo que hace la capa de proyección de lenguaje es echar un vistazo a un simple ejemplo. El espacio de nombres `Windows.Storage.Pickers` contiene un tipo denominado `FileOpenPicker` que le permite seleccionar un archivo de una carpeta. Con el lenguaje de programación C# puede utilizar el siguiente código para configurar este cuadro de diálogo para seleccionar los archivos de imagen:

```
using Windows.Storage.Pickers;
// ...
FileOpenPicker openPicker = new FileOpenPicker();
openPicker. ViewMode = PickerViewMode. Thumbnail ;
openPicker. SuggestedStartLocation = PickerLocationId. PicturesLibrary ;
openPicker. FileTypeFilter .Add(".jpg");
openPicker. FileTypeFilter .Add(".jpeg");
openPicker. FileTypeFilter .Add(".png");
```

Puede reescribir la misma tarea utilizando JavaScript, como se muestra en este fragmento de código:

```
var openPicker = new Windows.Storage.Pickers. FileOpenPicker ();
openPicker. viewMode = Windows.Storage.Pickers. PickerViewMode . thumbnail ;
openPicker. suggestedStartLocation =
Windows.Storage.Pickers. PickerLocationId . picturesLibrary ;
openPicker. fileTypeFilter .replaceAll([".png", ".jpg", ".jpeg"]);
```

Los identificadores resaltados en negrita representan los tipos de API de Windows Runtime. Todos ellos comienzan por una letra en mayúsculas y utilizan el tipo de letra Pascal en C# y JavaScript. Los identificadores en cursivas son miembros de tipos de Windows Runtime. Como puede comprobar, utilizan el tipo de letra Pascal en C# y el tipo de letra Camel en JavaScript. Esto se hace a través de la capa de proyección del lenguaje. Mientras la proyección de lenguaje de C# representa los nombres de miembros con un tipo de letra Pascal, la proyección del lenguaje de JavaScript utiliza el tipo de letra Camel, siguiendo los convenios de JavaScript.

> **Nota:** Utilizar el tipo de letra Pascal y Camel significa escribir identificadores en los que las palabras se unen sin espacios, estando en mayúscula la letra inicial del elemento dentro del compuesto, respectivamente. Mientras el tipo de letra Pascal utiliza las mayúsculas para la primera letra (como la "P" en `PicturesLibrary`), Camel tiene una letra en minúsculas (como la "v" en `viewMode`).

La tarea de la capa de proyección del lenguaje no se detiene en la sintaxis. En la API de Windows Runtime, la propiedad `FileFilterType` del tipo `FileOpenPicker` es un vector (o matriz) de elementos de cadena (`FileExtensionVector`). La proyección de lenguaje de C# representa esta propiedad como una `List<string>` (lista de cadenas) y por tanto se pueden añadir las extensiones de archivo con el método `Add` del tipo `List<string>`, como se muestra a continuación:

```
openPicker. FileTypeFilter . Add (".jpg");
openPicker. FileTypeFilter . Add (".jpeg");
openPicker. FileTypeFilter . Add (".png");
```

El lenguaje de proyección de JavaScript representa la propiedad `fileFilterType` para una matriz de cadenas y por tanto se puede utilizar la función `replaceAll` para establecer el contenido de la matriz, como se muestra aquí:

```
openPicker.fileTypeFilter.replaceAll([".png", ".jpg", ".jpeg"]);
```

Visual Studio también aprovecha las opciones de la capa de proyección de lenguaje. Como puede ver en la figura 3.10 y en la 3.11 respectivamente, IntelliSense en C# y en JavaScript ofrece las continuaciones apropiadas, dependiendo del lenguaje.

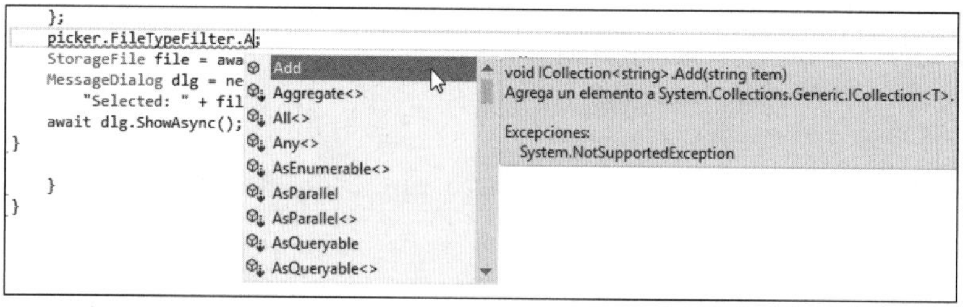

Figura 3.10. IntelliSense ofrece miembros del tipo List<string> en C#.

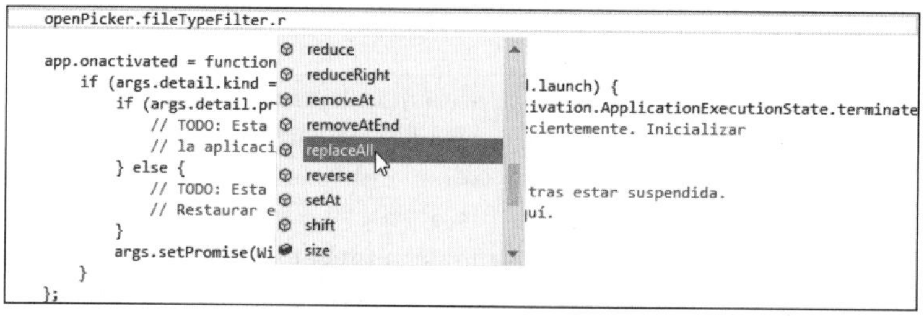

Figura 3.11. IntelliSense ofrece operaciones de matriz en JavaScript.

Con el lenguaje de proyección no necesitará utilizar herramientas para acceder a y aprovechar los servicios del sistema operativo dependiendo de su lenguaje de programación. Percibirá todos los servicios de Windows Runtime como si fuesen parte del entorno en tiempo de ejecución del lenguaje de programación elegido.

Ventajas de Windows Runtime

Como acaba de aprender, Windows Runtime es una API moderna sobre los servicios centrales del sistema operativo Windows y se puede utilizar desde muchos lenguajes de programación, como C++, C#, Visual Basic (.NET) y HTML/JavaScript. Esta modernización ha permitido a los arquitectos de Windows Runtime rediseñar cómo admitir un sistema operativo contemporáneo el desarrollo de una aplicación:

- Windows Runtime proporciona un acceso fácil al hardware, como a la unidad de servicio global de posicionamiento (GPS, *Global Positioning Service*), a los sensores, a la cámara y a otros dispositivos de hardware modernos, con tan solo una pocas líneas de código. Aunque en el pasado teníamos que escribir docenas de líneas de código para crear el primer programa en C, "Hola, Mundo" con Windows 3.1, Windows Runtime nos permite hacer una fotografía con la cámara integrada, en aproximadamente cinco líneas de código.
- Las aplicaciones ejecutan un espacio o zona de seguridad (*sandbox*). Esto significa que sólo se ejecutan las operaciones consideradas como seguras dentro del contexto de seguridad actual. Por ejemplo, si una aplicación desea activar el micrófono, esta operación no es segura a no ser que el usuario confirme de forma explícita si permite el uso del micrófono.
- La antigua API Win32 era una capa separada sobre los servicios centrales del sistema operativo. Windows Runtime es una parte integrante del sistema operativo ajustado para el desarrollador. Windows Runtime no es solo más fácil de usar que Win32, sino que además es más estable y tiene una administración de memoria administrada para admitir menos consumo de memoria y una administración más rápida de la misma.
- Los modernos dispositivos de hardware y la interfaz de usuario siempre sensible a responder no pueden trabajar sin un modelo de programación asíncrono, algo que admite Windows Runtime de forma nativa.

Lo que no tiene Windows Runtime

Hasta ahora ha aprendido que Windows Runtime es el componente clave para desarrollar aplicaciones estilo Windows 8. Todos los servicios del sistema operativo expuestos a través de Windows Runtime se pueden consumir desde C++, C#, Visual Basic y JavaScript. Antes de poner un signo a la ecuación entre las aplicaciones estilo Windows 8 y Windows Runtime, debería saber que las aplicaciones estilo Windows 8 pueden aprovechar otros componentes del sistema operativo que no se encuentran disponibles en Windows Runtime.

Las aplicaciones escritas en los lenguajes de programación C o C++ se compilan directamente a las instrucciones específicas de la CPU del equipo que se pueden ejecutar directamente en la CPU. Estas aplicaciones pueden acceder directamente a los componentes nativos del sistema operativo responsables de representar la UI, controlar los dispositivos de entrada, administrar sensores, comunicarse con la GPU, y mucho más. La mayoría de estos componentes pueden agregar un valor adicional a las aplicaciones estilo Windows 8. Por ejemplo, los programadores de juegos pueden aprovechar las opciones gráficas de alto rendimiento de las API DirectX, como Direct2D, Direct3D, DirectWrite, XAudio2 y XInput.

> **Nota:** Microsoft DirectX es una colección de API multimedia y de juegos. Estas API eliminan varias capas adicionales entre aplicaciones y el hardware que aloja la función específica para proporcionar el alto rendimiento requerido por las aplicaciones multimedia y de juegos. Direct2D es la API gráfica de dos dimensiones y Direct3D está diseñada para el desarrollo gráfico de juegos en tres dimensiones. DirectWrite es una API de diseño

de textos y de representación de glifos presentada primero en Windows Vista y todavía disponible en Windows 8. Cuando Microsoft presentó el desarrollo de su consola de juegos, la "X" se utilizó como base de su nombre Xbox para indicar que la consola se basaba en la tecnología DirectX.

Estas API proporcionan una fina capa entre su aplicación y el hardware al que acceden, y utilizan estructuras de datos de bajo nivel para mover la información hacia y desde la aplicación y el hardware. Aunque los servicios disponibles a través de Windows Runtime están seguros en cuanto a la sensibilidad de respuesta de la UI y la estabilidad del sistema se refiere, estas API se han ajustado para el rendimiento, lo que requiere más control dentro de su aplicación.

Con C++, puede crear aplicaciones estilo Windows 8 que aprovechan las opciones de la API DirectX. Por ejemplo, puede crear textos de caligrafía extraordinaria con DirectWrite, como puede ver en la figura 3.12.

Figura 3.12. Aplicación estilo Windows 8 con la API DirectWrite.

Aunque estos componentes no están disponibles a través de Windows Runtime, y puede acceder a ellos directamente solo desde C++, los mecanismos en C# y Visual Basic utilizan estas API en código administrado. En el momento de escribir este libro, puede encontrar algunos proyectos de código libre en CodePlex (`http://www.codeplex.com`) que se centran en el uso de DirectX sobre Windows 8 desde C#. Aunque se encuentran en una fase inicial, en algunos meses pueden mejorar mucho.

.NET Framework 4.5

Dos de los lenguajes de programación que admiten aplicaciones estilo Windows 8, C# y Visual Basic, se ejecutan sobre .NET Framework. Windows 8 se ha lanzado con una nueva versión de .NET Framework: 4.5. La imagen de la arquitectura de desarrollo no estaría del todo completa sin saber qué novedades presenta esta versión y cómo coopera .NET Framework con Windows Runtime.

Instalación del modelo de .NET Framework 4.5

Desde 2002 (cuando se lanzó .NET 1.0), ha habido diversas formas de cooperación de una nueva versión de .NET Framework con versiones anteriores, como puede ver en la figura 3.13. Aunque las primeras tres versiones (1.0, 1.1 y 2.0) incluían distintas versiones de CLR que se podían ejecutar una junto a la otra dentro del mismo equipo, las siguientes versiones siguieron un camino diferente.

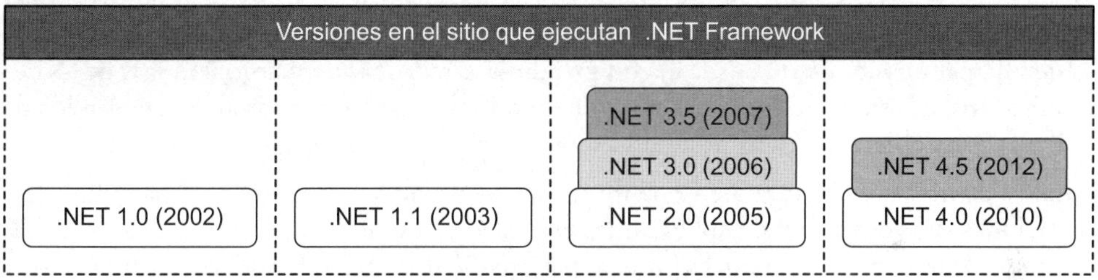

Figura 3.13. Relación de versiones .NET.

Cuando se lanzó .NET Framework 3.0 en 2006, no instalaba su propio CLR. Se trataba simplemente de una adición a la versión 2.0 y utilizaba su propio núcleo en tiempo de ejecución. Lo mismo sucedía con .NET 3.5 en 2007. Era una adición a .NET 3.0, y seguía utilizando el CLR lanzado con .NET 2.0.

En 2010 se lanzó .NET 4.0, de nuevo con su propio CLR, encapsulando los formularios mejorados de las bibliotecas de clases base (BCL, *Base Class Libraries*) provenientes de.NET 3.5. Teóricamente, en 2010, se podían instalar cuatro versiones de CLR una junto a la otra en el equipo: CLR 1.0, CLR 1.1, CLR 2.0 y CLR 4.0. La versión de .NET Framework más moderna, la 4.5, añadió una novedad.

En lugar de agregar un nuevo CLR en paralelo o nuevas bibliotecas de clases base encima del entorno en tiempo de ejecución CLR 4.0, incluía una actualización en el sitio (es decir, una actualización que no solo agregaba nuevos archivos sino que sobrescribía los existentes) que cambiaba el tiempo de ejecución de CLR 4.0 (lo actualiza a CLR 4.5) y ampliaba las bibliotecas de clase base anteriores.

Nota: Un sistema operativo en el sitio (*in-place*) o actualización .NET CLR es siempre un riesgo desde el punto de vista de la compatibilidad. Con el lanzamiento de .NET Framework 4.5, Microsoft asumió este riesgo y se esforzó en hacer frente a los potenciales problemas de incompatibilidad. Microsoft estableció un laboratorio de compatibilidad que revisaba todos los fallos y nuevas opciones y ejecutaba antiguas pruebas sin cambios.

Integración de Windows Runtime

El CLR de .NET CLR siempre ha tenido opciones de integración con otras tecnologías heredadas, como COM y la llamada de plataforma para acceder a la API Win32, P/Invoke. Con .NET Framework 4.5, el CLR se integra de forma nativa con Windows Runtime. Los programadores de C# y Visual Basic ahora pueden usar los tipos de Windows Runtime con la misma facilidad, como si fuesen tipos .NET.

Los tipos de Windows Runtime son tipos nativos. En realidad utilizan una nueva y moderna versión de COM que no requiere el registro de objetos y por tanto sus operaciones no se pueden llamar directamente desde el código administrado. Sin embargo, el CLR de .NET y los compiladores de lenguaje ordenan todo en segundo plano y no necesitan tratar con los detalles de llamar a los objetos nativos de Windows Runtime desde su código administrado.

Si vuelve de nuevo a la figura 3.2 y a la figura 3.3, verá que las dos pilas de desarrollo (de aplicaciones de escritorio y de aplicaciones estilo Windows 8) contienen un cuadro .NET Runtime. Podría pensar que esto significa que existen dos .NET Frameworks diferentes, uno para las aplicaciones de escritorio y otro para las aplicaciones estilo Windows 8. Afortunadamente, solo hay uno.

La biblioteca de clases base disponible para las aplicaciones estilo Windows 8 (aplicaciones de Windows Runtime) está restringida a los servicios considerados "seguros" para que los utilice una aplicación Windows 8. Cuando intenta crear su código fuente .NET existente, algunas partes no se compilarán ya que podrían utilizar algunas funciones de la biblioteca de clases base de .NET que no se encuentran en Windows Runtime, o se consideran como no seguras para las aplicaciones Windows 8.

Nota: Generalmente todas las operaciones se consideran como "seguras" si no comprometen la sensibilidad de respuesta de la interfaz de usuario.

Compatibilidad asíncrona

Tal como hemos indicado anteriormente, la programación asíncrona es una técnica clave para proporcionar una sensibilidad de respuesta a la UI, y Windows Runtime se ha diseñado teniendo en cuenta el procesamiento asíncrono. Los resultados del proceso de diseño de Windows

Runtime inspiraron al equipo de .NET Framework y añadieron la compatibilidad asíncrona a muchos componentes de la estructura. Las bibliotecas de clases base de .NET contienen cientos de cambios y mejoras, entre las que se encuentran las siguientes:

- Las interfaces clave de la biblioteca de clases base (por ejemplo, las operaciones de E/S de archivos) admiten la asincronía.
- Los procedimientos de acceso a datos en ADO.NET (la tecnología base del acceso a datos en .NET) y los componentes de comunicación de redes en Windows Communication Foundation (WCF), también controlan construcciones asíncronas como operaciones de primera clase.
- ASP.NET admite canales asíncronos cuando procesa solicitudes y crea respuestas. ASP.NET MVC 4 proporciona controladores asíncronos.
- La biblioteca de tareas en paralelo (TPL, *Task Parallel Library*, introducida en .NET Framework 4.0) se diseñó teniendo en cuenta la programación asíncrona. En .NET Framework 4.5, su administración de subprocesos se mejoró con la administración de sincronización y diversos escenarios de tiempos de espera.

Aunque los patrones de programación asíncrona proporcionan una mejor sensibilidad de respuesta de la UI y un rendimiento mejorado, es muy difícil aplicarlos y son muy propensos al error. Con .NET Framework 4.5, los compiladores C# y Visual Basic proporcionan dos nuevas palabras clave (`async` y `await` en C#, `Async` y `Await` en Visual Basic) que asumen el control de toda la complejidad relacionada con estos patrones.

Nota: Aprenderá más sobre estas palabras clave en el capítulo 6 del libro.

Otras opciones nuevas

Aunque la novedad principal de .NET Framework 4.5 es la integración de Windows Runtime y una contabilidad mejorada de la programación asíncrona, existen otras pequeñas mejoras que consiguen que los desarrolladores sean más productivos. Existen muchas opciones nuevas en .NET Framework 4.5, pero su explicación queda fuera del ámbito de este libro. Si quiere obtener más información sobre ellas, lo mejor es empezar en el centro de desarrollo de .NET Framework en MSDN (`http://msdn.microsoft.com/netframework`).

Escoger la tecnología apropiada para su proyecto

En este capítulo hemos visto una amplia variedad de tecnologías y lenguajes de programación que puede utilizar para crear aplicaciones Windows 8. Algunas veces, la decisión más difícil es elegir la pila de lenguaje y tecnología apropiada para su proyecto. En esta sección encontrará algunas sugerencias para ayudarle a tomar una decisión óptima.

Además del lenguaje de programación y la tecnología de desarrollo, existe otra consideración importante mencionada anteriormente alguna vez. Windows 8 cambia totalmente no solo la forma en que los usuarios trabajan con las aplicaciones, sino también la forma en que descubren, instalan y eliminan programas. Este nuevo modelo de instalación puede inspirarle para crear aplicaciones estilo Windows 8 en lugar de aplicaciones de escritorio, por lo que este podría ser un buen momento para hacer un breve resumen.

La Tienda de Windows

En versiones anteriores del sistema operativo Windows teníamos que crear kits de instalación e implantarlos en nuestras aplicaciones ejecutando dichos kits en los equipos de destino. Nuestros usuarios tenían que conocer algunos detalles técnicos del proceso de instalación, como seleccionar la carpeta de destino, instalar una serie de requisitos previos, agregar accesos directos al escritorio, y así sucesivamente. A menudo, el proceso de instalación intimidaba al usuario (¿sobrescribirá esta instalación algo en mi equipo que evite que se ejecuten correctamente mis aplicaciones?). Es más, las aplicaciones innecesarias tenían que eliminarse y se requería el uso frecuente de las utilidades de limpieza para eliminar la basura y los restos dejados por ellas.

La solución centrada en el consumidor no puede funcionar sin una forma significativamente más sencilla de obtener y liberar aplicaciones. Las aplicaciones estilo Windows 8 se pueden instalar solo desde la Tienda de Windows, que es un servicio en línea. Como desarrollador, puede subir su aplicación a la Tienda de Windows, donde sigue un proceso de aprobación antes de que los usuarios puedan verla e instalarla. Como usuario, puede buscar una aplicación en la Tienda de Windows y, después de comprarla (o elegir probarla gratuitamente o incluso usarla gratis si la aplicación así lo permite), dejar que el sistema operativo la instale. Si no necesita más la aplicación, Windows 8 la desinstala instantáneamente y se ocupa del proceso de limpieza, liberando así todos los recursos utilizados por la aplicación.

> **Nota:** Utilizar la Tienda de Windows es muy fácil para los consumidores que quieren comprar y ejecutar aplicaciones estilo Windows 8. Sin embargo, los desarrolladores tienen que conocer más detalles sobre la carga de sus programas y el uso de las opciones de la Tienda de Windows para poder comercializarlas. En el capítulo dedicado a la Tienda de Windows trataremos este tema.

Aplicaciones Windows 8 o aplicaciones de escritorio

Lo primero que tiene que decidir es si quiere crear aplicaciones estilo Windows 8 o aplicaciones de escritorio. La tabla 3.2 recoge algunos puntos de consideración que le ayudarán a tomar su decisión.

Tabla 3.2. Puntos para ayudarle a decidir entre aplicaciones estilo Windows 8 o aplicaciones de escritorio.

Utilizar aplicaciones estilo Windows 8 cuando...	Utilizar aplicaciones de escritorio cuando...
Tiene poca o ninguna experiencia en la programación de Windows.	Tiene más experiencia en la programación de Windows (es más, tiene que ser un programador de Windows veterano).
Sus aplicaciones se centran en una interacción superior del usuario.	Sus aplicaciones se centran en intentar utilizar tecnologías de UI (formularios de Windows, WPF o Silverlight) que ya conoce.
Tiene una base de código UI relativamente pequeña que poder reutilizar.	Tiene una gran cantidad de código relacionado con la UI y quiere reutilizar el conocimiento que contiene esa base de código.
Su aplicación funciona en un solo equipo de Windows. El objetivo principal de su aplicación es proporcionar a la UI servicios y componentes remotos a los que se puede acceder a través de Internet (o la Intranet de una empresa).	Su aplicación se distribuye en diversos componentes, incluyendo la UI, servicios comerciales y bases de datos. Los componentes de la UI de la aplicación utilizan tecnologías de comunicación heredadas, específicas de un suministrador o propietarias para acceder a otros servicios.
Su aplicación intenta aprovechar la interacción del usuario y las opciones de dispositivos ofrecidas por los dispositivos móviles, como una tableta.	Su aplicación se utiliza principalmente en equipos de escritorio y/o se integra con aplicaciones existentes.
Quiere aprovechar el sencillo modelo de implantación de aplicaciones ofrecido por la Tienda de Windows.	Necesita un modelo de implantación más complejo que el proporcionado por la Tienda de Windows.
Puede utilizar (es decir, tiene permiso para hacerlo) lenguajes de programación C++, C#, Visual Basic o JavaScript para crear su aplicación.	Aparte del conjunto de C++, C#, Visual Basic y JavaScript, necesita utilizar mucho otro lenguaje de programación para crear su aplicación.

Si participa en un proyecto complejo, evidentemente no puede utilizar la pila de tecnología estilo Windows 8 para todo el proyecto; necesitará con frecuencia un desarrollo en la parte del servidor. Sin embargo, merece la pena examinar los componentes UI de su sistema que pueda pasar y quizá implementar como aplicaciones estilo Windows 8.

> **Nota:** Este libro está dedicado al desarrollo de aplicaciones estilo Windows 8 y no pretende cubrir las tecnologías de desarrollo de aplicaciones de escritorio tradicionales, como WPF y Silverlight. Si está interesado en dichas tecnologías, deberá encontrar otro libro dedicado exclusivamente a ellas.

Elegir un lenguaje de programación

Tal como hemos dicho anteriormente en el capítulo, puede utilizar diversos lenguajes para el desarrollo de aplicaciones estilo Windows 8: C++, C#, Visual Basic y JavaScript. Si prefiere alguno de ellos, no dude en empezar utilizando dicho lenguaje.

Si tiene poca o ninguna experiencia en la programación de Windows, o no está seguro sobre qué lenguaje tendría la curva de aprendizaje más corta, aquí tiene algunas sugerencias que le ayudarán a tomar su decisión:

- Si tiene experiencia en diseño de páginas Web y en la creación de sitios Web, decididamente sabe HTML y probablemente tenga experiencia con CSS y JavaScript. Empiece por crear su primer programa estilo Windows 8 con JavaScript.
- Si ha utilizado las macros en Microsoft Word y Excel, probablemente Visual Basic sea el lenguaje con el que deba empezar.
- Si su experiencia en programación tiene que ver con algoritmos en lugar de con UI, entonces sus mejores opciones son C++ y C#. Probablemente C# es más fácil de aprender; C++ proporciona más control sobre construcciones de programación de bajo nivel.

Una de las mejores cosas que tiene la programación de aplicaciones estilo Windows 8 es que no está obligado a seguir siempre con un solo lenguaje. Puede incluso utilizar más de un lenguaje de programación dentro de una aplicación. Por ejemplo, si tiene experiencia en programación Web con JavaScript, puede crear su UI con HTML y JavaScript, pero escribir la lógica de la aplicación más compleja en C# y programar algoritmos de alto rendimiento en C++.

Incluso si se inicia el desarrollo de aplicaciones con uno de estos lenguajes, merece la pena aprender otros ya que cada uno de ellos tiene sus propias ventajas. Cuando tiene fechas de entrega muy ajustadas o quiere estar más abierto a otras plataformas, conocer varios lenguajes y habituarse a mezclarlos es de un valor incalculable.

Resumen

Windows 8 proporciona un nuevo modelo de desarrollo de aplicaciones denominado modelo de aplicaciones estilo Windows 8. Sin embargo, puede aprovechar la pila de tecnología del desarrollo de aplicaciones de escritorio utilizada en versiones anteriores de Windows.

Las aplicaciones estilo Windows 8 tienen su propia pila de tecnología. Para crear aplicaciones de este tipo, se pueden utilizar cuatro lenguajes de programación: C++, C#, Visual Basic y JavaScript. Independientemente del lenguaje utilizado, se puede acceder a todos los servicios del sistema operativo requeridos por estas aplicaciones a través de un nuevo componente denominado Windows Runtime (el entorno en tiempo de ejecución de Windows) y desde esta perspectiva, los lenguajes son iguales. Windows Runtime es una superficie de programación moderna sobre los servicios centrales de Windows. Aunque se implementa en un código nativo, proporciona espacios de nombres, metadatos de objetos y operaciones asíncronas. Cada lenguaje de programación tiene su propia capa de proyección de lenguaje que imita a Windows Runtime. Esta capa se creó teniendo en cuenta el lenguaje determinado.

C# y Visual Basic utilizan .NET Framework 4.5, que se integra de forma nativa con Windows Runtime, por lo que se pueden utilizar los tipos en Windows Runtime tan fácilmente como cualquiera de los tipos de biblioteca de clases base de .NET.

En otro capítulo del libro conocerá las herramientas fundamentales que puede utilizar para crear aplicaciones estilo Windows 8. Creará algunas aplicaciones simples que abrirán su apetito.

Ejercicios

1. Escriba una lista de los lenguajes de programación que puede utilizar para crear aplicaciones estilo Windows 8 en Windows 8.
2. ¿Qué tecnologías de UI admiten las aplicaciones estilo Windows 8?
3. ¿Qué componente permite el acceso a los servicios centrales de Windows desde todos los lenguajes de programación de Windows 8?
4. ¿Por qué Windows Runtime es superior a las API Win32 tradicionales?
5. ¿Qué modelo de implantación de aplicaciones ofrece la Tienda de Windows?

> **Nota:** Las respuestas a los ejercicios se encuentran en el apéndice A del libro.

Qué ha aprendido en este capítulo

- **Lenguajes de programación de Windows 8:** Las aplicaciones estilo Windows 8 se pueden crear con los siguientes lenguajes: C/C++, C#, Visual Basic, JavaScript.
- **XAML:** En Windows 8 se utiliza el lenguaje de marcado de aplicaciones extensible (XAML, *eXtensible Application Markup Language*) para declarar e implementar la interfaz de usuario (UI, *User Interface*) de las aplicaciones programadas en C++, C# y Visual Basic.
- **HTML:** En Windows 8 se utiliza la versión más moderna del lenguaje de marcado de hipertexto (HTML, *HyperText Markup Language*), HTML5, junto con las hojas de estilo en cascada 3 (CSS3, *Cascading Style Sheets 3*) para crear la UI de la aplicación con el lenguaje de programación JavaScript.
- **Windows Runtime:** Windows Runtime es la interfaz de programación de aplicaciones (API, *Application Programming Interface*) que pueden utilizar las aplicaciones estilo Windows 8 para acceder a los servicios del sistema operativo subyacentes.

- **Objetos de Windows Runtime:** Al contrario que Win32 (que utiliza operaciones planas), Windows Runtime proporciona significativos objetos con las operaciones y estructuras de datos relacionados. Estos objetos son autodescriptivos, ya que proporcionan información de metadatos sobre sí mismos. Con estos metadatos, las aplicaciones pueden consumir fácilmente las operaciones expuestas.
- **Espacios de nombres:** Los objetos de Windows Runtime se organizan en espacios de nombres jerarquizados. Los objetos en espacios de nombres diferentes pueden utilizar el mismo nombre simple.
- **Capa de proyección de lenguaje:** Se puede acceder a los objetos y operaciones de Windows Runtime desde cada lenguaje de programación de Windows 8 como si Windows Runtime estuviese ligado a ese lenguaje en concreto. Este comportamiento lo proporciona la capa de proyección de lenguaje (*Language Projection*).
- **Modelo de programación asíncrona:** Windows Runtime ofrece un modelo de programación asíncrona que proporciona una sensibilidad en la respuesta de la UI. Las operaciones que pueden bloquear la UI se implementan de una manera asíncrona (envían el procesamiento al subproceso en segundo plano a la vez que mantienen la sensibilidad en la respuesta de la UI).
- **.NET Framework 4.5:** .NET Framework 4.5 es la versión más moderna de .NET Framework lanzada junto con Windows 8. Proporciona una integración nativa con Windows 8 y agrega asincronía a muchas bibliotecas de clase base.
- **Tienda de Windows:** Las aplicaciones estilo Windows 8 se pueden instalar solo desde la Tienda de Windows, que es un servicio en línea. Los desarrolladores pueden subir sus aplicaciones a la Tienda, donde siguen un proceso de aprobación antes de que los usuarios puedan compararlas e instalarlas.

4

Aprender a conocer su entorno de desarrollo

En este capítulo aprenderá a:

- Descubrir las herramientas indispensables para desarrollar sus aplicaciones estilo Windows 8.
- Conocer los entornos de desarrollo de Visual Studio y Blend.
- Crear su primera aplicación estilo Windows 8 con Visual Studio.
- Descubrir algunas opciones útiles del entorno de desarrollo de Visual Studio.
- Mejorar la interacción del usuario con Expression Blend.

Descarga de códigos para este capítulo

Para desarrollar los ejemplos de este capítulo, puede optar por introducir manualmente el código o utilizar los archivos de código fuente que acompañan al libro como se indica en la Introducción.

El desarrollo de Windows 8 es algo extraordinario gracias a Windows Runtime, los poderosos lenguajes de programación y las tecnologías de representación. Microsoft también proporciona herramientas muy buenas para estas magníficas tecnologías. En este capítulo aprenderá las dos herramientas fundamentales que va a utilizar durante el desarrollo de sus aplicaciones: Visual Studio 2012 y Blend.

Primero creará una simple aplicación de Windows 8 con Visual Studio. El ejercicio de este capítulo le ayudará a familiarizarse con el uso del entorno de desarrollo integrado (IDE, *Integrated Development Environment*) de Visual Studio y le ayudará a conocer los pasos básicos del desarrollo de aplicaciones Windows 8. La interacción del usuario es un factor de éxito clave para sus aplicaciones Windows 8. Para saber cómo una herramienta de diseño extraordinaria mejora sus interfaces de usuario (UI, *User Interface*) en unos cuantos pasos, modificará su aplicación de ejemplo con Expression Blend. Después de leer este capítulo, podrá entrar en los detalles del desarrollo de aplicaciones Windows 8 y a utilizar estas increíbles herramientas de productividad.

Introducción de la caja de herramientas

En otro capítulo del libro aprendió que Windows 8 tiene una pila de tecnología completa para la creación de aplicaciones estilo Windows 8. Admite cuatro lenguajes de programación; C++, C#, Visual Basic y JavaScript. Los desarrolladores que trabajan con JavaScript pueden utilizar HTML5 y CSS3 para crear la interfaz de usuario de sus aplicaciones y los aficionados de otros lenguajes de programación pueden utilizar el lenguaje de marcado de aplicaciones extensible (XAML, *eXtensible Application Markup Language*) para establecer la UI. Estas tecnologías están muy bien, pero sin la correcta caja de herramientas, los desarrolladores no pueden utilizarlas de forma eficiente. Las herramientas de desarrollo principales de Microsoft se ejecutan en Windows 8 y puede utilizarlas para diseñar e implementar sus aplicaciones estilo Windows 8:

- Microsoft Visual Studio 2012 es el último entorno de desarrollo que admite todos los lenguajes de Windows 8 y la pila de tecnología completa para el desarrollo de aplicaciones estilo Windows 8.
- Microsoft Blend para Visual Studio es una gran herramienta que ayuda a los diseñadores de UI establecer una UI de aplicación profesional de una forma muy productiva.

Visual Studio 2012

Visual Studio es un entorno de desarrollo de Microsoft integrado. Sus raíces datan de hace 21 años. La versión más moderna es la undécima y se denomina Visual Studio 2012. Esta es la herramienta más reciente que puede utilizar para desarrollar aplicaciones para todas las plataformas de Microsoft, incluidas Windows 8 y sus predecesoras, .NET Framework, Windows Phone, Silverlight y Windows Azure. En los últimos 21 años, Visual Studio ha sufrido muchos cambios hasta adquirir su forma actual.

Una breve historia de Visual Studio

El desarrollo de aplicaciones en las primeras versiones del sistema operativo de Windows eran privilegio de los desarrolladores que trabajaban con el lenguaje de programación C. Con estas versiones de Windows, la creación de una aplicación significaba escribir código fuente en un editor de textos, ejecutar pasos manuales para compilar la aplicación y enlazar los binarios resultantes en un archivo ejecutable. En mayo de 1991, Visual Basic cambió extraordinariamente este panorama cuando se lanzó su versión 1.0. Este producto consiguió que el desarrollo fuese realmente visual (al contrario que las herramientas del lenguaje C utilizadas anteriormente) con la introducción de conceptos como formularios, controles, módulos, clases y archivos detrás del código.

Debido al éxito de Visual Basic, Microsoft creó una gran cantidad de herramientas y lenguajes con la opción de composición visual. Visual C++, con la biblioteca Microsoft Foundation Classes (MFC) lanzada en febrero de 1993, demostró que se podía utilizar el lenguaje C++ como herramienta productiva para crear también impresionantes UI de una forma simple. En 1995 (año repleto de novedades sobre el lenguaje de programación Java), Microsoft creó el lenguaje Visual J++, con su propia máquina virtual de Java (JVM, *Java Virtual Machine*).

El equipo de arquitectos de Microsoft reconoció que el aspecto visual de una aplicación puede separarse completamente del lenguaje de programación utilizado para crearlo. Crearon un producto, Visual Studio 97, que empaquetaba Visual Basic 5.0, Visual C++ 5.0, Visual FoxPro 5.0, Visual J++ y Visual InterDev. La siguiente versión de la IDE, denominada Visual Studio 6.0, se lanzó en junio de 1998.

Como respuesta al éxito de la plataforma Java, Microsoft lanzó .NET Framework en febrero de 2001. .NET Framework 1.0 se lanzó junto con Visual Studio.NET. Esta versión de Visual Studio integraba varios lenguajes y herramientas de programación en la misma IDE. Los desarrolladores podían utilizar lenguajes como Visual Basic.NET, Visual C#, Visual C++ y Visual J#. Exceptuando a J#, estos lenguajes siguen disponibles en Visual Studio 2012.

Ediciones de Visual Studio

Microsoft siempre se ha esforzado por crear una gran comunidad de desarrolladores alrededor de sus herramientas y ha creado ediciones especializadas para determinado público, como desarrolladores aficionados y estudiantes, además de para profesionales y empresas. Los aficionados y profesionales pueden utilizar el mismo producto (Visual Studio) para codificar por diversión o en proyectos de grandes empresas. La tendencia de ofrecer una versión Express gratuita de Visual Studio además de las ediciones ofrecidas para los desarrolladores empresariales se inició en 2005. Desde entonces, cada versión nueva de Visual Studio tiene su versión Express relacionada.

Aunque al principio las versiones Express se lanzaban teniendo en cuenta un determinado lenguaje de programación (Visual C# Express, Visual Basic Express, Visual Web Developer Express), posteriormente Microsoft cambió esta tendencia para lanzarlas según el tipo de aplicación (Visual Studio Express para Windows Phone, Visual Studio Express para Windows 8). Además, las nuevas herramientas (como las pruebas de la unidad) empezaron a formar parte de las versiones Express. La versión Visual Studio 2012 más actual admite las siguientes ediciones:

- **Visual Studio 2012 Express para Windows 8:** Esta es una versión gratuita que puede descargar desde el sitio Web de Microsoft. Con ella puede desarrollar aplicaciones estilo Windows 8 completamente funcionales. La integración de las pruebas de unidad y el servidor Team Foundation Server (herramienta de control y administración del equipo de fuentes de Microsoft) también se encuentran disponibles.
- **Visual Studio 2012 Professional/Premium/Ultimate:** Estas ediciones no son gratuitas; tiene que pagar por las opciones y servicios que proporcionan. La edición Professional está diseñada para desarrolladores que trabajan por cuenta propia en pequeños equipos. El objetivo de la edición Premium es el de los proyectos empresariales y la edición Ultimate proporciona herramientas para los arquitectos y administradores de proyecto para su uso en proyectos grandes con varios miembros en el equipo.

En este libro vamos a utilizar la edición Visual Studio 2012 Ultimate porque contiene todas las herramientas necesarias para el desarrollo de aplicaciones estilo Windows 8, y además puede descargar una versión de prueba de 90 días.

Instalar Microsoft Visual Studio 2012

Para poder crear aplicaciones estilo Windows 8 con Microsoft Visual Studio 2012 , debe instalar el programa en su equipo. En el siguiente ejercicio va a descargar e instalar el producto.

Ejercicio: Instalar Microsoft Visual Studio 2012 Ultimate

Para instalar Microsoft Visual Studio 2012, siga estos pasos:

1. Abra el sitio de descarga de Visual Studio en `http://www.microsoft.com/visualstudio/esn/downloads`. Haga clic en el vínculo Instalar ahora dentro de la versión Ultimate, junto al primer icono para realizar la descarga directamente desde Internet (en el segundo icono realizará una descarga a un disco).
2. Cuando el explorador le pregunte si quiere ejecutar o guardar la aplicación, seleccione **Ejecutar**. En pocos segundos, se abrirá el instalador de Visual Studio Ultimate 2012 con Blend.
3. Acepte el acuerdo de licencia Acepto los términos y condiciones de la licencia y haga clic en INSTALAR en la parte inferior de la ventana, que puede ver en la figura 4.1.
4. Dependiendo de su configuración de Windows, se puede abrir un cuadro de diálogo de control de cuentas del usuario preguntando si desea permitir que el programa del instalador efectúe cambios en su equipo. Si se abre el cuadro de diálogo, haga clic en **Sí**; en caso contrario se cancelará la instalación.
5. Se inicia el proceso de instalación. En él, se descargan los paquetes de configuración de su equipo, se instalan y se configuran. Puede seguir este proceso con dos barras de progreso, que puede ver en la figura 4.2.

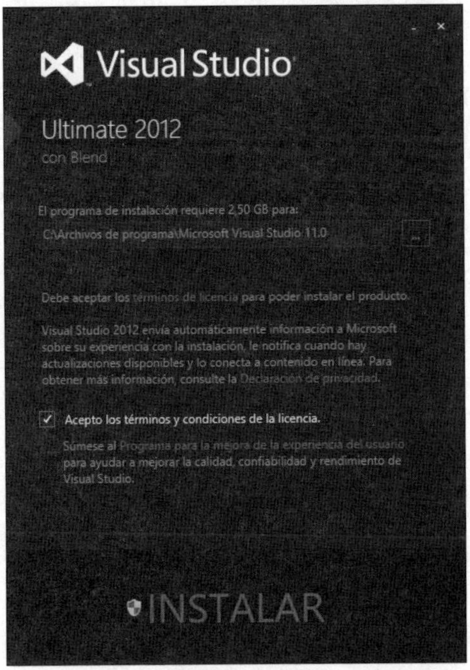

Figura 4.1. Pantalla de inicio del instalador de Visual Studio Ultimate 2012 con Blend.

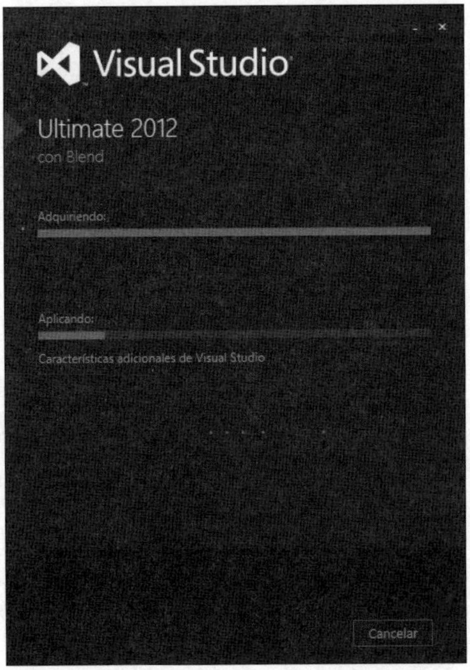

Figura 4.2. Puede seguir el progreso de la instalación.

La barra **Adquiriendo** muestra el progreso de la descarga del paquete mientras que la barra **Aplicando** muestra el progreso de la instalación y la configuración.

6. En aproximadamente 15 minutos, todos los componentes de Visual Studio 2012 Ultimate 2012 con Blend se habrán instalado en su equipo. En la parte inferior de la pantalla, haga clic en el vínculo **INICIAR** para abrir la IDE. Se abre la pantalla de bienvenida durante unos segundos mientras se configura y, después, se muestra la ventana principal, **Página principal**, que puede ver en la figura 4.3

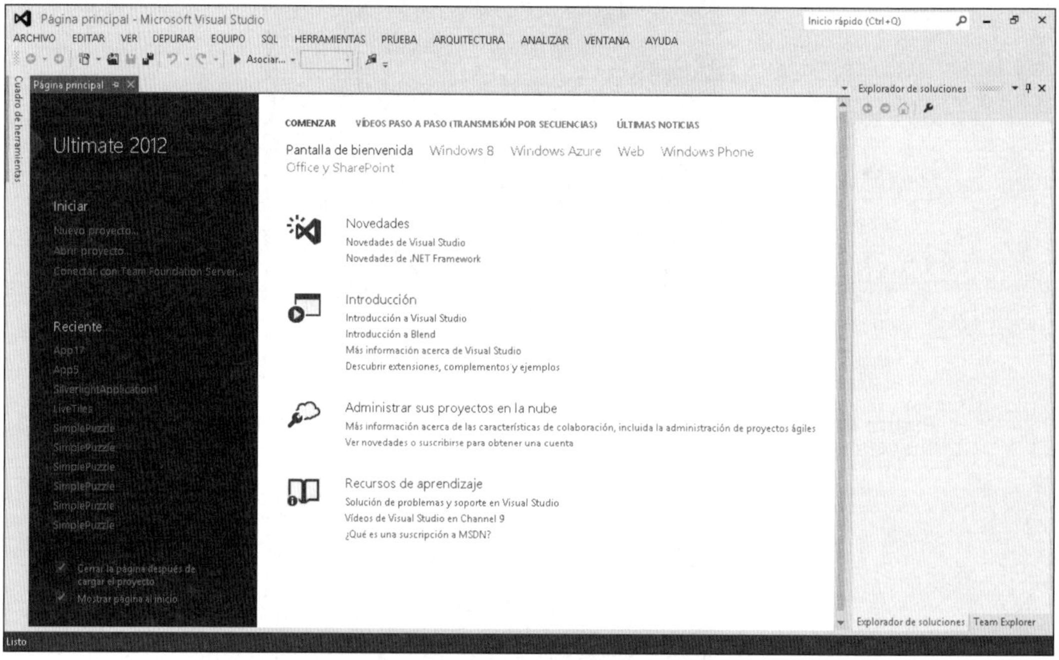

Figura 4.3. Pantalla de inicio de Visual Studio Ultimate 2012.

Ahora, Visual Studio está listo. Es muy fácil crear aplicaciones estilo Windows 8 en esta IDE con tan solo unos clics, tal como aprenderá a lo largo del capítulo.

> **Nota:** Justo después de iniciarse, Visual Studio le pide que adquiera una licencia de desarrollador. Esta licencia se requiere para enviar aplicaciones a la Tienda de Windows, algo sobre lo que aprenderá en otro capítulo del libro. Cuando se abra el cuadro de diálogo **Licencia de desarrollador**, seleccione **Aceptar** para solicitar una licencia de desarrollador de prueba por un mes.

Un paseo por la IDE de Visual Studio

La IDE de Visual Studio se ha modernizado y limpiado mucho desde su versión anterior (Visual Studio 2010). El equipo del producto ha trabajado duro para que sea más rápida (proporcionando tiempos de inicio y carga de proyectos más cortos), más frugal en cuanto al consumo de memoria y más fácil de usar. En esta sección conocerá la IDE mediante la creación de una simple aplicación.

Crear un nuevo proyecto

En la IDE de Visual Studio, su trabajo actual se representa mediante una solución. La solución A agrupa unidades más pequeñas de artefactos de la aplicación, denominados proyectos. Un proyecto es la unidad más pequeña que se puede crear de forma independiente. En el siguiente ejercicio aprenderá a crear uno.

Ejercicio: Crear una nueva aplicación estilo Windows 8

Tal como ha aprendido en otro capítulo del libro, las aplicaciones estilo Windows 8 se pueden escribir en cuatro lenguajes de programación: C++, C#, Visual Basic y JavaScript. En este ejercicio va a utilizar el lenguaje C# y la tecnología de UI XAML. La aplicación que cree no va a hacer nada emocionante: simplemente mostrará cuatro rectángulos en pantalla con distintos colores y un texto al hacer clic en los rectángulos o tocarlos. Para crear una simple aplicación estilo Windows 8, siga estos pasos:

1. En el menú principal, seleccione Archivo>Nuevo>Proyecto para seleccionar el tipo de proyecto a crear. Se abre el cuadro de diálogo Nuevo proyecto y muestra una serie de plantillas de proyecto, como puede ver en la figura 4.4.
2. En el panel izquierdo del cuadro de diálogo podrá ver una jerarquía de categorías. Debajo del nodo Instalado, extienda Plantillas y después Visual C#. Haga clic en Tienda Windows para ver las plantillas de proyecto disponibles para esta categoría. Seleccione la plantilla Aplicación vacía (XAML), denomínela **SimpleRectangles** y haga clic en **Aceptar**. El nodo raíz representa la solución que tiene un proyecto (el nodo que se encuentra directamente debajo del nodo raíz). El proyecto tiene nodos secundarios, como las carpetas Properties (Propiedades), References (Referencias), Assets (Activos) y Common (Común), el archivo App.xaml y otros. La IDE también abre el archivo App.xaml.cs para su edición.

Cómo funciona

Cuando seleccionó la plantilla Aplicación vacía en el paso 2 y especificó su nombre, Visual Studio creó una copia de los archivos de plantilla y reemplazó algunos marcadores de posición en la plantilla con el nombre de la aplicación (`SimpleRectangles`). Inmediatamente después de copiar la plantilla la IDE la abrió y mostró su estructura en la ventana Explorador de soluciones (véase la figura 4.5).

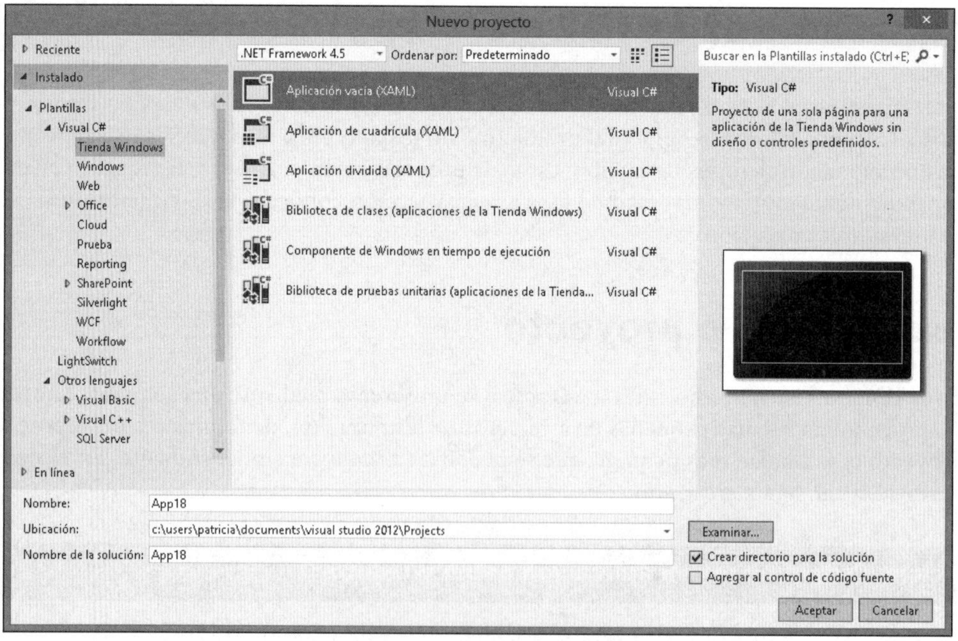

Figura 4.4. Cuadro de diálogo con la plantilla Aplicación vacía (XAML) de Visual C#.

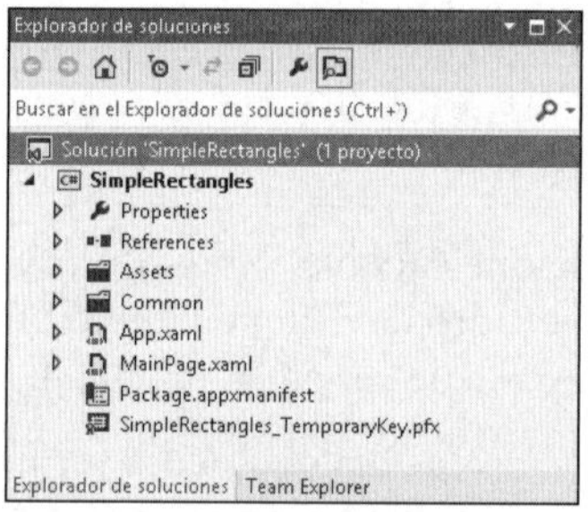

Figura 4.5. Explorador de soluciones con el proyecto creado.

Si tuviese que ejecutar la aplicación, mostraría solo una página en blanco. En el siguiente ejercicio diseñará la página de la aplicación.

Ejercicio: Diseñar una página

Para diseñar la página de la aplicación, siga estos pasos:

1. Haga doble clic en el nodo MainPage.xaml del Explorador de soluciones. La IDE abre el archivo en la vista Diseño, como puede ver en la figura 4.6. Esta vista se divide en un panel Diseñar (parte superior), que muestra una vista previa de la página, y un panel XAML (en la parte inferior) que contiene el código XAML que describe la definición de la página.

> **Nota:** Al abrir un archivo de página (o cualquier XAML) en Visual Studio, la carga de la vista previa del diseñador puede tardar unos segundos. Durante este tiempo, se mostrará un cuadro con el texto `Cargando el diseñador...` en el panel **Diseñar**.

2. En la esquina inferior izquierda del panel de diseño, utilice el cuadro combinado para cambiar el factor de zoom y así poder ver el diseño completo en la vista previa. Dependiendo del tamaño de la pantalla que tenga, la escala correcta sería 66.67%, 50% o 33.33%.

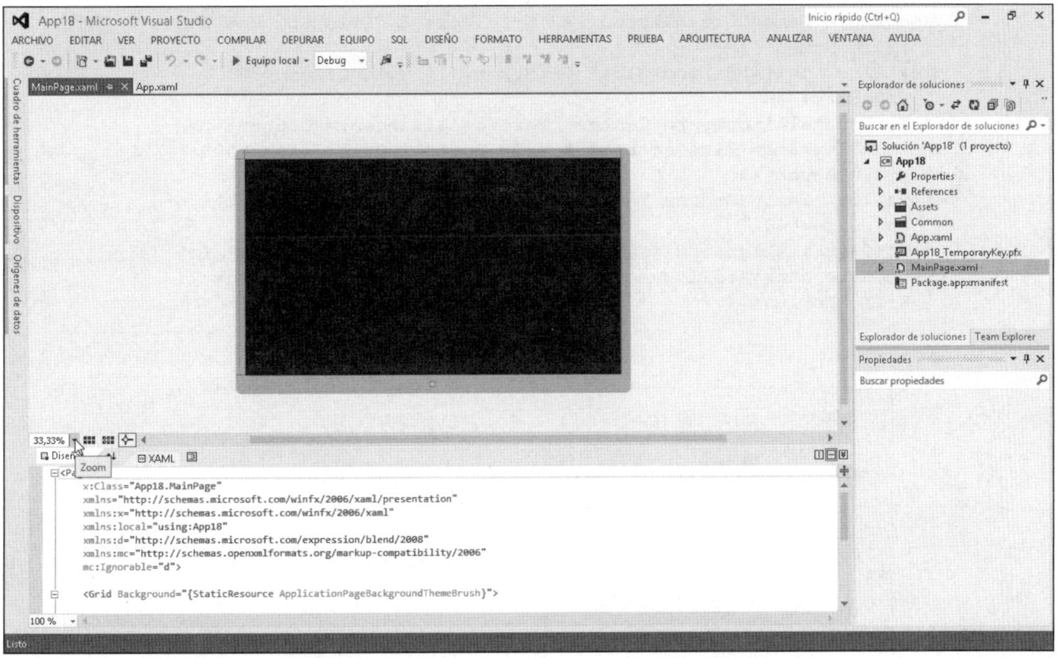

Figura 4.6. Diseñar el archivo MainPage.xaml.

3. En el panel de XAML, desplácese hacia abajo hasta la línea en blanco entre los elementos `<Grid ...>` y `</Grid>` y empiece a escribir **<Grid .RowD**. Mientras escribe, la tecnología IntelliSense integrada en Visual Studio muestra automáticamente una lista de terminaciones (véase la figura 4.7). En esta lista, la entrada `RowDefinitions` se ha resaltado como terminación sugerida para `RowD`. Pulse la tecla **Tab** para aplicar la terminación sugerida. Pulse la tecla **>** para cerrar la etiqueta XAML y el editor crea automáticamente la etiqueta de cierre `</Grid.RowDefinitions>`, como puede ver en la figura 4.8.

4. Copie el siguiente código que está en negrita en el panel XAML:

```
<Grid Background="{StaticResourceApplicationPageBackgroundThemeBrush}">
   <Grid.RowDefinitions>
      <RowDefinition />
      <RowDefinition />
   </Grid.RowDefinitions>
```

```
    <Grid.ColumnDefinitions>
        <ColumnDefinition />
        <ColumnDefinition />
    </Grid.ColumnDefinitions>
    <TextBlock Text="Behind Red" Grid.Row="0" Grid.Column="0"
        FontSize="48"
        HorizontalAlignment="Center" VerticalAlignment="Center" />
    <Rectangle Name="RedRectangle" Grid.Row="0" Grid.Column="0"
        Fill="Red" />
    <TextBlock Text="Behind Green" Grid.Row="0" Grid.Column="1"
        FontSize="48"
        HorizontalAlignment="Center" VerticalAlignment="Center" />
    <Rectangle Name="GreenRectangle" Grid.Row="0" Grid.Column="1"
        Fill="Green" />
    <TextBlock Text="Behind Blue" Grid.Row="1" Grid.Column="0"
        FontSize="48"
        HorizontalAlignment="Center" VerticalAlignment="Center" />
    <Rectangle Name="BlueRectangle" Grid.Row="1" Grid.Column="0"
        Fill="Blue" />
    <TextBlock Text="Behind Yellow" Grid.Row="1" Grid.Column="1"
        FontSize="48"
        HorizontalAlignment="Center" VerticalAlignment="Center" />
    <Rectangle Name="YellowRectangle" Grid.Row="1" Grid.Column="1"
        Fill="Yellow" />
</Grid>
```

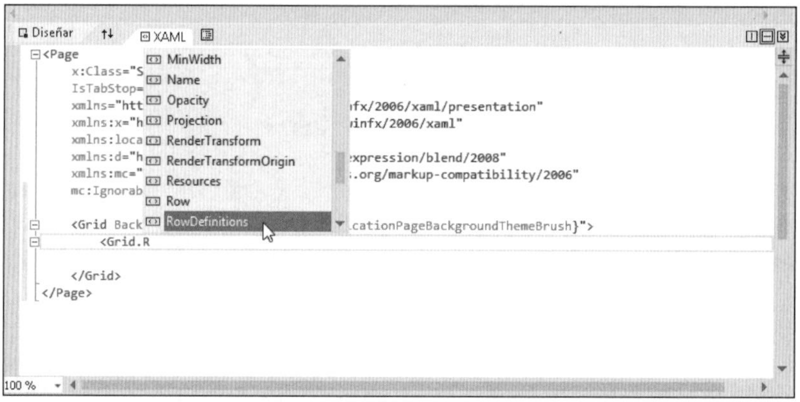

Figura 4.7. Lista de terminación mostrada por IntelliSense.

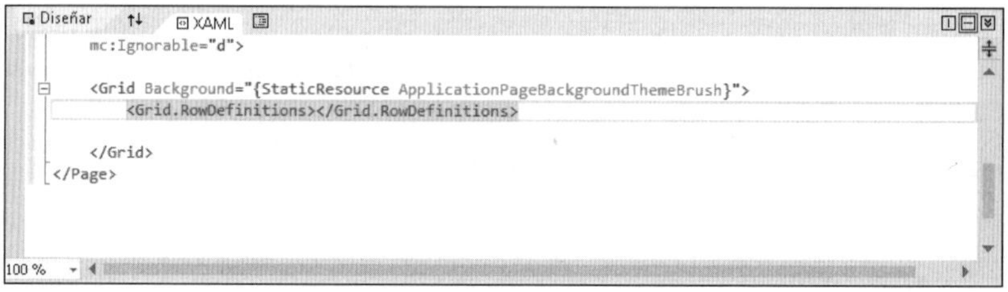

Figura 4.8. Expresión completada.

5. La vista previa del diseño se actualiza según la definición de la UI de XAML que acaba de escribir, como puede ver en la figura 4.9.

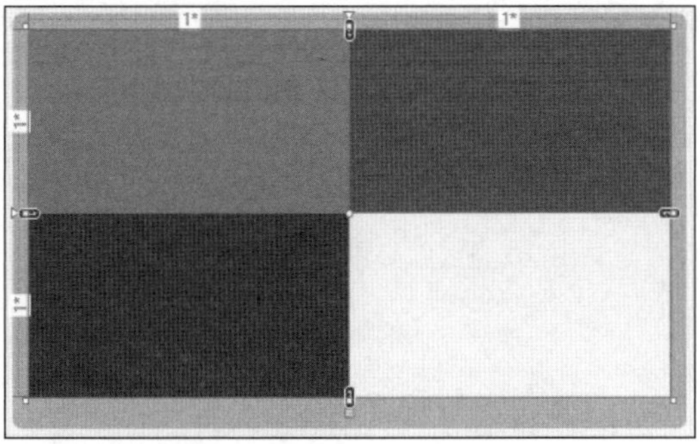

Figura 4.9. Vista previa de la página.

Como funciona

Al trabajar con los lenguajes de programación C++, C# o Visual Basic, XAML es la tecnología utilizada para definir la UI de una aplicación estilo Windows 8. Al crear el proyecto de los ejercicios anteriores, la IDE ha creado automáticamente el archivo `MainPage.xaml` como página predeterminada de la aplicación.

En los pasos 3 y 4, ha añadido una declaración de cuadrícula que divide la pantalla en dos filas y dos columnas, y cada celda de la cuadrícula contiene un elemento `TextBlock` y un elemento `Rectangle`. En cada celda, el rectángulo se coloca delante del texto porque las declaraciones `TextBox` preceden a las declaraciones `Rectangle`.

A medida que cambia el contenido del panel XAML, la vista previa se actualiza continuamente, tal como ha podido comprobar en la figura 4.9.

Aunque ha diseñado el esquema de la página, todavía no ha agregado ningún comportamiento a la aplicación. En el siguiente ejercicio, añadirá algunas líneas de código que permitirán al usuario hacer clic en un rectángulo o tocarlo para ver el texto que se encuentra debajo.

Ejercicio: Añadir y editar un código controlador de evento

Las aplicaciones estilo Windows 8 siguen un patrón de eventos bien conocido. Cuando el usuario interactúa con la aplicación, el sistema operativo activa un evento. En el código, puede escribir un método controlador de evento que responda a ese evento determinado.

Para añadir un código controlador de evento a la página que acaba de diseñar, siga estos pasos:

1. Si ha cerrado el archivo `MainPage.xaml` del ejercicio anterior, vuelva a abrirlo haciendo doble clic en su nombre dentro del Explorador de soluciones.

2. En el panel XAML, seleccione el elemento <Rectangle> que tiene el atributo `Name="RedRectangle"`. A la derecha de la ventana principal, debajo del **Explorador de soluciones**, puede ver la ventana **Propiedades**, mostrada en la figura 4.10. Si no puede verla, pulse **Alt-Intro** para que se muestre.

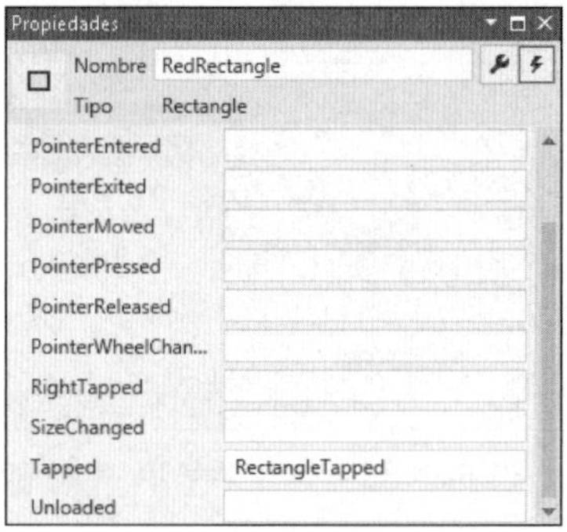

Figura 4.10. Ventana Propiedades.

3. A la derecha del campo **Nombre** verá dos iconos. Haga clic en el segundo (el pequeño rayo seleccionado en la figura) para ver los eventos del rectángulo seleccionado. Desplácese hasta el evento `Tapped`, escriba **RectangleTapped** y pulse **Intro**.

4. La IDE abre el archivo `MainPage.xaml.cs` y crea un nuevo método controlador de evento denominado `RectangleTapped`.

> **Nota:** El archivo `MainPage.xaml.cs` se denomina archivo de código de respaldo (*code-behind*) porque contiene código asociado con la UI definida por el archivo `MainPage.xaml`. Si expande el nodo `MainPage.xaml` en el **Exploradores de soluciones**, verá que anida el archivo `MainPage.xaml.cs`.

5. Añada la siguiente línea de código después de la última línea en la parte superior del archivo `MainPage.xaml.cs` que empieza con `using`:

C#
```
using Windows.UI.Xaml.Shapes;
```

6. Escriba el código resaltado en negrita en el cuerpo del método `RectangleTapped`:

C#
```
private void RectangleTapped(object sender, TappedRoutedEventArgs e)
{
   RedRectangle.Fill.Opacity = 1.0;
   GreenRectangle.Fill.Opacity = 1.0;
   BlueRectangle.Fill.Opacity = 1.0;
   YellowRectangle.Fill.Opacity = 1.0;
   var rectangle = sender as Rectangle;
   if (rectangle != null)
   {
      rectangle.Fill.Opacity = 0.25;
   }
}
```

7. Haga clic en la ficha `Mainpage.xaml` debajo de la barra de herramientas de la IDE para volver de nuevo a la vista de diseño de la página y echar un vistazo al elemento `<Rectangle>` con el que ha asociado el método controlador de evento:

```
<Rectangle Name="RedRectangle" Grid.Row="0" Grid.Column="0"
  Fill="Red"
  Tapped="RectangleTapped" />
```

La IDE ha asociado automáticamente el método `RectangleTapped` con el evento `Tapped` del elemento `<Rectangle>`. Copie el siguiente código resaltado en negrita y pulse después las teclas **Control-C**; péguelo posteriormente en los otros tres elementos `<Rectangle>` pulsando **Control-V**:

```
<TextBlock Text="Behind Red" Grid.Row="0" Grid.Column="0"
  FontSize="48"
  HorizontalAlignment="Center" VerticalAlignment="Center" />
<Rectangle Name="RedRectangle" Grid.Row="0" Grid.Column="0"
  Fill="Red"
  Tapped="RectangleTapped" />
<TextBlock Text="Behind Green" Grid.Row="0" Grid.Column="1"
  FontSize="48"
  HorizontalAlignment="Center" VerticalAlignment="Center" />
<Rectangle Name="GreenRectangle" Grid.Row="0" Grid.Column="1"
  Fill="Green"
  Tapped="RectangleTapped" />
<TextBlock Text="Behind Blue" Grid.Row="1" Grid.Column="0"
  FontSize="48"
  HorizontalAlignment="Center" VerticalAlignment="Center" />
<Rectangle Name="BlueRectangle" Grid.Row="1" Grid.Column="0"
  Fill="Blue"
  Tapped="RectangleTapped" />
<TextBlock Text="Behind Yellow" Grid.Row="1" Grid.Column="1"
  FontSize="48"
  HorizontalAlignment="Center" VerticalAlignment="Center" />
<Rectangle Name="YellowRectangle" Grid.Row="1" Grid.Column="1"
  Fill="Yellow"
  Tapped="RectangleTapped" />
```

Ahora la aplicación `SimpleRectangles` está lista para ejecutarse.

Cómo funciona

Puede utilizar la ventana Propiedades para establecer atributos del elemento seleccionado o asociar eventos del elemento con métodos de controlador de eventos. En el paso 3 ha creado un nuevo método controlador de evento y lo ha asociado al evento `Tapped` del elemento `Rectangle` denominado `RedRectangle`. Este evento se activa al tocar el elemento o al hacer clic sobre él con el ratón. El código añadido en el paso 6 hace que todos los rectángulos sean opacos y establece el rectángulo seleccionado como casi transparente. Por tanto, el texto oculto por el rectángulo ahora se puede ver debido a su transparencia.

En el paso 7 ha editado la definición de XAML para asociar el evento `Tapped` de los tres rectángulos restantes con el método `RectangleTapped`.

Acaba de crear su primera aplicación estilo Windows 8. Ahora es el momento de ejecutarla. En el siguiente ejercicio aprenderá a iniciar su aplicación desde Visual Studio y, después, a depurarla.

Ejercicio: Ejecutar y depurar el proyecto

Para abrir la aplicación, siga estos pasos:

1. Pulse **Control-F5** o utilice el comando Depurar>Iniciar sin depurar. Visual Studio crea y depura su proyecto y después lo inicia inmediatamente. La aplicación muestra los cuatro rectángulos a pantalla completa.

   Haga clic sobre cualquiera de los rectángulos (o toque con el dedo si está en una pantalla táctil). El rectángulo se oscurece y muestra el texto debajo de él. Por ejemplo, cuando hace clic en el rectángulo verde (o lo toca), este muestra el texto `Behind Green` (Detrás del verde), como puede ver en la figura 4.11.

Figura 4.11. La aplicación SimpleRectangles en acción.

3. Pulse **Alt-F4** para cerrar la aplicación. En cuanto se cierra, se muestra la pantalla de Inicio. Utilice sus dedos o el ratón para deslizar la pantalla hasta llegar a los mosaicos que se encuentran a la derecha. Ahí encontrará el mosaico de su aplicación **SimpleRectangles**, como puede ver en la figura 4.12.

4. Haga clic en el botón de **Windows** o toque el mosaico **Escritorio** en la pantalla Inicio para volver a la IDE de Visual Studio.

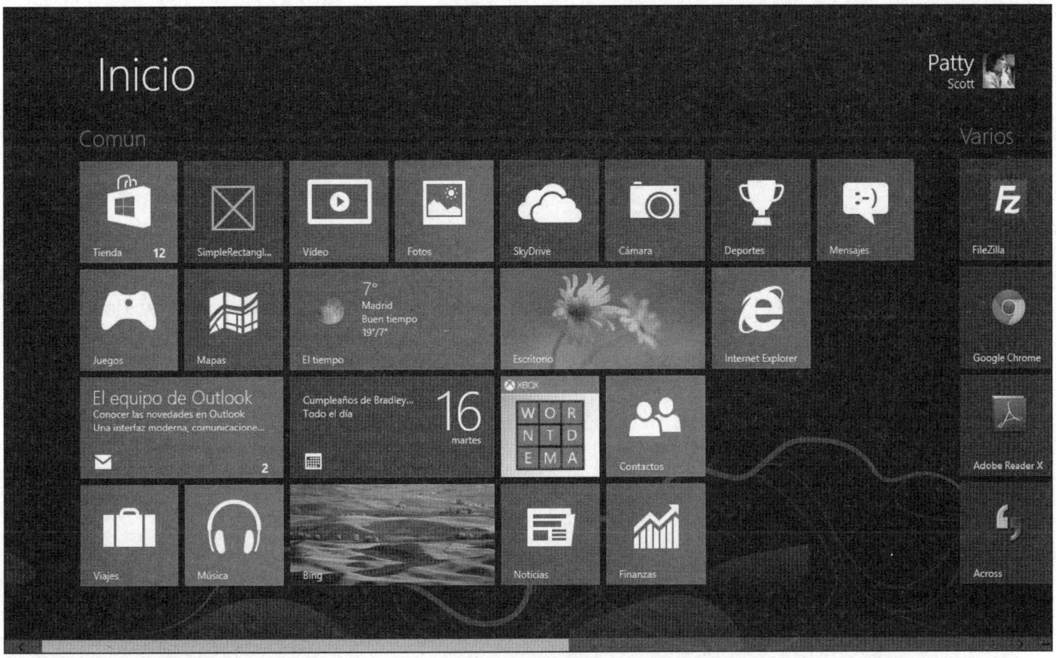

Figura 4.12. Mosaico de la aplicación SimpleRectangles en la pantalla Inicio.

5. Abra el archivo `MainPage.xaml.cs`, desplácese hasta el método `RectangleTapped` y haga clic en el margen del editor a la izquierda desde el principio de la línea `if (rectangle != null)`. Este clic añade un punto de interrupción (*breakpoint*) a la línea, como puede comprobar en la figura 4.13.

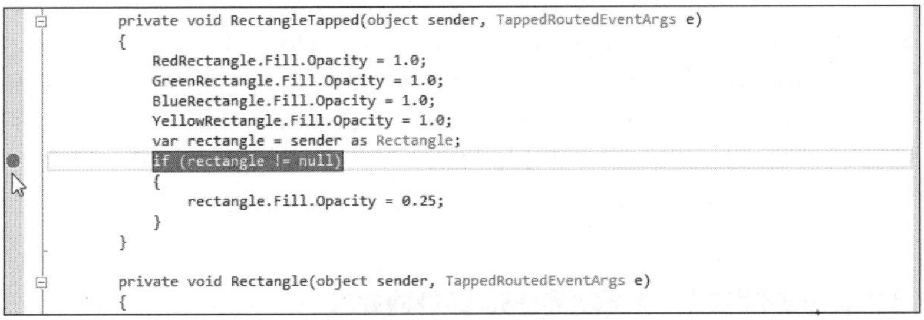

Figura 4.13. Creación de un punto de interrupción dentro del método RectangleTapped.

6. Pulse **F5** o utilice el comando Depurar>Iniciar depuración para abrir la aplicación en modo de depuración. La aplicación se abre del mismo modo que antes.

7. Haga clic en la pantalla o tóquela. Se activa el evento `RectangleTapped` y la ejecución del programa se detiene en el punto de interrupción seleccionado, como puede ver en la figura 4.14.

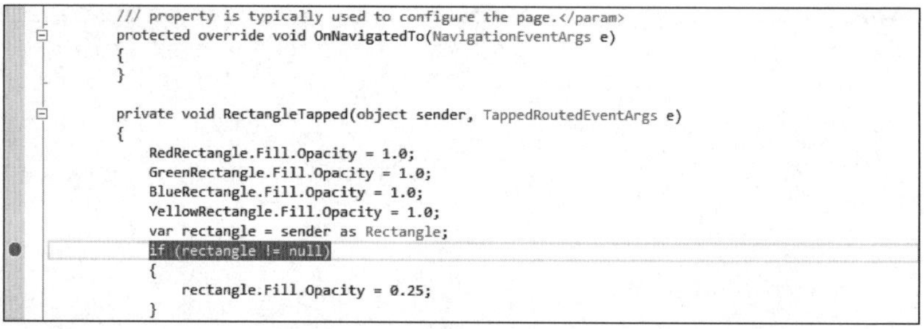

```
/// property is typically used to configure the page.</param>
protected override void OnNavigatedTo(NavigationEventArgs e)
{
}

private void RectangleTapped(object sender, TappedRoutedEventArgs e)
{
    RedRectangle.Fill.Opacity = 1.0;
    GreenRectangle.Fill.Opacity = 1.0;
    BlueRectangle.Fill.Opacity = 1.0;
    YellowRectangle.Fill.Opacity = 1.0;
    var rectangle = sender as Rectangle;
    if (rectangle != null)
    {
        rectangle.Fill.Opacity = 0.25;
    }
```

Figura 4.14. La ejecución se detiene en el punto de interrupción establecido.

8. Pulse **F10** para que la ejecución del programa se mueva a la siguiente línea `rectangle.Fill.Opacity = 0,25;`. Pulse **F5** para ejecutar de nuevo el programa (hasta que haga clic de nuevo en la pantalla).
9. Detenga la aplicación pulsando **Mayús-F5** cuando esté dentro de la IDE de Visual Studio o pulse **Alt-F4** si se encuentra dentro de la aplicación `SimpleRectangles`.

> **Nota:** Tenga cuidado de no utilizar la combinación de teclas **Alt-F4** cuando está dentro de Visual Studio ya que se cerrará la IDE. La combinación de teclas **Mayús-F5** es un acceso directo al comando Depurar>Detener depuración. Puede utilizar **Mayús-F5** para finalizar la depuración cuando está en la IDE.

Cómo funciona

Tal como hemos demostrado en este ejercicio, puede iniciar su aplicación con o sin depuración utilizando las teclas **F5** o **Control-F5**, respectivamente. En ambos casos, Visual Studio compila la aplicación, la implanta inmediatamente y crea un mosaico en la pantalla Inicio, tal como puede ver en la figura 4.12. Puede añadir puntos de interrupción a su código. Cuando se abre la aplicación y la ejecución llega a un punto de interrupción, la aplicación se detiene y la IDE muestra el archivo con el punto de interrupción, resaltando su posición actual.

Utilizar muestras y extensiones

Echar un vistazo a las aplicaciones de muestra puede ayudarle a acelerar su curva de aprendizaje. Los diseñadores de Visual Studio han tenido esto en cuenta y han integrado la IDE con el sitio Web de la galería de muestras de Microsoft (`http://code.msdn.microsoft.com`). Este sitio Web de la comunidad recoge ejemplos de código de programación y es el lugar donde puede encontrar miles de proyectos de código fuente. Puede buscar muestras mediante la especificación de etiquetas, lenguajes de programación, versiones de Visual Studio y otros criterios. Cuando encuentre un ejemplo interesante, podrá descargarlo y abrirlo con Visual Studio. Es más, podrá subir sus propias aplicaciones de muestra.

Crear un nuevo proyecto a partir de un ejemplo

Aunque el sitio Web es muy intuitivo, primero tiene que descargar un ejemplo y después abrirlo en la IDE. En lugar de utilizar un explorador para encontrar y descargar un ejemplo interesante, puede abrirlo directamente desde la IDE, tal como aprenderá en el siguiente ejercicio.

Ejercicio: Crear un nuevo proyecto desde una aplicación de ejemplo

Para crear un proyecto desde una aplicación de ejemplo, siga estos pasos:

1. Cierre el proyecto `SimpleRectangles` con el comando Archivo>Cerrar solución del menú y todos sus archivos relacionados en la IDE.
2. Utilice el comando de menú Archivo>Nuevo>Proyecto o pulse el método abreviado del teclado **Control-Mayús-N** para crear un nuevo proyecto de ejemplo. Se abre el cuadro de diálogo Nuevo proyecto.
3. Haga clic en el nodo En línea que se encuentra en la parte inferior del cuadro de diálogo. La IDE se conecta con algunos sitios Web relacionados con Visual Studio, incluido el sitio de galería de ejemplos de Microsoft, y recupera información que muestra dentro del cuadro de diálogo. Debajo del nodo En línea, se muestran dos carpetas principales, Plantillas y Ejemplos.
4. Haga clic en el pequeño triángulo que se encuentra a la izquierda de Plantillas para contraer la carpeta.
5. Debajo de la carpeta Ejemplos, expanda el nodo JavaScript y posteriormente el nodo Escritorio como muestra la figura 4.15.
6. Seleccione el elemento Splash Screen Sample (JavaScript) y haga clic en **Aceptar**. Visual Studio descarga el código de ejemplo y lo instala en su equipo. Antes de la instalación, debe aceptar el acuerdo de licencia mostrado en el cuadro de diálogo Descargar e instalar que puede ver en la figura 4.16. Haga clic en **Instalar**.
7. Visual Studio crea un nuevo proyecto utilizando el ejemplo instalado y abre el documento `description.html` que explica los detalles sobre el ejemplo.
8. Ejecute el proyecto pulsando **Control-F5**. La aplicación se abre y puede utilizarla inmediatamente. Cierre la aplicación pulsando **Alt-F4**.
9. Pulse la tecla **Windows** para volver de nuevo a Visual Studio. En la IDE puede utilizar el Explorador de soluciones para explorar archivos del proyecto y descubrir cómo funciona `SplashScreenSample`.

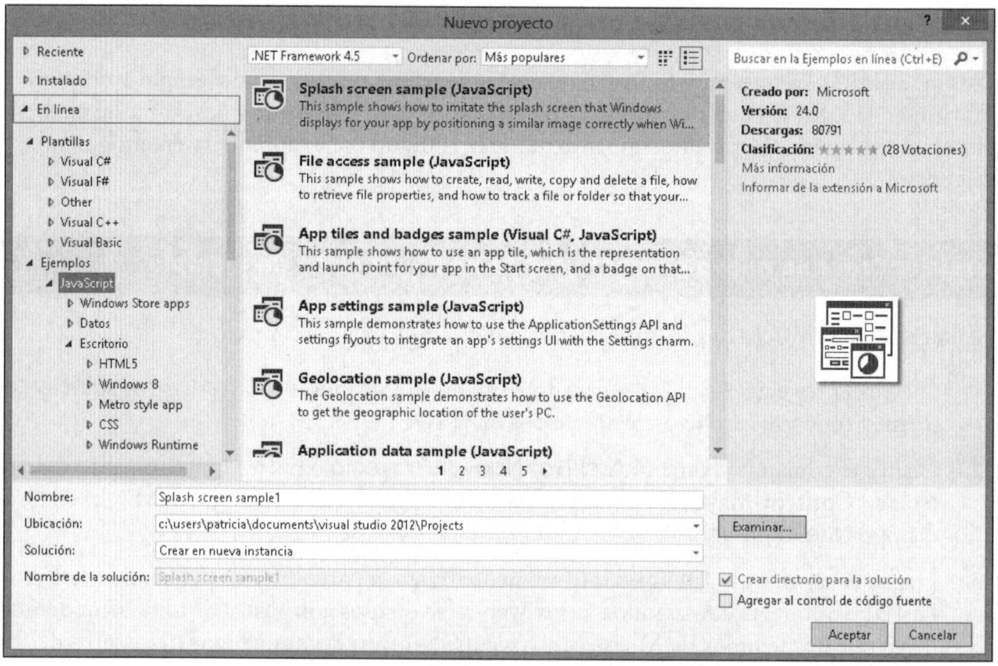

Figura 4.15. Ejemplos de JavaScript en el cuadro de diálogo New Project.

Figura 4.16. Cuadro de diálogo Descargar e instalar.

Cómo funciona

En el paso 3 hizo clic en el nodo En línea y la IDE consultó algunos sitios Web en busca de plantillas y muestras. En el paso 5, cuando recorrió la jerarquía de muestras, la IDE consultó la galería de muestras para proyectos JavaScript en la categoría Escritorio y las mostró. Al seleccionar el elemento `SplashScreenSample`, se instalaron los archivos de muestra y se creó una solución basada en este proyecto.

Mientras examina los ejemplos, el panel derecho del cuadro de diálogo Nuevo proyecto abre más información sobre el ejemplo. Si quiere saber más sobre el ejemplo seleccionado, puede hacer clic en el enlace Más información para abrir la página del ejemplo en la galería de Microsoft.

Merece la pena ver los proyectos de ejemplos cuando quiere aprender las nuevas opciones de Windows 8. El equipo del SDK de Windows cargó más de 100 ejemplos de Windows 8 en la galería de ejemplos.

Instalar y utilizar extensiones

Visual Studio 2012 tiene una extraordinaria utilidad denominada Administrador de extensiones, conocido como Extensiones y actualizaciones, para ayudarle a descubrir, descargar y administrar extensiones de Visual Studio desde la galería de extensiones de Visual Studio (`http://visualstudiogallery.com`). Al utilizar esta opción, puede encontrar plantillas, controles visuales y herramientas subidas a la galería. En el siguiente ejercicio aprenderá a utilizar el Administrador de extensiones para descargar e instalar herramientas.

Ejercicio: Utilizar el Administrador de extensiones de Visual Studio

En este ejercicio instalará la extensión `NuGet` gratuita. Para hacerlo, siga estos pasos:

1. Utilice el comando Herramientas>Extensiones y actualizaciones del menú para abrir el cuadro de diálogo Extensiones y actualizaciones. Este cuadro de diálogo es el centro para administrar (es decir, descargar, instalar, deshabilitar y eliminar) todas las extensiones que quiera utilizar dentro de la IDE. De forma predeterminada, el cuadro de diálogo presenta un lista con todas las extensiones instaladas (véase la figura 4.17).
2. Haga clic en la ficha En línea. La IDE consulta en la Galería de Visual Studio y en la Galería de ejemplos para recopilar información sobre las extensiones disponibles. Haga clic en el nodo Galería de Visual Studio para ver las extensiones disponibles.
3. Seleccione el elemento NuGet Package Manager de la lista y haga clic en el botón **Descargar**. La extensión seleccionada se descarga y se inicia el programa VSIX Installer. Haga clic en **Instalar**.

> **Nota:** Dependiendo de su configuración de seguridad en Windows 8, puede que se abra el cuadro de diálogo Control de cuentas del usuario preguntando si desea admitir que el programa VSIX Installer realice cambios en su equipo.

4. En unos segundos, el instalador configura la extensión `NuGet Package Manager`. Haga clic en **Cerrar** para salir del instalador.

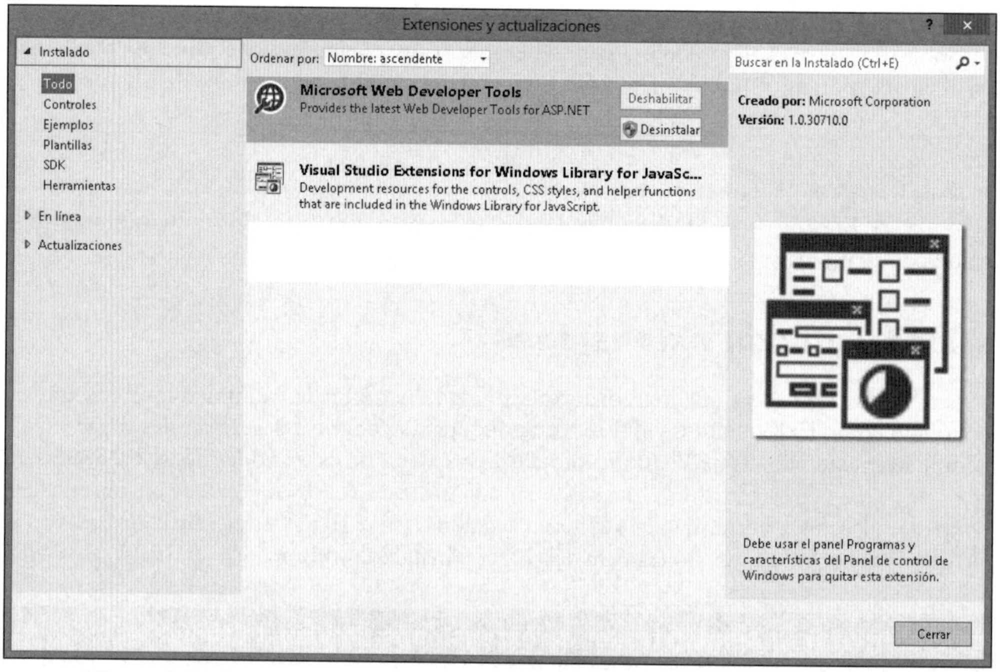

Figura 4.17. Cuadro de diálogo Extensiones y actualizaciones mostrando todas las extensiones instaladas.

5. Haga clic en la ficha Instalado. Ahora podrá ver NuGet Package Manager en la lista, como puede comprobar en la figura 4.18. La mayoría de las extensiones requieren reiniciar Visual Studio, como indica el mensaje de la parte inferior de la pantalla.
6. Cuando se reinicie Visual Studio, abra el menú Herramientas. Descubrirá ahí un elemento Administrador de paquetes de biblioteca que ha sido colocado por el NuGet Package Manager (véase la figura 4.19).

Cómo funciona

Visual Studio tiene un modelo de extensibilidad que permite instalar complementos, plantillas, herramientas, controles, muestras y otros elementos que se integran en la IDE. Todos ellos se pueden administrar con el cuadro de diálogo Extensiones y actualizaciones que le ayuda a descubrirlos, instalarlos y administrarlos. La mayoría de las extensiones necesitan ejecutar pasos de configuración que se pueden realizar solo durante el arranque de Visual Studio, por lo que para usarlos, deberá reiniciar Visual Studio.

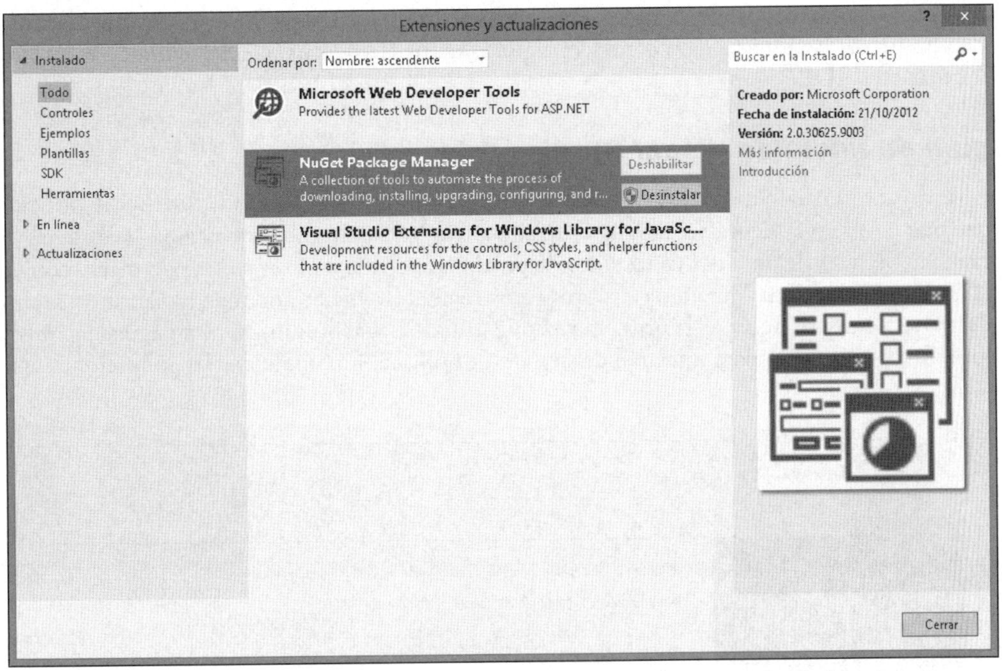

Figura 4.18. Cuadro de diálogo Extensiones y actualizaciones mostrando la extensión NuGet Package Manager.

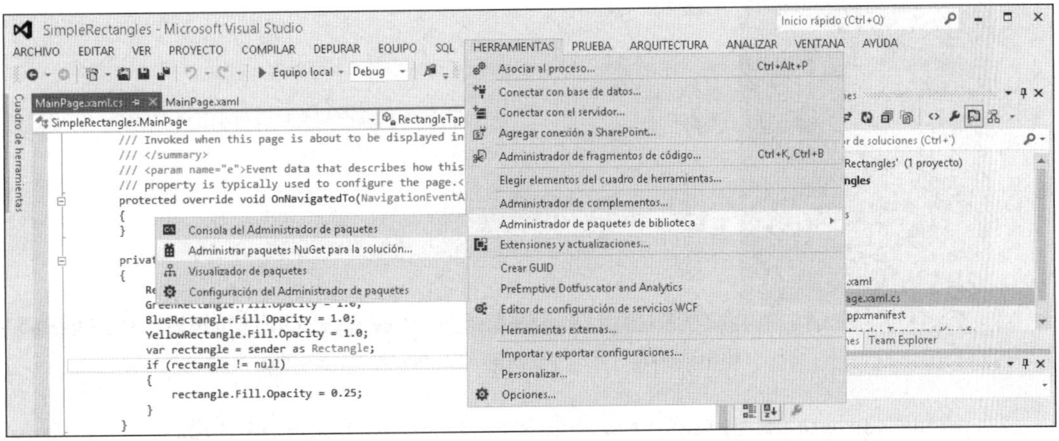

Figura 4.19. NuGet Package Manager ha añadido un nuevo elemento.

Algunos elementos útiles que debe conocer sobre la IDE

La IDE de Visual Studio es un taller de trabajo que proporciona un amplio número de herramientas y funciones útiles para crear su software de una forma productiva. Este libro tendría al menos el doble de su tamaño si pretendiéramos darle todos los detalles importantes sobre la IDE. La mayoría de las mejoras en Visual Studio 2012 se centraron en simplificar la UI y en limpiarla. En esta sección conocerá algunos otros elementos que le facilitarán la tarea de trabajar en la IDE.

Página de inicio de Visual Studio

Cuando abre Visual Studio, la IDE muestra una pantalla bien organizada, la **Página principal**, que puede ver en la figura 4.20. Si ha utilizado antes Visual Studio, esta página le resultará familiar. Se trata de un lugar central donde puede empezar a realizar su trabajo diario con el IDE. Puede cargar cualquiera de sus proyectos recientes, iniciar uno nuevo o abrir un archivo de proyecto existente. Si es la primera vez que utiliza Visual Studio, en esta página encontrará los enlaces más útiles para iniciar el desarrollo de aplicaciones, incluidas las aplicaciones estilo Windows 8.

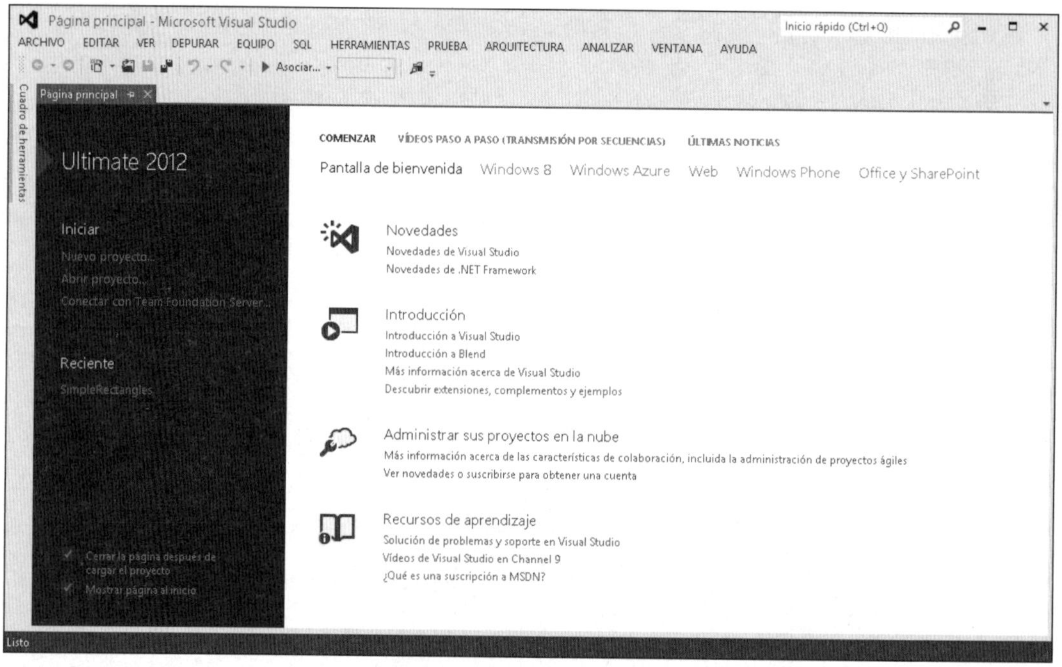

Figura 4.20. Página principal de Visual Studio.

Esta página le proporciona dos opciones que le ayudan a administrar la visibilidad de la misma, que puede ver en la figura en la esquina inferior izquierda. Al activar la primera opción, se cierra la página principal al cargar un proyecto en el IDE. La segunda opción le permite controlar si la página se debe mostrar cuando se inicia Visual Studio. Algunas veces la página principal no estará visible momentáneamente. Utilice el comando **Ver>Página principal** para mostrarla.

Administrador de ventanas

Mientras trabaja con Visual Studio, generalmente utilizará diversos documentos (como archivos de código y superficies del diseñador) y muchas herramientas, como las ventanas **Explorador de soluciones**, **Cuadro de herramientas** y **Propiedades**, entre otras. Trabajará con ventanas de documentos y ventanas de herramientas. No siempre es fácil colocarlas en el lugar apropiado para poder utilizar el mejor diseño para ser productivo. La IDE le proporciona opciones de administración de ventanas simples (aunque eficaces) que admiten múltiples monitores. Puede cambiar el diseño del taller de trabajo con operaciones de arrastre y colocación de ventanas, como puede ver en la figura 4.21. Existen varios métodos de organizar ventanas en la IDE:

- Puede acoplar documentos o ventanas de herramientas como fichas en el marco de edición. Por ejemplo, `Main Page.xaml.cs` y `App.xaml.cs` en la figura 4.21 están organizadas de este modo.
- Puede acoplar ventanas y herramientas en el borde de la IDE o acoplarlas como fichas en el marco de edición. En la figura 4.21, puede ver que el cuadro de diálogo **Buscar en archivos** se va a acoplar en el borde derecho del marco de edición. A medida que arrastra su título, aparece una guía en el centro del marco de edición. Cuando mueve la ventana y el ratón pasa por encima del icono de la guía de la derecha, se muestra un "marco fantasma" indicando la nueva posición acoplada del cuadro de diálogo. Puede aceptar esta posición soltando el botón del ratón o moviendo la ventana a otra posición.
- Puede dejar que las ventanas floten sobre o fuera de la IDE.

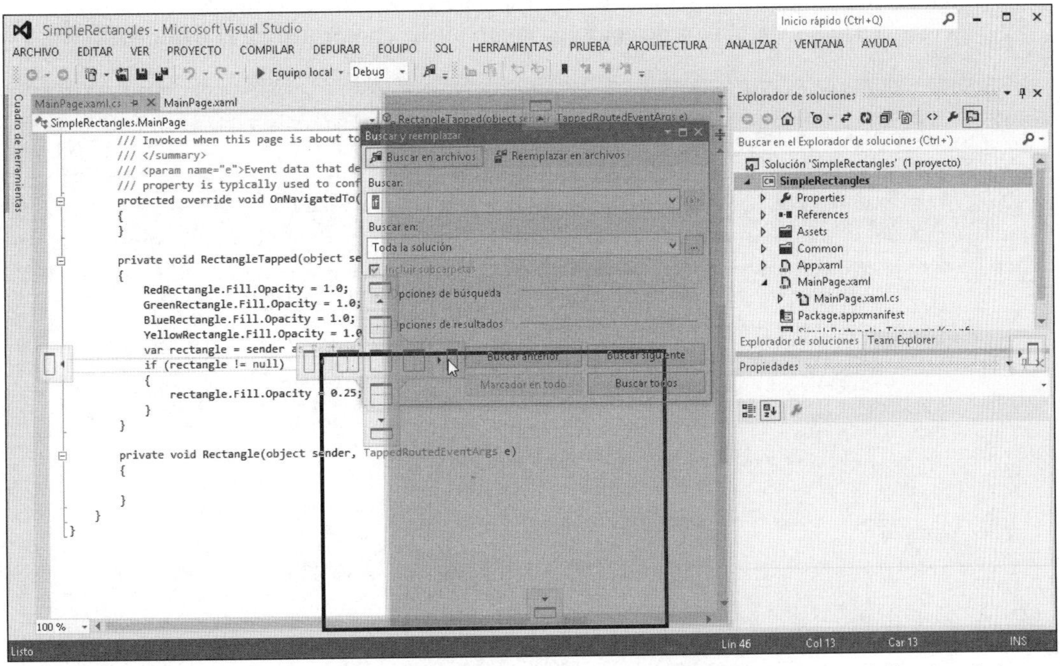

Figura 4.21. Arrastrar el cuadro de diálogo Buscar en archivos a una nueva posición acoplada.

- Puede minimizar (auto-ocultar) ventanas de herramientas en el borde de la IDE. En la figura 4.21, la ventana Cuadro de herramientas en el borde izquierdo de la ventana se oculta automáticamente. Mueva el ratón y haga clic en la ficha Cuadro de herramientas para ver esta ventana de herramientas.
- Puede mostrar ventanas en múltiples monitores simplemente arrastrando una ventana a otro monitor.
- En cualquier momento puede restablecer la ubicación del esquema original con el comando Ventana>Restablecer diseño de la ventana.

Utilizar Inicio rápido

Visual Studio tiene miles de comandos disponibles. Puede encontrarlos en los menús o en las barras de herramientas. Sin embargo, no siempre es tan fácil. Por ejemplo, cuando tiene un proyecto abierto en la IDE y quiere crear uno nuevo, probablemente busque el comando Nuevo proyecto en el menú Proyecto, no en el menú Archivo, donde realmente se encuentra ubicado. Visual Studio 2012 ha introducido una nueva herramienta de búsqueda denominada Inicio rápido. Se encuentra ubicada en la esquina superior derecha de la IDE, donde están casi todos los cuadros de búsqueda en la mayoría de programas y páginas Web. Puede utilizar las teclas **Control-Q** para moverse inmediatamente al foco de Inicio rápido.

Es muy fácil utilizar esta herramienta. Simplemente escriba una parte del comando que está buscando y la IDE buscará los comandos, las opciones y los archivos que quizá esté buscando. Por ejemplo, cuando escribe **proyect** en el cuadro de Inicio rápido, verá una lista de los comandos, opciones y archivos disponibles, como puede comprobar en la figura 4.22.

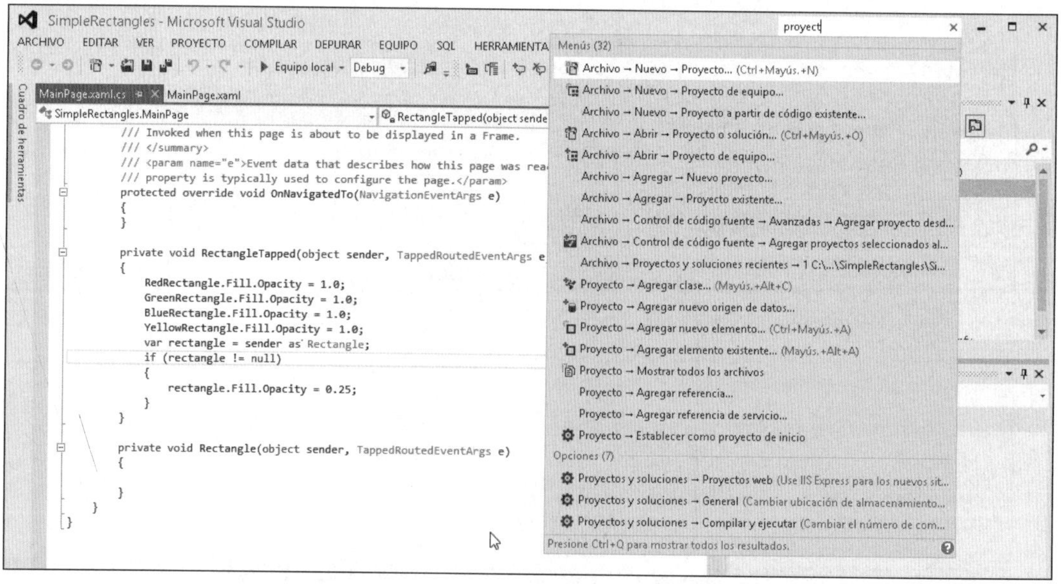

Figura 4.22. Inicio rápido busca resultados para "proyect".

Puede utilizar las flechas **Arriba** y **Abajo** con la tecla **Intro** o el ratón para llamar al comando apropiado. Por ejemplo, al hacer clic en la opción Proyectos y soluciones>General se abre el cuadro de diálogo Opciones y se muestra la página elegida. En la lista, puede utilizar las teclas **Control-Q** para mostrar todos los resultados y moverse por la categoría de los mismos (como Menús, Opciones y Usados más recientemente).

> **Nota:** La IDE tiene muchas opciones útiles que facilitan su tarea y consiguen que sea más productivo. En otros capítulos del libro aprenderá más sobre estas opciones.

Dar vida a sus aplicaciones con Expression Blend

Visual Studio 2012 Express para Windows es su herramienta gratuita para crear aplicaciones Windows 8. Proporciona el conjunto de herramientas para establecer la UI y programar la lógica que administra las interacciones del usuario. Cuando instaló Visual Studio, también instaló en su equipo otra extraordinaria herramienta: Expression Blend para Visual Studio 2012.

Blend es un miembro de la familia de productos Expression de Microsoft. Esta herramienta está destinada para que los diseñadores de UI produzcan páginas de aplicación modernas, atractivas y únicas que utilizan tecnologías XAML o HTML. Aunque sea un producto para diseñadores, no es solo para diseño gráfico ya que también se puede utilizar para diseñar y crear una aplicación, tal como aprenderá en esta sección.

Iniciar Expression Blend con una solución de Visual Studio

La aplicación `SimpleRectangle` creada en este capítulo también se pudo haber creado con Expression Blend. Mientras Visual Studio se centra en la creación de aplicaciones de una forma familiar para los programadores, Blend se centra en el diseño de la UI. Estas dos herramientas reflejan las tareas compartidas entre un desarrollador y un diseñador. Afortunadamente, un proyecto de aplicación estilo Windows 8 creado en Visual Studio se puede abrir en Expression Blend, y viceversa. Para aprender más sobre el uso de Expression Blend, en los siguientes ejercicios va a añadir una animación al proyecto `SimpleRectangles`.

Ejercicio: Iniciar Expression Blend con una solución de Visual Studio

Para empezar a mejorar la aplicación `SimpleRectangles` con Blend para Visual Studio, siga estos pasos:

1. Abra la pantalla Inicio (si está en el escritorio, pulse el botón **Windows**) y haga clic en el mosaico **Blend para Visual Studio**.

Nota: Si no puede encontrar el mosaico **Blend para Visual Studio**, empiece a escribir **Blend.** Windows entra automáticamente en la pantalla de búsqueda y muestra todas las aplicaciones que tienen "Blend" en su nombre. Haga clic con el botón derecho del ratón sobre **Blend para Visual Studio** y seleccione **Anclar a Inicio** en la barra de la aplicación. A partir de ese momento, encontrará el mosaico anclado en la pantalla Inicio.

Merece la pena repetir el proceso de búsqueda y utilizar el comando **Anclar a la barra de tareas.** Tras esta simple acción, siempre podrá acceder a Blend para Visual Studio desde la barra de tareas del escritorio con un solo clic.

2. Blend se abre en algunos segundos. Seleccione el comando Abrir proyecto o solución para abrir el cuadro de diálogo Abrir proyecto.
3. Busque la carpeta donde guardó el proyecto `SimpleRectangles` cuando lo creó. Seleccione el archivo `SimpleRectanges.sln` y haga clic en **Abrir**. Se abrirá la IDE de Blend con la solución, mostrando su estructura en la ventana Proyectos.
4. Haga doble clic en el archivo `MainPage.xaml` para que la IDE lo abra en el centro de la ventana principal, como puede ver en la figura 4.23.

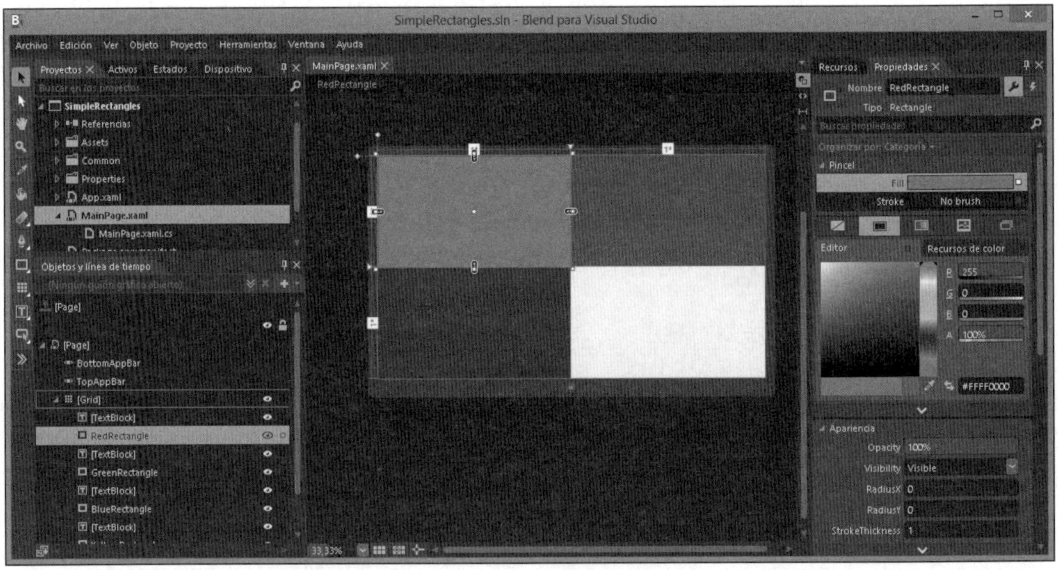

Figura 4.23. Solución SimpleRectangles abierta en Blend para Visual Studio.

Nota: La imagen de la figura 4.23 utiliza un esquema de colores para proporcionar mejor contraste en la impresión. Verá colores más oscuros, porque Blend utiliza el tema oscuro de forma predeterminada. Puede utilizar la ficha Mesa de trabajo del cuadro de diálogo Opciones del menú Herramientas para cambiar el tema de oscuro a claro, o viceversa.

5. En la ventana Proyectos, expanda el nodo MainPage.xaml y haga doble clic en el nodo MainPage.xaml.cs que se encuentra justo debajo. El archivo se abre y muestra el código C#, igual que en la IDE de Visual Studio.
6. Haga clic en el icono **X** de la ficha MainPage.xaml.cs para cerrar el editor de código.

Cómo funciona

Blend para Visual Studio puede abrir los archivos de solución creados con Visual Studio y entiende la estructura de soluciones con proyectos de aplicaciones Windows 8. Puede utilizar la IDE de Blend para crear y modificar una UI y también puede leer y editar el código.

Aunque este ejercicio no lo ha demostrado, puede incluso crear un nuevo proyecto de aplicación Windows 8 en Blend con el comando Archivo>Nuevo proyecto.

Blend tiene un conjunto de ventanas de herramientas que le ayudan a diseñar la UI. La figura 4.23 muestra las más importantes:

- La ventana Proyectos muestra la estructura de archivos y carpetas en la solución, de forma similar a como lo hace el Explorador de soluciones en Visual Studio.
- La barra Herramientas, que se encuentra en el borde izquierdo de la pantalla, contiene un conjunto de herramientas que puede utilizar para editar la página abierta en la superficie de diseño.
- La ventana de herramientas Objetos y línea de tiempo muestra la jerarquía de elementos visuales que constituyen la UI. En la figura puede ver que la página (MainPage.xaml) está compuesta de tres elementos: BottomAppBar, TopAppBar y [Grid]. [Grid] se puede expandir, por lo que anida otros elementos, tal como indica el pequeño triángulo.
- La mitad de la pantalla es la superficie del diseñador. Aquí es donde puede arrastrar y colocar elementos UI así como moverlos, cambiar su tamaño y administrarlos.
- Cada objeto que crea la UI tiene atributos que se pueden editar en la ventana Propiedades, que se encuentra a la derecha de la superficie de diseño.

La IDE de Blend no parece muy complicada (en comparación con otras aplicaciones de diseño como Photoshop de Adobe), si bien es muy eficaz, tal como aprenderá en los siguientes ejercicios.

Añadir un objeto animado a la UI

La aplicación `SimpleRectangles` cambia la opacidad de un rectángulo cuando el usuario lo toca o hace clic sobre él. Vamos a ampliarlo con un efecto de animación. Cuando se toque el rectángulo o se haga clic sobre él, volará por la pantalla.

Ejercicio: Crear un bloque de texto con Expression Blend

Para crear un bloque de texto que vuele cuando se toque cualquier rectángulo o se haga clic sobre él, siga estos pasos:

1. En la barra Herramientas, haga clic en la herramienta **TextBlock** (Bloque de texto) que puede ver en la figura 4.24. Ahora está seleccionada la herramienta **TextBlock**.

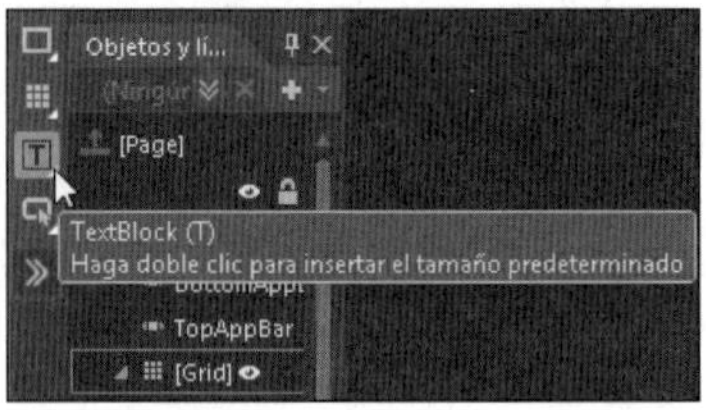

Figura 4.24. Herramienta TextBlock.

2. En la superficie del diseñador, dibuje un rectángulo encima de los rectángulos rojo y verde (y fuera del borde de la tableta) en el centro de la pantalla, como muestra la figura 4.25. Para dibujar el rectángulo, haga clic en la superficie de diseño donde desea ubicar la esquina superior izquierda y, sin soltar el botón del ratón, mueva el puntero a la posición de la esquina inferior derecha. Mientras mueve el ratón, Blend muestra las dimensiones del rectángulo, como puede ver en la figura. Cree un rectángulo de aproximadamente 700 píxeles de ancho y 100 píxeles de alto.

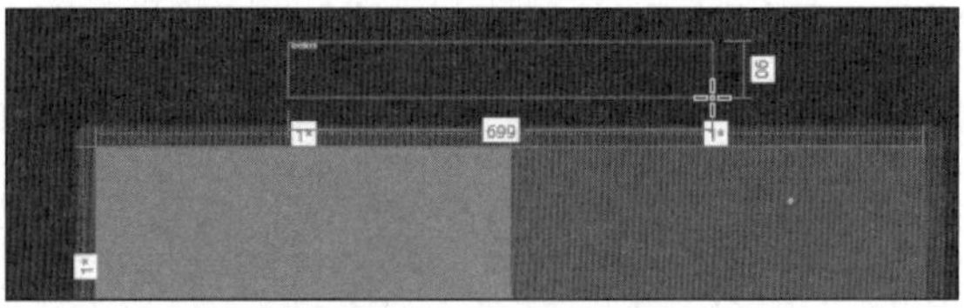

Figura 4.25. Dibujar el rectángulo de TextBlock.

3. Haga clic en la ventana Propiedades y escriba **FlyInRectangle** en el cuadro Nombre, como puede ver en la figura 4.26. Este será el nombre del control que puede utilizar cuando escriba código.

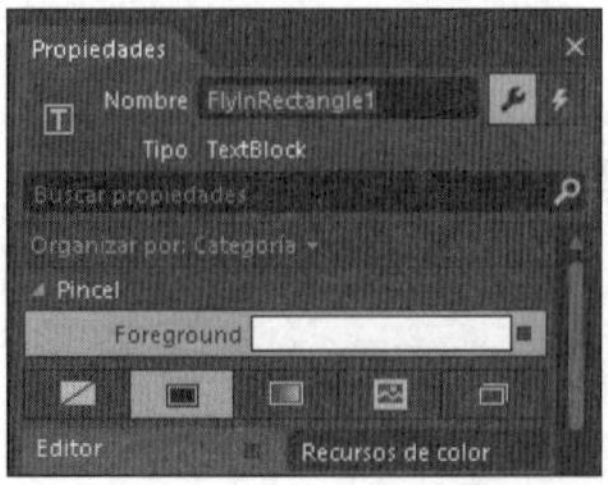

Figura 4.26. Establecer el nombre del TextBlock en la ventana Propiedades.

4. En la barra Herramientas, haga clic en la herramienta del puntero del ratón negro, que selecciona el TextBlock que acaba de dibujar. En la ventana Propiedades, desplácese hasta la sección Texto y establezca el tamaño del texto en 24 puntos (24 pt), como en la figura 4.27.

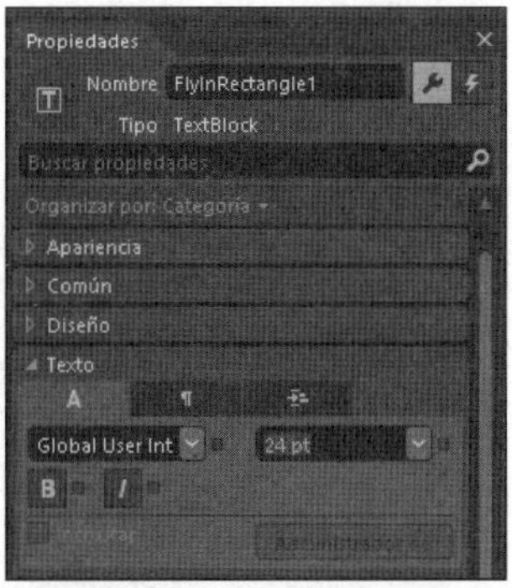

Figura 4.27. Establecer el tamaño del texto en 24 puntos.

5. En la sección Texto, haga clic en la segunda ficha (con una marca de párrafo) y establezca la alineación horizontal en Center (Centrar), como muestra la figura 4.28.

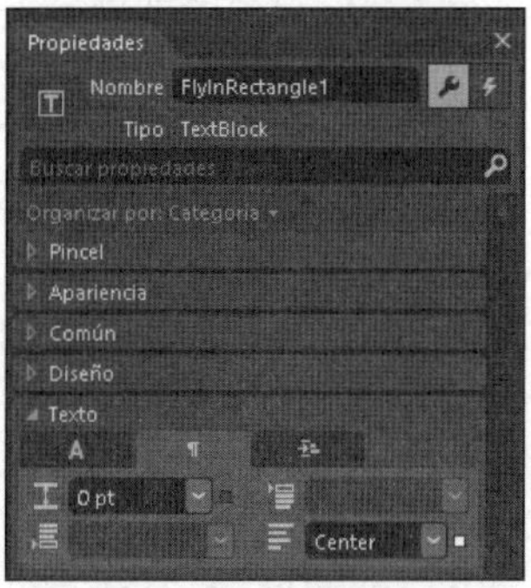

Figura 4.28. Establecer la alineación de texto horizontal en Center.

6. En la superficie del diseñador, haga doble clic en el rectángulo del bloque de texto para seleccionar su nombre y escriba **You've tapped the screen** (Ha tocado la pantalla) para cambiar el texto predeterminado de `TextBlock`. La superficie de diseño se actualiza, como puede ver en la figura 4.29.

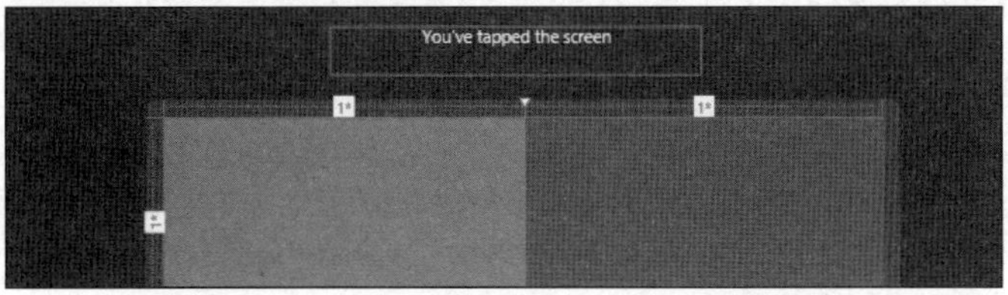

Figura 4.29. Superficie de diseño actualizada.

Cómo funciona

Puede utilizar la barra Herramientas, para escoger un elemento UI y colocarlo en la superficie de diseño. En este ejercicio ha utilizado la herramienta `TextBlock` para colocar un cuadro de texto en la página `MainPage`.xaml. Ha utilizado la ventana Propiedades para establecer el nombre, el tamaño y la alineación horizontal del texto. Además, ha cambiado el texto predeterminado.

Se ha añadido el nuevo elemento de UI `TextBlock` a la jerarquía de elementos UI de la página y se ha mostrado en la ventana de herramientas Objetos y línea de tiempo, que puede ver en la figura 4.30.

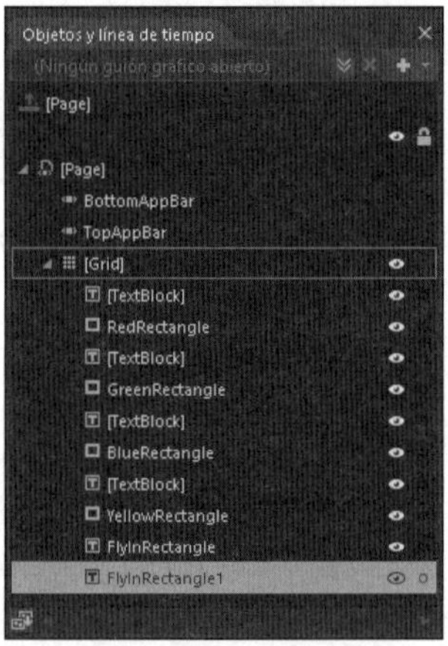

Figura 4.30. Elemento FlyInRectangle añadido a la jerarquía de elementos de la UI.

Ahora ya está preparado para componer una animación para el elemento de UI `FlyInRectangle`. Con la ayuda de un guión gráfico (*storyboard*), puede hacerlo en unos cuantos pasos, como aprenderá en el siguiente ejercicio.

Ejercicio: Creación de una animación con Blend

Para crear una animación que mueva el elemento `FlyInRectangle`, siga estos pasos:

1. En la ventana de herramientas Objetos y línea de tiempo, haga clic en el botón **Nuevo** (el botón del signo más, que puede ver en la figura 4.31), para crear un nuevo guión gráfico. Se abre el cuadro de diálogo Crear recurso Storyboard. Escriba **FlyInStoryboard** en el cuadro de texto Nombre (clave) y haga clic en **Aceptar**.
2. Se crea un objeto `storyboard` y se inicia el modo de grabación, tal como indica la etiqueta La grabación de FlyInStoryboard escala de tiempo está activada en la parte superior de la superficie de diseño. El panel de la línea de tiempo se muestra en la ventana de herramientas Objetos y línea de tiempo como puede ver en la figura 4.32.

Figura 4.31. Botón Nuevo en el cuadro de diálogo Objetos y línea de tiempo.

Figura 4.32. Panel de línea de tiempo.

Este panel contiene una escala horizontal que representa los segundos en la línea de tiempo. Una pequeña flecha amarilla y una línea vertical amarilla debajo del valor `0` indican que la superficie de diseño muestra el estado inicial del guión gráfico.

3. Haga clic en el valor de escala **2** en la línea de tiempo. La flecha y la línea amarillas indican ahora que la superficie del diseño representa el guión gráfico a 2 segundos.

4. Haga clic en el texto `You've tapped the screen` y muévalo a la mitad de la pantalla en la vista de diseño. Como el guión gráfico está en modo de grabación, con este simple movimiento le estamos indicando al diseñador que quiere crear un guión gráfico que anime el texto de forma que se mueva a la ubicación seleccionada 2 segundos después de iniciarse el guión.

5. En el panel de línea de tiempo hay un pequeño botón **Reproducir**. Haga clic en él. El guión gráfico se inicia y anima el texto, moviéndolo desde su ubicación inicial a la nueva posición designada en el paso anterior.

6. En la ventana de herramientas Objetos y línea de tiempo, expanda el nodo FlyInRectangle. Este nodo anida un nuevo nodo, RenderTransform, que representa el cambio de posición del texto (la pequeña animación añadida en el paso 4), como puede comprobar en la figura 4.33.

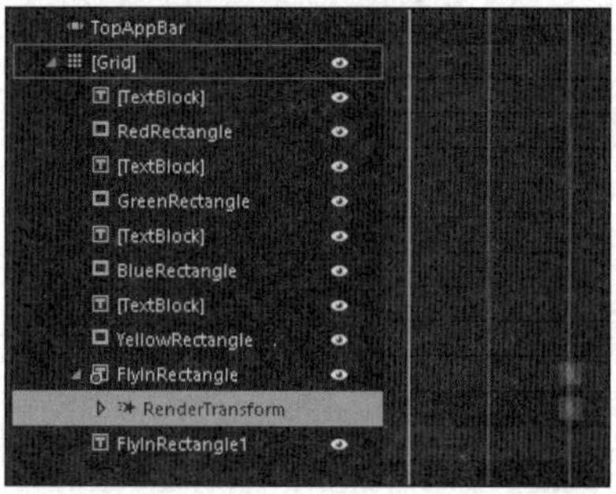

Figura 4.33. Objeto RenderTransform anidado por FlyInRectangle.

7. Haga clic en el nodo RenderTransform para cambiar sus atributos en la ventana Propiedades. La animación establecida es poco natural ya que el texto se mueve con una velocidad constante. Podría ser más natural si empezase lentamente y después acelerase y volviese a ir lentamente antes de detenerse. Puede realizar este cambio fácilmente en la sección Entrada y salida lenta de la ventana Propiedades, que puede ver en la figura 4.34. Puede ver un diagrama mostrando cómo la propiedad animada (en este caso, la posición del bloque de texto, marcado por el eje vertical) cambia con el tiempo (marcado por el eje horizontal).

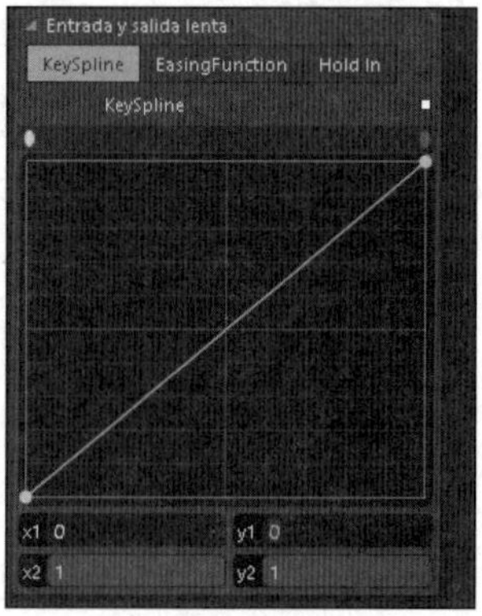

Figura 4.34. Objeto RenderTransform original.

8. En las esquinas inferiores y superiores del diagrama hay dos pequeños controladores. Para cambiar el diagrama, haga clic y muévalos uno a uno a una nueva posición, como puede ver en la figura 4.35.

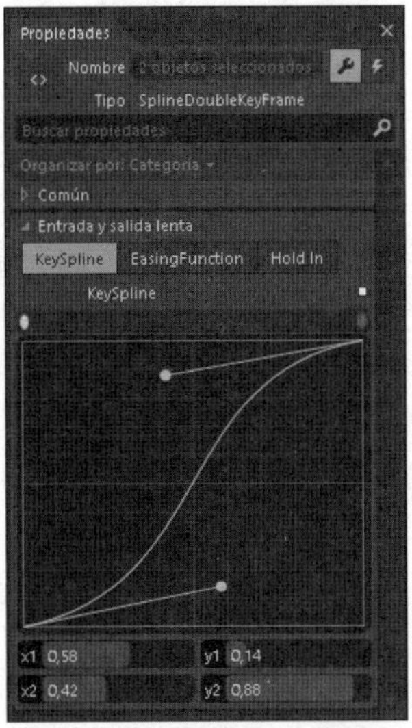

Figura 4.35. Objeto RenderTransform modificado.

9. En la ventana de herramientas Objetos y línea de tiempo, haga clic en el nombre FlyInStoryboard (se encuentra directamente debajo de la ficha de la ventana) para ver los atributos relacionados en la ventana Propiedades.
10. En la ventana Propiedades, seleccione la casilla AutoReverse. Haga clic en el botón de reproducción de la línea de tiempo para ver ahora cómo vuela el bloque de texto hacia abajo y después vuelve a su posición inicial arriba.
11. Guarde todos los cambios con el comando Archivo>Guardar todo.

Cómo funciona

El objeto clave para crear animaciones es el guión gráfico añadido en la página en el paso 1. Este guión gráfico o elemento `Storyboard` utiliza una línea de tiempo para definir los estados de los objetos en la superficie de diseño. En los pasos 3 y 4 ha definido dos estados (dos posiciones diferentes) del bloque del texto `You've tapped the screen`. El guión gráfico ha grabado las propiedades del bloque de texto que han cambiado. Al reproducir el guión en el paso 4, se han calculado los valores de propiedad del bloque de texto para cada fotograma, entre 0 y 2 segundos (aproximadamente 30 fotogramas por segundo) y ha podido percibir una animación fluida. En los pasos 7 y 8 ha cambiado la forma en que se calculan los valores de propiedad. El diagrama de la figura 4.35 demuestra cómo cambian las propiedades con el tiempo. Puede ver que al principio y al final de la animación cambian las propiedades lentamente (el diagrama es plano), mientras que a mitad de la animación las propiedades cambian más rápidamente (el diagrama es más pronunciado). En muchas ocasiones, descubrirá que es extraordinario utilizar el indicador AutoReverse establecido en el paso 10. No necesita crear un nuevo guión para reflejar la animación. El establecimiento de este indicador lo hace automáticamente.

Iniciar la animación

Ya ha hecho casi todo. El paso final es activar el guión gráfico al hacer clic en la pantalla o al tocarla. Es muy fácil; puede hacerlo en Blend, como comprobará en el siguiente ejercicio.

Ejercicio: Iniciar la animación

Para iniciar la animación creada en el ejercicio anterior, siga estos pasos:

1. En la ventana de herramientas Proyectos, haga doble clic en el archivo `MainPage.xaml.cs` para abrirlo. Localice el método controlador de evento `RectangleTapped` en la parte inferior del archivo.
2. Agregue las siguientes dos líneas al final del método:

C#
```
FlyInStoryBoard.SkipToFill();
FlyInStoryboard.Begin();
```

3. Seleccione el comando Proyecto>Ejecutar Proyecto del menú. La IDE de Blend crea los proyectos (como si estuviese utilizando Visual Studio), los implanta e inicia la aplicación `SimpleRectangles`.
4. Al iniciarse la aplicación, pruebe a tocar los rectángulos o a hacer clic sobre ellos. Puede comprobar que la animación empieza cada vez que toca un rectángulo o hace clic sobre él. Si toca dos rectángulos o hace clic sobre ellos en una rápida sucesión (en 2 segundos), comprobará que la animación siempre empieza desde el principio.

Cómo funciona

Las líneas de código añadidas en el paso 2 simplemente detienen y después inician la animación desde el principio. Tal como ha comprobado en el paso 3, Expression Blend también puede crear e implantar aplicaciones estilo Windows 8.

> Nota: Encontrará el código completo de este ejercicio en el sitio Web de Anaya Multimedia.

Utilizar Visual Studio y Blend juntos

En los ejercicios anteriores ha conocido solo algunas opciones de Blend. Expression Blend le proporciona una gran funcionalidad, muchas opciones avanzadas (incluidas funciones de edición de UI increíbles), compatibilidad con el enlace de datos, datos de muestra, estilos y plantillas. Aunque muchas opciones de diseño de Blend también se integran en Visual Studio 2012, Blend sigue siendo la herramienta para los diseñadores.

En proyectos de aplicaciones estilo Windows 8 reales, Blend y Visual Studio se utilizan juntos. Normalmente, los desarrolladores trabajan en Visual Studio para crear la UI básica y escribir la lógica de la aplicación. Los diseñadores utilizan Blend para mejorar la UI con una amplia variedad de efectos de animación, medios y diseños.

En los siguientes capítulos del libro verá muchos ejemplos de cómo estas dos extraordinarias herramientas constituyen un maravilloso conjunto para crear aplicaciones estilo Windows 8.

Resumen

Windows 8 proporciona extraordinarias tecnologías para alojar aplicaciones estilo Windows 8. Sin embargo, sin el conjunto de herramientas adecuado, los desarrolladores no podrían utilizarlas de forma eficiente. Microsoft ofrece esas herramientas que facilitan el desarrollo de aplicaciones:

- Microsoft Visual Studio 2012: Es el entorno de desarrollo principal que admite todos los lenguajes de Windows 8 y la pila de tecnología completa para el desarrollo de aplicaciones estilo Windows 8. Tiene una versión de prueba, Visual Studio 2012, que puede descargar desde Microsoft.
- Microsoft Expression Blend es una herramienta destinada a los diseñadores de UI para establecer una UI profesional de una forma muy productiva. Blend para Visual Studio 2012 se incluye con la versión de prueba Visual Studio 2012.

Puede crear, desarrollar, montar y ejecutar aplicaciones estilo Windows 8 tanto en Visual Studio como en Blend. Visual Studio proporciona una maravillosa experiencia de codificación y Blend es la herramienta que necesita para editar una UI moderna y con una gran apariencia.

En el capítulo 5 del libro aprenderá más sobre los principios de desarrollo de aplicaciones estilo Windows 8 y se familiarizará con los elementos fundamentales de la programación asíncrona.

Ejercicios

1. ¿Qué herramienta de desarrollo gratuita admite todos los lenguajes de Windows 8?
2. ¿Cómo puede buscar aplicaciones de Windows 8 de muestra?
3. ¿Qué ventana de herramientas presenta una lista con la estructura de sus proyectos Visual Studio?
4. Si quiere iniciar su aplicación en Visual Studio, ¿qué comandos puede utilizar?
5. ¿Qué opción de Visual Studio puede utilizar para encontrar fácilmente comandos u opciones?
6. ¿Cuál es el objeto clave para la creación de animaciones en Expression Blend?

> **Nota:** Las respuestas a los ejercicios se encuentran en el apéndice A del libro.

Qué ha aprendido en este capítulo

- **Visual Studio 2012:** Puede descargar una versión de prueba del sitio Web oficial de Microsoft. Contiene todas las opciones que necesita para crear, depurar e implantar aplicaciones estilo Windows 8.
- **Crear un nuevo proyecto de aplicación:** Utilice el comando Archivo>Nuevo>Proyecto o las teclas **Control-Mayús-N** para mostrar el cuadro de diálogo Nuevo proyecto. En la ficha Plantillas de instalado, seleccione el lenguaje de programación con el que quiere trabajar y después seleccione la plantilla que quiere utilizar. Escriba el nombre de su aplicación y cambie (opcionalmente) la ubicación del proyecto. Haga clic en **Aceptar** para crear el proyecto.
- **Crear un nuevo proyecto a partir de un ejemplo:** Utilice el comando Archivo>Nuevo>Proyecto o las teclas **Control-Mayús-N** para mostrar el cuadro de diálogo Nuevo proyecto. Seleccione la ficha En línea y después expanda la ficha Ejemplos. El cuadro de diálogo le permite buscar ejemplos en línea. También puede utilizar el cuadro de búsqueda de la esquina superior derecha del cuadro de diálogo para filtrar ejemplos. Cuando encuentre el que está buscando, escriba el nombre de su aplicación y, opcionalmente, cambie la ubicación del proyecto. Haga clic en **Aceptar** para crear el proyecto a partir del ejemplo especificado.
- **Instalación de extensiones en Visual Studio:** Utilice el comando Herramientas>Extensiones y actualizaciones para abrir el cuadro de diálogo del mismo nombre. En él, seleccione la ficha Extensiones en línea para buscar en la Galería de Visual Studio controles, plantillas y herramientas, o en la Galería de ejemplos para buscar ejemplos de aplicaciones. Si encuentra una extensión, puede utilizarla inmediatamente haciendo clic en el botón **Descargar**. Cuando instala una extensión, es muy probable que tenga que reiniciar Visual Studio. En este caso, así lo notificará el administrador de extensiones.
- **Buscar un comando con Inicio rápido:** En Visual Studio 2012, la herramienta Inicio rápido le permite encontrar fácilmente comandos sin recorrer la estructura de menús. Haga clic en el cuadro de búsqueda Inicio rápido en la esquina superior derecha de la ventana principal de la IDE, o pulse **Control-Q**. Mientras escribe una expresión, la IDE muestra una lista con los comandos, opciones y nombres de documentos abiertos que coinciden con el texto buscado. Puede hacer clic en un elemento en la lista de resultados para que Visual Studio abra el comando apropiado o le lleve al documento seleccionado.
- **Abrir proyectos de Visual Studio en Expression Blend:** Expression Blend puede abrir proyectos de aplicaciones estilo Windows 8 creados con Visual Studio. Tras abrir Blend, utilice el comando Archivo>Abrir proyecto o solución o las teclas **Control-Mayús-O** y seleccione el archivo de solución apropiado. Blend abre la solución y muestra su estructura en la ventana de herramientas Proyectos.

Parte II.
Creación de aplicaciones Windows 8

5

Principios del desarrollo actual de aplicaciones de Windows

En este capítulo aprenderá a:

- Entender los conceptos del lenguaje de diseño de Windows 8.
- Conocer la diferencia entre la programación sincrónica y la asíncrona.
- Utilizar los nuevos patrones asíncronos en C# 5.0.
- Crear una lógica asíncrona en JavaScript.

Para desarrollar los ejemplos de este capítulo, puede optar por introducir manualmente el código o utilizar los archivos de código fuente que acompañan al libro como se indica en la Introducción.

En esta parte del libro aprenderá a crear aplicaciones Windows 8. Este sistema operativo admite numerosos lenguajes de programación, incluidos JavaScript, C# y C++, sobre los que aprenderá en los siguientes capítulos del libro.

Sin embargo, antes de empezar a programar, primero debe conocer los principios básicos del desarrollo actual de aplicaciones Windows. En este capítulo aprenderá los conceptos clave del lenguaje de diseño de Windows 8 y después explorará y probará patrones de la programación asíncrona en C# y JavaScript.

Aplicaciones estilo Windows 8

Antes de empezar a conocer los principios y las características de las nuevas aplicaciones estilo Windows 8, primero debe mirar hacia atrás para saber qué es lo que provocó el surgimiento del lenguaje de diseño de Windows 8. Por tanto, vamos a examinar la historia y a hablar sobre las aplicaciones estilo retro.

Hace mucho tiempo, cuando los usuarios empezaron a utilizar ordenadores, se necesitaba ayuda para saber cómo funcionaban diversos software de ordenador. Para simplificar la vida del usuario, los desarrolladores de software empezaron a utilizar metáforas y a crear su software sobre conceptos que eran bien conocidos en la vida real. Probablemente la metáfora más utilizada fuera "escritorio". Con los modernos sistemas operativos que siguen esta metáfora, los usuarios ven documentos y aplicaciones en sus equipos de una forma muy similar a como ven su mesa de escritorio en el mundo físico real.

Aunque la metáfora del escritorio tiene más de 40 años (según Wikipedia lo introdujo Alan Kay en Xerox PARC en 1970), puede encontrar los mismos conceptos en los dispositivos actuales. Los nuevos dispositivos tienen un hardware mucho más eficaz que ha ayudado a representar los objetos en el escritorio de una forma más realista.

Por ejemplo, si hoy echa un vistazo a la pantalla principal del móvil más pequeño, puede ver que los iconos tienen un bonito diseño. Numerosos colores, sombras y efectos tridimensionales (3-D) consiguen que tengan una apariencia como la de los objetos originales en el mundo físico. Si abre la aplicación de un lector de libros electrónicos (*e-book*), seguramente lo primero que ve es una biblioteca que parece muy real, con una textura de madera y con libros bien alineados. Después, si abre un libro electrónico, parecerá que está leyendo un libro real y las animaciones le harán creer que pasa las páginas de un libro físico. Este es el estilo de diseño iconográfico que utiliza metáforas del mundo real y representa objetos con gráficos híper realistas.

Sin embargo, el mundo ha cambiado mucho desde que surgieron estos conceptos. Se ha formado una nueva generación de usuarios que no necesita ayuda para comprender y utilizar los ordenadores. En lugar de extraordinarios gráficos, los usuarios prefieren la simplicidad y la productividad. No les importa si una aplicación tiene diseños bonitos sino que puedan ayudarles a resolver sus problemas rápidamente. Con el ritmo acelerado que predomina en nuestro mundo actual, consumir información rápidamente es la clave del éxito. Esto es lo que se denomina estilo de diseño infográfico, y las interfaces de usuario (UI, *User* Interface) de las aplicaciones estilo Windows 8 siguen estos principios.

¿Cuál es el lenguaje de diseño de Windows 8?

Microsoft ha creado un nuevo lenguaje de diseño para Windows 8 que sigue el principio del diseño infográfico. Aunque cada aplicación tiene su propia apariencia, tienen patrones y temas comunes que ayudan a los usuarios a entenderlas y a usarlas de una forma similar. Al seguir el mismo concepto de diseño en su aplicación que el que está utilizando el sistema operativo, puede ayudar a los usuarios a ser más productivos con su software.

A pesar de que los orígenes de este lenguaje de diseño se pueden remontar a las primeras versiones de las aplicaciones del reproductor de Windows Media y Zune, fue con Windows Phone 7 que Microsoft se comprometió con esta nueva dirección y destacó de forma prominente este lenguaje. Desde entonces, el tablero de mandos de Xbox 360 se ha adaptado a este diseño y Windows 8 confía plenamente en él. En un futuro, probablemente veamos cada día más aplicaciones que adoptan estos conceptos.

Nota: Puede crear dos tipos de aplicaciones para Windows 8: clásicas aplicaciones de escritorio y nuevas aplicaciones estilo Windows. No está obligado a utilizar Windows 8. Sin embargo sus conceptos pueden utilizarse mucho más en dispositivos con compatibilidad táctil. Por tanto, si su objetivo es crear aplicaciones para tabletas u otros dispositivos en los que los usuarios puedan controlar la aplicación con gestos de toque, considere utilizar Windows 8.

Principios generales del diseño de aplicaciones para Windows 8

Probablemente lo primero que advierta sobre Windows 8 es que definitivamente es diferente a lo que estaba acostumbrado. Windows 8 rompe los antiguos convenios y tiene que tener una mente abierta para aceptarlo.

Lo primero que tiene que tener en cuenta es que el software y los dispositivos forman parte de un mundo digital. Si ve la fotografía de un libro en su teléfono u ordenador, le estará indicando una lectura porque su cerebro conecta la fotografía digital con el libro físico. Pero su cerebro no necesita una imagen real ni una fotografía perfecta para realizar dicha conexión ya que ya sabe que es simplemente la copia digital de un objeto analógico en su dispositivo. Por esta razón, puede simplificar la imagen (como puede ver en la figura 5.1) a la vez que mantiene su propósito original.

Figura 5.1. Icono estilo Windows 8 con un gráfico simplificado.

Su software no tiene que copiar el mundo analógico en el digital. No necesita parecerse a algo más; de hecho, es una aplicación digital. La autenticidad y simplicidad puede ayudar a los usuarios a entender más rápidamente los programas, algo muy importante en el estilo del diseño infográfico.

Lo segundo que tiene que tener en cuenta es la razón por la que crea sus aplicaciones: principalmente para producir y consumir información. En este caso, tiene que colocar la información en el centro y eliminar todo lo que no ayude a su producción o consumo (recuerde: simplicidad).

Debe centrarse en el contenido, no en el marco que lo contiene. Si sus usuarios están trabajando con el contenido, entonces las ventanas, los bordes, las líneas y las imágenes de fondo (el denominado cromo) no son tan importantes para ellos. Puede usarlos si ayudan a su objetivo original, pero no simplemente para que la aplicación tenga una bonita apariencia.

Nota: Recuerde que la mayoría de usuarios utilizan actualmente dispositivos móviles y todo el cromo adicional que utilice en su aplicación consumirá energía y puede degradar la preciada duración de su batería.

Solo tiene que echar un vistazo a cualquiera de las aplicaciones estilo Windows 8. Estas no se ejecutan dentro de una ventana sino a pantalla completa para dejar espacio al contenido. Estas aplicaciones incluso ocultan la clásica barra de tareas para liberar parte del estado real de la pantalla (recuerde, los dispositivos móviles tienen pantallas pequeñas) y ayudan a los usuarios a concentrarse en la aplicación.

Hoy en día los datos de distintas fuentes desbordan a los usuarios por lo que apreciarán recibir una información que se ajuste a sus necesidades. En una tableta, la aplicación puede saber quién es el usuario, dónde está, en qué posición sujeta su dispositivo, lo que está a su alrededor y la información que le interesa en ese momento. La aplicación se puede personalizar para ofrecer un contenido personal, relevante y apropiado. Si el dispositivo admite gestos de toque, puede interactuar directamente con ese contenido, otro nivel de interacción que predomina sobre la clásica combinación de teclado y ratón.

En el lenguaje de diseño de Windows 8, el contenido es el que predomina, y si quiere utilizarlo de forma inteligente, necesitará una buena tipografía. Los tipos, fuentes y colores de letra así como los espacios en blanco son las claves para mostrar la información en un formato fácilmente legible. Microsoft proporciona recomendaciones sobre las mejores prácticas e incluso proporciona controles y tipos de letras que podemos utilizar gratuitamente sin ningún cargo de licencia adicional.

En el lenguaje de diseño de Windows 8 las animaciones también son importantes ya que el movimiento puede ayudar aún más a que el usuario entienda el software. El uso consistente de las animaciones consigue que su aplicación sea más intuitiva, incluso aunque al usuario no le importen conscientemente. Puede utilizar animaciones rápidas y fluidas para indicar que su aplicación tiene capacidad de respuesta y además dan vida a la interfaz.

Pero, ¡un momento! ¿Qué pasa con la apariencia única de su aplicación si utiliza el mismo diseño, las mismas fuentes, animaciones y el mismo estilo que otra aplicación? Windows 8 proporciona un conjunto de principios de diseño de Microsoft que pueden mejorar las aplicaciones que responden a retos de utilidad. Este conjunto no es una lista rigurosa de expectativas que debe reunir su aplicación para poderse ejecutar en Windows 8. Definitivamente puede aplicar un toque personal a su aplicación a la vez que sigue los principios de diseño de

Windows 8. Sólo tiene que ver las aplicaciones integradas o las disponibles en la Tienda Windows para comprobar que son diferentes y reflejan la marca del autor. Puede inspirarse en el lenguaje de diseño, pero es mejor que encuentre un equilibrio entre Windows 8 y su propio estilo.

Modelos de estructura y navegación de la aplicación

Las aplicaciones estilo Windows 8 son el software de próxima generación en el sentido que están destinadas no sólo para los equipos de escritorio y portátiles sino también para los últimos dispositivos de tabletas de mano. Las tabletas admiten los gestos de toque y normalmente no incluyen ningún otro dispositivo de entrada (como el ratón o el teclado). El sistema operativo está completamente preparado para ejecutarse en tabletas (por ejemplo, tiene un teclado virtual que le permite introducir texto en una pantalla táctil) y también debería diseñar su aplicación para el control efectuado con gestos. De hecho, Microsoft recomienda diseñar su aplicación estilo Windows 8 para la interacción con un solo toque, lo que significa que debe diseñarla y optimizarla para los gestos como método de entrada principal.

> **Nota:** Aunque los gestos táctiles son el método de entrada principal para aplicaciones estilo Windows 8, puede utilizar también el ratón y el teclado.

Lamentablemente, los gestos presentan dos problemas:

- Los usuarios no pueden trabajar con sus dedos de una forma tan precisa a como lo hacen con un ratón, lo que significa que tiene que ampliar los objetivos del toque en su UI.
- Los gestos táctiles no son fáciles de explorar. Este tipo de entrada funciona muy bien solo si los gestos se utilizan de forma consistente en todo el sistema, ya que de este modo los usuarios tienen que aprenderlos una vez y después los podrán utilizar en todas partes, incluso en sus aplicaciones.

Afortunadamente, Microsoft ha desarrollado un sistema de navegación para las aplicaciones estilo Windows 8 que resuelve estos problemas.

> **Nota:** Aprenderá más sobre los gestos táctiles en el capítulo 14 del libro.

La unidad básica de programación en una aplicación estilo Windows 8 es la página. Como puede imaginar, el nombre proviene de la Web ya que estas páginas de aplicación funcionan de una forma muy parecida a como lo hacen las páginas Web. El usuario trabaja con una página a la vez, y navegar significar ir de una página a la otra. No aparece ninguna ventana que pueda romper esta consistencia y complicar la UI.

Puede organizar sus páginas en un sistema plano o en un sistema jerárquico. En el sistema plano, todas las páginas residen en el mismo nivel jerárquico. Este modelo es más apropiado para aplicaciones que contienen solo una pequeña cantidad de páginas y el usuario tiene que tener la capacidad de moverse entre las fichas. Las aplicaciones de juegos, exploradores o de creación de documentos normalmente entran dentro de esta categoría. En estas aplicaciones el usuario puede desplazarse entre las páginas utilizando una barra de navegación (o barra *nav*) que se encuentra en la parte superior de la pantalla, como muestra la figura 5.2.

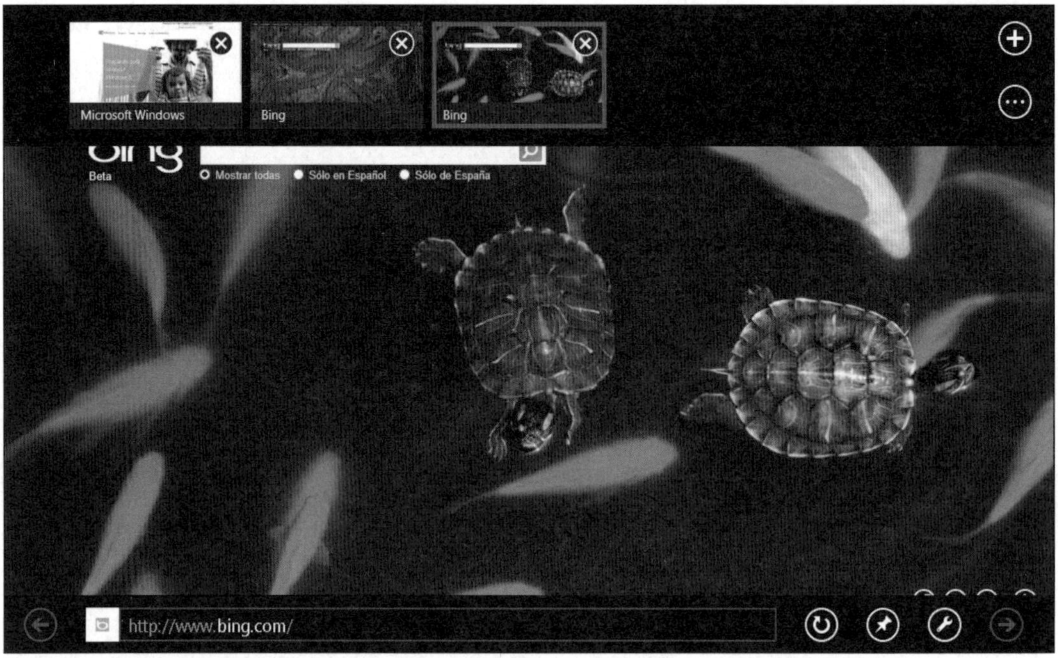

Figura 5.2. Internet Explorer estilo Windows 8 con la barra de navegación por fichas.

Puede representar sus páginas de cualquier forma en la barra de navegación, pero una técnica simple es el uso de miniaturas.

El sistema jerárquico es el más conocido por todos ya que sigue el mismo modelo en el que se organizan las páginas de un sitio Web. El modelo jerárquico es más apropiado para aplicaciones que tienen una gran cantidad de páginas que se pueden agrupar en múltiples secciones.

La base de la jerarquía es una página central (*hub page*), que es el punto de entrada de la aplicación. En esta página, los usuarios pueden hacerse una idea de lo que se encuentra disponible en las secciones de la aplicación, por lo que esta primera página debe captar la atención de los usuarios y dirigirles hacia las páginas de sección. En la figura 5.3 puede ver un ejemplo de página central de la aplicación Finanzas de Bing. Esta página de bienvenida es un resumen de los datos más importantes y relevantes que incluye la aplicación.

Desde la página central los usuarios pueden navegar al segundo nivel de la aplicación, la página de sección. Esta sección normalmente contiene listas que se pueden agrupar, ordenar y filtrar. En la figura 5.4 puede ver la página de sección de la aplicación Finanzas de Bing que presenta una lista de las cotizaciones disponibles en la aplicación.

Figura 5.3. Página central de la aplicación Finanzas de Bing.

Figura 5.4. Página de sección Lista de seguimiento de la aplicación Finanzas de Bing.

Desde la lista de seguimiento de la página de sección, los usuarios pueden seleccionar un solo elemento y navegar al tercer nivel de la jerarquía, la página de detalles. Esta página puede contener toda la información sobre el elemento seleccionado y el diseño puede variar dependiendo del tipo de contenido. En la figura 5.5 puede ver la página de detalles de una cotización en la aplicación Finanzas de Bing.

Figura 5.5. Página de detalles de una cotización en la aplicación Finanzas de Bing.

Los usuarios pueden profundizar más en la jerarquía mediante la activación (toque) de un elemento en la pantalla o pueden volver atrás utilizando el botón **Atrás** que se encuentra en la parte superior de la página.

En el capítulo 2 aprendió a activar la barra de accesos y la barra de aplicaciones. La barra de accesos se abre desde el lateral derecho y la barra de la aplicación desde la parte inferior de la pantalla para mostrar más opciones al usuario. Ambas barras son extensibles y puede añadir a las mismas opciones específicas de la aplicación.

La barra de la aplicación debe contener comandos contextuales e incluso menús emergentes cuando tienen demasiados comandos. La barra de accesos incluye el botón **Configuración**, que proporciona un solo punto de acceso a todas las opciones de configuración relevantes en el contexto actual del usuario. Esto significa que también debe añadir las opciones de configuración de su aplicación a esta barra. En la figura 5.6 puede ver cómo extiende la aplicación integrada Calendario las opciones del botón **Configuración** para incluir sus propias opciones.

Figura 5.6. Opciones de configuración de la aplicación Calendario en la barra de accesos.

Al principio podría pensar que el concepto de navegación junto con los de barra de aplicaciones, barra de accesos, barra de navegación, jerarquía y el botón **Atrás** es algo complejo. Quizá tenga razón. Sin embargo, si todos esos conceptos se utilizan de forma consistente en todo el sistema operativo y las aplicaciones, los usuarios, sin lugar a duda, tarde o temprano los dominarán y, al final, con un poco de suerte, disfrutarán de ellos.

Ahora vamos a aprender a crear una aplicación básica estilo Windows 8.

Ejercicio: Crear una aplicación básica de Windows 8

Para crear su primera aplicación estilo Windows 8, siga estos pasos:

1. Abra Visual Studio 2012 haciendo clic en su icono en la pantalla Inicio.
2. Seleccione Archivo>Nuevo>Proyecto (o pulse **Control-Mayús-N**) para abrir el cuadro de diálogo Nuevo proyecto.
3. Seleccione Instalado>Plantillas>Visual C#>Tienda Windows del árbol de la izquierda y posteriormente seleccione el tipo de proyecto Aplicación de cuadrícula del panel central, como puede ver en la figura 5.7.
4. Haga clic en **Aceptar**. Visual Studio crea una estructura vacía de proyecto y abre el archivo principal `App.xaml.cs` en el editor de código.

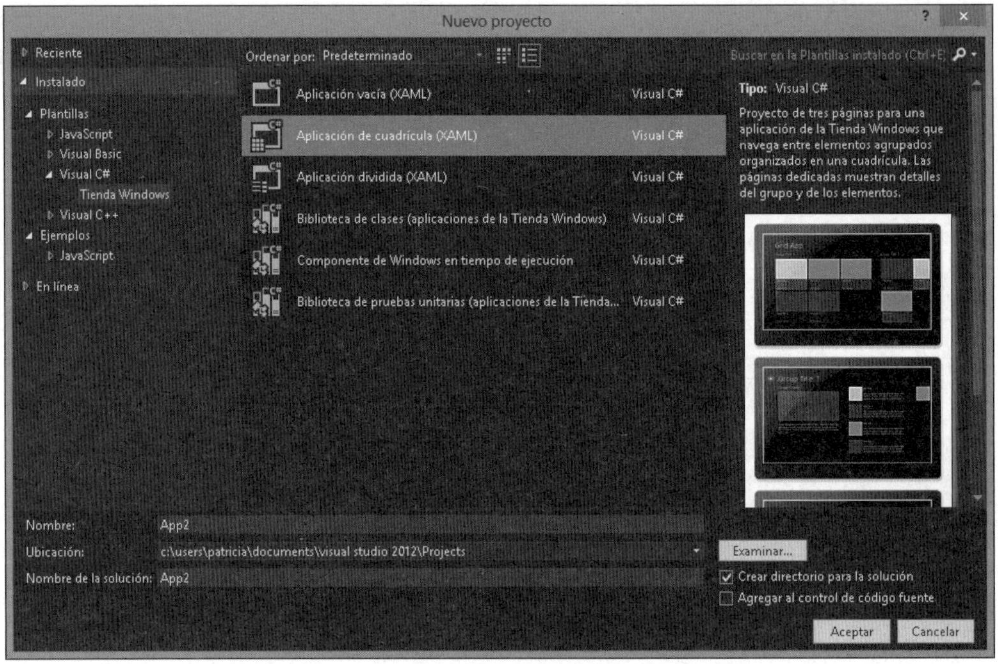

Figura 5.7. Cuadro de diálogo Nuevo proyecto.

5. Inicie la aplicación haciendo clic en el elemento de menú Depurar>Abrir sin depurar. Visual Studio compila e inicia la aplicación y se ejecutará una aplicación estilo Windows 8 como muestra la figura 5.8.
6. Examine los grupos de la aplicación desplazándose de izquierda a derecha.
7. Haga clic en uno de los títulos de grupo para abrir la página de detalles de un grupo.
8. Revise el contenido de la página de detalles del grupo desplazándose de izquierda a derecha y después haga clic en uno de los elementos para ir a la página de detalles del elemento.
9. Examine el contenido de la página de detalles del elemento y después vuelva a la página principal haciendo clic dos veces en el botón **Atrás**, la flecha que apunta a la izquierda y que se encuentra en la parte superior de la pantalla.

Cómo funciona

Dependiendo de la plantilla de proyecto seleccionada, Visual Studio genera una estructura vacía que contiene todo lo necesario para empezar a crear una aplicación estilo Windows 8 en C#. Puede abrir la ventana Explorador de soluciones haciendo clic en el elemento de menú Ver>Explorador de soluciones (o simplemente pulsando **Control-Alt-L**), donde podrá ver todos los archivos del proyecto, como muestra la figura 5.9.

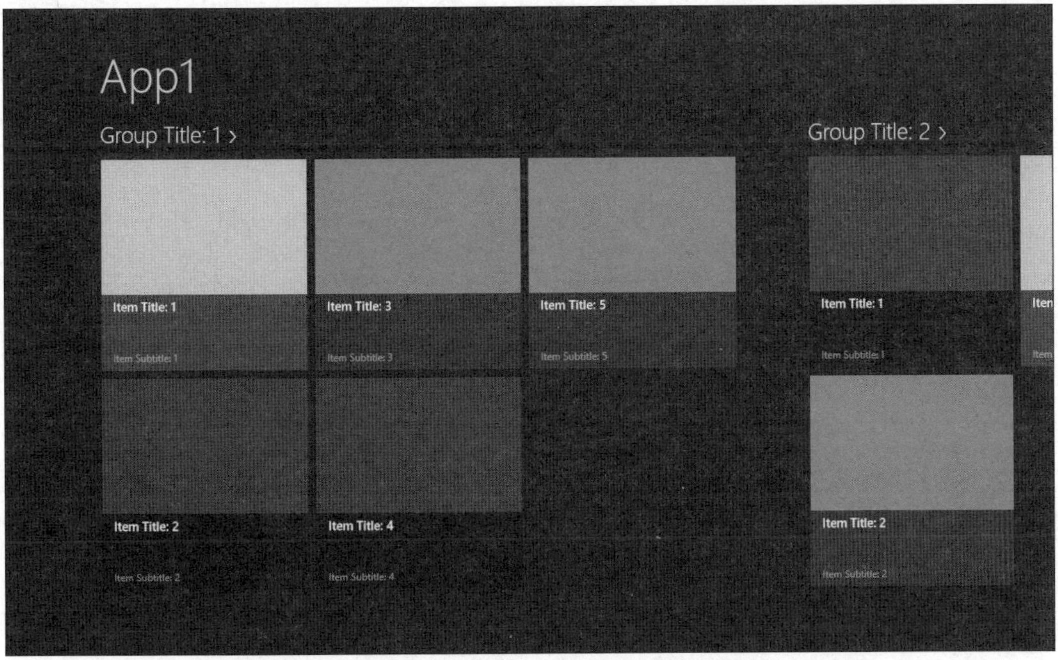

Figura 5.8. Tipo de Aplicación de cuadrícula predeterminada.

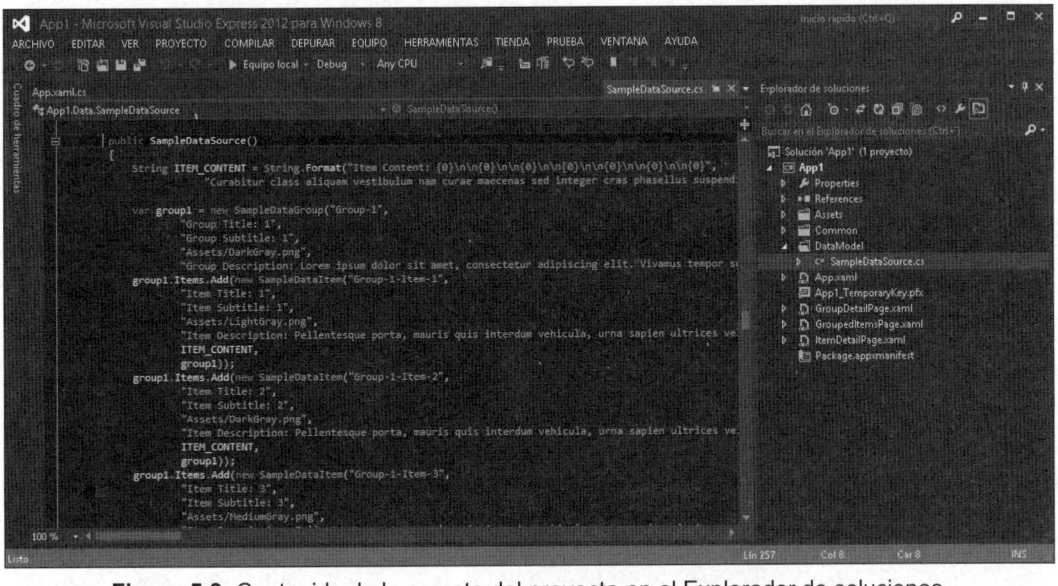

Figura 5.9. Contenido de la carpeta del proyecto en el Explorador de soluciones.

La aplicación contiene tres páginas: la página principal, la página de detalles del grupo y la página de detalles del elemento. En el Explorador de soluciones (y también en la carpeta del proyecto), puede encontrar los archivos `GroupedItemsPage.xaml`, `GroupDetailPage.xaml` y `ItemDetailPage.xaml` que representan dichas páginas respectivamente. Los archivos generados también contienen código para implementar la navegación entre las páginas. Puede localizar estas líneas de código haciendo doble clic en el archivo `GroupedItemsPage.xaml.cs` (probablemente tenga que abrir la jerarquía haciendo clic en el triángulo que se encuentra a la izquierda del archivo `GroupedItemsPage.xaml`). Desplácese hasta las líneas que empiezan por `this.Frame.Navigate`.

Los datos mostrados en la aplicación (los grupos y elementos) están codificados en la plantilla ya que la aplicación no se conecta a ninguna fuente de datos. Puede ver los datos codificados haciendo doble clic en el archivo `SampleDataSource.cs` dentro de la carpeta `DataModel` en el **Explorador de soluciones** y desplazándose después hacia abajo a la clase `SampleDataSource` que puede ver en la figura 5.9.

Plataforma de desarrollo asíncrono

Cada año, las aplicaciones de cliente se basan más y más en los datos que descargan de la red. Debido a que la cantidad de datos transferidos crece significativamente, es muy frecuente que la latencia de la red ofrezca como resultado aplicaciones congeladas que producen serios quebraderos de cabeza no solo a los usuarios finales, sino también a los desarrolladores.

Como el número de clientes que se conectan crece en la parte del servidor, este debe ser capaz de escalar y administrar la carga de trabajo incrementada. Sin embargo, generalmente los clientes solicitan datos que el servidor debe capturar de servicios o bases de datos externos antes de procesar las solicitudes. Aunque el servidor esté simplemente esperando los datos externos, sus recursos se asignan a la solicitud actual, lo que limita la escalabilidad del servidor.

Una conocida buena práctica de programación para resolver problemas tanto de la capacidad de respuesta de la UI como de la escalabilidad del servidor es diseñar su software para ejecutar múltiples tareas simultáneas. Por ejemplo, mientras una parte de su aplicación está descargando datos de la red (algo que puede tardar un tiempo), otra parte de su aplicación puede ser responsable de reaccionar a los eventos del ratón y del teclado (generados por el usuario). Si su aplicación puede controlar estos eventos de la UI, el usuario puede pensar que la aplicación está funcionando y responde por lo que estará satisfecho, incluso aunque la red sea lenta. De otra manera, su programa parecerá que se ha congelado y definitivamente arruinará la interacción del usuario.

Ya conoce varias aplicaciones que siguen este diseño. Por ejemplo, puede explorar su sitio Web favorito mientras está copiando archivos en su disco duro y escuchando en segundo plano su música favorita. Para conseguirlo, el sistema operativo está continuamente intercambiando entre las aplicaciones que se están ejecutando y proporcionándoles un tiempo de ejecución muy corto. Una vez transcurrido este corto periodo de tiempo, el sistema operativo cambia a la siguiente aplicación y le permite ejecutarse en el siguiente periodo de tiempo.

Sin embargo, si mira debajo, el sistema operativo está cambiando no entre las aplicaciones sino entre unidades más pequeñas denominadas hilos de ejecución o subprocesos (*threads*). Un hilo es la unidad de procesamiento más pequeña que puede programar el sistema operativo. Cada aplicación puede crear múltiples hilos y ejecutar diferentes tareas en ellos y el sistema operativo se hará cargo de ejecutarlos simultáneamente. Este concepto se denomina multiprocesamiento y puede disfrutar de sus ventajas cuando explora múltiples sitios Web en múltiples fichas dentro de su explorador Web o cuando redacta un nuevo mensaje en su programa de correo electrónico mientras que el anterior se envía al fondo.

Como puede haber imaginado, las aplicaciones de multiprocesamiento normalmente son más cómodas para el usuario que las clásicas aplicaciones que ejecutan todas sus tareas en un solo subproceso. Sin embargo, la creación de aplicaciones de multiprocesamiento no es fácil y actualmente los desarrolladores tratan de evitarlas en su código. Como podrá comprobar más adelante en el capítulo, la ejecución concurrente incrementa la complejidad de su aplicación y hace que su código sea menos legible y más difícil de mantener.

Introducción a la programación asíncrona

Debe escribir su código del mismo modo que piensa. Cuando piensa de forma lógica, su cerebro crea una serie continuada de pensamientos estrechamente relacionados. Afortunadamente, los lenguajes de programación tienen una larga historia de soporte de desarrolladores que se expresan con esta forma de pensamiento en la lógica de la programación, como una secuencia de pasos que se ejecutan uno detrás del otro. Esto es lo que se denomina programación sincrónica y debido a que es la forma más simple de codificación, la mayoría de los desarrolladores prefieren escribir código sincrónico.

Todos los programas consisten de tareas, que son unidades más cortas o más largas de tareas que se deben completar. Como puede ver en el modelo de programación sincrónico de la figura 5.10, cuando ordena sus tareas en un modelo sincrónico, la siguiente tarea solo puede iniciarse después de haberse completado totalmente la anterior.

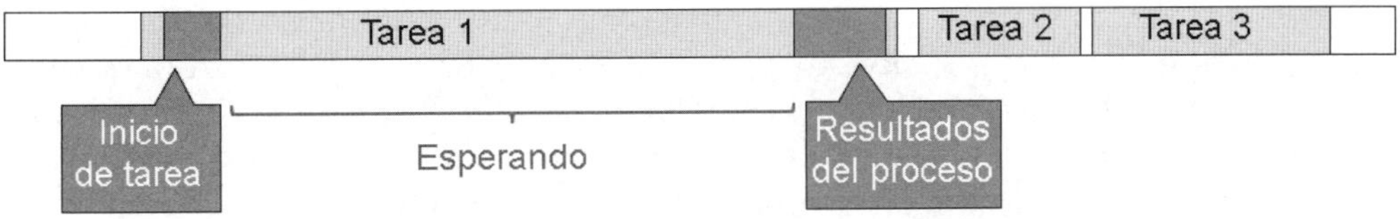

Figura 5.10. Modelo de programación sincrónica.

Como las tareas se completan siempre en un orden definido, el resultado de una tarea anterior siempre se encuentra disponible para la siguiente. Es decir, la última tarea depende de las tareas anteriores.

Los problemas surgen cuando una tarea tarda mucho en completarse, bien porque ejecuta una operación de computación de larga duración, lee un archivo grande desde un disco lento o se conecta a un servidor que tiene un tiempo de respuesta lento. Como el sistema operativo asigna de forma predeterminada un subproceso a cada proceso, ese subproceso estará ocupando esperando el resultado de la operación de larga duración y no podrá responder a ningún evento (UI). En este caso, el subproceso se bloquea.

Aunque en realidad el programa se esté ejecutando (es decir, esté ocupado simplemente esperando), el usuario final creerá que el programa se ha congelado, una mala experiencia para la interacción del usuario. En el mundo actual de los dispositivos de teléfonos inteligentes y las aplicaciones para pantallas táctiles, sus usuarios son muy sensibles a tener una interacción plena y su aplicación siempre debe responder, independientemente de lo demás (la velocidad de la red, el disco o la CPU). Para conseguir esta interacción de usuario ideal, tiene que procurar evitar el bloque de los subprocesos.

Una solución natural a este problema es cambiar del modelo sincrónico de un solo subproceso al modelo de subprocesos (*threaded*), que puede ver en la figura 5.11.

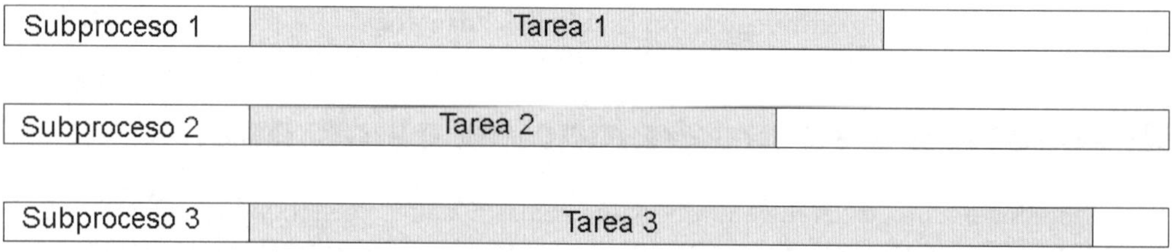

Figura 5.11. Modelo sincrónico de subprocesos.

En este modelo, cada tarea se ejecuta en un subproceso independiente y el sistema operativo subyacente se hace cargo de ejecutarlos de forma simultánea. Con este modelo puede mover la tarea de larga duración a un subproceso de segundo plano y responder al evento UI en un subproceso UI para mantener la respuesta de la aplicación. Como el sistema operativo se encarga de administrar los subprocesos mediante la asignación de lapsos de tiempo e intercambiando entre ellos, parecería ser una solución conveniente, incluso aunque tenga más subprocesos que CPU. Pero no es así.

Cuando escribe una aplicación de múltiples subprocesos se enfrenta a varios problemas. Por ejemplo, si múltiples subprocesos utilizan una misma estructura de datos, ¿cómo puede asegurarse de que se efectúa un acceso concurrente seguro? En otras palabras, ¿está seguro de que puede escribir un código para un subproceso seguro? ¿Sabe cómo conseguir los datos entre los subprocesos, es decir, cómo pasarlos a otro subproceso? ¿El usuario podrá cancelar el proceso que está tardando mucho? Propagar una excepción es otro problema. Si tiene un error en el subproceso de segundo plano, ¿cómo puede enviarlo al subproceso de UI? ¿Cómo puede progresar la señal del subproceso en segundo plano al usuario?

Aunque los problemas representados por estas preguntas se pueden resolver apropiadamente, la solución requiere un programador muy experimentado y normalmente el uso de una lógica compleja.

Con un modelo ligeramente modificado, puede conseguir resultados muy similares y eliminar muchas de estas preguntas, algo que requiere el uso del modelo de programación asíncrona representado en la figura 5.12.

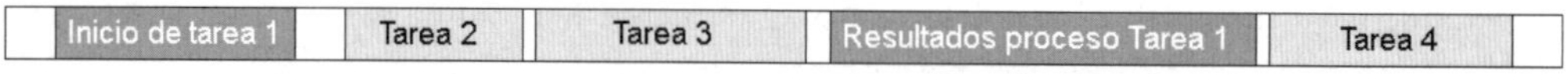

Figura 5.12. Modelo de programación asíncrona.

En este modelo de programación asíncrona se ejecutan múltiples tareas en el mismo subproceso. Sin embargo, las tareas largas se dividen en unidades más pequeñas para asegurar que no bloquean el subproceso durante un periodo largo de tiempo. Esta es una diferencia extraordinaria en comparación con el modelo sincrónico, en el que las tareas se ejecutan de forma secuencial como unidades independientes y completas. En el modelo sincrónico, la siguiente tarea puede empezar sólo cuando se ha completado la anterior, pero en el modelo asíncrono, la siguiente tarea puede comenzar en cuanto la anterior le cede el paso para su ejecución. La segunda tarea no tiene que esperar hasta que se haya completado la anterior.

Por ejemplo, si la tarea es descargar un archivo de un sitio Web, puede enviar la solicitud (una operación rápida) y después puede liberar el subproceso para que responda a eventos UI. Como puede comprobar en la figura 5.3, cuando la tarjeta de red señala que ha llegado la respuesta del servidor, entonces puede procesar los resultados. Aunque en este modelo las tareas no se completarán con más rapidez, su aplicación producirá una interacción de usuario mucho más placentera.

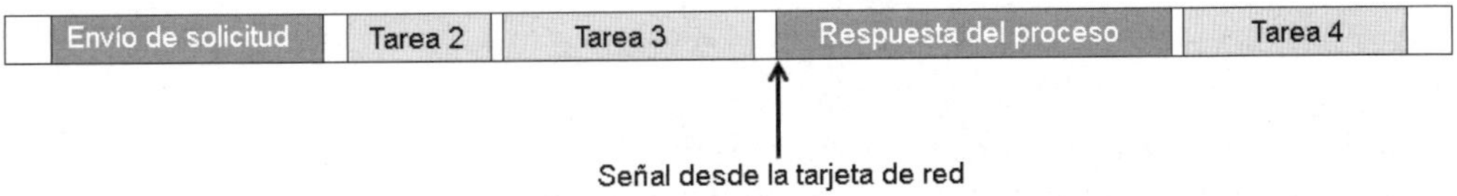

Figura 5.13. Descargas sin bloqueos.

Como sus tareas se intercalan en un solo subproceso, no tiene más problemas con la seguridad del mismo, ni con la consecución de datos, la programación de excepciones, el informe del progreso, la cancelación, etc.

Lamentablemente, el modelo asíncrono no es perfecto. El inconveniente es que tras reescribir su código sincrónico en el modelo asíncrono, le resultará muy difícil reconocerlo. Debe dividir sus tareas en unidades más pequeñas que no se bloqueen y asegurarse de liberar el subproceso cuando ya no lo necesiten. Esto significa normalmente escribir un código que inicie una tarea, haga algo más y finalmente procese los resultados en una función de devolución de llamada (*callback*). Se tarda un tiempo en implementar y el código resultante es difícil de leer y de mantener ya que pierde completamente el flujo continuo de control.

El dilema es evidente. ¿Quiere complacer al usuario con un sistema con capacidad de respuesta o quiere complacer al desarrollador con un código simple y fácil de escribir? Cuando utiliza .NET, puede conseguir ambos.

Evolución de la programación asíncrona en la plataforma .NET

Desde el primer lanzamiento de .NET Framework, la plataforma ha sido compatible con la programación asíncrona. A través de sus numerosas versiones en los últimos diez años, han evolucionado varias soluciones y ahora tiene diversos patrones de diseño que puede utilizar para crear una lógica asíncrona en .NET.

Con la primera versión de la estructura de .NET Framework se podía utilizar el Modelo de programación asíncrona (APM, *Asynchronous Programming Model*). En el APM, las operaciones asíncronas se implementaban con dos métodos, `BeginOperationName` y `EndOperationName`, que empezaban y completaban la operación asíncrona `OperationName`, respectivamente. En el siguiente fragmento de código puede verlo en acción (este código se puede encontrar en el archivo `NetFx\NetFxAsyncHistory\APMForm.cs`).

```
private void StartDownload( string url )
{
   HttpWebRequest req = (HttpWebRequest) WebRequest.Create( url );
   IAsyncResult result = req.BeginGetResponse( this.OnResponse, req );
}

private void OnResponse( IAsyncResult result )
{
   HttpWebRequest req = (HttpWebRequest) result.AsyncState;
   HttpWebResponse resp = (HttpWebResponse) req.EndGetResponse( result );
   Stream str = resp.GetResponseStream();
   // TODO: procesar aquí el flujo de respuestas
}
```

Se utiliza el método `BeginGetResponse` para activar la descarga asíncrona y para registrar un método de devolución de llamada invocado por la estructura al completarse la operación asíncrona. El método ha devuelto una instancia `IAsyncResult` que se puede utilizar para consultar el estado actual de la operación asíncrona. Al finalizar la descarga, la estructura ha llamado a la función de devolución de llamada `AsyncCallback` especificada, donde se puede llamar al método `EndGetResponse` para obtener los resultados y completar la descarga.

Esto es todo lo que había en .NET 1.0 y como puede comprobar, funciona, pero requiere mucho código. Además, el APM no admite el control de excepciones, la cancelación ni la supervisión del progreso de forma explícita. Había que implementarlo.

La segunda versión importante de .NET Framework se centró en los eventos y delegaciones e introdujo el Patrón asíncrono de eventos (EAP, *Event-based Asynchronous Pattern*). La ventaja de EAP es que se implementaba con un solo nombre de método, `OperationNameAsync`, para la operación asíncrona, `OperationName`. Pero antes de llamar a este método, se tenía que registrar el método de devolución de llamada invocado cuando finalizaba la operación.

El siguiente fragmento de código muestra el uso de la clase `WebClient` que implementaba EAP para descargar una cadena (este código se puede encontrar en el archivo `NetFx\NetFxAsyncHistory\EAPForm.cs`).

```
private void StartDownload( string url )
{
   WebClient wc = new WebClient();
   wc.DownloadStringCompleted += this.OnCompleted;
   wc.DownloadStringAsync( new Uri( url ) );
}

private void OnCompleted( object sender,
   DownloadStringCompletedEventArgs e )
{
```

```
    string result = e.Result;
    // TODO: Procesar aquí el resultado de la cadena.
}
```

Esta solución tiene menos código y parece más limpio ¿verdad? Sin embargo, si tuviésemos que imaginar la creación de una aplicación completa alrededor de estas pocas líneas de código, nos daríamos cuenta de que es muy difícil saber qué bloque de código se ejecuta en qué momento, incluso aunque se ejecute en un solo subproceso de forma asíncrona. No se puede seguir fácilmente la ruta de ejecución porque el código refleja un control combinado. Es más, si escribiésemos este código con expresiones lambda (es decir, la nueva sintaxis de lenguaje compacto introducida en C# 3.0), obtendríamos un código en el que podríamos escribir primero lo que se va a ejecutar después (este código se puede encontrar en el archivo `NetFx\NetFxAsyncHistory\EAPForm.cs`).

```
WebClient wc = new WebClient();
wc.DownloadStringCompleted += ( s, args ) =>
{
    string result = args.Result;
    // TODO: Procesar aquí el resultado de la cadena.
};
wc.DownloadStringAsync( new Uri( url ) );
```

En este ejemplo hay una sola devolución de llamada, pero otras clases (como `BackgroundWorker`) podrían requerir múltiples devoluciones de llamada y si revisa el código, el flujo de control será completamente al revés. Y esta es solo una operación. Las cosas empeoran si quiere completar múltiples tareas de forma asíncrona. Además, tampoco se ha resuelto el problema del control de excepciones ya que ¿cómo podría propagarse una excepción al método de llamada cuando ya se ha devuelto dicha llamada?

Para resolver estas dificultades, .NET Framework 4.0 introdujo una solución completamente nueva denominada Patrón asíncrono de tareas (TAP, *Task-based Asynchronous Pattern*). Antes de TAP, cuando los desarrolladores querían resolver un problema de forma asíncrona, tenían que resolver la ruta de ejecución y, tal como ha comprobado anteriormente, el resultado son las devoluciones de llamada y los flujos de control combinados. El objetivo principal de TAP es que los desarrolladores puedan trabajar con código asíncrono igual que si estuvieran trabajando con código sincrónico, y ayudarles a ver claramente el flujo de control.

Para conseguir este objetivo, se añadió un nuevo conjunto de clases a .NET 4.0 denominado Biblioteca de tareas en paralelo (TPL, *Task Parallel Library*). Lo más importante en la biblioteca es la clase `Task`, que proporciona a los desarrolladores la opción de romper la forma de pensamiento de la "ruta de ejecución" para que puedan concentrarse en la "unidad de trabajo". Una instancia de la clase `Task` hace referencia al valor que se entregará en algún momento futuro. No es necesario preocuparse sobre cómo y en qué subproceso se va a computar el valor. Lo único que tiene que saber es que se tarda un tiempo en entregar el resultado y que puede utilizar el objeto `Task` para evitar el bloqueo del flujo de la ejecución actual hasta que llegue dicho resultado.

Con el objeto `Task`, puede consultar el estado de la ejecución asíncrona, esperar a que termine y obtener el valor del resultado. Existe incluso una versión genérica de esta clase, `Task<TResult>`, que puede utilizar para acceder al resultado de la operación asíncrona.

El siguiente fragmento de código muestra el uso de la clase Task para descargar una página Web (este código se puede encontrar en el archivo `NetFx\NetFxAsyncHistory\TAPForm.cs`).

```
Task.Factory.StartNew( () =>
{
   WebClient wc = new WebClient();
   string result = wc.DownloadString( url );
   // TODO: Procesar aquí el resultado de la cadena.
} );
```

Con las tareas puede escribir una lógica asíncrona de forma muy similar al código sincrónico. No es extraño que Microsoft prefiriese esta solución, y .NET 4.5 contiene nuevos métodos que devuelven directamente instancias `Task`. Por ejemplo, la clase `WebClient` tiene un nuevo método denominado `Download String TaskAsync` (el sufijo `TaskAsync` es el convenio de denominación para métodos que devuelven objetos `Task`) que simplifica más su trabajo, tal como puede comprobar por el siguiente listado (este código se puede encontrar en el archivo `NetFx\ NetFxAsyncHistory\TAPForm.cs`).

```
WebClient wc = new WebClient();
var task = wc.DownloadStringTaskAsync( url );
// TODO: Procesar aquí la cadena task.Result.
```

Hasta el momento, ya ha visto varias formas de ejecutar un código de forma asíncrona y todas ellas han sido proporcionadas por la Biblioteca básica de clases (BCL, *Base Class Library*) de .NET Framework. La ventaja de esta arquitectura es que estas clases se encuentran disponibles para todos los lenguajes .NET pero como se trata de una solución genérica, no se puede utilizar completamente la productividad ni disfrutar de la comodidad de su lenguaje de programación favorito. Por otro lado, una solución específica para un lenguaje podría ser más conveniente para los desarrolladores que trabajan con dicho lenguaje. Sin embargo, solo estaría disponible para ellos.

Microsoft ha experimentado en esta área ya que ha utilizado una solución similar con la Consulta de lenguaje integrado (LINQ, *Language Integrated Query*) en .NET 3.0. LINQ se basa en un conjunto de métodos de extensión que se hacen cargo de las instancias `IEnumerable`, pero la sintaxis de lenguaje en C# los utiliza de una forma más limpia y el resultado es un código más legible. Como esta solución ha demostrado tener muchas ventajas, Microsoft ha hecho lo mismo y, tal como podrá comprobar más adelante, se ha añadido compatibilidad con el lenguaje directo para las tareas en C# 5.0. Con la nueva sintaxis de lenguaje, ya no es necesario escribir ninguna devolución de llamada.

> **Nota:** Los fragmentos de código de este libro muestran cómo se puede iniciar y completar una operación asíncrona, pero no tratan los detalles del procesamiento del resultado. Esto es algo que puede ser muy complejo en las aplicaciones de escritorio. Existe una regla importante que debe tener siempre en cuenta cuando crea interfaces gráficas de usuario (GUI, *Graphical User Interface*) con lógica asíncrona: el código que se ejecuta en el subproceso en segundo plano no tiene que tocar directamente la UI. Por ejemplo, esto significa que no puede mostrar un valor en una ventana directamente

desde una devolución de llamada asíncrona. Consulte el código de comparación de este capítulo en el sitio Web de Anaya Multimedia y que puede descargar como se indica en la Introducción del libro. Ahí podrá ver un ejemplo de cómo resolver este problema con el método `Invoke` de las aplicaciones de formularios de Windows.

Programación asíncrona con C# 5.0

En C# 5.0, Microsoft simplificó aún más la programación asíncrona mediante la adición de dos nuevas palabras clave al lenguaje. Estas se inspiraron en el patrón `await/async` de F# y es incuestionable que limpian mucho su código. Sin embargo, necesitará algún tiempo para conocer completamente cómo funcionan, pero después de familiarizarse con la nueva sintaxis, la programación asíncrona será todo un placer.

Las dos palabras clave nuevas son el modificador `async` y el operador `await`. Cuando las use, tenga en cuenta siempre que su objetivo principal es recortar la carga sintáctica a la que se enfrenta cuando utiliza la clase `Task`, igual que LINQ con la palabra clave `select` y los métodos de extensión en `IEnumerables`. Con las nuevas palabras clave puede transferir al compilador la tarea mecánica de convertir el método sincrónico en una lógica asíncrona.

Vamos a estudiarlas más detenidamente con la ayuda de un breve ejemplo. El siguiente fragmento de código muestra un método asíncrono que contiene una llamada a `WebClient.DownloadString`, tarea que puede tardar mucho tiempo en ejecutarse (este código se puede encontrar en el archivo `CS5\CS5Async\Form1.cs`).

```
private void DownloadSync( string url )
{
   WebClient wc = new WebClient();
   string result = wc.DownloadString( url );
   this.txtStatus.Text = result;
}
```

Puede convertir este código en un método asíncrono utilizando las dos palabras clave nuevas:

```
private async void DownloadAsync( string url )
{
   WebClient wc = new WebClient();
   string result = await wc. DownloadStringTaskAsync( url );
   this.txtStatus.Text = result;
}
```

El código en negrita indica las partes de código que han cambiado. Primero se utiliza el modificador `async` en un método o expresión lambda para indicarle al compilador que el bloque de código es asíncrono. El método marcado con el modificador `async` se conoce como método asíncrono. Segundo, dentro del método `async`, probablemente tenga múltiples líneas de código, pero en algún momento la ejecución llega a una operación o a una función de llamada que tarda tiempo en ejecutarse. Este es el momento en el que realmente necesita utilizar la asincronía para evitar el bloqueo del subproceso actual.

> **Nota:** Tradicionalmente, aquí suscribiría un evento de finalización con un controlador de devolución de llamada y devolvería el control a la llamada. El operador `await` hace todo esto. Si aplica dicho operador a la llamada de la función de larga duración dentro de un método asíncrono, le indicará al compilador que suscriba el resto del método como controlador de continuación para esa tarea y después vuelva inmediatamente al método de llamada. Cuando se complete la tarea, esta llama a la continuación, que se ejecuta en el contexto de sincronización de la llamada.

Tenga en cuenta que los métodos asíncronos sirven para administrar la asincronía, no para crearla. Los métodos asíncronos no inician nuevos subprocesos; en su lugar utilizan las devoluciones de llamada en segundo plano, pero evitan que tenga que crearlos. De hecho, el compilador se encarga de todo mediante la generación de un código que administra completamente el flujo de control. Para que funcione, la operación en espera debe devolver `void`, una instancia `Task`, o una instancia `Task<T>`. Al principio puede parecer una restricción importante, pero en la práctica se dará cuenta de que sirve a sus necesidades y que le ayuda a estandarizar su código.

En el siguiente ejercicio va a crear una clásica aplicación de formulario de Windows que descarga contenido de la red a la vez que mantiene la capacidad de respuesta de la UI utilizando las nuevas palabras clave `async` y `await` en C#.

> ***Obtener C# 5.0***
>
> Para trabajar con los nuevos elementos de lenguaje de C#, necesitará una versión del compilador C# que pueda entenderlos. Si tiene Visual Studio 2012 y .NET Framework 4.5, está preparado ya que incluyen C# 5.0. Sin embargo, puede probar la nueva sintaxis aunque solo tenga Visual Studio 2010 mediante la instalación de Visual Studio Async Community Technology Preview (CTP) disponible en la página Web oficial de Microsoft. El CTP asíncrono es básicamente un parche menor para Visual Studio que actualiza el compilador C# y el editor de código para que entienda las palabras clave `async` y `await`. En el momento de escribir este libro se encuentra disponible la versión 3, que es compatible con Visual Studio Express, Silverlight 5, Windows Phone SDK 7.1 y el CTP Roslyn.

Ejercicio: Escribir código sincrónico

Para crear una aplicación de escritorio que no responda durante operaciones largas, siga estos pasos:

1. Abra Visual Studio y cree un nuevo proyecto de Aplicación de Windows Forms.
2 Abra Form1 en el diseñador y coloque un cuadro de texto, **TextBox**, y un botón, **Button**, desde la sección Controles comunes del Cuadro de herramientas. Utilizará el botón para iniciar una operación de larga duración y el cuadro de texto para mostrar los mensajes sobre el estado actual de la operación.

3. Abra la ventana **Propiedades**, escriba **txtStatus** en la propiedad **Name** de **TextBoxOpen**, escriba **btnStart** en la propiedad **Name** de **Button**, y escriba **Start** (Iniciar). Cambie la propiedad **Multiline** del cuadro de texto por **true** y organice los controles como muestra la figura 5.14.

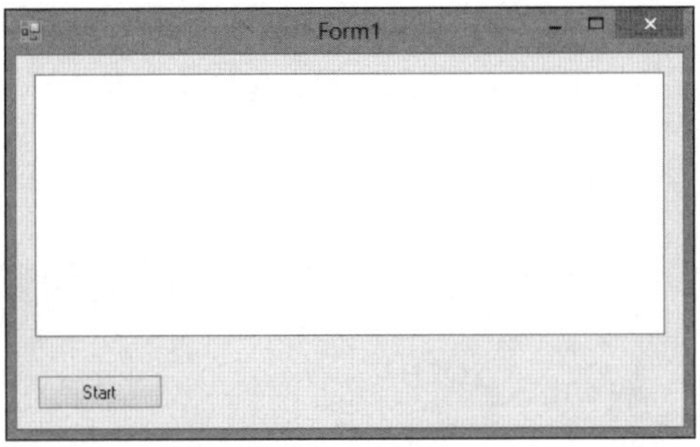

Figura 5.14. Esquema de controles en el diseñador.

4. Haga doble clic en el botón **Start** para cambiar a la vista de código y generar un controlador de evento para él.
5. Para que su código se lea mejor más tarde, cree el siguiente método para añadir el mensaje especificado en una nueva línea para la clase `Form1`:

```
private void Write( string message )
{
  this.txtStatus.Text += message + "\r\n";
}
```

6. Escriba el siguiente código para usar el nuevo método `Write` y mostrar los mensajes de estado cuando la aplicación se inicie y cuando se esté ejecutando el controlador de evento. Este código también cambia el cursor del ratón para indicar que la aplicación está ocupada.

```
public Form1()
{
  InitializeComponent();
  Write( "Ready." );
}

private void btnStart_Click( object sender, EventArgs e )
{
  this.Cursor = Cursors.WaitCursor;
  Write( "Click event handler started." );
  // TODO: Aquí se incluye el trabajo real...
  Write( "Click event handler ended." );
  this.Cursor = Cursors.Default;
}
```

7. Compile e inicie la aplicación para comprobar si los mensajes se muestran al hacer clic en el botón **Start**, como puede ver en la figura 5.15.
8. Escriba el siguiente código para crear el método `DoWork` después del método `btnStart_Click` que ejecuta la operación de larga duración. Este método descarga una página de Internet y devuelve su longitud.

```
private int DoWork()
{
  string result = new WebClient().DownloadString(
  "http://gyorgybalassy.wordpress.com" );
  return result.Length;
}
```

Para compilar este código tiene que añadir la siguiente directiva `using` en la parte superior del archivo:

```
using System.Net;
```

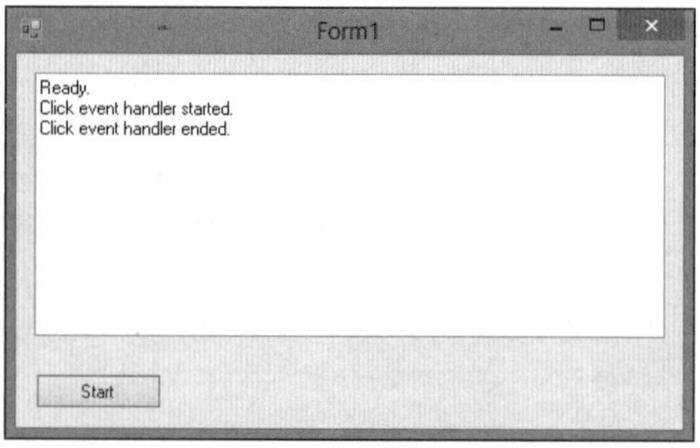

Figura 5.15. Mostrar los mensajes predeterminados.

9. Reemplace el comentario `TODO` introducido en el paso 6 en el controlador de evento `btnStart_Click` con las siguientes líneas de código, que abre la descarga y muestra los resultados:

```
int length = DoWork();
Write( "Download completed. Downloaded bytes: " + length.ToString() );
```

En este momento, su código debería ser como el siguiente:

```
using System;
using System.Net;
using System.Windows.Forms;

namespace WindowsFormsApplication1
  {
    public partial class Form1 : Form
    {
      public Form1()
    {
      InitializeComponent();
      Write( "Ready." );
    }
    private void btnStart_Click( object sender, EventArgs e )
    {
      this.Cursor = Cursors.WaitCursor;
      Write( "Click event handler started." );
      int length = DoWork();
      Write( "Download completed. Downloaded bytes: " + length.ToString() );
      Write( "Click event handler ended." );
      this.Cursor = Cursors.Default;
```

```
        }

        private int DoWork()
        {
            string result = new WebClient().DownloadString(
                "http://gyorgybalassy.wordpress.com" );
            return result.Length;
        }

        private void Write( string message )
        {
            this.txtStatus.Text += message + "\r\n";
        }
    }
}
```

10. Compile e inicie la aplicación. Haga clic en el botón **Start**, y observe que debe esperar unos 3 segundos antes de ver los mensajes mostrados en la figura 5.16.

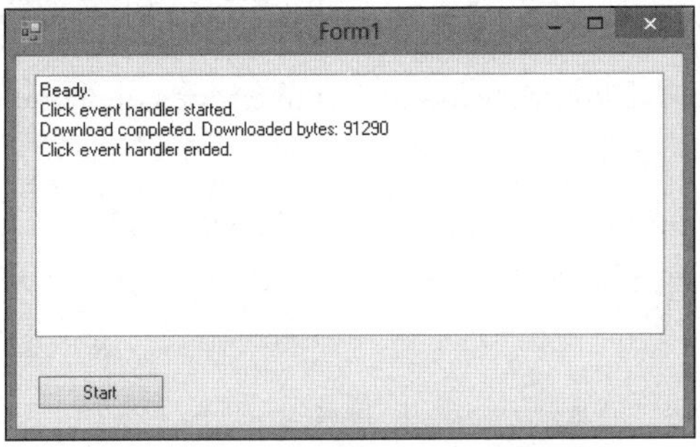

Figura 5.16. Ejecución sincrónica.

Cómo funciona

Este código demuestra una clásica implementación sincrónica de descarga de contenido desde una red.

El botón creado en la interfaz del usuario en el paso 2 se utiliza para iniciar la descarga y el cuadro de texto de varias líneas se utiliza para proporcionar un comentario para que sepa lo que está sucediendo.

El método `Write` creado en el paso 5 es un método de ayuda que simplifica la adición de nuevas líneas de mensajes al estado del cuadro de texto. La cadena "`\r\n`" en el método `Write` se hace cargo de la escritura de mensajes en líneas nuevas.

Cuando se inicia la aplicación, se muestra el mensaje `Ready` (Listo) y el programa queda a la espera de las acciones del usuario. Cuando este hace clic en el botón **Start**, se ejecuta el controlador de evento `btnStart_Click` creado en el paso 6, cambiando el cursor del ratón y mostrando el estado `Click event handler started` (Se ha iniciado el controlador del evento Click). Después, hay una llamada al método `DoWork` creado en el paso 8, que es la base de la aplicación ya que está ejecutando la operación de descarga utilizando el método `DownloadString` de la clase `WebClient`. Observe que este es un método sincrónico, que bloquea la ejecución hasta que se descarga completamente el contenido deseado desde Internet. Mientras este método está bloqueando el subproceso, la aplicación no puede procesar otros eventos de la UI y la ventana deja de responder.

Para simplificar el ejemplo, desde el método `DoWork` solo se devuelve la longitud del texto descargado y después se muestra mediante el resto del controlador del evento `Click`.

El código resultante de este ejercicio es completamente sincrónico y la llamada a `DownloadString` bloquea al subproceso hasta que el contenido se descargue completamente. Como la llamada está en el subproceso de la UI, la aplicación deja de responder. Observe que no puede siquiera mover o cerrar la ventana durante la descarga.

En el siguiente ejercicio aprenderá a resolver el problema.

Ejercicio: Utilizar devoluciones de llamada asíncronas

Para resolver el bloqueo del subproceso con devoluciones de llamada asíncronas, siga estos pasos:

1. Para utilizar la versión asíncrona del método `DownloadString` va a usar el código final del ejercicio anterior. Reemplace el método `DoWork` del paso 8 del ejercicio anterior con los siguientes dos métodos:

```
private void DoWork()
{
  Write( "DoWork started." );

  WebClient wc = new WebClient();
  wc.DownloadStringCompleted += OnDownloadCompleted;
  wc.DownloadStringAsync( new Uri( "http://gyorgybalassy.wordpress.com" ) );

  Write( "DoWork ended." );
}
private void OnDownloadCompleted( object sender,
  DownloadStringCompletedEventArgs e )
{
  Write( "Download completed. Downloaded bytes: " + e.Result.Length.ToString()
);
}
```

   En este caso, primero debe suscribir el evento `DownloadStringCompleted` de la instancia `WebClient` con el controlador de evento `OnDownloadCompleted` y después iniciar la descarga de forma asíncrona.

2. Como en este caso la devolución de llamada es la responsable de mostrar la longitud del resultado en la UI, simplifique la llamada del método en el controlador de evento `btnStart_Click` como sigue:

```
DoWork();
```

En este punto su código debería ser como el siguiente:

```
using System;
using System.Net;
using System.Windows.Forms;

namespace WindowsFormsApplication1
  {
      public partial class Form1 : Form
      {
         public Form1()
         {
            InitializeComponent();
            Write( "Ready." );
         }

      private void btnStart_Click( object sender, EventArgs e )
      {
         this.Cursor = Cursors.WaitCursor;
         Write( "Click event handler started." );
         DoWork();
         Write( "Click event handler ended." );
         this.Cursor = Cursors.Default;
      }

      private void DoWork()
      {
         Write( "DoWork started." );
         WebClient wc = new WebClient();
         wc.DownloadStringCompleted += OnDownloadCompleted;
         wc.DownloadStringAsync( new Uri("http://gyorgybalassy.wordpress.com" ) );
         Write( "DoWork ended." );
      }

      private void OnDownloadCompleted( object sender,
         DownloadStringCompletedEventArgs e )
      {
         Write( "Download completed. Downloaded bytes: " +
            e.Result.Length.ToString() );
      }

      private void Write( string message )
      {
         this.txtStatus.Text += message + "\r\n";
      }
   }
}
```

3. Compile y pruebe su aplicación. Observe que ahora puede ver el cursor de espera del ratón y los mensajes `started` y `ended` se muestran casi instantáneamente. La aplicación sigue respondiendo a pesar del hecho de que se muestra el mensaje de resultado `Download completed` unos segundos después, como puede ver en la figura 5.17.

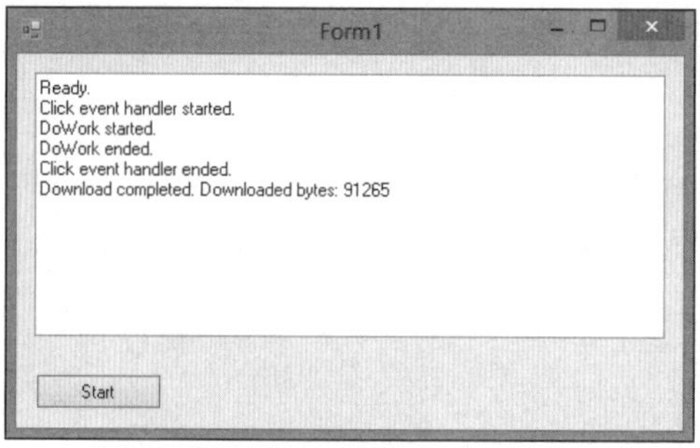

Figura 5.17. Ejecución asíncrona.

Cómo funciona

El método `DownloadStringAsync` introducido en el paso 1 inicia la descarga en un subproceso de segundo plano y después vuelve inmediatamente. Como no bloquea el subproceso de la UI, se pueden ejecutar el método `DoWork` restante y el controlador de evento del botón. Como este vuelve rápidamente, el bucle del mensaje de la aplicación puede continuar y puede responder a otros mensajes de la UI. El método `OnDownloadCompleted` introducido en el paso 1 es un método de devolución de llamada que se invoca cuando el objeto `WebClient` ha descargado completamente el contenido de la URL. Pero, antes de que se inicie la descarga asíncrona, primero tiene que especificar el método que sirve como devolución de llamada y para ello tiene que suscribir el evento `DownloadStringCompleted` en la siguiente línea:

```
wc.DownloadStringCompleted += OnDownloadCompleted;
```

Cuando se llama al método de devolución de llamada `OnDownloadCompleted`, obtiene el resultado de la descarga en la propiedad `Result` del parámetro `e`, cuya longitud se muestra posteriormente en la UI utilizando el método `Write`.

El problema de esta solución es que su código no refleja el flujo de control. Su acción de clic activa un controlador de evento que llama a un método y después tanto el método como el controlador vuelven. Sin embargo, el trabajo todavía no está terminado ya que, en algún momento, la devolución de llamada finalizará mostrando los resultados al usuario.

Antes de seguir leyendo, párese a pensar en cómo cambiaría su código si tuviese que descargar contenido de otra URL si la primera descarga falla o el resultado es demasiado pequeño. Sí, probablemente necesite otra devolución de llamada.

Ejercicio: Trabajar con las nuevas palabras clave asíncronas en C#

Para utilizar las nuevas palabras clave `async` y `await` en C#, siga estos pasos:

1. Localice el método `DoWork` introducido en el ejercicio anterior y reemplácelo con el siguiente código que utiliza las nuevas palabras clave `async` y `await`:

```
private async void DoWork()
{
  Write( "DoWork started." );

  WebClient wc = new WebClient();
  string result = await wc.DownloadStringTaskAsync(
     new Uri( "http://gyorgybalassy.wordpress.com" ) );
  Write( "Download completed. Downloaded bytes: " + result.Length.ToString() );

  Write( "DoWork ended." );
}
```

Nota: Tenga en cuenta que si utiliza Visual Studio Async CTP con Visual Studio 2010, tendrá que añadir una referencia al archivo `AsyncCTPLibrary.dll` o su código no se compilará. Para añadir una referencia, haga clic con el botón derecho del botón sobre References (Referencias) en el Explorador de soluciones y después haga clic en Agregar referencia para abrir el cuadro de diálogo Administrador de referencias. Haga clic en el botón **Examinar** y seleccione `AsyncCTPLibrary.dll` de la carpeta donde haya instalado anteriormente Visual Studio Async Community Technology Preview.

2. Cree y pruebe la aplicación. Debería ver el resultado mostrado en la figura 5.18.

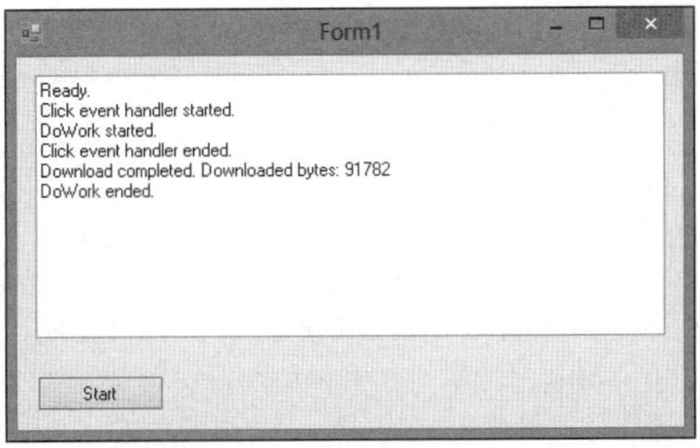

Figura 5.18. Flujo de control con un método asíncrono.

3. Para simplificar aún más su código, puede incluso convertir el controlador de evento `btnStart_Click` creado en el ejercicio anterior en un método asíncrono utilizando las palabras clave `async` y `await` en él.

```
private async void btnStart_Click( object
sender, EventArgs e )
{
  this.Cursor = Cursors.WaitCursor;
  Write( "Click event handler started." );

  WebClient wc = new WebClient();
  string result = await wc.DownloadStringTaskAsync(
     new Uri( "http://gyorgybalassy.wordpress.com" ) );
  Write( "Download completed. Downloaded bytes: " + result.Length.ToString() );
```

```
    Write( "Click event handler ended." );
    this.Cursor = Cursors.Default;
}
```

4. Con la nueva sintaxis es muy fácil examinar los resultados y añadir una descarga alternativa a su código, algo que puede hacer igual que haría con el código sincrónico, justo después de la descarga anterior, como se muestra en el siguiente código:

```
private async void btnStart_Click( object sender, EventArgs e )
{
    this.Cursor = Cursors.WaitCursor;
    Write( "Click event handler started." );

    WebClient wc = new WebClient();
    string result = await wc.DownloadStringTaskAsync(
        new Uri( "http://gyorgybalassy.wordpress.com" ) );
    if( result.Length < 100000 )
{
    Write( "The result is too small, download started from second URL." );
    result = await wc.DownloadStringTaskAsync(
        new Uri( "https://www.facebook.com/balassy" ) );
}
    Write( "Download completed. Downloaded bytes: " + result.Length.ToString() );

    Write( "Click event handler ended." );
    this.Cursor = Cursors.Default;
}
```

Cómo funciona

Tras modificar la aplicación en el paso 1 y crearla y probarla en el paso 2, puede ver a partir del resultado mostrado en la figura 5.18 que el flujo de control es totalmente diferente. Se ha iniciado el método `DoWork`, pero cuando la ejecución llega al método en espera, se devuelve el control a la llamada y se completa el controlador de evento. Cuando el método en espera está preparado para devolver su resultado, la ejecución continúa con el resto del método asíncrono. El código parece sincrónico porque la magia de las devoluciones de llamada la ejecuta el compilador. En el paso 3 aprendió a apartar el método `DoWork` manteniendo el mismo comportamiento, como muestra la figura 5.19.

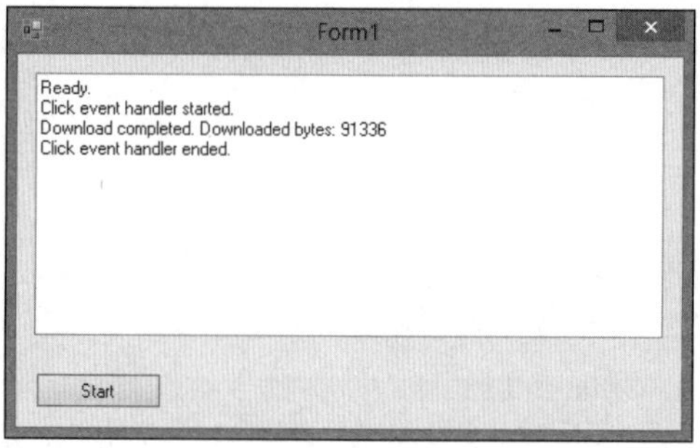

Figura 5.19. Flujo de control con un controlador de evento asíncrono.

Ahora que ya está familiarizado con las nuevas palabras clave disponibles en C# 5.0, vamos a echar un vistazo a cómo implementar la cancelación en C# 5.0.

Ejercicio: Implementar la cancelación en C# 5.0

Para cancelar una operación asíncrona de larga duración con C# 5.0, siga estos pasos:

1. Para admitir la cancelación en la UI, coloque un control Button en el formulario Form1 desde el Cuadro de herramientas. Escriba **btnCancel** en la propiedad Name y **Cancel** en la propiedad Text. Haga doble clic en el botón **Cancel** (Cancelar) en el diseñador para generar un método controlador de evento `btnCancel_Click` vacío.
2. El patrón preferido para implementar la cancelación se basa en un objeto ligero denominado indicador de cancelación. Escriba el siguiente código para añadir un objeto `CancellationTokenSource` a la clase `Form1` que va a utilizar posteriormente para señalar la cancelación en la operación de larga duración:

```
private CancellationTokenSource cts;
```

3. Ahora puede implementar el controlador de evento del botón **Cancel** generado en el paso 1 para señalar la cancelación mediante la introducción del siguiente código:

```
private void btnCancel_Click( object sender, EventArgs e )
{
  Write( "Cancellation started." );
  this.cts.Cancel();
  Write( "Cancellation ended." );
}
```

4. En el ejercicio anterior ya utilizó el método `DownloadStringTaskAsync` en el controlador de evento `btnStart_Click`. Este método admite la cancelación si le suministra un indicador de cancelación en su segundo parámetro:

```
cts = new CancellationTokenSource();
WebClient wc = new WebClient();
string result = await wc.DownloadStringTaskAsync(
  new Uri( "http://gyorgybalassy.wordpress.com" ), cts.Token );
```

En este momento, su código debería ser como el siguiente:

```
using System;
using System.Net;
using System.Windows.Forms;

namespace WindowsFormsApplication1
{
  public partial class Form1 : Form
  {
    private CancellationTokenSource cts;

    public Form1()
    {
      InitializeComponent();
      Write( "Ready." );
```

```
        }

        private async void btnStart_Click( object sender, EventArgs e )
        {
            this.Cursor = Cursors.WaitCursor;
            Write( "Click event handler started." );

            cts = new CancellationTokenSource();
            WebClient wc = new WebClient();
            string result = await wc.DownloadStringTaskAsync(
                new Uri( "http://gyorgybalassy.wordpress.com" ), cts.Token ) ;
            if( result.Length < 100000 )
            {
                Write( "The result is too small, download started from second URL." );
                result = await wc.DownloadStringTaskAsync(
                    new Uri( "https://www.facebook.com/balassy" ) ) ;
            }
            Write( "Download completed. Downloaded bytes: " + result.Length.ToString() );

            Write( "Click event handler ended." );
            this.Cursor = Cursors.Default;
            }

        private void btnCancel_Click( object sender, EventArgs e )
        {
            Write( "Cancellation started." );
            this.cts.Cancel();
            Write( "Cancellation ended." );
        }

        private void Write( string message )
        {
            this.txtStatus.Text += message + "\r\n";
        }
    }
}
```

5. Compile y pruebe su aplicación empezando a cancelar inmediatamente la descarga. Observe que se lanza la excepción mostrada en la figura 5.20.

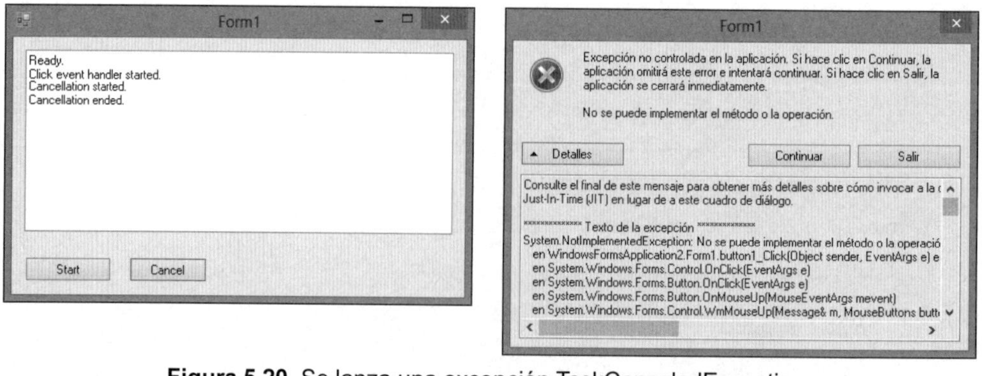

Figura 5.20. Se lanza una excepción TaskCanceledException.

6. Para que su código sea seguro, debe envolver el método en espera dentro del controlador de evento `btnStart_Click` en un bloque `try-catch block`:

```
try
{
   string result = await wc.DownloadStringTaskAsync(
      new Uri( "http://gyorgybalassy.wordpress.com" ), cts.Token );
   Write( "Download completed. Downloaded bytes: " + result.Length.ToString() );
}
catch( TaskCanceledException )
{
   Write( "Download cancelled." );
}
```

7. Ejecute este código y advierta que la descarga se cancela sin problemas.

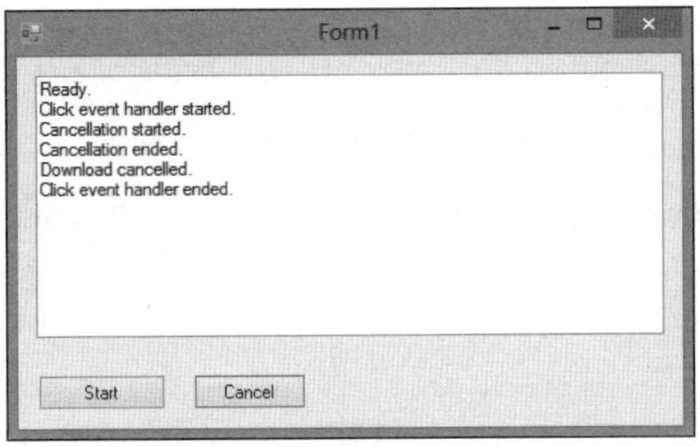

Figura 5.21. Descarga con cancelación.

8. Puede usar el mecanismo de cancelación incluso para implementar un tiempo de espera. Para ello, tiene que llamar al método `CancelAfter` de `CancellationTokenSource` antes de que se active la operación asíncrona con la llamada al método `DownloadStringTaskAsync` dentro del bloque `try` creado en el paso 6:

```
cts = new CancellationTokenSource();

WebClient wc = new WebClient();
try
{
   cts.CancelAfter( 100 );
   string result = await wc.DownloadStringTaskAsync(
      new Uri( "http://gyorgybalassy.wordpress.com" ), cts.Token );
   Write( "Download completed. Downloaded bytes: " + result.Length.ToString() );
}
catch( TaskCanceledException ex )
{
   Write( "Download cancelled." );
}
```

Cómo funciona

El `CancellationTokenSource` creado en el paso 2 es la forma estándar de implementar la cancelación en .NET. Cuando el evento controlador del botón **Cancel** creado en el paso 3 llama al método `Cancel` de `CancellationTokenSource`, establece un indicador interno que le dice a esa tarea asíncrona que se ha solicitado una cancelación. Para asociar la instancia actual del indicador de cancelación con el método asíncrono actual, se pasa como parámetro del método `DownloadStringTaskAsync` en el paso 4.

Internamente, el método `DownloadStringTaskAsync` comprueba de forma periódica el indicador y si se ha solicitado una cancelación, aborta la descarga. Por alguna razón, los creadores de .NET Framework decidieron que la cancelación fuese una operación excepcional. Por tanto, siempre lanza una `TaskCanceledException`, algo que se puede controlar con el bloque `try-catch` creado en el paso 6. Sin este envolvente, la excepción haría detenerse a la aplicación.

En el paso 8, utilizó el objeto `CancellationTokenSource` para implementar tiempos de espera. Internamente, este código inicializa un objeto `System.Threading.Timer` con el tiempo de espera especificado. Cuando se activa el cronómetro, llama al método `Cancel` del objeto `CancellationTokenSource`. Como este es en realidad una cancelación, se lanza la misma excepción `TaskCanceledException` y tiene que deducir si se ha producido una cancelación de tiempo de espera o una cancelación iniciada por el usuario.

Hasta el momento ha aprendido a crear aplicaciones cómodas para el usuario con una lógica asíncrona. En la siguiente sección aplicará estos conocimientos para Windows 8 y Windows Runtime.

Desarrollo asíncrono en Windows Runtime

En Windows 8, Windows Runtime le dio a Microsoft la oportunidad de rediseñar completamente las interfaces de programación de la aplicación (API, *Application Programming Interfaces*) de Windows. Ahora se repite la misma historia ya que lo mismo ha sucedido cuando Microsoft empezó a trabajar con .NET Framework hace ya más de diez años. En ese momento, uno de los objetivos originales era crear una API avanzada y orientada a objetos en la parte superior de las funciones de bajo nivel de Win32, a la que se puede acceder fácilmente desde cualquier lenguaje .NET. Este objetivo se alcanzó. Sin embargo, los retos han cambiado recientemente.

Tal como ha aprendido anteriormente en el capítulo, la programación asíncrona se ha hecho cada vez más importante durante la evolución de las UI interactivas. La arquitectura .NET Framework se adapta continuamente a este nuevo reto proporcionando métodos cada vez más nuevos para admitir la solución asíncrona. Aunque los arquitectos de .NET Framework en Microsoft se esfuerzan en ofrecer una sintaxis cada vez más simple para la creación de lógica asíncrona, los desarrolladores de .NET siguen igual. Microsoft se ha dado cuenta de que si a un desarrollador se le da la oportunidad de tener una API sincrónica versus una asíncrona, la mayoría de ellos elegirán la sincrónica debido a su simplicidad. Incluso si existe una sintaxis limpia para los métodos asíncronos, la lógica sincrónica es más fácil de aprender.

Microsoft tuvo esto en cuenta cuando diseñó Windows Runtime, y siguió una regla simple: si se espera que una API se ejecute a más de 50 milésimas de segundo, la API es asíncrona. Esto significa que no hay forma de llamarla de forma sincrónica. Tiene que seguir la ruta asíncrona, le guste o no. La idea que se esconde detrás de esta seria decisión es asegurar que las aplicaciones estilo Windows 8 respondan siempre a la entrada del usuario y no estropeen la interacción del mismo.

> **Nota:** En Windows Runtime encontrará solo API asíncronas, especialmente al realizar una operación del sistema de archivos o de la red. Según Microsoft, cerca del 15 por ciento de Windows Runtime es una API solo asíncrona. Si ya ha desarrollado en Silverlight o Windows Phone, casi no lo advertirá ya que dichas plataformas siguen unas reglas similares para el acceso a la red.

En el siguiente ejercicio aprenderá a utilizar el nuevo cuadro de diálogo para abrir archivos de forma asíncrona denominado Selector de archivos.

Ejercicio: Utilizar un selector de archivos

Antes de empezar este ejercicio, asegúrese de tener imágenes de archivo JPG en su carpeta Mis imágenes. Puede copiar algunas desde `C:\Windows\Web\Wallpaper` para que su aplicación pueda seleccionarlas.

Para probar un nuevo selector de archivos, siga estos pasos:

1. Abra Visual Studio 2012 haciendo clic en su icono dentro de la pantalla Inicio.
2. Seleccione Archivo>Nuevo>Proyecto (o pulse **Control-Mayús-N**) para mostrar el cuadro de diálogo Nuevo proyecto.
3. Seleccione la categoría Tienda Windows del árbol en Instalado>Plantillas>Visual C# y seleccione el tipo de proyecto Aplicación vacía en el panel central, como puede ver en la figura 5.22.
4. Haga clic en **Aceptar**. Visual Studio crea una estructura de proyecto vacía y abre el archivo principal `App.xaml.cs` en el editor de código.
5. Abra la ventana Explorador de soluciones haciendo clic en Ver>Explorador de soluciones (o pulsando **Control-Alt-L**).
6. Haga doble clic en el archivo Main Page.xaml para abrirlo en el diseñador. Advierta la notificación en la mitad del panel de diseño indicando que el diseñador se sigue cargando. Tenga paciencia mientras se carga completamente para ver la imagen de la UI de su aplicación.
7. Abra el Cuadro de herramientas seleccionando Ver>Cuadro de herramientas (o pulsando **Control-Alt-X**).
8. Abra la sección Controles de XAML comunes en el Cuadro de herramientas y después arrastre un control **Button** y colóquelo en la superficie de diseño.

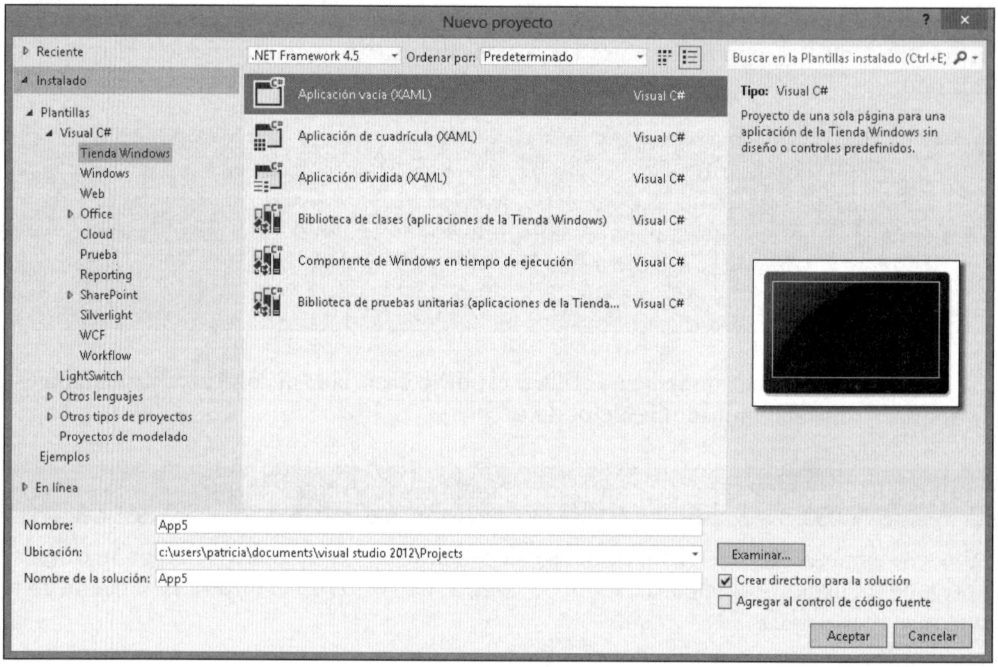

Figura 5.22. Cuadro de diálogo Nuevo proyecto.

9. Haga doble clic en el botón en la superficie de diseño para generar el método controlador de evento que se llama cuando el usuario hace clic en el botón. Visual Studio cambia a la vista de código en el archivo `Main Page.xaml.cs` y puede ver el controlador de evento `Button_Click_1` recién generado.

10. Desplácese a la parte superior del archivo y añada las siguientes declaraciones:

```
using Windows.Storage;
using Windows.Storage.Pickers;
using Windows.UI.Popups;
```

11. Desplácese hacia abajo al método `Button_Click_1` y añada el modificador `async` a su firma. Después, añada las siguientes líneas de código en el cuerpo del método:

```
FileOpenPicker picker = new FileOpenPicker
{
  ViewMode = PickerViewMode.Thumbnail,
  SuggestedStartLocation = PickerLocationId.PicturesLibrary,
};
picker.FileTypeFilter.Add(".jpg");
StorageFile file = await picker.PickSingleFileAsync();
MessageDialog dlg = new MessageDialog(
  "Selected: " + file.Path, "Selection completed");
await dlg.ShowAsync();
```

En este momento su método debería ser como el siguiente:

```
private async void Button_Click_1(object sender, RoutedEventArgs e)
{

   FileOpenPicker picker = new FileOpenPicker
   {
      ViewMode = PickerViewMode.Thumbnail,
      SuggestedStartLocation = PickerLocationId.PicturesLibrary,
   };
   picker.FileTypeFilter.Add(".jpg");
   StorageFile file = await picker.PickSingleFileAsync ();
   MessageDialog dlg = new MessageDialog(
      "Selected: " + file.Path, "Selection completed");
   await dlg.ShowAsync();
}
```

12. Inicie la aplicación haciendo clic en Depurar>Iniciar sin depurar. Visual Studio compila e inicia la aplicación.

13. Haga clic en el único botón de su aplicación para abrir el selector de archivos. Seleccione cualquier archivo de imagen y después haga clic en el botón **Abrir**. El selector de archivos se cierra y se muestra la ruta de acceso completa del archivo seleccionado en un cuadro de diálogo emergente.

Cómo funciona

En este ejercicio ha creado una aplicación estilo Windows 8 que permite al usuario seleccionar un archivo de imagen desde su carpeta Mis imágenes.

En los pasos 8 y 9, ha añadido un control de botón en la página principal de su aplicación y ha generado el método al que llama Windows cuando el usuario hace clic en el botón.

Puede utilizar la clase `Windows.Storage.Pickers.FileOpenPicker` para mostrar el archivo de selección de archivos estilo Windows 8 en la UI del usuario. Como su espacio de nombre no está incluido en el archivo fuente de forma predeterminada, en el paso 10 lo ha añadido. En este paso, también ha añadido otros dos espacios de nombre utilizados en su código.

En el paso 11 ha añadido el código que primero muestra el selector de archivos y después la ruta de acceso completa en un cuadro de diálogo emergente. En las primeras dos declaraciones, ha configurado el inicio del selector en la carpeta Mis imágenes del usuario, mostrando sólo los archivos JPEG y sus miniaturas.

El método `PickSingleFileAsync` muestra el selector de archivos. Observe cómo termina con `Async`, lo que significa que se trata de un método asíncrono. Por consiguiente, tiene que añadir la palabra clave `await` antes de la llamada y la palabra clave `async` en la firma de la función de alojamiento.

El resultado de la operación es un objeto `Windows.Storage.StorageFile` que describe el archivo seleccionado. Su propiedad `Path` contiene la ruta de acceso completa del archivo seleccionado y esa es la razón de que emerja un cuadro de diálogo.

Puede utilizar la clase `Windows.UI.Popups.MessageDialog` para mostrar un nuevo cuadro de diálogo emergente estilo Windows 8 al usuario. Observe que el método `ShowAsync` utilizado para conseguirlo también es asíncrono, razón por la que tiene que utilizar antes la palabra clave `await`.

El valor devuelto del método `PickSingleFileAsync` es un tipo `PickSingleFileOperation` que implementa la interfaz `IAsyncOperation<StorageFile>`. Esta interfaz es una de las más importantes en Windows Runtime ya que es el estándar de las API asíncronas y la va a utilizar con mucha frecuencia.

Anteriormente en el capítulo analizamos los tipos `Task` y `Task<T>` de .NET Framework, que hacen referencia a un valor que se va a entregar en algún momento futuro. Windows Runtime y .NET están estrechamente ligados, pero Windows Runtime no es igual que .NET Framework, y sus opciones tienen que estar disponibles también para otros lenguajes que no puedan acceder a .NET Framework (como JavaScript).

Para separar las diferencias, Windows Runtime proporciona su propio tipo de futuro en la forma de la interfaz `IAsyncOperation`. Todas las API asíncronas en Windows Runtime devuelven un objeto `IAsyncOperation` o `IAsyncOperation<T>`, cuya propiedad `Completed` puede utilizar para establecer un método de devolución de llamada que se invoque cuando se completa la operación asíncrona, y utilizar su método `GetResults` para devolver el resultado en forma de un objeto de tipo `T`.

Si recuerda del ejercicio anterior, no había ningún `IAsyncOperation<StorageFile>` en el código. En su lugar, el método `PickSingleFileAsync` devolvía directamente un objeto `StorageFile`. Esta es parte de la magia de la palabra clave `await`. No solo se hace cargo de la ejecución asíncrona sino que además desenvuelve el resultado y devuelve el objeto sin empaquetar.

Como `IAsyncOperation` no se proporciona mediante .NET Framework sino mediante Windows Runtime, puede utilizar su poder incluso cuando escribe una aplicación estilo Windows 8 en JavaScript.

Promesas de programación asíncrona con JavaScript

Anteriormente mencionamos cómo Microsoft había incluido patrones de codificación asíncrona en sus tecnologías de desarrollo (en .NET Framework, C# y Windows Runtime). Sin embargo, Windows Runtime está abierto para los desarrolladores que tienen experiencia en la creación de aplicaciones Web y también admite JavaScript directamente. En esta sección va a aprender a aplicar patrones asíncronos en JavaScript utilizando un nuevo concepto denominado promesas (*promises*).

JavaScript es un lenguaje de un solo subproceso, lo que significa que no existen operaciones de larga duración o en espera bloqueando ese subproceso que hagan parecer que su aplicación se ha quedado congelada. No es ningún secreto que en el mundo Web la mayoría de esas operaciones de larga duración (generalmente las llamadas a la red) se implementan utilizando devoluciones de llamada. Sin embargo, tal como hemos comprobado en este capítulo, las devoluciones de llamada normalmente necesitan un código complicado que resulta difícil de mantener.

Windows Runtime implementa la propuesta Common JS Promises/A para resolver estos problemas. Una promesa es un objeto JavaScript que devuelve un valor en algún momento futuro, igual que las tareas en C#. Todas las API asíncronas de Windows Runtime expuestas a las aplicaciones estilo Windows 8 se envuelven en este tipo de objetos para que pueda trabajar con ellos de una forma natural en JavaScript.

El método más utilizado para un objeto de promesa es la función `then`, que acepta tres parámetros:

```
then( fulfilledHandler, errorHandler, progressHandler )
```

- En el parámetro `fulfilledHandler`, puede especificar que se llame a un método de devolución de llamada cuando se complete la promesa con éxito.
- En el parámetro `errorHandler`, puede especificar opcionalmente un método de devolución de llamada que se invoque cuando la promesa se complete con un error.
- En el parámetro `progressHandler`, puede especificar opcionalmente que se invoque a una devolución de llamada cuando el objeto promesa proporciona información en progreso. Tenga en cuenta que no todos los objetos de promesa pueden señalar el progreso.

> **Nota:** Puede aprender más sobre la propuesta Promises/A original en `http:/wiki.commonjs.org/wiki/Promises/A`.

Ahora que ya conoce los conceptos básicos de las promesas, vamos a utilizarlos. En el siguiente ejercicio va a crear una aplicación estilo Windows 8 en JavaScript que utilice las promesas de forma asíncrona para buscar contenido en Twitter.

Ejercicio: Crear un simple cliente Twitter con promesas de JavaScript

Para crear una aplicación estilo Windows 8 en JavaScript, siga estos pasos:

1. Abra Visual Studio 2012 haciendo clic en su icono en la pantalla Inicio.
2. Seleccione Archivo>Nuevo>Proyecto (o pulse **Control-Mayús-N**) para abrir el cuadro de diálogo Nuevo proyecto.
3. Seleccione Instalado>Plantillas>Otros lenguajes>JavaScript>Tienda Windows del árbol en el panel izquierdo y después seleccione el tipo de proyecto Aplicación vacía, como puede ver en la figura 5.23.
4. Haga clic en **Aceptar**. Visual Studio crea una estructura de proyecto vacía y abre el archivo principal `default.js` en el editor de código.

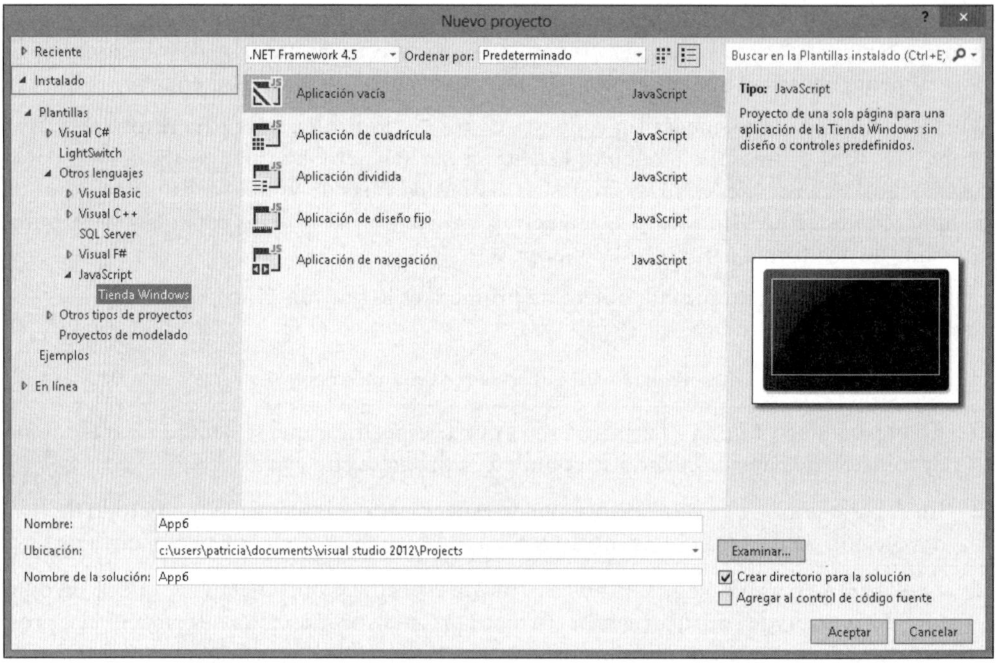

Figura 5.23. Cuadro de diálogo Nuevo proyecto para JavaScript.

5. Inicie la aplicación haciendo clic en Depurar>Iniciar sin depurar. Visual Studio compila y abre la aplicación y podrá comprobar cómo se ejecuta su primera aplicación estilo Windows 8 en JavaScript. En ella verá que la aplicación está realmente vacía y muestra solo el texto `Aquí debe incluir el contenido` en su superficie.

6. Salga de la aplicación pulsando Alt-F4 o utilizando el gesto de cerrar aplicación si está utilizando un dispositivo que admite gestos táctiles.

7. Vuelva a Visual Studio y abra la ventana Explorador de soluciones seleccionando Ver> Explorador de soluciones (o pulsando **Control-Alt-L**).

8. En el explorador podrá ver tres archivos principales para la aplicación:
   - ❑ El archivo default.html contiene el marcado que describe la interfaz de usuario de su aplicación.
   - ❑ El archivo default.css en la carpeta css define la apariencia de su aplicación.
   - ❑ El archivo default.js en la carpeta js contiene la lógica de su aplicación.

9. Haga doble clic en el archivo default.html para abrirlo en el editor de código. Busque las etiquetas `<body>` y `</body>` en el código y reemplace su contenido con el siguiente:

```
<p>Enter a keyword to search for on Twitter:</p>
<div>
  <input type="text" id="txtKeyword" value="Budapest" />
  <button id="btnSearch">Search</button>
```

```
</div>
<div id="divStatus">Ready.</div>
<div id="divResult"></div>
```

10. Haga doble clic en el archivo **default.css** que se encuentra dentro de la carpeta **css** en el **Explorador de soluciones** para abrirlo en el editor de código. Busque la sección `body{ }` en la parte superior del archivo y reemplácela con el siguiente contenido:

```
body { padding: 30px; }
#txtKeyword { width: 500px; }
#divStatus { padding: 10px; }
#divResult { padding: 10px; margin-top: 10px; line-height: 2em; }
```

11. Haga doble clic en el archivo **default.js** dentro de la carpeta **js** en el **Explorador de soluciones** para abrirlo en el editor de código. Busque el bloque dentro de la función de controlador de evento `app.onactivated` que contiene el comentario `Inicializar la aplicación aquí`. Añada el siguiente código al bloque:

```
var btnSearch = document.getElementById("btnSearch");
btnSearch.addEventListener("click", onSearchButtonClicked);
```

12. Añada el siguiente bloque de código de función al final del archivo **default.js**:

```
function onSearchButtonClicked(e) {
   var txtKeyword = document.getElementById("txtKeyword");
   var divStatus = document.getElementById("divStatus");
   var divResult = document.getElementById("divResult");

   var url = "http://search.twitter.com/search.json?q=" + txtKeyword.value;

   WinJS.xhr({ url: url })
      .then(
         function complete(result) {
            divStatus.style.backgroundColor = "lightGreen";
            divStatus.innerHTML = "Downloading " + result.response.length +
               " bytes completed. <br />";

         var hits = JSON.parse(result.responseText).results;

         for (var i = 0; i < hits.length; i++) {
            divResult.innerHTML += hits[i].text + "<br/>";
         }
      },

      function error(e) {
         divStatus.style.backgroundColor = "red";
         divStatus.innerHTML = "Houston, we have a problem!";
      },

      function progress(result) {
         divStatus.style.backgroundColor = "blue";
         divStatus.innerHTML = "Downloaded " + result.response.length +
            " bytes. <br />";
      }
   );
}
```

13. Inicie la aplicación haciendo clic en Depurar>Iniciar sin depurar (o pulse **F5**).
14. Escriba cualquier palabra clave (o acepte la predeterminada) y haga clic en el botón **Search** (Buscar). El resultado debería ser como el mostrado en la figura 5.24.

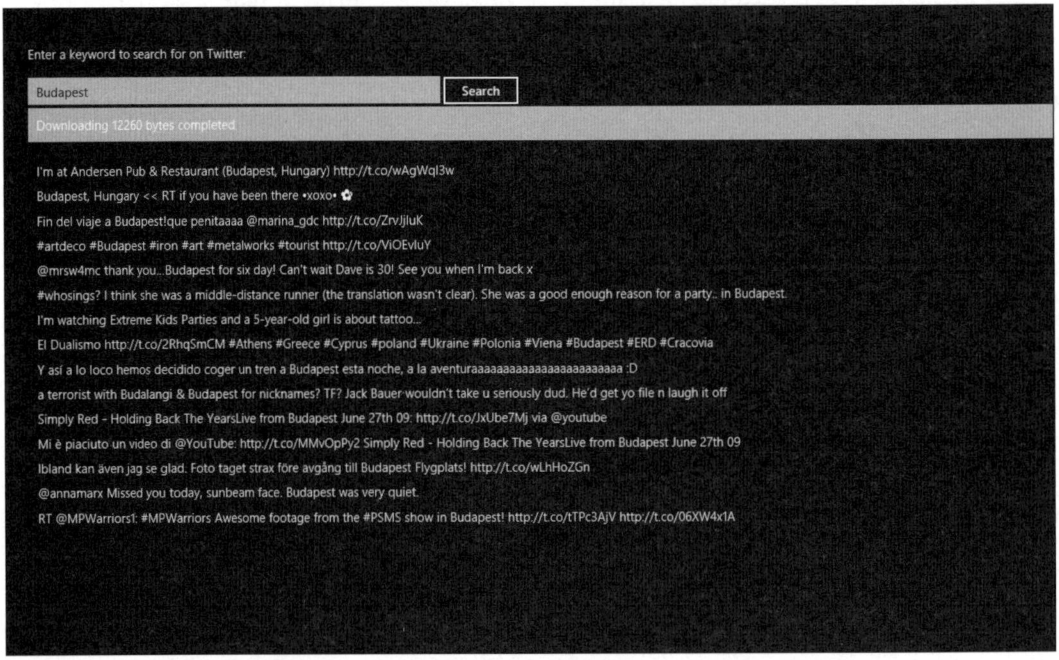

Figura 5.24. La aplicación de búsqueda de Twitter en acción.

Cómo funciona

Según la plantilla de proyecto seleccionada, Visual Studio ha generado una estructura vacía que contiene todo lo necesario para crear una aplicación estilo Windows 8 en JavaScript. Ha revisado el código de la plantilla generada en los pasos 7 y 8.

En el paso 9, ha creado una marca que describe la estructura de la página de su aplicación. Contiene dos controles de entrada, un campo de texto denominado `txtKeyword`, y un botón denominado `btnSearch`. La marca también contiene dos elementos `div` (`divStatus` y `divResult`) que actúan como marcadores de posición. Observe que el atributo id contiene los nombres de los elementos que puede utilizar para referirse a ellos en el código y en las hojas de estilo de su aplicación.

En el paso 10, ha utilizado las hojas de estilo en cascada (CSS, *Cascading Style Sheets*) para definir la apariencia de los elementos de su UI.

En los siguientes pasos ha añadido la lógica a su aplicación. En el paso 11 se ha suscrito al evento `click` del botón de búsqueda con el controlador de evento `onSearchButtonClicked`. Esta función se llama cuando el usuario hace clic en el botón **Search**. Ha añadido esta función de controlador de evento en el paso 12.

El controlador de evento `onSearchButtonClicked` añadido en el paso 12 envía una solicitud de búsqueda asíncrona a Twitter, y muestra los resultados. En las tres primeras líneas de la función, ha creado variables de acceso directo para los elementos de la UI. En la cuarta línea, ha creado la URL para la búsqueda en Twitter a partir de la palabra clave introducida por el usuario en el campo de entrada.

El método `WinJS.xhr` es una de las funciones más importantes cuando se crea una aplicación estilo Windows 8 en JavaScript, ya que le permite comunicarse de forma asíncrona por la red utilizando promesas. La función `WinJS.xhr` devuelve un objeto de promesa y puede llamarlo con el método `then` para especificar las devoluciones de llamada `complete`, `error` y `progress`. Estas devoluciones de llamada se especifican como tres parámetros de tipo de función para la función `then`. Observe que no tiene que denominar estas funciones; aquí utilizamos sus nombres para que el código sea más fácil de leer.

La primera devolución de llamada (`complete`) se invoca cuando se completa la descarga asíncrona. En las dos primeras líneas, se establece un color de fondo verde claro y un mensaje de estado para el usuario. Después se analizan sintácticamente los datos del texto devuelto por Twitter a un objeto `hits`, que es una matriz conteniendo los resultados coincidentes. Después, con el bucle `for`, ha recorrido los resultados y los ha añadido uno a uno al panel de resultados.

La segunda devolución de llamada (`error`) se invoca cuando la descarga se completa con un error. Si quiere probarla escriba un simple apóstrofo (') en el campo de entrada y haga clic en el botón **Search**. Este controlador de error muestra un mensaje de error sobre un fondo rojo.

La tercera devolución de llamada (`progress`) se invoca cuando la función `WinJS.xhr` informa sobre el progreso. Muestra el número de bytes descargados en el panel de estado con un fondo azul. En la mayoría de las redes, la descarga es realmente rápida porque tendrá que abrir mucho los ojos para verlo. Si parpadea, se lo perderá.

Si ha probado la aplicación sin utilizar el depurador (Depurar>Iniciar sin depurar), probablemente se haya dado cuenta de que a veces el botón **Search** no funciona. La causa es que el código de suscripción del evento no es perfecto, pero ahora que ha aprendido cómo funcionan las promesas, podrá solucionar este problema en el siguiente ejercicio.

Ejercicio: Utilizar promesas en la inicialización de la aplicación

Para optimizar el código de inicialización de la aplicación, siga estos pasos:

1. Abra el archivo default.js en el editor de código y elimine el siguiente fragmento introducido en el ejercicio anterior:

```
var btnSearch = document.getElementById("btnSearch");
btnSearch.addEventListener("click", onSearchButtonClicked);
```

2. Busque la línea de código que empieza por `args.setPromise` en la función `app.onactivated` y cámbiela con lo siguiente:

```
args.setPromise(WinJS.UI.processAll().then(function () {
  var btnSearch = document.getElementById("btnSearch");
  btnSearch.addEventListener("click", onSearchButtonClicked);
}));
```

3. Inicie la aplicación con el depurador utilizando el elemento del menú Depurar>Iniciar sin depurar (o pulsando **Control-F5**) y pruebe la aplicación.

Cómo funciona

La función `WinJS.UI.processAll` inicializa los elementos de la UI que ha definido en la marca HTML y devuelve una promesa que se rellena cuando la inicialización se ha completado con éxito. Con la función `then` puede asegurarse de que ha añadido un código que se suscribe al evento `click` event del botón **Search** sólo después de haberse inicializado la marca.

En los ejercicios anteriores ha llamado al método `then` como un procedimiento, sin utilizar su valor devuelto. Sin embargo, este valor es muy valioso porque la función `then` también devuelve una promesa que, evidentemente, tiene también una función `then` que devuelve otra promesa, y así sucesivamente. Esto le permite encadenar múltiples funciones `then` e incluso múltiples operaciones asíncronas de una forma muy natural.

En el ejercicio anterior ha creado una aplicación estilo Windows 8 que busca en Twitter. En el siguiente ejercicio va a crear múltiples operaciones asíncronas que deben ejecutarse en el siguiente orden:

1. Descargar los resultados de búsqueda desde Twitter.
2. Crear un archivo de resultados de destino.
3. Escribir los resultados en el archivo correspondiente.

Afortunadamente, Windows Runtime proporciona métodos asíncronos que devuelven promesas para conseguir este objetivo.

Ejercicio: Encadenar promesas

Para aprender a encadenar promesas, siga estos pasos:

1. Abra en Visual Studio el proyecto creado en el ejercicio anterior y abra el archivo default.js.
2. Busque la función `onSearchButtonClicked` y añada la siguiente línea en su parte superior:

```
var content;
```

3. Busque la función `complete` del método `then` y añada la siguiente línea al final:

```
content = result.responseText;
```

4. Elimine el punto y coma (`;`) del final del método `then` y reemplácelo con las siguientes líneas de código:

```
.then(
   function () {
      var folder = Windows.Storage.ApplicationData.current.temporaryFolder;
      return folder.createFileAsync("temp.txt",
         Windows.Storage.CreationCollisionOption.replaceExisting);
   }
)
.then(
   function (storageFile) {
      divStatus.innerHTML += "Saving the results to " + storageFile.path + "<br />";
   return Windows.Storage.FileIO.writeTextAsync(storageFile, content);
   }
)
.then(
   function () {
      divStatus.innerHTML += "Done.";
   }
);
```

En este momento, su función `onSearchButtonClicked` debería ser como la siguiente:

```
function onSearchButtonClicked(e) {
var content;
var txtKeyword = document.getElementById("txtKeyword");
var divStatus = document.getElementById("divStatus");
var divResult = document.getElementById("divResult");

var url = "http://search.twitter.com/search.json?q=" + txtKeyword.value;

WinJS.xhr({ url: url })
   .then (
      function complete(result) {
         divStatus.style.backgroundColor = "lightGreen";
         divStatus.innerHTML = "Downloading " + result.response.length +
            " bytes completed. <br />";
         var hits = JSON.parse(result.responseText).results;
         for (var i = 0; i < hits.length; i++) {
            divResult.innerHTML += hits[i].text + "<br/>";
         }

         content = result.responseText;
      },

      function error(e) {
         divStatus.style.backgroundColor = "red";
         divStatus.innerHTML = "Houston, we have a problem!";
      },

      function progress(result) {
         divStatus.style.backgroundColor = "blue";
         divStatus.innerHTML = "Downloaded " + result.response.length +
            " bytes. <br />";
      }
   )
   .then (
      function () {
         var folder = Windows.Storage.ApplicationData.current.temporaryFolder;
```

```
            return folder.createFileAsync("temp.txt",
              Windows.Storage.CreationCollisionOption.replaceExisting);
          }
        )
        .then (
          function (storageFile) {
            divStatus.innerHTML += "Saving the results to " + storageFile.path +
              "<br />";
            return Windows.Storage.FileIO.writeTextAsync(storageFile, content);
          }
        )
        .then (
          function () {
            divStatus.innerHTML += "Done.";
          }
        );
    }
```

5. Inicie la aplicación seleccionando Depurar>Iniciar sin depurar o pulsando **Control-F5** y busque cualquier palabra clave en Twitter. Observe cómo ahora no solo se muestran los resultados sino que además se guardan a un archivo cuya ruta de acceso se muestra en el panel de estado verde. Puede ver un ejemplo del resultado en la figura 5.25.

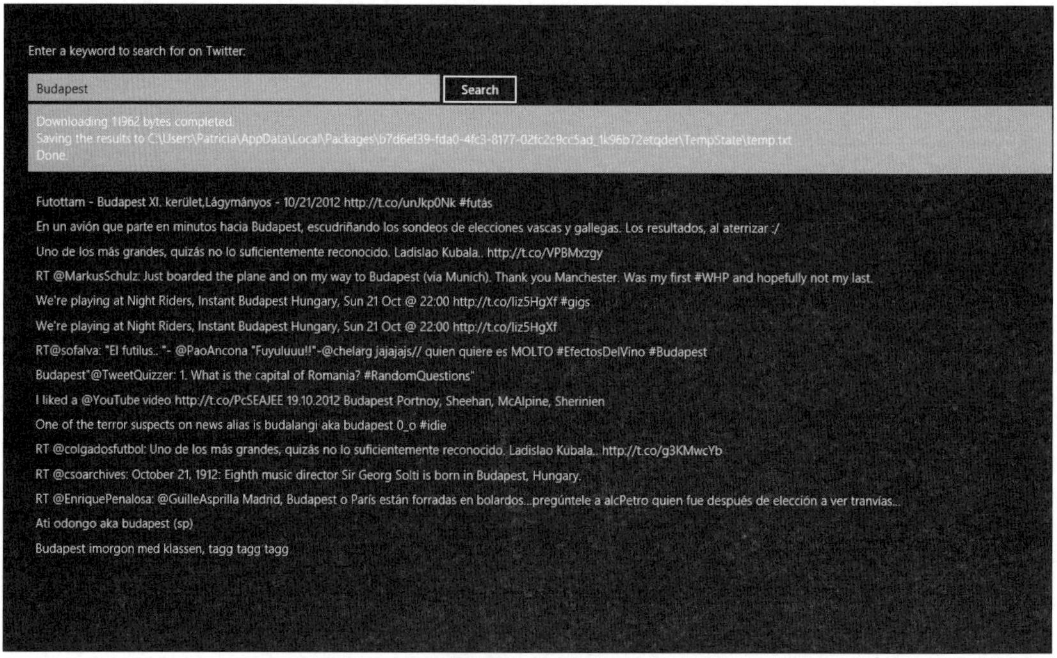

Figura 5.25. Guardar los resultados en la aplicación de búsqueda de Twitter.

6. Utilice el Explorador de archivos para ver la carpeta mostrada en el panel de estado verde y verifique el contenido en el archivo `temp.txt`.

Cómo funciona

En el paso 2 ha creado un contenido de variable local denominado `content` y en el paso 3 ha guardado el resultado devuelto desde Twitter en dicha variable. Este es el contenido que se escribe posteriormente en el archivo de resultados. En el paso 4 ha añadido tres nuevos bloques `then` al final de la cadena del proceso asíncrono. Observe que aunque la función `then` puede aceptar hasta tres parámetros, en este ejemplo solo ha definido el primero, al que se llama cuando se completa con éxito la promesa. Puede omitir el error y el controlador de progreso si no quiere utilizarlos.

En el primer bloque `then` ha utilizado la función `createFileAsync` de Windows Runtime para crear un archivo denominado `temp.txt` en la carpeta de archivos temporales de la aplicación. La función `createFileAsync` es asíncrona e igual que el resto de funciones asíncronas, devuelve un objeto de promesa.

El siguiente bloque `then` utiliza este objeto de promesa, que se rellenará cuando el archivo se cree con éxito. Con el archivo ya ubicado, ha utilizado la función `writeTextAsync` para guardar el contenido en él. La función `writeTextAsync` también es asíncrona y devuelve un objeto de promesa.

El último bloque `then` controla el evento `completed` de este objeto de promesa y muestra un simple mensaje cuando se ha completado con éxito todo el proceso.

Resumen

Windows 8 abre un nueva generación de aplicaciones optimizadas para responder a los retos de los entornos de ejecución actuales. Las aplicaciones modernas se ejecutan generalmente en un dispositivo de pantalla táctil y los usuarios que las utilizan esperan una interacción óptima.

El lenguaje de diseño de Windows 8 es la clave para ofrecer al usuario una gran interacción en sus dispositivos móviles, así como en sus equipos de escritorio. El nuevo concepto de diseño infográfico rompe el tradicional diseño iconográfico y se centra en el contenido en lugar de en el cromo que le rodea. Al seguir los principios de Windows 8, puede crear aplicaciones cómodas para el usuario que encajan perfectamente en Windows 8.

Para obtener la mejor interacción del usuario, necesita aplicaciones que sean rápidas y fluidas. En una época de grandes estructuras de datos y comunicaciones de red de alta latencia, no puede conseguir este objetivo con el clásico modelo de programación de un solo subproceso. Tiene que utilizar técnicas de la programación asíncrona y Windows Runtime le obliga a hacerlo proporcionando sólo unas API asíncronas para numerosas funciones.

Afortunadamente, los dos lenguajes de programación principales en Windows 8 (C# y JavaScript) son compatibles directamente con la programación asíncrona. En C# 5.0 tiene dos nuevas palabras clave (`async` y `await`) que puede utilizar para crear métodos asíncronos sin utilizar devoluciones de llamada y romper el flujo de control lineal en su código fuente. En JavaScript, puede utilizar las promesas para escribir una lógica asíncrona que es compleja pero fácil de leer y de mantener.

Ejercicios

1. ¿Cuál es el lenguaje de diseño de Windows 8?
2. ¿Cuál es el mejor tipo de aplicación para patrones de navegación planos y jerárquicos?
3. ¿Cuál es la diferencia entre el modelo de ejecución con subprocesos y el asíncrono?
4. ¿Cómo admite C# 5.0 la programación asíncrona?
5. ¿Qué son las promesas de JavaScript?

Nota: Las respuestas a los ejercicios se encuentran en el apéndice A del libro.

Qué ha aprendido en este capítulo

- **Estilo de diseño iconográfico:** Este estilo de diseño es un concepto que utiliza metáforas del mundo físico y presenta los objetos en el mundo digital con gráficos hiperrealistas.
- **Estilo de diseño infográfico:** Este estilo de diseño es un concepto que se centra en la información y en el contenido en lugar de en el marco que lo contiene.
- **Navegación plana:** Es un patrón de navegación en la que todas las páginas residen en el mismo nivel jerárquico.
- **Navegación jerárquica:** Es un patrón de navegación en el que las páginas de la aplicación se agrupan en múltiples secciones y niveles.
- **Subproceso:** El subproceso o hilo de ejecución es la unidad de ejecución más pequeña que puede programar el sistema operativo.
- **Modelo de programación asíncrona:** En este modelo de programación se ejecutan múltiples tareas en el mismo subproceso, pero las tareas de larga duración se dividen en unidades más pequeñas para asegurar que no bloquean el subproceso durante mucho tiempo.
- **Objeto Task:** Se trata de un objeto .NET que hace referencia a un valor que se va a entregar en un punto futuro en el tiempo.
- **async y await:** Son dos palabras clave nuevas en C# 5.0 que puede utilizar para crear métodos asíncronos.
- **IAsyncOperation<T>:** La interfaz `IAsyncOperation<T>` es el tipo futuro utilizado en Windows Runtime.
- **Promesa de JavaScript:** Es un objeto que sigue la propuesta Common JS Promises/A y que devuelve un valor en algún momento del futuro.

6

Creación de aplicaciones estilo Windows 8 con HTML5, CSS y JavaScript

En este capítulo aprenderá a:

- Conocer los elementos básicos del lenguaje de marcado de hipertexto, hojas de estilos en cascada y JavaScript.
- Acceder a Windows Runtime desde aplicaciones HTML5.
- Crear aplicaciones estilo Windows 8 con JavaScript.

Para desarrollar los ejemplos de este capítulo, puede optar por introducir manualmente el código o utilizar los archivos de código fuente que acompañan al libro.

Anteriormente en el libro ha aprendido que Windows 8 ofrece nuevas oportunidades a los desarrolladores Web. Tradicionalmente, estos podían utilizar sus tecnologías para crear sitios Web que contenían una lógica de programación ejecutándose en un servidor Web y una interfaz de usuario (UI, *User Interface*) a la que se podía acceder solo a través de un explorador Web. Windows 8 cambia este panorama permitiendo a los desarrolladores reutilizar sus conocimientos para crear aplicaciones que se ejecutan en el escritorio. Las tecnologías existentes anteriormente solo en los servidores Web y dentro de los exploradores Web ahora se utilizan para crear aplicaciones cliente muy funcionales.

Este capítulo ofrece una visión general de dichas tecnologías. Primero aprenderá a crear una página Web clásica y a diseñarla para posteriormente aprender a utilizar las mismas tecnologías para crear aplicaciones de escritorio completas en Windows 8.

Nota: Este capítulo contiene una breve introducción a HTML5, CSS y JavaScript. Si ya tiene experiencia con estas tecnologías, puede omitir la lectura de la introducción y entrar directamente en la sección Aplicaciones HTML5 en Windows Runtime de este capítulo.

HTML5 y CSS en la Web

Cuando Tim Berners-Lee inventó la World Wide Web, necesitó un lenguaje para describir el contenido decorado con imágenes, formateado arbitrariamente y que consistía de páginas conectadas entre sí. Como en 1989 no existía un lenguaje de este tipo, creó el Lenguaje de marcado de hipertexto (HTML, *HyperText Markup Language*), que se convirtió en el estándar para la creación de páginas Web.

En los últimos 20 años, HTML ha cambiado lenta pero constantemente para seguir los nuevos requerimientos de Internet. Hoy, la mayoría de los sitios Web se crean utilizando HTML4, pero desde que el World Wide Web Consortium (W3C) publicó el borrador de trabajo Working Draft de HTML5 en enero de 2008, cada vez más suministradores de exploradores han empezado a admitir las nuevas opciones, que abren el camino para que los creadores Web utilicen las ventanas de HTML5.

HTML se diseñó originalmente para describir el contenido estático de las páginas Web y actualmente es el propósito principal del lenguaje. Sin embargo, cuando se habla de HTML5, normalmente se hace dentro de un ámbito más amplio. Generalmente el término HTML5 se utiliza como un término que cubre más de 100 especificaciones utilizadas por los sitios Web de próxima generación. Estas tecnologías son estándares en desarrollo para admitir los nuevos requerimientos necesarios para reproducir multimedia, guardar datos, trabajar con archivos, acceder a las coordenadas geográficas del usuario, crear sitios Web que funcionen sin conexión en el explorador, etc.

En este capítulo, primero conocerá las mejoras del lenguaje HTML en su versión 5. Posteriormente aprenderá los estándares relacionados ya que muchos de ellos también se encuentran disponibles para las aplicaciones Windows 8.

Conocer las tecnologías HTML5

En su sentido más estricto, HTML5 es la próxima versión del estándar HTML que hereda la mayoría de sus opciones de HTML4, deja de utilizar algunas por ser obsoletas y las extiende con las nuevas. Como este lenguaje está formado de elementos HTML y sus atributos, esto significa básicamente que HTML5 añade nuevos elementos y atributos al lenguaje.

Estos nuevos elementos y atributos se pueden agrupar en las siguientes categorías:

- Elementos semánticos y estructurales.
- Elementos multimedia.
- Elementos y tipos de entrada en formularios.
- Dibujo.

Nuevos elementos semánticos y estructurales

Anteriormente, los desarrolladores Web usaban principalmente el elemento de contenedor `div` para envolver elementos simples en una sección más grande y así podían hacer referencia a ellos como un todo y aplicarles formato. Por ejemplo, los elementos `div` se utilizaban para crear encabezados, menús y pies de nota. Actualmente, el código de marcado de la mayoría de páginas Web tiene numerosos elementos `div` sin sentido incrustados entre sí, lo que hace que sea difícil de mantener.

HTML5 introduce nuevos elementos estructurales, como `header`, `nav`, `footer`, `figure`, `summary`, `aside`, etc. Estos nuevos elementos no solo ayudan a entender más fácilmente el marcado sino además, como proporcionan semántica al código, ayudan a los motores de búsqueda y a los lectores de pantalla a entender el propósito de una determinada sección de contenido.

Nuevos elementos de medios

Antes, si un desarrollador Web quería incrustar un archivo de vídeo o audio en una página Web, tenía que utilizar complementos de exploradores de terceros ya que no había una compatibilidad directa para multimedia en el explorador. Sin embargo, estos complementos plantean muchas preguntas relacionadas con su implantación, estabilidad y seguridad en el escritorio. Además, los complementos de explorador no están disponibles en la mayoría de dispositivos móviles, haciendo que el contenido multimedia no esté disponible en dichos dispositivos. Para resolver todos estos problemas, HTML5 introduce nuevos elementos de medios, como `audio`, `video`, `track`, etc. Con estos nuevos elementos, los exploradores pueden reproducir contenido multimedia de forma nativa sin requerir que el usuario instale ningún complemento de terceros.

Nuevos elementos y tipos de entrada en formularios

Los formularios forman parte del estándar HTML porque se utilizan para publicar datos en el servidor. Aunque algunas versiones anteriores de HTML admitían los formularios, dejaban toneladas de tareas repetitivas para los desarrolladores Web. Por ejemplo, si quería que sus usuarios introdujesen un número, una fecha, una dirección de correo electrónico o una URL en un formulario, lo único que podía proporcionarles era un cuadro de texto genérico y después tenía que validar las entadas introducidas y comprobar si eran números, fechas, direcciones de correo electrónico, etc. válidos.

Para facilitar la tarea, HTML5 introduce un nuevo tipo de entradas, como colores, fechas, horas, direcciones de correo electrónico, etc. Lo único que tiene que hacer es establecer su entrada en esos tipos y el explorador representará el campo de entrada apropiado (por ejemplo, un selector de fechas) y realizará también la validación apropiada de dicha entrada.

Dibujo

HTML5 introduce el nuevo elemento `canvas`, que se puede utilizar para dibujar gráficos en el momento a través de secuencias de comandos. Como los gráficos ya no tienen que codificarse en las páginas Web, se pueden adaptar a los dispositivos o al estado actual de la página e incluso pueden ser interactivos. Algunos exploradores admiten además la representación en hardware acelerado para `canvas`, lo que convierte a la Web en el entorno perfecto para aplicaciones y juegos con muchos gráficos.

Como puede comprobar, HTML5 extiende la versión anterior en diversas áreas. El tema común entre dichas áreas es que estas nuevas opciones pueden ayudarle a crear sitios Web modernos con un marcado muy limpio, menos codificación y sin complementos de explorador.

Primeros pasos con HTML

Antes de crear su primera página Web con HTML5, primero tiene que aprender la sintaxis básica de los elementos HTML. Si entiende la sintaxis, es mucho más fácil entender cómo funcionan sus páginas.

Una página HTML contiene elementos HTML. Un elemento HTML normalmente tiene contenido decorado con alguna marca. El siguiente es un elemento de ejemplo que reproduce el texto con una tipografía resultada:

```
<strong> Esto se imprimirá en negritas en la mayoría de exploradores. </strong>
```

La primera parte del elemento es la etiqueta de apertura, seguida por el contenido y, por último, con una etiqueta de cierre. Es muy importante conocer el hecho de que el conjunto de etiquetas se fijan a través del estándar HTML, por lo que no tiene que inventar etiquetas nuevas ya que los exploradores Web no las entenderán.

La etiqueta `strong` del ejemplo anterior le indica al explorador que reproduzca el contenido del elemento con un resaltado fuerte (en la mayoría de los exploradores significa letras en negritas). Las etiquetas se separan del contenido con paréntesis angulares (< >) y la etiqueta de cierre se diferencia de la de apertura por el carácter barra diagonal (/) después de su paréntesis angular de apertura.

Algunos elementos tienen contenido y debe marcarlos con etiquetas de cierre automático. Estas etiquetas son únicas y se muestran con una barra diagonal (/) antes del paréntesis angular de cierre. Por ejemplo, la siguiente etiqueta `br` le indica al explorador que reproduzca un salto de línea:

```
<br />
```

Algunos elementos requieren parámetros adicionales para poder funcionar. Por ejemplo, el elemento `img` reproduce una imagen, pero tiene que definir qué archivo de imagen debe mostrar. Puede utilizar los atributos HTML en esos elementos que esperan este tipo de configuración adicional. Los atributos son pares de nombre-valor que se definen dentro de la etiqueta de apertura. El siguiente ejemplo muestra cómo puede utilizar el atributo `src` de la etiqueta `img` para mostrar el archivo `budapest.png`:

```
<img src="budapest.png" />
```

Un solo elemento puede tener múltiples atributos separados por espacios en blanco. Por ejemplo, la etiqueta `img` puede tener también un atributo `alt` que puede contener el texto alternativo que se va a mostrar cuando la imagen no se pueda reproducir por alguna razón.

```
<img src="budapest.png" alt="A nice photo of Budapest, capital of Hungary." />
```

Lo siguiente que tiene que tener en cuenta con respecto a los elementos HTML es que no pueden estar superpuestos. Esto significa que puede incrustar un elemento en otro pero no puede incrustarlo parcialmente. El siguiente ejemplo utiliza correctamente el elemento `em` para enfatizar y el elemento `strong` para forzar aún más el énfasis. La mayoría de los exploradores reproducen el elemento `em` en itálicas y el elemento `strong` en negritas. En este ejemplo, la palabra `importante` estará en negritas y en itálicas.

```
<strong>Esto es <em>importante</em></strong>
```

Observe que el elemento `em` se encuentra completamente dentro del elemento `strong`. Sin embargo, si reordena las etiquetas de cierre, obtendrá un marcado incorrecto porque el elemento `strong` exterior se cierra antes que el elemento interior `em`, como puede ver a continuación:

```
<strong>Esto es <em>importante</strong></em>
```

Esto es lo que se denomina superposición. Tiene que evitarla (incluso aunque muchos exploradores Web la reproduzcan correctamente sin errores).

> **Nota:** Si quiere asegurarse de que su marcado es correcto, utilice el servicio de validación de marcado de W3C, Markup Validation Service, disponible en `http://validator.w3.org`.

Esta es la sintaxis básica del lenguaje HTML y puede utilizarla en el siguiente ejercicio para crear una página Web. Después, aprenderá a añadir un bonito diseño a la página.

Ejercicio: Crear una página Web con HTML5

Para crear una página Web de HTML, siga estos pasos:

1. Abra Visual Studio 2012 haciendo clic en su icono en la pantalla Inicio.
2. Seleccione Archivo>Nuevo>Sitio web (o pulse **Alt-Mayús-N**) para abrir el cuadro de diálogo Nuevo sitio web.

3. Seleccione Instalado>Plantillas>Visual C# del árbol del panel izquierdo y después seleccione el tipo de proyecto Sitio web vacío de ASP.NET del panel central.
4. Haga clic en **Aceptar** para que Visual Studio cree una estructura de proyecto vacía.
5. Abra la ventana Explorador de soluciones seleccionando el elemento de menú Ver>Explorador de soluciones o pulsando **Control-Alt-L**. En la ventana, haga clic con el botón derecho del ratón sobre WebSite1 y seleccione Agregar>Agregar nuevo elemento. En el cuadro de diálogo Agregar nuevo elemento, seleccione la plantilla Página HTML, escriba **default.html** en el cuadro de texto Nombre y haga clic en **Agregar**.
6. Visual Studio crea un nuevo archivo HTML con algún contenido predeterminado y lo abre en el editor. Busque las etiquetas `<title>` y `</title>` y reemplácelas con el siguiente código:

```
<title>My first webpage</title>
```

7. Busque las etiquetas <body> y </body> y añada el siguiente código entre ellas:

```
<h1>Hello World!</h1>

This is a link that opens the
<a href="http://wrox.com" target="_blank">Wrox homepage</a>
on a new browser window.

<h2>Text elements</h2>

<p>
  This is a paragraph with a line break and
  <br />
  some <strong>important</strong> information.

</p>

<h2>Lists</h2>

<section>
  <h3>Numbered list</h3>
  This is a numbered list of programming languages:
  <ol>
     <li>JavaScript</li>
     <li>C++</li>
     <li>C#</li>
  </ol>
</section>

<section>
  <h3>Bulleted list</h3>
  This is a bulleted list of colors:
  <ul>
     <li>red</li>
     <li>white</li>
     <li>green</li>
  </ul>
</section>
```

```
<h2>Form elements</h2>

<form>
  <label for="txtName">Name:</label>
  <input type="text" id="txtName" /> <br />

  <label for="txtEmail">E-mail:</label>
  <input type="email" id="txtEmail" /> <br />
  <label>Gender:</label>
  <label for="radFemale">Female</label>
  <input id="radFemale" name="gender" type="radio" />
  <label for="radMale">Male</label>
  <input id="radMale" name="gender" type="radio" />
  <br />

  <label for="selContinent">Continent:</label>
  <select id="selContinent">
     <option>Asia</option>
     <option>Africa</option>
     <option>North America</option>
     <option>South America</option>
     <option>Antarctica</option>
     <option selected="selected">Europe</option>
     <option>Australia</option>
  </select>
  <br />

  <label for="chkAccept">I accept the terms:</label>
  <input id="chkAccept" type="checkbox" />

     <br />
<button>Save</button>
</form>
```

8. Inicie la aplicación haciendo clic en Depurar>Iniciar sin depurar o pulsando **Control-F5**. Visual Studio abre el servidor Web de desarrollo con la página en su explorador web predeterminado. Los resultados debería parecerse a los mostrados en la figura 6.1

Cómo funciona

En este ejercicio ha creado una simple página Web que demuestra los elementos utilizados con más frecuencia en HTML.

En el paso 5 ha creado una estructura básica de una página HTML que contiene los elementos que aparecen en la mayoría de páginas Web.

La declaración `<!DOCTYPE html>` en la primera línea le indica al explorador que debe seguir el estándar de HTML5 cuando procese estas página.

Después de `DOCTYPE` está el elemento raíz `html`, que encierra a un elemento `head` y a un elemento `body`. Este incluye el contenido de la página y `head` contiene información adicional sobre la página para el explorador. En el paso 6 ha establecido el título de la página, que se muestra en la ficha del explorador que la reproduce.

Figura 6.1. Página Web básica sin ningún formato aplicado.

En el paso 7 ha añadido el marcado que define el contenido de la página. La primera línea contiene un elemento `h1` que reproduce el encabezado de nivel superior de la página. El marcado también contiene los elementos `h2` y `h3`, que son los responsables de mostrar los encabezados de segundo y tercer nivel, respectivamente.

Tras el encabezado de nivel superior, hay una frase que contiene una etiqueta `a` (anclaje) que transforma su contenido en un hipervínculo sobre el que se puede hacer clic. Observe que la frase se rompe en tres líneas en el código fuente, separadas por saltos de línea y múltiples espacios en blanco, pero se reproduce en una sola línea en el explorador. Esto es porque el formato del marcado no influye para nada en la página representada. Si quiere que el explorador haga algo, debe decírselo de forma explícita utilizando una etiqueta. Esa es la razón por la que existen tantas etiquetas `<br />` en el marcado que crean saltos de página.

Tras el encabezado de segundo nivel `Text elements`, hay una etiqueta `<p>` que define un párrafo, algo que proporciona una buena práctica para envolver un gran contenido.

Los elementos `ul` y `ol` definen una lista sin ordenar (con viñetas) y otra lista ordenada (numerada), respectivamente, que contienen elementos de lista definidos por los elementos `li`. Las dos listas con las correspondientes oraciones de introducción y los encabezados se envuelven en elementos `section`. Este elemento es una nueva etiqueta de HTML5 que puede utilizar para dividir su página en secciones más pequeñas, con o sin el cambio de la representación visual de su contenido.

El elemento `form` define un formulario que contiene elementos de entrada. El propio formulario no se utiliza necesariamente para recopilar datos del usuario, pero es una buena práctica utilizarlo de esta manera. Dentro del elemento `form`, los elementos `input` reproducen los cuadros de texto, los botones de opción y las casillas de verificación según el valor de su atributo `type`. El elemento `select` transforma sus subelementos `option` en una lista combinada en el explorador.

Observe las etiquetas `label` que contienen el texto para los elementos `input`. Las conexiones entre estos elementos se crean utilizando los atributos `for` e `id`. El atributo `for` del elemento `label` hace referencia al elemento de entrada `id` al que pertenece la etiqueta `label`. Si hace clic en el texto de la etiqueta en el explorador, se establece en foco en el elemento de entrada correspondiente. Al final del formulario hay un botón que no hace mucho en este momento. Más adelante escribirá un código en la parte del cliente para que reaccione a los clics del usuario.

En el ejercicio anterior ha creado una página Web mediante la definición de su contenido utilizando el marcado HTML. Como no ha definido cómo debe reproducirla el explorador, el contenido se muestra con un estilo predeterminado (algo modesto). En la siguiente sección aprenderá a personalizar el aspecto y percepción visual de sus páginas Web.

Aplicar estilo a las páginas con CSS

Originalmente, HTML era un estándar independiente en el sentido que se podía utilizar para definir la estructura del contenido así como la representación visual del mismo. Se podían utilizar elementos HTML como `big`, `center` y `color`, y atributos como `align`, `height` y `width` para definir cómo se iba a representar la página en el explorador. Puede seguir utilizando estos elementos y atributos en los sitios Web actuales pero se han eliminado de HTML5 por dos inconvenientes importantes:

- El uso de estos elementos y atributos hace que el código sea más complejo y difícil de leer. Otros elementos HTML definen la estructura y la semántica del contenido, pero estos elementos de presentación definen la representación visual del contenido. Mezclar el "qué" con el "cómo" ofrece como resultado una complejidad innecesaria.
- Cuando se utilizan estos elementos de presentación HTML, se está asociando el contenido con el diseño. El contenido y la definición de cómo mostrarlo en el explorador residen en el mismo archivo HTML y es muy difícil proporcionar una nueva apariencia a la página de forma independiente al contenido.

Estos dos inconvenientes apuntan a una dirección de separación de los elementos estructurales y semánticos del contenido en su representación visual. Dicha separación ofrece las siguientes ventajas:

- Separar el diseño del contenido ayuda a crear un código que se puede mantener mucho mejor. Un archivo aloja el contenido HTML y otro archivo contiene la semántica de la presentación.
- Puede cambiar fácilmente el contenido y la presentación visual de forma independiente. Los desarrolladores Web o administradores de contenido tienen que alterar sólo el archivo HTML, pero los diseñadores Web tienen que cambiar solo el archivo de diseño.
- Es mucho más fácil crear un diseño consistente debido a que puede añadir fácilmente el diseño a todas las páginas Web de su sitio Web.

Durante muchos años ha existido un estándar que ayuda con esta separación, denominada hoja de estilos en cascada (CSS, *Cascading Style Sheets*). Gracias a sus evidentes ventajas, durante muchos años los creadores Web han utilizado la tecnología CSS y ahora podemos utilizarla para definir el aspecto y la percepción visual de nuestras aplicaciones estilo Windows 8.

Primeros pasos con CSS

Antes de aplicar estilo con CSS a la página Web creada anteriormente, necesita aprender cómo funciona CSS.

Puede describir la apariencia y percepción visual de parte de su contenido utilizando declaraciones CSS. Se trata de pares de propiedades nombre-valor que definen la posición, el tamaño, el color, el borde, la fuente, etc. En el siguiente ejemplo puede ver las propiedades `text-align`, `color` y `margin`:

```
text-align: center;
color: red;
margin: 5px 10px;
```

Sintácticamente, el nombre y el valor de la propiedad se separan con dos puntos (`:`) y las declaraciones múltiples con un punto y coma (`;`).

Puede añadir las configuraciones de CSS directamente al elemento HTML que quiera formatear utilizando su atributo `style`. En el siguiente ejemplo puede ver un párrafo HTML con un formato personalizado:

```
<p style="font-style: italic; border: 1px solid blue; margin-left: 30px;
   width: 300px; padding: 10px; text-align: center;" >
Everything is difficult for one, nothing is impossible for many.
   (István Széchenyi)
</p>
```

Este párrafo se reproduce en el explorador en un cuadro de borde azul y un texto en itálicas y centrado. El cuadro tiene un ligero margen izquierdo (`padding`) cuya finalidad es establecer un margen izquierdo más grande, como puede ver en la figura 6.2.

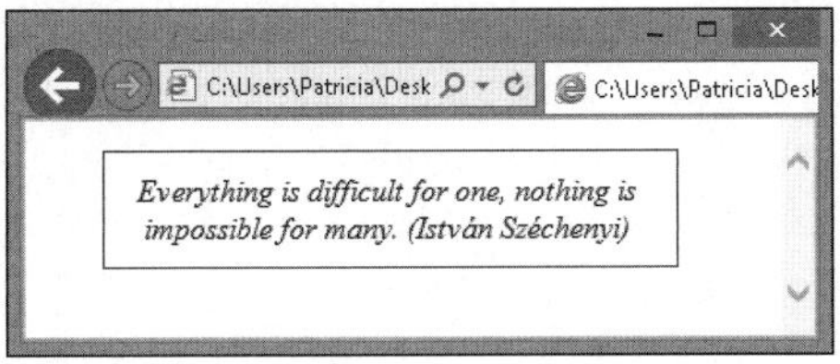

Figura 6.2. Contenido con un formato simple.

Esta técnica se denomina estilo en línea (*inline style*) y aunque funciona tal como se espera y concentra todo el formato en un solo atributo `style`, no separa el formato del contenido ya que si quiere formatear otro párrafo de forma similar, tendrá que repetir todas las configuración de `style`.

Una mejor solución es utilizar un bloque de estilo. Este es un elemento `style` de HTML dentro de la página que puede contener múltiples reglas de formato, como puede ver en el siguiente fragmento de código:

```
<style type="text/css">
   /* Aquí se incluyen las reglas del estilo ... */
</style>
```

Con los bloques de estilo, puede concentrar todas las definiciones de estilo utilizadas dentro de la página. Puede reutilizarlas fácilmente dentro de la misma página. Sin embargo, si quiere utilizar el mismo estilo en múltiples páginas tendrá que repetir el bloque del estilo en las mismas.

Para resolverlo, puede mover todas las configuraciones de estilo a un archivo externo, denominado hoja de estilo externa, un archivo de texto plano (normalmente denominado con una extensión `.css`) que puede añadir a múltiples páginas con la etiqueta `link` de HTML dentro de la sección `head` de la página, como muestra la siguiente línea de código:

```
<link href="style.css" rel="stylesheet" type="text/css" />
```

Las hojas de estilo externas son la solución utilizada con más frecuencia, ya que con ellas se pueden reutilizar definiciones de formato existentes en múltiples páginas por todo el sitio Web a la vez, el cual puede seguir administrando el diseño en una sola ubicación central. Si sigue las mejores prácticas, tendrá que modificar solo el archivo CSS al rediseñar su sitio Web.

Otra ventaja de esta solución es que el explorador tiene que descargar el archivo CSS solo una vez y puede guardarlo en la caché de descargas. Cuando la siguiente página se refiera al mismo archivo CSS, el explorador no tendrá que descargarlo, ahorrando así ancho de banda de la red y reproduciendo la página más rápidamente. Sin embargo, si separa la definición del estilo del contenido con bloques de estilo o con hojas de estilo externas, tiene que especificar qué parte de la página desea formatear. Aquí es donde entran en juego los selectores de CSS. Con ellos, puede añadir una definición de estilo a los siguientes elementos:

- Todas las instancias de una etiqueta HTML (como a todos los encabezados `h1`).
- Múltiples elementos HTML.
- Un solo elemento HTML.

Si quiere formatear todas las instancias de una etiqueta HTML, puede seleccionarlas por nombre de etiqueta. Por ejemplo, si quiere formatear todos los encabezados de segundo nivel `h2` para subrayar el texto, puede utilizar la siguiente regla CSS formada por un selector y una declaración:

```
h2 { text-decoration: underline; }
```

En este caso, el selector CSS es `h2`, y añade las declaraciones CSS en el siguiente bloque `{}` a todos los elementos `h2` de la página. Una sola regla CSS puede contener múltiples selectores y múltiples declaraciones CSS.

Si quiere formatear múltiples elementos en la página, puede utilizar selectores de clase CSS. Dentro de una hoja de estilo puede definir una clase de este tipo dándole un nombre y escribiendo un punto (`.`) antes, como puede ver en el siguiente ejemplo:

```
<style type="text/css">
   . famous
   {
      font-style: italic;
      font-size: 120%;
   }
</style>
```

Después puede añadir su nueva clase a cualquier elemento HTML utilizando el atributo `class` de HTML como se muestra a continuación:

```
<p class= " famous " >Albert Wass</p>
```

Observe que la propia clase CSS no define el nombre de la etiqueta que puede formatear. Esto significa que puede añadir la misma clase CSS a diversos elementos HTML, como se muestra a continuación:

```
<span class= " famous " >László Bíró</span>
```

Nota: Se considera una buena práctica denominar las clases según su propósito y no sobre su apariencia porque si rediseña su sitio, probablemente tendrán una apariencia diferente, pero siempre tendrán el mismo propósito. Por ejemplo, una clase denominada `highlight` (resaltar) está bien, ya que indica claramente para qué se utiliza, independientemente de la cantidad de resaltado del contenido. Pero una clase denominada `bigredtext` (texto en rojo y grande) puede parecer un nombre extraño si cambia la apariencia y percepción visual de su sitio y decide resaltar el contenido con bordes en azul y un fondo amarillo en lugar de letras de color rojo y más grandes.

Ahora ya sabe cómo aplicar estilo a todos o a algunos elementos de una página. Sin embargo, si quiere formatear un solo elemento HTML, las clases se saturan. Afortunadamente existe un tercer tipo de selector CSS que puede utilizar para seleccionar un solo elemento HTML: el atributo `id` de HTML. Este atributo, tal como sugiere su propio nombre, tiene que contener un valor arbitrario que identifique de manera única a un solo elemento dentro de la página. Puede hacer referencia a este valor con el selector de id de CSS que empieza con un signo #, como puede ver en el siguiente ejemplo:

```
<style type="text/css">
   # first
   {
      font-weight: bold;
      color: red;
   }
</style>

<p>
   Lake <span id= " first " >Balaton</span> is the largest lake in Central Europe.
</p>
```

Nota: ¿Y si quiere formatear algunas palabras y no tiene un elemento HTML que contenga solo dichas palabras? En ese caso, puede utilizar el elemento en línea `span` para envolver su contenido, como puede ver en el siguiente ejemplo:

```
<p>
   Did you know that <span class= " important " > Harry Houdini </span>
      was born in Budapest?
</p>
```

Si quiere formatear una parte mayor de su página, puede envolverla en un elemento `div` de HTML. Tanto el elemento `span` como el elemento `div` pueden tener atributos `style`, `class` e `id` que puede utilizar para formatear el contenido envuelto.

Ahora que ha aprendido los tres tipos básicos de selectores, está preparado para combinarlos. Por ejemplo, puede seleccionar solo los elementos de lista (elementos li) que tengan añadida la clase `important` (algo útil si el selector `important` también se ha añadido a otros elementos):

```
<style type="text/css">
   .important
   {
      color: red;
   }

   li.important
   {
      font-variant: small-caps;
   }
</style>

<p class= " important " >
   This paragraph will be rendered with red letters.
</p>

<ul>
```

```
    <li>orange</li>
    <li class= " important " >apple</li>
    <li>grape</li>
</ul>
```

En el ejemplo anterior el párrafo y el segundo elemento de lista se reproducirán en color rojo, gracias a la clase `important` de CSS. Además, el segundo elemento de lista se reproducirá en mayúsculas pequeñas debido al selector `li.important` mezclado.

Los elementos HTML heredan la mayoría de sus configuraciones de estilo del elemento principal, algo muy útil porque no tiene que definir todas las configuraciones de estilo en todos los elementos. Si formatea un elemento principal, su estilo se propagará a sus elementos secundarios. Como `body` es el elemento más externo que envuelve todos los elementos del contenido, se considera una buena práctica definir configuraciones de nivel de página en el elemento `body`, como puede ver en el siguiente ejemplo:

```
body
{
    font-family: Verdana, Arial, Sans-Serif;
    font-size: 75%;
}
```

Este selector establece la fuente y el tamaño de todos los elementos de la página ya que se heredan los atributos CSS. Sin embargo, no todas las propiedades CSS se comportan de este modo y CSS tiene una buena razón para ello. Por ejemplo, la propiedad `border` no se hereda porque la mayoría de las veces, cuando se añade un borde a un elemento, no se desea añadir un borde similar a todos sus elementos secundarios.

Ahora ya sabe que un valor de una propiedad CSS puede provenir de diversas fuentes:

- ❑ Del estilo predeterminado del explorador.
- ❑ De una hoja de estilo externa.
- ❑ De un bloque de estilo en la página.
- ❑ De un atributo style en línea.
- ❑ De un elemento principal.

Otro aspecto de CSS que se basa en la jerarquía de elementos es el de los selectores jerárquicos. Con los selectores descendientes puede seleccionar elementos que descienden de otros. En el siguiente fragmento de código puede ver dos reglas CSS. La primera se aplica a todos los enlaces (anclajes HTML), pero la segunda se utiliza dentro de un elemento de lista.

```
a { text-decoration: none; }
li a { text-decoration: none; }
```

Evidentemente, con los selectores jerárquicos, también puede utilizar los selectores de clase y de ID. La siguiente regla CSS se aplica a todos los enlaces que tienen una clase `error` dentro de un elemento de lista que tiene en el valor `errors` su atributo `id`:

```
li#errors a.error { font-weight: bold; }
```

Esta sección es una breve introducción de la sintaxis de CSS. Sin embargo, puede presentar solo las partes que se utilizan con más frecuencia, que seguramente utilizará también en su aplicación Windows 8. Si quiere aprender más sobre las pseudo-clases, los pseudo-elementos, elementos secundarios, elementos adyacentes del mismo nivel y selectores de atributo, puede leer el artículo "Understanding CSS Selectors" de la biblioteca de MSDN en `http://msdn.microsoft.com/es-es/library/aa342531.aspx`.

> **Nota:** Si quiere asegurarse de que su hoja de estilo es correcta, utilice el servicio de validación W3C CSS Validation Service disponible en `http://jigsaw.w3.org/css-validator/`.

Ahora ya tiene todo lo que necesita para aplicar estilo a una página Web completa. En el siguiente ejercicio, va a formatear con CSS la página Web HTML5 creada anteriormente.

Ejercicio: Utilizar opciones CSS para agregar un diseño y un esquema a una página Web

Para aprender a formatear con CSS la página Web creada en el ejercicio anterior, siga estos pasos:

1. Abra Visual Studio 2012 haciendo clic en su icono en la pantalla Inicio.
2. Seleccione Archivo>Abrir>Sitio web o pulse **Alt-Mayús-O** para abrir el cuadro de diálogo Abrir sitio web. Seleccione la carpeta donde guardó el sitio Web creado en el ejercicio anterior y haga clic en **Abrir**.
3. Abra el Explorador de soluciones seleccionando el elemento de menú Ver>Explorador de soluciones o pulsando **Control-Alt-L**. En la ventana del explorador, haga clic con el botón derecho sobre el elemento WebSite1 y seleccione Agregar>Agregar nuevo elemento. En el cuadro de diálogo Agregar nuevo elemento, seleccione la plantilla Hoja de estilos y escriba **default.css** en el cuadro de texto Nombre. Haga clic en **Agregar**.
4. Visual Studio crea un nuevo archivo CSS con algún contenido predeterminado y lo abre en el editor. Reemplace el contenido de la plantilla generada con el siguiente código y pulse **Control-S** para guardar sus cambios:

```
body {
   font-family: "Segoe UI";
   font-size: 11pt;
   font-weight: 300;
   line-height: 1.36;
   margin: 20px;
}

h1, h2, h3 {
   color: #8c2633;
   clear: both;
   font-weight: 200;
}
```

```
h1 { font-size: 42pt; margin-top: 0; margin-bottom: 10px; }
h2 { font-size: 20pt; margin-bottom: 5px; }
h3 { font-size: 11pt; margin: 0; }

a:hover { text-decoration: underline; }

.left-column { width: 60%; float: left; margin-right: 10%; }
.right-column { width: 30%; float: left; }

form { line-height: 2; }

label {
  display: inline-block;
  width: 120px;
}
label[for^=rad] { width: auto; }

input[type=radio] { margin-right: 20px; }
input[type=checkbox] { padding: 0; }

button {
  background-color: rgba(182, 182, 182, 0.7);
  line-height: 1;
  border-width: 0;
  padding: 6px 8px 6px 8px;
  min-width: 80px;
  margin-left: 124px;
}
```

5. En la ventana **Explorador de soluciones**, haga doble clic en el archivo **default.html** para abrirlo en el editor. Agregue el siguiente código antes de la etiqueta `</head>`:

```
<link rel="stylesheet" type="text/css" href="default.css" />
```

6. Desplácese hacia abajo y agregue el atributo `class="left-column"` a la primera sección del elemento y el atributo `class="right-column"` a la segunda sección. En este momento, su código debería ser como el siguiente:

```
<section class="left-column" >
  <h3>Numbered list</h3>
  This is a numbered list of programming languages:
  <ol>
    <li>JavaScript</li>
    <li>C++</li>
    <li>C#</li>
  </ol>
</section>

<section class="right-column" >
  <h3>Bulleted list</h3>
  This is a bulleted list of colors:
  <ul>
    <li>red</li>
    <li>white</li>
    <li>green</li>
  </ul>
</section>
```

7. Inicie la aplicación haciendo clic en el elemento de menú **Depurar>Iniciar sin depurar** o pulsando **Control-F5**. Visual Studio abre el servidor Web del desarrollador y abre la página en su explorador Web predeterminado. Los resultados deberían parecerse a los mostrados en la figura 6.3.

Figura 6.3. Página Web formateada.

Cómo funciona

En este ejercicio ha formateado con CSS la página Web creada anteriormente. En el paso 4, ha creado un código CSS en un archivo CSS independiente y en el paso 5 lo ha conectado a la página HTML.

La primera regla CSS agregada en el paso 4 formatea el elemento `body`. Como este elemento incluye todo el contenido, la regla define de forma eficiente el estilo de fuente y el espaciado de líneas para todos los elementos de la página.

La segunda regla CSS define el color del texto y el tamaño de fuente para todos los encabezados `h1`, `h2` y `h3` en la página. Esta regla se aplica a todos los encabezados y le siguen tres reglas separadas que definen los distintos tamaños de fuente y los márgenes para los tres niveles de encabezado.

Tras las reglas de encabezados hay dos reglas que formatean los enlaces en la página. El selector a se aplica a todos los enlaces y elimina los subrayados. El selector a:hover se aplica solo a los enlaces que se han seleccionado actualmente y muestra el subrayado.

Los selectores .left-column y .right-column colocan los dos elementos section uno junto al otro. De forma predeterminada la sección es un elemento de bloque, lo que significa que es tan ancho como la página. Al reducir su ancho con width y utilizar la propiedad float, puede colocarlo en una sola línea. El siguiente selector form se aplica al elemento form, e incrementa el espaciado de línea 1.36 heredado, a 2. Esto proporciona un pequeño espacio vertical entre los distintos elementos de entrada dl formulario.

Las siguientes reglas CSS formatean el contenido del formulario. Para alinear todos los elementos de entrada verticalmente, tiene que conseguir que las etiquetas tengan el mismo ancho. No obstante, la etiqueta es un elemento en línea, lo que significa que no puede establecer sus propiedades width y height porque funcionan solo con elementos de bloque. Puede combinar el comportamiento en línea y del bloque estableciendo la propiedad display en inline-block. Como puede ver, el selector de etiqueta formatea todos los elementos label con un ancho de 120 píxeles. Sin embargo, esto podría causar problemas para las etiquetas de los botones de opción, por lo que la siguiente línea lo soluciona:

```
label[for^=rad] { width: auto; }
```

Este es un selector realmente complicado que se aplica a todos los elementos input que tienen un atributo for que empiezan por rad. Dentro de los corchetes ([]), puede definir filtros para los atributos HTML y sus valores. Las siguientes dos reglas CSS utilizan la misma técnica para formatear los botones de opción y la casilla de verificación de la página.

Por último se formatea el botón en la parte inferior de la página. Ha eliminado su borde mediante el establecimiento del ancho del borde en cero y lo ha alineado a los controles de entrada estableciendo su margen izquierdo.

En el ejercicio anterior ha personalizado la apariencia y la percepción visual de una página HTML. Sin embargo, la página sigue siendo estática, lo que significa que no reacciona a las acciones del usuario. Si quiere crear una página interactiva, aprenderá a escribir un código que se ejecuta en el explorador.

Ejecutar código en la parte del cliente

Los estándares HTML y CSS le proporcionan una forma cómoda y elegante de crear una página Web y de definir su apariencia y percepción visual. No obstante, estos estándares se centran en el contenido estático y no le ofrecen ninguna opción para crear páginas interactivas. Para crear páginas Web que puedan reaccionar a las acciones del usuario y cambiar de forma dinámica necesita escribir un código que se puede ejecutar en la parte del cliente, dentro del explorador. Actualmente solo un lenguaje es compatible con todos los exploradores principales sin necesidad de instalar ningún complemento y le permite crear la lógica en la parte del cliente: JavaScript.

Este lenguaje es un lenguaje de escritura de secuencias de comandos dinámicas, lo que significa que tiene tipos, operadores, objetos principales y métodos. Su sintaxis proviene del lenguaje Java, que a su vez es una herencia del lenguaje C, por lo que si conoce este lenguaje o C#, le resultarán muy familiares muchas de las estructuras de codificación.

Primeros pasos con JavaScript

Al igual que otros muchos lenguajes, la base del lenguaje JavaScript son los tipos. Este lenguaje tiene cinco tipos básicos: número (`number`), cadena (`string`), objeto booleano (`boolean`) y función (`function`). Cuando declara una variable, no tiene que especificar su tipo. El explorador lo deduce automáticamente a partir del valor que se guarda en la variable:

```
var a = 9;                  // Número
var b = "Hello World!";     // Cadena
var c = true;               // Valor booleano
```

JavaScript es un lenguaje dinámico, lo que significa que los tipos se asocian a valores, no a variables. Como resultado, puede cambiar el tipo de una variable guardando un tipo de valor diferente en ella, lo que naturalmente cambia cómo funcionan los distintos operadores en la variable:

```
var d = 9;          // d es un tipo Number
var e = d + 27;     // e es 36
d = 'September';    // d es ahora un tipo String
var f = d + 2;      // f es '27 septiembre'
```

Esta naturaleza dinámica proporciona el poder del lenguaje. Por ejemplo, puede crear un objeto y añadirle propiedades de forma dinámica más adelante cuando los necesite, como se muestra en el siguiente ejemplo:

```
var city = { Name: 'Budapest', Population: 2551247 };
city.Founded = 1873;
   // Aquí puede acceder a los valores city.Name, city.Population y city.Founded.
```

Observe que no tiene que especificar la clase que desea utilizar sino simplemente definir los valores que desea guardar en el objeto. JavaScript es un lenguaje orientado a objetos, con objetos, pero sin clase. Las funciones también son importantes en JavaScript. Pueden aceptar cero o más parámetros y pueden devolver opcionalmente un valor que utiliza la instrucción devuelta, como se muestra en este ejemplo:

```
function add( a, b )
{
   return a+b;
}
```

Los parámetros de función pueden escribirse o no. Por ejemplo, puede llamar a la función add anterior con parámetros de número o de cadena, como se muestra aquí:

```
add(5, 21);              // devuelve el número 26
add('Hello', 'World');   // devuelve la cadena 'HelloWorld'
```

Incluso puede omitir el número de parámetros desde el final de la lista de parámetros como puede ver en el siguiente ejemplo:

```
add(1998);  // Devuelve "NaN" que significa "No es un número",
            // indicando que el valor devuelto no es un número legal.
```

Si no le da ningún valor a un parámetro de función o no le asigna un valor a una variable, se convierte en un valor sin definir:

```
add('Mayo');    // Devuelve 'Mayoundefined'
```

Pruebe si una variable tiene un valor contra `undefined`:

```
function add( a, b )
{
   if( b !== undefined )
      return a+b;
   else
      return a;
}
add('Mayo');    // Devuelve 'Mayo'
add('May', 'a'); // Devuelve 'Maya'
```

Una opción única en JavaScript es que las funciones se comportan como cualquier otra variable; por consiguiente, puede utilizarse también en objetos. Por ejemplo, puede crear un objeto que tenga propiedades y funciones, como puede ver a continuación:

```
function getPerson( title, firstName, lastName )
{
   return {
      Title: title,
      FirstName: firstName,
      LastName: lastName,
      getDisplayName: function()
      {
         return title + ' ' + firstName + ' ' + lastName;
      }
   };
}

var p = getPerson( 'Dr.', 'James', 'Plaster'); // Aquí se puede acceder a
                                               // partes del nombre
                                               // a través de las propiedades p.Title,
                                               // p.FirstName y
                                               // p.LastName.

var name = p.getDisplayName();                 // el nombre es 'Dr. James Plaster'
```

También puede pasar funciones como parámetros, igual que cualquier otra variable:

```
function getEnglishName( firstName, lastName )
{
   return firstName + ' ' + lastName;
}
```

```
function getHungarianName( firstName, lastName )
{
   return lastName + ' ' + firstName;
}

function getPerson( firstName, lastName, nameFunc )
{
   return {
      FirstName: firstName,
      LastName: lastName,

      getDisplayName: function()
      {
         return nameFunc ( firstName, lastName );
      }
   };
}

var en = getPerson( 'ErnĐ', 'Rubik', getEnglishName ).getDisplayName();
var hu = getPerson( 'ErnĐ', 'Rubik', getHungarianName ).getDisplayName();
// aquí, en es 'ErnĐ Rubik' y hu is 'Rubik ErnĐ'
```

Puede incluso utilizar funciones como parámetros sin darles un nombre y que estén en línea en la llamada de función, como puede ver aquí:

```
var p = getPerson( 'Flórián', 'Albert', function(fn, ln) {
   return fn + ' ' + ln;
} );
var en = p.getDisplayName(); // en is 'Flórián Albert'
```

Nota: Esta es tan solo una breve introducción en el lenguaje de JavaScript que se centra en las opciones que va a utilizar más adelante en el capítulo cuando cree aplicaciones estilo Windows 8 en JavaScript. Puede leer más sobre JavaScript en el tutorial W3Schools JavaScript Tutorial en `http://www.w3schools.com/js/`.

En el siguiente ejercicio utilizará JavaScript para reaccionar a la acción del usuario en la página Web creada en el ejercicio anterior.

Ejercicio: Agregar un código a la página Web en la parte del cliente

Para aprender a utilizar JavaScript para añadir interactividad a la página Web creada en el ejercicio anterior, siga estos pasos:

1. Abra Visual Studio 2012 haciendo clic en su icono en la pantalla Inicio.
2. Seleccione Archivo>Abrir>Sitio web o pulse **Alt-Mayús-O** para abrir el cuadro de diálogo Abrir sitio web. Seleccione la carpeta donde guardó el sitio Web creado en el ejercicio anterior y haga clic en **Abrir**.

3. Abra el Explorador de soluciones seleccionando el elemento de menú Ver>Explorador de soluciones o pulsando **Control-Alt-L**. En la ventana del explorador, haga clic con el botón derecho sobre el elemento WebSite1 y seleccione Agregar>Agregar nuevo elemento. En el cuadro de diálogo Agregar nuevo elemento, seleccione la plantilla Archivo JavaScript y escriba **default.jss** en el cuadro de texto Nombre. Haga clic en **Agregar**.

4. Visual Studio crea un nuevo archivo JavaScript y lo abre en el editor. Agregue el siguiente código al archivo default.js y después pulse **Control-S** para guardar sus cambios:

```
function load() {
  var btn = document.getElementsByTagName('button')[0];
  btn.disabled = true;

  btn.addEventListener('click', function (event) {
    var lbl = document.getElementById('lblMessage');
    var txt = document.getElementById('txtName');
    var name = txt.value;

    txt.addEventListener('keypress', function () {
      lbl.innerText = '';
    });

    lbl.innerText = name.length === 0 ?
      'Please enter your name!' :
      'Thank you, ' + name + '!';
    event.preventDefault();
  });

  var chk = document.getElementById('chkAccept');
  chk.addEventListener('click', function (event) {
    btn.disabled = !this.checked;
  });
}
```

5. En la ventana Explorador de soluciones, haga doble clic en el archivo default.html para abrirlo en el editor. Agregue el siguiente código antes de la etiqueta de cierre `</head>`:

```
<script type="text/javascript" src="default.js"></script>
```

En este momento, su elemento `head` debería ser como el siguiente:

```
<head>
  <title>My first webpage</title>
  <link rel="stylesheet" type="text/css" href="default.css" />
  <script type="text/javascript" src="default.js"></script>
</head>
```

6. Desplácese hacia abajo y añada el siguiente atributo a la etiqueta de apertura `<body>`:

```
onload="load();"
```

En este momento, su etiqueta `<body>` debería ser como sigue:

```
<body onload="load();">
```

7. Desplácese hacia abajo y agregue el siguiente elemento entre las etiquetas de cierre `</button>` y `</form>`:

```
<span id="lblMessage" />
```

8. En la ventana **Explorador de soluciones**, haga doble clic en el archivo **default.css** para abrirlo en el editor. Agregue el siguiente código al final del archivo:

```
#lblMessage { color: red; }
```

9. Inicie la aplicación haciendo clic en el elemento de menú **Depurar>Iniciar sin depurar** o pulsando **Control-F4**. Visual Studio abre el servidor Web del desarrollador y la página en su explorador Web predeterminado.

   Observe que no puede hacer clic en el botón **Save** (Guardar) porque se deshabilita cuando se carga la página. Seleccione la casilla de verificación **I accept the terms** (Acepto los términos) para habilitar el botón **Save**.

   Haga clic en el botón **Save** y verá cómo aparece un mensaje de error, `Please enter your name!` (Escriba su nombre), y observe que el mensaje de error desaparece en cuanto empieza a escribir en el cuadro de texto. Vuelva a hacer clic en **Save**. Aparecerá un mensaje `Thank you` (Gracias) junto al botón, tal como puede ver en la figura 6.4.

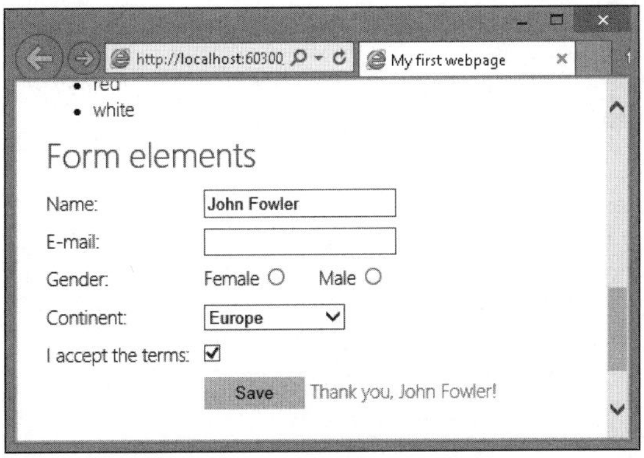

Figura 6.4. Formulario interactivo.

Cómo funciona

En este ejercicio ha agregado una lógica JavaScript a su página Web que se ejecuta en el cliente dentro del explorador.

En el paso 4 ha creado el código JavaScript en un archivo JavaScript independiente y después lo ha conectado con la página HTML añadiendo una etiqueta `script` en un `head` en el paso 5.

En el paso 6 ha agregado un controlador de evento al evento `load` del elemento `body`, que ejecuta la función `load` en el archivo `default.js` después de cargarse completamente el elemento `body` en el explorador. El orden de las acciones es importante porque el código JavaScript se refiere a los elementos de la página. Por tanto, la página primero debe cargarse completamente.

En el paso 7 ha agregado un nuevo elemento marcador de posición para la página, utilizado por el código JavaScript para mostrar los mensajes, y posteriormente, en el paso 8, ha formateado este elemento con CSS.

La función `load` agregada en el paso 4 accede a los elementos HTML de la página y los modifica según las acciones del usuario. La técnica más utilizada para hacer referencia a un elemento HTML desde JavaScript es utilizar la función `document.getElementById`, que utiliza el valor del atributo `id` del elemento. La función `document.getElementsByTagName` tiene un propósito similar, pero devuelve la lista de elementos con un nombre de etiqueta especificado.

Cuando la página se carga, entonces se deshabilita el botón. A continuación ha utilizado la función `addEventListener` para agregar un controlador de evento al evento `click` del botón **Save**.

El controlador de evento es un bloque de código que se ejecuta cuando el usuario hace clic en el botón. Este código primero obtiene una referencia a la etiqueta que muestra los mensajes y al cuadro de texto **Name**. El siguiente código obtiene todo el texto del cuadro de texto **Name** y lo guarda en la variable `name`:

```
var name = txt.value;
```

Después ha suscrito un controlador más simple para el evento `keypress` del cuadro de texto **Name**, invocado cada vez que el usuario pulsa cualquier tecla cuando escribe en el cuadro de texto. El controlador es una sola línea que limpia el mensaje estableciéndolo en un texto vacío.

Las siguientes tres líneas de código (que representan una sola expresión) muestran el mensaje apropiado según la longitud del nombre introducido:

```
lbl.innerText = name.length === 0 ?
   'Please enter your name!' :
   'Thank you, ' + name + '!';
```

Así es como puede leerlo. Cuando el nombre está vacío, se muestra el mensaje `Please enter your name!`; en caso contrario, se muestra el mensaje `Thank you [y el nombre]!`. En realidad, esta es la forma abreviada del código:

```
if(name.length === 0)
{
   lbl.innerText = 'Please enter your name!';
}
else
{
   lbl.innerText = 'Thank you, ' + name + '!';
}
```

La última línea de código `last event.preventDefault();` dentro del controlador de evento `click` se necesita para eliminar la acción predeterminada que ejecutaría el explorador al hacer clic en el botón. En este caso, el explorador colocaría el formulario en el servidor, algo que queremos evitar.

Posteriormente, las últimas tres líneas de código agregan un controlador de evento del evento `click` en la casilla de verificación. Dentro del controlador de evento, el objeto `this` hace referencia al elemento HTML al que se ha añadido el controlador, que en este caso es la casilla de verificación, por lo que puede utilizar su propiedad `checked` para consultar si el usuario la ha seleccionado o ha anulado su selección. Dependiendo de este valor, el botón se habilita o se deshabilita con una sola línea de código, cuya forma abreviada es la siguiente:

```
if(this.checked === true)
{
   btn.disabled = false;
}
else
{
   btn.disabled = true;
}
```

En este ejercicio ha aprendido las técnicas básicas de JavaScript para manipular los objetos en una página. En las siguientes secciones del capítulo aprenderá a utilizar este conocimiento para crear una aplicación estilo Windows 8.

> **Nota:** Para aprender más sobre HTML5, CSS y JavaScript, busque tutoriales rápidos sobre estas tecnologías en `http://www.w3schools.com`.

Aplicaciones HTML5 en Windows Runtime

Anteriormente en el capítulo hablamos sobre las técnicas básicas que utilizan los desarrolladores Web para crear aplicaciones que se ejecutan en el explorador Web. Tradicionalmente, solo los exploradores Web entendían HTML, CSS y JavaScript, y podían ejecutar la lógica de una aplicación compleja integrada en dichas tecnologías. Si un desarrollador quisiera utilizar tecnologías Web en una aplicación de escritorio, tendría que incrustar el explorador Web en la aplicación, ya que los equipos de escritorio no podían ejecutar el código Web directamente.

Sin embargo, con Windows 8, Microsoft ha extendido esta plataforma Web para las aplicaciones cliente y ahora se puede crear una aplicación estilo Windows 8 que se ejecuta completamente en el cliente, utilizando HTML, CSS y JavaScript. La plataforma de Windows 8 integra todo lo necesario para ejecutar código Web de forma nativa.

En la figura 6.5 puede ver cómo se comparan las aplicaciones estilo Windows 8 escritas en JavaScript con las tradicionales aplicaciones de escritorio. A la derecha, puede ver que en las aplicaciones de escritorio, el explorador Web es el responsable de alojar y ejecutar el código JavaScript de la aplicación. Por el contrario, en las aplicaciones estilo Windows 8, Microsoft proporciona un motor de JavaScript (alias "Chakra") que aloja y ejecuta el código HTML, CSS y JavaScript de la aplicación.

También puede ver otro elemento de las aplicaciones estilo Windows 8 denominado Biblioteca de Windows para JavaScript (WinJS, *Windows Library for JavaScript*), que examinaremos con más detalle en la siguiente sección.

Figura 6.5. Diferencias entre aplicaciones estilo Windows 8 y de escritorio.

Biblioteca de Windows para JavaScript

Si es un desarrollador Web, o le gusta JavaScript, o no. Puede que le guste porque es un lenguaje de programación muy eficaz y flexible. Se centra totalmente en la Web y puede escribir una lógica compleja con unas pocas líneas de código gracias a su naturaleza de escritura de tipos flexibles. Sin embargo, escribir un buen código o depurar un código con errores es otra historia. Las herramientas de codificación y depuración de JavaScript no son tan avanzadas como las de C# y Visual Basic debido a las características propias del lenguaje.

Los desarrolladores de JavaScript normalmente resuelven este problema utilizando bibliotecas en la parte del cliente que proporcionan soluciones ya preparadas para las tareas típicas de programación. Con las bibliotecas puede agilizar el desarrollo de su aplicación y proporcionar soluciones estándar para problemas similares. Existen diversas bibliotecas disponibles para su descarga, pero ninguna de ellas está optimizada para Windows 8. Para facilitarles la tarea a los desarrolladores, Microsoft ha creado una nueva biblioteca denominada Biblioteca de Windows para JavaScript (WinJS, *Windows Library for JavaScript*) que contiene cientos de espacios de nombres, clases y funciones útiles en las que puede confiar para crear su aplicación estilo Windows 8 en JavaScript. WinJS proporciona los siguientes elementos:

- Funciones de ayuda (*helper*) para organizar su código en espacios de nombre y clases.
- Un objeto `WinJS.Promise` que encapsula la funcionalidad de las promesas de JavaScript y lo utilizan todas las funciones asíncronas en WinJS.
- Un modelo de aplicación que administra el ciclo de vida de su aplicación.
- Una estructura de navegación que puede utilizar para crear interfaces de usuario de múltiples páginas.
- Un enlace de datos basado en plantillas para conseguir un flujo de datos sin problemas desde las variables de almacenamiento hasta los elementos de la UI.
- Controles de interfaz de usuario que envuelven y mejoran los controles HTML típicos.

- Estilos CSS y animaciones predeterminados para crear interfaces de usuario consistentes con otras aplicaciones estilo Windows 8 y con el propio sistema operativo Windows 8.
- Funciones de ayuda que resuelven tareas de codificación típicas.

Como puede comprobar a partir de esta lista, WinJS es una biblioteca enorme y muy útil que proporciona una integración natural en el lenguaje de programación JavaScript con las opciones de Windows Runtime.

Crear aplicaciones estilo Windows 8 con JavaScript

En las siguientes secciones aprenderá los diversos aspectos de la creación de aplicaciones estilo Windows 8 con JavaScript. Primero conocerá la nueva interfaz de programación de aplicaciones (API, *Application Programming Interface*) del sistema de archivos y posteriormente los servicios de enlace de datos de Windows Runtime para JavaScript. Después de la administración de datos, aprenderá a consultar las propiedades de un dispositivo y a añadir una manipulación táctil directa a su aplicación. En las secciones finales del capítulo creará imágenes y animaciones estilo Windows 8 de forma dinámica.

> **Nota:** Debido a las propias limitaciones del libro, este capítulo no puede enseñarle todos los detalles implicados en la creación de aplicaciones estilo Windows 8 en JavaScript. Tenga en cuenta que este lenguaje es muy importante en la plataforma de Windows 8 y que desde él puede acceder a todas las opciones de Windows Runtime, del mismo modo que desde C# o Visual Basic.

Acceder al sistema de archivos

Windows Runtime proporciona una API totalmente nueva para las aplicaciones que tienen que acceder al sistema de archivos para leer y escribir en archivos. Como las operaciones con archivos pueden tardar mucho tiempo, los métodos de la nueva API son asincrónicos, obligando por tanto a los desarrolladores a evitar el bloqueo del subproceso de la UI y a crear aplicaciones con capacidad de respuesta. En JavaScript puede administrar de forma conveniente los métodos asincrónicos a través de las promesas y encadenarlas con el método `then`.

La clase `FileIO` del espacio de nombres `Windows.Storage` proporciona los siguientes métodos para leer y escribir en archivos:

- `appendLinesAsync`
- `appendTextAsync`
- `readBufferAsync`

- `readLinesAsync`
- `readTextAsync`
- `writeBufferAsync`
- `writeBytesAsync`
- `writeLinesAsync`
- `writeTextAsync`

Estos métodos pueden funcionar en una instancia de `IStorageFile` que proporciona información sobre el archivo y su contenido, y métodos para manipularlos. Normalmente puede obtener un objeto `IStorageFile` mostrando al usuario selectores para abrir un archivo o para guardarlo. Los selectores de archivos son muy similares a los antiguos cuadros de diálogo para abrir y guardar archivos, pero con un diseño totalmente diferente para las aplicaciones estilo Windows 8. Puede encontrar la clase del selector para abrir archivos `FileOpenPicker` y la del selector para guardar archivos `FileSavePicker` en el espacio de nombres `Windows.Storage.Pickers`.

En el siguiente ejercicio va a crear una simple aplicación, parecida al Bloc de notas, la cual puede utilizar para abrir, editar y guardar archivos de texto.

Ejercicio: Acceder al sistema de archivos desde una aplicación HTML5

Antes de empezar este ejercicio, asegúrese de tener archivos TXT (es decir, archivos de texto plano) en su escritorio. Puede utilizar el Bloc de notas para crear simples archivos de texto plano con algún tipo de contenido. En este ejercicio va a crear una aplicación que muestra el contenido de dichos archivos.

Para aprender a acceder al sistema de archivos desde una aplicación HTML5, siga estos pasos:

1. Abra Visual Studio 2012 haciendo clic en su icono en la pantalla Inicio.
2. Seleccione Archivo>Nuevo>Proyecto (o pulse **Control-Mayús-N**) para abrir el cuadro de diálogo Nuevo proyecto.
3. Seleccione Instalado>Plantillas>JavaScript>Tienda Windows del árbol del panel izquierdo y después seleccione el tipo de proyecto Aplicación vacía del panel central.
4. Haga clic en **Aceptar**. Visual Studio crea una estructura de proyecto vacía y abre el archivo default.js en el editor de código.
5. Abra la ventana Explorador de soluciones seleccionando el elemento de menú Ver>Explorador de soluciones o pulsando **Control-Alt-L**.
6. En la ventana del explorador, haga doble clic en default.html para abrir el archivo en el editor de código.
7. Busque el contenido entre las etiquetas `<body>` y `</body>` y reemplácelo con el siguiente código:

```
<p>
  <button id="btnOpen">Open...</button>
  <button id="btnSave">Save as...</button>
  Selected file:
  <span id="lblPath">(No file selected, click Open to select a file)</span>
</p>
<textarea id="txtContent" style="width: 100%; height: 100%;"></textarea>
```

8. Haga clic en el icono **Guardar** de la barra de herramientas (o pulse **Control-S**) para guardar sus cambios. Cierre la ficha del editor del archivo default.html para volver a la edición del archivo default.js.

9. Busque la línea del comentario `Inicializar aquí su aplicación` dentro del controlador de evento `app.onactivated` y agregue después de él el siguiente código:

```
var btnOpen = document.getElementById('btnOpen');
btnOpen.addEventListener('click', onOpenButtonClicked);

var btnSave = document.getElementById('btnSave');
btnSave.addEventListener('click', onSaveButtonClicked);
```

10. Agregue el siguiente código al final del archivo default.js:

```
function onOpenButtonClicked() {
  var picker = new Windows.Storage.Pickers.FileOpenPicker();
  picker.suggestedStartLocation = Windows.Storage.Pickers.PickerLocationId.desktop;
  picker.fileTypeFilter.replaceAll(['.txt', '.ini', '.log']);

  picker.pickSingleFileAsync().then(function (file) {
    if (file !== null) {
      var lblPath = document.getElementById('lblPath');
      lblPath.innerText = file.path;

      Windows.Storage.FileIO.readTextAsync(file).then(function (content) {
        var txtContent = document.getElementById('txtContent');
        txtContent.value = content;
      });
    }
  });
}
function onSaveButtonClicked() {
  var txtContent = document.getElementById('txtContent');
  var content = txtContent.value;

  var picker = new Windows.Storage.Pickers.FileSavePicker();
  picker.suggestedStartLocation = Windows.Storage.Pickers.PickerLocationId.desktop;
  picker.fileTypeChoices.insert('Plain text', ['.txt']);
  picker.pickSaveFileAsync().then(function (file) {
    if (file !== null) {
      Windows.Storage.FileIO.writeTextAsync(file, content).then(function () {
        var dlg = new Windows.UI.Popups.MessageDialog(
          'Your content is successfully saved to ' + file.path, 'Save completed');
        dlg.showAsync();
      });
    }
  });
}
```

11. Inicie la aplicación haciendo clic en el elemento de menú Depurar>Iniciar depuración (o pulse **F5**). Los resultados deberían ser como los mostrados en la figura 6.6.

Figura 6.6. Pantalla principal de la aplicación de editor de textos.

12. Haga clic en **Open** (Abrir). Se abre el selector de archivos. Seleccione un archivo y haga clic en **Abrir** en la esquina inferior derecha del cuadro de diálogo del selector. Su aplicación carga el contenido en el área de edición, como muestra la figura 6.7.
13. Cambie el texto en el área de edición y haga clic en **Save As** (Guardar como) para guardar los cambios en un nuevo archivo. Escriba un nombre para el archivo en la parte inferior del selector de archivos y después haga clic en **Guardar** en la esquina inferior derecha del mismo.
14. Haga clic en **Cerrar** para cerrar el cuadro de diálogo con el mensaje emergente que le notifica sobre los resultados de la operación de guardar, como muestra la figura 6.8.

Cómo funciona

Según la plantilla de proyecto seleccionada, Visual Studio ha generado una estructura vacía que contiene todo lo necesario para empezar a crear una aplicación estilo Windows 8 en JavaScript. Este proyecto contiene dos archivos principales:

- El archivo `default.html` contiene el marcado HTML que define los elementos UI de su aplicación.
- El archivo `default.js` contiene la lógica de JavaScript que define el comportamiento de su aplicación.

Figura 6.7. Pantalla principal de la aplicación de editor de textos tras abrir un archivo.

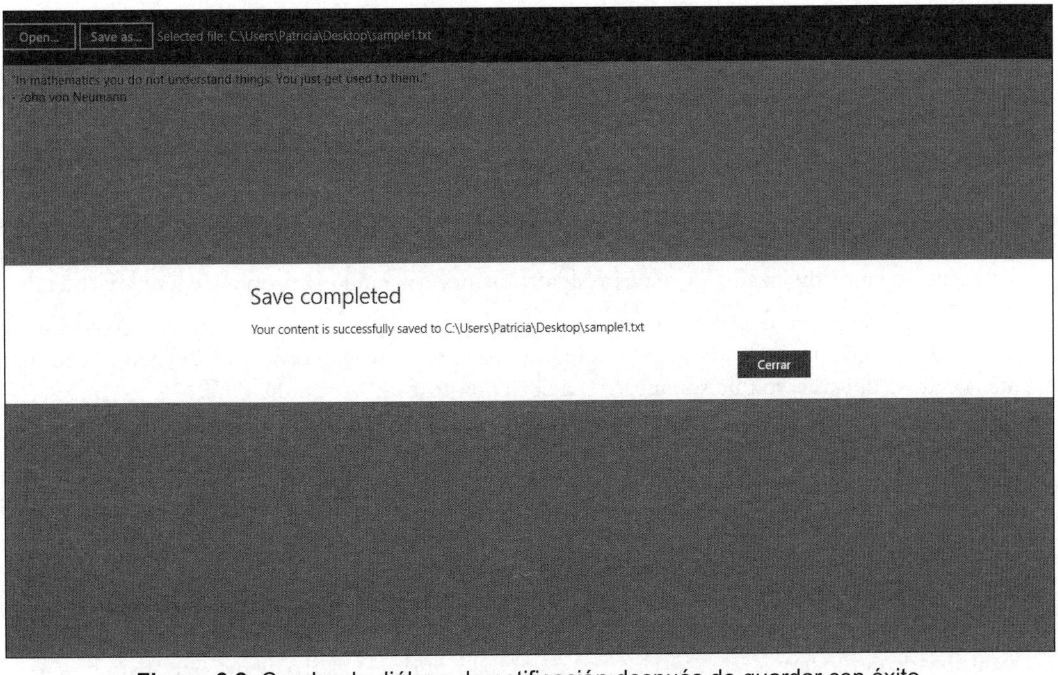

Figura 6.8. Cuadro de diálogo de notificación después de guardar con éxito.

En el paso 7 ha creado la UI de su aplicación en el archivo `default.html`. Esta interfaz de usuario contiene dos elementos `button` (**Open** y **Save As**), un elemento `span` que muestra la ruta de acceso del archivo seleccionado y un elemento de área de texto `textarea` que proporciona las opciones de edición de texto. Observe que todos los elementos `button`, `span` y `textarea` tienen atributos `id`, que son necesarios para hacer referencia a ellos posteriormente desde el código JavaScript.

En el paso 9 ha extendido el código de inicialización de la aplicación. Tal como hemos indicado anteriormente, la función `WinJS.UI.processAll` es la responsable de inicializar el marcado de su aplicación estilo Windows 8. Como devuelve una promesa, puede utilizar la función `then` para ejecutar su código de inicialización personalizado, justo después de haberse completado con éxito la inicialización del marcado.

Aquí ha inicializado los dos botones añadiéndoles un controlador de evento. Primero ha utilizado la función `document.getElementById` para obtener una referencia al botón utilizando el valor de su atributo `id` y después ha llamado a la función `addEventListener` para suscribirla con una función personalizada al evento `click` del botón. Así se asegura de que se llama a su función cuando el usuario hace clic en el botón. La misma lógica se repite una vez para el botón **Open** y otra para el botón **Save**, con diferentes funciones de controlador.

En el paso 10 ha añadido las funciones de controlador de evento para los botones **Open** y **Save**.

La función `onOpenButtonClicked` se invoca cuando el usuario hace clic en el botón **Open**. En esta función, primero ha creado una instancia de la clase `FileOpenPicker` y ha configurado la carpeta en la que se va a abrir y el tipo de archivos que va a mostrar. Después de configurar el selector, ha utilizado la función `pickSingle-FileAsync` para abrir el cuadro de diálogo del selector. Observe que se trata de una función asíncrona que devuelve una promesa, por lo que puede utilizar la función `then` para controlar su valor devuelto. La función `pickSingle-FileAsync` devuelve una instancia `StorageFile`, que su código recibe directamente en el parámetro `file` de la función `then`. Si el usuario cierra el cuadro de diálogo del selector sin abrir un archivo, el parámetro `file` contiene un valor `null`.

Después de que el usuario selecciona un archivo, se muestra la ruta de acceso al archivo en la UI. Para ello, ha utilizado el elemento de HTML `span` como un marcador de posición para la ruta de acceso y ha reemplazado su valor predeterminado utilizando la propiedad `innerText`.

Para leer el contenido del archivo seleccionado ha utilizado la función `readTextAsync` de la clase `FileIO`. Tenga en cuenta que también es una función asíncrona, que devuelve el contenido de la cadena del archivo que se muestra en el elemento `textarea` de la UI.

El elemento `textarea` proporciona funciones integradas para editar su contenido, por lo que su lógica no contiene un código especial para controlar ningún evento durante la edición.

Cuando el usuario hace clic en el botón **Save As**, se llama a la función `onSaveButtonClicked`. Primero ha utilizado la propiedad `value` de `textarea` para recuperar el texto editado y lo ha guardado en la variable `content`. Después ha creado una instancia de la clase `FileSavePicker`, que se comporta de forma muy similar a la clase `FileOpenPicker`. Después de configurar su carpeta predeterminada y el tipo de archivo, ha utilizado la función `pickSaveFileAsync` para abrir el cuadro de diálogo. Esta función asíncrona devuelve una instancia `StorageFile` que puede ser `null` si el usuario ha cancelado el cuadro de diálogo de guardar. A continuación, ha utilizado la función `writeTextAsync` de la clase `FileIO` para escribir el contenido de la cadena en el archivo de destino. Tras devolverse la función de guardado de forma asíncrona, ha creado una nueva instancia `MessageDialog`, y ha invocado al método `showAsync` para mostrar el cuadro de diálogo de notificación del éxito del guardado.

Administración de datos

La administración de datos es un elemento clave de cualquier aplicación. Los datos se leen desde una base de datos, desde un archivo o desde un servicio de red y, después, se muestran en la UI. El usuario busca los datos, los modifica y posteriormente los cambios se propagan de nuevo a la fuente de datos original. Los datos fluyen primero desde la fuente de datos a la UI y después desde la UI a la fuente de datos.

Como la administración de datos es generalmente una tarea de programación, los entornos de programación modernos tienen diversas opciones para facilitarla. Normalmente, tienen componentes de fuente de datos que se pueden utilizar para conectarse a la base de datos, archivo o servicio de red, y la UI controla que se pueden mostrar los datos y proporciona opciones de entrada a los usuarios. La conexión entre la fuente de datos y los componentes de la UI se establece a través del enlazado de datos (*data binding*). El enlazado de datos asegura que existe un flujo de datos sin problemas desde y hacia los elementos de la UI. Un enlazado de datos de una dirección envía los datos desde la variable guardada a la UI y se asegura de que la UI se actualice automáticamente cuando se cambian los datos subyacentes. El enlazado de datos de dos direcciones extiende la funcionalidad de una dirección enviando los datos de nuevo a la fuente de datos subyacentes después de haberse modificado los datos en la UI. Según el tamaño y la estructura de datos, existen dos tipos de enlazado:

- El enlazado simple conecta un solo valor a una sola propiedad de un solo elemento UI. Por ejemplo, puede mostrar un nombre guardado en una variable de cadena, en un cuadro de texto.
- El enlazado de lista conecta múltiples valores a un elemento UI que puede administrar listas. Por ejemplo, puede mostrar una lista de nombres guardada en una matriz de cadena, en una tabla o en un cuadro de lista.

En Windows 8, WinJS admite solo el enlazado de una dirección, lo que significa que puede enviar datos fácilmente desde una variable a la UI. Para controlar las modificaciones de los datos, puede simplemente conectar controladores de evento para cambiar los eventos de los elementos UI y escribir manualmente los datos modificados que vuelven a la fuente de datos. Puede definir su enlazado de forma declarativa o de forma programática. Con el enlazado declarativo, puede extender el marcado HTML con expresiones que describen qué propiedades del objeto de datos deben enlazarse a un atributo del elemento actual. Por ejemplo, el siguiente elemento `img` reproduce una imagen cuyo URL se guarda en la propiedad `avatarUrl` del objeto de datos:

```
<img data-win-bind="src: avatarUrl" />
```

WinJS también admite el enlazado programático. Con este tipo de enlazado puede utilizar objetos y funciones en el espacio de nombres `WinJS.Binding` para establecer y manipular enlaces de datos desde su código JavaScript. Por ejemplo, el siguiente código muestra una imagen cuya URL se guarda en la propiedad `data.avatarUrl`:

```
var data = WinJS.Binding.as({ avatarUrl: 'myphoto.png' });
data.bind('avatarUrl', function (newValue, oldValue) {
   var target = document.getElementById('picture');
   target.src = newValue;
});
```

En los siguientes ejercicios va a crear una aplicación de explorador de imágenes y aprenderá a enlazar datos declarativamente en una aplicación HTML5 estilo Windows 8.

Ejercicio: Utilizar un enlazado de datos simple en una aplicación HTML

Antes de empezar este ejercicio, asegúrese de tener archivos de imágenes en su biblioteca de imágenes. Puede encontrar algunas en la carpeta `C:\Windows\Web`. En este ejercicio va a crear una aplicación HTML5 estilo Windows 8 que muestra estos archivos de imagen.

Para aprender a utilizar el enlazado de datos en una aplicación HTML5, siga estos pasos:

1. Abra Visual Studio 2012 haciendo clic en su icono en la pantalla Inicio.
2. Seleccione Archivo>Nuevo>Proyecto o pulse **Control-Mayús-N** para abrir el cuadro de diálogo Nuevo proyecto.
3. Seleccione Instalado>Plantillas>JavaScript>Tienda Windows del árbol en el panel izquierdo y seleccione tipo de proyecto Aplicación vacía en el panel central.
4. Haga clic en Aceptar. Visual Studio crea una estructura de proyecto vacía y abre el archivo principal default.js en el editor de código.
5. Abra el Explorador de soluciones seleccionando el elemento de menú Ver>Explorador de soluciones o pulsando **Control-Alt-L**.
6. En la ventana del explorador, haga doble clic en el archivo default.html para abrirlo en el editor de código.
7. Busque el contenido generado por la plantilla que se encuentra entre las etiquetas `<body>` y `</body>` y reemplácelo con el siguiente código:

```
<h1>
  Your
  <span data-win-bind="innerText: name"></span>
  Library
</h1>
```

8. Haga clic en el icono **Guardar** de la barra de herramientas o pulse **Control-S** para guardar sus cambios.
9. En el Explorador de soluciones, haga doble clic en el archivo default.css dentro de la carpeta css, para abrirlo en el editor de código.

10. Agregue el siguiente código al final del archivo:

```
h1 {
   margin: 20px;
   }

h1 span {
   font-weight: bold;
}
```

11. Haga clic en el botón **Guardar** de la barra de herramientas o pulse **Control-S** para guardar sus cambios.

12. En la ventana Explorador de soluciones, haga doble clic en el archivo default.js dentro de la carpeta js para abrirlo en el editor de código.

13. Busque la llamada de función `WinJS.UI.processAll()` dentro del controlador de evento `app.onactivated` y reemplácela con el siguiente código:

```
args.setPromise(WinJS.UI.processAll().then(function () {
   var lib = Windows.Storage.KnownFolders.picturesLibrary;
   var data = WinJS.Binding.as({ name: lib.name });
   var element = document.getElementById('span');
WinJS.Binding.processAll(element, data);
}));
```

14. Haga clic en el icono **Guardar** en la barra de herramientas o pulse **Control-S** para guardar sus cambios.

15. Abra el Explorador de soluciones seleccionando el elemento de menú Ver>Explorador de soluciones o pulsando **Control-Alt-L**. En la ventana del explorador, haga doble clic en el archivo `package.appxmanifest` para abrirlo en el editor de manifiestos.

> **Nota:** El archivo de manifiesto es un archivo XML que contiene toda la información utilizada durante el proceso de implantación. Aprenderá más sobre este archivo en el capítulo 9 del libro.

16. En el editor de manifiestos, haga clic en la ficha Capacidades y seleccione la opción Biblioteca de imágenes en la lista Capacidades.

17. Inicie la aplicación haciendo clic en Depurar>Iniciar depuración o pulsando **F5**. El resultado debe parecerse al mostrado en la figura 6.9.

Figura 6.9. Pantalla principal de la aplicación del explorador de imágenes.

Cómo funciona

Según la plantilla de proyecto seleccionada, Visual Studio ha generado una estructura vacía que contiene todo lo necesario para empezar a crear su aplicación estilo Windows 8 en JavaScript.

En el paso 7 ha creado la UI de su aplicación en el archivo **default.html**. Esta simple UI contiene solo un elemento de encabezado `h1` con las palabras `Your` (Su) y `Library` (Biblioteca) y un elemento `span` que actúa como marcador de posición entre ellas. Este marcador de posición va a reproducir el nombre de la biblioteca. Observe que el atributo `data-win-bind` del elemento `span`, que define que la propiedad `name` del objeto, está enlazado a la propiedad `innerText` del elemento `span`. En el paso 10 ha utilizado CSS para modificar ligeramente la apariencia y percepción visual de su aplicación mediante la adición de un margen alrededor del encabezado y mediante el resaltado de la biblioteca en negrita.

En el paso 12 ha extendido el código de inicialización de la aplicación. Como la función `WinJS.UI.processAll` devuelve una promesa, puede utilizar la function `then` para ejecutar su código de inicialización personalizado justo después de que se haya completado con éxito la inicialización del marcado. Primero ha creado una referencia a la carpeta `Pictures Library` (Biblioteca de imágenes). Es una carpeta muy conocida y Windows Runtime proporciona una propiedad para acceder a ella de forma conveniente. A continuación ha utilizado la función `as` de la clase `WinJS.Binding` para guardar el nombre de `Pictures Library` en la variable `data` de una forma perceptible.

Después ha creado una referencia al elemento de HTML `span` que es el elemento raíz en la jerarquía del marcado al que se deben enlazar los datos. Por último ha utilizado la función `WinJS.Binding.processAll` para conectar el elemento de UI con la fuente de datos, y actualizar todos los enlaces y transferir los valores desde los objetos de la fuente de datos con los controles de la UI. Así se muestra el nombre de `Pictures Library` en el encabezado.

Esta aplicación tiene acceso a la Biblioteca de imágenes, una operación de seguridad, y de forma predeterminada no permitida a ninguna aplicación. Para resolver este problema, su aplicación tiene que solicitar permiso de forma explícita para acceder a la biblioteca. Esta es una opción de su aplicación y tiene que indicársela a Windows 8 utilizando el archivo de manifiesto de su aplicación. Esta es la razón de haber seleccionado la opción Biblioteca de imágenes entra las opciones de la aplicación en el paso 15. Si ejecuta su aplicación en modo de depuración sin seleccionar esta casilla de verificación, recibirá el mensaje de excepción mostrado en la figura.

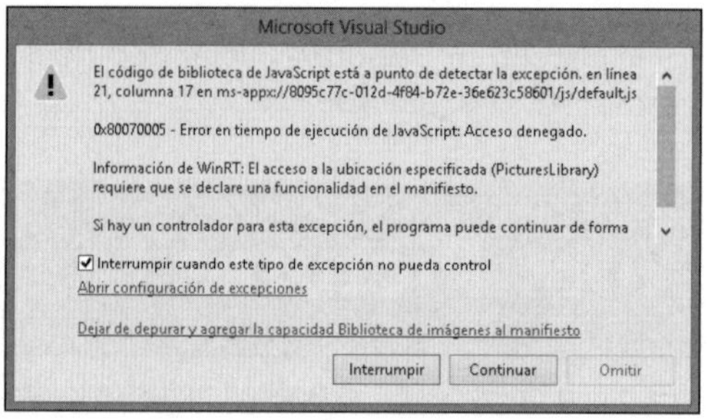

Figura 6.10. Excepción de acceso denegado emitido solo en modo de depuración.

En el ejercicio anterior ha aprendido a enlazar un solo valor de datos al atributo de un solo elemento HTML. Esto es lo que se denomina enlazado simple. En el siguiente ejercicio aprenderá a enlazar múltiples valores a un solo control UI utilizando el enlazado de lista (*list binding*).

Ejercicio: Utilizar en enlazado de lista en una aplicación HTML5

Para aprender a utilizar el enlazado de lista en una aplicación HTML5, siga estos pasos:

1. Abra la aplicación creada en el ejercicio anterior.
2. Abra el archivo default.html en el editor de código e inserte el siguiente código justo después de la etiqueta de cierre </h1>:

```
<div id="tmpl" data-win-control="WinJS.Binding.Template">
  <div>
     <img src="#" data-win-bind="alt: name; src: url; title: path" />
     <br>
     <span class="name" data-win-bind="innerText: name"></span>
     <br />
     <span class="date" data-win-bind="innerText: date"></span>
  </div>
</div>

<div id="lv"
  data-win-control="WinJS.UI.ListView"
  data-win-options="{itemDataSource : files.dataSource, itemTemplate:
     select('#tmpl')}">
</div>
```

3. Haga clic en el icono **Guardar** en la barra de herramientas o pulse **Control-S** para guardar sus cambios.
4. En el Explorador de soluciones, haga doble clic en el archivo default.css dentro de la carpeta css para abrirlo en el editor de código.
5. Agregue el siguiente código al final del archivo:

```
#lv.win-listview
{
  height: 500px;
  width: 500px;
}

#lv .win-container {
  margin: 20px;
  padding: 10px;
}

#lv .win-item {
  width: 205px;
  height: 165px;
}
```

```
#lv .win-item img {
  width: 192px;
  height: 120px;
}

.name {
  font-weight: bold;
}

.date {
  font-size: small;
}
```

6. Haga clic en el icono **Guardar** de la barra de herramientas o pulse **Control-S** para guardar sus cambios.
7. En el Explorador de soluciones, haga doble clic en el archivo default.js en la carpeta jss para abrirlo en el editor de código.
8. Cree una variable global añadiendo el siguiente código en la parte superior del archivo:

   ```
   var files = new WinJS.Binding.List;
   ```

9. Busque la línea `WinJS.Binding.processAll(element, data);` y añada después de ella el siguiente código:

   ```
   lib.getItemsAsync().then(function (items) {
     items.forEach(function (item) {
        if (item.isOfType(Windows.Storage.StorageItemTypes.file)) {
           files.push({
              url: URL.createObjectURL(item),
              name: item.name,
              path: item.path,
              date: item.dateCreated
           });
        }
     });
   });
   ```

10. Inicie la aplicación haciendo clic en el elemento de menú Depurar>Iniciar depuración o pulsando **F5**. Los resultados deberían parecerse a los mostrados en la figura 6.11.

    Observe que si pasa el ratón sobre una imagen, se abre una sugerencia de pantalla con la ruta completa de la imagen. Además, si tiene más de cuatro imágenes, puede desplazarse horizontalmente por la lista.

Cómo funciona

En este ejercicio ha extendido su código con un control `ListView` que muestra las imágenes de su Biblioteca de imágenes utilizando un enlazado de datos declarativo.

En el paso 2 ha añadido dos elementos `div` a la página. El segundo elemento `div` se marca con el atributo `data-win-control` y se transforma en un control `WinJS.UI.ListView` cuando se ejecuta la función `WinJS.UI.processAll`. Este elemento `div` tiene un atributo `data-win-options` que contiene las opciones de configuración del control `ListView`:

- La propiedad `itemDataSource` define el objeto que contiene los datos a mostrar a través del control `ListView`. En este caso, la propiedad `dataSource` del objeto `files` se crea en un paso posterior.
- La propiedad `itemTemplate` apunta a otro elemento HTML de la página, que se usa para reproducir un solo elemento en `ListView`. En este caso, es el elemento `div` que precede a `ListView`. Como se hace referencia a la plantilla a través de `ListView`, dentro de la página se debe declarar antes esta plantilla que este elemento.

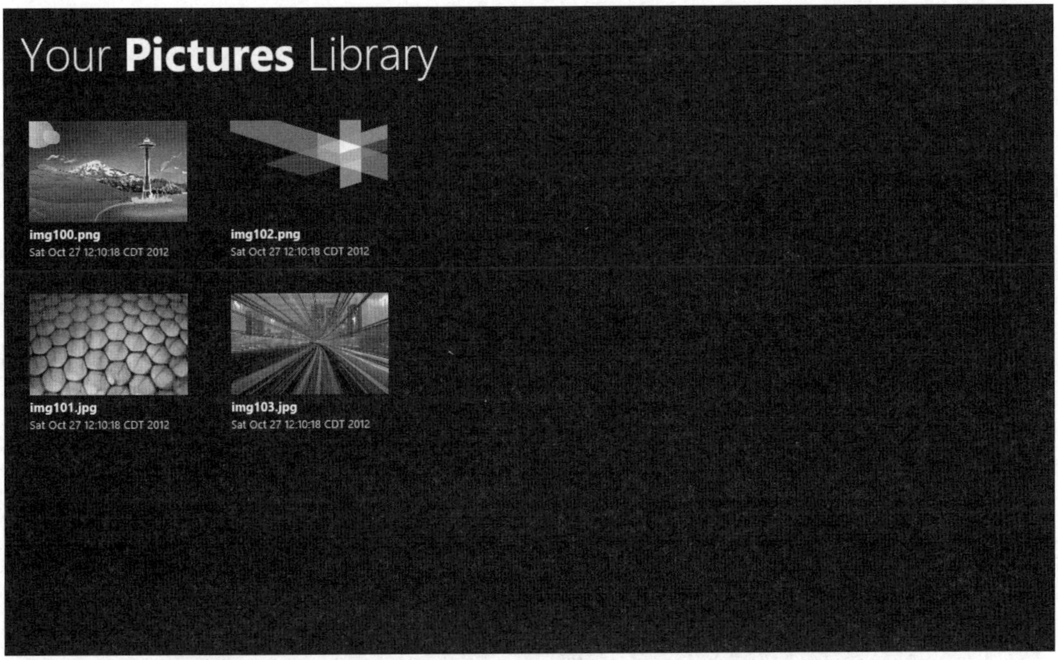

Figura 6.11. Aplicación del explorador de imágenes con imágenes.

La plantilla `div` también se marca mediante el atributo `data-win-control` y se transforma en una instancia de `WinJS.Binding.Template`. Dentro de la plantilla, los atributos `data-win-bind` conectan las propiedades de la fuente de datos con los elementos HTML.

En el paso 5 ha añadido algunas clases CSS que controlan la reproducción de `ListView`. Este utiliza nueve clases CSS integradas y puede utilizarlas personalizando la reproducción de todo el control y los elementos que contiene. Aquí ha utilizado las clases `win-listview`, `win-container` y `win-item` para cambiar la apariencia y percepción visual de `ListView`.

En el paso 8 ha creado una variable global que se utiliza como fuente de datos para `ListView`. Este admite cualquier tipo de datos que implemente la interfaz `IListDataSource`. WinJS proporciona diversos tipos de objetos `IListDataSource`, siendo `WinJS.Binding.List` uno de ellos. En el paso 9 ha rellenado la fuente de datos con los datos de los archivos contenidos en la carpeta Biblioteca de imágenes. Con las funciones `getItemsAsync` y `forEach` ha enumerado de forma asíncrona todos los elementos de la biblioteca y añadido un objeto personalizado a todos los archivos de la fuente de datos. Este contiene objetos con propiedades `url` , `name`, `path` y `date`. En el paso 2 ha incluido la referencia a estas propiedades dentro de la plantilla de elementos de `ListView`.

En el ejercicio anterior ha comprobado que el enlace de datos proporciona una forma conveniente de mostrar datos desde una variable en la UI. En el siguiente ejercicio, verá que el enlazado de datos crea una conexión directa entre la fuente de datos y el control UI y que puede actualizar la UI automáticamente cuando cambian los datos subyacentes. Para demostrarlo, va a extender su aplicación del explorador de imágenes y a proporcionar una funcionalidad de eliminación a la lista de imágenes.

Ejercicio: Actualizar la fuente de datos

Para aprender a actualizar la fuente de datos subyacente utilizando el enlazado de datos en una aplicación HTML5, siga estos pasos:

1. Abra la aplicación creada en el ejercicio anterior.
2. En el Explorador de soluciones, haga doble clic en el archivo **default.js** de la carpeta **js** para abrirlo en el editor de código.
3. Busque el siguiente bloque de contenido:

```
args.setPromise(WinJS.UI.processAll().then(function () {
  var lib = Windows.Storage.KnownFolders.picturesLibrary;
  var data = WinJS.Binding.as({ name: lib.name });
  var element = document.getElementById('span');
  WinJS.Binding.processAll(element, data);

  lib.getItemsAsync().then(function (items) {
     items.forEach(function (item) {
        if (item.isOfType(Windows.Storage.StorageItemTypes.file)) {
           files.push({
              url: URL.createObjectURL(item),
              name: item.name,
              path: item.path,
              date: item.dateCreated
           });
        }
     });
  });
  // Colocar aquí el código de este ejercicio.
}));
```

4. Agregue las siguientes líneas de código en el comentario `Colocar aquí el código de este ejercicio` del fragmento de código anterior:

```
var lv = document.getElementById('lv');
lv.addEventListener('iteminvoked', function (eventObj) {
  eventObj.detail.itemPromise.then(function (listViewItem) {
     var binding = files.dataSource.createListBinding();
```

```
        binding.fromIndex(listViewItem.index).then(function (dataItem) {
        files.dataSource.remove(key);
        binding.release();
    });
    });
});
```

En este momento su código debería ser como el siguiente:

```
args.setPromise(WinJS.UI.processAll().then(function () {
  var lib = Windows.Storage.KnownFolders.picturesLibrary;
  var data = WinJS.Binding.as({ name: lib.name });
  var element = document.getElementById('span');
  WinJS.Binding.processAll(element, data);

  lib.getItemsAsync().then(function (items) {
     items.forEach(function (item) {
        if (item.isOfType(Windows.Storage.StorageItemTypes.file)) {
           files.push({
              url: URL.createObjectURL(item),
              name: item.name,
              path: item.path,
              date: item.dateCreated
           });
        }
     });
  });

  var lv = document.getElementById('lv');
  lv.addEventListener('iteminvoked', function (eventObj) {
        eventObj.detail.itemPromise.then(function (listViewItem) {
           var binding = files.dataSource.createListBinding();
           binding.fromIndex(listViewItem.index).then(function (dataItem) {
              var key = dataItem.key;
              files.dataSource.remove(key);
              binding.release();
        });
     });
  });
}));
```

5. Inicie la aplicación seleccionando el elemento de menú Depurar>Iniciar depuración o pulsando **F5**. Haga clic en cualquiera de las imágenes. Si todo ha ido bien, al hacer clic, la imagen debería desaparecer de la lista y esta se debería volver a ordenar automáticamente. No se preocupe; los archivos de imagen no se eliminan de su disco.

Cómo funciona

En este ejercicio ha extendido el control `ListView` con un controlador de evento personalizado que quita cualquier elemento de la fuente de datos de `ListView`.

Las dos primeras líneas del código añadido en el paso 4 han agregado un nuevo controlador de evento al evento `iteminvoked` del control `ListView`. El evento `iteminvoked` se activa cuando el usuario hace clic en uno de los elementos de la lista (o lo toca en un dispositivo de pantalla táctil).

En este controlador de evento, primero ha accedido al elemento de `ListView` sobre el que se ha hecho clic utilizando la propiedad `detail` del parámetro `eventObj` del controlador. Con la propiedad `itemPromise` de este objeto, puede controlar el elemento sobre el que se ha hecho clic como una promesa y ha encadenado a él una función `then`. Cuando se cumple la promesa, se llama a la función en línea de la función `then` y se ha pasado a ella el elemento sobre el que se ha hecho clic en el parámetro `listViewItem`. El objeto `listViewItem` representa el objeto visible reproducido por `ListView`. Tenga en cuenta que no es el elemento de datos original, sino una simple versión proyectada de lo que se muestra en la UI.

Aquí es donde entra en juego el enlazado de datos. Este puede ayudarle a obtener de nuevo el elemento de datos subyacente desde el elemento de la vista de lista. Este tiene una propiedad `index`, y ha utilizado la función `fromIndex`, que devuelve el elemento de datos original que se encuentra en la fuente de elementos de la vista de lista.

El siguiente paso es solicitar a la fuente de datos que elimine este elemento. Para manipular cualquier elemento de datos en la fuente de datos, primero tiene que hacer referencia a él a través de su identificador único, denominado clave. Cuando se añaden elementos a la fuente de datos, puede crear una clave única para cada elemento o, si no lo hace, el origen de datos crea uno automáticamente. Puede obtener la clave del elemento de datos a través de su propiedad `key`. En este código ha utilizado esta clave para llamar a la función `remove` el elemento especificado.

En la última línea de este bloque de código ha llamado a la función `release` del objeto enlazado, que le indica al enlace que ha finalizado todas las modificaciones y que debe notificar a todos los controles UI suscritos los cambios realizados. Así, `ListView` elimina el elemento especificado de la UI y se ha reorganizado automáticamente.

En los tres ejercicios anteriores ha aprendido a utilizar el enlazado de datos para reproducir y manipular datos en la UI. El enlazado de datos es una herramienta muy eficaz ya que ayuda a eliminar diversas líneas de código por lo que es una técnica que va a utilizar cada día al crear aplicaciones de datos.

Respetar el dispositivo del usuario

Antes, las aplicaciones de cliente podían ejecutarse solo en equipos clásicos de escritorio y portátiles, pero Windows 8 ha traído a escena un nuevo tipo de dispositivo: la tableta. Este dispositivo se diferencia de los equipos de escritorio y portátiles principalmente porque acepta nuevos tipos de interacción. Puede llevarse la tableta, sujetarla entre sus manos horizontal o verticalmente y controlar las aplicaciones con gestos táctiles. Normalmente las tabletas tienen un conjunto de sensores integrados a los que pueden acceder sus aplicaciones para detectar la posición del dispositivo, la ubicación del usuario, el nivel de luz del entorno, etc.

> **Nota:** Aprenderá más sobre los sensores en el capítulo 12 del libro.

Windows 8 se puede ejecutar en una amplia variedad de dispositivos y su aplicación tiene que controlar sin problemas diversas características de los mismos. Aunque no se base en los sensores integrados, tiene que respetar al menos las distintas pantallas de los distintos dispositivos. Su aplicación tiene que adaptarse automáticamente a las cuatro características de la pantalla:

- **Tamaño:** Tamaño físico de la pantalla del dispositivo.
- **Resolución:** Número de píxeles en la pantalla. La resolución mínima para que estén habilitadas todas las opciones de Windows 8 es de al menos 1366x768 píxeles.
- **Orientación:** Indica cómo está sujetando el usuario su dispositivo, es decir, si está en modo vertical o en modo horizontal.
- **Modo:** En Windows 8, el usuario puede ejecutar aplicaciones estilo Windows 8 en pantalla completa o en pantalla acoplada. En pantalla completa, la aplicación ocupa toda la pantalla, mientras que el modo de pantalla acoplada la aplicación se acopla en una columna que tiene 320 píxeles de ancho hasta el borde de la pantalla.

Windows Runtime proporciona varias API para consultar los parámetros del dispositivo y reaccionar a los cambios de la pantalla. Para proporcionar al usuario la mejor interacción, una aplicación Windows 8 tiene que utilizar estas API para optimizar automáticamente las condiciones de presentación actuales. Cuando el usuario gira el dispositivo o cambia la aplicación desde el modo de pantalla completa al modo de pantalla acoplada, puede reubicar o redimensionar sus elementos de UI.

En el siguiente ejercicio va a crear un explorador de imágenes que se adapta automáticamente a los distintos tamaños de pantalla.

Ejercicio: Crear un diseño flexible

Antes de empezar el ejercicio, asegúrese de tener al menos diez archivos de imagen en su biblioteca de imágenes. Si necesita imágenes, puede encontrar algunas en la carpeta `C:\Windows\Web` de su equipo. Para aprender a crear una aplicación que reaccione a los cambios del tamaño de pantalla, siga estos pasos:

1. Abra Visual Studio 2012 haciendo clic en su icono en la pantalla Inicio.
2. Seleccione Archivo>Nuevo>Proyecto o pulse **Control-Mayús-N** para abrir el cuadro de diálogo Nuevo proyecto.
3. Seleccione Instalado>Plantillas>JavaScript>Tienda Windows del árbol del panel izquierdo y después seleccione el tipo de proyecto Aplicación vacía del panel central.
4. Haga clic en **Aceptar** para que Visual Studio cree una estructura de proyecto vacía y abra el archivo default.js en el editor de código.
5. Abra la ventana Explorador de soluciones seleccionando el elemento de menú Ver>Explorador de soluciones o pulsando **Control-Alt-L**.

6. En la ventana del explorador, haga doble clic con el botón sobre **default.html** para abrirlo en el editor de código.

7. Busque el contenido `<p>Aquí se debe incluir el contenido</p>` generado por la plantilla, entre las etiquetas `<body>` y `</body>` y reemplácelo con el siguiente código:

```
<div id="tmpl" data-win-control="WinJS.Binding.Template">
  <section>
     <img src="#" data-win-bind="src: url" />
     <div>
           <span class="name" data-win-bind="innerText: name"></span>
           <br />
        <span class="date" data-win-bind="innerText: date"></span>
     </div>
  </section>
</div>

<div id="host">
  <div id="lv" data-win-control="WinJS.UI.ListView"
     data-win-options="{ itemDataSource: data.items.dataSource,
           itemTemplate: select('#tmpl'),
           layout: {type: WinJS.UI.GridLayout} }" />
           </div>
```

8. Agregue el siguiente código justo antes de la etiqueta de cierre `</head>`:

```
<script src="/js/data.js"></script>
```

9. Haga clic en el icono **Guardar** de la barra de herramientas o **pulse Control-S** para guardar sus cambios.

10. En el **Explorador de soluciones**, haga doble clic en el archivo **default.css** dentro de la carpeta **css** para abrirlo en el editor de código.

11. Agregue el siguiente código al final del archivo:

```
#host {
  height: 100%;
  width: 100%;
}

#lv {
  height: 100%;
  width: 100%;
}

#lv .win-item {
  width: 410px;
  height: 350px;
  padding: 10px;
}

#lv .win-item img {
  width: 400px;
  height: 300px;
}
```

```
.name {
  font-weight: bold;
}

.date {
  font-size: small;
}
```

12. Haga clic en el icono **Guardar** de la barra de herramientas o pulse **Control-S** para guardar sus cambios.

13. En el Explorador de soluciones, haga clic con el botón derecho del ratón sobre la carpeta js y seleccione Agregar>Nuevo elemento. En el cuadro de diálogo Agregar nuevo elemento, seleccione Archivo JavaScript y escriba **data.js** en el cuadro de texto Nombre. Haga clic en **Agregar**.

14. Agregue el siguiente código en el archivo data.js:

```
(function () {
  "use strict";

  var images = new WinJS.Binding.List;
  var lib = Windows.Storage.KnownFolders.picturesLibrary;

  lib.getItemsAsync().then(function (items) {
     items.forEach(function (item) {
           if (item.isOfType(Windows.Storage.StorageItemTypes.file)) {
              images.push({
              url: URL.createObjectURL(item),
              name: item.name,
              date: item.dateCreated
           });
        }
     });
  });

  WinJS.Namespace.define ("data", {
     items: images
  });
})();
```

15. Haga clic en el botón **Guardar** en la barra de herramientas o pulse **Control-S** para guardar sus cambios.

16. Abra el Explorador de soluciones seleccionando Ver>Explorador de soluciones o pulsando **Control-Alt-L**. En la ventana del explorador, haga doble clic en el archivo package.appxmanifest para abrirlo en el editor de código.

17. En el editor de manifiestos, seleccione la ficha Capacidades y después seleccione la casilla Biblioteca de imágenes de la lista de Capacidades.

18. Inicie la aplicación seleccionando el icono **Simulador** de la barra de herramientas, que puede ver en la figura 6.12.

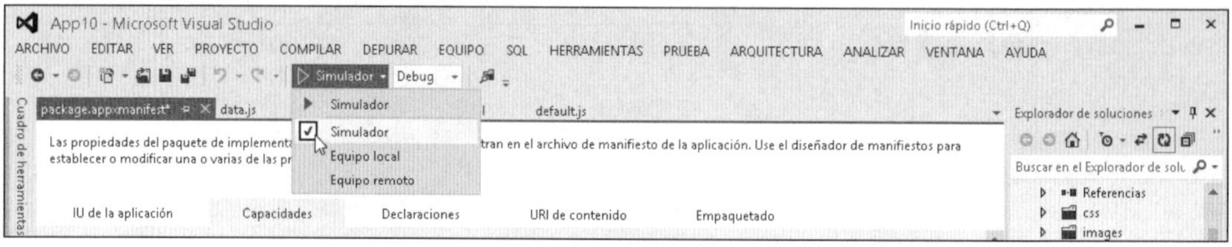

Figura 6.12. Iniciar la aplicación desde el Simulador.

En la figura 6.13 puede ver la ejecución de la aplicación.

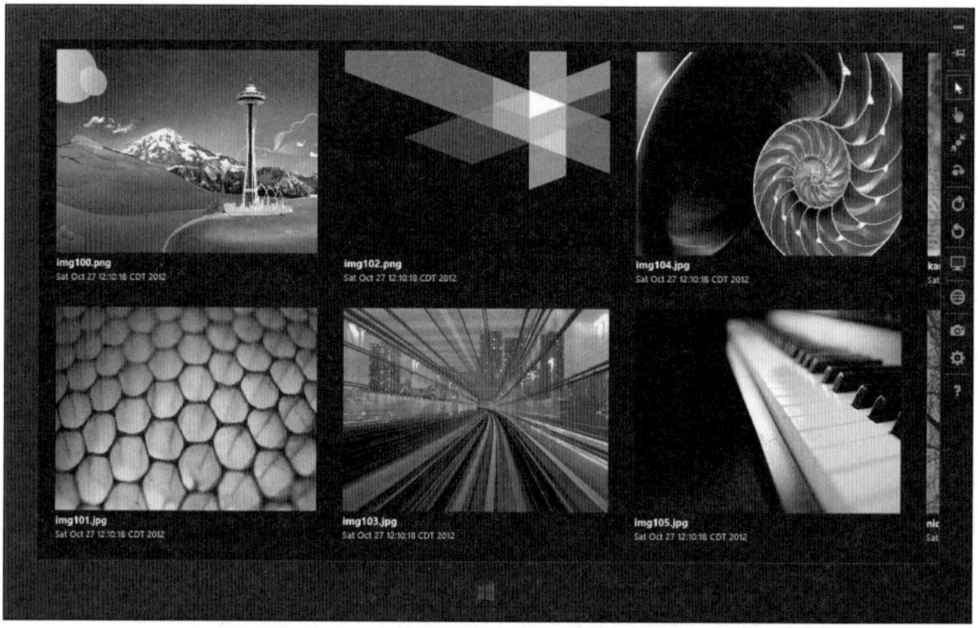

Figura 6.13. Aplicación del explorador de imágenes en el Simulador.

Observe que ahora puede desplazarse por la aplicación horizontalmente para ver todas las imágenes.

19. Utilice el icono de rotación (mostrado en la figura 6.14) para girar el Simular de modo horizontal a vertical. Puede ver la aplicación en modo vertical en la figura 6.15. Observe que aunque las imágenes se giran automáticamente, el diseño no es óptimo ya que la aplicación no utiliza toda la pantalla completa.

    Gire de nuevo la aplicación a modo horizontal utilizando los botones del panel derecho del Simulador.

20. Arrastre el borde superior de la aplicación y muévala a la izquierda de la pantalla (dentro del Simulador) para cambiar al modo acoplado, como puede ver en la figura 6.16.

Figura 6.14. Iconos de rotación en el Simulador.

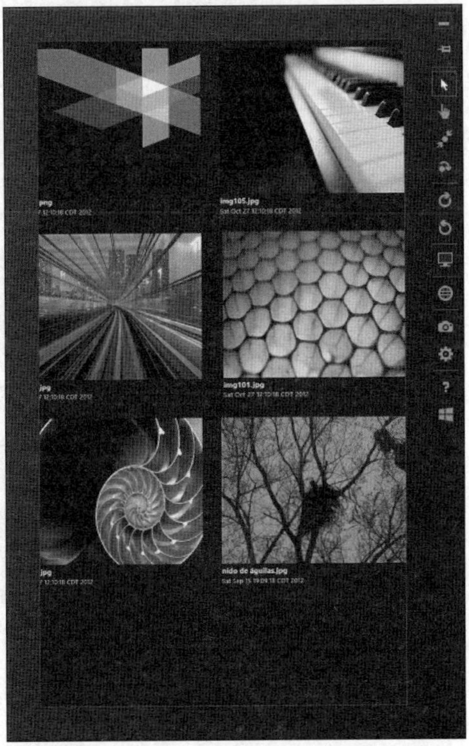

Figura 6.15. La aplicación en modo vertical.

Si la aplicación no cambia al modo acoplado, probablemente el Simulador se esté ejecutando en un modo de resolución muy bajo. Windows 8 requiere al menos una resolución de 1366x768 para admitir el modo acoplado. Puede utilizar el botón **Cambiar resolución** en forma de pantalla que se encuentra en el panel de botones del Simulador (véase la figura 6.17) para simular este tamaño de pantalla.

Observe que aunque la aplicación se ha adaptado automáticamente al modo acoplado, las imágenes son demasiado grandes y el desplazamiento por las mismas en la vista vertical no es muy cómodo.

Figura 6.16. La aplicación en modo acoplado.

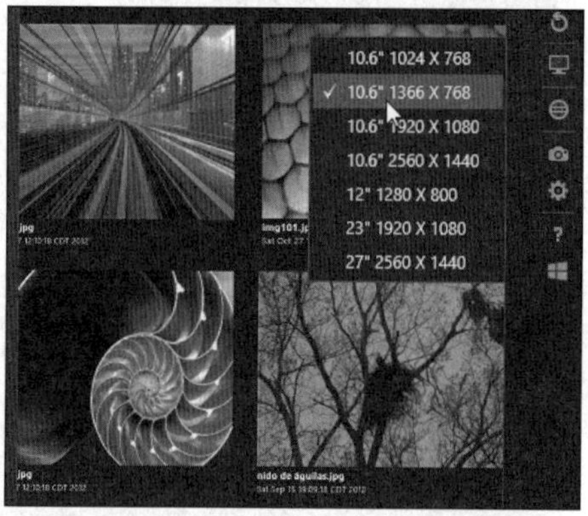

Figura 6.17. Cambiar resolución en el Simulador.

En los siguientes pasos va a optimizar la aplicación para que se adapte automáticamente a los modos vertical y acoplado.

21. Abra el archivo default.css en el Explorador de soluciones y añada el siguiente código al final del archivo:

```
@media screen and (-ms-view-state: snapped) {
  #lv .win-item {
     width: 100%;
     height: 210px;
     padding: 5px;
  }

     #lv .win-item img {
        width: 280px;
        height: 210px;
     }
```

```
    #lv .win-item div {
        display: none;
    }
}

@media screen and (-ms-view-state: fullscreen-portrait) {
    #lv .win-item {
        width: 100%;
        height: 310px;
    }

    #lv .win-item div {
        display: inline-block;
        margin-left: 10px;
        height: 300px;
        vertical-align: bottom;
        font-size: 20pt;
    }

    .date {
        font-size: 14pt;
    }
}
```

22. Abra el archivo **default.js** en el **Explorador de soluciones.** Busque la línea de código que empieza por `var activation` y agregue el siguiente código detrás:

```
var appView = Windows.UI.ViewManagement.ApplicationView;
var appViewState = Windows.UI.ViewManagement.ApplicationViewState;
```

23. Encuentre la línea de código `args.setPromise(WinJS.UI.processAll());` y reemplácela con el siguiente código:

```
args.setPromise(WinJS.UI.processAll().then(function () {
    window.addEventListener('resize', onResize);
}));
```

24. Busque la línea de código `line app.start();` y añada las siguientes dos funciones detrás:

```
function onResize(eventArgs) {
    refresh(appView.value);
}

function refresh(newViewState) {
    var newLayout;

    switch (newViewState) {
        case appViewState.snapped:
            newLayout = new WinJS.UI.ListLayout();
            break;
        case appViewState.filled:
            newLayout = new WinJS.UI.GridLayout();
            break;
        case appViewState.fullScreenLandscape:
            newLayout = new WinJS.UI.GridLayout();
```

```
            break;
        case appViewState.fullScreenPortrait:
            newLayout = new WinJS.UI.ListLayout();
            break;
    }
    var lv = document.getElementById('lv').winControl;
    WinJS.UI.setOptions(lv, {
        layout: newLayout
    });
}
```

25. Ejecute y pruebe la aplicación en modo horizontal, vertical y acoplado dentro del Simulador. Observe que ahora la aplicación adapta su diseño al modo de vista, como puede ver en las figura 6.18 y 6.19.

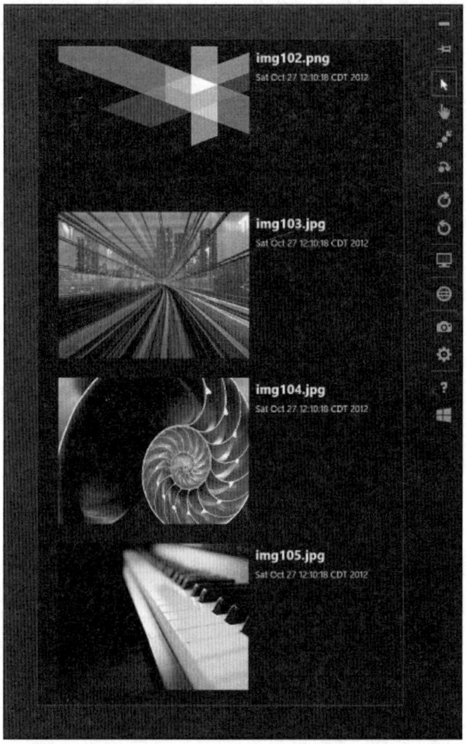

Figura 6.18. Diseño optimizado en modo vertical.

Cómo funciona

En este ejercicio ha creado una ampliación de explorador de imágenes muy similar a la creada en ejercicios anteriores. Sin embargo, esta versión respeta el dispositivo del usuario.

En el paso 7 ha creado la UI de la aplicación. Esta utiliza un control `WinJS.UI.ListView` para mostrar las imágenes de la biblioteca. Observe que los parámetros de configuración del control `ListView` establecen el atributo `data-win-options`:

- La propiedad `itemDataSource` configura el objeto de datos que se va a enlazar al control `ListView`. Ha creado el objeto `data.items.dataSource` en el paso 14 dentro del archivo `data.js` que ha conectado a esta página en el paso 8.
- La propiedad `itemTemplate` apunta al elemento `div` encima de la lista `ListView` utilizado para definir el diseño y el contenido de todos los elementos de la lista.
- La propiedad `layout` es muy importante aquí ya que define el diseño de toda la lista. La opción predeterminada que establece aquí es el objeto `WinJS.UI.GridLayout` que proporciona un desplazamiento horizontal y reproduce los elementos en varias filas y columnas. Esta es la reproducción predeterminada que se utiliza en el modo horizontal.

Figura 6.19. Diseño optimizado en modo acoplado.

En el paso 11 ha utilizado CSS para definir la apariencia y percepción visual de su aplicación. Observe que ha hecho referencia al control `ListView` mediante su atributo `id` (`#lv`) y ha formateado los elementos de la lista con la clase integrada de CSS `.win-item` del control `ListView`.

En los pasos 13 y 14 ha creado el objeto de fuente de datos de `ListView`. El código es muy similar al que hemos visto anteriormente en el capítulo, pero esta vez está completamente aislado de otros elementos de la aplicación. La función de ejecución automática (observe los paréntesis en la parte inferior) proporciona una encapsulación del código y la función `define` en la última línea del código asegura que solo se publiquen los datos necesarios de este ámbito.

En los pasos 18 a 20 ha probado el comportamiento predeterminado de la aplicación. Windows 8 reproduce automáticamente su aplicación cuando cambia el estado de vista de la misma. No obstante, no sabe cómo utilizar la pantalla de forma efectiva. Esto es algo que tiene que hacer la aplicación.

En el paso 21 ha añadido dos conjuntos de reglas CSS que se envuelven en bloques `@media`. Estos bloques son consultas de medios que se basan en la propiedad `-ms-view-state` para aplicar las reglas CSS solo cuando la aplicación se encuentra en el modo vertical y acoplado. Las reglas CSS definidas en estas consultas de medios se añaden a las reglas definidas anteriormente sin ningún bloque de consulta de medios. Para el modo acoplado, se oculta el elemento `div` (que reproduce los textos) y las imágenes se escalan a 280x210 píxeles para encajar en el ancho de 320 píxeles del modo acoplado. Para el modo vertical, los textos se reproducen a la derecha de la imagen, y no debajo, con una fuente más grande.

Las consultas de medios son muy eficaces cuando se cambia la apariencia y percepción de la aplicación, pero no se pueden utilizar para cambiar su comportamiento. En este ejemplo ha tenido que añadir un código para cambiar la dirección del desplazamiento de `ListView` dependiendo del estado de la vista.

En el paso 24 ha añadido una función `refresh` que cambia el diseño de `ListView`, de `GridLayout` a `ListLayout`, ya que `GridLayout` proporciona un desplazamiento horizontal y `ListLayout` vertical, mucho mejor para los modos vertical y acoplado.

En el paso 23 se ha asegurado de que el diseño de la lista se actualice cuando el usuario cambie el tamaño de la pantalla de la aplicación. Para ello ha suscrito el controlador de evento `onResize` al evento `resize`.

Como ha podido comprobar en el ejercicio anterior, la creación de UI flexibles es muy fácil con HTML5 y CSS3 en Windows 8. Las consultas de medios proporcionan un método cómodo para cambiar la apariencia y percepción visual de su aplicación utilizando únicamente CSS, y Windows 8 proporciona eventos y varias API para ajustar con más detalle la aplicación en código JavaScript.

Desplazamiento y zoom

Los gestos táctiles constituyen el método principal para interactuar con las aplicaciones estilo Windows 8 en los modernos dispositivos de pantallas táctiles. La manipulación directa es una forma natural de controlar aplicaciones, pero solo si los gestos se utilizan de forma consistente en el sistema operativo en todas las aplicaciones. Microsoft ha realizado una profunda investigación para desarrollar el esquema de interacción táctil de Windows 8 y ha integrado la mejor implementación de control táctil dentro de su sistema operativo. Para asegurar que los gestos se controlan de forma consistente y óptima en cada aplicación, los controles en WinJS integran la compatibilidad con interacciones táctiles.

Debido a que en las pantallas pequeñas no cabe mucho contenido, las dos interacciones básicas son el desplazamiento y el zoom. Puede desplazarse por el contenido utilizando un gesto de deslizamiento y el zoom con un gesto de pinchar. Los usuarios enseguida se familiarizan con estos gestos ya que también pueden navegar dentro de la pantalla Inicio de Windows 8 y otras interfaces estilo Windows 8 con ellos.

En el siguiente ejercicio va a crear una aplicación de explorador de imágenes en la que podrá utilizar el zoom, la panorámica y el desplazamiento con gestos táctiles.

Ejercicio: Implementar zoom y panorámica

Para aprender a crear una aplicación en la que puede utilizar el zoom y la panorámica con gestos táctiles, siga estos pasos:

1. Abra Visual Studio 2012 haciendo clic en su icono en la pantalla Inicio.
2. Seleccione Archivo>Nuevo>Proyecto o pulse **Control-Mayús-N** para abrir el cuadro de diálogo Nuevo proyecto.
3. Seleccione Instalado>Plantillas>JavaScript>Tienda Windows del árbol del panel izquierdo y después seleccione el tipo de proyecto Aplicación vacía del panel central.
4. Haga clic en **Aceptar** para que Visual Studio cree una estructura de proyecto vacía y abra el archivo default.js en el editor de código.
5. Abra la carpeta `C:\Windows\Web\Wallpaper\Tierra` en el Explorador de archivos y copie los archivos `img1.jpg`, `img2.jpg`, `img3.jpg` e `img 4.jpg` en el portapapeles.
6. Vuelva a Visual Studio y abra el Explorador de soluciones seleccionando Ver>Explorador de soluciones o pulsando **Control-Alt-L.** Haga clic con el botón derecho del ratón en la carpeta images y seleccione Pegar.
7. En la ventana del explorador, haga doble clic en el archivo default.html para abrirlo en el editor de código.
8. Busque el contenido `<p>Aquí se debe incluir el contenido</p>` entre las etiquetas `<body>` y `</body>` y reemplácelo con el siguiente código:

```
<div class="step">
  <img src="images/img1.jpg" />
</div>
```

9. Haga doble clic en el archivo default.css de la carpeta css en el Explorador de soluciones para abrirlo en el editor de código. Agregue el siguiente código al final del archivo:

```
.step {
  overflow: auto;
  -ms-content-zooming: zoom;
  -ms-content-zoom-limit-min: 10%;
  -ms-content-zoom-limit-max: 500%;
  width: 100%;
  height: 100%;
}

  .step img {
     width: 100%;
     height: 100%;
  }
```

10. Inicie la aplicación seleccionando el botón **Simulador** en la barra de herramientas, como muestra la figura 6.20.

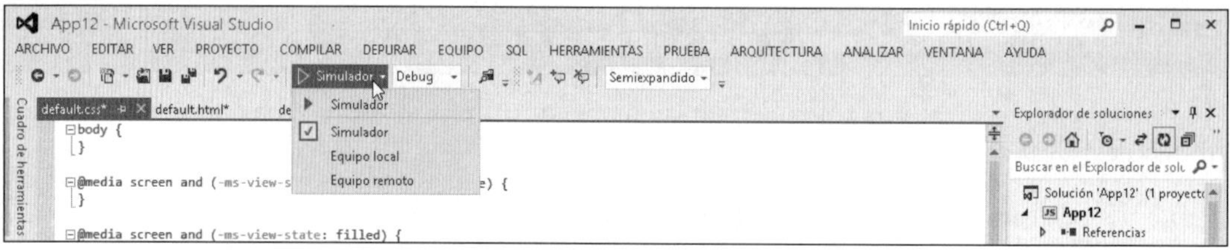

Figura 6.20. Diseño optimizado en modo acoplado.

Si tiene un dispositivo que admite gestos táctiles, también puede ejecutar la aplicación sin el Simulador, pero si su equipo solo admite ratón y teclado, el Simulador le ayudará a probar su aplicación y a simular diversos gestos táctiles.

11. En la parte derecha del Simulador hay botones que se pueden utilizar para simular los gestos táctiles. Si desplaza el ratón sobre ellos, aparecerá una sugerencia en pantalla, como puede ver en la figura 6.21.

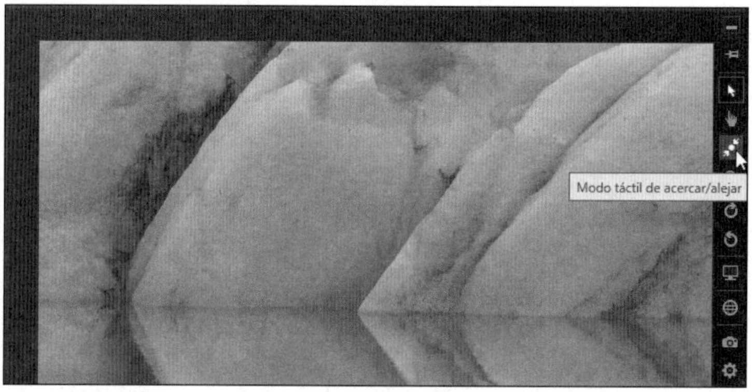

Figura 6.21. Botones táctiles en el Simulador.

12. Haga clic en el botón **Modo táctil de acercar/alejar** y desplace el ratón sobre la imagen mostrada por la aplicación. Mantenga pulsado el botón del ratón y gire la rueda del mismo para acercar y alejar la vista de la imagen.
13. Haga clic en el botón **Modo táctil básico** (el icono de la mano) y desplace el ratón sobre la aplicación. Mueva el ratón mientras mantiene pulsado el botón para ver una panorámica de la imagen alargada.

Cómo funciona

En este ejercicio ha creado una simple aplicación de visor de imágenes que le permite acercar y alejar la imagen además de entrar en la panorámica de la misma utilizando gestos táctiles.

En el paso 8 ha creado la sencilla UI de la aplicación. Observe que la imagen se muestra con una etiqueta img clásica, envuelta en un elemento `div`. Este elemento tiene una clase CSS denominada `step` que ha definido en el paso 9.

Ha implementado las opciones de zoom y panorámica utilizando solo CSS en el paso 9 para la clase `step`. Solo se requieren las declaraciones CSS `-ms-content-zooming: zoom` y `overflow: auto` para habilitar el zoom. Con las propiedades `-ms-content-zoom- limit -min` y `-ms-content-zoom- limit -max`, ha definido el nivel de zoom mínimo y máximo. El primero se requiere si quiere habilitar la reducción de la imagen porque el valor mínimo predeterminado del nivel es del 100 por ciento.

Como ha podido ver en el ejercicio anterior, implementar el zoom y la panorámica es muy fácil utilizando solo CSS. En el siguiente ejercicio, va a extender la aplicación anterior con desplazamiento.

Ejercicio: Implementar el desplazamiento

Para aprender a crear una aplicación en la que se pueda desplazar utilizando gestos táctiles:

1. Abra Visual Studio y la aplicación creada en el ejercicio anterior.
2. Abra el Explorador de soluciones seleccionando el elemento de menú Ver>Explorador de soluciones o pulsando **Control-Alt-L**.
3. En la ventana del explorador, haga doble clic en el archivo default.html para abrirlo en el editor de código.
4. Busque el elemento `<body>` y reemplace su contenido (el que añadió en el ejercicio anterior) con el siguiente código:

```
<div id="scroller">
   <div class="step">
      <img src="images/img1.jpg" />
   </div>
   <div class="step">
      <img src="images/img2.jpg" />
   </div>
   <div class="step">
      <img src="images/img3.jpg" />
   </div>
   <div class="step">
      <img src="images/img4.jpg" />
   </div>
</div>
```

5. Haga doble clic en el archivo default.css de la carpeta css en el Explorador de soluciones para abrirlo en el editor. Agregue el siguiente código al final del archivo:

```
#scroller {
   overflow: auto;
   display: -ms-flexbox;
   width: 100%;
   height: 100%;
}
```

6. Inicie la aplicación haciendo clic en el **Simulador** de la barra de herramientas. Haga clic en el botón **Modo táctil básico** en el panel derecho del Simulador para habilitar los gestos táctiles. Desplace el ratón sobre la imagen y después pulse el botón del ratón y mueva la imagen hacia la izquierda. Observe que la imagen se desplaza y aparece la siguiente imagen a la derecha.

7. Vuelva a Visual Studio y agregue las siguientes dos líneas de código a la regla de CSS `#scroller`:

   ```
   -ms-scroll-snap-type: mandatory;
   -ms-scroll-snap-points-x: snapInterval( 0%, 100% );
   ```

   En este momento, su código deber ser como el siguiente:

   ```
   #scroller {
     overflow: auto;
     display: -ms-box;
     width: 100%;
     height: 100%;
     -ms-scroll-snap-type: mandatory;
     -ms-scroll-snap-points-x: snapInterval( 0%, 100% );
   }
   ```

8. Inicie la aplicación en el **Simulador** y desplácese por las imágenes utilizando gestos táctiles. Observe que ahora siempre puede ver una imagen completa ya que el desplazamiento se ha acoplado a los límites de la imagen. También puede comprobar que siguen funcionando las opciones de zoom y panorámica creadas en el ejercicio anterior.

Cómo funciona

En este ejercicio ha extendido la aplicación de visor de imágenes creada anteriormente añadiendo las opciones de desplazamiento para poder utilizar los gestos táctiles para cambiar entre las distintas imágenes.

En el paso 4 ha cambiado la UI de la aplicación para mostrar no solo una imagen sino cuatro de ellas. Las imágenes se envuelven de forma independiente en elementos `div` separados con la clase de CSS `step` añadida, que proporciona las opciones de zoom del ejercicio anterior. Las cuatro imágenes se envuelven en un elemento `div` exterior denominado `scroller` que proporciona la funcionalidad de desplazamiento.

En el paso 5 ha configurado el elemento `scroller div` en CSS. Para implementar el desplazamiento, ha añadido las reglas de CSS `overflow: auto` y `display: -ms-box`. Con estas dos reglas, el `div` se convierte en deslizante utilizando gestos táctiles.

En el paso 4 ha configurado el comportamiento de desplazamiento. Al establecer la propiedad `-ms-scroll-snap-type` en `mandatory`, ha definido que el desplazamiento se ajuste siempre para que se acople en un punto. El punto de acoplamiento que se selecciona es el más cercano a la posición en que se detendría el desplazamiento de forma natural.

En la propiedad `-ms-scroll-snap-points-x`, ha definido dónde se localizan los puntos de acoplamiento en el eje x. El elemento `0%` indica el borde izquierdo y `100%` el borde derecho de la imagen. `snapInterval` define que la distancia especificada debe repetirse por el eje x.

Elementos gráficos de lienzo en aplicaciones estilo Windows 8

Muchas aplicaciones requieren una superficie de dibujo, donde los usuarios puedan pintar formas personalizadas, reproducir texto y manipular imágenes en el momento. Este reto se ha resuelto durante mucho tiempo con el escritorio, pero en el explorador, el dibujo programático era un problema, antes de HTML5. HTML5 introduce el elemento `<canvas>`, que proporciona un área rectangular donde puede dibujar lo que quiera utilizando la API de dibujos del lienzo. Con el elemento `canvas` puede hacer lo siguiente:

- Dibujar formas.
- Rellenarlas con colores.
- Crear degradados y patrones.
- Reproducir textos e imágenes.
- Manipular píxeles.

En resumen, puede utilizar `canvas` para crear dinámicamente imágenes rasterizadas en JavaScript.

Es importante que tenga en cuenta que el elemento `canvas` se comporta como un lienzo real: recuerda solo la última imagen dibujada. Este elemento no admite capas, objetos ni controladores de eventos por lo que no puede manipular los elementos gráficos creados anteriormente. Si quiere modificar la imagen, tiene que volver a dibujar el lienzo.

El inconveniente de esta API de bajo nivel es que no puede añadirle fácilmente interactividad a sus dibujos. Por otro lado, este dibujo directo de imágenes es realmente rápido en los modernos exploradores Web. Estos también admiten la reproducción de hardware acelerado que agiliza aún más las operaciones del lienzo, y convierte a `canvas` en un anfitrión perfecto para aplicaciones y juegos que necesitan muchos elementos gráficos.

En Windows 8, puede utilizar la API de lienzo en sus aplicaciones estilo Windows 8. En el siguiente ejercicio, aprenderá los conceptos básicos de esta API mediante el dibujo de una cara sonriente en JavaScript.

Ejercicio: Dibujar en el lienzo de Windows 8

Para aprender a dibujar en el lienzo en una aplicación estilo Windows 8, siga estos pasos:

1. Abra Visual Studio 2012 haciendo clic en su icono en la pantalla Inicio.
2. Seleccione Archivo>Nuevo>Proyecto (o pulse **Control-Mayús-N**) para abrir el cuadro de diálogo Nuevo proyecto.
3. Seleccione Instalado>Plantillas>JavaScript>Tienda Windows del árbol del panel izquierdo y después seleccione el tipo de proyecto Aplicación vacía del panel central.

4. Haga clic en **Aceptar** para que Visual Studio cree una estructura de proyecto vacía.

5. Abra la ventana Explorador de soluciones seleccionando el elemento de menú Ver>Explorador de soluciones o pulsando **Control-Alt-L**. Haga doble clic en el archivo default.html para abrirlo en el editor de código.

6. Busque el contenido `<p>Aquí se debe incluir el contenido</p>` generado por la plantilla, entre las etiquetas `<body>` y `</body>` y reemplácelo con el siguiente código:

```
<canvas id="canvas" width="400" height="400"></canvas>
```

7. En la ventana del explorador, haga doble clic en el archivo default.css dentro de la carpeta css para abrirlo en el editor.

8. Agregue el siguiente código al final del archivo default.css:

```
canvas {
  background-color: White;
  border: 3px solid orange;
  margin: 15px;
}
```

9. En la ventana del explorador, haga doble clic en el archivo default.js dentro de la carpeta js para abrirlo en el editor.

10. Busque la línea que contiene `args.setPromise(WinJS.UI.processAll());` y agregue las siguientes líneas de código debajo de ella:

```
var canvas = document.getElementById('canvas');
var ctx = canvas.getContext('2d');
var line = '#000';
var head = '#ffff00';
var eye = '#fff';
var pupil = 'green';
var mouth = '#FF0000';
var nose = 'BLACK';

ctx.save();

ctx.shadowColor = "#999";
ctx.shadowBlur = 20;
ctx.shadowOffsetX = 5;
ctx.shadowOffsetY = 5;

ctx.fillStyle = head;
ctx.beginPath();
ctx.arc(200, 200, 100, 0, Math.PI * 2, false);
ctx.fill();

ctx.restore();

ctx.strokeStyle = line;
ctx.lineWidth = "2";
ctx.stroke();

ctx.strokeStyle = mouth;
```

```
ctx.beginPath();
ctx.moveTo(135, 225);
ctx.quadraticCurveTo(200, 285, 265, 225);
ctx.stroke();

ctx.moveTo(135, 225);
ctx.quadraticCurveTo(200, 310, 265, 225);
ctx.stroke();

ctx.strokeStyle = line;
ctx.fillStyle = eye;
ctx.lineWidth = '1';

ctx.beginPath();
ctx.arc(160, 160, 15, 0, Math.PI * 2, false);
ctx.stroke();
ctx.fill();

ctx.beginPath();
ctx.arc(240, 160, 15, 0, Math.PI * 2, false);
ctx.stroke();
ctx.fill();

ctx.fillStyle = pupil;
ctx.beginPath();
ctx.arc(162, 162, 6, 0, Math.PI * 2, false);
ctx.fill();

ctx.beginPath();
ctx.arc(238, 162, 6, 0, Math.PI * 2, false);
ctx.fill();

ctx.save();

ctx.fillStyle = nose;
ctx.translate(200, 190);
ctx.rotate(45 * Math.PI / 180);

ctx.beginPath();
ctx.fillRect(0, 0, 16, 16);
ctx.fill();

ctx.restore();

ctx.font = '48px Calibri';
var text = 'Smile!';
var textSize = ctx.measureText(text);
var textx = 200 - textSize.width / 2;
ctx.strokeText(text, textx, 360);
ctx.fillText(text, textx, 360);
```

11. Inicie la aplicación seleccionando el elemento de menú Depurar>Iniciar depuración o pulsando **F5**. Los resultados deberían parecerse a los mostrados en la figura 6.22.

Figura 6.22. Dibujo en el lienzo.

Cómo funciona

En este ejercicio ha creado una simple aplicación estilo Windows 8 que dibuja una cara sonriente en el lienzo.

En el paso 6 ha añadido el elemento `canvas` al marcado HTML que aloja el dibujo. Observe que ha especificado de forma explícita el ancho y el alto del elemento canvas en el marcado, algo muy inusual ya que, tal como ha aprendido anteriormente, CSS es un lugar mucho mejor para colocar este tipo de configuraciones de diseño.

Sin embargo, `canvas` no es un elemento usual. Los atributos `width` y `height` controlan el tamaño del espacio coordinado. Si faltan estos atributos, el espacio coordinado de `canvas` tiene una configuración predeterminada de 300 píxeles de ancho y 150 píxeles de alto. Después, cuando ha especificado el ancho y el alto del lienzo en CSS, se ha estirado el espacio coordinado de 300x150 píxeles al tamaño especificado, que normalmente ofrece un dibujo distorsionado. Para asegurarse de que el dibujo no se estira, debe definir el ancho y el alto en HTML. En este caso, el lienzo tiene 400 píxeles de ancho y 400 píxeles de alto.

En el paso 8 ha añadido las opciones de configuración CSS para el elemento `canvas`. Como puede ver, puede controlar los bordes, el color de fondo y el diseño del lienzo como en cualquier otro elemento HTML.

En el paso 10 ha añadido el código que reproduce el dibujo. Con las dos primeras líneas del código ha creado el objeto `context`, que expone la API que puede utilizar para dibujar en el lienzo.

A continuación, en las siguientes seis líneas de código que empiezan con `var`, ha definido los colores utilizados posteriormente para el estilo de rellenos y trazos. Tenga en cuenta que puede definir los colores de diversas maneras, utilizando sus nombres, sus códigos RGB, letras mayúsculas, letras minúsculas, etc.

Después, con la primera función `ctx.save()`, ha guardado el contexto actual del dibujo. Es algo requerido, ya que las siguientes líneas que empiezan por `ctx.shadow` cambian sus opciones de sombra. Como estas opciones de configuración son globales, todos los elementos las heredan posteriormente. El primer objeto que se dibuja es el círculo amarillo utilizando las funciones `arc` y `fill`. Como solo se requiere `shadow` para este objeto, el contexto original se restablece con la función `ctx.restore` después de dibujarse el círculo.

Las siguientes tres líneas de código dibujan una línea negra de 2 píxeles alrededor del círculo dibujado anteriormente:

```
ctx.strokeStyle = line;
ctx.lineWidth = "2";
ctx.stroke();
```

En el siguiente paso ha dibujado la boca con dos líneas. La primera función `quadraticCurveTo` ha dibujado el labio superior y la segunda el labio inferior.

Después de la boca, ha dibujado los ojos con cuatro círculos. Primero, el estilo de los ojos se establece en un color de relleno blanco y el trazo negro fino con las siguientes líneas:

```
ctx.strokeStyle = line;
ctx.fillStyle = eye;
ctx.lineWidth = '1';
```

Posteriormente ha dibujado los ojos izquierdo y derecho y después las pupilas izquierda y derecha.

Tras los ojos, ha dibujado la nariz. Esta es algo complicada porque es un rectángulo girado. Con la función `translate`, ha movido el origen del lienzo desde la esquina superior izquierda al centro de la ubicación de la nariz y después ha girado 45 grados el espacio coordinado con la función `rotate`. En este momento, el espacio coordinado se posiciona como muestra la figura 6.23.

Figura 6.23. Espacio de coordenadas trasladadas y giradas.

Como quería aplicar esta información solo al rectángulo de la nariz, se ha guardado el contexto antes de dibujarla y después se ha restablecido.

Con las últimas líneas de código ha mostrado el texto `Smile!` debajo de la cara. La función `face.measureText` es muy útil ya que puede utilizarla para calcular el ancho requerido para cualquier texto utilizando el tamaño de fuente y el tipo actualmente establecido en el contexto. En este ejemplo la ha utilizado para ubicar correctamente el texto en el centro horizontal del dibujo. Por último, con las funciones `strokeText` y `fillText`, ha reproducido el texto.

Utilizar la biblioteca de animación de Windows 8

La animación juega un papel muy importante en la plataforma Windows 8 porque da vida a las aplicaciones estilo Windows 8. Una buena animación no solo es bonita sino también mejora la interacción del usuario proporcionándole la confianza de saber lo que ha pasado o lo que va a pasar. Las animaciones forman parte del lenguaje de diseño de Windows 8.

Sin embargo, crear buenas animaciones es difícil. Aunque pueden añadir belleza y una personalidad única a su aplicación, tienen que ser consistentes en toda la plataforma para tener un propósito y no distraer al usuario. Además, en los dispositivos que dependen de la batería, las animaciones tienen que estar optimizadas y respetar totalmente el dispositivo del usuario.

Para responder a estos retos, Microsoft proporciona la Biblioteca de animación de Windows 8 que le ayuda a añadir animaciones optimizadas y consistentes a su aplicación estilo Windows 8. Esta biblioteca cubre los siguientes escenarios:

- Navegación de la aplicación.
- Contenido de la animación.
- Mostrar u ocultar elementos UI.
- Animar cambios de la colección.
- Animar selecciones.

Igual que otras muchas funciones dentro de WinJS, las animaciones también utilizan las promesas. Para proporcionar una interacción de usuario rápida y fluida, las animaciones se reproducen en un subproceso independiente y no bloquean la UI. Las funciones son todas asíncronas y devuelven objetos de promesas que puede utilizar para encadenar las animaciones. Internamente, las animaciones se crean en animaciones y transiciones basadas en el estándar CSS3 y utilizan de forma óptima las opciones de hardware del dispositivo.

En el siguiente ejercicio va a crear una aplicación estilo Windows 8 y a mejorar la interacción del usuario añadiendo las animaciones más comunes.

Ejercicio: Utilizar la Biblioteca de animaciones de Windows 8

Para aprender a utilizar la Biblioteca de animaciones de Windows 8 en una aplicación estilo Windows 8, siga estos pasos:

1. Abra Visual Studio 2012 haciendo clic en su icono en la pantalla Inicio.
2. Seleccione Archivo>Nuevo>Proyecto o pulse **Control-Mayús-N** para abrir el cuadro de diálogo Nuevo proyecto.
3. Seleccione Instalado>Plantillas>JavaScript>Tienda Windows del árbol del panel izquierdo y después seleccione el tipo de proyecto Aplicación vacía del panel central.
4. Haga clic en **Aceptar** para que Visual Studio cree una estructura de proyecto vacía y abra el archivo default.js en el editor de código.
5. Abra la ventana Explorador de soluciones seleccionando el elemento de menú Ver>Explorador de soluciones o pulsando **Control-Alt-L**. Haga doble clic sobre default.html para abrirlo en el editor de código.
6. Busque el contenido `<p>Aquí se debe incluir el contenido</p>` generado por la plantilla, entre las etiquetas `<body>` y `</body>` y reemplácelo con el siguiente código:

```
<h1>Animations</h1>

<h2>Content</h2>

<p id="content1">
  Lorem ipsum dolor sit amet, consectetuer adipiscing elit, sed diam nonummy nibh
  euismod tincidunt ut laoreet dolore magna aliquam erat volutpat. Ut wisi enim ad
  minim veniam, quis nostrud exerci tation ullamcorper suscipit lobortis nisl ut
  aliquip ex ea commodo szeretlek. Tucsok autem vel eum iriure dolor in hendrerit
  in vulputate velit esse molestie consequat, vel illum dolore eu feugiat nulla
  facilisis at vero eros et accumsan et iusto odio dignissim qui blandit praesent
  luptatum zzril delenit augue duis dolore te feugait nulla facilisi.
</p>

<p id="content2">
  At vero eos et accusamus et iusto odio dignissimos ducimus qui blanditiis
  praesentium voluptatum deleniti atque corrupti quos dolores et quas molestias
  excepturi sint occaecati cupiditate non provident, similique sunt in culpa qui
  officia deserunt mollitia animi, id est laborum et dolorum fuga. Et harum quidem
  rerum facilis est et expedita distinctio. Nam libero tempore, cum soluta nobis est
  eligendi optio cumque nihil impedit quo minus id quod maxime placeat facere
  possimus, omnis voluptas assumenda est, omnis dolor repellendus. Temporibus autem
  quibusdam et aut officiis debitis aut rerum necessitatibus saepe eveniet ut et
  voluptates repudiandae sint et molestiae non recusandae. Itaque earum rerum hic
  tenetur a sapiente delectus, ut aut reiciendis voluptatibus maiores alias
  consequatur aut perferendis doloribus asperiores repellat.
</p>

<button id="btnShow">Show content</button>
<button id="btnNext">Next content</button>
<button id="btnHide">Hide content</button>
```

```
<h2>Panels</h2>

<p>
  <button id="btnShowPanel">Show panel</button>
  <button id="btnHidePanel">Hide panel</button>
</p>

<div id="panel">
  <p>Hello from a side panel!</p>
</div>
```

Puede escribir cualquier contenido entre las etiquetas `<p>`. Por ejemplo, puede copiar y pegar el conocido texto marcador de posición Lorem ipsum (como en el código mostrado) desde `http://lipsum.com`.

7. En el **Explorador de soluciones**, haga doble clic en el archivo **default.css** dentro de la carpeta **css** para abrirlo en el editor.
8. Reemplace el contenido generado por la plantilla con el siguiente código:

```
body { margin: 15px; }
p { line-height: 1.8em; }
h2 { margin-top: 20px; }
#content1 { opacity: 0; }
#content2 { display: none; }
#btnNext { display: none; }
#btnHide { display: none; }

#panel
{
  position: fixed;
  right: 0px;
  top: 0px;
  width: 450px;
  height: 100%;
  background-color: #323232;
  opacity: 0;
  z-index: 1;
}

#panel p
{
  position: absolute;
  top: 45%;
  text-align: center;
  width: 100%;
}
```

9. En el **Explorador de soluciones**, haga doble clic en el archivo **default.js** dentro de la carpeta **js** para abrirlo en el editor.
10. Busque la línea que contiene el comentario `Inicializar la aplicación aquí` y agregue detrás de ella las siguientes líneas de código:

```
var headings = document.querySelectorAll('h1, h2');
WinJS.UI.Animation.enterPage(headings, { top: '100px', left: '500px' });

btnShow.addEventListener('click', onBtnShowClicked);
btnNext.addEventListener('click', onBtnNextClicked);
btnHide.addEventListener('click', onBtnHideClicked);

btnShowPanel.addEventListener('click', onBtnShowPanelClicked);
btnHidePanel.addEventListener('click', onBtnHidePanelClicked);
```

11. Desplácese hacia abajo e inserte el siguiente código después de la línea `app.start();`:

```
function onBtnShowClicked() {
  WinJS.UI.Animation.enterContent(content1);
  btnShow.style.display = 'none';
  btnNext.style.display = 'inline';
}

function onBtnNextClicked() {
  WinJS.UI.Animation.exitContent(content1).then(function() {
     content1.style.display = 'none';
     content2.style.display = 'block';
     btnNext.style.display = 'none';
     btnHide.style.display = 'inline';
     return WinJS.UI.Animation.enterContent(content2);
  });
}

function onBtnHideClicked() {
  WinJS.UI.Animation.exitContent(content2);
  content1.style.display = 'block';
  content2.style.display = 'none';
  btnShow.style.display = 'inline';
  btnNext.style.display = 'none';
  btnHide.style.display = 'none';
}

function onBtnShowPanelClicked() {
  panel.style.opacity = '1';
  WinJS.UI.Animation.showPanel(panel);
}

function onBtnHidePanelClicked() {
  WinJS.UI.Animation.hidePanel(panel).then(function () {
     panel.style.opacity = '0';
  });
}
```

Inicie la aplicación haciendo clic en el elemento de menú Depurar>Iniciar depuración o pulsando **F5**. Observe que los títulos vuelan a sus posiciones finales desde la esquina inferior derecha cuando se inicia la aplicación.

12. Haga clic en el botón **Show content** (Mostrar contenido). Observe como el párrafo de texto no aparece inmediatamente sino que se desvanece y flota hasta su posición final.

13. Haga clic en el botón **Next content** (Siguiente contenido). Observe como el texto de párrafo cambia a un texto más largo y los controles en la página se mueven hacia abajo para dar a la pantalla suficiente estado real para el nuevo contenido.
14. Haga clic en el botón **Show panel** (Mostrar panel). Observe como vuela un panel estrecho desde la derecha sin cambiar el orden del contenido en la página (véase la figura 6.24).

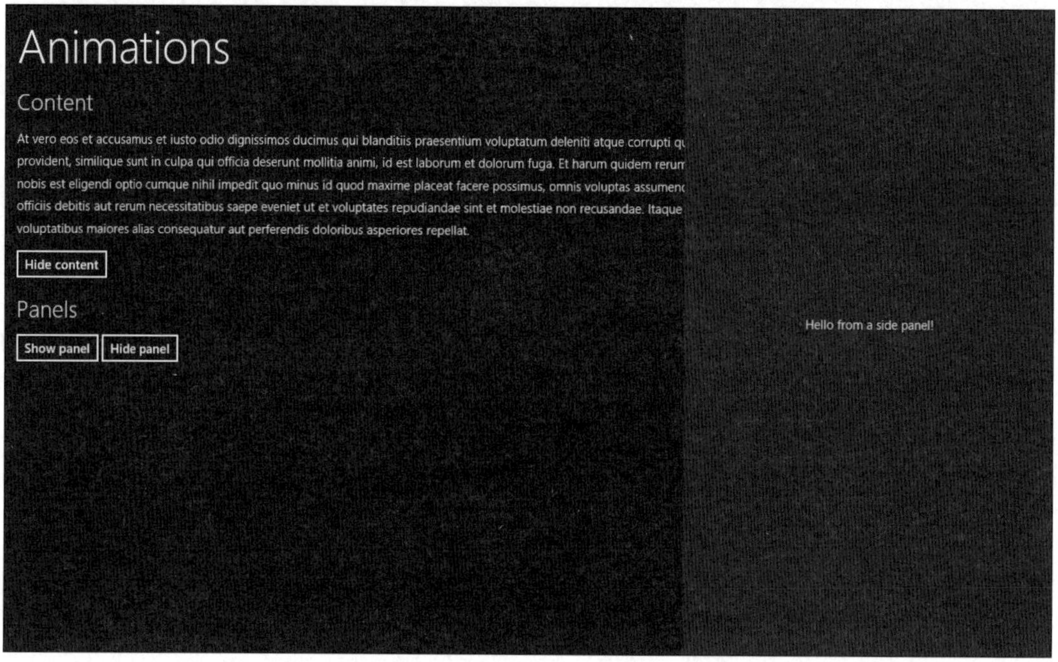

Figura 6.24. Ejemplo de animaciones.

15. Haga clic en el botón **Hide panel** (Ocultar panel) para ocultar el panel.
16. Haga clic en el botón **Hide content** (Ocultar contenido) para ocultar el texto del párrafo y devolver la aplicación a su estado inicial.

Cómo funciona

En este ejercicio ha creado una simple aplicación estilo Windows 8 que demuestra algunas animaciones básicas que utilizan la Biblioteca de animaciones de Windows 8.

En el paso 6 ha creado el marcado básico de la aplicación. Observe lo siguiente en el HTML:

- Una etiqueta `h1` y dos `h2` que reproducen el título y los encabezados de la aplicación.
- Dos etiquetas `p` con el contenido que se anima al hacer clic en los botones **Show content**, **Next content** y **Hide content**. El primer párrafo se muestra cuando se inicia la aplicación y cambia al segundo párrafo al hacer clic en el botón **Next content**.

- Los botones se reproducen utilizando elementos `button`.
- El panel derecho se crea utilizando un elemento `div`.
- La mayoría de los elementos tienen un atributo `id` para que se pueda acceder a ellos de forma única desde un código JavaScript y CSS.

En el paso 8 ha establecido la apariencia visual de los elementos de la página utilizando CSS. Ha utilizado la declaración de CSS `display:none` para ocultar totalmente los elementos y la declaración `opacity: 0` para que los elementos sean invisibles. La diferencia entre las dos es que los elementos invisibles siguen consumiendo espacio en pantalla, mientras que los elementos ocultos se eliminan completamente de la UI, dejando así más espacio para otros elementos.

Observe cómo se transforma `panel div` en un cuadro a altura completa en la parte derecha de la página utilizando las propiedades `position`, `right`, `top`, `width` y `height`. La propiedad `z-index` asegura que el panel se reproduce en otra capa sobre el resto de elementos de la UI.

En el paso 10 ha agregado un código que se ejecuta cuando se inicia la aplicación.

La primera línea de código crea una lista JavaScript con todos los encabezados (elementos `h1` y `h2`) en la página. La segunda línea anima dichos elementos utilizando la animación `enterPage` de la Biblioteca de animaciones de Windows 8. El segundo parámetro de la función `enterPage` establece el desplazamiento desde donde tienen que volar los encabezados hasta sus posiciones finales. En este caso, los encabezados aparecen a 500 píxeles a la derecha y 100 píxeles a la izquierda hacia abajo, desde sus posiciones finales cuando se carga la página y después, la animación `enterPage` los mueve a la posición definida en HTML y CSS. Esta configuración de desplazamiento la utilizamos aquí solo por motivos de demostración. Microsoft recomienda establecer el parámetro `offset` en `null` para crear animaciones estilo Windows 8.

Las siguientes cinco líneas de código en el código de inicialización de la aplicación añaden las funciones de controlador de evento al evento `click` de los botones de la página. No se puede acceder directamente a objetos HTML en la página sin llamar a `document.getElementById` mediante el uso de sus `id` definidos en el marcado HTML.

En el paso 11 ha implementado las funciones de controlador de evento que se ejecutan cuando el usuario hace clic en los botones de la UI.

Ha utilizado la propiedad `style.display` para mostrar u ocultar los elementos de la UI. Si se establece esta propiedad en `' none '`, se oculta el elemento. Si se establece en `' inline '` o en `' block '`, se muestran los elementos en línea o de bloque, según corresponda. La propiedad `style.opacity` se comporta de forma muy similar. Al establecerla en `0`, el elemento se hace invisible. Al establecerla en `1`, el elemento vuelve a ser visible.

Cuando hace clic en el botón **Show content**, se llama a la función `onBtnShowClicked`, que inicia la animación de `enterContent` para el texto del párrafo, oculta el botón **Show content** y muestra el botón **Next content**. Como la función `enterContent` inicia la animación de forma asíncrona, los botones se cambian mientras el texto sigue su animación. Los efectos son simultáneos.

Al hacer clic en el botón **Next content**, se llama a la función `onBtnNextClicked`. Este controlador de evento inicia de forma asíncrona la animación de `exitContent` y utiliza la función `then` para ejecutar un código adicional cuando se ha completado la animación. Después de que se desvanece el primer texto de párrafo, se oculta el botón **Next content** y se muestra el botón **Hide content**. Por último, se inicia la animación `enterContent`, que desvanece el segundo párrafo.

Al hacer clic en el botón **Hide content**, se llama a la función `onBtnHideClicked`, que utiliza la animación `exitContent` y la propiedad `style.display` para restablecer los elementos a su estado original.

Al hacer clic en el botón **Show panel** y en el botón **Hide panel**, se llama a las funciones `onBtnShowPanelClicked` y `onBtnHidePanelClicked`, respectivamente. Al hacer clic en el botón **Show panel** se inicia la animación `showPanel` y el panel vuela desde la parte derecha de la pantalla. Al hacer clic en el botón **Hide panel**, la animación hace volar el panel fuera de la pantalla. Aquí puede ver otro ejemplo del encadenado de efectos al utilizar la función `then`. El panel se hace invisible utilizando la propiedad `style.opacity` solo después de que haya desaparecido de la pantalla `hidePanel`.

Resumen

Se sabe que en el explorador, HTML, CSS y JavaScript son códigos apropiados para crear aplicaciones reales. En los pasados años, las técnicas y prácticas han evolucionado y los desarrolladores Web también están preparados para implementar soluciones complejas utilizando patrones con HTML y JavaScript. Con Windows 8, Microsoft abre la plataforma de desarrollo Windows a los desarrolladores Web permitiéndoles reutilizar sus conocimientos y desarrollar aplicaciones estilo Windows 8. Las mismas tecnologías que activan todos los sitios Web son ahora componentes esenciales también en el cliente.

Las funciones y servicios de Windows Runtime se encuentran disponibles para las aplicaciones JavaScript. Un componente específico, la Biblioteca de Windows para JavaScript (WinJS), asegura que los desarrolladores de JavaScript pueden acceder a esas funciones y servicios de una manera natural, independientemente de las características y limitaciones del lenguaje.

Además, esta biblioteca proporciona funciones de ayuda para las tareas de codificación más comunes que facilitan la vida de los desarrolladores. Con los controles de WinJS, puede crear rápidamente aplicaciones estilo Windows 8 que pueden administrar datos con facilidad utilizando el enlazado de datos declarativo o el programático. La Biblioteca de animaciones de Windows 8 le ayuda a añadir belleza, energía, movimiento y personalidad a sus aplicaciones a través de animaciones optimizadas para el dispositivo.

Ejercicios

1. ¿Cuáles son los cuatro grupos en los que se pueden clasificar los nuevos elementos de HTML5?
2. ¿Qué es la Biblioteca de Windows para JavaScript (WinJS)?

3. ¿Qué es el enlazado de datos?
4. ¿Qué son las consultas de medios CSS?
5. ¿Por qué debe utilizar la Biblioteca de animaciones de Windows 8 en lugar de implementar sus propias animaciones en JavaScript?

> **Nota:** Las respuestas a los ejercicios se encuentran en el apéndice A del libro.

Qué ha aprendido en este capítulo

- **HTML5:** Es la próxima generación del estándar de Lenguaje de marcado de hipertextos que le permite crear aplicaciones de Internet completamente funcionales en el explorador.
- **Biblioteca Windows para JavaScript (WinJS):** Es una biblioteca de códigos JavaScript que publica opciones de nivel del sistema y funciones de ayuda para crear patrones de codificación comunes y simplificar la creación de aplicaciones estilo Windows 8 en JavaScript.
- **document.getElementById y document.getElementsbyTagName:** Con estas funciones puede obtener referencias a elementos `DOM` en código JavaScript.
- **addEventListener:** Con esta función puede añadir una función a un elemento `DOM` para que reaccione a las acciones del usuario.
- **Enlazado simple:** Es un tipo de enlazado de datos que conecta un solo valor de datos a un solo elemento de la UI.
- **Enlazado de lista:** Es un tipo de enlazado de datos que conecta una matriz de valores a un elemento UI complejo que puede controlar múltiples valores en una lista o tabla.
- **WinJS.UI.ListView:** `ListView` es un control de WinJS que proporciona comportamientos de listado estándar en aplicaciones estilo Windows 8.
- **@media:** Es una palabra clave que introduce una consulta de medios CSS que se puede utilizar para ajustar los selectores CSS a los dispositivos con opciones específicas.
- **Acoplado**: El modo acoplado es uno de los modos de presentación de las aplicaciones estilo Windows 8. En este modo, la aplicación se acopla al borde de la pantalla en un marco de 320 píxeles de ancho.
- **canvas:** Es un elemento HTML que permite crear gráficos rasterizados con JavaScript.

7

Utilizar XAML para crear interfaces de usuario estilo Windows 8

En este capítulo aprenderá a:

- Conocer qué es XAML y utilizarlo para describir la interfaz del usuario.
- Conocer el mecanismo de administración del diseño.
- Saber cuáles son los recursos y cómo compartirlos en la aplicación.
- Conocer los controles básicos que puede utilizar en aplicaciones estilo Windows 8.
- Familiarizarse con el motor de enlace de datos en aplicaciones estilo Windows 8.

Para desarrollar los ejemplos de este capítulo, puede optar por introducir manualmente el código o utilizar los archivos de código fuente que acompañan al libro.

En este capítulo aprenderá los elementos fundamentales del desarrollo de aplicaciones estilo Windows 8 con el Lenguaje de marcado de aplicaciones extensible (XAML, *eXtensible Application Markup Language*). Empezaremos con una descripción de cómo funciona la administración del diseño y a crear elementos reutilizables con recursos para seguir con una introducción de los controles básicos y la animación y la estructura de medios admitida en las aplicaciones estilo Windows 8. Al final del capítulo habrá aprendido a cambiar el estilo de la interfaz del usuario (UI, *User Interface*) con estilos y plantillas y se familiarizará con escenarios de enlace de datos.

Describir la interfaz del usuario con XAML

Hace un par de años, la funcionalidad era lo que importaba. Los usuarios estaban contentos simplemente al completar una tarea utilizando su herramienta favorita. Aunque la herramienta no fuese fácil de usar, los desarrolladores de la misma seguían siendo competitivos en el mercado.

Al desarrollar aplicaciones de nueva generación, tiene que adoptar nuevos requerimientos y estándares que sitúan más alta la barra en cuanto a la interacción del usuario, innovación, creatividad y capacidad de respuesta. Hoy en día, las expectativas son mayores. Un producto competitivo tiene que ofrecer una interacción de usuario extraordinaria en función de su utilidad, diseño visual, contenido y representación de datos. El santo grial del diseño del software actual es crear un producto que adoren los usuarios.

Estos nuevos requerimientos han cambiado bastante la necesidad de las herramientas y las tecnologías. No hace mucho, los formularios de Windows constituían la tecnología UI más popular para el desarrollador en Microsoft. A los desarrolladores les gustaban los formularios porque eran muy fáciles de usar y se trataba de una tecnología productiva para crear aplicaciones de cliente Windows. Los requerimientos funcionales se cumplían relativamente de una manera fácil.

Pero los nuevos requerimientos actuales han hecho que los formularios de Windows queden obsoletos. Aunque constituían una tecnología efectiva, tenían un gran inconveniente: un modelo de controles muy rígido. Para cambiar la apariencia visual de un control, como un botón o un control de lista, se requería mucho trabajo. Diseñar interacciones del usuario innovadoras con ellos parecía casi imposible o, al menos, muy difícil de conseguir.

> **Nota:** Al diseñar interfaces de usuario, primero tiene que definir el diseño de su pantalla con paneles. Después tiene que colocar controles en los paneles, como botones, otros controles que presentan listas o lo que quiera. Debe crear un diseño que controle diferentes resoluciones y proporciones de aspecto de los dispositivos de presentación. Tras colocar los elementos básicos, puede utilizar animaciones y alguna personalización visual para mejora la apariencia de su aplicación.

Los formularios de Windows eran la única tecnología que sufría de estos síntomas. Muchas otras tecnologías de Microsoft (y que no eran Microsoft) compartían la misma suerte.

Microsoft se dio cuenta enseguida de esto y en .NET Framework 3.0 lanzó una tecnología nueva denominada Windows Presentation Foundation (WPF). WPF se diseñó para permitir a los desarrolladores crear cualquier UI con la libertad de crear experiencias innovadoras. Esta tecnología introdujo conceptos nuevos muy importantes:

- **Un nuevo modelo de controles**: WPF divide los controles en dos categorías principales: controles que no tienen elementos secundarios y controles que tienen muchos elementos secundarios (aprenderá más sobre los controles y su uso más adelante en este capítulo). Y, en resumen, esto es casi todo lo que incluye WPF. Por ejemplo, puede tener un control `Button` y colocar otro control `Button` dentro de él. Después, puede añadir un `ListBox` dentro del `Button` interior. Evidentemente, esto no tiene mucho sentido, pero demuestra la flexibilidad del nuevo modelo de controles introducido en WPF.
- **Interfaz de usuario declarativa:** WPF incluye una nueva forma de describir la UI. Ya no es necesario escribir código y lógica para crear la UI. Puede hacerlo de forma declarativa con un lenguaje XML denominado Lenguaje de marcado de aplicaciones extensible (XAML, *eXtensible Application Markup Language*). Si alguna vez ha desarrollado páginas Web utilizando el Lenguaje de marcado de hipertexto (HTML, *HyperText Markup Language*), este concepto le resultará muy familiar.
- **Gráficos vectoriales:** WPF introduce una UI que incorpora gráficos vectoriales, los cuales utilizan matemáticas para reproducir el contenido, en lugar de píxeles. Estos elementos se componen de curvas, líneas y puntos, lo que significa que, con diferentes resoluciones y valores de puntos por pulgada (DPI, *dotsper-inch*), la UI sigue siendo visualmente agradable. El escalado de aumento o de reducción se puede ejecutar fácilmente sin perder calidad. En las UI de XAML siempre puede ver fuentes y dibujos limpios y perfectos.
- **Estilos y plantillas:** Los nuevos controles se crean a partir de formas primitivas y básicas. Estos pequeños elementos visuales componen el árbol visual de los controles. Con las plantillas y los estilos puede cambiar o reemplazar completamente el árbol visual de cualquier control a la vez que sigue manteniendo toda la funcionalidad representada por dicho control.

Estos nuevos conceptos tuvieron mucho éxito por lo que Microsoft decidió crear una nueva tecnología Web compatible con el desarrollo de XAML. El nombre en clave del proyecto fue WPF Everywhere (WPF/E), y posteriormente se introdujo al público como Silverlight. XAML se convirtió estratégicamente en algo muy importante para Microsoft. Actualmente, XAML se encuentra en todos los productos Microsoft. Se puede utilizar XAML para crear aplicaciones WPF, Silverlight o Windows Phone. De hecho, XAML se utiliza en Windows Workflow Foundation (WF) 4.0 para definir flujos de trabajo de larga duración y mostrarlos visualmente.

Al desarrollar aplicaciones estilo Windows 8, puede elegir entre dos tecnologías diferentes: puede crear la UI con HTML5 y JavaScript o puede elegir utilizar XAML.

XAML es tan solo un documento XML; nada más. Un analizador sintáctico muy potente procesa los elementos de este documento, lo que significa que, independientemente de lo que agregue a este documento, se creará una instancia de él. La sintaxis es muy directa. En general, proviene de la especificación XML, pero algunas buenas adiciones hacen que XAML sea más eficaz.

En el siguiente código de ejemplo se crea un control de botón, `Button`, y su propiedad de contenido, `Content`, se establece en `Hello XAML` (Hola XAML). Puede establecer las propiedades de los objetos utilizando la sintaxis de atributos. Al utilizar esta solución, los atributos en el elemento XAML se asignan a propiedades en el propio objeto.

```
<Button Content="Hello XAML"/>
```

El siguiente código crea un rectángulo con un pincel degradado. Podría especificar fácilmente un color simple como White o Black utilizando la sintaxis de atributos. Sin embargo, si quiere rellenar el rectángulo con un color más complejo, un pincel de degradado sería una opción perfecta. Esta solución contiene una lista de puntos de degradado que definen los colores que aparecen en el pincel de degradado. Tendrá que cambiar a una sintaxis diferente denominada sintaxis de propiedades para describir la asignación de este valor complejo. En el siguiente ejemplo, la propiedad Fill del rectángulo se establece en LinearGradientBrush:

```
<Rectangle Width="100" Height="100">
   <Rectangle.Fill>
      <LinearGradientBrush EndPoint="0.5,1" StartPoint="0.5,0">
         <GradientStop Color="Black"/>
         <GradientStop Color="#FF1875AA" Offset="1"/>
      </LinearGradientBrush>
   </Rectangle.Fill>
</Rectangle>
```

El siguiente código demuestra el uso de las extensiones del marcado. Más adelante en el capítulo examinaremos los enlaces, los recursos y las referencias a otros objetos. Estas opciones se encuentran disponibles a través de las extensiones del marcado, las cuales requieren una sintaxis especial con llaves de apertura y de cierre, como puede ver a continuación:

```
<TextBlock Text="{Binding FirstName}" Foreground="{StaticResource whiteBrush}"/>
```

En este momento no debe preocuparse acerca de lo que significa este código. Lo único que tiene que hacer es familiarizarse con la sintaxis de XAML.

Utilizar espacios de nombre

Si ha creado aplicaciones en lenguajes orientados a objetos, ya sabe que pueden coexistir distintos componentes y controles con el mismo nombre, pero con distintos espacios de nombre. Un espacio de nombre es un contenedor lógico para su código y se ha diseñado para ayudarle a evitar conflictos de nombre entre los elementos. Esta no es una especifican solo de XAML. La especificación del estándar XML define los espacios de nombre y la sintaxis XML. Microsoft proporciona una opción adicional para asignar directamente espacios de nombre del entorno en tiempo de ejecución del lenguaje común (CLR, *Common Language Runtime*).

Cuando agrega un elemento XAML al documento, el analizador sintáctico XAML intenta resolver de forma predeterminada este tipo en el espacio de nombre predeterminado. Si el tipo se ubica en un espacio de nombre diferente, tiene que hacer referencia de forma explícita a ese espacio de nombre utilizando el atributo xmlns:prefix. El prefijo x sirve como un acceso directo a todo el espacio de nombre. Por tanto, si quiere hacer referencia a un objeto desde un espacio de nombre específico, tiene que hacerlo como prefijo:MiControl, siendo prefijo el nombre personalizado del acceso directo a ese espacio de nombre específico.

El espacio de nombre predeterminado es una declaración xmlns sin un prefijo especificado. En las aplicaciones estilo Windows 8, el espacio de nombres predeterminado en XAML es http://schemas.microsoft.com/winfx/2006/xaml/presentation, que se asigna directamente al espacio de nombre `Windows.UI.Xaml.Controls`. Aquí es donde se localizan todos los controles básicos. En el siguiente ejercicio aprenderá a crear su primera aplicación estilo Windows 8 con XAML.

Ejercicio: Crear la aplicación GreetMe con XAML

En este ejercicio va a crear una simple aplicación estilo Windows 8 utilizando XAML. Va a colocar un control `Button` en la UI y a controlar su evento `Click`. Cuando se active el evento, enviará un mensaje de saludo al usuario.

1. Abra Visual Studio 2012 y cree un proyecto de aplicación estilo Windows 8 con el nombre **GreetMeApplication**.
2. Cuando se cargue el proyecto, asegúrese de que está editando actualmente el archivo MainPage.xaml.
3. Para agregar un control `Button` a la UI, localice el panel `Grid` que tiene el nombre `LayoutRoot` y agregue el siguiente código dentro del elemento `Grid`:

```
<StackPanel HorizontalAlignment="Center" VerticalAlignment="Center"
      Orientation="Horizontal">
   <TextBlock Text="Your name: "/>
   <TextBox x:Name="txtName" Text="" Width="200" Margin="8,0,8,0"/>
   <Button Content="Greet Me" />
</StackPanel>
```

4. Para suscribir el evento `Click` del control `Button`, cambie la declaración de `Button` con el siguiente código:

```
<Button Content="Greet Me" Click="Button_Click"/>
```

5. Para escribir el controlador de evento para el evento `Click`, haga clic con el botón derecho del ratón sobre MainPage.xaml en el Explorador de soluciones y seleccione Ver código. Se abrirá un nuevo archivo denominado MainPage.xaml.cs en el editor de código. Agregue el siguiente código dentro de la clase `MainPage`:

```
private void Button_Click(object sender, RoutedEventArgs e)
{
   var dialog = new Windows.UI.Popups.MessageDialog("Hello "+ txtName.Text );
   dialog.ShowAsync();
}
```

6. Ejecute la aplicación seleccionando Depurar>Iniciar depuración o pulsando **F5**. Escriba su nombre dentro del cuadro de texto y haga clic en el botón **GreetMe** (Salúdame). La figura 7.1 muestra el resultado.

Cómo funciona

Esta es una aplicación muy simple pero tiene mucho que aprender sobre ella. Al crear el proyecto en el paso 1, Visual Studio ha preparado la estructura del proyecto automáticamente. La figura 7.2 muestra la estructura creada en la ventana del Explorador de soluciones.

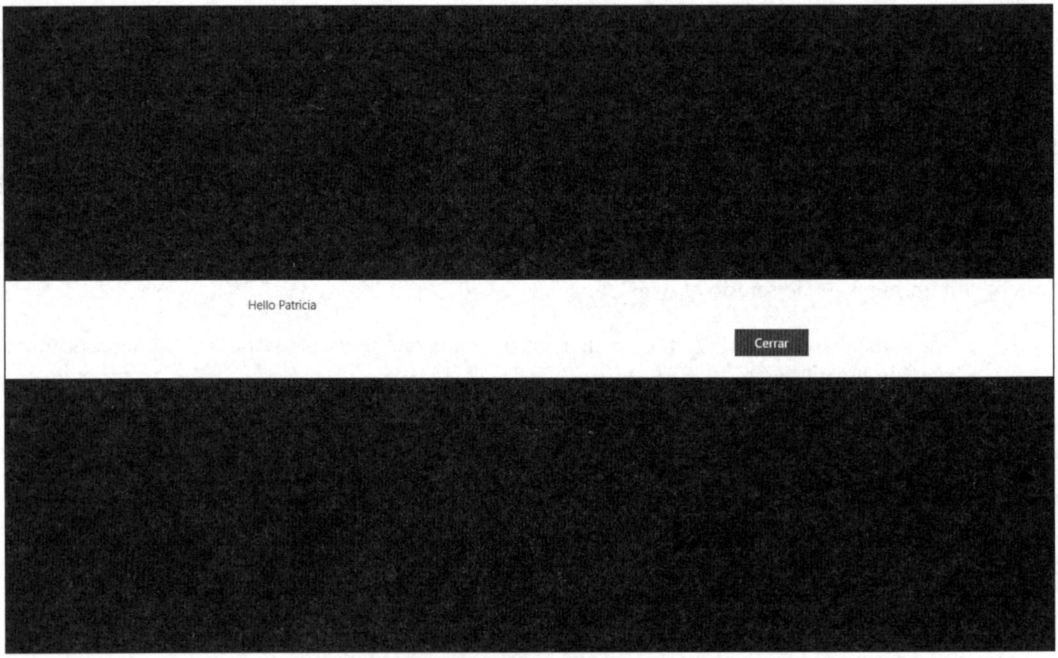

Figura 7.1. Ejecución de la aplicación GreetMe.

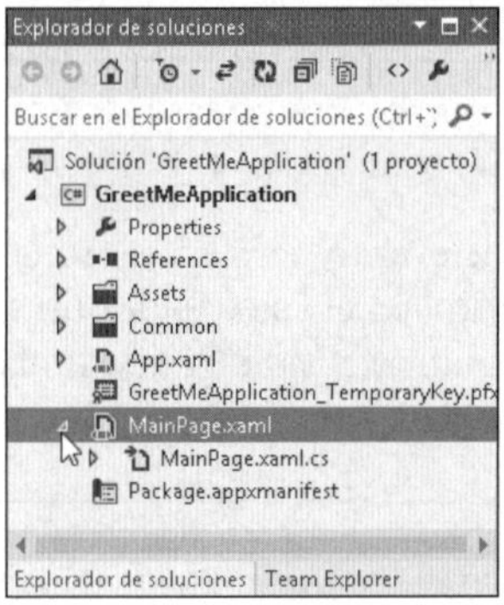

Figura 7.2. La estructura del proyecto en la ventana del Explorador de soluciones.

En la carpeta `Assets` puede ver algunos elementos gráficos para su aplicación, como logotipos e imágenes de capturas de pantalla. También tiene dos archivos XAML. Uno de ellos es `App.xaml`, que representa el objeto de la aplicación. Este objeto es el primero en crearse al ejecutar la aplicación. En `App.xaml` puede ver a partir del atributo `x:Class` que el objeto `Application` es `GreetMeApplication.App`. En el **Explorador de soluciones**, puede ver que debajo de `App.xaml` hay un archivo de código de respaldo (*code-behind*) denominado `App.xaml.cs`. Un archivo de código de respaldo contiene un código que se une a objetos con un marcado definido, en este caso, el objeto `App`. Si lo abre, verá el siguiente código:

```
sealed partial class App : Application
{

   public App()
   {
      this.InitializeComponent();
      this.Suspending += OnSuspending;
   }

   protected override void OnLaunched(LaunchActivatedEventArgs args)
   {
      // No repetir la inicialización de la aplicación si la ventana tiene contenido
      // todavía, solo asegurarse de que la ventana está activa.
      if (args.PreviousExecutionState == ApplicationExecutionState.Running)
      {
         Window.Current.Activate();
         return;
      }

      if (args.PreviousExecutionState == ApplicationExecutionState.Terminated)
      {
         //TODO: Cargar el estado de la aplicación suspendida previamente
      }

      // Poner el marco en la ventana actual.
      var rootFrame = new Frame();
      if (!rootFrame.Navigate(typeof(MainPage)))
      {
         throw new Exception("Failed to create initial page");
      }

      // Asegurarse de que la ventana actual está activa.
      Window.Current.Content = rootFrame;
      Window.Current.Activate();
   }

   private void OnSuspending(object sender, SuspendingEventArgs e)
   {

      var deferral = e.SuspendingOperation.GetDeferral();
      // TODO: Guardar el estado de la aplicación y detener toda actividad
      // en segundo plano
      deferral.Complete();
   }
}
```

Aquí es donde se crea el objeto de la aplicación. Dentro del método `OnLaunched`, se crea un control `Frame`. Este control es el responsable de la navegación entre las distintas páginas, como si fuese un explorador Web, pero en este caso, se trata de vistas XAML. Con el control `Frame` (denominado `rootFrame`), se inicia la navegación en `MainPage`. Esta es la razón de que `MainPage` se muestre inmediatamente tras ejecutar la aplicación. El control `Frame` todavía no forma parte de la ventana `Windows` visible, por lo que `Frame` se establece como el contenido actual de la ventana.

Puede ver un código adicional con respecto a los estados de ejecución y los eventos de suspensión. No tiene que preocuparse ahora mismo de esto. El código se relaciona con el ciclo de vida de la aplicación y aprenderá más sobre este tema en el capítulo 9.

El panel `Grid` se extiende dentro de `MainPage`. Los paneles se utilizan para crear el diseño. Aprenderá más sobre este tema más adelante en el capítulo. Por ahora, piense en los paneles como en una especie de contenedores para los controles, como el control `Button`.

El atributo `x:Name` de `Grid` especifica el nombre de la variable que puede usar para hacer referencia al panel desde el código de respaldo o desde el código XAML. En este caso, el nombre de la variable es `LayoutRoot`. Posteriormente verá que este nombre es bastante común. El primer elemento en la página normalmente es un panel con este nombre.

En el paso 3, se ha colocado un `StackPanel` dentro de `LayoutRoot` y se ha posicionado en el centro de la pantalla utilizando las propiedades `HorizontalAlignment` y `VerticalAlignment`. El control `TextBlock` se utiliza para mostrar un texto simple y el control `TextBox` para aceptar la entrada del usuario. Observe que el control `TextBox` tiene el nombre `txtName`. El tercer elemento en `StackPanel` es un control `Button`. Para mostrar la cadena `Greet Me` dentro del control `Button`, su contenido `Content` se establece en `GreetMe`.

En el paso 4 ha establecido el evento `Click` para que apunte a un método denominado `Button_Click`. El evento `Click` se usa para reaccionar a la acción del usuario. Cuando este hace clic en un botón, se activa el evento `Click`. Puede realizar una suscripción a estos eventos utilizando controladores de evento. En este caso el controlador de evento `Button_Click` será notificado cuando se active el evento `Click`. El analizador sintáctico XAML busca este método dentro de la clase `MainPage`. En el archivo del código de respaldo denominado `MainPage.xaml.cs`, la clase `MainPage` tiene que implementar este método.

En el paso 5, el cuerpo del controlador de evento utiliza un mensaje `DialogMessage` para saludar al usuario. Este `DialogMessage` muestra la cadena Hello (Hola) enlazada al texto mediante su escritura en un cuadro de texto `TextBox` denominado `txtName`.

Conocer el sistema de administración del diseño

Al crear la UI de una aplicación, uno de los problemas más difíciles a los que se enfrenta es adaptarse a las distintas resoluciones de presentación, porcentajes de aspecto y configuración DPI. Si considera el futuro de Windows 8 con respecto a las posibles pantallas de presentación y hardware (como tabletas, equipos de escritorio, Notebooks, televisiones, etc.) esto podría parecer un reto bastante importante. Por tanto tiene que tener mucho cuidado al crear la UI y asegurarse de que se escala y se adapta bien a diferentes escenarios. Las aplicaciones estilo Windows 8 XAML tienen un sistema de administración del diseño muy flexible que le ayuda significativamente a satisfacer dichos requerimientos.

En el fondo del sistema de administración del diseño reside la clase `Panel`. Las aplicaciones estilo Windows 8 tienen varias clases `Panel` que ofrecen una extraordinaria flexibilidad y estrategia cuando se trata de diseñar los elementos visuales en la UI.

Un nuevo concepto: Propiedades de dependencia

Antes de entrar a examinar los detalles de la administración del diseño, debe conocer un nuevo concepto. En las aplicaciones estilo Windows 8 de XAML, se ha introducido un nuevo tipo de propiedad denominado propiedad de dependencia. La clase base más fundamental en la estructura es `DependencyObject`. Todos los controles, paneles y formas heredan de esta clase. Sólo esta clase puede tener propiedades de dependencia. La mayoría de las veces no tiene que preocuparse de que todas estas propiedades sean dependientes, pero debe saber que sólo las propiedades de dependencia admiten el enlace de datos, la animación y la aplicación de estilos. Todos los controles derivan de la clase `DependencyObject`, y la mayoría de sus propiedades (aunque no todas) son propiedades de dependencia, lo que significa que va a tener todas las ventajas de trabajar con propiedades de control.

Mejorar las propiedades de dependencia con propiedades enlazadas

El diseño del modelo de controles de una UI no es una tarea fácil, especialmente si quiere mantener la máxima flexibilidad y simplicidad. Los paneles son la base de un sistema de administración de diseño. Un panel es un contenedor simple para los controles y es el responsable de ordenar estos elementos secundarios según una lógica determinada. En muchas tecnologías, los controles tienen propiedades para paneles específicos. Si establece estas propiedades y añade los controles a un panel, este sabrá cómo ordenar los controles, pero esto significa que el que compone el control tiene que saber qué tipo de paneles existen en la estructura y qué tipos de propiedades debe admitir.

Esto llevaría a la introducción de un modelo muy rígido. ¿Y si quiere crear un nuevo tipo de panel que admitiera un orden circular y colocara elementos en espacios predefinidos? No existe ningún método con el que el autor de un control sepa de antemano que algún día existirá un panel de este tipo que necesite una propiedad `SlotIndex` en el control.

Si durante el desarrollo no puede añadir una propiedad a un control, entonces deberá añadirlo posteriormente. Estas son precisamente las propiedades enlazadas (*attached properties*). Puede establecer una propiedad de dependencia en un objeto que pertenece a un tipo diferente. Básicamente, las propiedades enlazadas son propiedades de dependencia.

Puede pensar en ello como en guardar un valor especial para una instancia dentro del área de memoria y, posteriormente, si necesita ese valor, puede mirar en esa área para comprobar si alguien ha guardado ya el valor para esa determinada instancia. Lo bueno de las propiedades enlazadas es que no tiene que tratar con ninguno de estos problemas ni pasos. En XAML, parecen como si fuesen propiedades del control.

El siguiente código demuestra la declaración de una propiedad enlazada denominada `SlotIndex` en la clase `CircularPanel`:

```
// La propiedad enlazada representa un índice
public static readonly DependencyProperty SlotIndexProperty =
   DependencyProperty.RegisterAttached("SlotIndex", "Int32",
   "MyPanels.CircularPanel",...)
```

El siguiente código demuestra cómo se usa:

```
<Button Content="Press Me" local:CircularPanel.SlotIndex="1"/>
```

El control `Button` no sabe nada sobre `CircularPanel` o `SlotIndex`. Esta información solo es valiosa para su clase `CircularPanel`. Ha definido la propiedad `SlotIndex` en la clase `CircularPanel`, pero todavía sigue estableciendo el control `Button`.

> **Nota:** `CircularPanel` es un panel imaginario y no forma parte de las aplicaciones estilo Windows 8.

Propiedades que afectan al tamaño y diseño de un control

Cuando se trata del diseño, no siempre se habla de paneles. El propio control tiene unas cuantas propiedades que tienen un gran impacto sobre su tamaño y diseño.

- **Propiedades Width y Height:** Obtiene los resultados esperados mediante el establecimiento de valores explícitos para las propiedades `Width` y `Height`. El control ocupa el espacio necesario para crecer en el tamaño apropiado. Si no proporciona un valor explícito, estas propiedades se establecen en el valor predeterminado `Auto`, lo que significa que el tamaño real del control lo determinan otros factores.
- **Propiedad Margin:** La propiedad `Margin` es una colección de cuatro números que especifican los márgenes izquierdo (`Left`), superior (`Top`), derecho (`Right`) e inferior (`Bottom`), en ese orden. Puede utilizar un número negativo para un valor `Margin` y así indicar que la propiedad afecta directamente al tamaño final y a la posición del control.
- **Propiedad Padding:** La propiedad `Padding` la delimitan cuatro números que especifican el espacio de relleno izquierdo (`Left`), superior (`Top`), derecho (`Right`) e inferior (`Bottom`), en ese orden. Los espacios de relleno se definen en los controles que tienen contenido. Su valor determina la distancia entre el control contenedor y los bordes del control contenido.
- **Propiedad HorizontalAlignment:** Determina si el control se ha alineado a la izquierda (`Left`), tiene una alineación centrada (`Center`), a la derecha (`Right`) o se extiende (`Stretch`) en el espacio horizontal.

- **Propiedad VerticalAlignment:** Determina si el control se ha alineado a la izquierda (`Left`), tiene una alineación centrada (`Center`), a la derecha (`Right`) o se extiende (`Stretch`) en el espacio vertical.

Todos los paneles respetan las propiedades `Width`, `Height` y `Margin`. Sin embargo, las propiedades de alineación no siempre se tienen en cuenta. Este comportamiento depende del tipo del panel y de su propio algoritmo de diseño.

Panel Canvas

El panel `Canvas` es el panel más básico con la estrategia de diseño más simple. Al añadir un control al panel, este se muestra en la esquina superior izquierda. Si quiere especificar a qué distancia debe posicionarse desde la esquina superior izquierda, puede utilizar las propiedades enlazadas `Canvas.Left` y `Canvas.Top`.

En el siguiente código y en la figura 7.3 puede ver que se ha colocado un botón en un panel `Canvas` en la ubicación `120,100`:

```
<Canvas>
   <Button Canvas.Left="120" Canvas.Top="100"/>
</Canvas>
```

El panel `Canvas` tiene una tercera propiedad enlazada denominada `Canvas.ZIndex`. Si dos controles se superponen, el último control añadido a la colección `Children` de `Canvas` estará encima. Si quiere cambiar el orden, debe establecer el `ZIndex` en el elemento secundario para reflejar el orden correcto de los elementos.

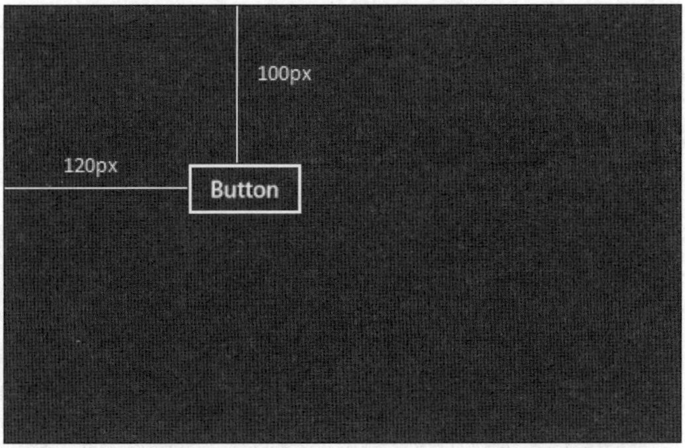

Figura 7.3. Control Button ubicado dentro de Canvas.

Esto es lo único que necesita saber sobre el panel `Canvas` para empezar. Una estrategia simple de diseño significa que su algoritmo será muy rápido, algo que podría ser muy importante en función de las optimizaciones del rendimiento.

Hay algo más que debe saber de la figura 7.3. El tamaño del control `Button` ocupa solo el espacio necesario para poder reproducir su contenido interno. Esto es así porque las propiedades `Width` y `Height` no se han establecido en el control `Button` por lo que utilizan la opción predeterminada `Auto`. En este caso, `Auto` significa que el panel `Canvas` decide la anchura y la altura final de las propiedades y, según `Canvas`, `Button` solo necesita el espacio para reproducir correctamente su contenido. Si establece las propiedades `Width` y `Height` en un valor específico, el control rellena el espacio que necesita.

Panel StackPanel

El panel `StackPanel` también es un panel muy directo. Coloca sus elementos secundarios uno detrás del otro horizontal o verticalmente, dependiendo de su propiedad `Orientation`. Este panel no tiene ninguna propiedad enlazada. Si `Orientation` se establece en `Vertical`, el algoritmo del diseño de `StackPanel` tiene en cuenta la propiedad `HorizontalAlignment` pero no la propiedad `VerticalAlignment`. Si se establece `Orientation` en `Horizontal`, su algoritmo de diseño tiene en cuenta la propiedad `VerticalAlignment` pero no la propiedad `HorizontalAlignment`.

El siguiente código tiene dos paneles `StackPanel` con una orientación horizontal y vertical. La figura 7.4 muestra el diseño especificado:

```
<StackPanel Orientation="Horizontal">
   <Button Content="Left" HorizontalAlignment="Left"/>
   <Button Content="Center" HorizontalAlignment="Center"/>
   <Button Content="Right" HorizontalAlignment="Right"/>
   <Button Content="Strech" HorizontalAlignment="Stretch"/>
</StackPanel>

<StackPanel Orientation="Vertical">
   <Button Content="Top" VerticalAlignment="Top"/>
   <Button Content="Center" VerticalAlignment="Center"/>
   <Button Content="Bottom" VerticalAlignment="Bottom"/>
   <Button Content="Strech" VerticalAlignment="Stretch"/>
</StackPanel>
```

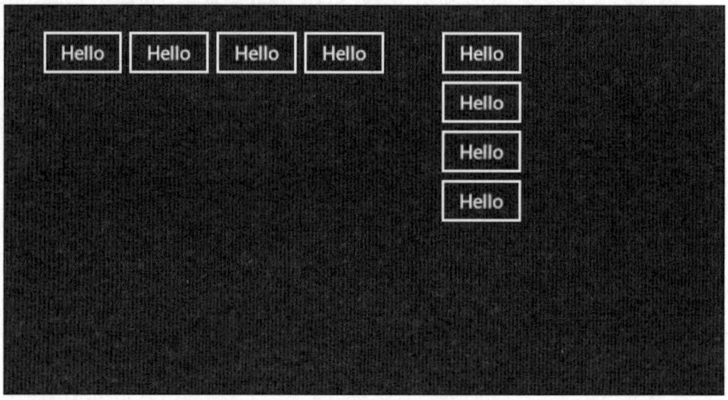

Figura 7.4. Paneles StackPanel con orientaciones horizontales y verticales.

Panel Grid

El panel `Grid` es algo más complejo, con una estrategia de diseño más complicada. Este panel admite diseños parecidos a una cuadrícula, con filas y columnas. Los elementos secundarios del panel siempre se colocan dentro de una celda. Si no se define ninguna fila o columna, el panel tiene una sola celda que rellena toda el área del mismo.

Definir filas y columnas

Puede definir filas y columnas en el panel `Grid` añadiéndole `RowDefinitions` y `ColumnDefinitions`. De forma predeterminada, las filas y columnas dividen el espacio por igual. Puede cambiar este comportamiento mediante el establecimiento de las propiedades `Height` y `Width` en los elementos `RowDefinition` y `ColumnDefinition`. Las propiedades `Height` y `Width` admiten los siguientes valores:

- **Auto:** `Auto` significa que la fila o la columna deben redimensionarse para encajar el contenido.
- **Valor fijo:** Al proporcionar valores de forma explícita, puede asegurarse de que a los valores de `Height` y `Width` no les afecta ningún otro valor y que las filas o las columnas ocupan el espacio requerido.
- **Tamaño asterisco:** Un valor de asterisco significa que se debe ocupar el resto del espacio. La palabra resto aquí es importante. Después de que las filas y las columnas ocupen sus respectivos espacios con tamaños `Auto` y fijos, el espacio puede ser ocupado por filas y columnas de tamaño asterisco Si hay más filas de tamaño asterisco, dichas filas se dividen por igual en el espacio restante. Un asterisco puede tener un valor asociado que representa su proporción.

Vamos a echar un vistazo a un simple ejemplo:

```
<Grid>
   <Grid.RowDefinitions>
   <RowDefinition Height="Auto"/>
   <RowDefinition Height="100"/>
   <RowDefinition Height="1*"/>
   <RowDefinition Height="1*"/>
   <RowDefinition Height="2*"/>
   </Grid.RowDefinitions>
</Grid>
```

El fragmento de código anterior contiene solo el código del diseño, por lo que no se puede ver sin contenido. En esta configuración, la primera fila de `Grid` ajusta el tamaño a su contenido. La segunda fila ocupa 100 píxeles. El resto del espacio se divide entre los números de fila 3 4 y 5, y sus proporciones de ocupación del tamaño restante son 25 por ciento, 25 por ciento y 50 por ciento respectivamente. La figura 7.5 muestra el diseño con el panel `Grid`.

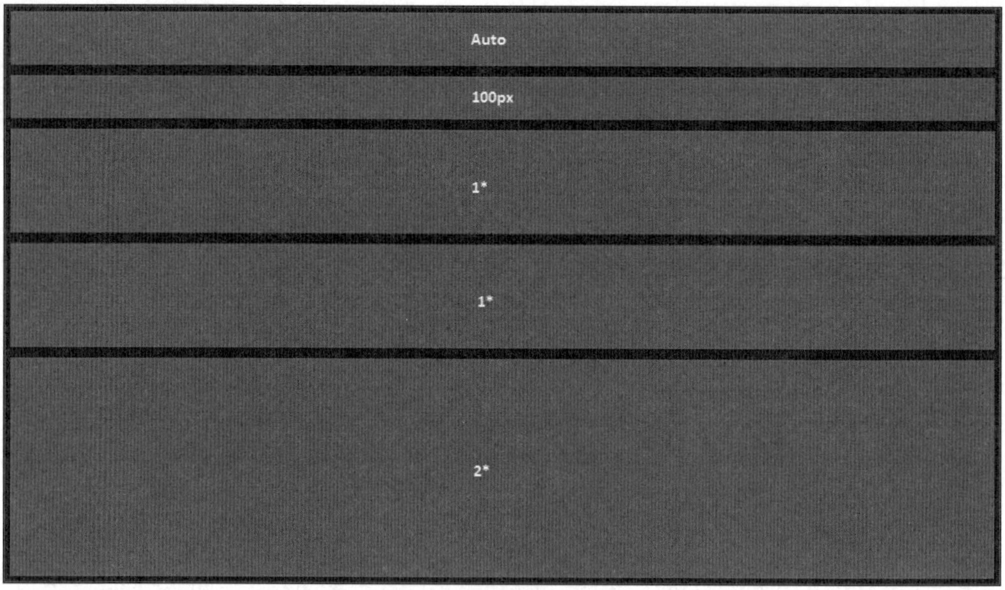

Figura 7.5. Diseño complejo con el panel Grid.

Colocar un control fuera de Grid

Para especificar el índice de fila o columna para el control, debe utilizar las propiedades enlazadas `Grid.Rows` y `Grid.Columns`. El siguiente código sitúa el control `Button` en la segunda fila y tercera columna (el índice se inicia desde `()`).

```
<Button Grid.Row="1" Grid.Column="2"/>
```

En términos de diseño, colocar un control dentro de un panel `Grid` significa que el control puede ocupar todo el espacio que le ofrece la celda. Tiene que ajustar el lugar y el tamaño del control dentro de la celda utilizando las propiedades de alineación y margen del control.

Los controles pueden ocupar múltiples filas o columnas, algo que puede conseguir utilizando las propiedades `Grid.RowSpan` y `Grid.ColumnSpan`.

Panel VariableSizedWrapGrid

Con el panel `VariableSizedWrapGrid`, puede crear diseños muy similares al que podemos ver en la pantalla principal de Windows 8. La estrategia de diseño de este panel es muy simple.

El panel ordena sus controles secundarios de izquierda a derecha, o de arriba abajo, según la propiedad `Orientation` mientras haya espacio libre disponible. Cuando no hay más espacio disponible para otro elemento, el panel empieza a utilizar una nueva fila o columna. También puede especificar el número máximo de filas o columnas utilizando la propiedad `MaximumNumberOfRowsOrColumns`. Si se establece `Orientation` en `Horizontal`, la propiedad `MaximumNumberOfRowsOrColumns` obliga a tener un número de filas. Si `Orientation` se establece en `Vertical`, la propiedad `MaximumNumberOfRowsOrColumns` obliga a tener un número de columnas.

El diseño es más o menos uniforme con este panel. Si quiere más control sobre el espacio dado a cada control dentro del panel, tiene que establecer las propiedades `ItemHeight` e `ItemWidth`. Al asignarles valores a estas propiedades, puede asegurar que todos los elementos del panel tienen el mismo tamaño fijo de celda.

Algunas veces tendrá que asignar más espacio a un elemento. Con las propiedades enlazadas `VariableSizedWrapGrid.ColumnSpan` y `VariableSizedWrapGrid.RowSpan`, puede especificar que un elemento se extienda sobre múltiples filas o columnas.

Vamos a echar un vistazo a un simple ejemplo:

```
<VariableSizedWrapGrid ItemHeight="150" ItemWidth="150"    MaximumRowsOrColumns="3" >
   <Rectangle Margin="8" Fill="LightGreen" VariableSizedWrapGrid.ColumnSpan="2"
      VariableSizedWrapGrid.RowSpan="2"/>
   <Rectangle Margin="8" Fill="Red"/>
   <Rectangle Margin="8" Fill="Red"/>
   <Rectangle Margin="8" Fill="Red"/>
   <Rectangle Margin="8" Fill="Red"/>
   <Rectangle Margin="8" Fill="Red"/>
   <Rectangle Margin="8" Fill="Red"/>
   <Rectangle Margin="8" Fill="Red"/>
   <Rectangle Margin="8" Fill="Red"/>
   <Rectangle Margin="8" Fill="Red"/>
   <Rectangle Margin="8" Fill="Red"/>
   <Rectangle Margin="8" Fill="Red"/>
   <Rectangle Margin="8" Fill="Red"/>
   <Rectangle Margin="8" Fill="Red"/>
   <Rectangle Margin="8" Fill="Red"/>
   <Rectangle Margin="8" Fill="Red"/>
   <Rectangle Margin="8" Fill="Red"/>
   <Rectangle Margin="8" Fill="Red"/>
</VariableSizedWrapGrid>
```

En este ejemplo, el panel `VariableSizedWrapGrid` tiene que organizar 18 rectángulos. Los valores establecidos por las propiedades `ItemWidth` e `ItemHeight` indican que cada rectángulo tiene que tener una anchura y una altura de 150 píxeles. La única excepción es el primer rectángulo, que tiene las propiedades enlazadas `VariableSizedWrapGrid.ColumnSpan` y `VariableSizedWrapGrid.RowSpan` establecidas en 2. Esta configuración asegura que el rectángulo se extiende sobre dos filas y dos columnas, teniendo por tanto un tamaño de 300x300. Puede ver el resultado en la figura 7.6.

Nota: Puede utilizar otros contenedores de diseño, como los paneles `CarouselPanel` o `WrapGrid`, pero estos se limitan a su uso en una plantilla `ItemsPanelTemplate`. En el capítulo 8 aprenderá más sobre cómo personalizar el diseño de `ItemsControls` utilizando `ItemsPanelTemplate`.

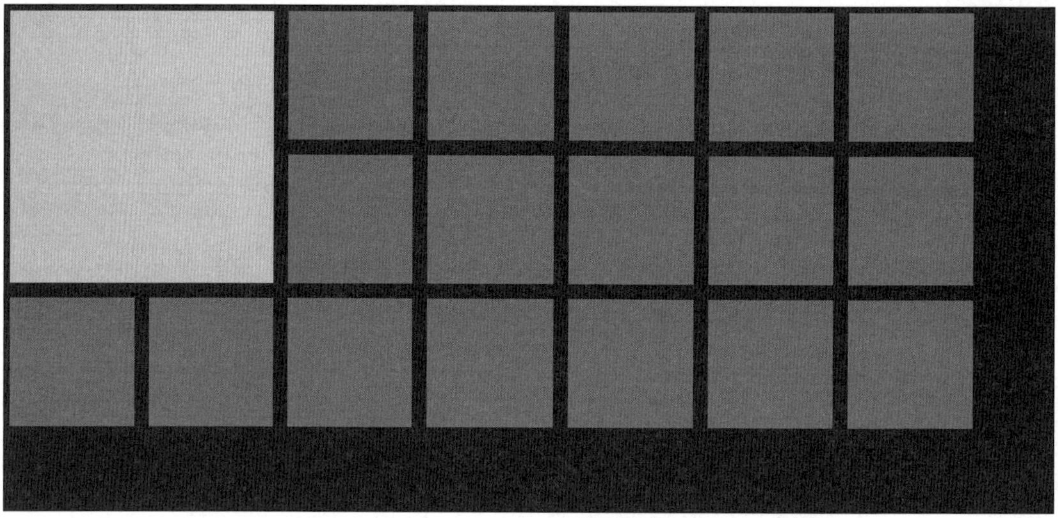

Figura 7.6. Diseño complejo con el panel VariableSizedWrapGrid.

En el siguiente ejercicio aprenderá a crear diseños flexibles con XAML en aplicaciones estilo Windows 8.

Ejercicio: Crear un diseño complejo

En este ejercicio aprenderá a crear una simple aplicación estilo Windows 8 con un diseño algo más complejo. Añadirá un menú y dividirá el espacio para admitir una lista con detalles.

1. Cree una nueva aplicación estilo Windows 8 utilizando Visual Studio 2012. Seleccione la plantilla Aplicación vacía (XAML).
2. Haga doble clic en el archivo MainPage.xaml en la ventana del Explorador de soluciones.
3. En la superficie de diseño, divida la cuadrícula del panel `Grid` en columnas principales, como puede ver en la figura 7.7.
4. En la superficie de diseño, divida `Grid` en dos filas, como puede ver en la figura 7.8.
5. Desde el Cuadro de herramientas, arrastre un elemento **StackPanel** a la primera fila.
6. Abra la ventana Propiedades y asegúrese de seleccionar el elemento StackPanel que acaba de colocar.
7. En la ventana Propiedades, abra la sección Diseño y establezca las siguientes propiedades:
   - HorizontalAlignment: **Left**
   - VerticalAlignment: **Bottom**
   - RowSpan: 1
   - ColumnSpan: 2

- ❑ Row y Columns: 0
- ❑ Width y Height: Auto
- ❑ Margin: 30 (Left), 0,0,0

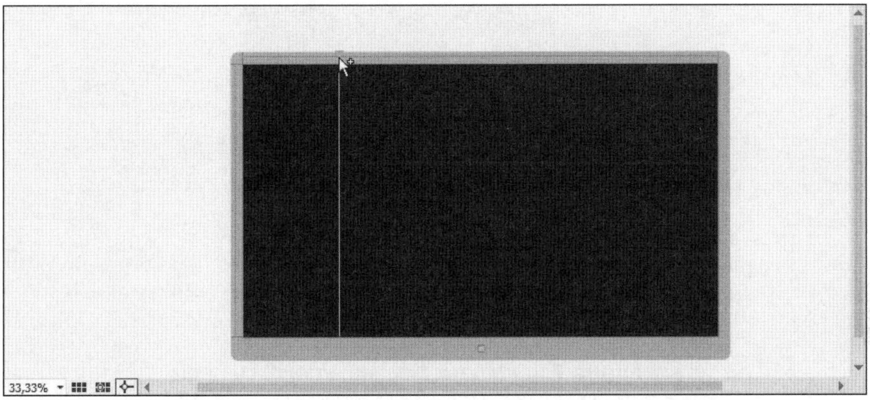

Figura 7.7. Agregar columnas al panel Grid en el diseñador de Visual Studio 2012.

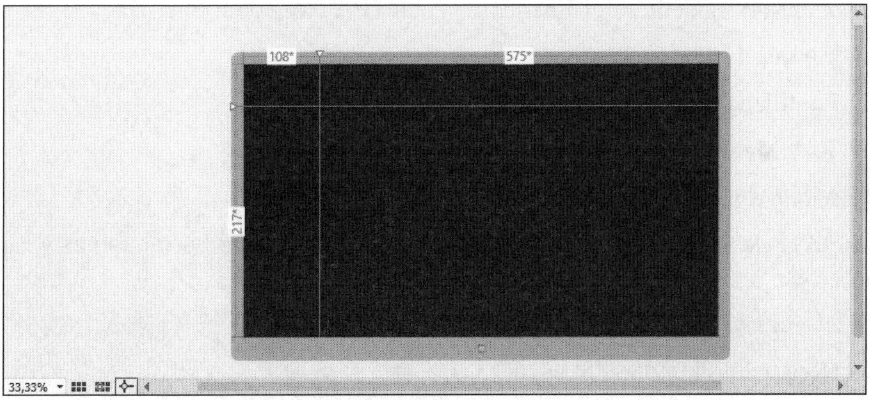

Figura 7.8. Agregar filas al panel Grid en el diseñador de Visual Studio 2012.

8. Abra la ventana Esquema del documento y acóplela.
9. Asegúrese de tener seleccionado el elemento StackPanel en la ventana, como puede ver en la figura 7.9
10. En la ventana Propiedades, establezca la propiedad Orientation de StackPanel en Horizontal.
11. Busque el elemento **TextBlock** (Bloque de texto) en el Cuadro de herramientas y haga doble clic en él para añadirlo al `StackPanel`. Repita esta acción tres veces hasta tener cuatro bloques de texto.

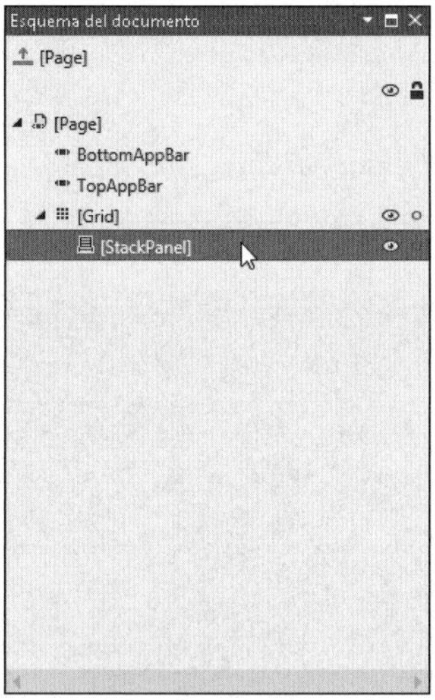

Figura 7.9. Ventana Esquema del documento.

12. Seleccione todos los bloques de texto de StackPanel en el Esquema del documento y establezca las siguientes opciones en la ventana Propiedades:
    - Margin: **15 (Left),** 0,0,0
    - FontSize: **36**
    - Text: **MenuItem**
13. Seleccione el panel Grid que contiene el StackPanel.
14. Busque el elemento **Rectangle** (Rectángulo) en el Cuadro de herramientas y haga doble clic en él.
15. Establezca las siguientes propiedades en Rectangle:
    - HorizontalAlignment: **Stretch**
    - VerticalAlignment: **Stretch**
    - RowSpan y ColumnSpan: **1**
    - Column: 0
    - Row: **1**
    - Width y Height: **Auto**
    - Margin: 20
16. Seleccione la sección Pincel en la ventana Propiedades y establezca la propiedad Fill (Relleno) en cualquier sombra de rojo.
17. Seleccione el panel Grid que contiene el panel StackPanel.

18. Encuentre el elemento **StackPanel** en el Cuadro de herramientas y haga doble clic sobre él.
19. Establezca las siguientes propiedades en el nuevo panel StackPanel:
    - HorizontalAlignment: **Stretch**
    - VerticalAlignment: **Stretch**
    - RowSpan y ColumnSpan: **1**
    - Column: **1**
    - Row: **1**
    - Width y Height: **Auto**
    - Margin: 20
    - Background: **#FFD4D4D4**
20. Seleccione Depurar>Iniciar depuración o pulse **F5** para ejecutar la aplicación. La figura 7.10 muestra el resultado.

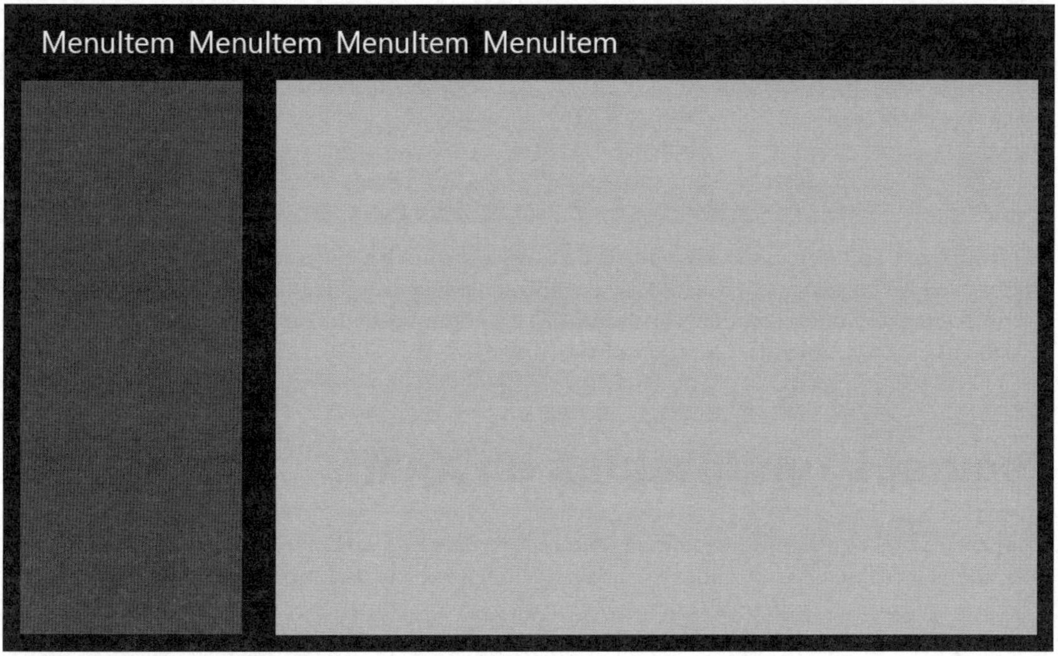

Figura 7.10. Resultado de un diseño complejo.

Cómo funciona

Al hacer clic ligeramente encima y a la izquierda del panel `Grid`, le ha indicado a Visual Studio que añada dos filas y dos columnas al panel.

El primer panel `StackPanel` se utiliza como contenedor de menú. Tiene una propiedad `ColumnSpan` establecida en `2` para que el menú se pueda expandir sobre las columnas. La opción `Orientation` se establece en `Horizontal` para asegurar que los elementos se ordenan horizontalmente. Al establecer las propiedades de alineación, puede asegurarse de que el menú del panel se va a colocar en la esquina inferior izquierda de la primera fila y de la primera columna.

El menú se representa con cuatro elementos `TextBlock`. Al establecer `Margin` en `left`, se asegura de que existe un espacio entre los elementos del menú.

El elemento `Rectangle` sirve como marcador de posición. Más adelante en el capítulo lo reemplazará por un cuadro de lista `ListBox`. Al establecer su propiedad `Rows` en `1`, se mueve el rectángulo a la segunda fila. Al establecer su `Margin` en `20`, proporciona un espacio en blanco en sus cuatro lados.

El segundo panel `StackPanel` se rellenará en ejercicios posteriores. Por el momento es un marcador de posición para los detalles del elemento.

> **Nota:** En este ejercicio ha utilizado el diseñador visual de Visual Studio 2012 para crear la UI. Podría haber conseguido los mismos resultados utilizando un editor XAML. Algunas veces es más rápido y conveniente establecer propiedades con un editor XAML. Si prefiere los diseñadores visuales, Expression Blend es una herramienta mucho más efectiva para crear interfaces de usuario. En el capítulo 8 utilizará Expression Blend para personalizar la interfaz del usuario.

Ahora que ya sabe crear diseños vamos a añadir controles y a personalizar la UI. Cuando trata de crear una UI consistente, enseguida se encontrará con la necesidad de tener objetos compartidos entre las aplicaciones, como una apariencia visual común o algunos objetos de datos. En la siguiente sección aprenderá a crear estos recursos.

Recursos reutilizables en XAML

Al crear la UI con XAML, necesitará objetos diferentes, como colores, estilos, plantillas, objetos de datos o cualquier otro elemento que crea que se pueda usar como elemento reutilizable. Puede considerar los recursos como un gran diccionario contenedor en el que puede colocar todo lo que quiera y después hacer referencia a cualquier elemento desde XAML o un código que utilice una sola clave. Los recursos son del tipo `ResourceDictionary` definido en la clase `FrameworkElement`, lo que significa que cada panel o control tiene una sección `Resources` que se puede utilizar.

Añadir elementos a la colección `Resources` es muy fácil. El siguiente código demuestra dos elementos de recursos `SolidColorBrush` añadidos a la sección `Resources` del panel `Grid`. Observe que ambos elementos de recursos han establecido su atributo `x:Key`. Esta propiedad se utiliza para hacer referencia a los recursos.

```
<Grid.Resources>
   <SolidColorBrush x:Key="foregroundBrush" Color="White"/>
   <SolidColorBrush x:Key="backgroundBrush" Color="Black"/>
</Grid.Resources>
```

Hacer referencia a los recursos

Para utilizar un recursos tiene que hacer referencia a él usando la extensión de marcado `StaticResource`. Esta referencia es estática, lo que significa que no se puede cambiar la referencia a un recurso diferente en el tiempo de ejecución. Sin embargo, cambiar las propiedades del recurso al que se hace referencia es una acción posible. El siguiente código muestra cómo hacer referencia a los recursos:

```
<Button Content="Click Me"
   Background="{StaticResource backgroundBrush}"
   Foreground="{StaticResource foregroundBrush}"/>
```

> **Nota:** Hacer referencia a un recurso que no existe no producirá un error en el compilador, aunque obtendrá avisos del diseñador. Si un recurso al que se hace referencia no se encuentra con la clave proporcionada, obtendrá una excepción en tiempo de ejecución mientras la vista está intentando inicializarse dentro del método `InitializeComponent`. Esto puede provocar errores, por lo que debe asegurarse siempre de que se puede acceder a todos los recursos a los que se hace referencia.

Jerarquía de los recursos

Debe pensar en los recursos como en objetos que forman parte de una jerarquía UI, igual que cualquier otro control ya que se definen en controles que forman parte del árbol visual. Cuando se establece una referencia a un recurso en una propiedad del control, hay que asegurarse de que se puede acceder al recursos y que es visible para ese control en concreto.

Hay tres niveles de definición de recursos:

- **Recursos de aplicación:** En el archivo `App.xaml`, existe una sección `Resource` en el objeto de la aplicación. Un recurso añadido a esta sección es visible en cualquier parte de la aplicación.
- **Recursos de página:** En todas las páginas creadas sobre el control de nivel superior puede definir recursos. Un recurso añadido a esta sección es visible para cualquier control de la página, pero invisible para cualquier otro control que se encuentre en una página diferente.
- **Recursos locales:** Como la propiedad `Resources` se define en la clase `FrameworkElement`, puede añadir recursos a controles o paneles. Estos recursos son locales y solo pueden acceder a ellos los elementos que se hallen dentro del control o panel determinados.

Diccionarios de recursos

Si está haciendo un buen trabajo, la mayoría de su código XAML formará parte de una sección `Resource`, y dentro de las secciones `Children` y `Content` solo colocará el diseño y los controles. Enseguida se dará cuenta de que las secciones de los recursos son muy grandes y de difícil mantenimiento. Para resolver este problema, puede utilizar archivos de diccionarios de recursos, `ResourceDictionary`, independientes.

Los archivos `ResourceDictionary` son archivos XAML separados que contienen solo objetos de recursos. La visibilidad y jerarquía de los archivos `ResourceDictionary` se determinan mediante la ubicación combinada. De forma predeterminada, los recursos de estos archivos separados no son visibles. Tiene que combinarlos en una sección `Resource` en cualquier nivel apropiado. Después de combinar los archivos en esta sección, puede pensar en los elementos ubicados en el archivo separado como si se definiesen directamente en la correspondiente sección `Resource`. El siguiente código de ejemplo demuestra el contenido de un diccionario de recursos:

```
<ResourceDictionary
   xmlns="http://schemas.microsoft.com/winfx/2006/xaml/presentation"
   xmlns:x="http://schemas.microsoft.com/winfx/2006/xaml">
   <SolidColorBrush x:Key="brBrush" Color="Red" />
</ResourceDictionary>
```

Los archivos `ResourceDictionary` constituyen una herramienta extraordinaria para la partición de sus recursos. El siguiente código muestra cómo combinar un archivo `ResourceDictionary` en la sección `Application.Resources`:

```
<Application.Resources>
   <ResourceDictionary>
      <ResourceDictionary.MergedDictionaries>
         <ResourceDictionary Source="MyResource.xaml"/>
      </ResourceDictionary.MergedDictionaries>
   </ResourceDictionary>
</Application.Resources>
```

Recursos del sistema

Los recursos ofrecen una forma común para reutilizar pinceles, estilos y otros objetos en muchas páginas. Anteriormente ha aprendido a definir sus propios recursos. Sin embargo, al crear una aplicación estilo Windows 8, deberá asegurarse de que el diseño de su aplicación se ajusta al diseño del sistema operativo nativo. Para conseguirlo, es mejor utilizar los mismos colores, fuentes y estilos de fuente que Window 8, algo que puede hacer haciendo referencia a los recursos del sistema integrado. Puede utilizar una gran variedad de recursos: pinceles, colores, estilos de fuente y tamaños, y otros muchos objetos compartidos.

La mejor forma (y quizá más fácil) de explorar estos recursos del sistema es utilizar la ventana **Propiedades** de Visual Studio 2012, que puede ver en la figura 7.11. Por ejemplo, si quiere asegurarse de que un rectángulo tiene el mismo color que el fondo de la barra de la aplicación, puede abrir Visual Studio 2012, hacer clic en Rectangle, buscar la propiedad Fill y hacer clic en **Recursos del pincel**. Se abrirá una lista de los recursos de pinceles correspondientes en el sistema. Lo único que tiene que hacer es elegir uno, como AppBarBackgroundThemeBrush.

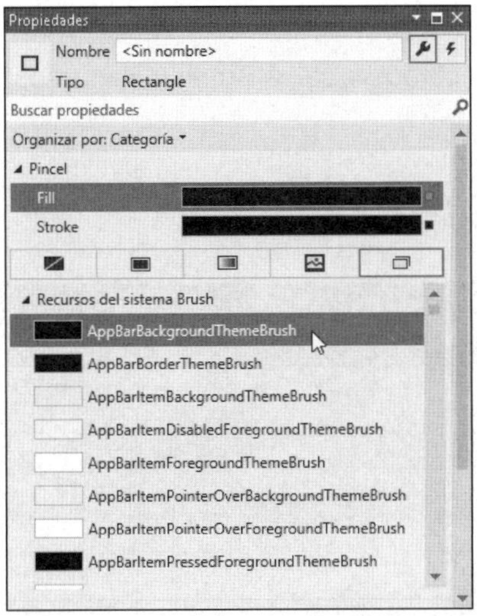

Figura 7.11. Recursos del sistema en la ventana Propiedades.

En este primer ejercicio aprenderá a crear y a reutilizar recursos existentes, en toda su aplicación.

Ejercicio: Utilizar recursos

En este ejercicio va a crear un recurso de pincel y a colocarlo en la sección `Resources`. Después hará referencia a él desde un rectángulo.

1. Abra el proyecto anterior.
2. Seleccione el panel StackPanel gris. En la ventana Propiedades, establezca la propiedad Nombre en **detailsPanel**.
3. En la ventana Propiedades, seleccione la sección Pincel.
4. Seleccione la propiedad Background.
5. A la derecha de la barra de colores de esta propiedad hay un pequeño cuadrado denominado **Local**. Haga clic en él.
6. Seleccione Convertir en nuevo recurso.
7. En el cuadro de diálogo Crear recursos Brush, proporciona el nombre **lightBrush** para el nuevo recurso.
8. Asegúrese de que está seleccionada la casilla Este documento y la opción Page en el cuadro combinado.

9. Haga clic en **Aceptar**.
10. Seleccione el rectángulo rojo y seleccione su propiedad Fill.
11. En la sección Pincel, localice una serie de iconos debajo de la propiedad Stroke. Haga clic en el último, **Recursos del pincel**.
12. Puede ver dos fichas Recursos locales Brush y Recursos del sistema Brush.
13. Haga clic en lightBrush.
14. Pulse **F5** o seleccione Depurar>Iniciar depuración para ejecutar la aplicación. El resultado debe parecerse al mostrado en la figura 7.12.

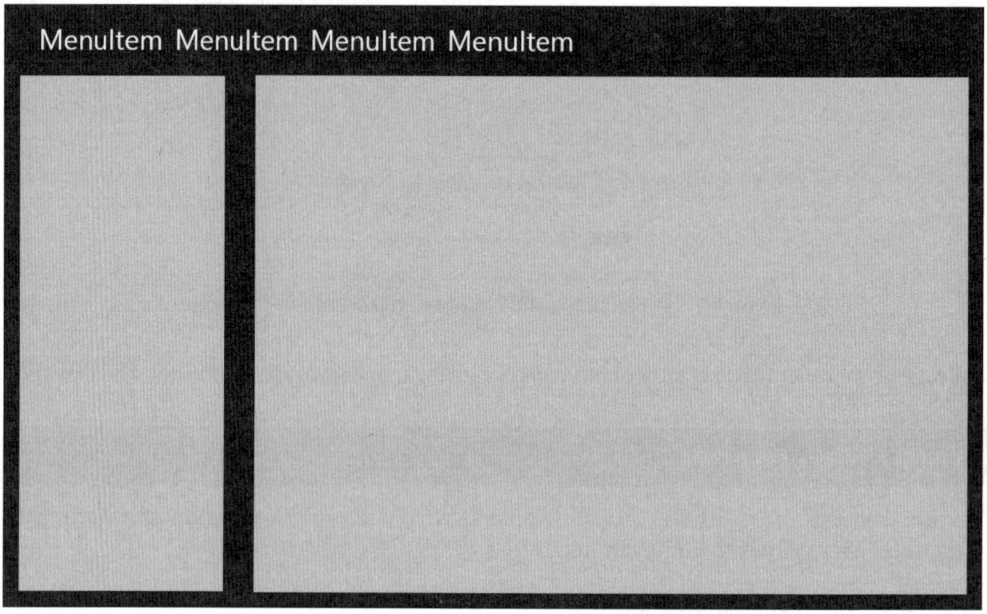

Figura 7.12. Resultado del uso de recursos.

Como funciona

La opción Convertir en nuevo recurso crea un nuevo recurso y lo guarda en una ubicación especificada. En este caso, la ha guardado en su documento actual, que es la sección `Page.Resources` actual. Así es cómo debería ver la sección `Page.Resources`:

```
<Page.Resources>
   <SolidColorBrush x:Key="lightBrush" Color="#FFD4D4D4"/>
</Page.Resources>
```

Después puede reutilizar los recursos haciendo referencia a ellos desde el código, creando la referencia con la opción Propiedades avanzadas o, si está trabajando con pinceles, puede utilizar también el panel Recursos del pincel.

Controles básicos en aplicaciones estilo Windows 8

Para el desarrollo de aplicaciones estilo Windows 8, hay controles simples que puede utilizar para crear su UI. Estos controles se dividen en dos categorías principales.

La primera categoría contiene los controles de contenido, `ContentControl`. Este tipo de controles pueden contener solo un elemento secundario, que puede añadir utilizando la propiedad `Content` de `ContentControl`. El propio `ContentControl` es una clase base, pero también puede utilizarlo en su UI para agrupar o separar elementos de la UI. Dentro de `Content` puede colocar lo que quiera. Si añade una cadena, mostrará texto, si añade un `UIElement`, reproducirá dicho elemento. Un `UIElement` es un componente que se puede mostrar de forma visual.

La segunda categoría contiene los controles de elementos, `ItemsControl`. Este tipo de controles pueden contener una lista de elementos. Del mismo modo que `ContentControl`, puede utilizar `ItemsControl` directamente. Para rellenar un `ItemsControl` con elementos existen dos métodos:

- **Establecer la propiedad Items:** Normalmente esto sucede en XAML. Un `ItemsControl` puede aceptar cualquier tipo de objeto en su colección `Items`. Así puede crear cualquier tipo de lista o UI. Por ejemplo, si quiere tener un muro social donde pueda colocar texto, imágenes y vídeos, usaría un `ItemsControl` y añadiría los elementos `TextBlock`, `Image` y `MediaElement` a la colección `Items`.
- **Establecer la propiedad ItemsSource**: Mientras que la colección `Items` se manipula directamente dentro de XAML o desde el código utilizando el método `Items.Add()`, generalmente la propiedad `ItemsSource` se establece en una colección de elementos de datos. Solo puede usar una de estas propiedades a la vez. Si establece la propiedad `ItemsSource`, no podrá manipular directamente la colección `Items`. Si añade elementos a esta colección, no podrá establecer la propiedad `ItemsSource`.

Básicamente, cada control deriva de la clase `ContentControl` o de la clase `ItemsControl`. La única excepción la constituyen los controles `Borde` , `TextBlock` e `Image`, que técnicamente no son siquiera controles. Esto es algo de lo que realmente no tiene que preocuparse. Es un simple detalle técnico. El uso normal de estos elementos es muy similar al de los elementos derivados de controles.

Controles con valores simples

En las aplicaciones estilo Windows 8, no se trata solo de `ContentControls` versus `ItemsControls`. Existen otros tipos de controles que no pertenecen a estas categorías.

Elemento Border

Con el elemento `Border` puede dibujar un borde y/o un fondo alrededor de sus otros controles. Este elemento es `FrameworkElement`, que también es una clase base para cada control. El elemento `Border` puede tener solo un elemento secundario, por lo que tiene que agrupar más controles en un borde, considerar su agrupación primero en un panel y, después, añadir dicho panel al `Border` como elemento secundario. La tabla 7.1 recoge las propiedades más importantes de la clase `Border`.

Tabla 7.1. Propiedades importantes de la clase Border.

Propiedad	Descripción
`CornerRadius`	Esta propiedad especifica el radio de las esquinas del borde. Si especifica un solo número, todas las esquinas se redondearán igual. Si especifica cuatro números, el orden es `TopLeft`, `TopRight`, `BottomRight` y `BottomLeft`.
`BorderThickness`	Con esta propiedad puede especificar el grosor de las líneas del borde en sus cuatro lados. Si especifica cuatro números, el orden `Left`, `Top`, `Right` y `Bottom`. Si especifica solo un número significa que se aplica el mismo valor a los cuatro lados.

El siguiente código de ejemplo demuestra el uso del elemento `Border`:

```
<Border Width="400" Height="300" Background="LightBlue" CornerRadius="20"
   BorderThickness="1" BorderBrush="LightGray">
   <Grid>
      <!--....-->
   </Grid>
</Border>
```

Nota: En XML se puede utilizar <! -- para indicar que el siguiente texto es solo un comentario. Para terminar una sección de comentario, puede utilizar -- >.

Elemento Image

Este elemento se utiliza para mostrar imágenes. Con la propiedad Source, puede apuntar el elemento a la ubicación de una imagen. Los tipos de imágenes admitidos son PNG, JPEG, GIF, TIFF, BMP, JPEG y XR. Si el elemento `Image` no puede abrir una imagen, se activa el evento `ImageFailed`. Si la carga de la imagen tiene éxito, se activa el evento `ImageOpened`. El elemento `Image` puede redimensionar la imagen para que ocupe aproximadamente todo el espacio. Para controlar este comportamiento, puede utilizar la propiedad `Stretch`. La tabla 7.2 recoge el significado de los distintos valores de `Stretch`.

Tabla 7.2. Valores de enumeración de Stretch.

Valor	Descripción
`None`	La imagen se muestra con su tamaño original.
`Fill`	La imagen llena toda el área ocupada por el elemento `Image`. No se conserva la proporción de aspecto original de la imagen.
`Uniform`	La imagen se redimensiona para encajar en el área ocupada por el elemento `Image`. Se conserva la proporción de aspecto original de la imagen.
`UniformToFill`	La imagen llena toda el área ocupada por el elemento `Image`. Se conserva la proporción de aspecto original de la imagen. La imagen se puede recortar si la proporción de aspecto del control y el de la imagen son diferentes.

Elemento TextBlock

El bloque de texto `TextBlock` es un elemento súper simple que se ha diseñado para mostrar texto simple. Si quiere mostrar etiquetas, títulos o un simple texto sin formato, `TextBlock` puede ser una buena opción. Para mostrar texto con formato más complejo, debería utilizar el control `RichTextBlock`.

La tabla 7.3 recoge las propiedades más importantes para la clase `TextBlock`.

Tabla 7.3. Propiedades importantes de la clase TextBlock.

Propiedad	Descripción
`Text`	Esta propiedad representa el contenido de texto del `TextBlock`. La propiedad Text acepta un texto simple o cualquiera de los elementos `Inline`. Con elementos `Inline` puede añadir un simple formato al contenido de texto.
`TextWrapping`	Con la enumeración de `TextWrapping` puede especificar si el texto se debe ajustar o truncar si no tiene suficiente espacio horizontal para mostrar todo su contenido.
`TextTrimming`	Con la enumeración de `TextTrimming` puede especificar si el texto se debe recortar si no hay espacio suficiente para mostrar todo el contenido.
`IsTextSelectionEnabled`	Con esta propiedad puede especificar si se puede o no seleccionar y copiar el contenido del texto.

Control TextBox

El control de cuadro de texto TextBox es el elemento principal de la UI para una simple entrada de texto. Este control y su funcionalidad se diseñaron para admitir también escenarios de pantallas táctiles, tabletas y equipos estándares (ratón y teclado).

La tabla 7.4 recoge las propiedades más importantes para la clase TextBox.

Tabla 7.5. Propiedades importantes de la clase TextBox.

Propiedad	Descripción
Text	Esta propiedad representa el contenido de texto del TextBox. La propiedad Text acepta texto simple.
InputScope	La propiedad InputScope determina el tipo de teclado que se debe presentar para los escenarios de pantallas táctiles o tabletas. Considere establecer esta propiedad a menudo ya que puede mejorar la interacción del usuario.
IsSpellCheckEnabled	Con esta propiedad puede establecer si se revisa o no la ortografía del contenido del TextBox
IsTextPredictionEnabled	Con esta propiedad puede establecer si se debe habilitar o no la predicción de texto mientras se escribe.
SelectedText	Con la propiedad SelectedText puede obtener el texto seleccionado actualmente en el TextBox.

En el siguiente código de ejemplo puede ver el uso de TextBox con InputScope:

```
<TextBox x:Name="InputTextBox" IsTextPredictionEnabled="True">
   <TextBox.InputScope>
      <InputScope>
         <InputScope.Names>
            <InputScopeName NameValue="Url"/>
         </InputScope.Names>
      </InputScope>
   </TextBox.InputScope>
</TextBox>
```

Control PasswordBox

El control cuadro de contraseña PasswordBox es otro control de entrada de texto, pero especializado en aceptar contraseñas. Su comportamiento es muy parecido al que nos podemos encontrar en la pantalla de registro de Windows 8.

Tabla 7.5. Propiedades importantes de la clase PasswordBox.

Propiedad	Descripción
`Password`	Esta propiedad representa el contenido del control. Con ella puede obtener la contraseña introducida.
`PasswordChar`	Representa el carácter a mostrar en lugar de los caracteres reales de la contraseña.
`IsPasswordRevealButtonEnabled`	Con esta propiedad puede establecer si el usuario puede revelar o no los caracteres reales de la contraseña. Se controla utilizando un botón especial en el control `PasswordBox`.

Mostrar el progreso con los controles ProgressBar y ProgressRing

Los controles `ProgressBar` y `ProgressRing` se han diseñado para representar un proceso que se está ejecutando en segundo plano, pero son controles totalmente diferentes en función de su uso. El control `ProgressRing` se ha diseñado para representar que en la pantalla hay algo que se tiene que cargar. En las aplicaciones estilo Windows 8 verá cómo emerge este control siempre que la lógica subyacente tiene que cargar algún dato para mostrar en la pantalla. Por tanto, no se conoce el tiempo de espera, pero el usuario sabe que algo está pasando en el segundo plano. El control `ProgressRing` tiene una propiedad importante: `IsActive`. Cuando ésta se establece en `true`, se muestra `ProgressBar`; cuando se establece en false, la barra no se `muestra`.

Por el contrario, el control `ProgressBar` representa el progreso de una operación. Generalmente se trata de una barra que anima un área que se rellena a medida que se produce el progreso de la carga. La tabla 7.6 recoge las propiedades más importantes de la clase `ProgressBar`.

Tabla 7.6. Propiedades importantes de la clase ProgressBar.

Propiedad	Descripción
`Minimum`	Representa el valor mínimo posible para el control.
`Maximum`	Representa el valor máximo posible para el control.
`Value`	Representa el valor actual del control
`IsIndeterminate`	Con esta propiedad puede establecer que el control muestre el progreso cuando no se encuentren disponibles los valores de propiedad `Minimum`, `Maximum` y `Value`.

Controles de contenido

Los elementos anteriores eran controles que no pertenecían a la familia de `ContentControls` o de `ItemsControls`. En esta sección vamos a estudiar la familia de `ContentControls`.

Control Button

Probablemente el control `Button` sea el más simple que puede utilizar. Es un elemento `ContentControl`, por lo que su contenido puede ser cualquier cosa (no solo un simple texto).

Un elemento que tiene que tener en cuenta con respecto al control `Button` es el evento `Click`. Los eventos se diseñan en aplicaciones estilo Windows 8 de forma que respondan bien para una entrada de pantalla táctil y para una de ratón. Por tanto, si controla solo el evento `Click` funcionará tanto para dispositivos táctiles como para los equipos estándar.

El siguiente código de ejemplo demuestra el uso del control `Button` en XAML:

```
<Button Content="Click Me" Click="Button_Click"/>
```

El siguiente código de ejemplo demuestra el controlador de evento para el evento `Click` en el archivo del código de respaldo:

```
private void Button_Click(object sender, RoutedEventArgs e)
{
   //TODO insertar el código aquí
}
```

Controles CheckBox y RadioButton

Los controles de casilla de verificación, `CheckBox`, y botón de opción, `RadioButton`, son muy similares ya que ambos representan opciones a seleccionar. La diferencia principal entre ambos controles es que normalmente `CheckBox` se ha diseñado para permitir al usuario seleccionar más de una opción, mientras que `RadioButton` permite al usuario elegir solo una opción entre varias presentadas.

Puede conseguir este comportamiento estableciendo la propiedad `GroupName` del control `RadioButton` ya que varios `RadioButton` con el mismo valor `GroupName` tienen una selección mutuamente exclusiva. Ambos controles tienen una propiedad booleana `IsChecked` para representar si se puede seleccionar o no.

El siguiente código de ejemplo demuestra el uso del control `RadioButton`:

```
<StackPanel>
   <RadioButton GroupName="Settings" IsChecked="True"/>
   <RadioButton GroupName="Settings"/>
   <RadioButton GroupName="Settings"/>
</StackPanel>
```

Control ScrollViewer

Al definir diseños dinámicos, debe preparase para distintas dimensiones y resoluciones de pantalla. Sin embargo, algunos elementos de una pantalla siempre necesitan mostrar más datos de los que realmente puede mostrar la pantalla. Puede resolver este problema agrupando esa área en un control `ScrollViewer`. Los tipos derivados de `ItemsControl`, como `ListBox`, utilizan también `ScrollViewer` de forma interna.

Tabla 7.7. Propiedades importantes de la clase ScrollViewer.

Propiedad	Descripción
`HorizontalScrollBarVisibility`	Con esta propiedad puede establecer si la barra de desplazamiento horizontal `ScrollBar` está siempre visible, nunca o solo cuando se necesita.
`VerticalScrollBarVisibility`	Con esta propiedad puede establecer si la barra de desplazamiento vertical `ScrollBar` está siempre visible, nunca o solo cuando se necesita.

Control ToggleSwitch

Como su nombre sugiere, el control de cambio de conmutación, `ToggleSwitch`, es un simple control de conmutación. Tiene dos estados, `On` y `Off`. En el Panel de control de Windows 8 encontrará muchos controles `ToggleSwitch`. La tabla 7.8 recoge las propiedades más importantes de la clase `ToggleSwitch`.

Tabla 7.8. Propiedades importantes de la clase ToggleSwitch.

Propiedad	Descripción
`IsOn`	Determina si el estado de intercambio está activado, `On`, o desactivado, `Off`.
`OnContent`	Esta propiedad determina lo que se tiene que mostrar cuando el estado del control es `On`.
`OffContent`	Determina lo que se tiene que mostrar cuando el estado del control es `Off`.

El siguiente código de ejemplo demuestra el uso de la clase `ToggleSwitch`:

```
<ToggleSwitch OnContent="It's on" OffContent="It's Off" IsOn="True"/>
```

En el siguiente ejercicio va a crear una simple UI para mostrar los detalles de un jugador de fútbol.

Ejercicio: Utilizar controles básicos para crear la interfaz de usuario

En este ejercicio va a crear una vista de detalles para un jugador y también un cuadro de lista para la lista de jugadores:

1. Abra el proyecto del ejercicio anterior.
2. Seleccione el StackPanel de la derecha. En la ventana Propiedades, denomine el panel como **detailsPanel**.
3. Agregue desde el Cuadro de herramientas un **TextBlock**, una **Image** y otro **TextBlock** al StackPanel, en este orden, bien arrastrándolos y colocándolos o bien haciendo doble clic sobre cada elemento.
4. Cambie al editor de XAML haciendo clic en la ficha XAML en la parte inferior del área de diseño.
5. Busque el panel detailsPanel.
6. Reemplace su contenido actual con el siguiente código:

```
<TextBlock x:Name="txtTitle" HorizontalAlignment="Left" TextWrapping="Wrap"
  Text="This is a placeholder for Title" FontSize="32"/>
<Image x:Name="playerPhoto" HorizontalAlignment="Center" Height="150" Width="200"
  Margin="0,20,0,20"/>
<TextBlock x:Name="txtContent" HorizontalAlignment="Stretch" TextWrapping="Wrap"
  Text="This is a placeholder for the biography"/>
```

7. Cambie de nuevo a la vista de diseño.
8 Seleccione un control **ListBox** desde el Cuadro de herramientas.
9. Dibuje un `ListBox` exactamente sobre el rectángulo.
10. Denomine el nuevo control `ListBox` como **lboxPlayers**.
11. Pulse **F5** o seleccione Depurar>Iniciar depuración para ejecutar la aplicación. Debería ver un resultado parecido al mostrado en la figura 7.13.

Cómo funciona

Hay muchas formas de añadir controles a la UI. Puede seleccionar un destino y hacer doble clic en la opción del nuevo elemento o puede arrastrar y colocar dicho elemento. Seleccionar el elemento que se va a añadir y dibujarlo en la superficie de diseño también funciona bien.

Al añadir tres controles en el panel `StackPanel`, se organizan automáticamente según la propiedad `Orientation`, que de forma predeterminada se establece en `Vertical`.

Al añadir un `Margin` a la imagen, se crea un espacio en blanco entre los controles.

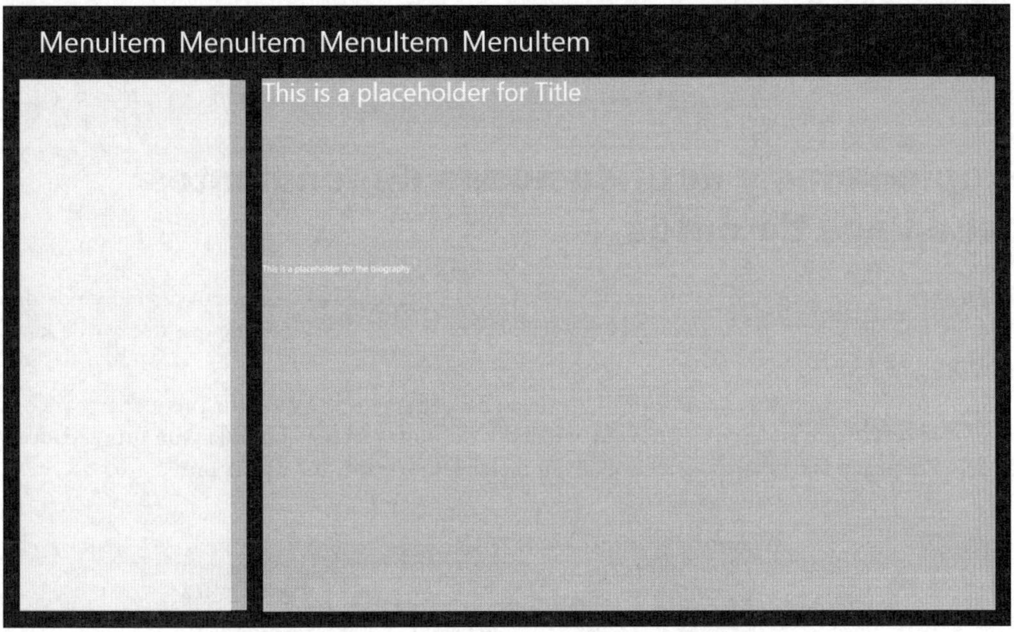

Figura 7.13. Interfaz de usuario completada.

Puede intercambiar entre la vista del editor XAML y del diseñador. Si desea ver ambas áreas, puede elegir la opción dividida. En este ejercicio ha utilizado una solución mixta para establecer las propiedades. Puede elegir si prefiere la solución del diseñador o escribir código directamente en XAML.

Trabajar con datos

Generalmente mostrará los datos en su UI y aceptará la entrada del usuario y después escribirá de nuevo en su modelo de datos. Sin el enlace de datos, necesitaría administrar mucho código.

Por ejemplo, supongamos que tiene un `TextBox` que representa el nombre, `FirstName`, de un objeto de persona, `Person`. Supongamos que quiere actualizar el valor de la propiedad `FirstName` siempre que cambie la propiedad `Text` del `TextBox`. Tiene que suscribirse al evento `TextChanged` del `TextBox` y actualizar la propiedad `FirstName` en la instancia `Person` de forma manual.

La solución contraria es igual de complicada. Siempre que cambia la propiedad `FirstName`, tiene que actualizar la propiedad `Text` de `TextBox` manualmente.

Con el enlace de datos, puede olvidarse de todo esto. El mecanismo del enlace de datos puede servir de unión entre las propiedades de los controles y los objetos de datos. En el ejemplo anterior podría enlazar la propiedad `Text` del `TextBox` con la propiedad `FirstName` de la instancia `Person`. Siempre que cambie el valor de una parte, a la otra se le notifica y se actualiza automáticamente, ahorrándose tener que escribir un montón de código adicional para que ambas partes estén sincronizadas.

Propiedades y notificaciones dependientes del enlace de datos

En el enlace de datos existe una regla importante. La propiedad de destino del enlace de datos tiene que ser una propiedad de dependencia y el objeto de destino tiene que derivar de la clase `DependencyObject`.

La figura 7.14 muestra el concepto del enlace. En general, no tendrá que preocuparse de este problema porque la mayoría de las propiedades definidas en los controles son propiedades de dependencia y todos los controles derivan de la clase `DependencyObject`.

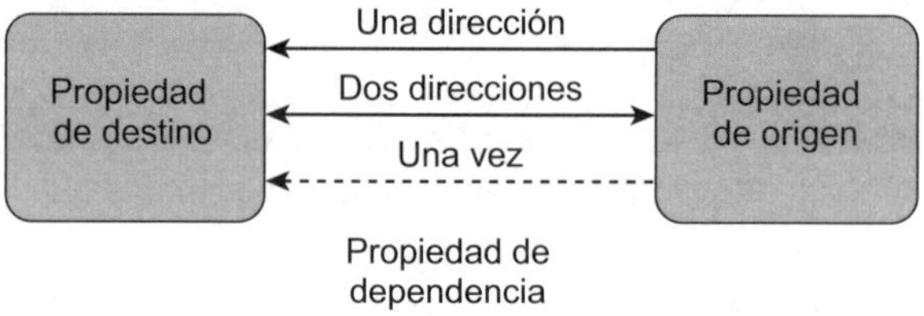

Figura 7.14. Enlace de datos entre objetos.

Puede definir el enlace de datos bien de forma declarativa en XAML o de forma imperativa en el código utilizando la clase `Binding`. Esta clase tiene diversas propiedades útiles que proporcionan más control sobre el mecanismo del enlace. La tabla 7.9 recoge las propiedades más importantes.

Tabla 7.9. Propiedades importantes de la clase Binding.

Propiedad	Descripción
`Path`	Especifica la propiedad de origen que quiere enlazar. Puede ser cualquier propiedad pública.
`Mode`	Con esta propiedad puede especificar un modo de enlace `BindingMode` que determina la dirección del mismo. Puede aprender más sobre este tema en la sección dedicada a los modos de enlace y sus direcciones más adelante en el capítulo.
`Source`	Esta propiedad especifica la instancia de la clase que desea enlazar.

Propiedad	Descripción
`ElementName`	También puede definir enlaces entre diferentes controles en la UI. La propiedad `ElementName` hace referencia al control de origen mediante su propiedad `Name`.
`Converter`	Acepta una instancia de `IValueConverter` que puede servir como intermediario entre propiedades incompatibles.

El siguiente código demuestra el uso del enlace de datos en XAML. Se añade una instancia de `Person` a la sección `Resources` de un panel `Grid`. La propiedad `Text` del `TextBox` se enlaza a la propiedad `FirstName` de `Person`. El objeto de origen se especifica utilizando la propiedad `Source` del objeto `Binding` y la propiedad de origen se especifica utilizando la propiedad `Path`.

```
<Grid x:Name="LayoutRoot">
   <Grid.Resources>
      <local:Person x:Key="personData"/>
   </Grid.Resources>

   <TextBox Text="{Binding Path=FirstName, Source={StaticResource personData}}"/>
</Grid>
```

> **Nota:** Puede omitir la palabra clave `Path` si el primer parámetro de `Binding` es la propiedad de origen que desea enlazar.

La característica principal del enlace de datos es que cuando la propiedad de origen notifica al objeto `Binding` los cambios producidos, actualiza la propiedad de destino. Sin embargo, el envío de notificaciones sobre los cambios de la propiedad de origen no es responsabilidad del objeto `Binding`. Esto es algo que debe realizar el objeto que contiene la propiedad de origen.

El mecanismo de notificación se crea sobre una interfaz denominada `INotifyPropertyChanged`. Esta interfaz define un solo evento denominado `PropertyChanged`. El objeto de origen tiene que implementar esta interfaz y activar el evento `PropertyChanged` siempre que cambie la propiedad de origen. El siguiente código demuestra la implementación de esta interfaz:

```
public class Person : INotifyPropertyChanged
{

   private string firstName;

   public string FirstName
   {
      get { return firstName; }
      set
   {
         firstName = value;
```

```
            RaisePropertyChanged("FirstName");
        }
    }

    private string lastName;

    public string LastName
    {
        get { return lastName; }
        set
        {
            lastName = value;
            RaisePropertyChanged("LastName");
        }
    }

        // Método de ayuda que activa el evento
        protected void RaisePropertyChanged(string propertyName)
        {

            if (PropertyChanged != null)
                PropertyChanged(this, new PropertyChangedEventArgs(propertyName));
        }

        public event PropertyChangedEventHandler PropertyChanged;
    }
```

Modos y direcciones de enlace

Al crear un enlace, puede especificar su dirección. Con la propiedad `Mode`, puede elegir entre los siguientes modos de enlace:

- **OneWay:** Opción de una dirección que asegura que el enlace actualiza el objeto de destino siempre que obtenga una notificación de la propiedad de origen. El cambio del valor de la propiedad de destino no afecta a la propiedad de origen.
- **TwoWay:** Opción de dos direcciones que asegura que el enlace sincroniza tanto la propiedad de destino como la de origen siempre que obtenga una notificación de cambio de cualquiera de ellas.
- **OneTime:** Opción de una vez, muy similar a la del modo `OneWay` pero solo actualiza la propiedad de destino inmediatamente después de que se produzca el enlace. Sin embargo, posteriormente, detiene la supervisión de los cambios. Generalmente no necesitará utilizar esta opción. No obstante, en algunos casos excepcionales puede ayudarle a mejorar el rendimiento.

El siguiente código demuestra el uso de enlaces `TwoWay`:

```
<TextBox Text="{Binding Path=FirstName, Source={StaticResource personData},
   Mode=TwoWay}"/>
```

Propiedad DataContext

Otra propiedad importante que es sustancial para el mecanismo del enlace de datos es la denominada `DataContext`. Esta propiedad se define con una opción denominada herencia del valor de la propiedad. Esto significa que si crea una estructura UI y establece la propiedad `DataContext` en un `FrameworkElement`, todos sus elementos secundarios y descendientes en el árbol visual heredan automáticamente el valor de `DataContext`.

Por ejemplo, si tiene un panel `Grid` que contiene una lista de controles estableciendo `DataContext` en el panel, `DataContext` se establecerá en todos los controles en el valor de la propiedad `DataContext` del panel principal.

El siguiente código demuestra este escenario:

```
<Grid x:Name="LayoutRoot">
   <Grid.Resources>
      <local:Person x:Key="personData"/>
   </Grid.Resources>

   <StackPanel DataContext="{StaticResource personData}">
      <TextBox Text="{Binding Path=FirstName, Mode=TwoWay}"/>
      <TextBox Text="{Binding Path=LastName, Mode=TwoWay}"/>
   </StackPanel>
</Grid>
```

El enlace en el control `TextBox` no tiene que hacer referencia al origen ya que `DataContext` del `StackPanel` principal lo está haciendo en su lugar. El `TextBox` es un elemento secundario del `StackPanel`, por lo que hereda el `DataContext`, es decir, el enlace obtendrá el objeto de origen desde el valor `DataContext` heredado.

Cambiar los datos en el canal del enlace con convertidores de valor

Describir el enlace como una unión entre las propiedades de origen y de destino indica la fuerza de esta conexión. De hecho, pensar en el enlace como en un mecanismo de canal sería más apropiado.

Algunas veces necesitará tener más control sobre este canal. Como ejemplo, piense en la creación de una UI que presenta el índice de cambio de divisas en porcentajes. Si el porcentaje es positivo, podría utilizar el verde como color en primer plano de la fuente que muestra el valor. Si es negativo, podría mostrar el valor en rojo.

El objeto de datos que quiere enlazar tiene una propiedad `Change` de tipo `Double` que representa el cambio en porcentaje. En este caso, puede enlazar directamente la propiedad del color `Foreground` con la propiedad `Change`. Un enlace de `Color` a `Double` no parece tener mucho sentido. Afortunadamente existe un paso de transformación en el canal del enlace de datos que se denomina conversión del valor. Si utiliza convertidores podrá insertar un código personalizado para transformar un valor en un valor o tipo diferente.

Los convertidores son clases que implementan la interfaz `IValueConverter`. Esta interfaz define dos métodos:

- Una llamada a `Convert` cuando se esté leyendo el valor de la propiedad de origen.
- Una llamada a `ConvertBack` cuando se esté escribiendo de nuevo el valor de la propiedad de destino en la propiedad de origen.

El siguiente código demuestra la implementación de una `IValueConverter`. Si el precio es mayor que `9.99`, la propiedad `Foreground` del `TextBlock` será roja; en caso contrario, será verde. Convertir un color de nuevo a un valor de precio no tiene realmente mucho sentido, por lo que no se implementa el método `ConvertBack`. El convertidor se puede añadir como un recurso y hacer referencia a él posteriormente mediante el enlace con el parámetro `Converter` de la clase `Binding`.

```
// Clase del convertidor de valor
public class PriceToColorConverter : IValueConverter
{
   public object Convert(object value, string typeName, object parameter,
      string language)
   {
      var price = (double)value;
      if (price > 9.99) return Colors.Red;
      else return Colors.Green;
   }

   public object ConvertBack(object value, string typeName, object parameter,
      string language)
   {
      throw new NotImplementedException();
   }
}
```

Puede utilizar este convertidor desde XAML como se muestra a continuación:

```
<Grid x:Name="LayoutRoot">
   <Grid.Resources>
      <!-- ... -->
      <local:PriceToColorConverter x:Key="priceConverter"/>
   </Grid.Resources>

   <StackPanel DataContext="{StaticResource salesData}">
      <TextBlock Foreground="{Binding Path=Price,
         Converter={StaticResource priceConverter}}"
            Text="{Binding Path=Price}"/>
   </StackPanel>
</Grid>
```

El código de ejemplo anterior utiliza un `PriceToColorConverter` para asegurarse de que el color en primer plano del `TextBlock` se pinta con el color apropiado según el valor del precio. El convertidor se coloca en la sección de los recursos del panel y se hace referencia a él mediante un espacio de nombres XML denominado `local`. El prefijo `local` se asigna al espacio de nombres CLR de la clase `PriceToColorConverter`.

Los métodos `Convert` y `ConvertBack` admiten otros parámetros además del valor:

- **typeName:** Tipo de la propiedad de destino para el que se quieren convertir los datos.
- **Parameter:** Puede añadir un parámetro de convertidor en el mecanismo del enlazado cuando utiliza convertidores. Para ello puede utilizar esta propiedad para cualquier lógica de convertidor que necesite.
- **Language:** Este es el lenguaje de la conversión. Alguna lógica de conversión podría ser específica a un lenguaje y región. Puede utilizar este parámetro para decidir qué tipo de lógica aplicar.

Enlace de colecciones

La mayoría de las veces tendrá que tratar con listas de datos. `ItemsControl` está diseñada para mostrar y visualizar cualquier colección de datos. Por tanto, si tiene una fuente de datos con una colección, puede enlazar datos fácilmente a ella. Aunque parezca algo fácil, tiene un pequeño inconveniente.

Sus datos pueden cambiar en cualquier momento y la UI (en este caso, `ItemsControl`) debe conocer cualquier cambio realizado en su colección de origen. Para notificar a un `Binding` sobre el cambio de una propiedad se utiliza el evento `PropertyChanged` de la interfaz `INotifyPropertyChanged`. La misma lógica se aplica a las colecciones que cambian, pero esta vez, la colección tiene que implementar la interfaz `INotifyCollectionChanged` y activar el evento `CollectionChanged` en cada cambio que se produzca.

Debe saber que colecciones simples como la genérica `List` no implementan esta funcionalidad. Sin embargo, existe una nueva colección denominada `ObservableCollection` que se diseñó teniendo en cuenta este comportamiento. Por tanto, cada vez que enlaza una colección a la propiedad `ItemsSource` de un `ItemsControl`, debe asegurarse de que la colección es `ObservableCollection`.

En el siguiente ejercicio va a crear un simple escenario de detalles maestros donde poder explorar el enlace a colecciones y la presentación de detalles.

Ejercicio: Escenario simple de detalles maestros

En este ejercicio va a rellenar un `ListBox` con una lista de jugadores y va a enlazar la vista de detalles con sus controles, que representan los datos del jugador seleccionado.

1. Abra el proyecto anterior.
2. Haga clic con el botón derecho del ratón sobre el proyecto en el Explorador de soluciones y seleccione la opción Agregar>Clase.
3. Denomine el archivo como **Player.cs**.
4. Agregue el siguiente código a la clase Player:

```
public class Player : INotifyPropertyChanged
{
   private string playerName;

   public string PlayerName
   {
      get { return playerName; }
      set
      {
         playerName = value;
         RaisePropertyChanged("PlayerName");
      }

   }

   private string photoUrl;

   public string PhotoUrl
   {
      get { return photoUrl; }
      set
   {
         photoUrl = value;
         RaisePropertyChanged("PhotoUrl");
   }
}

   private string biography;

   public string Biography
   {
      get { return biography; }
      set
      {
         biography = value;
         RaisePropertyChanged("Biography");
      }
   }

   protected void RaisePropertyChanged(string propertyName)
   {
      if (PropertyChanged != null)
         PropertyChanged(this, new PropertyChangedEventArgs(propertyName));

   }
   public event PropertyChangedEventHandler PropertyChanged;
}
```

5. Agregue otra clase denominada **PlayerDataSource.cs** al proyecto.
6. Agregue el siguiente código a la clase `PlayerDataSource`:

```
public class PlayerDataSource
{
   public PlayerDataSource()
   {
      LoadPlayers();
```

```
    }

    private ObservableCollection<Player> players;

    public ObservableCollection<Player> Players
    {
       get { return players; }
       set { players = value; }
    }

    private void LoadPlayers()
    {
       players = new ObservableCollection<Player>
       {
       new Player
       {
          PlayerName = "Sample Player 1",
          PhotoUrl = "/Assets/Player1Photo.jpg",
          Biography = "Sample Biography"
       },
          new Player
          {
             PlayerName = "Sample Player 2",
             PhotoUrl = "/Assets/Player2Photo.jpg",
             Biography = "Sample Biography"
          }
       };
    }
}
```

7. En la ventana Esquema del documento, haga clic en el panel Grid principal.
8. Abra la ventana Propiedades y busque la propiedad DataContext.
9. Haga clic en el botón **Nuevo**. En el cuadro de diálogo Seleccionar objeto, seleccione la clase PlayerDataSource y haga clic en el botón **Aceptar**.
10. Haga clic en ListBox y en la ventana de Propiedades, busque la propiedad ItemsSource. Haga clic en el icono del cuadrado pequeño a la derecha de su nombre y seleccione Crear enlace de datos. Desde la ventana Ruta de acceso, seleccione Players y haga clic en el botón **Aceptar**.
11. Haga clic en el panel Details y busque la propiedad DataContext.
12. Haga clic en el icono del cuadrado pequeño a la derecha de su nombre y seleccione Crear enlace de datos.
13. Cambie el Tipo de enlace por ElementName.
14. Seleccione ListBox desde el árbol de tipos.
15. Seleccione la propiedad SelectedItem desde el árbol de rutas de acceso.
16. Haga clic en **Aceptar**.
17. Haga clic en txtTile, busque la propiedad Text en la ventana Propiedades y haga clic en el cuadrado pequeño. Seleccione Crear enlace de datos y seleccione la propiedad PlayerName de la vista de rutas de acceso. Haga clic en el botón **Aceptar**.

18. Haga clic en playerPhoto, busque la propiedad Source en la ventana Propiedades y haga clic en el cuadrado pequeño a la derecha. Seleccione Crear enlace de datos y la propiedad PhotoIUrl del árbol de rutas de acceso. Haga clic en **Aceptar**.
19. Haga clic en txtContent, busque la propiedad Text en la ventana de propiedades y haga clic en el cuadrado pequeño a la derecha de su nombre. Seleccione Crear enlace de datos y la propiedad Biography del árbol de rutas de acceso. Haga clic en el botón Aceptar.
20. Pulse el botón **F5** o seleccione Depurar>Iniciar depuración para ejecutar la aplicación.

Cómo funciona

La clase Player implementa la interfaz `INotifyPropertyChanged` cada vez que se activa una propiedad del evento `PropertyChanged`. De este modo, si dentro de esta clase cambia cualquier dato, se notifica el enlace y puede actualizar la UI.

La clase `PlayerDataSource` define una colección `Players` de tipo `ObservableCollection<Player>`. Esta colección está preparada para notificar el enlace si existe un cambio dentro de la colección. Al asignar `PlayerDataSource` como `DataContext` del panel `Grid` principal, toda la página y todos los controles que contiene heredan `PlayerDataSource` como `DataContext`.

El elemento `ListBox` es un enlace a la colección Players, que se encuentra en `DataContext` (recuerde que ahora miso `DataContext` es `PlayerDataSource`).

Con un enlace UI a UI, el `DataContext` de `detailsPanel` se enlaza al `SelectedItem` del `ListBox`. Así, cuando cambie el elemento seleccionado en `ListBox`, el `DataContext` del panel `detailsPanel` se actualiza. Esto significa que el `DataContext` del `detailsPanel` es siempre una instancia de `Player`.

Los controles que se encuentran dentro del `detailsPanel` se enlazan a las propiedades de un jugador. Como el `DataContext` del `detailsPanel` es un `Player`, los controles que se encuentran dentro comparten la misma instancia de `Player` que su `DataContext`.

Siempre que cambia el `SelectedItem` del `ListBox`, el contenido del `detailsPanel` se actualiza automáticamente a través del motor de enlaces.

Resumen

Puede desarrollar aplicaciones estilo Windows 8 utilizando soluciones XAML, las cuales proporcionan una forma declarativa de describir la UI.

Se ha introducido un nuevo modelo de controles muy flexible para responder a las necesidades de las UI de nueva generación. El nuevo modelo de controles le permite personalizar la UI y los controles como quiera.

Entre los nuevos conceptos se ha introducido una nueva administración de diseños que se basa en paneles. Se implementan muchos paneles para reunir las necesidades del desarrollador, como `Grid`, `StackPanel`, `Canvas` y `VariableSizedWrapGrid`.

Puede utilizar un poderoso motor de enlace de datos para unir objetos de datos con su UI. También se admiten objetos simples y colecciones. Los enlaces se actualizan automáticamente si los modelos notifican al enlace los cambios producidos, utilizando las interfaces `INotifyPropertyChanged` e `INotifyCollectionChanged`.

En el capítulo 8 conocerá controles más complejos que pueden controlar una gran cantidad de datos y representarlos de diversas formas. También va a conocer conceptos de UI importantes, como las animaciones y el motor de plantillas que le permiten personalizar los controles y la representación visual de los datos.

Ejercicios

1. ¿Cómo puede compartir dentro de la aplicación un pincel predefinido?
2. ¿Cómo puede notificar a un enlace sobre los cambios en la propiedad de origen?
3. ¿Qué panel le permite colocar sus elementos libremente utilizando coordenadas relativas?
4. ¿Cómo puede asegurarse de que haya un espacio en blanco entre los elementos dentro de un `StackPanel`?
5. ¿Cómo actualiza un enlace un `ListBox` cuando cambia la colección subyacente?
6. ¿Cómo puede asegurarse de que un enlace actualiza tanto la propiedad de origen como la de destino?

Nota: Las respuestas a los ejercicios se encuentran en el apéndice A del libro.

Qué ha aprendido en este capítulo

- **Lenguaje de marcado de aplicaciones extensible** (XAML, *eXtensible Application Markup Language*)**:** Es un lenguaje basado en XML que puede utilizar para describir la interfaz de usuario de forma declarativa. Admite muchas herramientas para el diseñador y le permite separar la UI del código.
- **StaticResource:** Puede compartir recursos en una aplicación en muchos niveles para reutilizarlos en cualquier momento. Generalmente se comparten estilos, colores, pinceles y convertidores. En XAML puede hacer referencia a estos objetos utilizando la propiedad `StaticResource`.

- **Paneles:** El sistema de diseño se crea teniendo como base los paneles. Estos son los responsables de ordenar sus propios elementos secundarios según una lógica determinada. Los paneles constituyen una herramienta poderosa para su uso en la creación de UI complejas.
- **Enlace de datos:** Con el enlace de datos puede representar una conexión directa entre dos objetos. Si cambia un objeto, el otro objeto se sincroniza. Normalmente, se enlazan propiedades de controles UI con propiedades de objetos de datos.
- **INotifyPropertyChanged:** Para actualizar un enlace, este debe ser notificado sobre los cambios, algo que puede hacer activando el evento `PropertyChanged` definido en la interfaz `INotifyPropertyChanged`. Por tanto, tiene que asegurarse de que el objeto de origen que contiene la propiedad de origen implemente esta interfaz.
- **ObservableCollection:** Igual que un simple objeto, las colecciones tienen que notificar al enlace sobre sus cambios. En caso de las colecciones, esto sucede utilizando el evento `CollectionChanged` definido en la interfaz `INotifyCollectionChanged`. `ObservableCollection` implementa dicha interfaz.
- **DataContext:** `FrameworkElements` define una propiedad denominada `DataContext`. Esta es una propiedad especial ya que su valor lo heredan todos los elementos secundarios dentro de `FrameworkElement`. Si establece esta propiedad en un objeto de datos, todos los elementos en el árbol visible debajo de este objeto también heredarán dicho valor, lo que significa que compartirán el mismo contexto de datos.
- **Convertidores:** El mecanismo del enlace le permite enlazar dos propiedades que tienen tipos diferentes. Para asegurarse de que esos enlaces tienen sentido y funcionan puede añadir un convertidor al canal del enlace.
- **BindingMode:** Con `BindingMode` puede especificar la dirección de las actualizaciones. Los enlaces `OneWay` solo actualizan el destino, mientras que los enlaces `TwoWay` pueden actualizar también el origen.
- **ContentControl:** Este es el tipo de control más simple. Tiene una propiedad `Content` que representa el contenido visual interno de los controles. La propiedad es de tipo `object`, por lo que no puede añadirle nada.
- **ItemsControl:** Representa listas visuales. Puede agregar cualquier tipo de elemento dentro de la colección e `ItemsControl` los representará. Esta es la clase base para cualquier control de lista en la estructura.

8

Trabajar con controles XAML

En este capítulo aprenderá a:

- Conocer y aplicar transformaciones.
- Cambiar la apariencia visual de los controles.
- Familiarizarse con Microsoft Expression Blend.
- Familiarizarse con los controles complejos, específicos de aplicaciones estilo Windows 8.

Para desarrollar los ejemplos de este capítulo, puede optar por introducir manualmente el código o utilizar los archivos de código fuente que acompañan al libro como se indica en la Introducción.

En este capítulo aprenderá más extraordinarias opciones de las aplicaciones estilo Windows 8 que le permiten ofrecer una increíble interacción al usuario. Este capítulo empieza con un resumen sobre cómo crear animaciones con la Biblioteca de animaciones (*Animation Library*) y crear animaciones personalizadas. También aprenderá conceptos importantes como las transformaciones, la personalización visual y una herramienta denominada Microsoft Expression Blend. Al final del capítulo, aprenderá a crear una experiencia visual personalizada para la interfaz del usuario (UI, *User Interface*) y aprenderá a presentar controles complejos en aplicaciones estilo Windows 8.

Utilizar animaciones en su aplicación

Las animaciones pueden darle vida a su UI. Con una animación cuidadosamente diseñada, puede conseguir que su aplicación parezca más rápida, fluida y con capacidad de respuesta. Además, las animaciones pueden ayudar al usuario a aprender a utilizar su aplicación con más rapidez. Por ejemplo, cuando añade un nuevo elemento a una lista, los nuevos elementos se animan (en lugar de simplemente aparecer en el control de lista), mientras otros elementos se animan en una nueva posición. Su UI asegura que los nuevos elementos tienen suficiente espacio para mostrarse. Estas pequeñas animaciones (aunque muy importantes) pueden ayudar al usuario a entender la acción ejecutada con mucha más facilidad.

Aunque las animaciones pueden añadir un gran valor a su aplicación, también es cierto que debe utilizarlas con cuidado en el diseño. Las animaciones y transiciones deben ser consistentes a lo largo de la aplicación y el sistema operativo. También deben ser homogéneas, rápidas y fluidas. Las animaciones inestables pueden ser realmente decepcionantes.

Al crear aplicaciones estilo Windows 8 debe elegir entre dos tipos:

- **Animaciones dependientes:** Si crea animaciones personalizadas, es muy probable que se ejecuten como animaciones dependientes, las cuales se ejecutan en el subproceso de la UI. Este subproceso normalmente está ocupado controlando las entradas del usuario o con alguna lógica de dibujo, por lo que puede que no sea capaz de producir una velocidad de reproducción consistente entre sus animaciones y, por tanto, sean inestables.
- **Animaciones independientes:** Estas animaciones se ejecutan de forma independiente del subproceso de la UI. La tarea se descarga desde la CPU hasta la unidad de procesamiento gráfico (GPU, *Graphics Processing Unit*). Las GPU son unidades de hardware optimizadas para proporcionar gráficos bonitos y enriquecidos a una velocidad de trama (*frame rate*) consistente. Esto significa que si consigue animaciones homogéneas y sin fallos, debe utilizar animaciones independientes ya que se ejecutarán mucho mejor.

> **Nota:** Profundizar más en cómo funcionan las animaciones independientes se encuentra fuera del ámbito de este libro. Sin embargo, si quiere aprender más sobre la creación de animaciones independientes personalizadas, consulte el artículo de `http://msdn.microsoft.com/es-ES/library/windows/apps/hh994638.aspx`.

Una forma de asegurarse de que está utilizando una animación independiente que es consistente con otras aplicaciones estilo Windows 8 es utilizar la Biblioteca de animaciones.

Biblioteca de animaciones

La Biblioteca de animaciones contiene un conjunto predefinido de animaciones de alto rendimiento, homogéneas y consistentes con la apariencia y la percepción visual de las animaciones de Windows. No tiene que preocuparse de conseguir que sean rápidas y fluidas o consistentes, ya que aprovechan la capacidad de animación independiente y se utilizan en toda la UI del sistema operativo Windows. Piense en la Biblioteca de animaciones como en una paleta de animaciones que puede utilizar cuando y donde quiera y que ya se ajustan a los requerimientos de una extraordinaria UI estilo Windows 8.

Esta biblioteca admite dos tipos de animaciones:

- **Transiciones de temas:** Estas transiciones se activan automáticamente mediante el sistema de diseño en respuesta a los cambios del diseño activo de la página. Se trata generalmente de animaciones utilizadas para proporcionar efectos visuales para la carga, descarga o el cambio de ubicación de los objetos.
- **Animaciones de temas:** Estas animaciones se activan manualmente desde el código y puede especificar un destino para ellas.

Transiciones de temas

Las transiciones de temas constituyen un método extraordinario para crear animaciones simples que no molesten al usuario de su aplicación, a la vez que la mantienen atractiva y agradable. Normalmente aplicará estas transiciones para animar la adición, eliminación o reordenación de elementos, o para cambiar el contenido de los controles.

El siguiente fragmento de código demuestra el uso de una transición denominada `EntranceThemeTransition`:

```
<Button Content="Animated Button" HorizontalAlignment="Center">
   <Button.Transitions>
      <TransitionCollection>
         <EntranceThemeTransition/>
      </TransitionCollection>
   </Button.Transitions>
</Button>
```

Al utilizar este fragmento de código, puede animar un botón que se desliza a su lugar o posición, en lugar de simplemente aparecer, cuando se reproduce por primera vez. Como puede ver en el código, puede aplicar más de una transición a un `UIElement`. En realidad puede tener tantos como quiera (siempre que tenga sentido para el usuario).

Algunas transiciones proporcionan un cierto grado de personalización al permitirle establecer un par de propiedades en la transición. La personalización debe ejecutarse con sumo cuidado ya que estas transiciones están diseñadas para ser simples, fáciles de usar y, más importante aún, consistentes.

El fragmento de código anterior no es tan interesante, ya que se aplica a un solo control `Button`. Lo bueno empieza cuando se aplican estas transiciones a contenedores de otros elementos.

En el siguiente código de ejemplo, la transición se define en el panel:

```
<WrapGrid>
   <WrapGrid.ChildrenTransitions>
      <TransitionCollection>
         <EntranceThemeTransition/>
```

```
            <RepositionThemeTransition/>
        </TransitionCollection>
    </WrapGrid.ChildrenTransitions>
    <Rectangle Fill="Red" Width="100" Height="100" Margin="10"/>
    <Rectangle Fill="Red" Width="100" Height="100" Margin="10"/>
    <Rectangle Fill="Red" Width="100" Height="100" Margin="10"/>
    <Rectangle Fill="Red" Width="100" Height="100" Margin="10"/>
    <Rectangle Fill="Red" Width="100" Height="100" Margin="10"/>
    <Rectangle Fill="Red" Width="100" Height="100" Margin="10"/>
    <Rectangle Fill="Red" Width="100" Height="100" Margin="10"/>
    <Rectangle Fill="Red" Width="100" Height="100" Margin="10"/>
    <Rectangle Fill="Red" Width="100" Height="100" Margin="10"/>
</WrapGrid>
```

Cada elemento secundario contenido en el panel `WrapGrid` se desliza a su lugar la primera vez que se reproduce, algo que se consigue utilizando `EntranceThemeTransition`. `RepositionThemeTransition` asegura que siempre que agrega o elimina un elemento secundario, el resto se reposiciona y se desliza a sus nuevos lugares con una animación homogénea. Cuando utiliza un control complejo como `GridView` o `ListView` (tema que analizaremos con más detalle más adelante en el capítulo), no tiene que preocuparse de la configuración de las transiciones. Estos controles están diseñados para su admisión de forma predeterminada. En la tabla 8.1 se describen las transiciones admitidas.

Tabla 8.1. Transiciones de temas admitidas.

Transición de tema	Descripción
`AddDeleteThemeTransition`	Anima la transición para la adición o eliminación de elementos. Normalmente se aplica a los contenedores de elementos.
`ContentThemeTransition`	Anima las transiciones cuando cambia el contenido del control.
`EntranceThemeTransition`	Proporciona la transición cuando se muestra un elemento por primera vez.
`ReorderThemeTransition`	Propicia la transición cuando cambia el orden de los elementos en una lista de controles. Normalmente se utiliza con arrastrar y colocar.
`RepositionThemeTransition`	Proporciona la transición cuando se reubican los controles en una nueva posición.

Animaciones de temas y guiones gráficos

Las transiciones de temas ofrecen un método extraordinario para crear simples animaciones, pero puede que necesite más control sobre el proceso de la animación a la vez que mantiene la consistencia con las animaciones del sistema operativo Windows.

Los guiones gráficos (*storyboards*) son objetos que pueden controlar múltiples animaciones. Puede pensar en ellos como si fuesen reproductores de vídeo. Las animaciones se pueden iniciar, detener, pausar, reanudar y buscar utilizando un guión gráfico. Tendrá que escribir código para que los controladores de eventos controlen un objeto `Storyboard`. Estos objetos también admiten destinos, lo que significa que cuando añade una animación a un guión gráfico, puede establecer un destino para la animación. El destino representa el objeto que se debe animar.

El siguiente fragmento de código demuestra el uso de estas animaciones con guiones gráficos:

```
<Grid>
   <Grid.Resources>
      <Storyboard x:Name="hideStoryboard">
         <FadeOutThemeAnimation Storyboard.TargetName="targetRectangle" />
      </Storyboard>
   </Grid.Resources>
   <Rectangle x:Name="targetRectangle" PointerPressed="Rectangle_Tapped"
      Fill="Blue" Width="200" Height="300" />
</Grid>
```

Vamos a examinar con más detalle este código de ejemplo. El panel `Grid` contiene un solo rectángulo azul sobre el que se controla el evento `PointerPressed`. El controlador de evento es como sigue:

```
private void Rectangle_Tapped(object sender, PointerRoutedEventArgs e)
{
   hideStoryboard.Begin();
}
```

Este código asegura que siempre que el usuario haga clic en el rectángulo o lo toque, se inicie la llamada de `Storyboard` a `hideStoryboard`.

Este guión gráfico contiene una sola animación denominada `FadeOutThemeAnimation`, una animación de tema que es la responsable de proporcionar una animación que se desvanece suavemente hasta ocultar el elemento de destino. En el objeto de la animación, el objeto de destino se define estableciendo la propiedad enlazada `Storyboard.TargetName`. El valor de esta propiedad se establece en el valor de la propiedad `Name` del elemento de destino `UIElement`. Esto significa que siempre que un usuario hace clic en el rectángulo, o lo toca, se aplica una animación de desvanecimiento al rectángulo.

En la tabla 8.2 se describen algunas de las animaciones de temas admitidas.

Tabla 8.2. Animaciones de temas admitidos más importantes.

Animación de tema	Descripción
`FadeInThemeAnimation`	Animación de opacidad para controles cuando aparecen por primera vez.
`FadeOutThemeAnimation`	Animación de opacidad para controles que se elimina u ocultan en la UI.
`PopInThemeAnimation`	Animación de translación y opacidad para elementos UI cuando aparecen. Son como una animación de emerger.

Animación de tema	Descripción
`PopOutThemeAnimation`	Animación de translación y opacidad para elementos UI cuando se cierran con una animación parecida a la de emerger.
`TapUpThemeAnimation`	Animación que se ejecuta justo después de tocar un elemento.
`TapDownThemeAnimation`	Animación que se ejecuta cuando se toca un elemento.

Como puede ver, es muy probable que necesite alguna animación para crear UI sensacionales y fascinantes. Debe tener en cuenta que el uso de animaciones y transiciones desde la Biblioteca de animación garantiza que la animación va a ser independiente.

Conocer los estados visuales

Una opción adicional (y realmente útil) de las animaciones es la constituida por los estados visuales, los cuales describen la situación visual de la vista y las transiciones entre los distintos estados de vista. Utilizan objetos `Storyboard` simples para describir los estados y transiciones. Un buen ejemplo es el estado definido en el control `Button`. El control tiene estados de pulsación y cuando se pasa el cursor sobre él, entre otros muchos. El siguiente fragmento de código demuestra el uso de los estados visuales:

```
<Grid x:Name="mainGrid">
   <VisualStateManager.VisualStateGroups>
      <VisualStateGroup x:Name="VisibilityGroup">
         <VisualState x:Name="Visible">
            <Storyboard>
               <FadeInThemeAnimation Storyboard.TargetName=
                  "targetRectangle" />
            </Storyboard>
         </VisualState>
         <VisualState x:Name="Hidden">
         <Storyboard>
            <FadeOutThemeAnimation Storyboard.TargetName=
               "targetRectangle" />
         </Storyboard>
      </VisualState>
      </VisualStateGroup>
   </VisualStateManager.VisualStateGroups>

   <Rectangle x:Name="targetRectangle" Fill="Blue" Width="200" Height="300" />
</Grid>
```

Como puede ver, un estado visual contiene guiones gráficos para representar el estado del control. Puede definir estados visuales en cualquier momento y deben colocarse dentro de elementos `VisualStateGroup`. Su control solo puede tener un estado al mismo tiempo dentro de un `VisualStateGroup`, pero puede estar en dos o más estados si todos están ubicados en un `VisualStateGroup` diferente.

El código de ejemplo anterior define dos estados diferentes en el mismo grupo. El grupo se denomina `VisibilityGroup` y contiene los estados `Visible` y `Hidden`. Puede cambiar estados desde el código utilizando el método `GoToState()` de la clase `VisualStateManager`. El siguiente código de ejemplo demuestra cómo cambiar ese estado visual actual:

```
VisualStateManager.GoToState(this, "Hidden", true);
```

El primer parámetro del método `GoToState` es el control que contiene el estado visual. En este caso, puede especificar `this` como el control, que es una referencia al control `Page` actual. El segundo parámetro del método `GoToState` es el nombre del estado visual al que quiere cambiar. El tercero y último parámetro es un valor booleano para decidir si se van a usar o no transiciones visuales. Una transición visual es un concepto más avanzado de la administración de estados visuales. Se ha diseñado para diferenciar las animaciones entre cambios de estado basándose en los estados visuales original y de destino. El valor `true` significa que se deben utilizar las transiciones cuando estén disponibles.

> **Nota:** Puede aprender más sobre las transiciones visuales en `http://msdn.microsoft.com/es-ES/library/windows/apps/windows.ui.xaml.visualtransition.aspx`.

Al establecer un estado visual, se inicia automáticamente el `Storyboard` que contiene. No es necesario iniciarlo manualmente. En este caso, si cambia al estado `Visible`, se utiliza un `FadeInThemeAnimation` para mostrar el `targetRectangle`. Si cambia a un estado `Hidden`, se utiliza un `FadeOutThemeAnimation` para ocultar el elemento `targetRectangle`.

Los estados visuales son formas extraordinarias de definir múltiples estados para sus vistas. Por ejemplo, podría definir dos estados visuales diferentes para una página basándose en el estado de inicio de sesión del usuario.

En el siguiente ejercicio va a aplicar animaciones de la Biblioteca de animaciones para crear una interacción de usuario agradable y homogénea.

Ejercicio: Utilizar la Biblioteca de animaciones

En este ejercicio va a utilizar `EntranceThemeTransition`, `AddDeleteThemeTransition` y `RepositionThemeTransition` para animar adiciones y eliminaciones de elementos en un panel.

1. Cree un nuevo proyecto utilizando la plantilla Aplicación vacía (XAML).
2. Abra MainPage.xaml.
3. Localice el elemento `Grid` dentro del control `Page` y agregue una `VariableSizedWrapGrid` denominada `itemsContainer` dentro, como se muestra a continuación:

```
<VariableSizedWrapGrid x:Name="itemsContainer"/>
```

4. Agregue dos botones encima de `itemsContainer`:

```
<StackPanel Orientation="Horizontal" HorizontalAlignment="Center"
    VerticalAlignment="Top">
  <Button Content="Add"/>
  <Button Content="Remove" Margin="8,0,0,0"/>
</StackPanel>
<VariableSizedWrapGrid x:Name="itemsContainer" Margin="0,50,0,0"/>
```

5. Suscriba los eventos `Click` de los botones:

```
<Button x:Name="btnAdd" Content="Add" Click="btnAdd_Click_1"/>
<Button x:Name="btnRemove" Content="Remove" Click="btnRemove_Click_1"
  Margin="8,0,0,0"/>
```

6. Abra MainPage.xaml.cs y localice el método `OnNavigatedTo`. Inserte código dentro para añadir 20 rectángulos rojos en `itemContainer`. Cada rectángulo debe tener 100 píxeles de ancho y 100 píxeles de alto y un margen de 8 píxeles en cada lado, como se muestra a continuación:

```
protected override void OnNavigatedTo(NavigationEventArgs e)
{
  for (int i = 0; i < 20; i++)
  {
    var rectangle = new Rectangle();
    rectangle.Width = 100;
    rectangle.Height = 100;
    rectangle.Fill = new SolidColorBrush(Colors.Red);
    rectangle.Margin = new Thickness(8);
    itemsContainer.Children.Add(rectangle);
  }
}
```

7. Agregue código al controlador del evento `btnAdd` para añadir nuevos rectángulos:

```
private void btnAdd_Click_1(object sender, RoutedEventArgs e)
{
  itemsContainer.Children.Add(new Rectangle
  {
    Width = 100,
    Height = 100,
    Fill = new SolidColorBrush(Colors.Red),
    Margin = new Thickness(8)
  });
}
```

8. Agregue código al controlador del evento `btnRemove` para eliminar el segundo rectángulo:

```
private void btnRemove_Click_1(object sender, RoutedEventArgs e)
  {
  itemsContainer.Children.RemoveAt(1);
}
```

9. Pulse **F5** o seleccione Depurar>Iniciar depuración para ejecutar la aplicación.

10. Haga clic en los botones **Add** (Añadir) y **Remove** (Eliminar). Observe el comportamiento de los elementos.

11. Vuelva a Visual Studio 2012 y detenga la depuración pulsando **Mayús-F5** o el botón **Detener depuración**.
12. Agregue animación para la primera aparición, como se muestra a continuación:

```
<VariableSizedWrapGrid x:Name="itemsContainer">
   <VariableSizedWrapGrid.ChildrenTransitions>
      <TransitionCollection>
         <EntranceThemeTransition/>
      </TransitionCollection>
   </VariableSizedWrapGrid.ChildrenTransitions>
</VariableSizedWrapGrid>
```

13. Pulse **F5** para ejecutar la aplicación. Observe el comportamiento de los elementos al principio.
14. Haga clic en los botones **Add** y **Remove**. Observe el comportamiento de los elementos.
15. Vuelva a Visual Studio 2012 y detenga la depuración pulsando **Mayús-F5** o el botón **Detener depuración**.
16. Agregue animación para la eliminación, adición y reubicación de elementos añadiendo el siguiente código:

```
<VariableSizedWrapGrid x:Name="itemsContainer">
   <VariableSizedWrapGrid.ChildrenTransitions>
      <TransitionCollection>
         <EntranceThemeTransition/>
         <AddDeleteThemeTransition/>
         <RepositionThemeTransition/>
      </TransitionCollection>
   </VariableSizedWrapGrid.ChildrenTransitions>
</VariableSizedWrapGrid>
```

17. Haga clic en los botones **Add** y **Remove**. Observe el comportamiento de los elementos.
18. Pulse **F5** para ejecutar la aplicación.

Cómo funciona

En los dos primeros pasos ha creado el diseño (algo a lo que ya debería estar acostumbrado). Lo interesante de este ejercicio empieza en el paso 6. El método `OnNavigatedTo` se ejecuta cuando explora la página. Al principio, la primera página en abrirse es `MainPage`, por lo que cuando se navega por la misma, se llama al método `OnNavigatedTo`.

En el paso 6 ha añadido 20 rectángulos con una dimensión de 100x100. Los rectángulos se rellenan con `SolidColorBrush`, creando un color rojo. Después ha creado espacios vacíos entre los elementos utilizando la propiedad `Margin`. Una vez listo el rectángulo, ha añadido a él `itemsContainer`, que es el panel `VariableSizedWrapGrid`.

En los pasos 7 y 8, el controlador del evento `btnAdd_Click_1` añade un nuevo rectángulo con los mismos parámetros. El controlador de evento `btnRemove_Click_1` elimina el segundo rectángulo de la colección `Children` de `itemsContainer`.

Al ejecutar por primera vez la aplicación, no hay ninguna animación y ninguna insinuación visual sobre lo que está sucediendo realmente.

En el paso 12 ha añadido EntranceThemeTransition. Ahora, al ejecutar la aplicación, los rectángulos se animan mientras ocupan sus lugares, con una suave animación de deslizamiento. Sin embargo, las adiciones, eliminaciones y reubicaciones de los elementos siguen sin tener animación.

Por último, en el paso 16, ha agregado AddDeleteThemeTransition (que anima el nuevo elemento al añadirse y el antiguo elemento cuando se elimina) y RepositionThemeTransition (que reordena los elementos ubicados después de haberse eliminado el elemento).

Al ejecutar la aplicación, puede ver que las eliminaciones y adiciones de elementos ahora tienen animación. La figura 8.1 muestra el resultado.

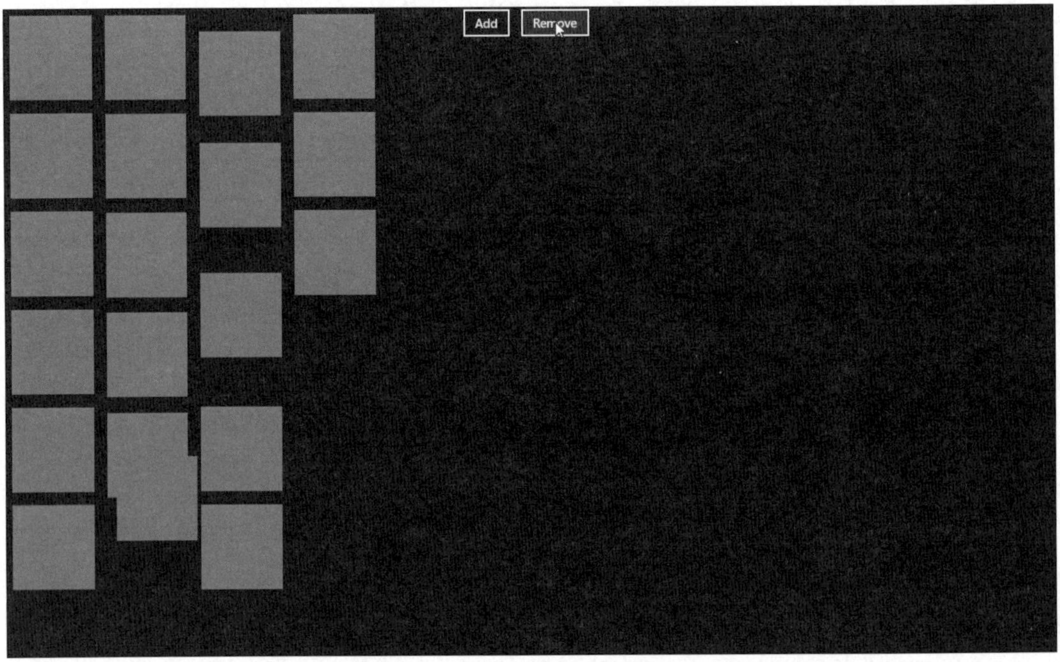

Figura 8.1. Animación durante la recolocación después de eliminar un elemento.

Es muy fácil darle vida a su UI con animaciones simples, consistentes y homogéneas de la Biblioteca de animaciones.

Animaciones personalizadas

La Biblioteca de animaciones es realmente muy útil y muy eficaz, pero no puede cubrir todos los escenarios de animación. Si desea crear una animación que no se pueda hacer con una animación de tema o una transición de tema, debe crear su propia animación personalizada.

En general, las animaciones personalizadas son animaciones dependientes, lo que significa que debe utilizarlas con sumo cuidado. Con estas animaciones tiene la libertad de crear cualquier tipo de animación. Puede animar casi cualquier propiedad que sea una propiedad de dependencia.

Nota: En el capítulo 7 se describen con detalle las propiedades de dependencia.

Estos son algunos de los tipos más comunes para los que puede utilizar clases de animación para animar diferentes tipos de propiedades:

- **DoubleAnimation:** Es un tipo de animación extraordinario para propiedades de tipo `double`. Por ejemplo, podría animar una propiedad `Opacity` o una propiedad `double` de un objeto de transformación (como una rotación).
- **ColorAnimation:** Se trata de una forma fácil de cambiar el color de los objetos cuando algo sucede. Por ejemplo, podría animar a un color mucho más claro para representar un elemento resaltado.
- **ObjectAnimation:** Algunas veces, los objetos tienen una propiedad algo más compleja que debe cambiarse utilizando animaciones. El uso más común de este tipo de animación es ocultar y mostrar controles utilizando la enumeración `Visibility`.

Nota: Existen otros tipos de animaciones, como las que utilizan fotogramas clave y las que usan funciones de relajación. El análisis de todos los tipos de animación existentes se encuentra fuera del ámbito de este libro. Si está interesado en crear animaciones más complejas, puede leer el artículo de `http://msdn.microsoft.com/es-ES/library/windows/apps/br243232.aspx`.

Generalmente utilizará `DoubleAnimation` y propiedades de animación como `Opacity`, o animará una propiedad de transformación. Con este conjunto de técnicas de animación puede crear la mayoría de animaciones que quiera ejecutar. El siguiente fragmento de código demuestra el uso de `DoubleAnimation`:

```
<Grid>
   <Grid.Resources>
      <Storyboard x:Name="hideStoryboard">
         <DoubleAnimation Storyboard.TargetName="targetRectangle"
            Storyboard.TargetProperty="Opacity" Duration="00:00:00.5"
            To="0"/>
      </Storyboard>
   </Grid.Resources>
   <Rectangle x:Name="targetRectangle" PointerPressed="Rectangle_Tapped"
      Fill="Blue" Width="200" Height="300" />
</Grid>
```

Este fragmento de código oculta un rectángulo estableciendo la animación de la propiedad `Opacity` de `targetRectangle` de `0` en `0.5` segundos. Tal como puede comprobar, se pueden usar animaciones personalizadas del mismo modo que cualquier animación de la

Biblioteca de animaciones. Puede crear un `Storyboard` y agregarle una animación, y después establecer el `Storyboard.TargetName`. Sin embargo, esta vez también se establece el nombre de la propiedad que se quiere animar.

Las animaciones de la Biblioteca de animaciones son animaciones predefinidas. En este tipo de animaciones, todo está especificado (como la duración, las propiedades a animar, etc.). Con las animaciones personalizadas, tiene que especificar toda esta información.

El código de ejemplo anterior establece `Storyboard.TargetProperty` en la propiedad `Opacity` y `Duration` en 0.5 segundos. Por tanto, cuando se esté reproduciendo el guión gráfico, éste animará la opacidad a `0` en 0.5 segundos. El valor deseado después de que se complete el guión gráfico se define utilizando la propiedad `To`. Si tiene que definir el valor de inicio de la animación, puede utilizar también la propiedad `From`.

Transformaciones

Ahora ya sabe cómo animar las propiedades de los objetos con animaciones personalizadas. Sin embargo, generalmente tendrá que animar propiedades de transformación para deslizar, escalar o rotar controles. En las aplicaciones estilo Windows 8, estas animaciones se denominan transformaciones de representación. Este tipo de transformaciones se aplica sin que afecte al diseño, por lo que no tiene que preocuparse de problemas de rendimiento ni de esquemas que cambian continuamente.

En las aplicaciones estilo Windows 8 se admiten los siguientes tipos de transformación:

- `TranslateTransform`
- `ScaleTransform`
- `RotateTransform`
- `SkewTransform`

> **Nota:** Puede crear transformaciones mucho más complicadas utilizando matrices. Si quiere profundizar más en el mundo de las transformaciones, puede encontrar más información sobre el tema en `http://msdn.microsoft.com/es-ES/library/windows/apps/windows.ui.xaml.media.matrixtransform.aspx`.

Origen de las transformaciones

Las transformaciones necesitan un punto central. Este punto determina el origen de la transformación. Por ejemplo, si quiere especificar que quiere girar un rectángulo alrededor de su centro, debe establecer la propiedad `RenderTransformOrigin property` en `(0.5, 0.5)`. Estas coordenadas son relativas a la esquina superior izquierda del elemento `UIElement`:

- (0,0) es la esquina superior izquierda.
- (1,1) es la esquina inferior derecha.
- (0.5, 0.5) es el centro exacto del UIElement.

Quizá esté considerando que una elipse no tiene una esquina superior izquierda visual. Sin embargo, desde el punto de vista del diseño, todo UIElement se coloca en la UI en un rectángulo vinculado que representa la anchura y la altura mínimas que requiere el UIElement. Debe establecer las propiedades RenderTransformOrigin teniendo en cuenta este rectángulo vinculado.

Todo UIElement que coloca en su página XAML tiene una propiedad denominada RenderTransform. Si asigna cualquiera de las transformaciones descritas anteriormente a esta propiedad, obtendrá un UIElement transformado. El siguiente código muestra un ejemplo:

```
<Rectangle Width="200" Height="200" Fill="Red" RenderTransformOrigin="0.5,0.5">
   <Rectangle.RenderTransform>
      <RotateTransform Angle="45"/>
   </Rectangle.RenderTransform>
</Rectangle>
```

Este código de ejemplo gira el rectángulo 45 grados alrededor de su punto central. La figura 8.2 muestra el rectángulo girado.

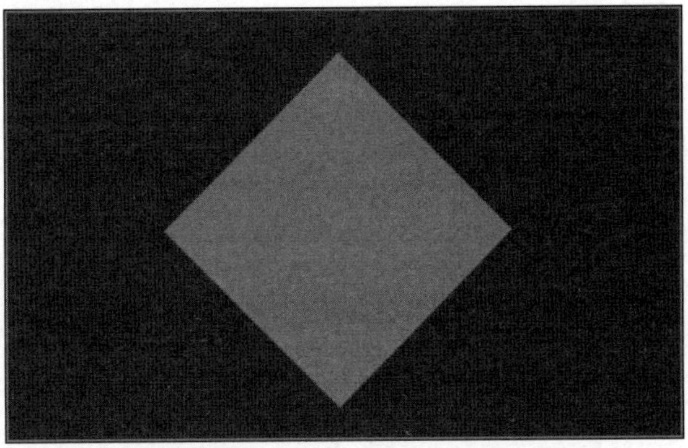

Figura 8.2. Rectángulo girado 45 grados.

Aplicar múltiples transformaciones

Si quiere aplicar más de una transformación a un UIElement, puede utilizar un grupo de transformación como sigueTansformGroup:

```
<Rectangle Width="200" Height="200" Fill="Red" RenderTransformOrigin="0.5,0.5">
   <Rectangle.RenderTransform>
      <TransformGroup>
         <RotateTransform Angle="45"/>
```

```
        <TranslateTransform X="100"/>
      </TransformGroup>
   </Rectangle.RenderTransform>
</Rectangle>
```

Estas transformaciones son muy efectivas pero a la vez muy restrictivas. Se limitan al espacio de dos dimensiones (2D). Lamentablemente, para crear un espacio de tres dimensiones (3D) real, se requiere el uso de DirectX y un código muy complicado, aunque también puede utilizar `PlaneProjection`.

Transformaciones en el espacio 3D

Si quiere crear transformaciones parecidas a 3D, pude simularlas en el espacio 2D utilizando `PlaneProjection`. Esta transformación se comporta igual que cualquier otra transformación de representación: no afecta al diseño.

En el siguiente ejercicio va a crear una animación personalizada utilizando `PlaneProjection` para girar un panel en 3D.

Ejercicio: Crear un panel giratorio en 3D

En este ejercicio va a crear un panel que gira en 3D. En cuanto haga clic en el botón **Start Rotation** (Iniciar rotación), el panel empieza a rotar 360 grados. Para ello, utilizará animaciones personalizadas y `PlaneProjection`.

1. Cree un nuevo proyecto denominado **RotatingPanelIn3D**. Utilice la plantilla Aplicación vacía (XAML).
2. Abra MainPage.xaml y localice el panel `Grid`.
3. Agregue un `Border` con un color de fondo naranja en el panel `Grid` y coloque un simple contenido de texto dentro del control `Border`. Utilice un `TextBlock` para mostrar el texto. Agregue el siguiente código:

```
<Border Width="500" Height="350" Background="Orange"
     HorizontalAlignment="Center" VerticalAlignment="Center">
  <Grid>
     <TextBlock Foreground="White" FontSize="40" HorizontalAlignment=
        "Center" VerticalAlignment="Center" Text="Rotating in 3D"/>
  </Grid>
</Border>
```

4. Añada un botón `Next Button` dentro del panel `Grid` principal y suscriba los eventos `Click`:

```
<Grid Background="{StaticResource ApplicationPageBackgroundThemeBrush}">
   <Button x:Name="startButton" Content="Start Rotation" HorizontalAlignment=
     "Center" VerticalAlignment="Top"
        Click="startButton_Click_1"
        />
```

```
    <Border Width="500" Height="350" Background="Orange"
          HorizontalAlignment="Center" VerticalAlignment="Center">
       <Grid>
          <TextBlock Foreground="White" FontSize="40" HorizontalAlignment=
             "Center" VerticalAlignment="Center" Text="Rotating in 3D"/>
       </Grid>
    </Border>
</Grid>
```

5. Defina un `PlaneProjection` en `Border`. Denomínelo `rotateTransform`.

```
<Grid Background="{StaticResource ApplicationPageBackgroundThemeBrush}">
    <Button x:Name="startButton" Content="Start Rotation" HorizontalAlignment=
       "Center" VerticalAlignment="Top"
          Click="startButton_Click_1"
          />

    <Border Width="500" Height="350" Background="Orange"
          HorizontalAlignment="Center" VerticalAlignment="Center">
       <Border.Projection>
          <PlaneProjection x:Name="rotateTransform"/>
       </Border.Projection>
       <Grid>
          <TextBlock Foreground="White" FontSize="40" HorizontalAlignment=
             "Center" VerticalAlignment="Center" Text="Rotating in 3D"/>
       </Grid>
    </Border>
</Grid>
```

6. Cree un `Storyboard` para girar el panel. Denomínelo `rotateStoryboard`.

```
<Page.Resources>
    <Storyboard x:Name="rotateStoryboard">
       <DoubleAnimation Storyboard.TargetName="rotateTransform"
             Storyboard.TargetProperty="RotationY"
             To="360"
             Duration="00:00:00.5"/>
    </Storyboard>
</Page.Resources>
```

7. Abra MainPage.xaml.cs. En el controlador de evento `startButton Click_1` inicie el guión gráfico con el siguiente código:

```
private void startButton_Click_1(object sender, RoutedEventArgs e)
{
    rotateStoryboard.Begin();
}
```

8. Pulse F5 para ejecutar la aplicación y haga clic en el botón **Start Rotation** button.

Cómo funciona

En el paso 3 ha añadido un control `Border` con valores de altura y anchura explícitos y los ha alineado en el centro de la pantalla. Ha establecido el fondo del borde en un tono naranja y ha colocado dentro un `TextBlock`.

El TextBlock no se ha añadido directamente al Border. Se ha envuelto dentro de un panel Grid. Así, puede asegurarse de poder añadir más elementos dentro del borde en lugar de sólo un TextBlock. En el paso 5 ha definido la propiedad Projection en el control Border. El objeto PlaneProjection se denomina rotateTransform. En este momento, no ha especificado ninguna otra propiedad porque al principio no hay mucho más que hacer. Añadir un nombre a una transformación es muy útil cuando quiere animarla utilizando un Storyboard.

En el paso 6 ha añadido un guión gráfico a la sección Resources de la página. El guión gráfico utiliza una sola DoubleAnimation para animar la propiedad RotationY del objeto rotateTransform. El valor To determina el valor deseado del objeto después de completarse la animación. Con la propiedad Duration ha especificado la duración de la animación. En este caso, tardará 500 milésimas de segundo (ms).

En el paso 7 ha hecho referencia al guión gráfico por su nombre, rotateStoryboard, algo que puede hacer porque en la sección Page.Resource ha especificado la propiedad x:Name en el guión gráfico. Y poco más, aparte de iniciar el guión gráfico con el método Begin (), para que la aplicación esté lista para su ejecución.

Diseñar la apariencia visual de un control

Crear bonitas UI visualmente atractivas es muy importante para el éxito de su aplicación. Diseñar su aplicación teniendo en cuenta los principios del estilo Windows 8 y utilizar los controles específicos de Windows 8 integrados puede ayudarle mucho. Pero en muchos casos, deseará cambiar la apariencia visual del control.

En aplicaciones estilo Windows 8, el modelo de controles es tan flexible que, de hecho, los controles solo tienen una apariencia predeterminada, que puede ver cuando solo utiliza un control integrado. Pero su apariencia puede sobrescribirse en cualquier momento.

Todos los controles tienen una propiedad denominada Template. Esta propiedad representa la apariencia y la estructura visual interna de un control. Si puede echar un vistazo a la estructura interior de un control (que de hecho es lo que va a hacer en el siguiente ejercicio), verá bordes, rectángulos, paneles y otros controles primitivos que en conjunto representan al propio control. Para cambiar el interior de un control, tiene que establecer la propiedad Template del control en algo que crea pueda ser más apropiado. El siguiente fragmento de código demuestra el uso de plantillas de control cuando se diseña un botón:

```
<Button Content="This is the Content" Width="200" Height="200" FontSize="20">
   <Button.Template>
      <ControlTemplate TargetType="Button">
         <Grid>
            <Ellipse Fill="Orange"/>
            <ContentPresenter/>
         </Grid>
      </ControlTemplate>
   </Button.Template>
</Button>
```

La propiedad `Template` es de tipo `ControlTemplate`, razón por la que se añade un `ControlTemplate` a dicha propiedad. En `ControlTemplate`, debe especificar la propiedad `TargetType`, que determina qué controles puede utilizar esta estructura como una plantilla.

En este caso, `ControlTemplate` contiene un panel `Grid` y un elemento `Ellipse` naranja que sirve como fondo para el `Button`. `ContentPresenter` es un nuevo elemento.

Supongamos que tiene un `ContentControl` y quiere rediseñar su plantilla. Puede añadir muchos elementos visuales para que sea más atractivo. ¿Cómo puede decidir el tiempo de ejecución qué elemento va a mostrar el contenido de `ContentControl`? La respuesta es simple: crear de forma explícita un marcador de posición para mostrar el contenido. Para `ContentControl`, el marcador de posición se denomina `ContentPresenter`; para `ItemsControl`, se denomina `ItemsPresenter`. Lo único que tiene que hacer es colocar este componente dentro de la plantilla para marcar dónde se debe colocar el contenido del control.

> **Nota:** `ContentControl` e `ItemControl` se describen con más detalle en el capítulo 7.

En este caso, el texto `This is the Content` (Este es el contenido) se mostrará donde se encuentra `ContentPresenter`. Sin embargo, esta plantilla es muy simple. La figura 8.3 muestra el control `Button` rediseñado.

Figura 8.3. El control Button rediseñado.

Esto significa que aunque la apariencia predeterminada de este botón ha cambiado, si empieza a utilizarlo, advertirá que le falta toda la respuesta visual para las interacciones.

Conectar el control con el interior

La plantilla creada en la sección anterior no es nada flexible. El control `Button` tiene un par de propiedades importantes, como la propiedad `Background` (que determina el color de fondo del control) y las propiedades `HorizontalContentAlignment` y `VerticalContentAlignment` (que determinan la alineación del contenido del botón). Aunque estas propiedades funcionaban antes de redefinir la plantilla, ahora no tienen ninguna utilidad.

¿Cómo puede un botón saber qué elemento visual sirve como fondo para el control? ¿Es el fondo de un borde o un panel? ¿O es un relleno de forma? Tendrá que ser explícito acerca de esta información.

El reto es decirle al control `Button` que la propiedad `Background` está unida a la propiedad `Fill` de la elipse. Puede utilizar un concepto familiar denominado enlace de plantillas. Se trata de un método muy similar al enlace de datos (analizado con detalle en el capítulo 7) pero el enlace de plantillas está diseñado para su uso en una plantilla de control. El siguiente código de ejemplo demuestra el uso de `TemplateBinding`:

```
<Button Content="This is the Content" Width="200" Height="200" FontSize="20"
         Background="#FFFB6C09">
   <Button.Template>
      <ControlTemplate TargetType="Button">
         <Grid>
            <Ellipse Fill="{TemplateBinding Background}"/>
            <ContentPresenter HorizontalAlignment="{TemplateBinding
               HorizontalContentAlignment}"
               VerticalAlignment="{TemplateBinding
               VerticalContentAlignment}"/>
         </Grid>
      </ControlTemplate>
   </Button.Template>
</Button>
```

Este código de ejemplo asegura que el relleno de la elipse se una al fondo del botón y la alineación del contenido se puede ajustar utilizando las propiedades `HorizontalContentAligment` y `VerticalContentAlignment` del botón. La figura 8.4 muestra el botón con la plantilla redefinida.

Responder a las interacciones

Hasta el momento, el botón rediseñado no reacciona visualmente a ningún cambio o interacción. No existe un cambio visual para indicar que el ratón se ha situado sobre el control y que se ha hecho clic sobre él. El propio control `Button` admite un par de estados visuales que puede enlazar. La implementación de estos estados significaría que cada vez que un botón reaccione a alguna interacción, cambiará su estado visual y sus guiones gráficos se iniciarán. De forma predeterminada el control `Button` admite los siguientes estados visuales:

- **Normal:** El estado predeterminado.
- **Pressed:** Este estado se aplica cuando el usuario hace clic sobre el control o lo toca.
- **Disabled:** Se aplica cuando la propiedad `IsEnabled` del control es `false`.
- **PointerOver:** Este estado se aplica cuando el cursor del ratón se encuentra sobre el control.

Figura 8.4. El control Button con la plantilla redefinida.

Estos estados visuales pertenecen al grupo de estados visuales `CommonStates`. Además, `Button` también admite estados visuales para cambios de focos.

Si decide que quiere implementar cualquiera de estos estados visuales, `Button` utilizará sus implementaciones. No tiene que admitir todos los estados, solo aquellos en los que esté interesado.

El siguiente fragmento de código demuestra el uso de los estados visuales en la plantilla del control:

```
<Button Content="This is the Content" Height="200" Width="200"
      Background="#FFFB6C09" FontSize="20">
   <Button.Template>
      <ControlTemplate TargetType="Button">
         <Grid x:Name="grid" RenderTransformOrigin="0.5,0.5">
            <Grid.RenderTransform>
               <CompositeTransform/>
            </Grid.RenderTransform>
            <VisualStateManager.VisualStateGroups>
               <VisualStateGroup x:Name="CommonStates">
```

```
            <VisualState x:Name="Normal"/>
            <VisualState x:Name="Pressed">
               <Storyboard>
                  <DoubleAnimation Duration="0" To="0.9"
                     Storyboard.TargetProperty=
                     "(UIElement.RenderTransform).
                     (CompositeTransform.ScaleX)"
                     Storyboard.TargetName="grid"
                     d:IsOptimized="True"/>
                  <DoubleAnimation Duration="0" To="0.9"
                     Storyboard.TargetProperty=
                     "(UIElement.RenderTransform).
                     (CompositeTransform.ScaleY)"
                     Storyboard.TargetName="grid"
                     d:IsOptimized="True"/>
               </Storyboard>
            </VisualState>
            <VisualState x:Name="Disabled"/>
            <VisualState x:Name="PointerOver">
               <Storyboard>
                  <ObjectAnimationUsingKeyFrames
                     Storyboard.TargetProperty="
                     (UIElement.Visibility)"
                     Storyboard.TargetName="mouseOverEllipse">
                        <DiscreteObjectKeyFrame KeyTime="0">
                     <DiscreteObjectKeyFrame.Value>
                        <Visibility>Visible</Visibility>
                     </DiscreteObjectKeyFrame.Value>
                     </DiscreteObjectKeyFrame>
                  </ObjectAnimationUsingKeyFrames>
               </Storyboard>
            </VisualState>
         </VisualStateGroup>
         <VisualStateGroup x:Name="FocusStates"/>
      </VisualStateManager.VisualStateGroups>
      <Ellipse Fill="{TemplateBinding Background}"/>
      <ContentPresenter HorizontalAlignment="{TemplateBinding
         HorizontalContentAlignment}"
         VerticalAlignment="{TemplateBinding
         VerticalContentAlignment}"/>
      <Ellipse x:Name="mouseOverEllipse" Visibility="Collapsed">
            <Ellipse.Fill>
               <LinearGradientBrush EndPoint="0.5,1" StartPoint="0.5,0">
                  <GradientStop Color="#FFFFE800" Offset="1"/>
                  <GradientStop Color="Transparent" Offset="0"/>
               </LinearGradientBrush>
            </Ellipse.Fill>
         </Ellipse>
      </Grid>
    </ControlTemplate>
  </Button.Template>
</Button>
```

Este código tiene algunas ideas apasionantes que necesitan más explicación.

Primero, eche un vistazo al contenido visual real y olvídese de los estados visuales. Verá que la nueva plantilla de control es muy similar a la anterior. Tiene una elipse que sirve como representación visual del control y también un `ContentPresenter` para admitir el contenido.

Pero esta nueva versión también tiene una nueva elipse denominada `mouseOverEllipse` con un relleno degradado. El degradado que se encuentra en la parte inferior de la elipse muestra el color `#FFFFE800`, una tonalidad de amarillo. En la parte superior de la elipse, el degradado cambia a `Transparent`. Básicamente, esta nueva elipse se utiliza para crear un elemento visual resaltado. De forma predeterminada, `mouseOverEllipse` está contraído, por lo que no es visible.

Ahora vamos a investigar los estados visuales de esta plantilla. Puede encontrarlos analizados anteriormente en `CommonStates VisualStateGroup`. El estado `PointerOver` define un guión con una animación de objeto para cambiar la propiedad `Visibility` de `mouseOverEllipse` en `Visible`. Siempre que el cursor se encuentre sobre el control del botón, se activa el estado `PointerOver` y la propiedad `Visibility` del `mouseOverEllipse` se establece en `Visible`. Cuando el cursor del ratón deja el área del control `Button`, este cambia de nuevo al estado visual `Normal` mientras revierten todos los cambios de propiedad. Este comportamiento se obtiene libremente al utilizar estados visuales.

Si investiga un poco más, verá que también se ha implementado el estado `Pressed`. Este estado utiliza un guión gráfico para controlar dos `DoubleAnimation`, que animan las propiedades `ScaleX` y `ScaleY` de un objeto `CompositeTransform` definido en el panel raíz de la plantilla. Esto significa que cuando pulsa el botón, se reduce un poco para proporcionar una representación visual agradable para el evento `Click`. La figura 8.5 muestra el botón en dos estados diferentes.

Figura 8.5. El control Button en su estado normal y cuando se sitúa el cursor del ratón sobre él.

> **Nota:** Generalmente necesitará reutilizar las plantillas del control o utilizarlas como predeterminadas para un determinado tipo de control. Coloque estas plantillas en los recursos para poder hacerlo. Una práctica muy común es colocar la plantilla del control en un estilo y hacer que el estilo sea predeterminado para un tipo de control.

Seguro que está pensando que es un código muy complicado para conseguir ejecutar simples acciones y modificaciones. También se estará preguntando cómo saber qué tipo de estados visuales admite un control y cómo modificar las plantillas predeterminadas sin redefinir la plantilla completa del control.

La mayoría de las veces necesitará ajustar la plantilla del control a su propio diseño personalizado y no querrá empezar desde cero. Lamentablemente, Visual Studio 2012 no admite este escenario. Si necesita un diseñador visual para crear una nueva plantilla de control o editar una existente, debe utilizar Microsoft Expression Blend. Visual Studio y Expression Blend comparten la misma estructura de proyecto, lo que significa que puede cargar su proyecto en Blend. Microsoft Expression Blend se diseñó principalmente para la interacción de los diseñadores, pero los desarrolladores también pueden aprovechar esta herramienta.

Trabajar con Expression Blend

Microsoft Expression Blend hace una tarea increíble en revelar la plantilla original del control o mostrar qué tipo de estados visuales admite el control. En la superficie del diseñador, puede ajustar fácilmente la estructura visual o crear animaciones para personalizar el control. La figura 8.6 muestra la apariencia de Microsoft Expression Blend.

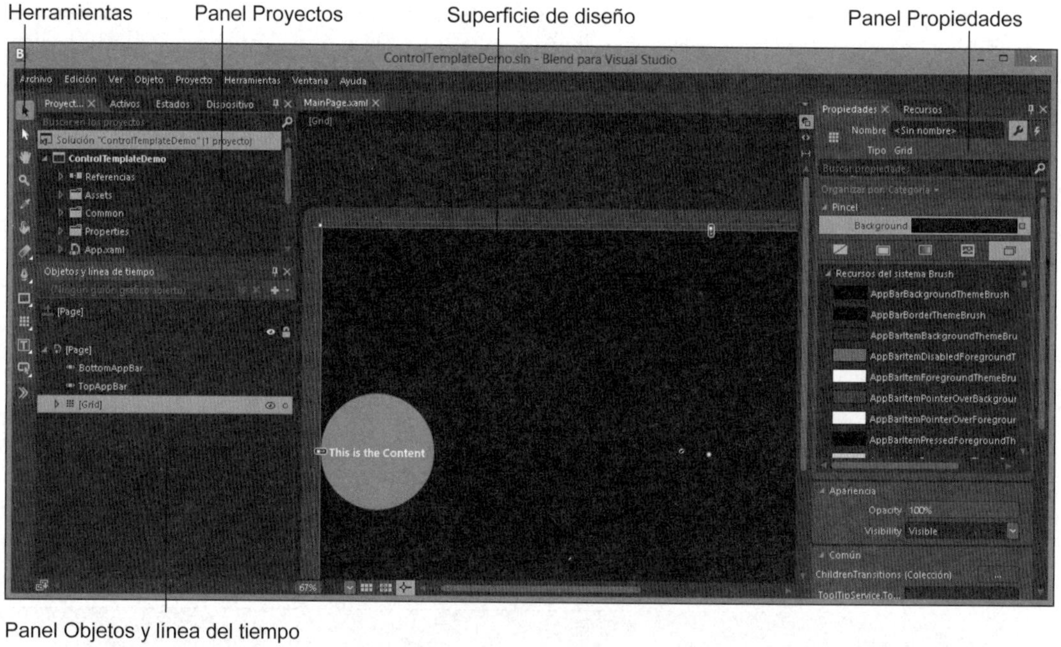

Figura 8.6. Microsoft Expression Blend.

La barra Herramientas

En la barra Herramientas encontrará herramientas muy útiles que le ayudan a crear UI más fácilmente. La herramienta más importante es **Selección**, que es el primer icono en forma de cursor de ratón. Si esta herramienta está activa, puede seleccionar y mover elementos en la superficie de diseño. La figura 8.7 muestra la barra Herramientas de Expression Blend.

Figura 8.7. Barra Herramientas en Expression Blend.

Si agrega un control a la UI, cambiará al modo de dibujo. Esto significa que al hacer clic en la superficie de diseño (o en cualquier elemento que se encuentre dentro de ella), empezará a dibujar el mismo control agregado anteriormente. Si quiere volver de nuevo al modo de selección, debe hacer clic en la herramienta **Selección** en la barra Herramientas o pulsar **V**.

> Nota: Aprenderá más sobre la superficie de diseño y sus modos enseguida.

En la mitad inferior de la barra, encontrará también más controles. Si pulsa y mantiene pulsada las herramientas **Button** (Botón), **TextBlock** (Bloque de texto), **Grid** (Cuadrícula) o **Rectangle** (Rectángulo) se abrirán más opciones (es decir, otros controles de la misma categoría). Si simplemente hace clic en dichos elementos, cambiará al modo de dibujo. Puede dibujar estos controles en la superficie de diseño igual que lo haría en Microsoft Paint.

El panel Proyectos

El panel Proyectos mostrado en la figura 8.8 es básicamente la versión Blend del Explorador de soluciones de Visual Studio. Puede ver los archivos asociados a sus soluciones.

Panel Activos

El panel Activos mostrado en la figura 8.9 contiene todo lo que necesita agregar a sus UI, con sus elementos agrupados en múltiples categorías. Puede encontrar controles de paneles, formas, elementos de medios, estilos, etc. También admite la búsqueda de controles. Si necesita un control `Button`, búsquelo y arrástrelo hasta la superficie de diseño.

Figura 8.8. Panel Proyectos de Expression Blend.

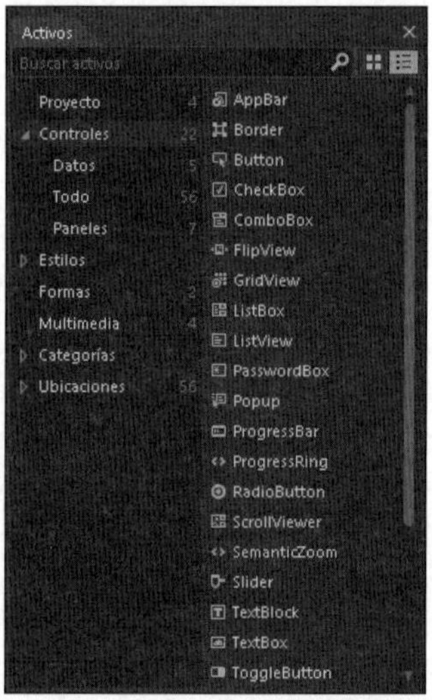

Figura 8.9. Panel Activos de Expression Blend.

Panel Estados

El panel Estados mostrado en la figura 8.10 presenta los estados visuales admitidos por los controles. Si selecciona un estado visual, la superficie de diseño cambia a dicho estado. Cualquier propiedad que cambie se agregará como una animación dentro de un guión gráfico para el estado visual activo. Un borde rojo alrededor de la superficie de diseño y un mensaje le advierten que está en el modo de edición de un estado visual.

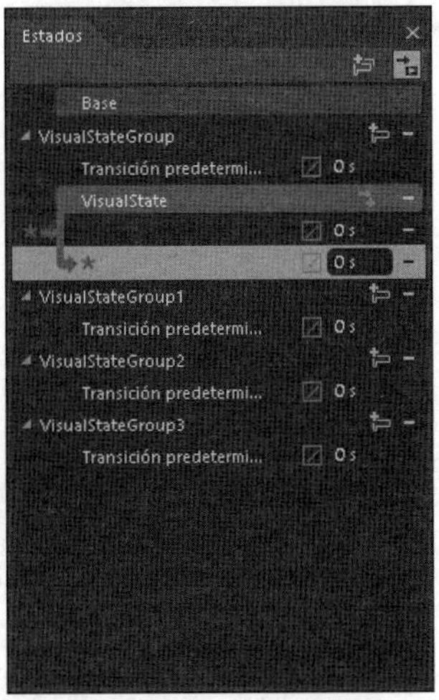

Figura 8.10. Panel Estados de Expression Blend.

Panel Dispositivo

El panel Dispositivo mostrado en la figura 10.11 le ayuda a simular distintas propiedades de dispositivos Windows 8. Puede simular orientaciones, estados de anclaje, resoluciones, temas y opciones donde implementar la aplicación: en un dispositivo remoto, en uno local o en un simulador.

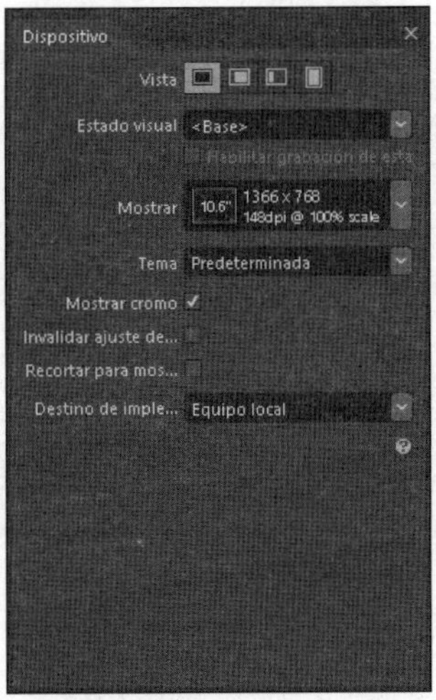

Figura 8.11. Panel Dispositivo de Expression Blend.

Panel Objetos y línea del tiempo

El panel Objetos y línea del tiempo mostrado en la figura 8.12 muestra el árbol visual de los controles en su página. Puede ver toda la jerarquía que ha creado. Al seleccionar cualquier nodo del árbol, también selecciona el control en la superficie de diseño. También puede arrastrar y colocar los elementos en el árbol. Este panel además ofrece una opción para cambiar al modo Línea del tiempo y crear y administrar asombrosos guiones gráficos.

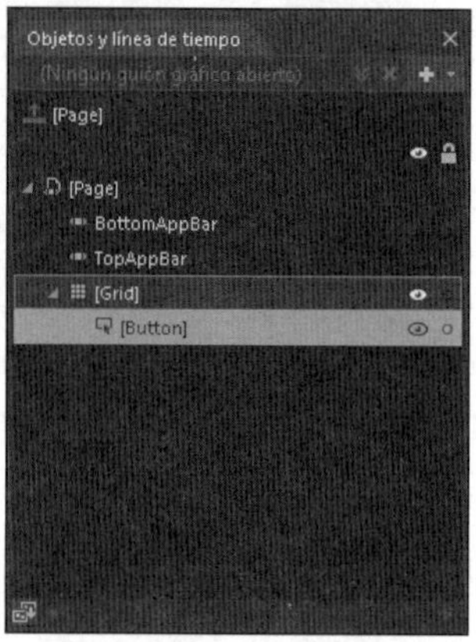

Figura 8.12. Panel Objetos y línea del tiempo de Expression Blend.

La superficie de diseño

La superficie de diseño mostrada en la figura 8.13 admite tres vistas diferentes:

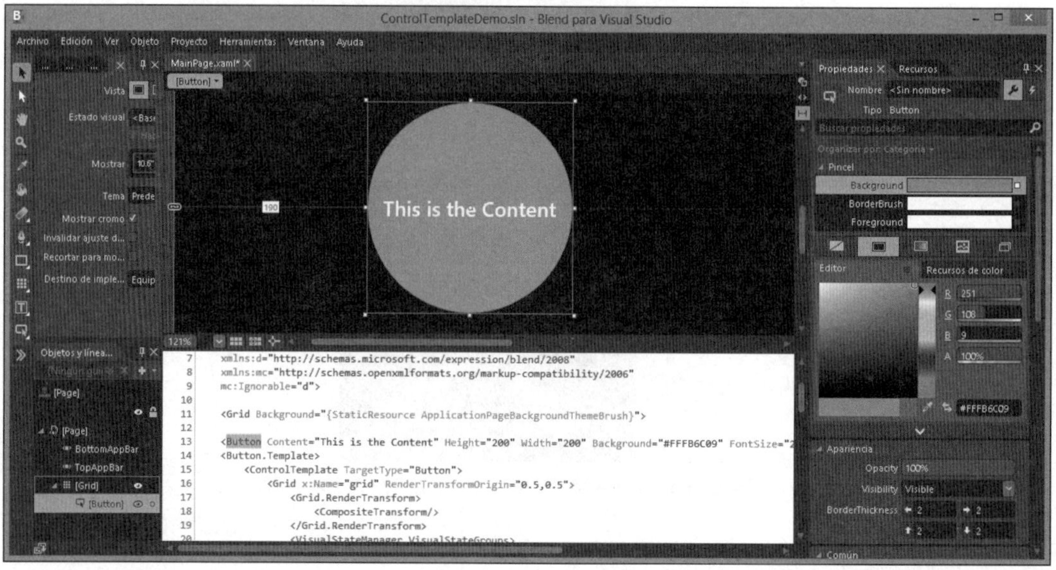

Figura 8.13. Vista en dos paneles de la superficie de diseño de Expression Blend.

- **Vista de diseño**: En este modo el diseñador se muestra en una vista completa y no se puede ver el código XAML.
- **Vista Código:** En este modo puede ver y editar el código XAML pero no puede ver la representación visual del mismo.
- **Vista en dos paneles:** Puede ver tanto el código XAML como el diseñador visual y puede editar ambos, mientras Expression Blend se encarga de sincronizar las dos vistas.

Panel Propiedades

El panel Propiedades mostrado en la figura 8.14 es muy similar al de Visual Studio 2012. En realidad, este adoptó el panel Propiedades de Expression Blend. Cuando ha seleccionado un elemento, en esta sección aparecen todas las propiedades del mismo. Este panel es también el lugar donde puede suscribir eventos cuando cambia al modo de eventos. Sin embargo, esta opción se utiliza en muy contadas ocasiones ya que la mayor parte de la codificación se lleva a cabo en Visual Studio 2012.

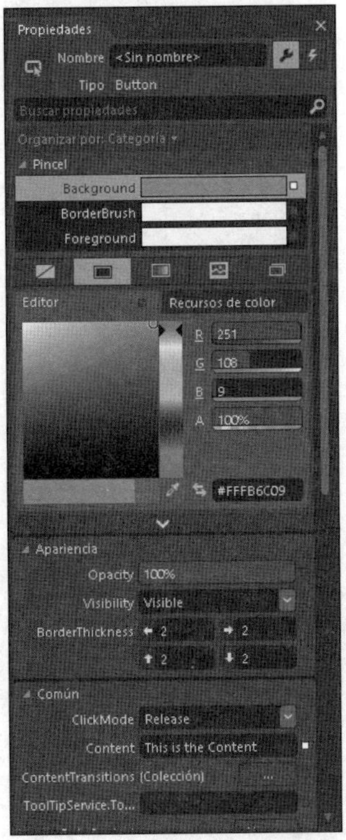

Figura 8.14. Panel Propiedades de Expression Blend.

Panel Recursos

El panel Recursos mostrado en la figura 8.15 le permite obtener una visión general de todos los recursos de su aplicación. En este panel puede mover recursos entre secciones y también puede editar algunos recursos desde aquí. Si utiliza la técnica de arrastrar y colocar, puede aplicar recursos a los elementos ubicados en la superficie de diseño.

Figura 8.15. Panel Recursos de Expression Blend.

> **Nota:** El hecho de que pueda trabajar con Expression Blend y Visual Studio al mismo tiempo es de gran valor para un desarrollador de software. Lo único que tiene que hacer es abrir el proyecto en ambas aplicaciones. Pero debe tener cuidado. Tenga en cuenta que si cambia cualquier cosa en Expression Blend, tendrá que guardar el archivo antes de volver a Visual Studio. En caso contrario, se sobrescribirán todos los cambios realizados. Evidentemente, esto es así también para el cambio de Visual Studio a Expresion. Si guarda su archivo en su IDE activo, al cambiar al otro IDE aparecerá un mensaje advirtiéndole de que debería recargar el archivo ya que fue cambiado por otra aplicación. En este caso, debe aceptar la acción de recarga.

En el siguiente ejercicio va a utilizar Expression Blend para crear el botón diseñado anteriormente.

Ejercicio: Personalizar plantillas con Expression Blend

1. Abra Expression Blend y seleccione Nuevo Proyecto.
2. En el cuadro de diálogo Nuevo proyecto, asegúrese de seleccionar la opción de XAML. Seleccione la plantilla Aplicación vacía (XAML).
3. Denomine la aplicación como **ControlTemplateDemo**. Haga clic en el botón **Aceptar** (o tóquelo).
4. En la barra Herramientas, seleccione el control **Button**. La figura 8.16 muestra este botón en la barra.

Figura 8.16. Control Button en la barra Herramientas.

5. Dibuje un botón con el ratón dentro de la superficie de diseño.
6. Haga clic en el panel Propiedades para ver las propiedades del nuevo botón.
7. Haga clic en la propiedad Background y seleccione una tonalidad naranja de la paleta de colores.
8. En el panel Propiedades, busque la sección Diseño y establezca las propiedades Width y Height en 200.
9. Busque la sección Texto en el panel Propiedades y establezca FontSize en 20.
10. Haga clic con el botón derecho del ratón en el botón y seleccione Editar plantilla del menú contextual.
11. Esta opción ofrece varias opciones. Seleccione Editar una copia.
12. Escriba **MyButtonTemplate** como nombre del recurso y haga clic en **Aceptar**.
13. Examine el panel Objetos y línea del tiempo. Puede ver la estructura interna original del control Button.

14. En el panel **Objetos y línea del tiempo**, haga clic con el botón derecho del ratón sobre el elemento que se encuentra debajo del elemento raíz **Template**. Seleccione **Eliminar** del menú contextual.
15. En la barra **Herramientas**, haga doble clic en el panel **Grid**. La figura 8.17 muestra este panel en la barra.

Figura 8.17. Panel Grid en la barra Herramientas.

16. En la barra **Herramientas**, pulse y mantenga pulsado el control **Rectángulo** y seleccione **Elipse** de la lista.
17. Haga doble clic en la elipse.
18. Haga clic en el panel **Activos** para activarlo.
19. En el cuadro de texto de búsqueda, empiece a escribir la palabra **contentpresenter**. En cuanto la lista de resultados muestre el control **ContentPresenter**, haga doble clic en él.
20. En la barra **Herramientas**, haga clic y mantenga pulsada la herramienta **Rectángulo** y seleccione el icono **Elipse** del menú emergente. La figura 8.18 muestra la herramienta **Rectángulo** en la barra.

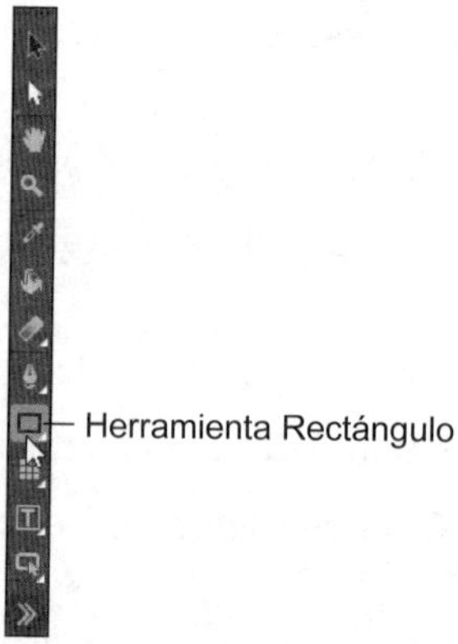

Figura 8.18. Herramienta Rectángulo en la barra Herramientas.

21. En el panel Propiedades, escriba **mouseOverEllipse** en el cuadro de texto Nombre.
22. En el panel Objetos y línea del tiempo, seleccione la primera elipse. En el panel Propiedades, localice la propiedad Fill. Junto a ella hay un pequeño rectángulo. Haga clic en él y seleccione la opción Enlace de plantilla. En la lista ofrecida, seleccione Background.
23. En el panel Objetos y línea del tiempo, seleccione ContentPresenter. En el panel Propiedades, empiece a escribir en el cuadro de texto de búsqueda la palabra horizontalcontentalignment. Haga clic en el pequeño rectángulo que aparece junto a HorizontalContentAlignment. Seleccione la opción Enlace de plantilla. En la lista ofrecida por la opción, seleccione HorizontalAlignment.
24. En el panel Propiedades, empiece a escribir en el cuadro de texto de búsqueda la palabra **verticalcontentalignment**. Haga clic en el rectángulo que se encuentra a la derecha de la propiedad VerticalContentAlignment y seleccione la opción Enlace de plantilla. En la lista ofrecida por la opción, seleccione VerticalAlignment.
25. En el panel Objetos y línea del tiempo, seleccione mouseOverEllipse. En el panel Propiedades, asegúrese de que el cuadro de texto de búsquedas está vacío.
26. Haga clic en la propiedad Fill. Seleccione el icono **Pincel de degradado**.
27. Debajo del editor de la paleta de colores hay una línea indicadora. Las pequeñas formas (flechas) representan los puntos de detención del degradado. Haga clic en la izquierda y escriba 0 en el cuadro de texto que se encuentra junto al valor A (Alpha).
28. Haga clic en la flecha de la derecha y seleccione un color amarillo claro en la paleta de colores.
29. En el panel Propiedades, localice la sección Apariencia y establezca la propiedad Visibility en Collapsed.
30. Haga clic en el panel Estados para activarlo.
31. Seleccione el estado visual PointerOver y establezca la propiedad Visibility en Visible.
32. En la parte superior de la superficie de diseño, en el menú de pestañas de navegación, haga clic en [Button] para salir del modo de edición de la plantilla.
32. Pulse **F5** o seleccione Proyecto>Ejecutar proyecto para iniciar la aplicación. Mueva el ratón sobre el botón para ver los cambios de estado.

Cómo funciona

En este ejercicio ha hecho exactamente lo mismo que hizo en XAML. La única diferencia es que en este caso ha estado utilizando Expression Blend para hacer lo mismo sin escribir una sola línea de código.

Desde el paso 1 al 9, ha añadido algunas propiedades al control `Button` (como el ancho, la altura, el color de fondo y el tamaño de fuente).

Desde el paso 10 al 21, ha creado la plantilla del control para `Button` (al menos, su estructura visual).

Desde el paso 22 al 24, ha aplicado enlaces de plantilla para asegurar que algunas propiedades (como el color de fondo del control `Button`) se enlazan a las propiedades de los controles apropiados en la plantilla.

Desde el paso 25 al 31 ha configurado `mouseOverEllipse` para que se comporte como un estado visual resaltado sobre el control `Button` y ha utilizado los estados visuales para hacer las transiciones.

Estos son los pasos principales que ha ejecutado durante este ejercicio. Sin embargo, hay algunos pasos que necesita conocer con detalle porque puede aprender mucho sobre Expression Blend a partir de ellos. Vamos a examinar los más importantes.

En el paso 2 ha elegido la opción XAML. Sin embargo, podía haber elegido también la opción HTML. Expression Blend admite ambos entornos de desarrollo, convirtiéndolo en una herramienta eficaz y única.

En el paso 4 ha seleccionado el control `Button`. Esta acción envía a Expression Blend al modo de dibujo. Su cursor cambia a una cruz cuando se encuentra sobre la superficie de diseño. Cuando dibuja un nuevo elemento, se añade automáticamente al elemento seleccionado en el panel **Objetos y línea del tiempo.** También hace del nuevo elemento el elemento seleccionado. El panel **Propiedades** muestra ahora las propiedades del nuevo control `Button`.

En el paso 8 ha localizado la sección **Diseño.** Las propiedades en el panel del mismo nombre se agrupan en secciones diferentes, que puede contraer y expandir.

En el paso 10 ha hecho clic en el botón en la superficie del diseño, o en el panel **Objetos y línea del tiempo.** Ambos reaccionan del mismo modo cuando se hace clic con el botón derecho del ratón sobre ellos. La opción **Editar plantilla** le permite introducirse en la plantilla del control y personalizarla. Al seleccionar **Editar una copia**, se puede ver el contenido y la estructura original del control `Button`. Se trata de una opción extraordinaria si quiere realizar ajustes más detallados. El nuevo cuadro de diálogo es **Recursos.** Tiene que especificar el nombre del recurso porque la nueva plantilla del control se va a guardar como tal.

En el paso 15, después de vaciar el contenido original, puede añadir un nuevo panel a la plantilla haciendo doble clic sobre el icono **Grid** en la barra **Herramientas.**

En el paso 22 ha utilizado opciones de propiedad para acceder a funciones avanzadas, como el enlace de plantillas, de datos o hacer referencia a recursos. La opción **Enlace de plantilla** le presenta solo las propiedades correspondientes al control principal al que puede realizar el enlace.

En el paso 31 ha activado el estado visual `PointerOver`. En cuanto hace clic en él, la superficie de diseño muestra un borde rojo y un mensaje indicando que se ha activado la grabación del estado. Todo lo que establezca a partir de ese momento en el panel **Propiedades** formará parte de una animación que se va a ejecutar una vez se haya activado el estado.

Puede que le parezca que han sido muchos pasos a seguir, pero le podemos asegurar que cuando conozca Expression Blend y practique un poco con él, este proceso puede tardar menos de un minuto, convirtiéndose así en un proceso muy efectivo para personalizar la UI.

Trabajar con controles complejos

Una de las ventajas de los principios del diseño de aplicaciones estilo Windows 8 y el conjunto básico de controles con estilos predeterminados es la capacidad de crear una interacción de usuario consistente en las aplicaciones y en el sistema operativo Windows. A medida que utilice más aplicaciones estilo Windows 8, advertirá más similitudes y conceptos familiares en las UI. Estas aplicaciones pueden utilizar controles de lista similares, con un diseño similar. Los modos de interacción y los gestos para estos controles son los mismos. Esto es realmente bueno desde el punto de vista del usuario, especialmente si se tiene en cuenta la curva de aprendizaje al utilizar aplicaciones con confianza.

Esta similitud proviene de algunos patrones de UI bien establecidos formados mediante controles complejos integrados, como `GridView`, `ListView`, `FlipView`, `SemanticZoom` o `AppBar`. Con estos controles, puede conseguir que su aplicación sea más fácil de aprender y más familiar para el usuario.

Conocer los controles ListViewBase

Los controles de lista complejos derivan de la clase `ListViewBase` (excepto `ListBox`). Esta clase contiene toda la lógica que necesita un control de lista complejo en Windows 8. Las clases derivadas de `ListViewBase` admiten opciones como los modos de interacción táctiles y de ratón optimizadas, carga asíncrona a petición, agrupación, selección múltiple y zoom semántico (entre otros muchos).

Los controles `ListView` y `GridView` derivan de `ListViewBase`, lo que significa que con estos controles, obtendrá las opciones mencionadas anteriormente. Otro aspecto (bastante interesante) de los controles `ListView` y `GridView` es que son muy parecidos. Estos controles no inventan propiedades adicionales en `ListViewBase`, pero son muy diferentes a la hora de presentar datos.

Utilizar el control GridView

El control `GridView` mostrado en la figura 8.19 representa una cuadrícula de elementos de desplazamiento horizontal. Puede ver este diseño en muchas aplicaciones donde se deben ordenar fotografías. Normalmente, las aplicaciones de noticias y fotografías prefieren este formato de diseño.

Enlazar datos

El control `GridView` es un `ItemsControl`, y como tal, expone propiedades como `Items` e `ItemsSource` que puede utilizar para especificar una lista de elementos como fuente de datos. Enlazar un `GridView` a una colección es tan simple como enlazar cualquier `ItemsControl` a una colección.

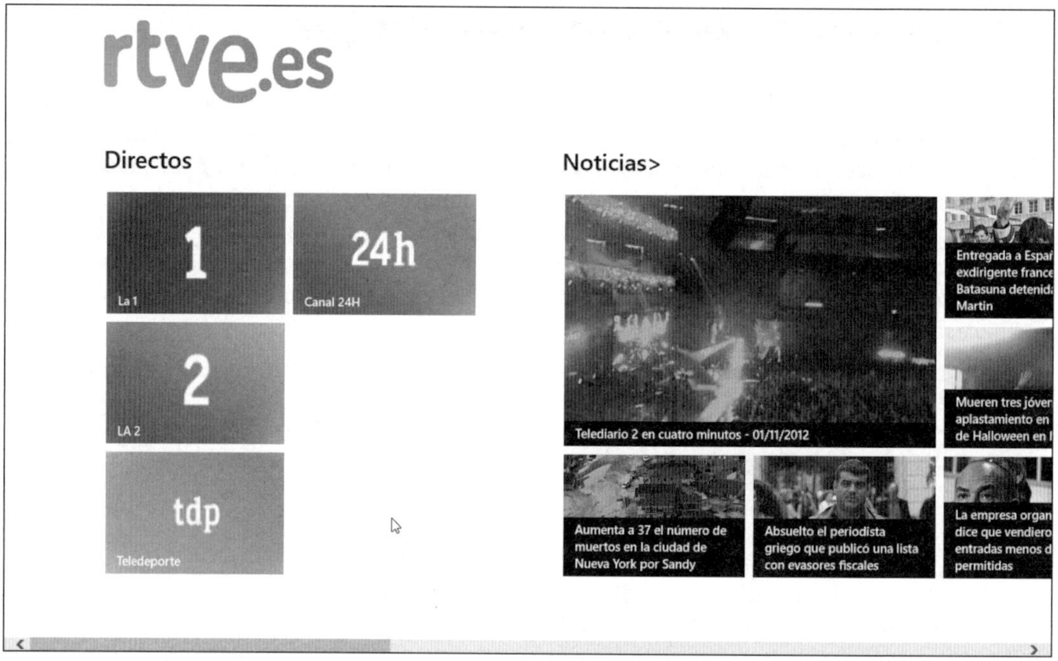

Figura 8.19. Control GridView en la aplicación rtve.es.

> **Nota:** El capítulo 7 proporciona más detalles sobre `ItemsControl`, `Items` e `ItemsSource`.

El siguiente código demuestra un enlace a `GridView`:

```
<Page.Resources>
   <local:PlayersCollection x:Key="players"/>
<Page.Resources>

<GridView ItemsSource="{Binding Source={StaticResource players}}"
      Margin="0,120,0,0" MaxHeight="500">
   <GridView.ItemTemplate>
      <DataTemplate>
         <StackPanel Margin="20">
            <TextBlock Text="{Binding Name}" FontWeight="Bold" />
            <TextBlock Text="{Binding BirthDate}"/>
            <CheckBox Content="Complete" IsChecked="{Binding
               IsTeamCaptain}" IsEnabled="False"/>
         </StackPanel>
      </DataTemplate>
   </GridView.ItemTemplate>
</GridView>
```

Este fragmento de código crea un enlace a una colección de jugadores. La colección se encuentra en la sección `Page.Resources`. Cuando se establece la propiedad `ItemsSource` utilizando un enlace, se puede hacer referencia a `Source` como `StaticResource`. Este elemento GridView también se ha configurado para mostrar los elementos utilizando una ItemTemplate personalizada. Toda su funcionalidad trabaja exactamente como lo hace ItemsControl.

Si tiene muchos datos que mostrar, es mejor que los agrupe visualmente para que el usuario pueda procesar la información presentada más fácilmente. La agrupación no es específica de GridView. También se admite en la clase ListViewBase.

Agrupar datos

Crear una agrupación para datos de partición lógica y visual es muy común. Sin embargo, cambiar la estructura original y el contenido de la colección de datos puede ser muy caro en cuanto al rendimiento se refiere. También requeriría mucho código. Para solucionar este problema, puede utilizar una clase denominada CollectionViewSource. Esta clase envuelve la colección original y la deja intacta, independientemente de lo que se esté haciendo (ordenar, agrupar o filtrar). Las reglas de ordenación, agrupación y filtrado se pueden cambiar, agregar o eliminar y su colección original no cambiará en absoluto.

Para habilitar la agrupación en CollectionViewSource, ejecute los siguientes pasos:

1. Establezca la propiedad Source del objeto CollectionViewSource para la agrupación de datos.
2. Establezca la propiedad IsSourceGrouped en true. Así se habilita la agrupación de sus datos.
3. Establezca la propiedad ItemsPath en el nombre de la propiedad que representa los elementos del grupo.

El siguiente código demuestra el uso de la clase CollectionViewSource:

```
<Page.Resources>
   <CollectionViewSource x:Name="teamsList" IsSourceGrouped="True"
      ItemsPath="Players"/>

<Page.Resources>
<GridView ItemsSource="{Binding Source={StaticResource teamsList}}"
   Margin="0,120,0,0" MaxHeight="500">
...
</GridView>
```

En este caso, tiene una colección de objetos Team. Cada objeto tiene una colección de objetos Player. Lo que necesita es usar los equipos Team como grupos y los jugadores Players como elementos. Este fragmento de código configura CollectionViewSource para admitir este escenario.

> **Nota:** En el fragmento de código anterior, la propiedad Source no se ha establecido. La razón es que generalmente se utiliza el código del archivo de código de respaldo para hacerlo. Puede establecer la propiedad Source para cualquier colección.

Definir grupos visuales

Aunque su CollectionViewSource está preparada para mostrarse en una vista agrupada, GridView sigue necesitando algunos ajustes. Este elemento tiene que saber qué propiedad debe utilizar para mostrar los encabezados de los grupos, algo que puede hacer utilizando la propiedad GroupStyle. La propiedad GroupStyle le permite personalizar la representación visual del grupo. La propiedad GroupStyle define una HeaderTemplate para personalizar la apariencia del encabezado.

El siguiente código demuestra la definición de un GroupStyle:

```
<Page.Resources>
   <CollectionViewSource x:Name="teamsList" IsSourceGrouped="True"
      ItemsPath="Players"/>
<Page.Resources>

<GridView ItemsSource="{Binding Source={StaticResource teamsList}}"
   Margin="0,120,0,0" MaxHeight="500">
      <GridView.ItemTemplate>
         <DataTemplate>
            <StackPanel Margin="20">
               <TextBlock Text="{Binding Name}" FontWeight="Bold" />
               <TextBlock Text="{Binding BirthDate}"/>
               <CheckBox Content="Complete" IsChecked="{Binding
                  IsTeamCaptain}" IsEnabled="False"/>
            </StackPanel>
         </DataTemplate>
      </GridView.ItemTemplate>

<GridView.GroupStyle>
      <GroupStyle HidesIfEmpty="True">
         <GroupStyle.HeaderTemplate>
            <DataTemplate>
               <Grid Background="LightGray">
                  <TextBlock Text='{Binding TeamName}'
                     Foreground="Black" Margin="30"
                     Style="{StaticResource HeaderTextStyle}"/>
               </Grid>
            </DataTemplate>
         </GroupStyle.HeaderTemplate>

         <GroupStyle.Panel>
            <ItemsPanelTemplate>
               <VariableSizedWrapGrid/>
            </ItemsPanelTemplate>
         </GroupStyle.Panel>
      </GroupStyle>
      </GridView.GroupStyle>

</GridView>
```

Este código de ejemplo muestra a los jugadores Players agrupados por equipos Teams. En GroupStyle se definen diversas propiedades:

- La propiedad `HidesIfEmpty` define si puede mostrarse o no el grupo cuando no hay elementos en el mismo.
- La propiedad `HeaderTemplate` define los datos que se deben mostrar en el encabezado de los grupos. Está enlazada a la propiedad `TeamName`.
- El estilo del `TextBlock` que representa al texto del encabezado está haciendo referencia al recurso del sistema `HeaderTextStyle`.
- El panel predeterminado para el grupo se ha sobrescrito. Con la propiedad `GroupStyle.Panel` se establece para utilizar un `VariableSizedWrapGrid`.

Como puede ver, puede utilizar muchas propiedades y opciones para personalizar la funcionalidad de agrupación del control `GridView`.

Utilizar el control ListView

El control `ListView` es una lista de elementos ordenados verticalmente y con desplazamiento. Está diseñada para representar los elementos uno detrás del otro a la vez que admite funciones que facilitan el uso y aprendizaje del usuario. De forma predeterminada, `ListView` no tiene una representación visual; solo se reproducen los elementos. La figura 8.20 muestra el control `ListView` en la aplicación **Configuración** del equipo. Estos grupos de propiedades de configuración se representan como una lista vertical de elementos.

Figura 8.20. Control ListView en Configuración.

Comparar ListView con ListBox

ListBox y ListView son ambos controles ItemsControl y comparten un comportamiento muy similar. Ambos controles se han diseñado para ordenar visualmente una lista de elementos. De forma predeterminada, estos controles muestran los elementos verticalmente. Sin embargo, existen diferencias sutiles (aunque importantes) entre los dos. Técnicamente tienen clases base diferentes. ListBox se hereda directamente de la clase Selector, mientras que ListView lo hace de la clase ListViewBase. Aun así, sus diferencias importantes provienen de su apariencia visual predeterminada.

ListView se diseñó teniendo en cuenta los principios de las aplicaciones estilo Windows 8 y los dispositivos de pantallas táctiles, mientras que ListBox es poco más que algo heredado. De forma predeterminada, el control ListView proporciona más espacio para sus elementos de forma que sean más cómodos para los dispositivos táctiles y no tiene la apariencia visual de un ListBox.

Cuando se trata de tocar y seleccionar, su comportamiento es también muy diferente. Cuando intenta desplazarse por el contenido de un ListBox, advertirá que resalta el elemento que ha tocado el primero. Debido a que las acciones de desplazamiento y selección empiezan con el mismo gesto de toque, el control ListBox simplemente no puede notar la diferencia al principio.

ListView tiene un gesto y acción del ratón diferente para la selección, por lo que este problema simplemente no se produce en su caso. ListView también admite transiciones y animaciones de la Biblioteca de animaciones para ayudar al usuario a entender con más facilidad lo que sucede cuando añade o elimina un elemento de la lista.

Estas diferencias entre ambos controles son muy sutiles, pero muy importantes. Es recomendable utilizar el control ListView en las aplicaciones estilo Windows 8.

El siguiente código muestra cómo utilizar el control ListView:

```
<ListView ItemsSource="{Binding Source={StaticResource players}}">
   <ListView.ItemTemplate>
      <DataTemplate>
         <Grid Height="100" Margin="8">
            <Grid.ColumnDefinitions>
               <ColumnDefinition Width="Auto"/>
               <ColumnDefinition Width="*"/>
            </Grid.ColumnDefinitions>
            <Border Width="100" Height="100">
               <Image Source="{Binding PlayerPhoto}" Stretch="UniformToFill"/>
            </Border>
            <StackPanel Grid.Column="1" VerticalAlignment="Top"
               Margin="8,0,0,0">
               <TextBlock Text="{Binding Name}"/>
               <TextBlock Text="{Binding BirthDate"/>
               <TextBlock Text="{Binding TeamName}"/>
            </StackPanel>
         </Grid>
      </DataTemplate>
   </ListView.ItemTemplate>
</ListView>
```

Este código muestra una lista de jugadores verticalmente. Cada elemento tiene una imagen `Image` que muestra la fotografía del jugador. Junto a la fotografía, se muestran el nombre, la fecha de nacimiento y el equipo del jugador.

Utilizar el control FlipView

El control `FlipView` es un `ItemsControl` diseñado para mostrar solo un elemento al mismo tiempo. Aunque pueda parecerle extraño, el concepto de `FlipView` es realmente útil (concéntrese solo en un elemento de una lista). Puede pensar en este control como en uno que representa una vista de detalles con muchas páginas. Cuando se utiliza un dispositivo de pantalla táctil, el control `FlipView` proporciona una transición homogénea cuando el usuario cambia el elemento actual con un gesto de deslizamiento. Si el usuario está utilizando un ratón como dispositivo de entrada, el control proporciona controles de paginación en ambos lados. La figura 8.21 muestra en control `FlipView` en acción.

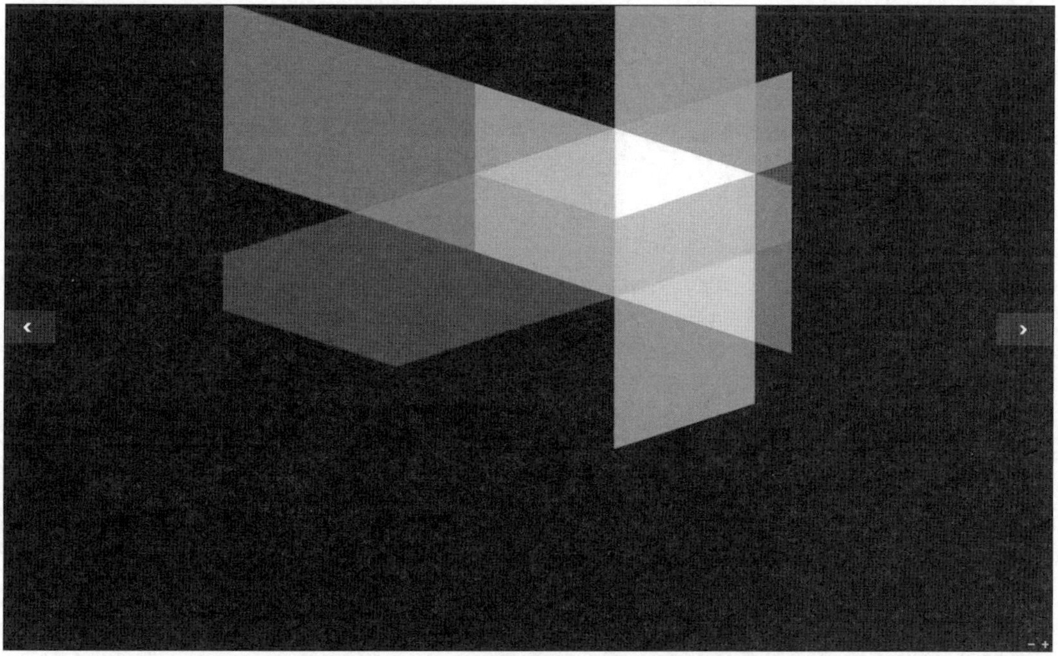

Figura 8.21. Control FlipView en la aplicación Fotos.

El siguiente fragmento de código demuestra el uso del control `FlipView`:

```
<FlipView Width="480" Height="250 ItemsSource="{Binding Photos}"/>
   <FlipView.ItemTemplate>
      <DataTemplate>
         <Grid>
            <Image Width="480" Height="250" Source="{Binding Image}"
```

```
            Stretch="UniformToFill"/>
         <Border Height="80" VerticalAlignment="Bottom">
            <TextBlock Text="{Binding ImageTitle}"/>
         </Border>
      </Grid>
   </DataTemplate>
</FlipView.ItemTemplate>
</FlipView>
```

Observe cómo utiliza el control `FlipView` la propiedad `ItemTemplate` para definir cómo se debe mostrar un solo elemento. Aun así, muestra solo un elemento a la vez.

Utilizar SemanticZoom

El control `SemanticZoom` es definitivamente la opción más increíble en las aplicaciones. Este control le permite definir dos niveles de zoom diferentes para representar el mismo conjunto de datos. Esto significa que si tiene muchos datos, puede crear un nivel de zoom detallado donde puede ver cada fragmento de los datos y puede definir una presentación general de los datos. `SemanticZoom` ofrece fabulosas transiciones entre los niveles y también admite los gestos. Puede utilizar los gestos pinchar y de zoom para cambiar entre los niveles de zoom.

`SemanticZoom` tiene dos propiedades correspondientes a los dos niveles de zoom:

- `ZoomedOutView`
- `ZoomedInView`

Puede agregar cualquier control a estas propiedades que implementa la interfaz `ISemanticZoomInformation`. La estructura XAML proporciona dos controles que implementan esta interfaz: `GridView` y `ListView`. La figura 8.22 muestra la pantalla Inicio de Windows 8 utilizando `SemanticZoom`.

> **Nota:** No confunda `SemanticZoom` con un zoom óptico. `SemanticZoom` proporciona diferentes representaciones para el mismo conjunto de datos, mientras que el zoom óptico no cambia las vistas. Simplemente aumenta o disminuye el área que se puede ver.

El siguiente código de ejemplo muestra cómo utilizar `SemanticZoom`:

```
<SemanticZoom>
   <SemanticZoom.ZoomedOutView>
      <!-- Aquí se incluye GridView o ListView para la vista reducida. -->
   </SemanticZoom.ZoomedOutView>
   <SemanticZoom.ZoomedInView>
      <!-- Aquí se incluye GridView o ListView para la vista aumentada. -->
   </SemanticZoom.ZoomedInView>
</SemanticZoom>
```

En el siguiente ejercicio aprenderá a utilizar los nuevos controles en Windows 8 y aprenderá más sobre plantillas de aplicación preparadas.

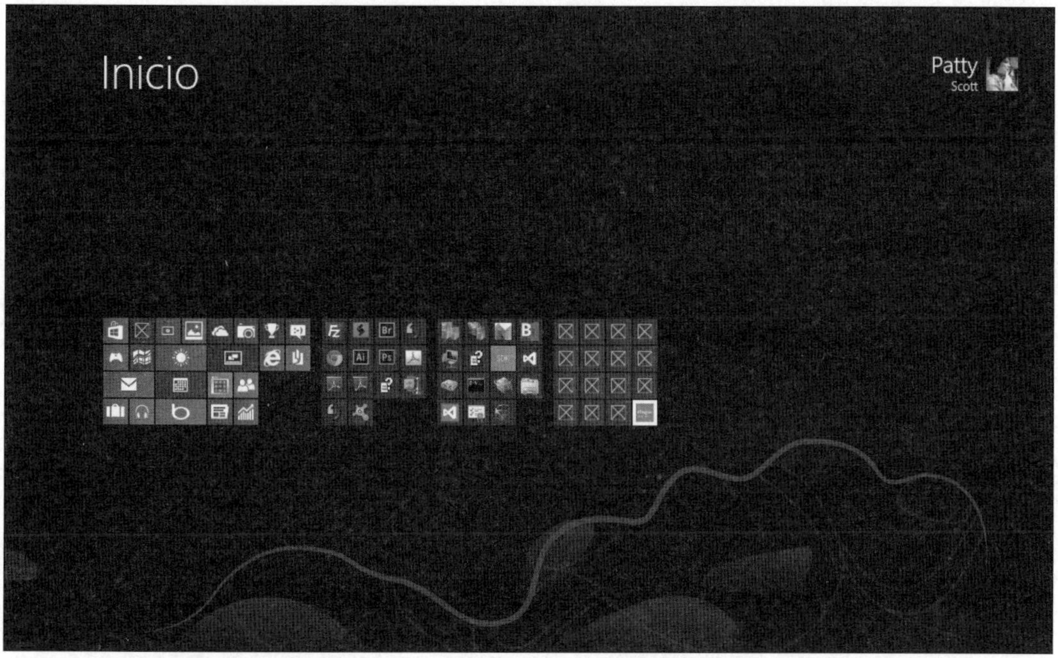

Figura 8.22. Pantalla de Inicio de Windows 8 utilizando SemanticZoom.

Ejercicio: Utilizar controles complejos en Windows 8

1. Abra Visual Studio 2012 y seleccione Archivo>Nuevo>Proyecto.
2. El cuadro de diálogo Nuevo proyecto ofrece numerosas plantillas XAML para aplicaciones estilo XAML. Seleccione la plantilla Aplicación de cuadrícula (XAML).
3. Denomine el proyecto como **ComplexControlsDemo**. Haga clic en el botón **Aceptar** (o tóquelo).
4. Pulse (o toque) **F5** para ejecutar la aplicación. También puede seleccionar Depurar>Iniciar depuración si lo prefiere.
5. Desplácese por la aplicación. Después, seleccione un elemento GridViewItem y haga clic en él. La página de detalles es un `FlipView`.
6. Pruebe a cambiar el elemento activo actualmente utilizando las flechas que se encuentran en el borde derecho e izquierdo de la pantalla o utilizando gestos de deslizamiento.

Cómo funciona

Como puede ver, esta plantilla crea una aplicación de ejemplo y una estructura básica para empezar. Ahora, es muy importante conocer bien este código que puede mejorar o reutilizar.

Primero vamos a investigar el modelo de datos. La solución tiene una carpeta DataModel que contiene el archivo SampleDataSource.cs. Si abre dicho archivo, verá una clase SampleDataSource. Esta clase expone una sola propiedad denominada AllGroups. Esta propiedad es del tipo ObservableCollection<SampleDataGroup>, lo que significa que cada elemento en el grupo es una instancia de SampleDataGroup.

La clase SampleDataGroup expone dos colecciones, Items y TopItems. Ambas contienen elementos SampleDataItem. Cada uno de estos elementos tiene un contenido Content y una referencia a su grupo Group. Tanto SampleDataGroup como SampleDataItem heredan de SampleDataCommon.

Esta clase base contiene las propiedades comunes (Title, Subtitle, Description, Image, UniqueId) para estas clases. Por tanto, ambos grupos y elementos tienen un Title y un Subtitle. La clase SampleDataSource crea muchos datos de ejemplo para esta jerarquía de modelo.

Ahora abra el archivo GroupedItemsPage.xaml. Aquí es donde se encuentra ubicado GridView. Localice la sección Page.Resources. En esta sección encontrará un objeto CollectionViewSource configurada. Como quiere presentar datos agrupados, CollectionViewSource es un objeto muy práctico para ayudarle a conseguir su objetivo.

Puede comprobar que la propiedad Source está enlazada a la propiedad Groups, la propiedad IsSourceGrouped se ha establecido en true y la propiedad ItemsPath está enlazada a TopItems:

```
<CollectionViewSource
   x:Name="groupedItemsViewSource"
   Source="{Binding Groups}"
   IsSourceGrouped="true"
   ItemsPath="TopItems"
   d:Source="{Binding AllGroups, Source={d:DesignInstance
   Type=data:SampleDataSource, IsDesignTimeCreatable=True}}"/>
```

Si enlaza un GridView a este CollectionViewSource, estará enlazado a la colección de datos que hemos examinado anteriormente.

Localice ahora el GridView denominado itemGridView. Su ItemsSource está enlazado a CollectionViewSource. La propiedad IsItemClickEnabled se ha establecido en true, por lo que el evento ItemClick se activará al hacer clic en un elemento o tocarlo en GridView. Ha suscrito este evento con ItemView_ItemClick. Si examina con más detalle el GridView descubrirá que se han establecido también un par de elementos, como un GroupStyle o un panel personalizado para GridView.

```
<GridView
   x:Name="itemGridView"
   AutomationProperties.AutomationId="ItemGridView"
   AutomationProperties.Name="Grouped Items"
   Grid.Row="1"
   Margin="0,-3,0,0"
   Padding="116,0,40,46"
   ItemsSource="{Binding Source={StaticResource groupedItemsViewSource}}"
   ItemTemplate="{StaticResource Standard250x250ItemTemplate}"
```

```
    SelectionMode="None"
    IsItemClickEnabled="True"
    ItemClick="ItemView_ItemClick">

    <GridView.ItemsPanel>
        <ItemsPanelTemplate>
            <VirtualizingStackPanel Orientation="Horizontal"/>
        </ItemsPanelTemplate>
    </GridView.ItemsPanel>
    <GridView.GroupStyle>
        <GroupStyle>
            <GroupStyle.HeaderTemplate>
                <DataTemplate>
                    <Grid Margin="1,0,0,6">
                        <Button
                        AutomationProperties.Name="Group Title"
                        Content="{Binding Title}"
                        Click="Header_Click"
                        Style="{StaticResource TextButtonStyle}"/>
                    </Grid>
                </DataTemplate>
            </GroupStyle.HeaderTemplate>
            <GroupStyle.Panel>
                <ItemsPanelTemplate>
                    <VariableSizedWrapGrid Orientation="Vertical"
                        Margin="0,0,80,0"/>
                </ItemsPanelTemplate>
            </GroupStyle.Panel>
        </GroupStyle>
    </GridView.GroupStyle>
</GridView>
```

En el archivo del código de respaldo, el controlador de evento se parece al siguiente:

```
void ItemView_ItemClick(object sender, ItemClickEventArgs e)
{
    // Navegar a la página de destino apropiada configurando la nueva página
    // al pasar la información requerida como un parámetro de navegación
    var itemId = ((SampleDataItem)e.ClickedItem).UniqueId;
    this.Frame.Navigate(typeof(ItemDetailPage), itemId);
}
```

Esto significa que si hace clic en un elemento del `GridView`, `ItemClickEventArgs` le indicará sobre qué elemento se ha hecho clic a través de la propiedad `ClickedItem`. Sigue siendo un objeto, por lo que tiene que asignar el tipo apropiado, que es el tipo `SampleDataItem`. Después puede iniciar la navegación a `ItemDetailPage` a la vez que pasa `UniqueId` como parámetro para la nueva página.

`ItemDetailPage` funciona de una forma muy similar. Utiliza un `CollectionViewSource`, pero esta vez está enlazado a un control `FlipView`. Este control en su `ItemTemplate` define un `userControl` para mostrar todo el contenido del elemento actualmente seleccionado (mostrado).

> **Nota:** Merece la pena investigar un poco más esta plantilla. Demuestra opciones adicionales de una aplicación estilo Windows 8 que no se explican en este capítulo. También introduce algunos patrones fabulosos y útiles que puede utilizar posteriormente en sus aplicaciones.

Utilizar el control AppBar

En muchas ocasiones se enfrentará a una situación en la que necesitará añadir funcionalidades, comandos u operaciones adicionales a su UI pero sin dedicar espacio y visuales adicionales en el área de su contenido. Las aplicaciones estilo Windows 8 ofrecen una extraordinaria solución a este problema. Con un patrón estilo Windows 8, el control `AppBar`, puede crear una solución uniforme para este problema.

Toda página tiene dos áreas `AppBar`: una `TopAppBar` y una `BottomAppBar`. Si se adhiere a los principios de las aplicaciones estilo Windows 8, utilizará `TopAppBar` para agregar controles de navegación (como un botón **Atrás**) y utilizará `BottomAppBar` para mostrar comandos y herramientas relacionadas con su aplicación y la página actual. La figura 8.23 muestra el control `AppBar` en acción.

Figura 8.23. Control AppBar.

El siguiente código de ejemplo muestra el uso del control AppBar:

```
<Page.TopAppBar>
   <AppBar>
      <StackPanel Orientation="Horizontal" HorizontalAlignment="Right">
         <Button Style="{StaticResource RemoveAppBarButtonStyle}"
            Click="RemoveButton_Click"/>
         <Button Style="{StaticResource AddAppBarButtonStyle}"
            Click="AddButton_Click"/>
      </StackPanel>
   </AppBar>
</Page.TopAppBar>
```

Resumen

Las animaciones dan vida a sus aplicaciones. Con la Biblioteca de animaciones puede crear interacciones de usuario homogéneas y consistentes, pero sigue teniendo la capacidad de crear una animación personalizada.

Con las transformaciones y proyecciones puede aplicar cualquier animación que quiera a la vez que sigue manteniendo el buen rendimiento de su aplicación. Puede crear incluso transformaciones con una apariencia parecida a 3D. Con una plantilla de control tiene la capacidad de cambiar completamente la apariencia visual de un control a la vez que conserva toda la funcionalidad que ofrece.

En las aplicaciones estilo Windows 8 tiene muchas formas asombrosas de mostrar datos utilizando controles complejos específicos, como GridView, ListView, FlipView o SemanticZoom.

En el capítulo 9 aprenderá más sobre la integración con el sistema operativo utilizando controles y servicios ofrecidos por él. También conocerá otras opciones importantes, como la persistencia de datos, la localización, la notificación y los mosaicos dinámicos.

Ejercicios

1. ¿Cuál es la diferencia entre animaciones independientes y dependientes?
2. ¿Qué es la Biblioteca de animaciones?
3. ¿Qué es una transformación de representación?
4. ¿Cómo puede enlazar la propiedad de un control con otra propiedad dentro de su plantilla?
5. ¿Por qué debe utilizar CollectionViewSource cuando crea un enlace a un GridView?
6. ¿Cuál es el propósito de SemanticZoom?

> **Nota:** Las respuestas a los ejercicios se encuentran en el apéndice A del libro.

Qué ha aprendido en este capítulo

- **Animaciones independientes:** Son animaciones rápidas y homogéneas calculadas en la GPU.
- **Animaciones dependientes:** Puede que no sean homogéneas ya que se calculan en la CPU. La mayoría de las animaciones personalizadas son animaciones dependientes por lo que tendrá que utilizarlas con sumo cuidado.
- **Biblioteca de animaciones:** La API ofrece un conjunto de animaciones y transiciones predefinidas que son animaciones independientes y son consistentes con el comportamiento de Windows 8.
- **Guión gráfico:** Las animaciones se controlan utilizando un guión gráfico. Un solo guión gráfico puede controlar múltiples animaciones al mismo tiempo.
- **Estados visuales:** Puede asignar diferentes estados visuales a un control. Para cualquier estado visual, puede definir la apariencia de la UI. Los estados visuales se describen utilizando guiones gráficos. Cuando se cambian los estados, las animaciones son las responsables de crear una transición al nuevo estado.
- **Transformación de representación:** Generalmente, animará transformaciones. La transformación de representación se aplica después de que se ejecute la lógica del diseño por lo que no afectará al mismo. Puede aplicar una o más transformaciones a un solo elemento `UIElement`.
- **Plantilla de control:** Para cambiar la apariencia visual de un control, puede asignar una nueva plantilla de control a su propiedad `Template`. Así podrá redefinir la estructura visual del control sin que afecte al comportamiento ni a la lógica del control.
- **ContentPresenter:** En el caso de un `ContentControl` dentro de una `ControlTemplate` tiene que definir de forma explícita un marcador de posición para el control donde pueda mostrar su contenido. Puede utilizar `ContentPresenter` para marcar dónde debe colocarse el contenido dentro del control
- **CollectionViewsource:** `CollectionViewSource` sirve como una vista sobre una colección de datos. Admite la agrupación, la ordenación y el filtrado sin que afecte a la colección original subyacente. Es un método extraordinario para presentar datos de controles complejos, como `GridView` o `ListView`.
- **Agrupación:** `ItemsControl` representa listas visuales. Los elementos en la lista pueden agruparse visualmente mediante cualquier propiedad utilizando `GroupStyles` y `HeaderTemplates`.

9

Crear aplicaciones estilo Windows 8

En este capítulo aprenderá a:

- Conocer el ciclo de vida de una aplicación Windows 8.
- Conocer el papel de los paquetes de la aplicación y cómo los implementa Windows 8.
- Utilizar las superficies de comandos más comunes.
- Integrar configuraciones de la aplicación con la barra de accesos.
- Utilizar mensajes de cuadro de diálogo en sus aplicaciones.
- Conservar el estado de sus aplicaciones.
- Integrar sus aplicaciones con la pantalla Inicio y utilizar notificaciones de mosaicos dinámicos.

Para desarrollar los ejemplos de este capítulo, puede optar por introducir manualmente el código o utilizar los archivos de código fuente que acompañan al libro como se indica en la Introducción.

En los capítulos 7 y 8 ha aprendido a crear una interfaz de usuario (UI, *User Interface*) para sus aplicaciones estilo Windows 8 utilizando el Lenguaje de marcado de aplicaciones extensible (XAML, *eXtensible Application Markup Language*) y sobre los controles UI fundamentales.

Las aplicaciones estilo Windows 8 utilizan un conjunto de patrones para proporcionar una interacción de usuario uniforme. En este capítulo va a conocer los patrones que determinan cómo puede implementar su aplicación la misma experiencia de usuario que las aplicaciones Windows 8 ofrecidas como parte del sistema operativo. También conocerá detalles importantes sobre la integración de sus aplicaciones con la pantalla Inicio del sistema.

Ciclo de vida de una aplicación Windows 8

En cualquier versión anterior de Windows, o incluso en el modo de escritorio de Windows 8, los usuarios pueden ejecutar múltiples aplicaciones simultáneamente que muestran toda la información en sus ventanas correspondientes. En este modo, cada aplicación que se está ejecutando consume recursos, aunque el usuario probablemente se centre solo en una de las aplicaciones la mayoría de las veces.

Con las aplicaciones etilos Windows 8 siempre hay una aplicación en primer plano propietaria de la pantalla y de las interacciones del usuario y el resto de aplicaciones está oculto. El sistema operativo Windows 8 administra los recursos con una directiva muy simple. La aplicación en primer plano obtiene los recursos para proporcionar al usuario la mejor interacción, mientras que las aplicaciones en segundo plano (que momentáneamente son invisibles para el usuario) se congelan en la memoria y no obtienen otros recursos exceptuando la memoria en la que permanecen. Cuando el usuario cambia entra aplicaciones y abre otra aplicación en primer plano, esta es la que obtiene los recursos y la otra queda congelada en el fondo (es decir, no obtiene recursos).

> **Nota:** Cuando una aplicación se queda en segundo plano, Windows 8 no la suspende inmediatamente. El sistema operativo esperará unos 5 segundos antes de suspender una aplicación para evitar suspensiones innecesarias, y se reanuda cuando las aplicaciones cambian rápidamente.

Como puede comprobar, las aplicaciones Windows 8 tienen un modelo de ciclo de vida diferente al de las aplicaciones de escritorio. Este modelo ayuda al usuario a sentirse como si su aplicación estuviese siempre viva.

Estados del ciclo de vida de una aplicación

Como muestra la figura 9.1, las aplicaciones Windows 8 pueden estar en uno de estos cuatro estados: no ejecutándose, en ejecución, suspendido y terminado. Desde el punto de vista del ciclo de vida, los estados de no ejecución y terminado en realidad significan lo mismo: la aplicación todavía no se ha iniciado o se ha cerrado por cualquier razón.

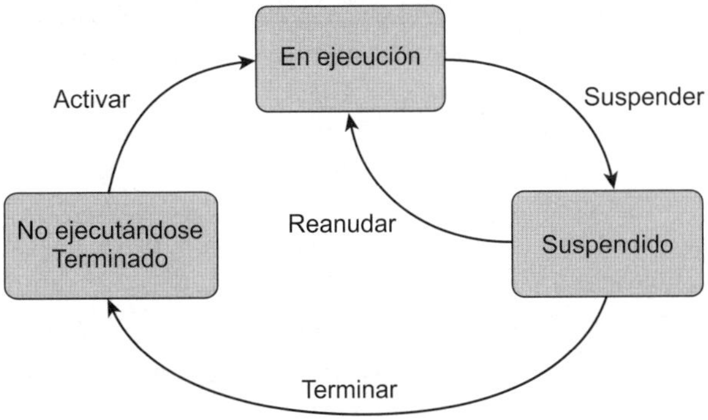

Figura 9.1. Ciclo de vida de una aplicación Windows 8.

Cuando se inicia una aplicación (bien por el usuario o bien por otra aplicación), se activa y entra en el estado de ejecución. En este estado, la aplicación que se está ejecutando y se encuentra en primer plano obtiene los recursos disponibles para que tenga capacidad de respuesta, sea fluida y, por tanto, atractiva. Generalmente, solo hay una aplicación en el estado de ejecución, o en el modo acoplado (cuando hay dos aplicaciones en la pantalla una junta a la otra), hay dos aplicaciones ejecutándose.

Cuando cambia de una aplicación a otra, como cuando envía la de primer plano al segundo plano, su estado pasa a ser el de suspensión. Una aplicación suspendida no recibe recursos de la CPU ni del sistema, evitando así que se agoten los recursos del sistema para la aplicación que se encuentra en primer plano. El estado suspendido significa que la aplicación se conserva en la memoria que ocupa, pero ese es el único recurso que posee.

Si el usuario abre muchas aplicaciones, las suspendidas pueden reservar demasiada memoria y poner en peligro la operación global y su capacidad de respuesta. En este caso, el sistema operativo termina una o más aplicaciones suspendidas para asegurarse de que la aplicación en primer plano tiene los recursos que necesita. Las aplicaciones detenidas entran en el estado terminado, es decir, Windows 8 las cierra y reclama la memoria que mantenían.

El resultado de este ciclo de vida es que las aplicaciones en primer plano siempre tienen los recursos máximos que puede proporcionar el sistema, y se ahorra la carga de la batería. Mientras la aplicación en primer plano espera la entrada del usuario, consume muy pocos ciclos de la CPU. Incluso las aplicaciones suspendidas economizan los recursos del sistema porque solo consumen memoria.

Administrar los cambios de estado de una aplicación

Desde el punto de vista del desarrollo de aplicaciones, el modelo del ciclo de vida de una aplicación Windows tiene algunos problemas.

Supongamos que una aplicación muestra los índices de las acciones en la bolsa y se actualiza cada 30 segundos. Mientras la aplicación está en primer plano, el usuario puede examinar los cambios. Sin embargo, si la aplicación se queda en segundo plano, el código no se ejecuta y no actualiza los índices. Por tanto, cuando el usuario cambia de nuevo a esta aplicación pasados 10 minutos, podrá ver una información con 10 minutos retrasada y puede tardar 30 segundos o más en ver los índices actuales. Supongamos que mientras otra aplicación se encuentra en primer plano, Windows 8 termina la aplicación de los índices de las acciones debido al bajo nivel de recursos del sistema. Entonces, cuando el usuario active la aplicación de nuevo, estará deseando ver la información que ha cambiado desde la última vez que la vio. Desde el punto de vista de una aplicación, esta activación es igual que iniciarla después de que el usuario la cerrara de forma explícita. La aplicación debería saber que ha sido activada después de una terminación, por lo que debería mostrar la última información en lugar de una pantalla de presentación.

Estas situaciones se pueden controlar con ayuda de los eventos que envía el sistema operativo a la aplicación cuando cambia su estado. Tal como se describe en la tabla 9.1, estos eventos pueden capturarse y controlarse en la clase de la aplicación (generalmente denominada `App` en un nuevo proyecto Visual Studio).

Tabla 9.1. Eventos del ciclo de vida de una aplicación.

Evento de la aplicación	Estado de transición	Descripción
`OnLaunched`	Activar	La aplicación ha sido lanzada por el usuario o por alguna otra aplicación. El método `eventhandler` recibe un argumento de tipo `LaunchActivatedEventArgs`. Puede examinar la propiedad `Kind` del argumento para saber cómo se ha iniciado la aplicación. La propiedad `PreviousExecutionState` le indica el estado de la aplicación antes de su ejecución. Su valor (una enumeración de `ApplicationExecutionState`) es `Terminated` o `ClosedByUser`, sugiriendo que la aplicación se ha cerrado anteriormente por el sistema o por el usuario, respectivamente.
`Suspending`	Suspender	El sistema suspende la aplicación porque el usuario ha cambiado a otra aplicación. El método del controlador de evento recibe un argumento `SuspendingEventArgs`. En este controlador de evento, generalmente se guarda el estado de la aplicación para poder restablecerla en caso de que la aplicación la termine el sistema. También puede liberar recursos innecesarios al sistema.

Evento de la aplicación	Estado de transición	Descripción
`Resuming`	Reanudar	Cuando el usuario vuelve de nuevo a la aplicación suspendida, se llama a este controlador de evento. Aquí es donde puede reclamar los recursos liberados en el controlador de evento `Suspending`.
Sin evento	Terminar	Cuando el sistema necesita recursos y decide terminar una aplicación, no le permite interceptar el proceso de terminación, por lo que no le proporciona ningún controlador de evento para responder al evento de terminación.

Suspender, reanudar y cerrar la aplicación

Windows 8 requiere que conserve las directivas de suspensión y reanudación de su aplicación. Cuando cambia a otra aplicación, no suspende inmediatamente la aplicación que se está ejecutando. Le da unos segundos para reconsiderar y volver de nuevo a la aplicación. Pasados esos segundos, si su aplicación sigue en segundo plano, el sistema operativo la suspende y el objeto de la aplicación recibe el evento `Suspending`.

Debe ejecutar algunas actividades en este método controlador de evento:

- Puede guardar el estado de la aplicación. Por ejemplo, pude guardar la información sobre los últimos datos mostrados en su aplicación de finanzas.
- Si mantiene un bloqueo exclusivo en los recursos (por ejemplo, si bloquea un archivo dentro de la aplicación), puede liberar el bloqueo y proporcionar acceso al archivo para otras aplicaciones mientras la aplicación de finanzas está suspendida.
- Si es posible, puede reducir el uso de la memoria. Por ejemplo, si mantiene en la memoria una matriz grande para acelerar determinadas operaciones, puede guardarla en el disco y liberar la memoria que ocupa.

El sistema operativo es muy estricto con su aplicación. Tiene hasta 5 segundos para llevar a cabo todas las actividades. Si el evento `Suspending` no vuelve en 5 segundos, la aplicación se terminará. La aplicación no debe iniciar operaciones que puedan bloquear la ejecución (como un mensaje emergente que espera la entrada del usuario o cargar datos en Internet).

Cuando vuelve a su aplicación suspendida, el sistema operativo la lleva a primer plano y recibe inmediatamente el evento `Resuming`. Este es el momento en el que puede restablecer todo lo que necesite para continuar el funcionamiento normal de su aplicación:

- Puede restablecer el estado de la aplicación.
- Puede volver a cargar los datos en la memoria, que se guardaron en el evento `Suspending` para reducir el uso de memoria.

Al reanudar su aplicación desde el estado de suspensión, el sistema operativo no restringe el tiempo que tiene para restablecer los datos y la UI de la aplicación.

Windows 8 le permite guardar el estado de su aplicación cuando la cierra. Si el usuario cierra la aplicación de forma explícita (pulsa **Alt-F4** o utiliza un gesto de cierre), la aplicación entra inmediatamente en segundo plano. Sin embargo, no se cierra de inmediato. El sistema operativo espera unos segundos y después suspende la aplicación. Esta recibe un evento `Suspending` y tiene 5 segundos para guardar su estado. Cuando se ejecuta desde el controlador de evento (o pasan los 5 segundos), el sistema operativo cierra el proceso de la aplicación.

Ahora que está familiarizado con los fundamentos de la administración del ciclo de vida de una aplicación Windows 8, es el momento de usarlos en la práctica.

Utilizar los eventos del ciclo de vida de una aplicación

Vamos a crear una aplicación que no es funcional para demostrar cómo puede controlar los eventos del ciclo de vida de una aplicación. Esta proporciona las siguientes opciones:

- Localiza los eventos del ciclo de vida de la aplicación y los guarda.
- Cuando se activa la aplicación, se restablece el estado guardado.
- Puede emular un controlador de evento de suspensión con error que exceda el tiempo de respuesta de 5 segundos permitido por el sistema operativo.

Para examinar los eventos del ciclo de vida, empezará a partir de una aplicación ya preparada, la solución `AppLifeCycleDemoStart`, que puede encontrar en el capítulo 9 del código fuente que acompaña al libro como se indica en la Introducción del mismo.

Ejercicio: Utilizar los eventos de ciclo de vida de una aplicación

Para completar la aplicación preparada y examinar los eventos de su ciclo de vida siga estos pasos:

1. Con el comando Archivo>Abrir>Proyecto o solución (**Control-Mayús-O**), abra el archivo `AppLifeCycleDemo.sln` de la carpeta `AppLifeCycleDemoStart` del código fuente descargado para el capítulo. La solución contiene un archivo `EventTracer.cs` con una clase estática responsable de registrar los mensajes localizados. Los archivos `MainPage.xaml.cs` y `App.xaml.cs` se han preparado con métodos vacíos. En este ejercicio, los rellenará.
2. En el Explorador de soluciones, haga doble clic en el archivo App.xaml.cs para abrirlo. Inserte el código resaltado en negrita en el cuerpo del constructor predeterminado:

```
public App()
{
    this.InitializeComponent();
    this.Suspending += OnSuspending;
    this.Resuming += OnResuming;
    DelayOnSuspending = TimeSpan.FromMilliseconds(100);
}
```

3. Desplácese hasta el método `OnSuspending` en el editor de código. Este método se invoca justo antes de que el sistema operativo suspenda esta aplicación. Copie el código resaltado en negrita y añada el modificador `async` al encabezado del método:

```
private async void OnSuspending(object sender, SuspendingEventArgs e)
{
    var deferral = e.SuspendingOperation.GetDeferral();
    EventTracer.WriteLine("Application is being suspended.");
    await Task.Delay(DelayOnSuspending);
    EventTracer.WriteLine("The app has {0} ms left after saving its state.",
        (e.SuspendingOperation.Deadline - DateTime.Now).TotalMilliseconds);
    deferral.Complete();
}
```

4. Para saber cuándo se reanuda la aplicación, desplácese hasta el método `OnResuming` y copie el siguiente código resaltado en negrita dentro del cuerpo del método:

```
void OnResuming(object sender, object e)
{
    EventTracer.WriteLine("Application is being resumed.");
}
```

5. Cuando se inicia su aplicación, puede restablecer su estado guardado. Para ello, busque el método `OnLaunched` y copie el siguiente código resaltado en negrita en el cuerpo del método:

```
protected override void OnLaunched(LaunchActivatedEventArgs args)
{
    EventTracer.WriteLine(
        "Application launched. (Kind='{0}', PreviousExecutionState='{1}')",
        args.Kind, args.PreviousExecutionState);

    if (args.PreviousExecutionState == ApplicationExecutionState.Running)
    {
        Window.Current.Activate();
        return;
    }

    var rootFrame = new Frame();
    if (!rootFrame.Navigate(typeof(MainPage)))
    {
        throw new Exception("Failed to create initial page");
    }

    Window.Current.Content = rootFrame;
    Window.Current.Activate();
}
```

6. En este momento, el código del archivo **App.xaml.cs** es como sigue (hemos eliminado los comentarios por brevedad):

```
using System;
using System.Threading.Tasks;
using Windows.ApplicationModel;
using Windows.ApplicationModel.Activation;
using Windows.UI.Xaml;
using Windows.UI.Xaml.Controls;

namespace AppLifeCycleDemo

{
  sealed partial class App : Application
  {
    private const string APP_DATA_FILE = "MyAppData.txt";

    public App()
    {
      this.InitializeComponent();
      this.Suspending += OnSuspending;
      this.Resuming += OnResuming;
      DelayOnSuspending = TimeSpan.FromMilliseconds(100);
    }

    protected override void OnLaunched(LaunchActivatedEventArgs args)
    {
      EventTracer.WriteLine(
        "Application launched. (Kind='{0}', PreviousExecutionState='{1}')",
        args.Kind, args.PreviousExecutionState);

    if (args.PreviousExecutionState == ApplicationExecutionState.Running)
    {
      Window.Current.Activate();
      return;
    }

      var rootFrame = new Frame();
      if (!rootFrame.Navigate(typeof(MainPage)))
      {
        throw new Exception("Failed to create initial page");
      }

      Window.Current.Content = rootFrame;
      Window.Current.Activate();
    }

    public static TimeSpan DelayOnSuspending { get; set; }

    private async void OnSuspending(object sender, SuspendingEventArgs e)
    {
      var deferral = e.SuspendingOperation.GetDeferral();
      EventTracer.WriteLine("Application is being suspended.");
      await Task.Delay(DelayOnSuspending);
      EventTracer.WriteLine("The app has {0} ms left after saving its state.",
        (e.SuspendingOperation.Deadline - DateTime.Now).TotalMilliseconds);
```

```
            deferral.Complete();
        }

        void OnResuming(object sender, object e)
        {
            EventTracer.WriteLine("Application is being resumed.");
        }
    }
}
```

7. Con estas modificaciones, la aplicación está preparada para ejecutarse. Antes de iniciarla, abra el Administrador de tareas pulsando **Control-Alt-Supr** y haciendo clic en Administrador de tareas o tocándolo. Cuando se haya abierto, haga clic en la ficha Detalles.

8. Vuelva al IDE de Visual Studio e inicie la aplicación pulsando **Control-F5** o seleccionando Depurar>Iniciar sin depurar. Como puede ver en la figura 9.2, la aplicación se inicia y muestra un mensaje de registro de evento como resultado de la ejecución del controlador de evento `OnLaunched`.

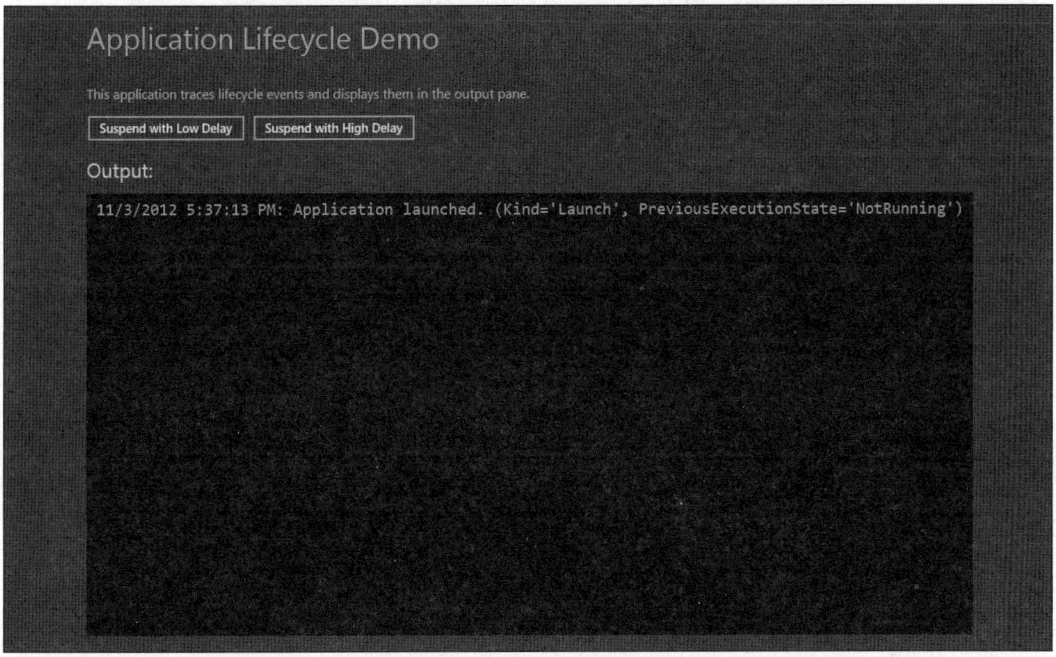

Figura 9.2. La aplicación muestra el mensaje de registro de inicio.

9. Pulse **Alt** y, manteniendo pulsada la tecla, pulse **Tab** varias veces hasta volver al Administrador de tareas. Este muestra que `AppLifeCycleDemo` se sigue ejecutando, como puede ver en la figura 9.3.

10. Espere unos segundos. Ahora, la aplicación de Windows 8 `AppLifeCycleDemo` no está en primer plano, por lo que el sistema operativo la suspende. El estado de la aplicación cambia en el Administrador de tareas, como puede ver en la figura 9.4.

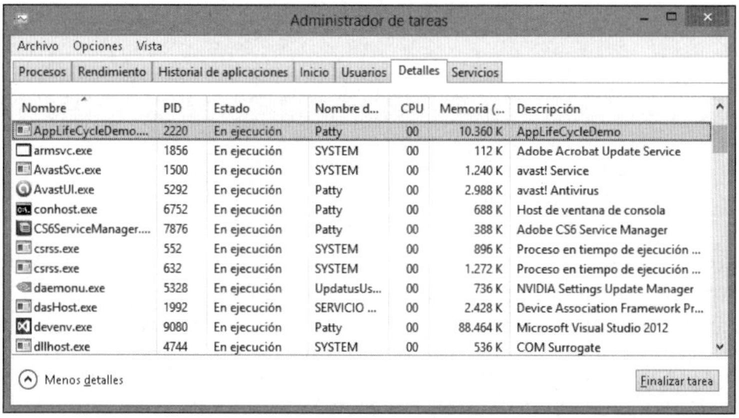

Figura 9.3. La aplicación sigue en estado de ejecución.

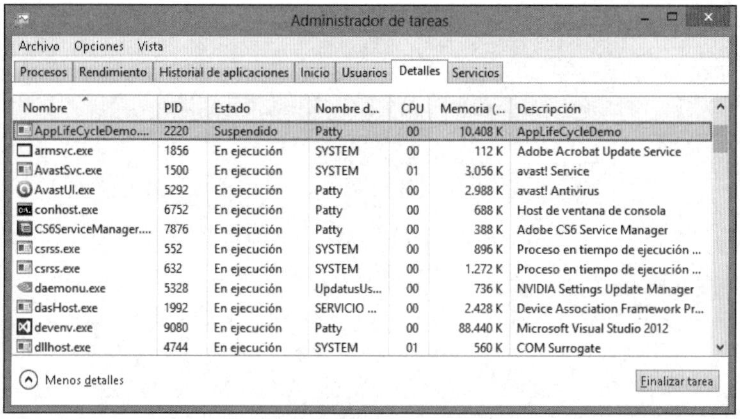

Figura 9.4. La aplicación queda suspendida.

11. Vuelva a la aplicación. Esta se reanuda inmediatamente y se muestran los mensajes de registro pertenecientes a los eventos `Suspending` y `Resuming`, como puede ver en la figura 9.5.

Cómo funciona

Al abrir la aplicación desde Visual Studio se ha llamado al método `OnLaunched`, que ha mostrado el mensaje de registro de la figura 9.2. En el paso 8, al cambiar al **Administrador de tareas**, el sistema operativo ha mantenido activa la aplicación durante unos segundos antes de suspenderla. Cuando la aplicación ha recibido el evento `Suspending`, se han ejecutado las siguientes líneas de código (dentro del cuerpo del método `OnSuspending`):

```
var deferral = e.SuspendingOperation.GetDeferral();
EventTracer.WriteLine("Application is being suspended.");
await Task.Delay(DelayOnSuspending);
EventTracer.WriteLine("The app has {0} ms left after saving
   its state.",
```

```
    (e.SuspendingOperation.Deadline -
    DateTime.Now).TotalMilliseconds);
deferral.Complete();
```

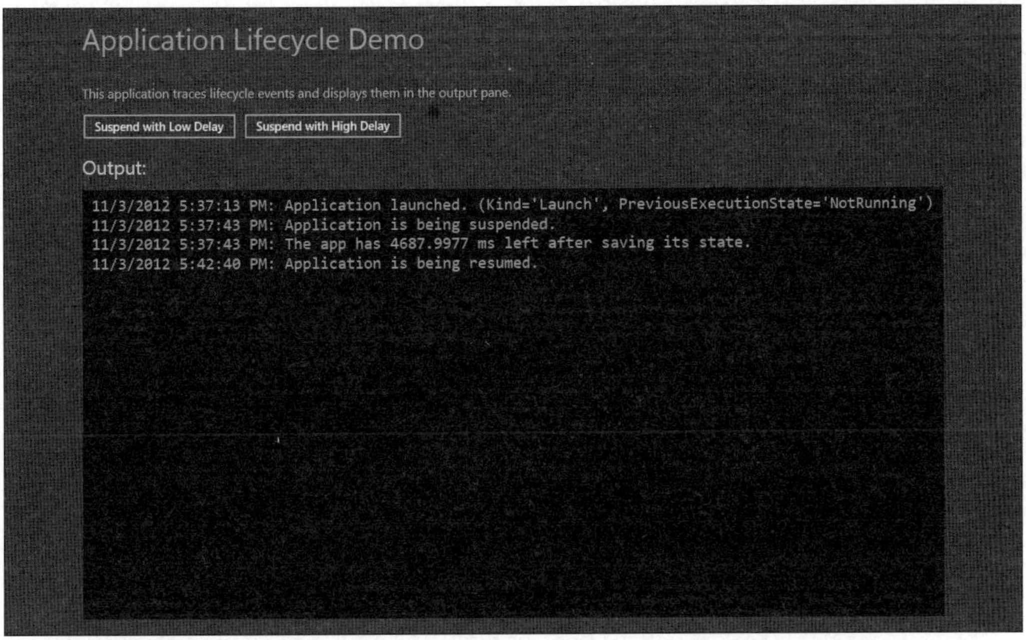

Figura 9.5. La aplicación muestra los mensajes de registro de Suspending y Resuming.

El código ha obtenido un objeto diferido ya que está a punto de ejecutar llamadas al método asincrónico. Tal como ha aprendido en el capítulo 5, la llamada en espera `Task.Delay()` volvería inmediatamente desde el método `OnSuspending`, ya que el sistema operativo no sabría que hay una llamada asíncrona en el contexto actual. La obtención de un objeto diferido señala este hecho, y el método que llama a `OnSuspending` sabe que debe esperar a la operación `deferral.Complete()` como señal de terminación. Este fragmento de código muestra dos mensajes de registro. El primero aparece al principio del método; el segundo muestra el tiempo restante para la operación de retardo. Este tiempo se ha calculado desde la propiedad `DeadLine` del objeto del argumento del evento `SuspendingOperation`. La tarea de retardo ha hecho esperar a la aplicación durante 100 milésimas de segundo.

En el paso 10, cuando se ha reanudado la aplicación, se ha activado el evento `OnResuming` y ha mostrado un nuevo mensaje de registro, que puede ver en la figura 9.5.

> **Nota:** Puede probar a ejecutar la aplicación y hacer clic en el botón **Suspend with High Delay** (Suspender con mucho retardo). Como resultado, el evento `Suspending` tardará 7 segundos. Puede comprobar con el **Administrador de tareas** que el sistema operativo terminará su aplicación porque no responde al evento `Suspending` a tiempo.

Ya ha aprendido que Visual Studio crea e implementa su aplicación, por lo que puede iniciarla pulsando **F5** (si quiere depurarla) o **Control-F5** (sin depuración). Ahora es el momento de aprender un paso importante en este proceso: la implementación de la aplicación.

Implementar aplicaciones Windows 8

En las versiones anteriores de Windows, tras crear una aplicación, se podía ejecutar inmediatamente iniciando sus archivos ejecutables. En Windows 8, las aplicaciones se ejecutan en un sistema de aislamiento de procesos (*sandbox*), por lo que no puede utilizar sus ejecutables sin implementar antes la aplicación. Este proceso prepara la aplicación mediante su registro en el sistema operativo. El proceso también registra opciones que determinan cómo se ejecuta la aplicación en el sistema de aislamiento de procesos (por ejemplo, si puede utilizar una Webcam, si puede acceder a la biblioteca de documentos, etc.). Las aplicaciones pueden agregar extensiones al sistema operativo (por ejemplo, pueden extender la barra de accesos). El registro de estas extensiones también forma parte del proceso de implementación.

Nota: Un sistema de aislamiento de procesos es un mecanismo de seguridad que separa las aplicaciones en ejecución y evita que accedan a los recursos del sistema que no pueden utilizar. Este sistema evita que los programas se comuniquen entre sí directamente con un mecanismo arbitrario. Por tanto, solo se permiten formas de comunicación y acceso predefinidos (y desde el punto de vista de la seguridad, controlados). Como resultado, un sistema de aislamiento de procesos puede proteger al sistema ante errores de programación accidentales que podrían romper el pretendido nivel de seguridad de una aplicación y también ante programas dañinos y que no son de confianza (como los spyware y virus informáticos).

Paquete de la aplicación

En lugar de escribir utilidades de instalación para las aplicaciones Windows 8, tiene que empaquetar su aplicación y permitir que el sistema operativo lo instale. Normalmente, solo las aplicaciones enviadas a la Tienda Windows se pueden instalar en un equipo de Windows 8, pero al instalar Visual Studio 2012 en su equipo, puede obtener un certificado de desarrollador especial que le permite implementar sus aplicaciones en su equipo.

Nota: En el capítulo 16 aprenderá más sobre la Tienda Windows y el proceso de envío relacionado.

Este paquete de la aplicación es un contenedor basado en el estándar OPC (*Open Packaging Convention*). Se trata de una estructura que guarda su aplicación, sus recursos y la información relacionada utilizando un archivo `.zip` estándar. Al ejecutar su aplicación en Visual Studio, el

IDE crea e implementa el paquete de la aplicación en segundo plano. Puede crear un paquete individual que posteriormente podrá enviar a la Tienda Windows. En el siguiente ejercicio aprenderá a crear un paquete de aplicación, solo para descubrir su estructura.

Ejercicio: Crear un paquete de aplicación

Para crear y examinar un paquete de aplicación, siga estos pasos:

1. Abra la solución `AppLifeCycleDemo` creada en el ejercicio anterior. También puede descargar esta solución desde el código fuente que acompaña al libro como se indica en la Introducción del mismo.
2. Utilice el comando Proyecto>Tienda>Crear paquetes de aplicaciones. Se abre el cuadro de diálogo del mismo nombre y le pregunta si quiere crear un paquete o cargar uno en la Tienda Windows, como muestra la figura 9.6. Seleccione No y haga clic en **Siguiente**.

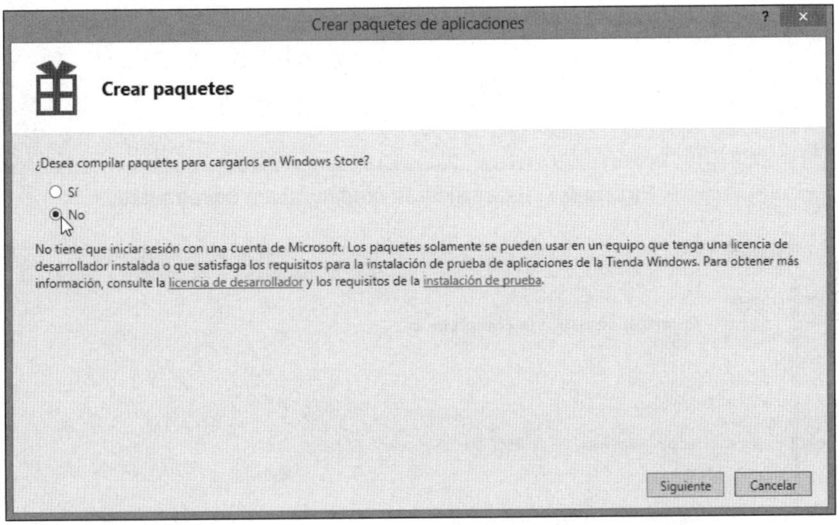

Figura 9.6. Cuadro de diálogo Crear paquetes de aplicaciones.

3. En la siguiente página del cuadro de diálogo, puede especificar la configuración del paquete, como puede ver en la figura 9.7. Deje todas las configuraciones predeterminadas y haga clic en **Crear**.
4. El IDE crea el proyecto `AppLifeCycleDemo` y el paquete en unos segundos. Se abre de nuevo el cuadro de diálogo Crear paquetes de aplicaciones con un hipervínculo a la carpeta que contiene el paquete de la aplicación, como muestra la figura 9.8. Haga clic en el hipervínculo para abrir la carpeta en el Explorador de archivos.

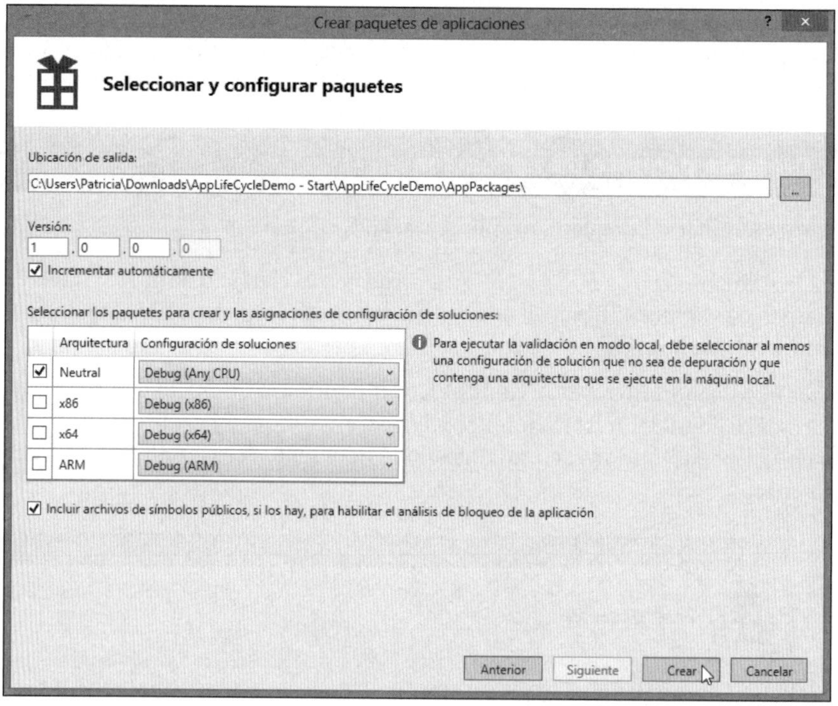

Figura 9.7. Especificar la configuración del paquete.

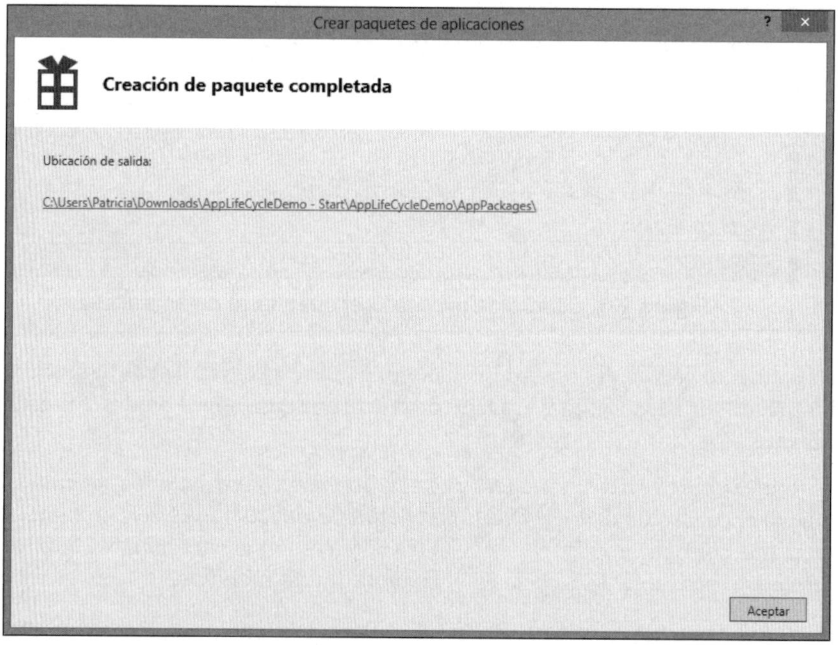

Figura 9.8. Hipervínculo al paquete recién creado.

5. En la carpeta del paquete puede ver otra que termina en `Debug_Test`. Ábrala y localice el archivo del paquete que tiene la extensión de nombre de archivo `.appx`, que puede ver en la figura 9.9. Cambie el nombre de la extensión de este archivo por **.zip**. Cuando aparezca un mensaje preguntando si está seguro de que quiere cambiar la extensión del archivo, haga clic en **Sí**.

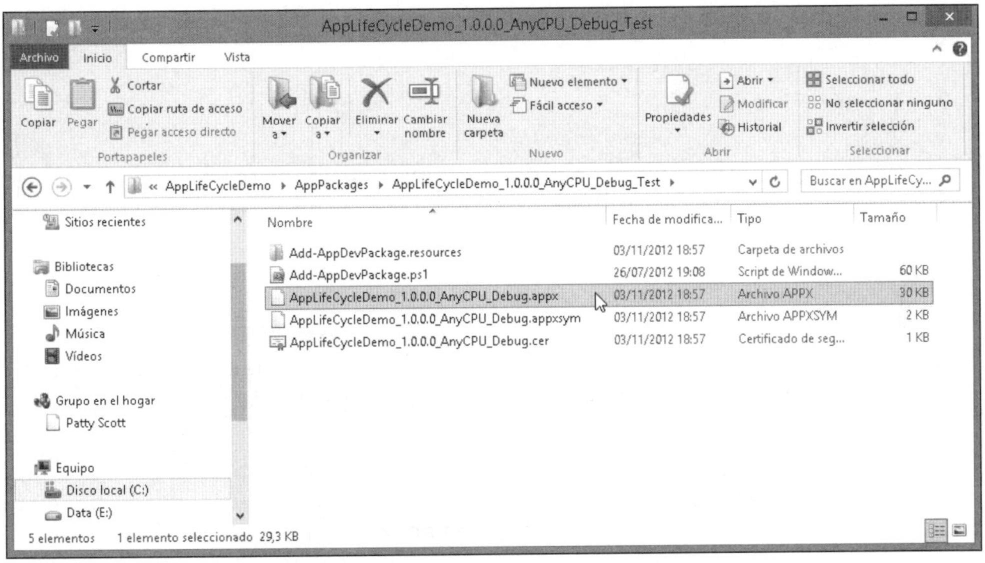

Figura 9.9. Archivo del paquete de la aplicación.

6. Haga doble clic en el archivo `.zip` para abrir su contenido. Reconocerá inmediatamente el archivo ejecutable de la aplicación, que puede ver en la figura 9.10, y otros recursos y activos, como la carpeta `Common` y los archivos `App.xaml` y `MainPage.xaml`. También encontrará aquí el archivo `AppxManifest.xml`, que juega un papel muy importante en la implementación de la aplicación, como aprenderá enseguida.

Cómo funciona

El paquete creado en el paso 4 ha utilizado el estándar OPC y es en realidad un archivo `.zip`. Por tanto, cuando ha cambiado el nombre de la extensión .appx por .zip, ha podido examinar su estructura.

El manifiesto del paquete de la aplicación

El proceso de implementación de la aplicación ejecuta muchas acciones aparte de desempaquetar el paquete y copiar los archivos relacionados; comprueba la integridad de la aplicación, prepara el sistema de aislamiento de procesos en el que se va a ejecutar la aplicación, registra la extensión propuesta por la aplicación y ejecuta otros pasos importantes.

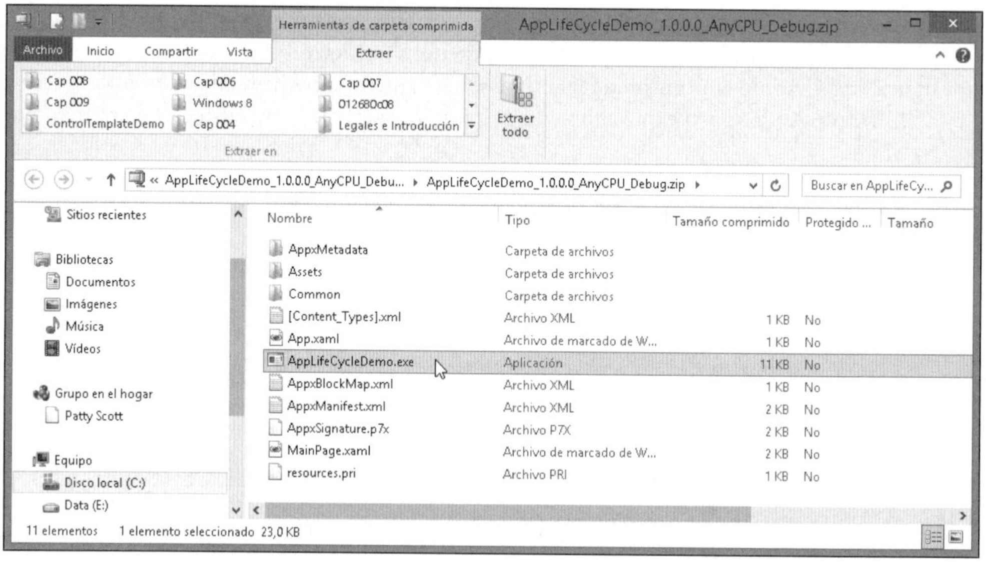

Figura 9.10. Contenido del archivo del paquete de la aplicación.

Hay un archivo muy importante que contiene toda la información utilizada durante el proceso de implementación. Este archivo es el manifiesto del paquete de la aplicación. Puede encontrarlo en el Explorador de soluciones con el nombre Package.appxmanifest, como puede ver en la figura 9.11.

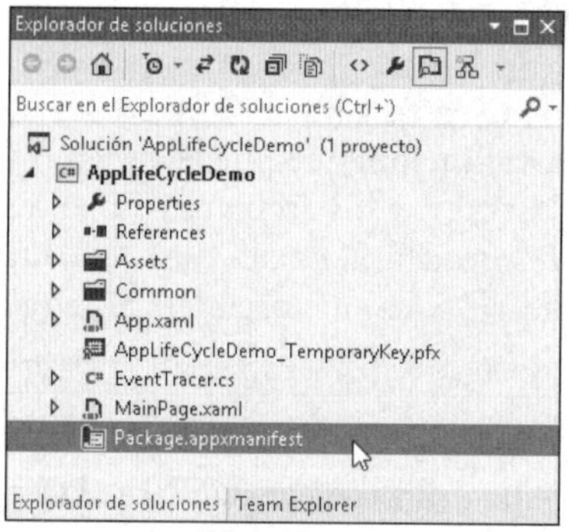

Figura 9.11. Archivo de manifiesto del paquete de la aplicación.

Este es un archivo XML, pero Visual Studio proporciona un diseñador para editarlo. Al hacer doble clic en Package.appxmanifest, se abre el diseñador, que puede ver en la figura 9.12.

> **Nota:** Puede examinar el contenido de este archivo. Para ello, haga clic con el botón derecho del ratón sobre Package.appxmanifest en el Explorador de soluciones y seleccione el comando Ver código del menú contextual. El archivo se abre en el editor de código y puede examinar su estructura XML.

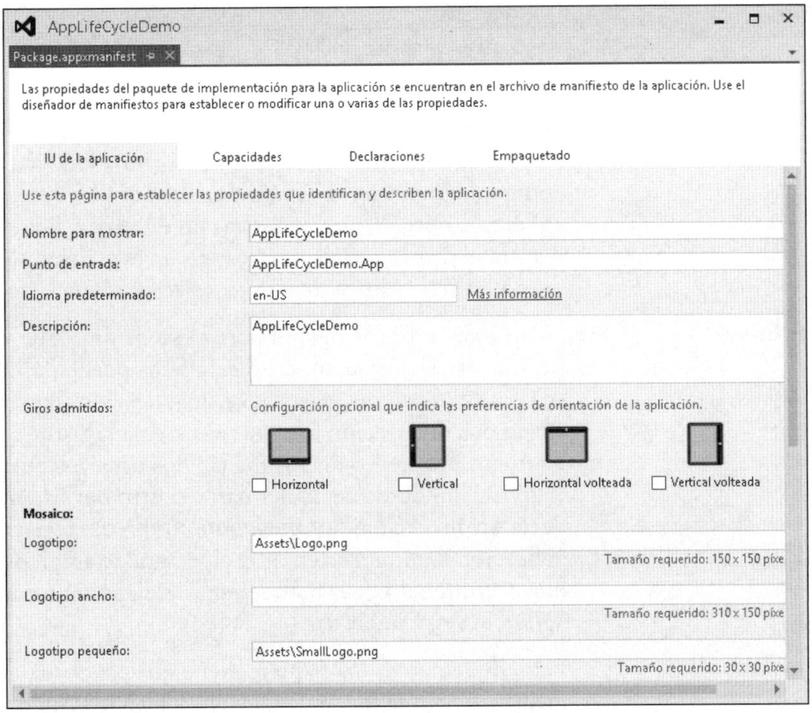

Figura 9.12. Archivo Package.appxmanifest en el diseñador.

El diseñador del manifiesto de la aplicación contiene cuatro fichas: UI de la aplicación, Capacidades, Declaraciones y Empaquetado. Las aplicaciones JavaScript tienen una ficha adicional titulada URI del contenido. Cada ficha es un contenedor para un tipo específico de información, cuyo resumen se recoge en la tabla 9.2.

Tabla 9.2. Fichas del editor del manifiesto del paquete de la aplicación.

Ficha	Descripción
UI de la aplicación	En esta ficha puede especificar información que identifica su paquete de la aplicación y describe propiedades que influyen en la apariencia de la misma. Entre otras cosas, puede declarar los logotipos y el texto utilizado en el mosaico de la aplicación, definir el elemento gráfico de la pantalla de presentación y especificar un logotipo distintivo para la pantalla de bloqueo (aprenderá más sobre este tipo de logotipo más adelante en el capítulo).
Capacidades	Como ya sabe, las aplicaciones Windows 8 se ejecutan en un sistema de aislamiento de procesos. En esta ficha, una aplicación puede declarar las capacidades que pretende utilizar.

Ficha	Descripción
	El sistema de aislamiento de procesos evita que la aplicación utilice cualquier dispositivo o característica (capacidad) que no se declare de forma explícita. Esta opción evita que cualquier código dañino (administrado por alguien para infectar su aplicación) utilice características no deseadas. Por ejemplo, si no declara el dispositivo de micrófono en esta ficha, su aplicación no podrá activarlo. Si lo hiciera, se activaría una excepción.
Declaraciones	Su aplicación puede proporcionar extensiones que van a utilizar otras aplicaciones. En esta ficha puede declarar los tipos de extensiones que ofrece su aplicación. Por ejemplo, si añade una declaración Buscar, el sistema registra la aplicación como un proveedor de búsqueda y los usuarios pueden buscar la aplicación desde cualquier parte dentro del sistema. Otra declaración, el Selector para abrir archivos, registra su aplicación como un selector de apertura de archivos, haciendo que el contenido de la aplicación esté disponible para otras aplicaciones Windows 8.
Empaquetado	Para implementar un paquete, tiene que proporcionar información que lo identifique en la Tienda Windows. En esta ficha, puede especificar estos atributos para su aplicación.
URI del contenido	En esta ficha puede configurar los límites de la red para su aplicación JavaScript. Puede añadir, modificar y eliminar los Identificadores de recursos uniformes (URI, *Uniform Resource Identifiers*) que tienen acceso a los estándares Web para los accesos de localización geográfica y el portapapeles.

Instalación, actualización y eliminación

Windows requiere que las aplicaciones se firmen con una firma de confianza. Esta firma permite a Windows confirmar la identidad del firmante y verificar que el contenido del paquete no se ha alterado. Si alguien ha cambiado el contenido de su aplicación (por ejemplo, ha cambiado el ejecutable del archivo `.zip` que representa su paquete), la firma no sería válida. Por razones de seguridad, Windows no implementa un paquete sin firma.

Nota: Windows 8 mantiene una lista de autoridades de certificación de confianza (terceras partes que crean certificados para firmar códigos y documentos digitalmente). Cuando su aplicación tiene una firma proveniente directa o indirectamente de una autoridad de certificación de confianza, dicha firma se considera de confianza.

Generalmente, los usuarios exploran la Tienda Windows en Internet o directamente desde sus equipos con la aplicación **Tienda**. Después de comprar una aplicación (o descargarla gratuitamente), reciben una licencia que les permite instalar la aplicación. Si está utilizando Visual Studio, tiene una licencia de desarrollador especial que le permite instalar su aplicación sin empaquetarla.

> **Nota:** Puede comprobar los archivos sin empaquetar utilizados por el proceso de instalación con una licencia de desarrollador. Después de crear su aplicación en Visual Studio, haga clic con el botón derecho del ratón sobre el nodo del proyecto en el **Explorador de soluciones** y seleccione **Abrir carpeta en el Explorador de archivos.** En el **Explorador de archivos,** busque la carpeta `bin\Debug\AppX`. Los archivos de esta carpeta son los que se han utilizado durante la instalación.

En comparación con las versiones anteriores, Windows 8 no necesita derechos elevados para instalar una aplicación; lo único que necesita es registrarse en su equipo como un administrador. Durante la instalación no se requieren acciones personalizadas ya que lo único que necesita Windows es instalar la aplicación contenida en el paquete. Hace de la instalación un proceso rápido y simple para el usuario; no se le pedirá que aporte ninguna información adicional. No tendrá que ser consciente siquiera de cosas como el registro de los archivos del programa. Obtener una aplicación es como comprar una cerveza en el supermercado: la recoge en la estantería, la paga y se la bebe.

Si a un usuario no le gusta una aplicación o simplemente no quiere utilizarla más, puede desinstalarla fácilmente. Igual que la instalación de una aplicación, su eliminación es una tarea simple que no requiere ninguna interacción por parte del usuario. Como la aplicación la pueden instalar varios usuarios en el mismo equipo, cuando uno de ellos la desinstala, esta se eliminará solo para el contexto de ese usuario. Cuando el último usuario la desinstala, los archivos de instalación se eliminarán del equipo.

Las aplicaciones las pueden actualizar sus autores. Windows Update observa que una aplicación tiene una versión actualizada y notifica a los usuarios sobre la disponibilidad de versiones más modernas. Aunque las actualizaciones las observa el sistema, este no las instala automáticamente. Los usuarios tienen que elegir instalar cualquier versión actualizada de una aplicación.

Ha aprendido lo básico sobre el ciclo de ida de una aplicación de Windows 8. Es el momento de familiarizarse con las superficies de comandos de su aplicación.

Superficies de comandos

Las aplicaciones de escritorio tienen elementos estándares como menús y barras de herramientas que se pueden utilizar para ejecutar comandos. Estos adornos consumen estado de la UI y normalmente confunden al usuario ya que proporcionan demasiadas opciones a ejecutar en un determinado contexto.

Las aplicaciones Windows 8 prefieren una pantalla completa, libre de adornos innecesarios que no añaden ningún valor funcional a la aplicación. Mientras interactúa con una aplicación, tiene diversas formas de expresar sus intenciones mediante los gestos táctiles o haciendo clic en los elementos visuales de la UI. Un extraordinario diseño de interacción del usuario se crea sobre la intuición y los convenios (patrones de uso) que se utilizan generalmente en todas las aplicaciones.

Cada aplicación puede utilizar comandos que no se enlazan fácilmente a ningún elemento de la UI, porque no hay un componente visual apropiado. Dichos comandos pueden servir para abrir un documento, mover una tarjeta de comando a una nueva carpeta o imprimir un mensaje de correo electrónico. Evidentemente, siempre puede colocar controles de botón en la UI para activar el comando, pero siempre consumen estado real de la pantalla y pueden distraer ya que están incluso cuando no se necesitan.

Windows 8 tiene diversos patrones de uso para tratar este problema. Estos patrones se ajustan perfectamente a los principios de diseño de Windows 8 y, como comprobará en esta sección, puede utilizarlos fácilmente.

Usar el menú contextual

Un menú contextual es un menú ligero que puede enlazar a los elementos de su UI. El usuario puede acceder de forma inmediata al menú haciendo clic con el botón derecho del ratón sobre un elemento determinado o utilizando el gesto de tocar y mantener. Algunos controles (como los cuadros de texto y los hipervínculos) proporcionan un menú contextual predefinido, pero puede reemplazar el comando predeterminado y mostrar sus propios comandos personalizados.

Debe utilizar los menús contextuales para mostrar los comandos que son directamente relevantes para el usuario y a los que no pueda acceder fácilmente de ninguna otra manera. Un uso típico es presentar comentarios del portapapeles y mostrar los comandos que funcionan sobre los elementos de la UI que no se pueden seleccionar.

El tipo clave para mostrar y utilizar un menú contextual es la clase `PopupMenu`, que se define en el espacio de nombres `Windows.UI.Popups`, como aprenderá en el siguiente ejercicio.

Para examinar las superficies de comandos (incluida la del menú contextual) va a utilizar una solución preparada (`SimplePuzzle`) que puede encontrar en el código fuente del capítulo. Este es un juego de rompecabezas que mueve algunos elementos marcados con números y su tarea es restablecer su orden moviéndolos, como muestra la figura 9.13.

El objeto preparado contiene todo el código que controla el juego y, en el siguiente ejercicio, añadirá un menú contextual para iniciar un nuevo juego o reiniciar el actual.

Figura 9.13. El rompecabezas de reorganización.

Ejercicio: Agregar un menú contextual a una aplicación

Para agregar un menú contextual a la aplicación de ejemplo, siga estos pasos:

1. Abra el archivo `SimplePuzzle.sln` seleccionando Archivo>Abrir>Proyecto o solución (**Control-Mayús-O**) que se encuentra en la carpeta `SimplePuzzle Start` del código fuente descargado para el capítulo.
2. Cree e inicie la aplicación pulsando **Control-F5** o seleccionando Depurar>Iniciar sin depurar. Cuando se abre, se crea inmediatamente un nuevo rompecabezas y cambia sus piezas de forma aleatoria. Puede mover las piezas adyacentes con una celda vacía haciendo clic sobre la pieza o tocándola. Pruebe a resolver el rompecabezas (la solución se muestra en la figura 9.13 anterior). Cuando resuelve el juego, se inicia uno nuevo.
3. Cierre la aplicación pulsando **Alt-F4**.

> **Nota:** Si es demasiado difícil de resolver, puede hacerlo más fácil. Abra el archivo GameController.cs y localice el método `StartNew`. En mitad del cuerpo del método, encuentre la instrucción `await Shuffle(10)` y cámbiela por `awaitShuffle(4)`. Inicie este ejercicio de nuevo desde el paso 2. En esta ocasión, el rompecabezas será realmente fácil de resolver.

4. En el Explorador de soluciones, haga doble clic sobre Mainpage.xaml para abrirlo. En el diseñador, vaya al panel XAML y seleccione el nodo <Grid x:Name="LayoutRoot"...> para agregarle el siguiente atributo resaltado en negrita:

```
<Grid x:Name="LayoutRoot" Background="#124372" RightTapped=
  "MainPageRightTapped">
```

5. Mientras está en el editor XAML, haga clic con el botón derecho del ratón sobre la palabra `RightTapped` en la línea de código modificada y seleccione el comando Navegar al controlador de eventos. El IDE crea un método vacío. Agregue el modificador `async` al método y copie el siguiente código resaltado en negrita en el cuerpo del método:

```
private async void MainPageRightTapped(object sender,
     RightTappedRoutedEventArgs e)
{

  var menu = new PopupMenu();
  menu.Commands.Add(new UICommand("New Game", command =>
     {
        _game.StartNew(_height, _width);
     }));
  menu.Commands.Add(new UICommandSeparator());
  menu.Commands.Add(new UICommand("Restart Game", command =>
     {
        _game.RestoreStartPositions();
     }));
  var point = e.GetPosition(null);
  await menu.ShowForSelectionAsync(new Rect(point,
     new Size(0, 0)));
}
```

6. Ejecute la aplicación pulsando **Control-F5** o seleccionando Depurar>Iniciar sin depurar. Haga clic con el botón derecho del ratón donde quiera dentro de la pantalla (o utilice el gesto de tocar y mantener) para mostrar el menú contextual, que puede ver en la figura 9.14.
7. Haga clic en el comando New Game (Nuevo juego) para que aparezca un nuevo rompecabezas.
8. Mueva algunas piezas del rompecabezas. Después, muestra el menú contextual de nuevo y utilice el comando **Restart Game** (Reiniciar juego). Las piezas del rompecabezas se restablecen al mismo estado que tenían al principio del nuevo juego.
9. Cierre la aplicación.

Como funciona

El proyecto preparado contiene un archivo `GameController.cs` que define el tipo `GameController` responsable de implementar la lógica del juego del rompecabezas. En el paso 4, ha agregado un controlador de evento a la cuadrícula `LayoutRoot` y en el paso 5 ha definido el cuerpo del método del controlador de evento. Siempre que hace clic con el botón derecho del ratón sobre la pantalla de la aplicación (o utilice el gesto de tocar y mantener), se muestra el menú contextual.

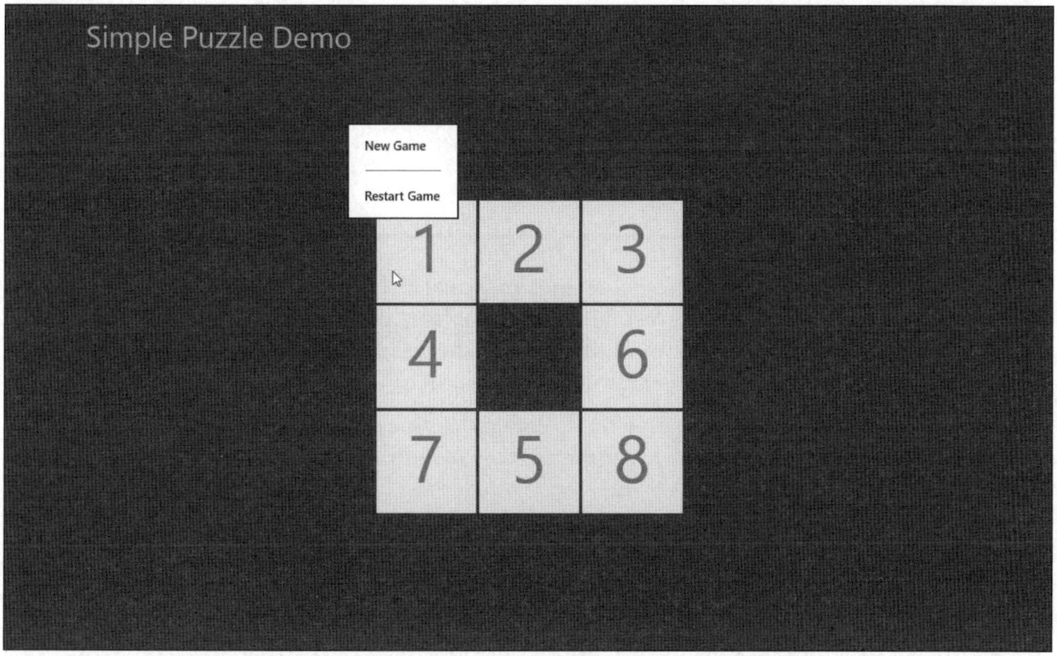

Figura 9.14. El menú contextual se muestra en la pantalla.

En el cuerpo del método `MainPageRightTapped`, ha preparado el menú contextual creando una instancia de `PopupMenu` y agregando dos objetos `UICommand` y un objeto `UICommandSeparator` al contenedor `Commands` de `PopupMenu`:

```
var menu = new PopupMenu();
menu.Commands.Add(new UICommand("New Game", command =>
    {
        _game.StartNew(_height, _width);
    }));
menu.Commands.Add(new UICommandSeparator());
menu.Commands.Add(new UICommand("Restart Game", command =>
    {
        _game.RestoreStartPositions();
    }));
```

Cada constructor `UICommand` ha aceptado dos argumentos. El primero era el nombre del comando a mostrar y el segundo el método a ejecutar como respuesta cuando el usuario activa el comando. En este caso, ambos comandos se han definido con expresiones lambda, donde el argumento `command` hace referencia al comando de la UI activado por el usuario. Estos comandos utilizan el miembro `game`, que es una instancia de un `GameController` para iniciar y reiniciar el juego, respectivamente. `UICommandSeparator` ha declarado una línea separadora simple entre los dos comandos.

Para mostrar el `PopupMenu` preparado, ha utilizado las siguientes instrucciones:

```
await menu.ShowForSelectionAsync(new Rect(point, new Size(0, 0)));
```

Mostrar el menú contextual y esperar una entrada del usuario es una operación asincrónica, tal como sugiere `await`. El método `ShowForSelectionAsync` ha aceptado un argumento `Rectangle` que ha especificado la ubicación del menú contextual. Las posiciones se han calculado con la siguiente línea de código, donde el método `GetPosition` ha obtenido las coordenadas del ratón (o toque) relativas a la pantalla:

```
var point = e.GetPosition(null);
```

Como acaba de comprobar, el uso del menú contextual es fácil pero, en este ejercicio (para ser honestos), no se ha utilizado correctamente. El problema principal con el menú contextual es que no es realmente muy intuitivo. El usuario no sabe que el menú existe, a no ser que intente hacer clic con el botón derecho del ratón (o haya ejecutado un gesto de tocar y mantener).

Sería mucho mejor utilizar una solución de comandos algo más intuitiva. Windows 8 proporciona una forma mejor de incorporar estos comandos: colocarlos en la barra de la aplicación.

Utilizar la barra de la aplicación

La barra de la aplicación es una forma intuitiva de presentar comandos a petición del usuario. Esta barra de la aplicación no se ve de forma predeterminada. Aparece solo cuando el usuario desliza un dedo desde el borde superior o inferior de la pantalla. La barra también puede aparecer de forma programática cuando se selecciona un objeto o se hace clic sobre él con el botón derecho del ratón. Cuando inicia un nuevo proyecto de aplicación de Windows 8 en Visual Studio, su aplicación está programada para mostrar la barra de la aplicación no solo cuando se desliza un dedo desde los bordes de la pantalla, sino también cuando se hace clic con el botón derecho del ratón sobre la pantalla o se pulsa la combinación de teclas **Windows-Z**.

La adición de una barra de aplicación tiene algunos pasos más que la creación de un menú contextual, pero desde el punto de vista de la programación, es algo más fácil, tal como aprenderá en el siguiente ejercicio.

Ejercicio: Agregar una barra de la aplicación a su pantalla

En este ejercicio va a agregar algunos comandos a la barra de la aplicación `SimplePuzzle`. Para agregar la barra de aplicación con los comandos de la misma, siga estos pasos:

1. Abra el archivo `SimplePuzzle.sln` desde la carpeta `SimplePuzzle Start` del código fuente descargado para el capítulo con el comando Archivo>Abrir>Proyecto o solución (**Control-Mayús-O**). Si modificó este proyecto en el ejercicio anterior, descomprima de nuevo el archivo para poder empezar a trabajar con su estado original.

2. Haga doble clic en el archivo MainPage.xaml en el Explorador de soluciones para abrirlo en el diseñador.

3. En el panel XAML escriba el siguiente código justo antes del nodo <Grid x:Name= "LayoutRoot"...>:

```
<Page.BottomAppBar>
   <AppBar x:Name="CommandBar">
      <Grid>
         <Grid.ColumnDefinitions>
            <ColumnDefinition/>
            <ColumnDefinition/>
         </Grid.ColumnDefinitions>
         <StackPanel Orientation="Horizontal">
            <Button x:Name="NewGameButton" Height="84" VerticalAlignment="Top"
                  &#xE0B4;
               <AutomationProperties.AutomationId>
                  NewGameButton
               </AutomationProperties.AutomationId>
               <AutomationProperties.Name>
                  New Game
               </AutomationProperties.Name>
            </Button>
         </StackPanel>
         <StackPanel Grid.Column="1" HorizontalAlignment="Right"
            Orientation="Horizontal">
            <Button x:Name="ResetGameButton" Height="84"
               VerticalAlignment="Top"
               Style="{StaticResource AppBarButtonStyle}">
               &#xE102;
               <AutomationProperties.AutomationId>
                  RestartGameButton
               </AutomationProperties.AutomationId>
               <AutomationProperties.Name>
                  Restart
               </AutomationProperties.Name>
            </Button>
         </StackPanel>
      </Grid>
   </AppBar>
</Page.BottomAppBar>
```

4. Ejecute la aplicación pulsando **Control-F5** o seleccionando Depurar>Iniciar sin depurar. Cuando se abra, haga clic con el botón derecho del ratón (o deslice sus dedos desde el borde inferior de la pantalla). Aparecerá la barra de la aplicación con dos botones, uno a la izquierda y otro a la derecha, como muestra la figura 9.15. Como puede ver, el primer botón tiene una apariencia extraña.

5. Cierre la aplicación.

6. En el archivo MainPage.xaml, agregue un atributo `Style` al primer nodo `<Button>` (con el nombre `New GameButton`), como muestra el siguiente código resaltado en negrita:

```
<Button x:Name="NewGameButton" Height="84" VerticalAlignment="Top"
   Style="{StaticResource AppBarButtonStyle}">
   &#xE0B4;
   <AutomationProperties.AutomationId>
      NewGameButton
   </AutomationProperties.AutomationId>
```

```
      <AutomationProperties.Name>
         New Game
      </AutomationProperties.Name>
   </Button>
```

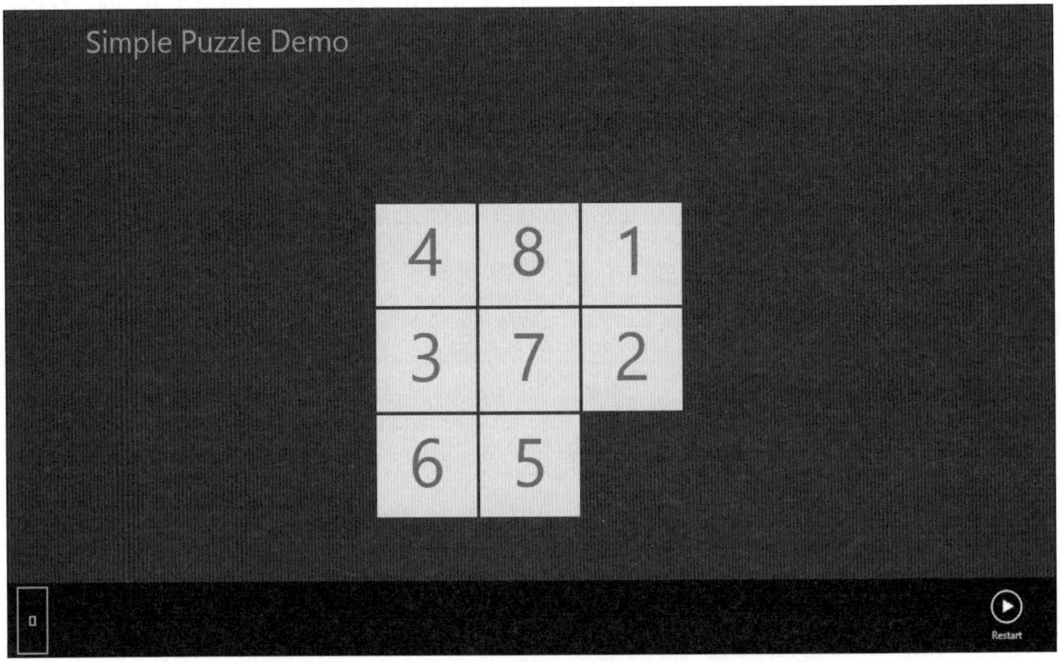

Figura 9.15. La barra de la aplicación en la pantalla.

7. Ejecute de nuevo la aplicación. Esta vez, el primer botón aparece correctamente, como puede ver en la figura 9.16.
8. Cierre la aplicación.

Cómo funciona

El diseño de la barra de comandos se define a través del fragmento largo de XAML insertado en el paso 3. La estructura del diseño es simple:

```
<Page.BottomAppBar>
   <AppBar x:Name="CommandBar">
      <Grid>
         <Grid.ColumnDefinitions>
            <ColumnDefinition/>
            <ColumnDefinition/>
         </Grid.ColumnDefinitions>
         <StackPanel Orientation="Horizontal">
            <!-- botones alineados a la izquierda -->
         </StackPanel>
         <StackPanel Grid.Column="1" HorizontalAlignment="Right"
```

```
            Orientation="Horizontal">
            <!-- botones alineados a la derecha -->
         </StackPanel>
      </Grid>
   </AppBar>
</Page.BottomAppBar>
```

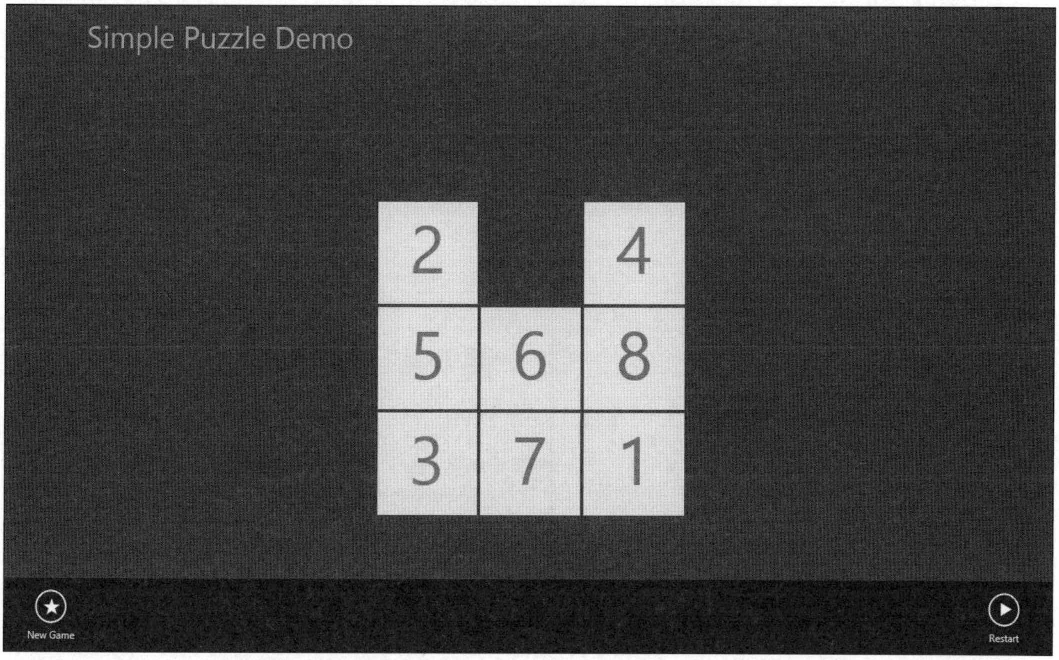

Figura 9.16. Ahora el primer botón aparece como se esperaba.

Page tiene una propiedad BottomAppBar y a esta propiedad se le ha asignado el control AppBar. Este control utiliza una cuadrícula de dos columnas con un StackPanel en cada columna, la segunda alineada a la derecha. Los botones se colocan en el StackPanel apropiado, dependiendo de su alineación. La definición de un botón en la barra de la aplicación es la siguiente:

```
<Button x:Name="NewGameButton" Height="84" VerticalAlignment="Top"
   Style="{StaticResource AppBarButtonStyle}">
   &#xE0B4;
   <AutomationProperties.AutomationId>
      NewGameButton
   </AutomationProperties.AutomationId>
   <AutomationProperties.Name>
      New Game
   </AutomationProperties.Name>
</Button>
```

Esta definición no es muy evidente, por lo que vamos a ver cómo se muestra un botón en la barra. La clave de la apariencia es el atributo Style, que utiliza el recurso AppBarButtonStyle. Este recurso se define en el archivo StandardStyle.xaml y es el responsable de mostrar un botón de la barra de la aplicación, como el que ha podido ver en la figura 9.16. Al escribir el fragmento XAML en el paso 3, el nuevo botón `NewGameButton` no tenía el atributo `Style`, por lo que su apariencia era un tanto extraña.

El elemento `<AutomationProperties.AutomationId>` define un identificador que se puede utilizar en la automatización de Windows 8 para acceder al botón de la barra de la aplicación. El elemento `<AutomationProperties.Name>` establece el nombre que va a mostrar el botón. Aquí lo interesante es que el contenido del elemento `<Button>` es un simple carácter indicado por un código hexadecimal, como `&#xE0B4`. Este extraño código es un carácter en el tipo de fuente Segoe UI Symbol (`AppBarButtonStyle` asigna esta fuente a un botón de la barra de una aplicación) que puede ver en la figura 9.17.

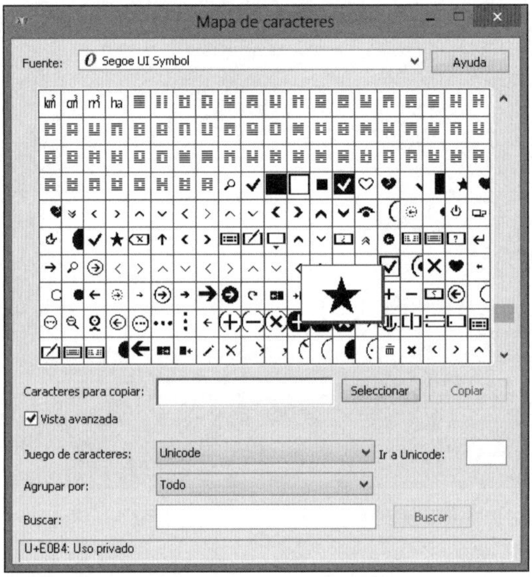

Figura 9.17. Fuente Segoe UI Symbol en el Mapa de caracteres.

> **Nota:** En Windows 8 puede utilizar la fuente Segoe UI Symbol que proporciona cientos de iconos estilo Windows 8 predefinidos. Abra la aplicación Mapa de caracteres para buscar esta fuente. El código de un determinado carácter se muestra en la parte inferior izquierda de la ventana de la aplicación.

Como ha podido comprobar en este ejercicio, los botones de la barra de la aplicación son controles de botón estándares con un estilo predefinido. No es sorprendente que no pueda responder a los eventos del botón de una barra de aplicación del mismo modo que con los botones normales. En el siguiente ejercicio va a agregar controladores de eventos a los botones **New Game** y **Restart Game**.

Ejercicio: Responder a los eventos de los botones de la barra de la aplicación

Para agregar controles de eventos a los botones de la barra de la aplicación, siga estos pasos:

1. Abra la solución del ejercicio anterior, a no ser que todavía la tenga abierta en Visual Studio.
2. Abra el archivo MainPage.xaml y, en el panel XAML del editor, busque el elemento `<Button>` que representa al atributo `NewGameButton`. Agregue el atributo `Tapped` a este elemento, como puede ver en el siguiente código resaltado en negrita:

```
<Button x:Name="NewGameButton" Height="84" VerticalAlignment="Top"
  Style="{StaticResource AppBarButtonStyle}"
  Tapped="NewGameButtonTapped">
```

3. En el panel XAML, haga clic con el botón derecho del ratón sobre el atributo `Tapped` y seleccione el comando Navegar al controlador de eventos. El IDE crea la estructura del método controlador de eventos. Escriba su cuerpo, como se indica en el siguiente fragmento de código:

```
private void NewGameButtonTapped(object sender,
  Windows.UI.Xaml.Input.TappedRoutedEventArgs e)
{
  _game.StartNew(_height, _width);
}
```

4. Vuelva al archivo MainPage.xaml y busque ahora el elemento `<Button>` que representa al `ResetGameButton`. Agregue el atributo `Tapped` a este elemento, como muestra el siguiente código en negrita:

```
<Button x:Name="ResetGameButton" Height="84" VerticalAlignment="Top"
  Style="{StaticResource AppBarButtonStyle}"
  Tapped="ResetGameButtonTapped">
```

5. En el panel XAML, con el comando Navegar al controlador de eventos, establezca el cuerpo del método del controlador de eventos como se muestra en el siguiente código en negrita:

```
private void ResetGameButtonTapped(object sender,
  Windows.UI.Xaml.Input.TappedRoutedEventArgs e)
{
  _game.RestoreStartPositions();
}
```

6. Ejecute la aplicación pulsando **Control-F5** o Depurar>Iniciar sin depurar. Mueva un par de piezas en el rompecabezas y haga clic con el botón derecho del ratón u utilice la combinación de teclas **Windows-Z** para mostrar la barra de la aplicación. Haga clic en los botones **Restart** y **New Game** para comprobar si funcionan.
7. Cierre la aplicación.

Cómo funciona

En este ejercicio, ha asignado el código de controlador de evento a los botones de la barra de la aplicación, igual que lo hizo en el capítulo 8. Sin embargo, esta vez ha utilizado el evento `Tapped`.

Debido a la forma asíncrona en la que funciona `SimplePuzzle`, al ejecutar la aplicación puede utilizar el comando `Restart` mientras se están desplazando las piezas del rompecabezas. Esto puede conducir a errores, por lo que sería mejor deshabilitar el botón **Restart** de la barra de la aplicación durante esta fase de inicialización. También puede observar que después de hacer clic en los botones **New Game** o **Restart**, la barra de la aplicación sigue mostrándose en la pantalla. En el siguiente ejercicio aprenderá a administrar estos problemas.

Ejercicio: Pulir el comportamiento de la barra de la aplicación

Para resolver el problema del botón **Restart** y ocultar la barra de la aplicación, siga estos pasos:

1. Abra de nuevo la solución en la que trabajó anteriormente, a no ser que siga abierta en Visual Studio.

2. Abra el archivo GameController.cs, busque el método `StartNew` y cambie la instrucción `awaitShuffle(10)` por la siguiente:

   ```
   await Shuffle(height * width * 10);
   ```

   Esta instrucción cambia mucho el desplazamiento de las piezas del rompecabezas y tarda un poco más que la solución anterior, dándole más tiempo para comprobar que **Restart** se deshabilita durante la inicialización del rompecabezas.

3. Abra el archivo MainPage.xaml.cs y amplíe el cuerpo del método `Page_Loaded` agregando el siguiente código en negrita:

   ```
   private void Page_Loaded(object sender, RoutedEventArgs e)
   {
     _game = new GameController(PuzzleCanvas);
     _game.GameStarted += (s, arg) => VisualStateManager
       .GoToState(this, "InProgress", true);
     _game.ShuffleStarted += (s, arg) => ResetGameButton.IsEnabled = false;
     _game.ShuffleCompleted += (s, arg) => ResetGameButton.IsEnabled = true;
     _game.GameCompleted += GameCompleted;
     _height = 3;
     _width = 3;
     StartNewGame();
   }
   ```

4. Ejecute la aplicación pulsando **Control-F5** o seleccionando Depurar>Iniciar sin depurar. Haga clic con el botón derecho del ratón sobre la pantalla, o pulse **Windows-Z** para mostrar la barra de la aplicación y, posteriormente, haga clic en el botón **New Game**. Observe que el botón **Restart** está deshabilitado mientras se desplazan las piezas y después se vuelve a habilitar. Cierre la aplicación.

5. En el archivo MainPage.xamle.cs, agregue el siguiente fragmento de código al cuerpo del método `NewGameButtonTapped` y después agregue el mismo fragmento al cuerpo del método `ResetGameButtonTapped`:

```
CommandBar.IsOpen = false;
```

6. Ejecute de nuevo la aplicación pulsando **Control-F5** o seleccionando Depurar>Iniciar sin depurar. Haga clic con el botón derecho del ratón sobre la pantalla, o pulse **Windows-Z** para mostrar la barra de la aplicación y después haga clic en el botón **New Game**. Observe que la barra de la aplicación se oculta inmediatamente después de hacer clic en el botón. Cierre la aplicación.

Cómo funciona

En el paso 3 ha agregado instrucciones que deshabilitan el botón **Restart** cuando el rompecabezas está en su fase de inicialización (se ha activado el evento `ShuffleStarted`). Del mismo modo, cuando el rompecabezas está preparado para jugar (se ha activado el evento `ShuffleCompleted`), el botón se ha vuelto a habilitar.

Al establecer en el paso 5 el valor de la propiedad `IsOpen` en `false`, la barra de la aplicación se oculta en cuanto hace clic en cualquiera de los dos botones.

Ahora no puede utilizar el botón **Restart** en cualquier momento ya que se deshabilita mientras el rompecabezas desplaza sus fichas. Sin embargo, puede utilizar el botón **New Game**. Si accidentalmente hace clic sobre él, el rompecabezas podría volver al principio. Sería mucho mejor que la aplicación pidiese una confirmación al usuario. En la siguiente sección aprenderá a crear cuadros de diálogo simples que se pueden utilizar para este propósito (entre otros).

Utilizar cuadros de diálogo de mensajes

Su aplicación puede necesitar con frecuencia el uso de mensajes para notificar algo al usuario (como que se ha guardado un archivo con éxito, que se ha completado un proceso largo, etc.). Asimismo, hay muchas situaciones en las que la aplicación espera algún tipo de confirmación (como el eliminar una imagen, mover a un archivo, etc.).

El espacio de nombres `Windows.UI.Popups` define una clase `MessageDialog` que puede mostrar un simple mensaje con un título. Puede añadir botones con acciones relacionadas al contenedor `Commands` de una clase `MessageDialog`. Con la propiedad `DefaultCommandIndex`, puede marcar el comando que debería ejecutarse cuando el usuario pulsa la tecla **Intro**. De igual modo, la propiedad `CancelCommandIndex` marca el comando a ejecutar cuando el usuario pulsa la tecla **Esc**.

Utilizar un `MessageDialog` es muy fácil, tal como aprenderá en el siguiente ejercicio.

Ejercicio: Agregar cuadros de diálogo de mensajes a una aplicación

En este ejercicio va a añadir tres mensajes a su aplicación. Los dos primeros, para confirmar las acciones de los botones **New Game** y **Restart**, respectivamente; el tercero se muestra cuando ha resuelto el rompecabezas. Para agregar estos mensajes a la aplicación, siga estos pasos:

1. Abra la solución en la que trabajó en el ejercicio anterior, a no ser que todavía siga abierta en Visual Studio.

2. Abra el archivo MainPage.xaml.cs y agregue la siguiente línea de código al final de las directivas `using` en la parte superior del archivo:

```
using Windows.UI.Popups;
```

3. Agregue el modificador `async` al encabezado del método `NewGameButtonTapped` e inserte el siguiente código en negrita al cuerpo del método:

```
private async void NewGameButtonTapped(object sender,
     Windows.UI.Xaml.Input.TappedRoutedEventArgs e)
{

  if (_game.State == GameState.InProgress || _game.State == GameState.Shuffle)
  {
     bool abort = true;
     var messageDialog = new MessageDialog(
        "Are you sure you want abort this game and start a new one?",
        "Game is in progress");
     messageDialog.Commands.Add(
        new UICommand("Yes", (command) => { abort = true; }));
     messageDialog.Commands.Add(
        new UICommand("No", (command) => { abort = false; }));
     messageDialog.DefaultCommandIndex = 1;
     await messageDialog.ShowAsync();
     if (!abort) return;
  }
  _game.StartNew(_height, _width);
  CommandBar.IsOpen = false;
}
```

4. Busque el método `ResetGameButtonTapped`. Agregue el modificador `async` a su encabezado e inserte el siguiente código en negrita dentro del cuerpo del método:

```
private async void ResetGameButtonTapped(object sender,
     Windows.UI.Xaml.Input.TappedRoutedEventArgs e)
{

  if (_game.State == GameState.InProgress)
  {
     bool restart = true;
     var messageDialog = new MessageDialog(
        "Are you sure you want to restart this game?",
        "Game is in progress");
     messageDialog.Commands.Add(
        new UICommand("Yes", (command) => { restart = true; }));
     messageDialog.Commands.Add(
```

```
            new UICommand("No", (command) => { restart = false; }));
        messageDialog.DefaultCommandIndex = 0;
        messageDialog.CancelCommandIndex = 1;
        await messageDialog.ShowAsync();
        if (!restart) return;
    }
    _game.RestoreStartPositions();
    CommandBar.IsOpen = false;
}
```

5. Agregue el modificador `async` al método `GameCompleted` y cambie su cuerpo con el siguiente código en negrita:

```
private async void GameCompleted(object sender, EventArgs e)
{
    VisualStateManager.GoToState(this, "Completed", true);
    var messageDialog = new MessageDialog(
        "You have successfully solved the puzzle!",
        "Game Completed");
    messageDialog.Commands.Add(
        new UICommand("OK"));
    await messageDialog.ShowAsync();
    _game.StartNew(_height, _width);
}
```

6. Ejecute la aplicación pulsando **Control-5** o seleccionando Depurar>Iniciar sin depurar. En la barra de la aplicación, haga clic en el botón **New Game**. Se mostrará el mensaje de confirmación especificado en el paso 3, como puede ver en la figura 9.18.

Figura 9.18. El cuadro de diálogo del mensaje aparece al hacer clic en New Game.

7. Haga clic en **Yes** (Sí) y resuelva el rompecabezas. Cuando termine, aparecerá un cuadro de diálogo de mensaje indicándole que ha resuelto el rompecabezas. Cuando se muestra este mensaje, el rompecabezas girará en segundo plano indicando que el cuadro de diálogo del mensaje no bloquea la UI, como puede ver en la figura 9.19.

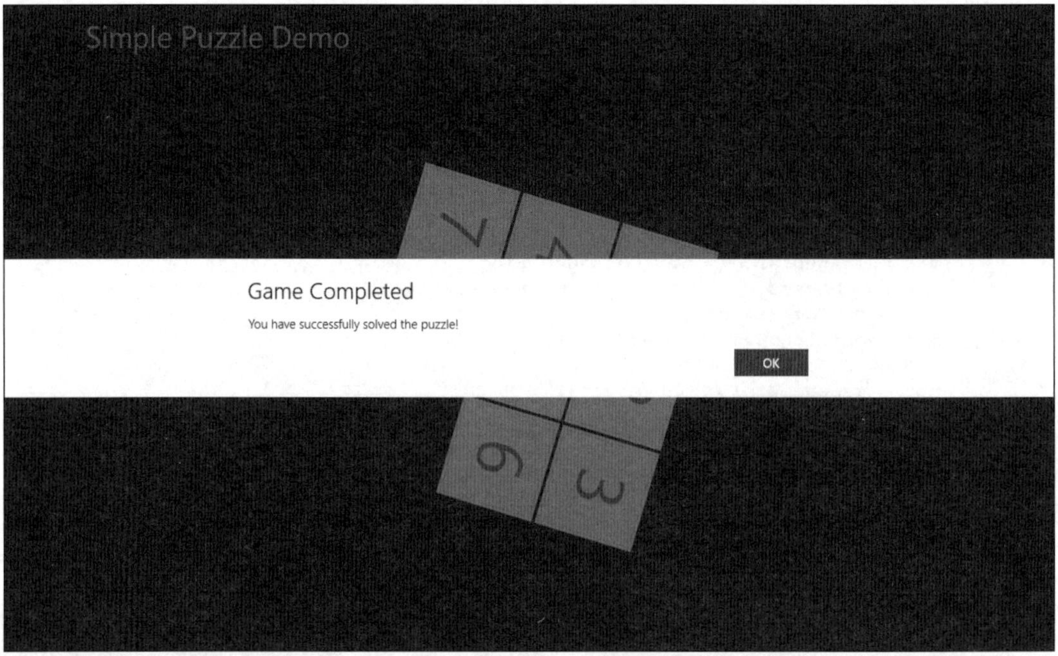

Figura 9.19. El cuadro de diálogo del mensaje que aparece al resolver el rompecabezas.

Cómo funciona

En el paso 3 ha creado una instancia de un `MessageDialog` pasando dos cadenas al constructor. Los argumentos de estas dos cadenas han declarado el mensaje y el título, respectivamente. Después ha agregado dos instancias de `UICommand` al contenedor `Commands` del cuadro de diálogo. Cada instancia representa un comando, con el texto `Yes` y `No` respectivamente. El segundo parámetro del constructor `UICommand` ha aceptado la expresión lambda, que establece el indicador `abort`. La propiedad `DefaultCommandIndex` se ha establecido en `1`, que era el segundo botón (`No`), ya que sus valores de índice se basaban en cero. Se ha mostrado el cuadro de diálogo de forma asíncrona con el método `ShowAsync`.

En el paso 7 ha podido observar la operación asíncrona debido a que el rompecabezas se ha girado en el segundo plano mientras el cuadro de diálogo del mensaje seguía esperando a que se hiciera clic sobre el botón **OK** (Aceptar).

En el paso 4 ha utilizado la misma solución para mostrar el cuadro de diálogo llevada a cabo en el paso 3.

La aplicación SimplePuzzle puede controlar distintas dimensiones de tabla, no solo rompecabezas de 3x3. En la siguiente sección aprenderá a cambiar las dimensiones de la tabla utilizando la barra de accesos de configuración.

Utilizar la barra de accesos de configuración en su aplicación

Por convenio, las aplicaciones Windows 8 deben integrar la administración de la UI con configuraciones de la aplicación incorporadas a la barra de accesos. El espacio de nombres `Windows.UI.ApplicationSettings` ofrece la clase `SettingsPane` para este propósito. Con esta clase, su aplicación puede agregar comandos personalizados a la barra de accesos y responder cuando el usuario hace clic sobre ellos o los toca.

> **Nota:** Para las aplicaciones que pretende enviar a la Tienda de Windows, el uso de la barra de accesos de configuración es un requerimiento y se comprueba en el proceso de aprobación.

Puede añadir al juego de `SimplePuzzle` configuraciones de tabla predeterminadas con la clase `SettingsPane`, tal como aprenderá en el siguiente ejercicio. Aunque este utiliza comandos simples, cuando tiene muchas opciones de configuración, es mejor añadir comandos en paneles de configuración.

Ejercicio: Integración con la barra de accesos

En este ejercicio va a empezar desde un ejemplo ya preparado. Para integrar `SimplePuzzle` con la barra de accesos de configuración, siga estos pasos:

1. Abra el archivo `SimplePuzzle` de la carpeta `SimplePuzzle Settings` del código descargado para el capítulo utilizado Archivo>Abrir>Proyecto o solución (**Control-Mayús-O**).
2. Abra el archivo MainPage.xaml.cs y desplácese hasta el final del mismo. Encontrará ahí dos nuevos métodos, `SettingsCommandsRequested` y `OnSettingsCommand`, mostrados en el siguiente fragmento de código:

```
void SettingsCommandsRequested(SettingsPane sender,
    SettingsPaneCommandsRequestedEventArgs args)
{
  var size3By3 = new SettingsCommand(SIZE3BY3, "3x3", OnSettingsCommand);
  args.Request.ApplicationCommands.Add(size3By3);
  var size3By4 = new SettingsCommand(SIZE3BY4, "3x4", OnSettingsCommand);
  args.Request.ApplicationCommands.Add(size3By4);
  var size4By4 = new SettingsCommand(SIZE4BY4, "4x4", OnSettingsCommand);
  args.Request.ApplicationCommands.Add(size4By4);
}
```

```
void OnSettingsCommand(IUICommand command)
{
   var id = command.Id.ToString();
   _height = id == SIZE4BY4 ? 4 : 3;
   _width = id == SIZE3BY3 ? 3 : 4;
}
```

Estos métodos utilizan valores constantes que se pueden encontrar al principio de la definición de la clase, como `SIZE3BY3` y otros.

3. Agregue el siguiente código en negrita al principio del método `Page_Loaded`:

```
private void Page_Loaded(object sender, RoutedEventArgs e)
{
   SettingsPane.GetForCurrentView().CommandsRequested +=
      SettingsCommandsRequested;
// --- Aquí se han omitido otras líneas del fragmento de código
}
```

4. Inicie la aplicación pulsando **Control-F5** o seleccionando **Depurar>Iniciar sin depurar**. Verá un rompecabezas con tres filas y tres columnas.

5. Pulse la combinación de teclas **Windows-C** para ver la barra de accesos y haga clic en el botón **Configuración**. Aquí verá los tamaños disponibles para la tabla, como muestra la figura 9.20.

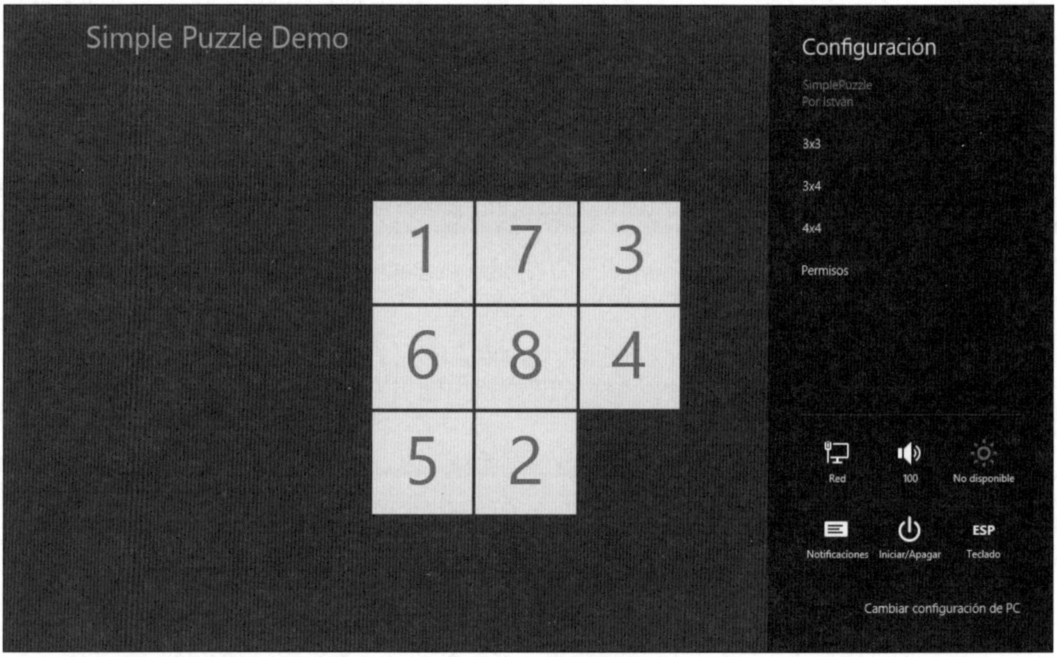

Figura 9.20. Tamaños de tabla mostrados en la barra de accesos de configuración.

6. Haga clic en **4x4**. Pulse **Windows-Z** y haga clic en **New Game**. Seleccione **Yes** y verá que el nuevo juego utiliza ahora una tabla con cuatro filas y cuatro columnas. Cierre la aplicación.

Cómo funciona

En el paso 3 ha declarado que debe llamarse al método del controlador de evento `SettingsCommandsRequested` cuando se abra la barra de accesos desde su aplicación. Este método utiliza el contenedor `Request.ApplicationCommands` del argumento del evento para agregar comandos a la barra de accesos. Por ejemplo, el comando `3x3` se ha añadido con estas dos instrucciones:

```
var size3By3 = new SettingsCommand(SIZE3BY3, "3x3", OnSettingsCommand);
args.Request.ApplicationCommands.Add(size3By3);
```

El comando se ha representado mediante una nueva instancia creada de `SettingsCommand`, que ha aceptado tres argumentos: el identificador del comando (la constante `SIZE3BY3`), el texto del comando (`"3x3"`) y el controlador de evento del comando (`OnSettingsCommand`).

En el paso 6, al hacer clic en **4x4**, se ha invocado al método `Command` de `OnSetting`, que ha extraído el identificador del comando desde el argumento del método y ha establecido las dimensiones de la tabla en consecuencia.

Puede que tarde mucho tiempo en resolver el rompecabezas. Estaría muy bien si pudiese guardar el estado del juego para poder continuar con él más adelante ¿verdad? En la siguiente sección aprenderá a modificar la aplicación `SimplePuzzle` para admitir esta opción.

Conservar los datos de la aplicación

La mayoría de las aplicaciones guardan datos por usuario, como sus preferencias, estados de juegos, puntuaciones más altas, diseños con aplicaciones complementarias, etc. Cuando instala una aplicación, el sistema le proporciona sus propios almacenes para guardar por usuario los datos de la misma. No tiene que saber dónde ni cómo se guardan estos datos ya que el sistema administra el almacenamiento físico. Para leer, escribir o eliminar datos, puede utilizar la API de datos de la aplicación, que le facilita el trabajo con estos datos.

Es importante saber que el tiempo de vida de los datos de la aplicación está unido al tiempo de vida de la aplicación. Si elimina esta, todos los datos de la aplicación se eliminarán también. Estos no son adecuados para guardarse como datos persistentes de su aplicación, como la información del usuario u otros datos valiosos e irremplazables que deben conservarse en una base de datos. Si elimina una aplicación y pierde la configuración del esquema de colores, no pasa nada. Sin embargo, perder todos los contactos guardados en una aplicación puede ser desastroso.

Almacenes de datos de la aplicación

Windows 8 proporciona tres almacenes de datos de la aplicación, como recoge la tabla 9.3. Cuando diseña la administración de datos para su aplicación, debe decidir qué almacén es apropiado para un tipo determinado de datos.

Tabla 9.3. Almacenes de datos de la aplicación.

Almacén de datos	Descripción
Local	Este almacén conserva datos que existen solo en su dispositivo actual. Debe mantener aquí los datos cuando no tenga sentido deambular a otros dispositivos o requieren un tamaño más grande que los convierte en inapropiados para el recorrido.
Itinerante	Los datos guardados en el almacén itinerante (*roaming*) existen en todos los dispositivos en los que ha instalado la aplicación. Se guardan en la nube y un mecanismo de réplica se encarga de sincronizar los datos entre los distintos dispositivos. Como Windows limita el tamaño de los datos de aplicación que pueden deambular, se considera una buena práctica utilizar los datos itinerantes solo para las preferencias del usuario, sus enlaces y pequeños archivos de datos.
Temporal	Los datos en el almacén temporal (*temporary*) no son itinerantes y se pueden eliminar en cualquier momento (por ejemplo, cuando el usuario inicia la utilidad Liberar espacio). Por tanto, aquí debe guardar información temporal durante una sesión de la aplicación, ya que el sistema podría reclamar el espacio ocupado si lo necesita.

En los almacenes de la aplicación puede utilizar configuraciones y archivos. Las configuraciones tienen un tamaño pequeño (unos pocos kilobytes) y se guardan físicamente en el registro del sistema. Puede organizar sus configuraciones en contenedores lógicos de hasta 32 niveles de jerarquía y guardar las configuraciones compuestas (por ejemplo, una cadena y un par de enteros). Puede agregar archivos a los almacenes y estos se guardarán físicamente en el sistema de archivos, debajo del perfil del usuario. Puede organizar archivos en carpetas (hasta 32 niveles).

Nota: Opcionalmente puede crear una versión de los datos de su aplicación. Así podría crear una versión futura de su aplicación que cambie el formato de sus datos de aplicación sin provocar problemas de compatibilidad con la versión anterior de su aplicación. Consulte los detalles en `http://msdn.microsoft.com/en-us/library/windows/apps/windows.storage.applicationdata.setversionasync.aspx`.

Clase ApplicationData

Windows Runtime proporciona la clase `ApplicationData`, localizada en el espacio de nombres `Windows.Storage`. En esta clase se concentran todos los almacenes de datos, configuraciones y archivos de la aplicación. La tabla 9.4 recoge los miembros más importantes de la misma.

Tabla 9.4. Miembros importantes de ApplicationData.

Miembro	Descripción
`ClearAsync`	Este método elimina todos los datos de la aplicación de los almacenes de datos locales, itinerantes y temporales de la aplicación.
`Current`	Esta propiedad da acceso al almacén de datos de la aplicación asociados con la aplicación actual.
`DataChanged`	Evento que se activa cuando los datos de aplicación itinerantes se han sincronizado.
`LocalFolder`	Obtiene la carpeta raíz del almacén de datos locales de la aplicación.
`LocalSettings`	Obtiene el contendor de configuraciones de la aplicación en el almacén de datos locales de la aplicación.
`RoamingFolder`	Obtiene la carpeta raíz del almacén de datos itinerantes de la aplicación.
`RoamingSettings`	Obtiene el contenedor de configuraciones de la aplicación del almacén de datos itinerantes de la misma.
`RoamingStorageQuota`	Obtiene el tamaño máximo de datos que se pueden sincronizar en la nube del almacén de datos itinerantes de la aplicación.
`TemporaryFolder`	Obtiene la carpeta raíz del almacén de datos temporales de la aplicación.
`Version`	Obtiene el número de versión de los datos de la aplicación del almacén de datos de la misma.

Con la clase `ApplicationData`, debe seguir algunos pasos para guardar y restaurar la tabla del rompecabezas en la aplicación `SimplePuzzle`. En el código fuente descargado para el capítulo hay un ejemplo preparado en la carpeta `SimplePuzzle ManageState` que demuestra cómo utilizar `ApplicationData`. Este ejemplo guarda el estado de la aplicación cuando se suspende o se cierra. Cuando inicia `SimplePuzzle`, la aplicación reconoce si se puede reanudar un juego y ofrece al usuario la opción de reanudar el juego guardado o iniciar uno nuevo. Cuando se resuelve el rompecabezas, elimina el estado guardado anteriormente.

Lo mejor del trabajo se puede encontrar en el archivo `App.xaml.cs` mostrado en el listado 9.1 (archivo de código: `App.xaml.cs`). Por motivos de brevedad, hemos omitido una parte del código que no cambia y los comentarios relacionados.

Listado 9.1. Extracto del archivo App.xaml.cs.

```
sealed partial class App : Application
{
   // --- Constantes del estado de la aplicación
   private const string PUZZLE_STATE = "PuzzleState";
```

```
    private const string TABLE_ROWS = "TableRows";
    private const string TABLE_COLS = "TableCols";
    private const string EMPTY_CELL = "EmptyCell";
    private const string TABLE_CELLS = "TableCells";

    public App()
    {
       this.InitializeComponent();
       this.Suspending += OnSuspending;
       this.Resuming += OnResuming;
    }
// --- Se han omitido algunos métodos

    private void OnSuspending(object sender, SuspendingEventArgs e)
    {
       if (Game.State != GameState.Completed)
       {
          SavePuzzleState();
       }
    }

    private void OnResuming(object sender, object e)
    {
       RestorePuzzleState();
    }

    internal static GameController Game { get; set; }

    internal static void SavePuzzleState()
    {
       var puzzleState = new ApplicationDataCompositeValue();
       puzzleState[TABLE_ROWS] = Game.Height;
       puzzleState[TABLE_COLS] = Game.Width;
       puzzleState[EMPTY_CELL] = Game.EmptyPosition;
       var cellValues = "";
       for (int i = 0; i < Game.Height * Game.Width; i++)
       {
          if (Game[i] != null)
          {
             cellValues += String.Format("{0}:{1};", i,
                Game[i].PuzzleId);
          }
       }
       puzzleState[TABLE_CELLS] = cellValues;
       ApplicationData.Current.LocalSettings.Values[PUZZLE_STATE] = puzzleState;
    }

    internal static bool IsStateSaved()
    {
       var data = ApplicationData.Current.LocalSettings.Values[PUZZLE_STATE]
          as ApplicationDataCompositeValue;
       return data != null;
    }

    internal static void RestorePuzzleState()
    {
```

```
        var puzzleState = ApplicationData.Current
           .LocalSettings.Values[PUZZLE_STATE]
           as ApplicationDataCompositeValue;

        if (puzzleState == null) return;
        Game.Height = (int)puzzleState[TABLE_ROWS];
        Game.Width = (int)puzzleState[TABLE_COLS];
        Game.InitEmptyTable();
        Game.EmptyPosition = (int)puzzleState[EMPTY_CELL];
        var cellValues = ((string)puzzleState[TABLE_CELLS])
           .Split(new char[] { ':', ';' }, StringSplitOptions.RemoveEmptyEntries);
        for (int i = 0; i < cellValues.Length-1; i += 2)
        {
           Game.AddPuzzle(int.Parse(cellValues[i]),
              int.Parse(cellValues[i + 1]));
        }
     }

     internal static void RemovePuzzleState()
     {
        ApplicationData.Current.LocalSettings.Values.Remove(PUZZLE_STATE);
     }
}
```

Los métodos importantes de este código son `SavePuzzleState`, `IsStateSaved`, `RestorePuzzleState` y `RemovePuzzleState`.

`SavePuzzleState` utiliza una instancia de `ApplicationDataCompositeValue` (`puzzleState`) para guardar la altura y anchura de la tabla, la posición de celda vacía y las piezas del rompecabezas en cada celda. Cuando se ensambla, se guarda en el almacén de datos `ApplicationData.Current.LocalSettings` utilizando el contenedor `Values`.

`IsStateSaved` examina si el almacén `LocalSettings` contiene un valor con la clave `PUZZLE_STATE`, que se utiliza para guardar el estado del juego.

`RestorePuzzleState` funciona de forma similar a `SavePuzzleState`, pero lee valores de datos del almacén `LocalSettings` e inicia el rompecabezas en consecuencia. Como el contendor `Values` guarda valores de objetos, los elementos de datos leídos de este contenedor deben asignarse al tipo apropiado.

Con el método `Remove` del contenedor `Values`, puede eliminar las configuraciones de datos de la aplicación, como demuestra `RemovePuzzleState`.

> **Nota:** Al cargar la solución en la carpeta `SimplePuzzle ManageState`, merece la pena echar un vistazo al archivo `MainPage.xaml.cs` para descubrir cómo se utilizan ahí estos métodos.

Siempre que iniciaba la aplicación `SimplePuzzle` en los ejercicios anteriores, mostraba un logotipo predeterminado. En las aplicaciones reales, es mejor tener un logotipo atractivo. En la siguiente sección aprenderá a integrar su aplicación con la pantalla Inicio y a cambiar el logotipo de `SimplePuzzle`.

Aplicaciones y la pantalla Inicio

Puede que le parezca extraño, pero la pantalla Inicio es un elemento vital para las aplicaciones Windows 8. Al utilizar Windows 8, puede ver los mosaicos dinámicos de la aplicación en la pantalla principal. Incluso aunque la aplicación no se haya iniciado, los mosaicos dinámicos comparten información que puede ser importante para el usuario. Al diseñar su aplicación, debe tener en cuenta la pantalla Inicio. En esta sección aprenderá los principios de diseño y las herramientas fundamentales que van a conseguir que su aplicación se integre perfectamente con la pantalla Inicio.

Logotipo de la aplicación y la pantalla de presentación

Cuando crea una aplicación Windows 8 nueva con Visual Studio, se crea automáticamente una pantalla de presentación y se colocan diversos logotipos en la carpeta Activos del proyecto de la aplicación. Cuando se implementa su aplicación, la información del logotipo se extrae del manifiesto de la aplicación comprimido dentro del paquete de la misma.

Mediante la edición del archivo `Package.appxmanifest`, puede declarar estos logotipos. La ficha UI de la aplicación del editor del manifiesto del paquete contiene la información del logotipo (véase la figura 9.21) así como la información de la pantalla de presentación. Para establecer que el logotipo se muestre en la Tienda Windows, utilice la ficha Empaquetado.

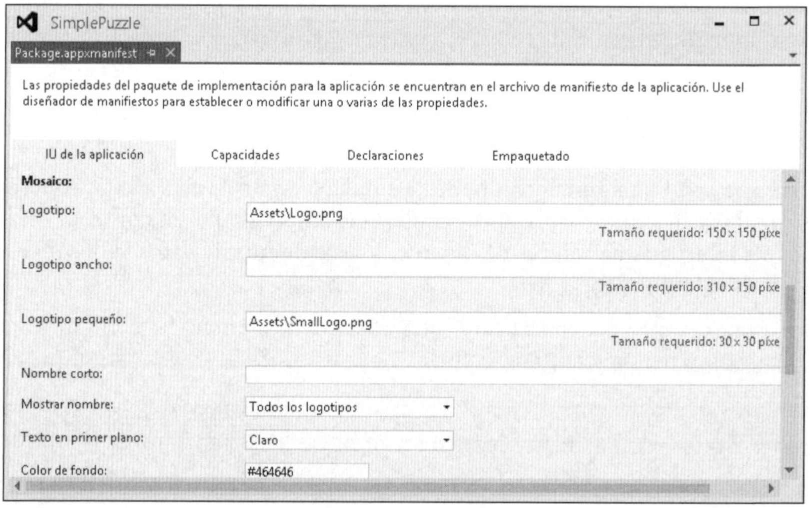

Figura 9.21. Información del logotipo en la página UI de la aplicación.

Las guías de diseño de UI en Windows 8 definen las dimensiones esperadas para los logotipos (ancho y alto en píxeles), como recoge la tabla 9.5. Aunque puede utilizar logotipos con otros tamaños, como Windows 8 los redimensiona al tamaño correcto, pueden parecer poco profesionales, por lo tanto, es mejor utilizar los tamaños apropiados.

Tabla 9.5. Logotipos de aplicaciones Windows 8.

Logotipo	Tamaño	Descripción
Logotipo pequeño	30x30	Logotipo mostrado en la pantalla Inicio en las vistas Todas las aplicaciones y Buscar.
Logotipo normal	150x150	El logotipo que se muestra en la pantalla Inicio cuando el mosaico de la aplicación ha establecido un tamaño pequeño (predeterminado).
Logotipo ancho	310x150	El logotipo que se muestra en la pantalla Inicio cuando se establece el mosaico como **Más grande**.
Logotipo de la Tienda Windows	50x50	El logotipo de la aplicación que se muestra en la Tienda Windows.

Se puede establecer que las aplicaciones muestren mosaicos pequeños o grandes. Si la aplicación no tiene un logotipo ancho, el mosaico no podrá establecerse en ese tamaño. En el siguiente ejercicio va a establecer la aplicación `SimplePuzzle` para que tenga un logotipo grande.

Ejercicio: Agregar un logotipo ancho a la aplicación SimplePuzzle App

En este ejercicio va a empezar desde un ejemplo ya preparado. Para agregar un logotipo ancho a la aplicación `SimplePuzzle`, siga estos pasos:

1. Abra el archivo `SimplePuzzle.sln` de la carpeta `SimplePuzzle Logo` del código fuente descargado para el capítulo utilizando el comando Archivo>Abrir>Proyecto o solución.
2. En el Explorador de soluciones, haga doble clic en el archivo Package.appxmanifest para abrirlo en el diseñador. Desplácese hasta el campo Logotipo ancho en la página UI de la aplicación y escriba **Assets\WideLogo.png** en el cuadro de texto.
3. Ejecute la aplicación pulsando **Control-F5** o seleccionando Depurar>Iniciar sin depurar. La aplicación utiliza una página de presentación nueva, con el texto `SimplePuzzle`, en lugar del texto predeterminado.
4. Pulse la tecla **Windows** para cambiar a la pantalla Inicio. La aplicación tiene un nuevo logotipo en su mosaico, como puede ver en la figura 9.22.
5. Haga clic con el botón derecho del ratón sobre el mosaico o selecciónelo con un gesto de deslizamiento. Haga clic en **Más grande** dentro de la barra de la aplicación en la pantalla Inicio. Ahora, el mosaico se muestra en un tamaño más grande y con un logotipo diferente (una W en el centro), como puede ver en la figura 9.23.

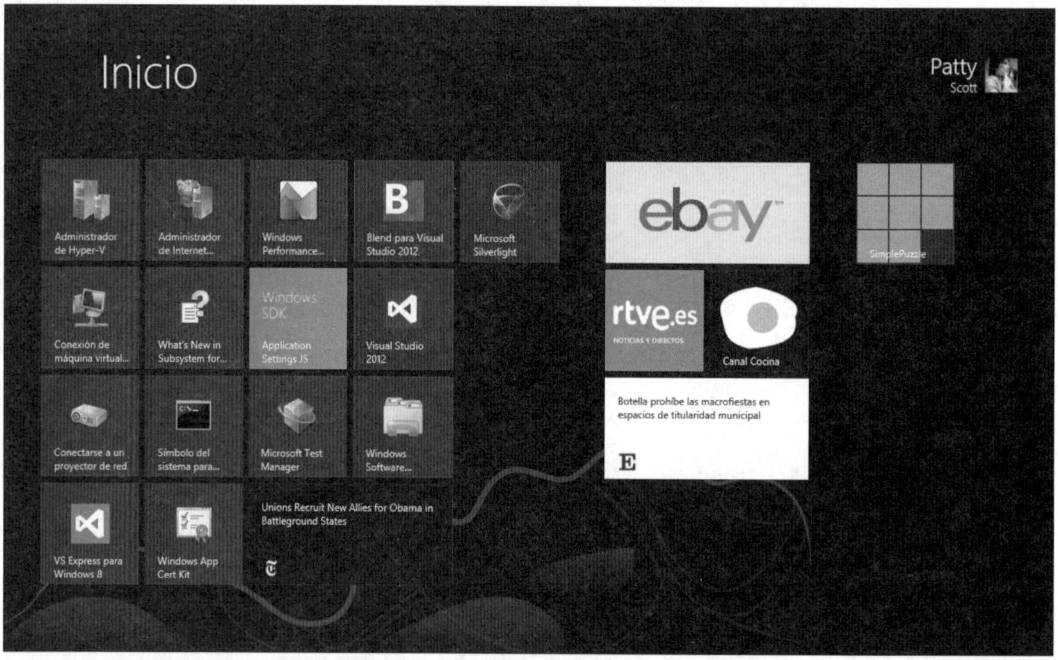

Figura 9.22. El nuevo logotipo de SimplePuzzle.

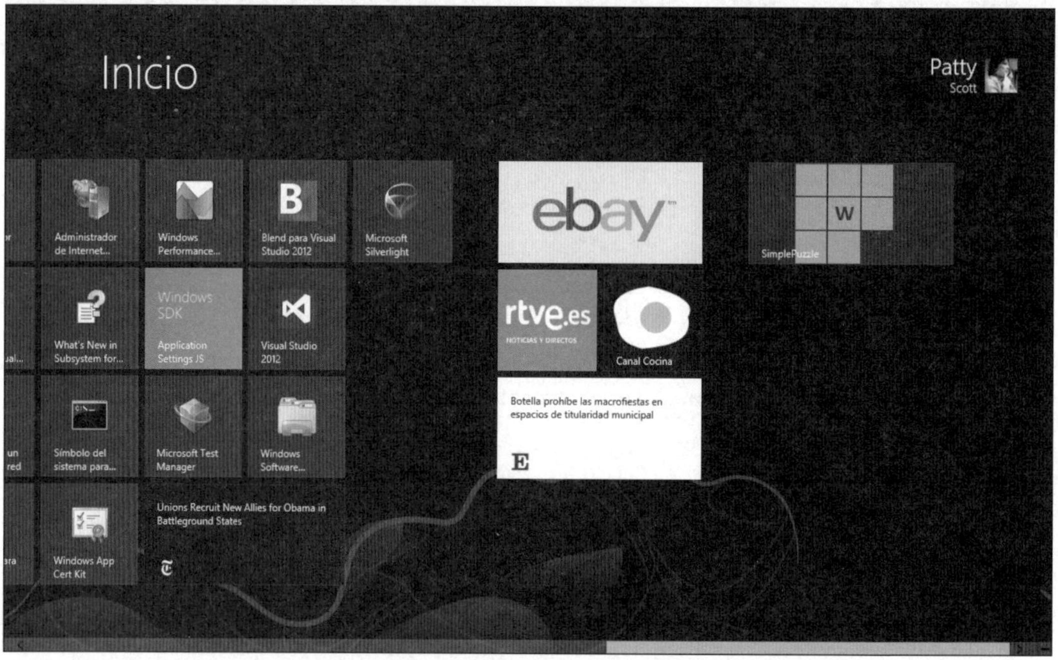

Figura 9.23. El logotipo más grande de SimplePuzzle.

6. Empiece a escribir **simplepuzzle**. Enseguida la aplicación se muestra en la pantalla de búsqueda, como pude ver en la figura 9.24. Aquí se muestra el logotipo pequeño de la aplicación.

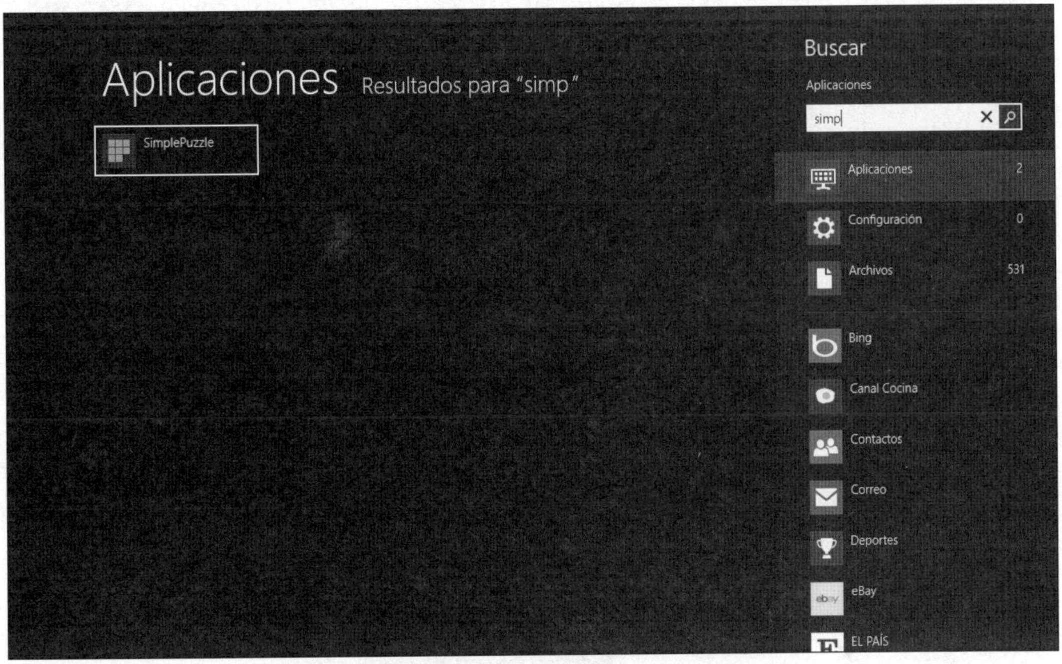

Figura 9.24. El logotipo pequeño de SimplePuzzle.

7. Vuelva a la aplicación `SimplePuzzle` y ciérrela.

Cómo funciona

La aplicación preparada contiene cuatro logotipos en su carpeta de activos. En el paso 2 ha declarado que se debe utilizar el archivo `Assets\WideLogo.png` como logotipo de la aplicación en modo de tamaño de mosaico grande. Como ha asignado un logotipo ancho al manifiesto de la aplicación, en el paso 5 ha podido utilizar el comando **Más grande** para mostrar el logotipo ancho.

Cambiar el logotipo es solo una forma de personalizar el mosaico. Tiene mucho más control sobre este. Por ejemplo, puede convertirlo en dinámico, tal como aprenderá enseguida.

> **Nota:** Pruebe la aplicación `SimplePuzzle` después de cambiar diversas propiedades en la página UI de la aplicación del archivo Package.appxmanifest, como nombres, color de fondo, texto de primer plano, etc.

Dar vida a los mosaicos con notificaciones

Una de las características distintivas de Windows 8 en relación con otros sistemas operativos iconográficos (como el iOS que se ejecuta en un iPad o en un iPhone de Apple) es la capacidad de mostrar mosaicos dinámicos que pueden presentar información actualizada sobre la aplicación directamente en la pantalla Inicio. Por ejemplo, los mosaicos dinámicos de Vídeo y Música pueden mostrar información sobre el vídeo o la música que se está reproduciendo, respectivamente. También puede conseguir que el mosaico de su aplicación tenga más vida agregándole notificaciones. Puede agregar bloques de texto, imágenes y distintivos a sus mosaicos, tal como aprenderá en esta sección. Hay plantillas predefinidas que describen el diseño del mosaico dinámico de su aplicación. Por ejemplo, tal como puede ver en la figura 9.25, la plantilla `TileSquareText02` le permite especificar dos bloques de texto que se van a mostrar en el mosaico dinámico. Como puede ver en la figura 9.26, otra plantilla, `TileWideImageAndText01`, le permite especificar una imagen (en la parte superior del mosaico) y un cuadro de texto. Puede establecer los marcadores de posición en la plantilla con elementos concretos de texto e imagen y actualizar el mosaico dinámico de su aplicación en consecuencia.

Figura 9.25. Plantilla TileSquareText02.

Figura 9.26. Plantilla TileWideImageAndText01.

También puede habilitar la cola de notificaciones. En este caso, un máximo de cinco notificaciones pueden cambiar automáticamente en el mosaico dinámico. La cola es FIFO (*first in, first out* o, el primero en entrar es el primero en salir), por lo que cuando está llena y llega otra notificación, se elimina la más antigua. También puede habilitar las actualizaciones programadas (periódicas). En este caso, el sistema operativo obtiene un identificador de recursos uniforme (URI, *Uniform Resource Identifier*) periódicamente (el intervalo más corto es de media hora y el más largo de un día) para tener la descripción que tiene que mostrar el mosaico dinámico.

Formato de notificación del mosaico

La notificación del mosaico es un documento XML que define el diseño que tiene que mostrar. Este formato XML es muy simple y puede ajustarlo fácilmente en el archivo utilizando el método `TileUpdateManager.GetTemplateContent()` como muestra el siguiente fragmento de código:

```
var tileXml = TileUpdateManager.GetTemplateContent (
   TileTemplateType.TileWideImageAndText01);
var xmlText = XDocument.Parse(tileXml.GetXml()).ToString();
```

El argumento de este método es un valor de enumeración de `TileTemplateType` y devuelve una instancia de `XmlDocument` que representa la plantilla con marcadores de posición vacíos. Si ejecuta este fragmento de código ofrece como resultado el siguiente documento XML:

```
<tile>
   <visual>
      <binding template="TileWideImageAndText01">
         <image id="1" src="" />
         <text id="1"></text>
      </binding>
   </visual>
</tile>
```

> **Nota:** `XDocument.Parse` es el método utilizado para formatear el documento XML con saltos de línea y sangrías.

La estructura del XML de la notificación del mosaico es fácil de entender. En el fragmento XML anterior, `<image>` es el marcador de posición de la imagen del mosaico y `<text>` el marcador de posición del bloque de texto.

Actualizar las notificaciones del mosaico

El espacio de nombres `Windows.UI.Notifications` proporciona el tipo `TileUpdateManager` responsable de controlar las actualizaciones del mosaico. El patrón de uso de `TileUpdateManager` es muy simple, como puede ver en el siguiente fragmento de código:

```
// --- Obtener el XML de la plantilla de notificación del mosaico
var tileXml = TileUpdateManager.GetTemplateContent(
      TileTemplateType.TileSquareText04);
// --- Actualizar la plantilla de notificación del mosaico con el texto especificado
por el usuario
tileXml.GetElementsByTagName("text")[0].InnerText = Message.Text;
// --- Crear una instancia de TileNotification
var notification = new TileNotification(tileXml);
// --- Actualizar el mosaico de la aplicación
TileUpdateManager. CreateTileUpdaterForApplication() . Update(notification) ;
```

Este escenario utiliza dos métodos clave:

- `CreateTileUpdaterForApplication()` proporciona un objeto responsable de administrar las actualizaciones de notificaciones del mosaico que pertenecen a su aplicación.
- `Update(notification)` ejecuta la actualización de la notificación según la instancia `TileNotification` pasada como argumento.

Con este patrón, lo único que tiene que hacer es modificar el documento XML que describe el diseño del mosaico.

> **Nota:** Para familiarizarse con todas las plantillas de mosaicos, consulte `http://msdn.microsoft.com/es-ES/library/windows/apps/windows.ui.notifications.tiletemplatetype.aspx`.

Eliminar notificaciones de mosaico

Si no tiene ninguna notificación que mostrar, puede fácilmente restablecer el estado original del mosaico con el método `Clear()`, como se muestra en el siguiente fragmento de código:

```
TileUpdateManager.CreateTileUpdaterForApplication().Clear();
```

Administrar notificaciones del mosaico normal y ancho

El mosaico dinámico de la aplicación puede ser pequeño (cuadrado) o grande (ancho). Las plantillas de notificación se aplican a ambos mosaicos, tal como indica el nombre de la plantilla. Cuando intenta utilizar una plantilla más ancha para un mosaico cuadrado (o viceversa), el mosaico no se actualizará, pero debe saber de antemano cuándo el mosaico de una aplicación es cuadrado o ancho para no tener que adivinar si tiene que aplicar una plantilla cuadrada o ancha.

Puede crear una notificación que contenga dos plantillas, una para el mosaico cuadrado y otra para el mosaico ancho, como las siguientes:

```
<tile>
   <visual>
      <binding template="TileSquareText04">
         <text id="1">Hello from SimplePuzzle</text>
      </binding>
      <binding template="TileWideText04">
         <text id="1">Hello from SimplePuzzle</text>
      </binding>
   </visual>
</tile>
```

Este ejemplo utiliza dos elementos `<binding>` con dos plantillas. Cuando el mosaico de la aplicación tiene el tamaño normal, se utiliza la plantilla `TileSquareText04`; en caso contrario, se aplica `TileWideText04`.

Utilizar imágenes de mosaico

Puede mostrar imágenes en el mosaico dinámico de su aplicación con cualquier plantilla predefinida que admita una etiqueta de imagen, como la plantilla `TileWideImageAndText01` mencionada anteriormente:

```
<tile>
   <visual>
      <binding template="TileWideImageAndText01">
         <image id="1" src="" />
         <text id="1"></text>
      </binding>
   </visual>
</tile>
```

El atributo `src` define el origen de la imagen del mosaico. Puede utilizar tres tipos diferentes de fuentes, tal como recoge la tabla 9.6.

Tabla 9.6. Fuentes de imagen de mosaico.

Fuente	Descripción
Imagen de la aplicación	Este tipo de imagen forma parte de la aplicación (se implanta con ella). A estas imágenes se puede acceder con el prefijo `ms-appx:///` seguido por la ruta de acceso relativa de la imagen dentro del paquete de la aplicación. Por ejemplo, se puede acceder a la imagen `Logo.png` de la carpeta de activos como `ms-appx:///Assets/Logo.png`.
Imagen local	Este tipo de imagen se puede encontrar en la carpeta local del usuario actual. A estas imágenes se accede con el prefijo `ms-appdata:///local/` seguido por la ruta de acceso relativa de la imagen dentro del paquete de la aplicación. Por ejemplo, puede acceder a la imagen `SmallLogo.png` como `ms-appdata:///local/SmallLogo.png`.
Imagen Web	A este tipo de imagen se puede acceder a través de los URI Web, como `http://mysite.com/myLogo.png`.

Otras opciones de los mosaicos

Existen otras opciones de los mosaicos que le pueden resultar útiles en sus aplicaciones

- Igual que muestra notificaciones de mosaico, puede agregar a este un distintivo. Los distintivos pueden tener un número comprendido entre 0 y 99 (los números mayores que 99 se muestran como 99), o un glifo que se puede seleccionar desde un conjunto predefinido.
- Las notificaciones de mosaico pueden tener una configuración de expiración. Cuando expira una notificación, se borra automáticamente, igual que si lo hiciera de forma programática.
- Las aplicaciones pueden acoplar mosaicos secundarios en la pantalla (con la confirmación del usuario activo). Un mosaico secundario es un acceso directo a su aplicación. Cuando la inicia o activa con un mosaico secundario, este puede pasar un argumento a la aplicación y la lógica de la misma puede procesar dicho argumento. Por ejemplo, el mosaico secundario

de la aplicación El tiempo representa ubicaciones. Cuando inicia El tiempo a través de una ubicación, la aplicación se lanza mientras muestra la información del tiempo para ese sitio en concreto.

Ejemplos de notificación

Puede encontrar un ejemplo de notificaciones de mosaico en el código fuente descargado para este capítulo dentro de la carpeta `LiveTiles`. Este ejemplo enseña algunos escenarios para mostrar notificaciones de mosaico. Abra la solución `LiveTiles.sln` en Visual Studio y examine los archivos MainPage.xaml y MainPage.xaml.cs para familiarizarse con los detalles de estos escenarios.

Resumen

Windows 8 proporciona una directiva de administración de recursos muy simple para las aplicaciones estilo Windows 8. Mientras la aplicación se ejecuta en primer plano, puede consumir recursos (como CPU, memoria, red, etc.) para proporcionar la mejor interacción al usuario. Cuando una aplicación queda en segundo plano, está suspendida y ya no tiene acceso a los recursos. Su aplicación puede capturar los eventos cuando está suspendida y posteriormente se reanuda y utiliza estos eventos para guardar y restablecer su estado.

En las aplicaciones Windows 8 debe colocar de forma permanente en la pantalla de la aplicación únicamente los controles de comandos utilizados con más frecuencia. Los comandos que se utilizan solo en un contexto específico se colocan en la barra de la aplicación y en menús contextuales. Puede integrar las opciones de configuración de su aplicación con la barra de accesos de configuración. Probablemente la pantalla Inicio sea la parte más importante de la interacción del usuario en Windows 8. Los mosaicos de su aplicación no tienen que ser simples iconos; puede darles más vida con notificaciones de mosaico.

En el capítulo 10 aprenderá otro conjunto de patrones de la aplicación que utilizan múltiples páginas y la navegación, entre ellas.

Ejercicios

1. ¿Cuándo termina Windows 8 una aplicación estilo Windows 8?
2. ¿Qué clave puede utilizar para mostrar la barra de la aplicación?
3. ¿Cuál es el almacén de datos de la aplicación que permite guardar información en todos los dispositivos de un usuario?
4. ¿Qué objeto es el responsable de actualizar las notificaciones de un mosaico?

> **Nota:** Las respuestas a los ejercicios se encuentran en el apéndice A del libro.

Qué ha aprendido en este capítulo

- **Aplicación en ejecución:** La aplicación Windows 8 que se encuentra en primer plano está en ejecución. En este estado, la aplicación obtiene los recursos disponibles para poder responder continuamente.
- **Aplicación suspendida:** Cuando una aplicación Windows 8 entra en segundo plano (es decir, otra aplicación Windows 8 está ejecutándose en primero plano) su estado es el de suspendido. Una aplicación suspendida no recibe ciclos de la CPU ni ningún otro recurso del sistema. En caso contrario, los recursos del sistema podrían agotarse para la aplicación que se está ejecutando en primer plano.
- **Terminación de la aplicación:** El sistema operativo puede terminar una aplicación en estado suspendido para liberar memoria de forma que la aplicación en primer plano tenga suficiente memoria y recursos para proporcionar un funcionamiento total y capacidad de respuesta.
- **Paquete de la aplicación:** Antes de su implantación, las aplicaciones Windows 8 se empaquetan en un paquete de aplicación que contiene los archivos ejecutables y los recursos de la misma. Este paquete se implementa para las máquinas del usuario. La instalación es una simple operación de copia de los archivos que se encuentran dentro del paquete.
- **Sistema de aislamiento de procesos:** También denominado *sandbox*, este sistema es un mecanismo de seguridad que separa las aplicaciones en ejecución y evita que accedan a recursos del sistema que no pueden utilizar.
- **Manifiesto del paquete de la aplicación:** El archivo del manifiesto del paquete describe la información del paquete que se va a implantar. Este archivo contiene información sobre el sistema de aislamiento de procesos en el que se ejecuta la aplicación (es decir, los tipos de recursos que puede utilizar la aplicación), las extensiones que ofrece la misma a otras aplicaciones Windows 8 y los atributos visuales de esa aplicación en concreto (como logotipos, pantalla de presentación, etc.).
- **Menú contextual:** Los menús contextuales son menús específicos de la UI con operaciones que se pueden ejecutar sobre un control de usuario determinado en el contexto actual (como las operaciones de portapapeles). Los menús contextuales se abren cuando el usuario hace clic sobre el elemento en cuestión con el botón derecho del ratón (o le aplica el gesto de tocar y mantener).
- **Barra de la aplicación:** Estas barras son menús contextuales que proporcionan funciones específicas de la aplicación para el usuario (como la creación de un nuevo elemento, guardar información, abrir una imagen, etc.). Esta barra se puede colocar en la parte inferior y en la superior de la pantalla y se abre cuando el usuario desliza un dedo desde el borde superior o inferior de la pantalla o pulsa la combinación de teclas **Windows-Z**.
- **Cuadro de diálogo de mensajes:** Estos cuadros de diálogo pueden emerger para mostrar información al usuario, o pedirle confirmación para una determinada acción. Aunque esperan a la entrada del usuario, no bloquean la UI.

- **Almacenes de datos de la aplicación:** Un almacén de este tipo conserva la información de la aplicación para cada usuario que la haya instalado. El almacén local conserva datos que existen solo en el dispositivo actual del usuario. El almacén itinerante conserva datos que se sincronizan entre todos los dispositivos del usuario. El almacén temporal funciona como una memoria caché en la que los datos conservados pueden ser eliminados por el sistema si hace falta espacio.
- **Notificaciones de mosaico:** Una aplicación puede enviar notificaciones a su mosaico dinámico en la pantalla Inicio. Estas notificaciones pueden utilizar bloques de texto e imágenes. Generalmente, las notificaciones reflejan los cambios producidos dentro de una aplicación y hacen saber al usuario el estado de la aplicación simplemente mirando a su mosaico en la pantalla Inicio.

10

Creación de aplicaciones de múltiples páginas

En este capítulo aprenderá a:

- Conocer los patrones de navegación fundamentales utilizados en aplicaciones Windows 8.
- Conocer la clase Page y los mecanismos de navegación entre las páginas.
- Iniciar otras aplicaciones a través de las asociaciones de archivos de su aplicación.
- Utilizar las plantillas Aplicación dividida y Aplicación de cuadrícula para crear aplicaciones con contenido personalizado.

Para desarrollar los ejemplos de este capítulo, puede optar por introducir manualmente el código o utilizar los archivos de código fuente que acompañan al libro como se indica en la Introducción.

En el capítulo 9 ha conocido diversos patrones de interfaz de usuario (UI, *User Interface*) de aplicaciones Windows 8, ha aprendido a usar los menús contextuales y la barra de aplicación, integrando su aplicación con la barra de acceso de configuración, a guardar el estado de la aplicación, a utilizar mensajes de cuadro de diálogo y mucho más. Los ejemplos de esos ejercicios eran simples aplicaciones con una pantalla o, siguiendo la terminología de Windows 8, aplicaciones con una página.

Generalmente, las aplicaciones reales utilizan más de una página. En este capítulo aprenderá a crear aplicaciones con múltiples páginas. Primero va a estudiar los conceptos de navegación utilizados en las aplicaciones de Windows 8, y se familiarizará con los controles UI que admiten la paginación.

Con Visual Studio, Microsoft proporciona dos plantillas de proyectos: la plantilla Aplicación de cuadrícula y la plantilla Aplicación dividida, siendo ambas extraordinarias para empezar a crear sus aplicaciones de múltiples páginas. En este capítulo descubrirá los detalles que rodean a las aplicaciones de múltiples páginas y aprenderá a crear su propio contenido con ellas.

Elementos básicos de la navegación

El contenido es un factor clave en el diseño de aplicaciones estilo Windows 8. Si su aplicación presenta su contenido de forma que los usuarios lo perciben como una experiencia extraordinaria, su aplicación tendrá éxito y será popular; en caso contrario, simplemente será otra aplicación entre muchas. Puede utilizar muchos elementos para proporcionar una interacción de usuario excelente, como un diseño y una tipografía limpios, animaciones fabulosas, controles UI intuitivos, etc. Estos son elementos muy importantes, pero uno más importante los gobierna: la navegación.

Patrones de navegación

Cuando los usuarios exploran el contenido de una aplicación utilizan una navegación para ir de un elemento de contenido al otro. Los diseñadores del lenguaje de Windows 8 crearon varios patrones de navegación que son muy intuitivos y que pueden utilizar los usuarios para encontrar el contenido que están buscando.

Navegación de concentrador

Probablemente el patrón utilizado con más frecuencia sea el de navegación de concentrador (*hub*). En este caso, el contenido se coloca en una página de concentrador que se puede desplazar horizontalmente con el teclado (utilizando las teclas **Re Pág** y **Av Pág**), con la rueda del ratón o incluso utilizando los gestos táctiles de deslizamiento. La página de concentrador es en realidad una página ancha, siete veces más ancha que la pantalla. Cuando se desliza o desplaza por la página de concentrador, se puede ver el contenido. Este se crea de forma que el usuario siempre sepa que hay más contenido por descubrir.

Por ejemplo, si abre la aplicación Finanzas, verá una pantalla similar a la mostrada en la figura 10.1. Puede comprobar que el contenido de la derecha ocupa toda la pantalla. También puede asumir de forma intuitiva que puede desplazarse por la pantalla o deslizar su dedo sobre ella hacia la izquierda para ver más contenido. Si está utilizando los gestos táctiles y llega al borde la página de concentrador, verá un efecto de rebote que le indica que no hay más contenido hacia el que desplazarse.

Figura 10.1. Página de concentrador en la aplicación Finanzas.

Navegación directa

La página de concentrador normalmente se combina con una navegación directa de páginas. En este caso, puede seleccionar el tipo de contenido que quiere ver utilizando un control de navegación, como la barra de la aplicación. Por ejemplo, la aplicación Finanzas proporciona una barra de aplicación superior que le permite seleccionar directamente una página, como puede ver en la figura 10.2. La barra de la aplicación muestra una lista de páginas disponibles, mostrando la página Hoy con un fondo blanco, indicando que esta página es la actual. Por ejemplo, si selecciona la página Divisas, irá directamente a ella sin necesidad de desplazar la página de concentrador.

Navegación jerárquica

Muchas aplicaciones ofrecen tanta información que utilizar la página de concentrador simplemente es algo que no funciona. Podría haber cientos o miles de elementos de información que, simplemente, no se puede desplazar lo suficientemente rápido como para encontrar un tema que le interese en tan solo segundos.

La solución para esta situación es la navegación jerárquica. Puede presentar el contenido en una jerarquía, donde páginas independientes presentan niveles de jerarquía independientes. Durante la navegación, puede moverse hacia arriba y hacia abajo entre los nodos de esta jerarquía y ver el contenido en el nodo actual. Por ejemplo, al iniciar la aplicación Tienda, su primera pantalla muestra categorías de la aplicación en una página de concentrador, como puede ver en la figura 10.3. Este es el nivel raíz de la jerarquía. Cuando seleccione un elemento, obtiene un nivel de jerarquía inferior, que muestra las aplicaciones de la categoría seleccionada, como puede ver en la figura 10.4.

Figura 10.2. La barra de la aplicación de Finanzas proporciona una navegación directa.

Zoom semántico

Windows 8 proporciona una opción denominada zoom semántico. Puede utilizarla para acelerar su navegación cuando tiene muchos elementos que son difíciles de ver con el desplazamiento o el deslizamiento. El zoom semántico utiliza el gesto de pinchar para aumentar o disminuir la vista en una lista con muchos elementos.

También puede pulsar la tecla **Control** junto con las teclas + y – del teclado numérico para aumentar y disminuir la vista, respectivamente, o hacer clic en el icono de zoom que se encuentra en la esquina inferior derecha de la pantalla Inicio.

Por ejemplo, la aplicación Contactos muestra sus contactos. La mayoría de usuarios que utilizan este tipo de aplicación social generalmente tienen cientos de miles de contactos. Con el zoom semántico es más fácil navegar entre ellos. Esta aplicación utiliza el zoom semántico para mostrar un alfabeto al disminuir la vista de la lista, como puede ver en la figura 10.5. Al hacer clic en un elemento o tocarlo, se incrementa inmediatamente la vista mostrando sus contactos en la letra correspondiente.

Figura 10.3. Nivel de jerarquía superior del contenido de la aplicación Tienda.

Figura 10.4. Aplicaciones en una categoría de aplicación seleccionada.

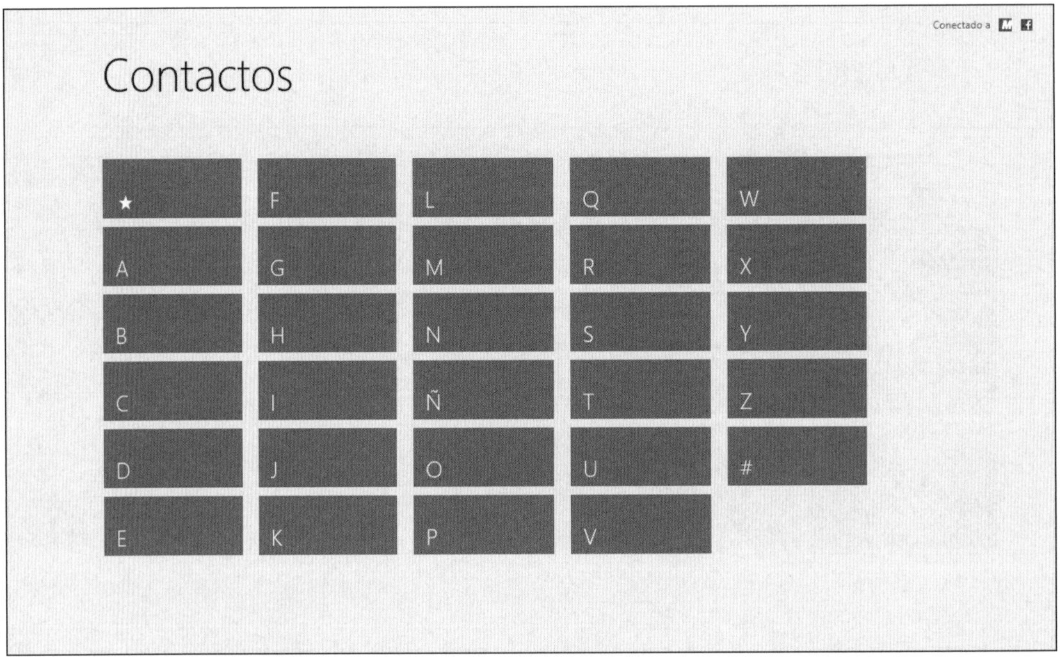

Figura 10.5. Aplicación contactos mostrada por el zoom semántico.

En este capítulo aprenderá a utilizar estos patrones (excepto el zoom semántico) para crear aplicaciones de múltiples páginas.

> **Nota:** En el capítulo 8 analizamos el zoom semántico en la explicación del control GridView.

Trabajar con páginas

Todas las aplicaciones de Windows 8 creadas en ejercicios anteriores del libro utilizaban páginas. En estos ejemplos había nombres de archivos que terminaban con `Page`, como `BlankPage.xaml` o `MainPage.xaml`. El control `Page` es uno de los controles fundamentales que contiene una gran variedad de funciones para implementar sus aplicaciones rápidamente con tan solo unas líneas de código. Si crea una nueva aplicación con la plantilla Aplicación vacía de Visual C#, ésta proporciona un archivo `MainPage.xaml` con el archivo `MainPage.xaml.cs` relacionado, como puede ver en el listado 10.1 y en el listado 10.2, respectivamente.

Listado 10.1. Archivos MainPage.xaml de una aplicación creada con la plantilla Aplicación Vacía.

```
<Page
    x:Class="MyApp.MainPage"
    IsTabStop="false"
```

```
    xmlns="http://schemas.microsoft.com/winfx/2006/xaml/presentation"
    xmlns:x="http://schemas.microsoft.com/winfx/2006/xaml"
    xmlns:local="using:MyApp"
    xmlns:d="http://schemas.microsoft.com/expression/blend/2008"
    xmlns:mc="http://schemas.openxmlformats.org/markup-compatibility/2006"
    mc:Ignorable="d">

    <Grid Background="{StaticResource ApplicationPageBackgroundThemeBrush}">

        </Grid>
</Page>
```

Listado 10.2. Archivo MainPage.xaml.cs de una aplicación creada con la plantilla Aplicación vacía (comentarios omitidos para abreviar).

```
using System;
using System.Collections.Generic;
using System.IO;
using System.Linq;
using Windows.Foundation;
using Windows.Foundation.Collections;
using Windows.UI.Xaml;
using Windows.UI.Xaml.Controls;
using Windows.UI.Xaml.Controls.Primitives;
using Windows.UI.Xaml.Data;
using Windows.UI.Xaml.Input;
using Windows.UI.Xaml.Media;
using Windows.UI.Xaml.Navigation;

namespace MyApp
{
   public sealed partial class MainPage : Page
   {
      public MainPage()
      {
         this.InitializeComponent();
      }

      protected override void OnNavigatedTo(NavigationEventArgs e)
      {
      }
   }
}
```

El archivo `MainPage.xaml` contiene un control `Page` que incrusta un control `Grid`. Éste es un marcador de posición para los elementos UI de la página. Cuando echa un vistazo a la ventana **Esquema del documento**, puede ver que la página también tiene un marcador de posición para una barra de aplicación en la parte superior y en la parte inferior, como puede ver en la figura 10.6.

- El constructor `MainPage` inicializa todos los controles según la descripción XAML.
- El método `OnNavigated` se invoca siempre que el usuario navega a esta página. Una de estas ocasiones es cuando se inicia su aplicación.

La clase `Page` tiene toda la infraestructura requerida para implementar la navegación entre las páginas, como aprenderá en la siguiente sección.

Figura 10.6. Esquema del documento de una página vacía.

Navegación hacia atrás y hacia adelante

La forma más simple de navegación de páginas es la navegación secuencial, cuando inicia su tarea en una página y navega secuencialmente al resto de las páginas (a no ser que la tarea se termine completamente). En el siguiente ejercicio conocerá los detalles de implementación de un patrón de navegación tan sencillo como este. Empezará con una aplicación preparada que simula los pasos de la recodificación de un registro de entradas de una escuela de submarinismo.

La aplicación no le permite introducir datos porque es solo para demostrar la navegación. Esta aplicación de tarea de entradas de registro utiliza cuatro páginas.

Ejercicio: Navegación entre páginas

Para completar esta simple aplicación que simula la entrada del registro de una escuela de submarinismo, siga estos pasos:

1. Abra el archivo `DiveLog.sln` de la carpeta `DiveLogStart` del código descargado con el comando Archivo>Abrir proyecto (**Control-Mayús-O**). En pocos segundos se carga la solución en el IDE.
2. En el Explorador de soluciones, seleccione el nodo del proyecto DiveLog y agregue un nuevo elemento con **Control-Mayús-A**. En el cuadro de diálogo Agregar elemento nuevo, seleccione la plantilla Página en blanco, escriba el nombre **Step2.xaml y** haga clic en **Agregar**.
3. Se abre el archivo Step2.xaml en el diseñador. En el panel XAML, elimine el elemento `<Grid>` (incluida la etiqueta de cierre `</Grid>`) y reemplácelo con el siguiente fragmento de código:

```
<Grid Background="{StaticResource PageBackgroundBrush}">
   <Grid.RowDefinitions>
      <RowDefinition Height="140"/>
      <RowDefinition Height="*"/>
   </Grid.RowDefinitions>
<!-- Botón de desplazamiento hacia atrás y título de página -->
```

```
<Grid>
  <Grid.ColumnDefinitions>
     <ColumnDefinition Width="Auto"/>
     <ColumnDefinition Width="*"/>
  </Grid.ColumnDefinitions>
  <Button x:Name="backButton" Click="GoBack"
     IsEnabled="{Binding Frame.CanGoBack, ElementName=PageRoot}"
     Style="{StaticResource BackButtonStyle}" />
  <TextBlock x:Name="pageTitle" Grid.Column="1"
     Text="Step 2: Depth and Bottom Time"
     Style="{StaticResource PageHeaderTextStyle}"
     Foreground="{StaticResource TitleForegroundBrush}"/>
</Grid>
<StackPanel HorizontalAlignment="Left" Height="557.927" Margin="116,0"
        Grid.Row="1" VerticalAlignment="Top" Width="1240.652">
  <TextBlock HorizontalAlignment="Left" TextWrapping="Wrap"
     Style="{StaticResource H2Style}"
     Text="Specify the maximum depth and the bottom time." />
  <Button x:Name="NextButton" Margin="0,24,0,0"
     Style="{StaticResource ButtonStyle}"
     Click="NextButtonClicked">Next</Button>
  </StackPanel>
</Grid>
```

4. En el panel XAML haga clic con el botón derecho del ratón sobre el elemento `<Button>` (denominado `NextButton`) en la parte inferior del código y seleccione el comando Navegar al controlador de eventos.

5. Escriba el siguiente código resaltado en negrita dentro del cuerpo del método:

```
private void NextButtonClicked(object sender, RoutedEventArgs e)
{
  Frame.Navigate(typeof(Step3));
}
```

6. Agregue el siguiente método nuevo al archivo `Step2.xaml.cs`:

```
private void GoBack(object sender, RoutedEventArgs e)
{
  if (this.Frame != null && this.Frame.CanGoBack) this.Frame.GoBack();
}
```

7. Abra el archivo Step1.xaml.cs en el editor. Desplácese hacia abajo hasta el método `NextButtonClicked` y agregue el siguiente código resaltado en negrita a su cuerpo:

```
private void NextButtonClicked(object sender, RoutedEventArgs e)
{
  Frame.Navigate(typeof(Step2));
}
```

8. Ejecute la aplicación pulsando **Control-F5** o seleccionando Depurar>Iniciar sin depurar. Cuando se abre, se muestra la primera página, como puede ver en la figura 10.7. Haga clic en el botón **Start Dive Log Entry** (Iniciar registro de submarinismo) y la aplicación se mueve a la siguiente página, que puede ver en la figura 10.8.

   Como esta es la segunda página, puede ver el botón de desplazamiento hacia atrás (el icono de flecha hacia atrás) que le lleva de nuevo a la primera página. ¡Pruébelo!

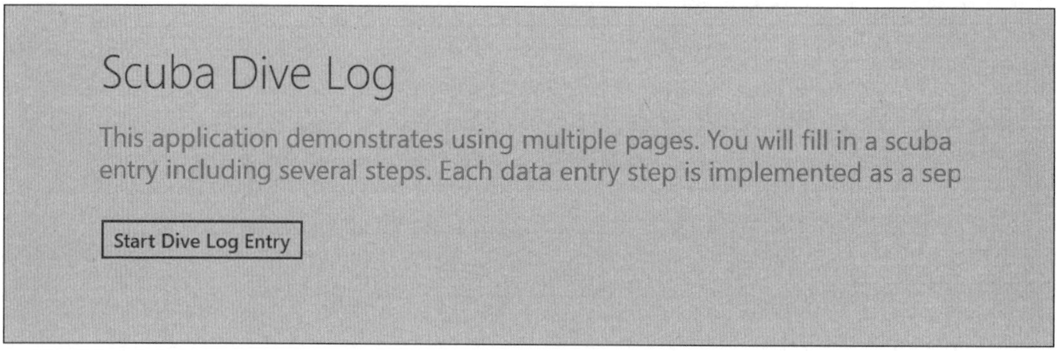

Figura 10.7. Primera página de la aplicación DiveLog.

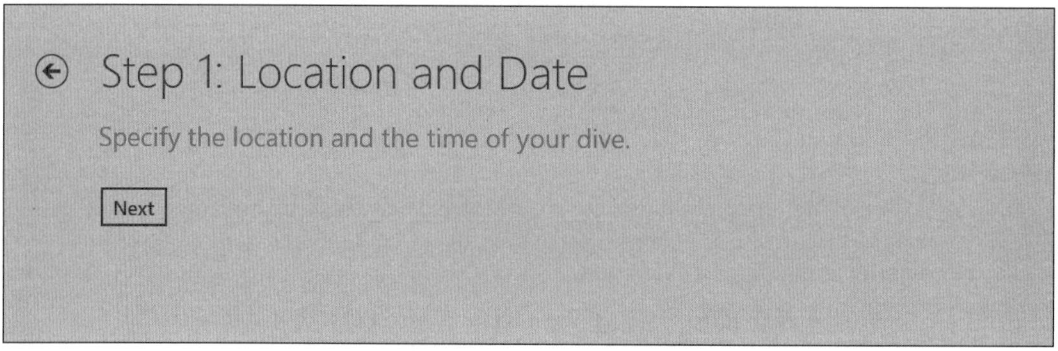

Figura 10.8. Página Location and Date.

9. Ahora está de nuevo en la primera página. Haga clic otra vez en el botón **Start Log Entry** y después en el botón **Next** (Siguiente), luego en **Submit** (Enviar) y por último haga clic en **Start Next Entry** (Iniciar siguiente entrada). Volverá de nuevo a la primera página, pero esta vez puede ver el botón de desplazamiento hacia atrás, como muestra la figura 10.9.

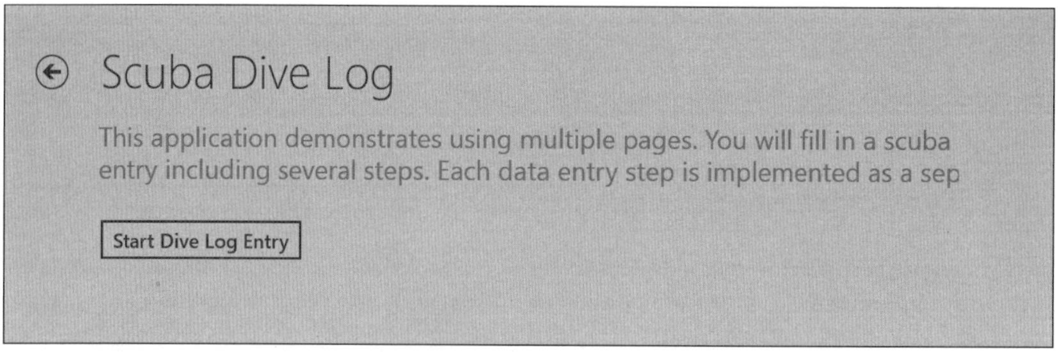

Figura 10.9. El botón de desplazamiento hacia atrás se muestra en la primera página.

10. Cierre la aplicación.

Cómo funciona

La solución `DiveLog.sln` desde la que empezó contiene tres páginas (`MainPage.xaml`, `Step1.xaml` y `Step3.xaml`) que preestablecen un código de navegación. En los pasos 2 y 3 ha añadido un nuevo archivo de página, `Step2.xaml`, y ha establecido su contenido. En el paso 5 ha añadido el código de navegación de la página `Step2` a la página `Step3`:

```
Frame.Navigate(typeof(Step3));
```

`Frame` es una propiedad en un objeto `Page` que controla el contenido de la página. Puede utilizar el método `Navigate` con un valor de argumento `typeof(Step3)` para establecer el contenido de la página a una instancia del tipo especificado, siendo en este caso `Step3`.

En el paso 7 ha utilizado la misma solución para navegar desde la página `Step1` hasta la página `Step2`.

En el archivo `Step2.xaml`, ha definido el botón de desplazamiento hacia atrás con el siguiente marcado:

```
<Button x:Name="backButton" Click="GoBack"
   IsEnabled="{Binding Frame.CanGoBack, ElementName=PageRoot}"
   Style="{StaticResource BackButtonStyle}" />
```

La propiedad `IsEnabled` está enlazada a la propiedad `Frame.CanGoBack` del elemento `PageRoot` (el cual representa la propia instancia de `Page`). El resultado de este enlace de datos es que puede usar el botón de desplazamiento hacia atrás en la página `Step2` solo si hay una página a la que volver atrás. Para habilitar el botón de desplazamiento hacia atrás en el resto de páginas ha utilizado la misma solución. Esta es la razón por la que en la figura 10.7 no aparece el botón de desplazamiento hacia atrás (es la primera página, por lo que no hay páginas a las que volver) y sí en la figura 10.9 (ha navegado a la primera página desde `Step3`, por lo que hay una página a la que volver). Todas las páginas utilizan el mismo método `GoBack` para volver a la página anterior, tal como ha añadido en el paso 6:

```
private void GoBack(object sender, RoutedEventArgs e)
{
   if (this.Frame != null && this.Frame.CanGoBack) this.Frame.GoBack();
}
```

El cuerpo de este método ha comprobado si hay una página a la que volver (`Frame.CanGoBack`) y ha llamado al método para volver a ella.

Parámetros y eventos de navegación

Las páginas mostradas en una aplicación Windows 8 pueden aceptar parámetros. En el ejercicio anterior, se llamó al método `Navigate` con un simple argumento que aceptó el tipo de la página. No obstante, también se puede llamar al mismo método con dos argumentos, siendo el segundo una instancia opcional de `System.Object` que es el parámetro de la página.

Argumentos de los eventos de navegación

Cada vez que navega a una página se llama al método `OnNavigatedTo` de la página de destino con un argumento `NavigationEventArgs`, el cual tiene diversas propiedades, como puede ver en la tabla 10.1.

Tabla 10.1. Propiedades de NavigationEventArgs

Propiedad	Descripción
`Content`	Obtiene el nodo raíz del contenido de la página de destino.
`NavigationMode`	Obtiene un valor que indica la dirección del movimiento durante la navegación. Esta propiedad acepta su valor de la enumeración de `NavigationMode`: ❑ `New`: Se navega a una nueva instancia de una página (no hay desplazamiento hacia delante ni hacia atrás en la pila de páginas visitadas). ❑ `Back`: La navegación en la pila es hacia atrás. ❑ `Forward`: La navegación en la pila es hacia delante. ❑ `Refresh`: La navegación es hacia la página actual (quizá con datos diferentes).
`Parameter`	Obtiene cualquier objeto de parámetro pasado a la página de destino para la navegación (el segundo argumento del método `Navigate` de `Frame`).
`SourcePageType`	El nombre de esta propiedad es algo confuso. Se denomina `SourcePageType` (tipo de la página de origen) pero obtiene el tipo de los datos de la página de destino.
`Uri`	Obtiene el identificador uniforme de recursos (URI, *Uniform Resource Identifier*) de la página de destino. Esta propiedad contiene un valor `non-null` en JavaScript.

Utilizar parámetros de navegación

Es muy fácil utilizar los métodos `Navigate` y `OnNavigatedTo` para pasar y procesar los parámetros de una página, tal como se demuestra en un ejemplo preparado que puede encontrar en la carpeta `DiveLog - Parameters` del código fuente descargado para este capítulo. El ejemplo contiene una versión modificada de la aplicación `DiveLog` al añadir algunos bloques de texto a las páginas, como puede ver en la figura 10.10.

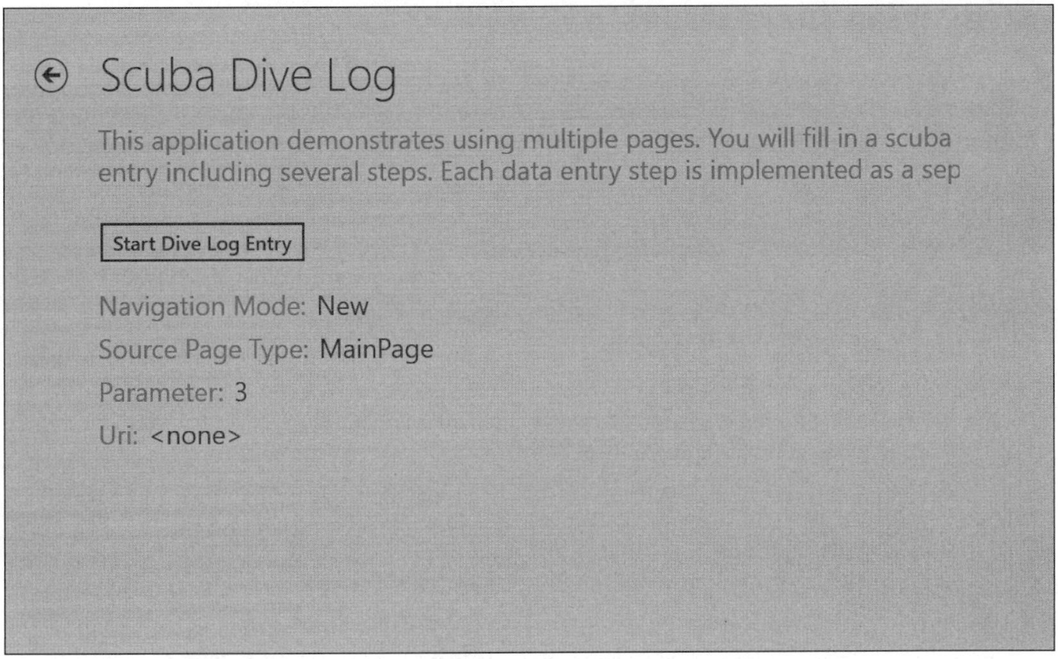

Figura 10.10. Etiquetas adicionales en las páginas de DiveLog.

El código del controlador del evento `ButtonClick` de cada página utiliza el método `Frame.Navigate` con dos argumentos:

```
Frame.Navigate(typeof( PageType ), Frame.BackStackDepth);
```

`PageType` es el tipo que representa a la página de destino. La lógica de navegación detrás de `Frame` mantiene una pila de páginas visitadas a medida que se desplaza hacia delante y hacia atrás. La propiedad `Frame.BackStepDepth` indica la profundidad de esta pila y el código utiliza este valor como parámetro de la página. En la figura 10.10 ese valor se muestra en la etiqueta Parameter (Parámetro). El valor 3 indica que la profundidad de esta pila es de 3 al navegar a la página MainPage.

Las etiquetas de la figura 10.10 se actualizan en los métodos `OnNavigatedTo` que son los mismos en cada página:

```
protected override void OnNavigatedTo(NavigationEventArgs e)
{
   NavigationModeLabel.Text = e.NavigationMode.ToString();
   SourcePageLabel.Text = e.SourcePageType.Name;
   ParameterLabel.Text = (e.Parameter ?? "<none>").ToString();
   UriLabel.Text = e.Uri == null ? "<none>" : e.Uri.ToString();
}
```

Navegación fuera de las páginas

Al ejecutar este ejemplo, puede comprobar cómo se incrementa o disminuye la pila de navegación el moverse hacia adelante y hacia atrás entre las distintas páginas de la aplicación. El valor de la etiqueta Navigation Mode (Modo de navegación) también indica la dirección.

En muchas ocasiones, es importante saber cuándo está a punto de abandonar una página. Si el usuario introduce información en la página, puede denegarle el acceso a la navegación hasta que se validen sus datos. Puede sobrescribir el método `OnNavigatingFrom` que acepta un argumento `NavigationCancelEventArgs`. Para ello, establezca la propiedad `Cancel` del argumento en `true` para evitar que el usuario abandone la página.

También puede resultarle útil capturar el momento previo a abandonar una página. Una página puede asignar memoria para datos no requeridos al abandonarla. Como la página no se descarta cuando se sale de ella (puede volver de nuevo a ella más adelante) es su responsabilidad liberar temporalmente los recursos que no utiliza.

Para ello, puede sobrescribir el método `OnNavigatedFrom` que acepta un argumento `NavigationEventArgs` del mismo modo que en el método `OnNavigatedTo`. El archivo `Step3.xaml.cs` en la solución de ejemplo demuestra el uso de ambos métodos, cuyo código se muestra en el listado 10.3.

Listado 10.3. Navegar fuera de una página en el archivo `Step3.xaml.cs`.

```
public sealed partial class Step3 : Page
{
   private static bool _lastCancelled;

   public Step3()
   {
      this.InitializeComponent();
      _lastCancelled = false;
   }

   protected async override void OnNavigatedFrom(NavigationEventArgs e)
   {
      var dialog = new MessageDialog(
         "You are leaving Step 3 page.",
         "Navigation Message");
         dialog.Commands.Add(new UICommand("OK"));
         await dialog.ShowAsync();
         base.OnNavigatedFrom(e);
   }

   protected override void OnNavigatingFrom(NavigatingCancelEventArgs e)
   {
      _lastCancelled = !_lastCancelled;
      e.Cancel = _lastCancelled;
      if (_lastCancelled) NavigationModeLabel.Text = "Navigation Cancelled";
      base.OnNavigatingFrom(e);
   }
   // --- Se han omitido otros métodos para abreviar
}
```

Se ha implementado el método `OnNavigatingFrom` de forma que la segunda vez se evita que se abandone la página gracias al establecimiento del indicador `e.Cancel` (a través del indicador `lastCancelled`) en `true`, e indica el estado cancelado en la pantalla. El método `OnNavigatedFrom` activa un cuadro emergente en la pantalla cada vez que se abandona con éxito la página `Step3`.

> **Nota:** El evento `OnNavigatedFrom` muestra un mensaje de forma asíncrona, por lo que no bloquea la UI. Aunque es algo que funciona bien en este ejemplo, generalmente debe evitar la práctica de codificación en la que se muestran cuadros de diálogo y mensajes en los eventos de navegación.

> **Nota:** En el código puede capturar los eventos de navegación de otros objetos de página. Evidentemente, en este caso no podrá utilizar ningún método `OnNavigatedTo`, `OnNavigatingFrom` u `OnNavigatedFrom`. En su lugar debe realizar una suscripción a los eventos `NavigatedTo`, `NavigatingFrom` y `NavigatedFrom` de los objetos de la página correspondiente.

Utilizar barras de la aplicación para la navegación

Tal como hemos explicado anteriormente en el capítulo, puede utilizar el patrón de navegación directa con la barra de la aplicación para seleccionar de forma explícita la página a la que quiere desplazarse en lugar de recorrer secuencialmente las páginas. En la figura 10.2, la aplicación Finanzas utiliza este modelo. Puede utilizar la misma solución para crear una barra de aplicación, tal como se indica en el capítulo 9. Sin embargo, utilizar barras de la aplicación con la navegación de páginas es un poco más complicado de lo que podría pensar, como aprenderá en los siguientes ejercicios.

Solución intuitiva

En este ejercicio va a empezar desde un ejemplo preparado que agrega una barra de aplicación al objeto `MainPage`. Esta barra contiene cuatro botones, uno para cada página.

Ejercicio: Utilizar una barra de aplicación con la navegación de páginas

Para completar la aplicación preparada, siga estos pasos:

1. Abra el archivo `DiveLog.sln` de la carpeta `DiveLog - AppBar` desde el código fuente descargado para el capítulo.
2. Abra el archivo MainPage.xaml en el diseñador. Este archivo contiene una barra de aplicación en la parte superior de la página definida con el siguiente fragmento de código:

```
<Page.TopAppBar>
   <AppBar x:Name="CommandBar" Style="{StaticResource AppBarStyle}">
      <StackPanel Orientation="Horizontal">
         <Button x:Name="NewEntryButton"
            Style="{StaticResource TopAppBarButtonStyle}"
            Tapped="NewEntryButtonTapped" Content="New Entry">
         </Button>
         <Button x:Name="LocationButton"
            Style="{StaticResource TopAppBarButtonStyle}"
            Tapped="LocationButtonTapped" Content="Location &amp; Time">
         </Button>
         <Button x:Name="DepthButton"
            Style="{StaticResource TopAppBarButtonStyle}"
            Tapped="DepthButtonTapped"
            Content="Maximum Depth &amp; Bottom Time">
         </Button>
         <Button x:Name="CompletedButton"
            Style="{StaticResource TopAppBarButtonStyle}"
            Tapped="CompletedButtonTapped" Content="Completed">
         </Button>
      </StackPanel>
   </AppBar>
</Page.TopAppBar>
```

3. Abra el archivo `MainPage.xaml.cs` y agregue el siguiente código resaltado en negrita a los métodos controladores de eventos de los botones de la barra de la aplicación:

```
private void NewEntryButtonTapped(object sender, TappedRoutedEventArgs e)
{
   Frame.Navigate(typeof(MainPage), Frame.BackStackDepth);
}

private void LocationButtonTapped(object sender, TappedRoutedEventArgs e)
{
   Frame.Navigate(typeof(Step1), Frame.BackStackDepth);
}

private void DepthButtonTapped(object sender, TappedRoutedEventArgs e)
{
   Frame.Navigate(typeof(Step2), Frame.BackStackDepth);
}

private void CompletedButtonTapped(object sender, TappedRoutedEventArgs e)
{
   Frame.Navigate(typeof(Step3), Frame.BackStackDepth);
}
```

4. Ejecute la aplicación pulsando **Control-F5** o seleccionando Depurar>Iniciar sin depurar. Cuando se abra la página principal, haga clic con el botón derecho del ratón sobre la pantalla o pulse las teclas **Windows-Z** para ver la barra de la aplicación (también puede desplazarse desde el borde superior de la pantalla con el dedo). Se abre la barra de la aplicación mostrando cuatro botones, como puede ver en la figura 10.11.

5. Haga clic en el botón **Maximum Depth & Bottom Time** (Máxima profundidad y tiempo límite). Se desplazará directamente a la página `Step2`. La etiqueta Parameter (Parámetro) muestra un 0, indicando que esta es la primera página en la pila de navegación, por lo que

llega a ella directamente desde la página de inicio, como puede ver en la figura 10.12. Si ha navegado secuencialmente a la página Step2 (primero desde `MainPage` a `Step1` y después a `Step2`), la etiqueta mostraría el parámetro 1.

Figura 10.11. La barra de la aplicación con botones que representan páginas.

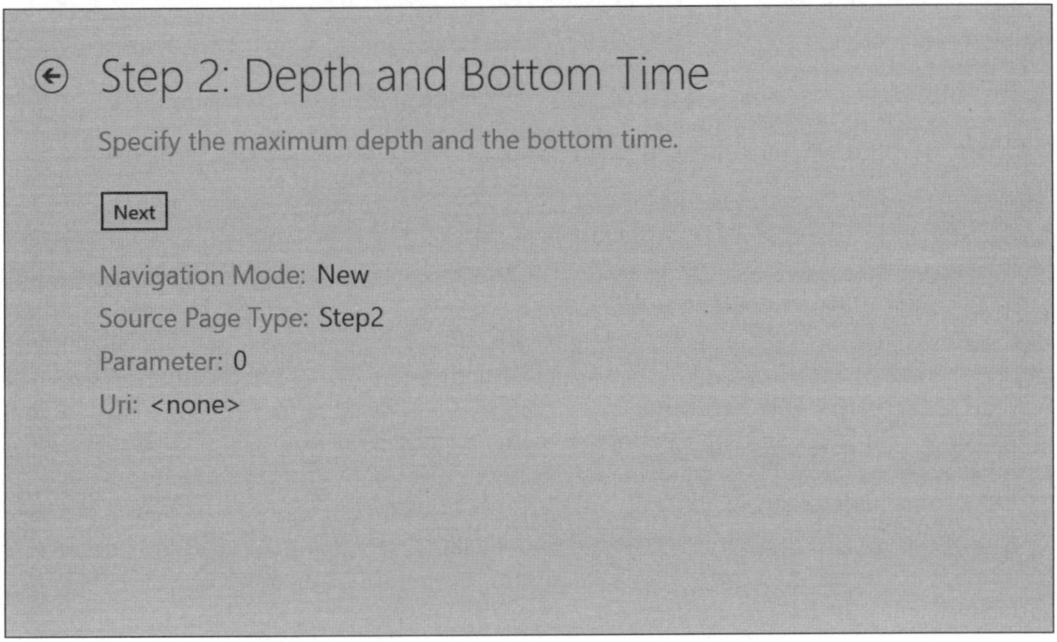

Figura 10.12. El valor Parameter de la página Step2 es 0.

6. Ahora haga doble clic en la pantalla (o pulse **Windows-Z**) para mostrar de nuevo la barra de la aplicación. ¡En la página Step2 no hay ninguna barra de aplicación!
7. Pulse el botón de desplazamiento hacia atrás y pruebe a mostrar de nuevo la barra. Esta aparece exactamente como en el paso 4.
8. Cierre la aplicación.

Cómo funciona

Al abrir la aplicación se ha mostrado el siguiente fragmento de código, que se encuentra en el archivo `App.xaml.cs`:

```
var rootFrame = new Frame();
if (!rootFrame.Navigate(typeof(MainPage)))
{
```

```
    throw new Exception("Failed to create initial page");
}
Window.Current.Content = rootFrame;
Window.Current.Activate();
```

Como resultado de este código, se ha mostrado la jerarquía de los contenedores de diseño, que puede ver en la figura 10.13.

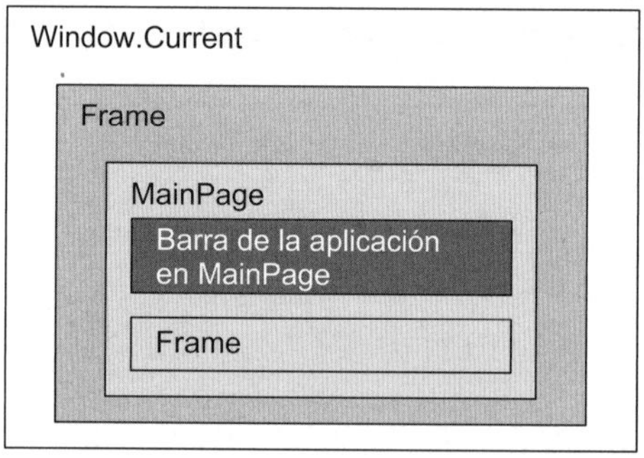

Figura 10.13. Jerarquía del contenedor de diseño cuando se muestra la página MainPage.

Cuando intenta mostrar una barra de la aplicación, Windows Runtime la busca empezando desde `Window.Current` y haciendo un recorrido hasta `Frame` y después hasta la página dentro de la instancia `Frame`. Este elemento contiene una instancia de `MainPage` con una barra de la aplicación, por lo que se ha mostrado dicha barra. Si no se encuentra la barra de la aplicación, la búsqueda volvería a hacer un recorrido por la jerarquía del elemento `Frame` que contiene `MainPage`, a no ser que se encuentre otra barra de la aplicación o haya terminado la jerarquía.

Después de navegar desde `MainPage` a `Step2` (como resultado de la llamada `Frame.Navigate(typeof(Step1))`, se ha cambiado la jerarquía del diseño, como muestra la figura 10.14.

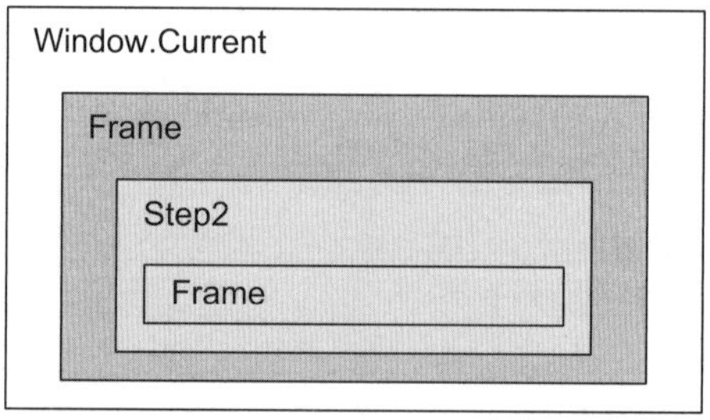

Figura 10.14. Jerarquía del contenedor de diseño cuando se muestra la página Step2.

En este jerarquía, el algoritmo de la búsqueda no ha encontrado ninguna barra de aplicación, por lo que no ha podido mostrarla en el paso 6.

Evidentemente este problema se puede solucionar, como aprenderá en el siguiente ejercicio.

Arreglar el problema de la barra de la aplicación

La clave para solucionar el problema de una barra de aplicación faltante es utilizar el mecanismo transversal que acaba de aprender. En lugar de utilizar la jerarquía de diseño mostrada en las figuras 10.13 y 10.14 debe crear una nueva, como la mostrada en la figura 10.15.

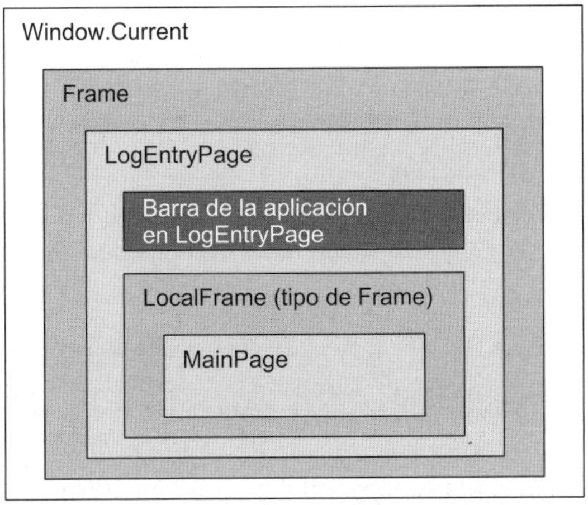

Figura 10.15. Jerarquía de diseño arreglada.

Esta jerarquía contiene un nuevo objeto `Page` denominado `LogEntryPage`. Esta página contiene la barra de la aplicación y anida un nuevo objeto `Frame` denominado `LocalFrame`. Al navegar entre las páginas, se utilizará `LocalFrame` en lugar del `Frame` de `Windows.Current`. Por tanto, al navegar a la página `Step2`, la jerarquía de diseño será la mostrada en la figura 10.16. Como puede comprobar, el algoritmo de búsqueda encontrará y mostrará la barra de aplicación de `LogEntryPage`.

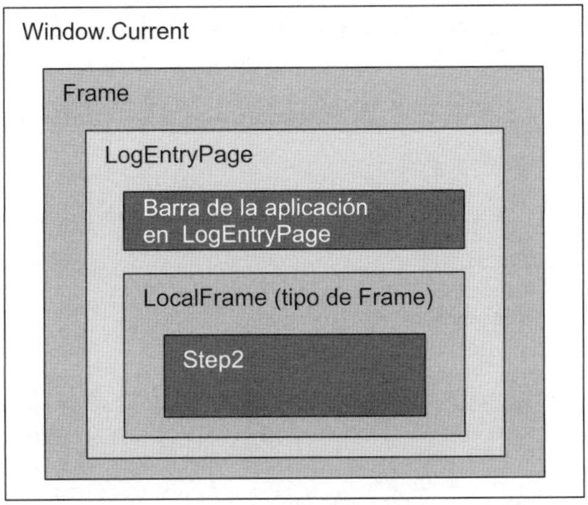

Figura 10.16. Jerarquía de diseño arreglada después de navegar a la página Step2.

Ejercicio: Arreglar el problema de la barra de la aplicación.

Para aplicar los cambios en la jerarquía del diseño y arreglar el problema de la barra de la aplicación, siga estos pasos:

1. Si ha cerrado Visual Studio tras finalizar el ejercicio anterior, abra y cargue de nuevo el archivo `DiveLog.sln` utilizado la última vez.
2. Seleccione el proyecto DiveLog en el Explorador de soluciones y agregue una nueva página seleccionando Proyecto>Agregar nuevo elemento y utilizando la plantilla Página en blanco.
3. Cuando se abra la nueva página en el diseñador, reemplace el elemento `<Grid>` (incluso la etiqueta de cierre `</Grid>`) con la siguiente definición de `Frame`:

   ```
   <Frame x:Name="LocalFrame" />
   ```

4. Abra el archivo `MainPage.xaml` en el diseñador. En el panel XAML, seleccione todo el fragmento de código de `<Page.TopAppBar>` (desde el principio hasta el último carácter de la etiqueta de cierre `</Page.TopAppBar>`) y córtelo pulsando **Mayús-Supr**. Cambie de nuevo a `LogEntryPage.xaml` y coloque el cursor al principio de la definición de `<Frame>` agregada en el paso anterior. Pulse **Control-V** para pegar la definición de `<Page.TopAppBar>`.
5. Abra el archivo MainPage.xaml.cs y seleccione el código perteneciente a los últimos cuatro métodos (`NewEntryButtonTapped`, `LocationButtonTapped`, `DepthButtonTapped` y `CompletedButtonTapped`). Corte este código pulsando **Mayús-Supr**.
6. Abra el archivo `LogEntryPage.xaml.cs` y coloque el cursor antes de la llave de cierre de la definición de la clase. Pegue el código cortado en el paso anterior pulsando **Control-V**.
7. Cambie todas las instancias de `Frame` en el código pegado por `LocalFrame`. Tiene dos instancias en cada uno de los cuatro métodos por lo que en total tendrá que cambiar ocho instancias.
8. Agregue la siguiente línea de código en cada uno de los cuatro métodos pegados en el paso 6:

   ```
   CommandBar.IsOpen = false;
   ```

9. Escriba el siguiente código resaltado en negrita en el cuerpo del método `OnNavigatedTo`:

   ```
   protected override void OnNavigatedTo(NavigationEventArgs e)
   {
      LocalFrame.Navigate(typeof(MainPage));
   }
   ```

   Ahora el código completo del archivo `LogEntryPage.xaml.cs` debería ser como el siguiente (omitimos los comentarios y las directivas `using` que no se utilizan para abreviar):

   ```
   using Windows.UI.Xaml.Controls;
   using Windows.UI.Xaml.Input;
   using Windows.UI.Xaml.Navigation;
   ```

```
namespace DiveLog
{
   public sealed partial class LogEntryPage : Page
   {
      public LogEntryPage()
   {
         this.InitializeComponent();
      }

      protected override void OnNavigatedTo(NavigationEventArgs e)
      {
         LocalFrame.Navigate(typeof(MainPage));
      }

      private void NewEntryButtonTapped(object sender, TappedRoutedEventArgs e)
      {
         LocalFrame.Navigate(typeof(MainPage), LocalFrame.BackStackDepth);
         CommandBar.IsOpen = false;
      }

      private void LocationButtonTapped(object sender, TappedRoutedEventArgs e)
      {
         LocalFrame.Navigate(typeof(Step1), LocalFrame.BackStackDepth);
         CommandBar.IsOpen = false;
      }

      private void DepthButtonTapped(object sender, TappedRoutedEventArgs e)
      {
         LocalFrame.Navigate(typeof(Step2), LocalFrame.BackStackDepth);
         CommandBar.IsOpen = false;
      }

      private void CompletedButtonTapped(object sender, TappedRoutedEventArgs e)
      {
         LocalFrame.Navigate(typeof(Step3), LocalFrame.BackStackDepth);
         CommandBar.IsOpen = false;
      }
   }
}
```

10. Abra el archivo App.xaml.cs y localice la siguiente línea dentro del cuerpo del método `OnLaunched`:

    ```
    if (!rootFrame.Navigate(typeof(MainPage)))
    ```

11. Reemplace `MainPage` con `LogEntryPage`, como se muestra a continuación:

    ```
    if (!rootFrame.Navigate(typeof(LogEntryPage)))
    ```

12. Ejecute la aplicación **Control-F5** o Depurar>Iniciar sin depurar. Puede navegar a todas las páginas utilizando la barra de la aplicación ya que ahora se abre en todas ellas (al contrario que en el ejercicio anterior). Pruebe a navegar por las páginas utilizando la barra de la aplicación.

13. Cierre la aplicación.

Cómo funciona

En el paso 2 ha agregado el archivo LogEntryPage a su proyecto para implementar el concepto de diseño ilustrado en la figura 10.15. En el paso 3 ha creado el elemento LocalFrame. En los siguientes pasos (del paso 4 al 8), ha movido la barra de la aplicación y los métodos controladores de eventos relacionados con LogEntryPage. En los pasos 9 y 10 ha establecido LogEntryPage como página raíz de la aplicación. Ha modificado el archivo App.xaml.cs para que la aplicación utilice LogEntryPage en lugar de MainPage. El código agregado en el paso 9 ha reenviado su aplicación a MainPage justo después de iniciarse.

Como puede ver, no ha modificado el código de las páginas existentes, excepto para mover el código de la barra de la aplicación. Como resultado de estos cambios, ahora la aplicación funciona como debería.

Hasta ahora, en este capítulo solo ha utilizado la navegación de páginas. Sin embargo, puede navegar a páginas Web y abrir archivos a través de aplicaciones asociadas, como aprenderá en la siguiente sección

Abrir archivos y páginas Web

Desde la aplicación que se esté ejecutando actualmente puede abrir otros archivos con cualquiera de las aplicaciones asociadas con la extensión del archivo. El espacio de nombres Windows. System contiene un objeto Launcher responsable de conseguir precisamente esta tarea. El uso de este objeto es muy fácil, como demuestra la solución de ejemplo LaunchFiles.sln de la carpeta LaunchFiles que se encuentra en el código fuente descargado para este capítulo. Launcher es una clase estática con dos métodos:

- LauchFileAsynch acepta un argumento de archivo (un objeto IStorageFileObject) y abre la aplicación asociada al tipo de archivo especificado.
- LaunchUriAsync acepta un argumento Uri e inicia el explorador predeterminado (o el especificado) con el URI dado.

Ambos métodos tienen una sobrecarga que acepta un segundo argumento con un tipo de LauncherOptions. Con esta opción puede especificar varias opciones para abrir una asociación de archivo o un URI.

Vamos a examinar algunos ejemplos que utilizan Launcher. Para iniciar la aplicación predeterminada asociada a la extensión de archivo .png, utilice el siguiente fragmento de código:

```
const string FILE = @"Assets\Surface.png";
// ...
var file = await Package.Current.InstalledLocation.GetFileAsync(FILE);
if (file != null)
{
```

```
    bool success = await Launcher.LaunchFileAsync(file);
    if (success)
    {
       // --- La aplicación se ha abierto con éxito
    }
    else
    {
       // --- La aplicación no se ha podido abrir
    }
else
{
    // --- No se puede acceder al archivo
}
```

Para abrir un URI se utiliza el mismo patrón:

```
const string URI = "http://msdn.com";
// ...
bool success = await Launcher.LaunchUriAsync(file);
if (success)
{
    // --- El URI se ha abierto con éxito
}
else
{
    // --- El URI no se ha podido abrir
}
```

Si utiliza el argumento `LauncherOptions`, puede pedir una confirmación al usuario antes de iniciar la aplicación, como indica el siguiente código resaltado en negrita:

```
const string FILE = @"Assets\Surface.png";
// ...
var file = await Package.Current.InstalledLocation.GetFileAsync(FILE);
if (file != null)
{
    var options = new LauncherOptions();
    options.TreatAsUntrusted = true;
    bool success = await Launcher.LaunchFileAsync(file);
    if (success)
    {
       // --- La aplicación se ha abierto con éxito
    }
    else
    {
       // --- El usuario no ha permitido abrir la aplicación
    }
else
{
    // --- No se puede acceder al archivo
}
```

Con `LauncherOptions`, puede incluso dejar que el usuario abra la aplicación asociada utilizando el cuadro de diálogo Abrir con:

```
const string FILE = @"Assets\Surface.png";
// ...
var file = await Package.Current.InstalledLocation.GetFileAsync(FILE);
if (file != null)
{
    var transform = StartOpenWithButton.TransformToVisual(null);
    var popupLocation = transform.TransformPoint(new Point());
    popupLocation.Y += StartOpenWithButton.ActualHeight;
    var options = new LauncherOptions();
    options.DisplayApplicationPicker = true;
    options.UI.PreferredPlacement = Placement.Below;
    options.UI.InvocationPoint = popupLocation;
    bool success = await Launcher.LaunchFileAsync(file, options);
    // --- Controlar el estado de la apertura
}
// --- Controlar los problemas con el archivo
```

Este código establece en `true` la propiedad `DisplayApplicationPicker` por lo que emergerá el cuadro de diálogo Abrir con. En este cuadro de diálogo podrá seleccionar la aplicación con la que se debe abrir el archivo especificado. La propiedad `PreferredPlacement` se establece en `Placement.Below`, por lo que se tiene en cuenta la propiedad `InvocationPoint` como posición superior izquierda del cuadro de diálogo del selector. Esta posición se calcula según la posición del botón (`StartOpenWithButton`) utilizado para ejecutar este fragmento de código.

> **Nota:** Puede encontrar todos los ejemplos del código anterior en el archivo `MainPage.xaml.cs` de la carpeta `LaunchFiles` que se encuentra en el código fuente descargado para este capítulo.

Ahora que conoce los conceptos fundamentales y los detalles de navegación es el momento de conocer el comportamiento de dos extraordinarias plantillas de Visual Studio: Aplicación dividida y Aplicación de cuadrícula.

Utilizar las plantillas Aplicación dividida y Aplicación de cuadrícula

El equipo de Windows 8 en Microsoft hace mucho énfasis en facilitar a los desarrolladores el seguimiento de patrones de diseño de Windows 8, incluidas la representación del contenido y la navegación. Para admitir estos patrones, Visual Studio proporciona dos plantillas de aplicación de Windows 8 que mejoran el desarrollo de su aplicación proporcionando un rápido inicio:

- La plantilla Aplicación dividida admite la navegación jerárquica. Es un proyecto de dos páginas para una aplicación que navega entre elementos agrupados, como muestra la figura 10.17. La primera página permite la selección del grupo y la segunda muestra una lista de elementos junto con detalles para el elemento seleccionado.

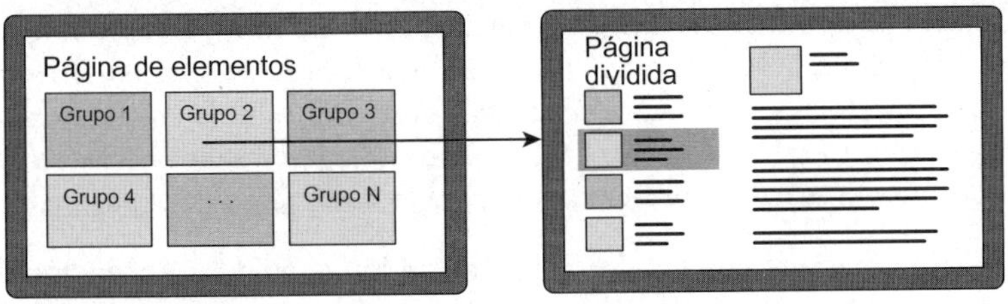

Figura 10.17. Estructura de navegación de la plantilla Aplicación dividida.

- La plantilla Aplicación de cuadrícula admite la navegación jerárquica, como muestra la figura 10.18. Es un proyecto de tres páginas para una aplicación que navega entre grupos de elementos. La primera página permite la selección del grupo y las otras dos se dedican a mostrar detalles del grupo y de los elementos, respectivamente.

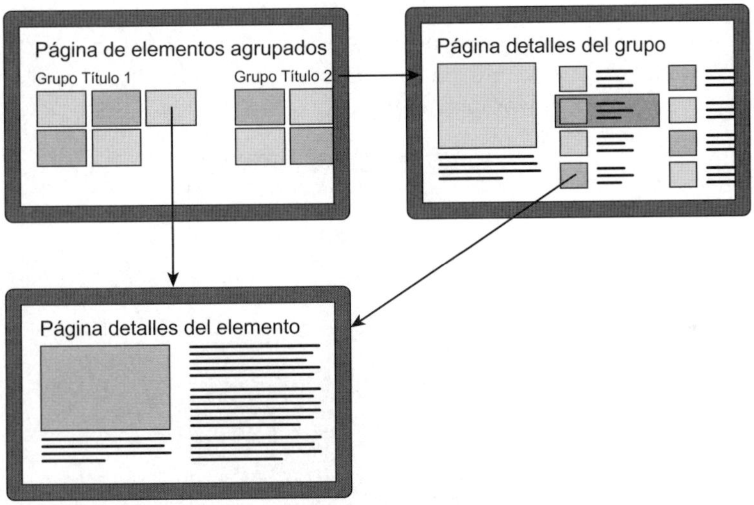

Figura 10.18. Estructura de navegación de la plantilla Aplicación de cuadrícula.

Estas plantillas incluyen muchas herramientas útiles que administran el comportamiento de su aplicación:

- **Fuentes de datos de ejemplo:** Las plantillas proporcionan estos elementos en el momento del diseño, ayudándole a previsualizar la UI sin tener que ejecutar su aplicación.
- **Diseño de la aplicación:** Las páginas en estas plantillas controlan los distintos estados visuales de la aplicación. Cuando gira su dispositivo (por ejemplo, de una vista horizontal a una vertical) o acopla dos aplicaciones en pantalla, el diseño de la página se acomoda al nuevo estado visual.
- **Administración de estado:** No tiene que preocuparse de guardar y restablecer el estado de la aplicación (recuerde la explicación sobre el ciclo de vida de una aplicación Windows 8 en el capítulo 9). Estas plantillas controlan los eventso de la aplicación `Suspending` y `Resuming`.

- **Navegación:** Su aplicación controla los eventos del teclado y del ratón de forma automática. Por ejemplo, cuando el usuario pulsa las combinaciones de teclas **Alt-Flecha izquierda** o **Alt-Flecha derecha**, su aplicación navega hacia atrás o hacia delante, respectivamente. Además, cuando el ratón admite los botones de desplazamiento hacia atrás y hacia delante, dichos botones se utilizan correctamente para la navegación de la página.

Antes de crear aplicaciones con las plantillas Aplicación dividida y Aplicación de cuadrícula, merece la pena que se familiarice con las estructuras y los conjuntos de herramientas que proporcionan.

Estructura de las plantillas

Cuando crea una nueva aplicación con las plantillas Aplicación dividida y Aplicación de cuadrícula, su proyecto se equipa con varios archivos de código muy útiles, que puede ver en la figura 10.19. Aunque en esta figura puede ver una aplicación creada sobre la plantilla Aplicación dividida, estos archivos tienen el mismo contenido en ambas plantillas. La tabla 10.2 recoge las representaciones de estos archivos de código.

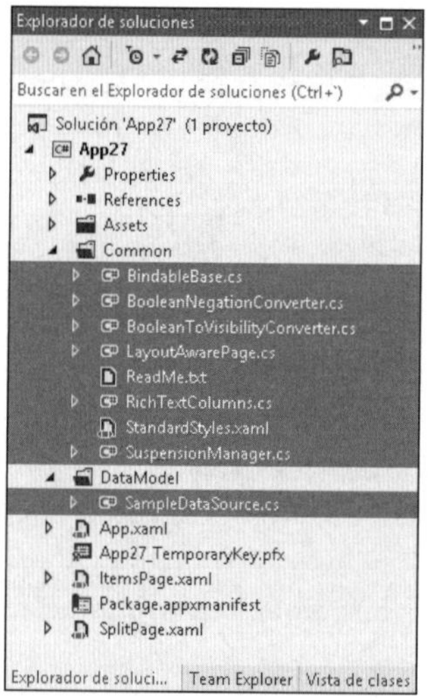

Figura 10.19. Archivos de infraestructura de código creados por las plantillas Aplicación dividida y Aplicación de cuadrícula.

Tabla 10.2. Archivos de infraestructura común en las plantillas Aplicación dividida y Aplicación de cuadrícula.

Archivo	Descripción
`BindableBase.cs`	Este archivo contiene la clase abstracta `BindableBase`, una clase de ayuda para implementar la interfaz

Archivo	Descripción
	INotifyPropertyChanged, que representa un papel importante en el enlace de datos XAML, tal como ha aprendido en el capítulo 8. Puede utilizar esta clase para derivar sus clases de modelo (es decir, clases que representan los datos que se van a mostrar en la aplicación). Las clases de modelo en el archivo SampleDataSource.cs derivan de esta clase.
BooleanNegationConverter.cs	Se trata de una clase de conversor del enlace de datos que niega el valor de un indicador booleano. En las plantillas no se utiliza directamente.
BooleanToVisibilityConverter.cs	Esta es una clase de conversor de enlace de datos que traduce los valores booleanos true y false en los valores Visible y Collapsed de la enumeración de Visibility. Aunque este conversor no se utiliza directamente en las plantillas, es muy conveniente cuando quiere enlazar la visibilidad de un elemento UI a un valor booleano.
LayoutAwarePage.cs	Este archivo implementa la clase LayoutAwarePage que añade funcionalidad a sus páginas, como la administración del ciclo de vida de la aplicación, controlar el estado visual y la navegación. Aprenderá más sobre esta clase más adelante.
Readme.txt	Contiene toda la descripción genérica corta de los archivos que se encuentran en la carpeta Common.
RichTextColumns.cs	Contiene la clase RichTextColumns que le ayuda a controlar múltiples columnas de texto enriquecido y tareas de desplazamiento relacionadas. Esta clase solo se utiliza en la plantilla Aplicación de cuadrícula.
StandardStyles.xaml	Este archivo contiene recursos predefinidos (estilos, plantillas de datos, etc.).

Archivo	Descripción
SuspensionManager.cs	Contiene una implementación de la clase SuspensionManager que captura estados de sesión globales para simplificar la administración del tiempo de vida de la aplicación.
SampleDataSource.cs	Esta clase define una fuente de datos de ejemplo para su aplicación que se puede utilizar en tiempo de diseño.

Además de los archivos comunes, las plantillas Aplicación dividida y Aplicación de cuadrícula contienen sus propios archivos de página, cuyo resumen recogen las tablas 10.3 y 10.4 respectivamente.

Tabla 10.3. Páginas de la plantilla Aplicación dividida.

Archivo de página	Descripción
ItemsPage.xaml	Esta es la página de inicio de la aplicación. Muestra los grupos de elementos en un GridView (o en un ListView en el modo acoplado).
SplitPage.xaml	Al seleccionar un grupo en la vista ItemsPage, se navega a esta página. Contiene una lista de los elementos a la izquierda y los detalles del elemento seleccionado a la derecha. En modo acoplado, esta vista funciona como si la lista y los detalles del elemento fuesen dos páginas separadas.

Tabla 10.4. Páginas de la plantilla Aplicación de cuadrícula.

Archivo de página	Descripción
GroupedItemsPage.xaml	Esta es la página de inicio de la aplicación. Muestra todos los grupos y sus elementos en un GridView (o en un ListView en modo acoplado).
GroupDetailPage.xaml	Al seleccionar un encabezado de grupo en la vista GroupedItemsPage se navega a esta página. Contiene la información detallada sobre el grupo y sus elementos.
ItemDetailPage.xaml	Al seleccionar un elemento en la vista GroupedItemsPage o en la vista GroupDetailPage se navega a esta página. Contiene los detalles del elemento seleccionado.

Igual que la mayoría de aplicaciones de Windows 8, estas plantillas utilizan el patrón de diseño Modelo-Vista-ViewModel (MVVM, *Model-View-ViewModel*) para separar las responsabilidades de los objetos que componen la aplicación. Si quiere conocer mejor estas plantillas, no puede evitar el estudio de una visión general sobre MVVM.

Para controlar los elementos de cooperación de su aplicación de la forma más ágil posible, MVVM sugiere que divida los elementos de su aplicación alrededor de tres representaciones de `Model`, `View` y `ViewModel`. `Model` representa un objeto que recupera su contenido (datos de la aplicación) y escribe las modificaciones en un almacén (base de datos). `View` es la UI que muestra el contenido de la aplicación. En el caso de aplicaciones Windows 8 que utilizan XAML, `View` es el código XAML que representa su UI.

Para separar `Model` y `View`, los datos se transfieren a través de un `ViewModel` que se encuentra entre ellos. Cuando se consulta a `Model` para obtener un contenido determinado, recupera un `ViewModel` que representa ese contenido. `View` utiliza `ViewModel` para mostrar los datos que provienen de `Model`. Cuando el usuario modifica alguna información en la UI, `View` utiliza un objeto `ViewModel` y lo envía a `Model` para que se conserve.

> **Nota:** El equipo de patrones y prácticas de Microsoft ha publicado un extraordinario artículo sobre MVVM (`http://msdn.microsoft.com/es-ES/library/gg430869(v=PandP.40).aspx`) que proporciona una solución detallada a través de un ejemplo de aplicación. Aunque dicho ejemplo utiliza Silverlight, se puede aplicar fácilmente a aplicaciones de Windows 8 escritas en C#.

Cuando empieza a trabajar con una nueva plantilla de **Aplicación dividida** o **Aplicación de cuadrícula**, estas contienen un elemento `Model` y diversos `ViewModel` y `View` (una vista por cada tipo de página). Si quiere personalizar la aplicación, tiene que seguir estos pasos:

1. Modifique `Model` para recuperar el tipo de contenido que quiere mostrar. También puede modificar `Model` para guardar contenido modificado.
2. A medida que evoluciona su `Model`, especifique las clases `ViewModel` que representan los datos recuperados de `Model` o que van a persistir en él.
3. Cambie la UI predefinida (páginas de plantilla) según el contenido de su aplicación y utilice el enlace de datos XAML para unir `ViewModel` a su UI.
4. Opcionalmente, cambie los estilos, el contenido y las plantillas de datos para proporcionar su propio diseño visual.
5. Opcionalmente, agregue nuevas páginas a su aplicación e implemente su lógica de navegación.

En las carpetas `FamilyTripsSplit` y `FamilyTripsGrid` del código fuente descargado para el capítulo puede encontrar aplicaciones de ejemplo preparadas creadas con las plantillas **Aplicación dividida** y **Aplicación de cuadrícula**, respectivamente. Estas aplicaciones muestran fotografías con sus descripciones, como puede ver en el ejemplo de la figura 10.20.

Figura 10.20. Aplicación FamilyTrips basada en la plantilla Aplicación de cuadrícula.

Tal como aprenderá en la siguiente sección, merece la pena abrir estas aplicaciones de ejemplo y compararlas regularmente con las versiones recién creadas (y sin personalizar) de las plantillas Aplicación dividida y Aplicación de cuadrícula.

Administrar datos de ejemplo y datos en tiempo de ejecución

La carpeta `DataModel` contiene un archivo `SampleDataSource.cs` que representa el contenido de la aplicación de plantilla en memoria, como si se hubiese leído desde una base de datos (o consultado desde una fuente de datos de Internet). La tabla 10.5 recoge un resumen de los tipos de este archivo y sus representaciones.

Tabla 10.5. Tipos en el archivo SampleDataSource.cs.

Tipo	Descripción
`SampleDataCommon`	Un tipo que representa una clase `ViewModel` abstracta con un ID único, un título, un subtítulo, una descripción y una imagen.
`SampleDataItem`	Un elemento de datos (`ViewModel`) que hereda los atributos de `SampleDataCommon` y que agrega una propiedad `Content`.

Tipo	Descripción
SampleDataGroup	Un elemento de datos (ViewModel) que hereda atributos de SampleDataCommon y que agrega una propiedad Items que representa las instancias de SampleDataItem que pertenecen a dicho grupo.
SampleDataSource	La clase Model que tiene varias operaciones (de solo lectura) como GetGroups, GetGroup y GetItem.

La clase SampleDataSource se utiliza como datos de ejemplo durante el diseño de páginas. Este comportamiento se define en un recurso CollectionViewSource en los archivos XAML de las páginas de la aplicación:

```
<!-- d:Source se ha descompuesto en tres líneas para una mejor legibilidad, -->
<!-- sin embargo, deben escribirse en una sola línea -->
<CollectionViewSource
   x:Name="itemsViewSource"
   Source="{Binding Items}"
   d:Source="{Binding AllGroups,
      Source={d:DesignInstance Type=data:SampleDataSource,
      IsDesignTimeCreatable=True}}" />
```

El atributo d:source del elemento <CollectionViewSource> indica que se debe utilizar la propiedad AllGroups de SampleDataSource durante el tiempo de diseño. El atributo Source define la fuente de datos en tiempo de ejecución. Los datos están enlazados a los elementos de la UI a través de la propiedad ItemsSource de los controles de la UI. Por ejemplo, ItemsPage.xaml contiene un elemento GridView y un elemento ListView que hacen referencia al CollectionViewSource por su nombre (itemsViewSource):

```
<GridView
   <!-- ... -->
   ItemsSource="{Binding Source={StaticResource itemsViewSource}}"
   <!-- ... -->
/>

<ListView
   <!-- ... -->
   ItemsSource="{Binding Source={StaticResource itemsViewSource}}"
   <!-- ... -->
/>
```

Las plantillas Aplicación dividida y Aplicación de cuadrícula utilizan la clase SampleDataSource no solo en tiempo de diseño, sino también como fuente de datos en tiempo de ejecución. La asignación en tiempo de ejecución se hace en el método LoadState de las páginas iniciales de la aplicación:

```
protected override void LoadState(Object navigationParameter,
      Dictionary<String, Object> pageState)
{
```

```
    var sampleDataGroups = SampleDataSource.GetGroups((String)navigationParameter);
    this.DefaultViewModel["Items"] = sampleDataGroups;
}
```

Al colocar sampleDataGroups en el elemento Items del contenedor DefaultViewModel se enlazan los datos al CollectionViewSource debido a la declaración Source={Binding Items}.

> **Nota:** Las aplicaciones de ejemplo FamilyTrips (tanto la basada en un aplicación dividida como la basada en una de cuadrícula) contienen una clase TripDataSource que representa el origen de datos en tiempo de diseño y en tiempo de ejecución de la aplicación. TripDataSource se crea con una estructura muy similar a la de SampleDataSource.

Administración del diseño

Ambas plantillas derivan todas las clases de página de la clase LayoutAwarePage que se encuentra en la carpeta Common. Esta clase asume la responsabilidad de administrar el diseño de la aplicación. Cuando gira la pantalla de un dispositivo móvil o acopla aplicaciones, el diseño se administra de forma automática.

En cuanto se carga la página heredada de LayoutAwarePage, se suscribe al evento SizeChanged de la ventana actual. Una vez activado el evento, LayoutAwarePage mueve la página automáticamente al estado visual apropiado. Cuando la ventana cambia de tamaño, no solo cambia el tamaño de los controles existentes sino también todo el diseño de la página. Por ejemplo, cuando se acopla en la pantalla una aplicación basada en la plantilla Aplicación dividida, el diseño de la vista ItemsPage cambia de GridView a ListView, debido al marcado resaltado en negrita en la siguiente declaración:

```
<VisualStateManager.VisualStateGroups>
   <VisualStateGroup x:Name="ApplicationViewStates">
      <VisualState x:Name="FullScreenLandscape"/>
      <VisualState x:Name="Filled"/>
      <VisualState x:Name="FullScreenPortrait">
         <!-- Detalles omitidos para abreviar -->
      </VisualState>
      <VisualState x:Name="Snapped">
         <Storyboard>
         <!-- Se omite animación del botón de desplazamiento hacia atrás y título -->
            <ObjectAnimationUsingKeyFrames
                  Storyboard.TargetName="itemListView"
               Storyboard.TargetProperty="Visibility">
               <DiscreteObjectKeyFrame KeyTime="0" Value="Visible"/>
         </ObjectAnimationUsingKeyFrames>
         <ObjectAnimationUsingKeyFrames
                  Storyboard.TargetName="itemGridView"
            Storyboard.TargetProperty="Visibility">
            <DiscreteObjectKeyFrame KeyTime="0" Value="Collapsed"/>
```

```
            </ObjectAnimationUsingKeyFrames>
        </Storyboard>
        </VisualState>
    </VisualStateGroup>
</VisualStateManager.VisualStateGroups>
```

Este marcado establece la propiedad `Visibility` de `ListView` en `Visible` (y lo muestra) y la propiedad `Visibility` de `GridView` en `Collapsed` (y lo oculta). Puede utilizar una solución similar para alterar al diseño de sus aplicaciones de forma adaptativa a medida que cambia el tamaño de la ventana.

Utilizar páginas lógicas

La vista `SplitPage` de la plantilla Aplicación dividida tiene un truco. Originalmente divide la pantalla en dos paneles, una vista de lista a la izquierda y una vista de detalles a la derecha. Sin embargo, cuando cambia el diseño de la ventana a vertical o al modo acoplado, el ancho restante de la ventana no es suficiente para mostrar ambos paneles.

En este caso, la página admite la navegación interna entre la vista de lista y la de detalles, como si una página física tuviese en realidad dos. La vista `SplitPage` se controla como si tuviese dos páginas lógicas. Cuando el usuario navega desde la lista a un elemento, se oculta la vista de lista y solo se muestra la vista de detalles. Cuando se utiliza el botón de desplazamiento hacia atrás en el panel de detalles, se navega solo a la vista de lista.

Utilizar columnas de texto enriquecido

La vista `ItemDetailPage` de la plantilla Aplicación de cuadrícula utiliza un control `FlipView` para representar su contenido.

La plantilla de `FlipView` contiene un `ScrollView` (para habilitar el desplazamiento horizontal a través de un contenido largo) que utiliza `RichTextColumns` para mostrar el contenido en múltiples columnas en la pantalla:

```
<common:RichTextColumns x:Name="richTextColumns" Margin="117,0,117,47">
   <RichTextBlock x:Name="richTextBlock" Width="560"
      Style="{StaticResource ItemRichTextStyle}">
      <Paragraph>
         <Run FontSize="26.667" FontWeight="Light" Text="{Binding Title}"/>
         <LineBreak/>
         <LineBreak/>
         <Run FontWeight="SemiBold" Text="{Binding Subtitle}"/>
      </Paragraph>
      <Paragraph LineStackingStrategy="MaxHeight">
         <InlineUIContainer>
            <Image x:Name="image" MaxHeight="480" Margin="0,20,0,10"
               Stretch="Uniform" Source="{Binding Image}"/>
         </InlineUIContainer>
      </Paragraph>
      <Paragraph>
         <Run FontWeight="SemiLight" Text="{Binding Content}"/>
```

```
      </Paragraph>
   </RichTextBlock>

   <common:RichTextColumns.ColumnTemplate>
      <DataTemplate>
         <RichTextBlockOverflow Width="560" Margin="80,0,0,0">
            <RichTextBlockOverflow.RenderTransform>
               <TranslateTransform X="-1" Y="4"/>
            </RichTextBlockOverflow.RenderTransform>
         </RichTextBlockOverflow>
      </DataTemplate>
   </common:RichTextColumns.ColumnTemplate>
</common:RichTextColumns>
```

El atributo `Width` del elemento `<RichTextBox>` define que el ancho de la primera columna sea de 560 píxeles. El primer elemento `<Paragraph>` anida el título, el subtítulo y la descripción del elemento. El segundo `<Paragraph>` contiene la imagen y el tercero anida el contenido que puede ser muy largo, incluso que consume varias columnas.

Cuando el contenido de `<RichTextColumns>` no encaja en una columna en la página, se añaden automáticamente columnas adicionales al que puede desbordarse el contenido. El elemento `<common:RichTextColumns.ColumnTemplate>` define una plantilla para las columnas de texto enriquecido adicionales. Utiliza un elemento `<RichTextBlockOverFlow>` con una anchura de 560 píxeles de ancho (el mismo ancho que el de la primera columna). Si lo cambia a `280`, reconocerá las columnas desbordadas, como puede ver en la figura 10.21, ya que el contenido era más estrecho que la primera columna.

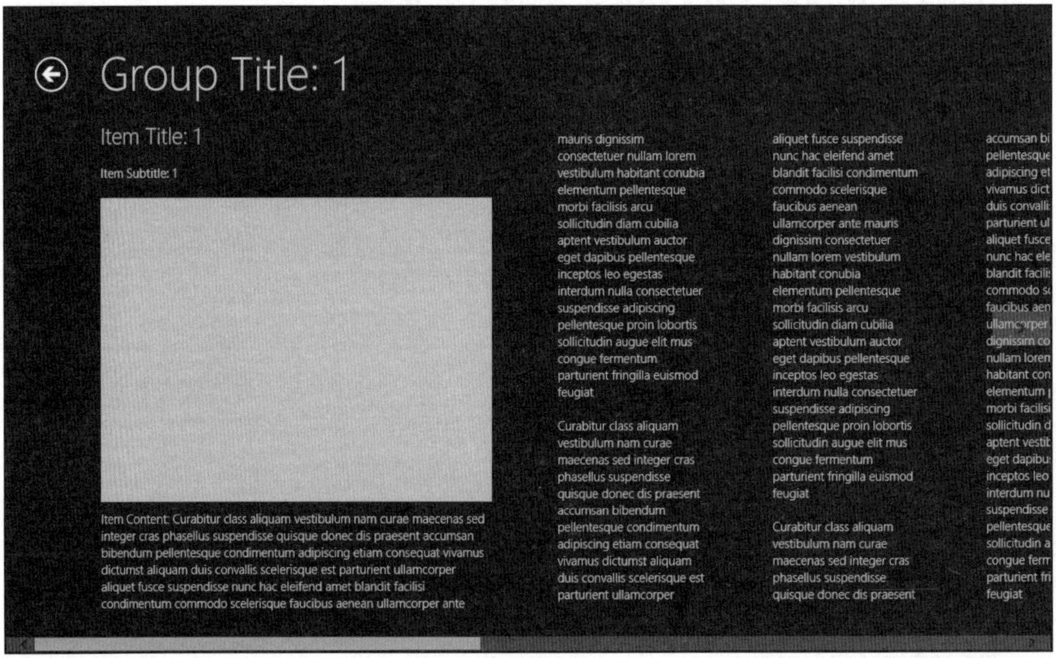

Figura 10.21. Las columnas de desbordamiento son más estrechas que la primera columna.

Nota: Las aplicaciones de ejemplo FamilyTrips no modifican el mecanismo de diseño original. Sin embargo, cambian algunos estilos en el archivo de recurso `StandardStyles.xaml` para personalizar el diseño de la página.

Otras opciones para estudiar

Puede obtener grandes ideas a partir del estudio de las plantillas Aplicación dividida y Aplicación de cuadrícula. Estos son algunos de los elementos que merece la pena examinar:

- Busque el constructor de `LayoutAwarePage` y estudie los métodos del estado `Visual` cambiando la sección para determinar cómo se administran los cambios de tamaño de la ventana dentro de esta clase.
- También puede utilizar la clase `SuspensionManager` en sus otras aplicaciones. Búsquela para saber cómo guarda y carga los cambios de la aplicación.
- La clase `RichTextColumns` implementa un control de panel que crea columnas adicionales a petición para el texto enriquecido desbordado. Ejecuta una tarea muy complicada con una cantidad de código relativamente pequeña.
- El archivo `StandardStyles.xaml` contiene una gran variedad de estilos y plantillas de recursos que puede utilizar también en otras aplicaciones.

Resumen

La mayoría de las aplicaciones tienen múltiples pantallas o páginas, utilizando la terminología de Windows 8. Existen diversos patrones que ayudan a los usuarios a explorar contenido en la aplicación de forma intuitiva. Estos patrones incluyen la navegación de concentración, la navegación directa, la navegación jerárquica y el zoom semántico.

El objeto principal en escenarios de múltiples páginas es `Page`, el elemento base de UI que representa la página de la aplicación. Cada instancia de `Page` tiene un objeto `Frame` asociado (al que se puede acceder a través de la propiedad `Frame`) que controla el contenido de la página. Puede utilizar la propiedad `Frame` para navegar a otras páginas, pasando el tipo que representa la página de destino.

Puede controlar eventos relacionados con la navegación, como `NavigatingFrom`, `NavigatedFrom` y `NavigatedTo`. Si quiere controlar estos eventos dentro de una clase derivada de `Page`, puede sobrescribir los métodos `OnNavigatingFrom`, `OnNavigatedFrom` y `OnNavigatedTo`, respectivamente.

No es necesario que empiece a crear sus aplicaciones a partir de páginas vacías. Las plantillas Aplicación dividida y Aplicación de cuadrícula proporcionan un inicio rápido que se ajusta a diversos escenarios. Estas plantillas ofrecen herramientas de ayuda predefinidas. Entre otras cosas, administran una fuente de datos de ejemplo, un estado visual que cambia con el tamaño de la ventana (por ejemplo, al girar el dispositivo o al acoplar aplicaciones en pantalla) y un estado de ciclo de vida de la aplicación.

En el capítulo 11 conocerá algunas extraordinarias opciones nuevas de Windows 8 que le permiten crear aplicaciones conectadas, que funcionan juntas entre sí o con otros servicios de Internet.

Ejercicios

1. ¿Cómo se denomina el patrón de navegación en el que puede seleccionar un elemento de una lista de grupos y al navegar a dicho grupo puede seleccionar otro elemento al que desea ir desde una lista?
2. ¿Qué propiedad del objeto `Page` proporciona un papel clave en la navegación?
3. ¿Cómo puede navegar desde la página actual a otra página?
4. ¿Cómo puede evitar que se abandone la página actual?
5. ¿Qué clase predefinida proporciona funcionalidad para administrar los cambios de tamaño de la ventana en los proyectos Aplicación dividida y Aplicación de cuadrícula?

> **Nota:** Las respuestas a los ejercicios se encuentran en el apéndice A del libro.

Qué ha aprendido en este capítulo

- **Patrones de navegación:** Los diseñadores del lenguaje de Windows 8 han creado diversos patrones de navegación que son muy intuitivos y ayudan a los usuarios a encontrar fácilmente el contenido que están buscando. Los patrones más importantes son la navegación de concentrador, la navegación directa, la navegación jerárquica y el zoom semántico.
- **Control Page:** Este control de la UI es la base utilizada para la creación de aplicaciones Windows 8 con navegación. Derive las pantallas de su aplicación de `Page` para obtener una navegación implícita en su aplicación, incluida la navegación hacia delante y hacia atrás con eventos de historia y navegación.
- **Control Frame:** La propiedad `Frame` de un control `Page` es una instancia de la clase `Frame`. `Frame` es un contenedor que puede guardar y mostrar páginas. La navegación de una página a otra significa que cambia el contenido de un `Frame` a otra instancia de `Page`.

- **Método Frame.Navigate:** El método `Navigate` de una instancia de `Frame` es la operación principal en la navegación de una página. Este método acepta dos argumentos. El primero es el tipo de la página a la que se va a navegar y el segundo (opcional) es un objeto utilizado como parámetro o la propia página. Este parámetro se puede utilizar para pasar datos utilizados en la inicialización de una página.
- **Método OnNavigatingFrom, evento NavigatingFrom:** Cuando está a punto de navegar desde una página a otra, se activa el evento `NavigatingFrom` en la instancia `Page` de origen. Este evento puede administrarse dentro de la página de origen sobrescribiendo el método `OnNavigatingFrom`. Establezca la propiedad `Cancel` del argumento del evento en `true`, si quiere evitar la navegación.
- **Método OnNavigatedFrom, evento NavigatedFrom:** Cuando ha navegado de una página a otra, se activa el evento `NavigatedFrom` en la instancia `Page` de origen. Este evento puede administrarse dentro de la página de origen sobrescribiendo el método `OnNavigatedFrom`.
- **Método OnNavigatingTo, evento NavigatedTo:** Cuando ha navegado de una página a otra, se activa el evento `NavigatingTo` en la instancia `Page` de origen. Este evento puede administrarse dentro de la página de destino sobrescribiendo el método `OnNavigatingTo`.
- **Clase Launcher:** Esta clase puede utilizarse para iniciar una aplicación a través de un archivo asociado con dicha aplicación o a través de un URI. La clase proporciona los métodos `LaunchFileAsync` y `LaunchUriAsynch` para este propósito, respectivamente.
- **Plantilla Aplicación dividida:** Esta plantilla admite la navegación jerárquica. Se trata de un proyecto de dos páginas para una aplicación que navega entre elementos agrupados. La primera página admite la selección de grupo y la segunda muestra una lista de elementos junto con los detalles del elemento seleccionado.
- **Plantilla Aplicación de cuadrícula:** Esta plantilla admite la navegación jerárquica. Se trata de un proyecto de tres páginas para una aplicación que navega entre grupos de elementos. La primera página admite la selección de grupo. Las otras dos se dedican a mostrar detalles del grupo y de los elementos, respectivamente.

11

Crear aplicaciones conectadas

En este capítulo aprenderá a:

- Integrar su aplicación con opciones del sistema operativo muy conocidas.
- Comunicarse con otras aplicaciones estilo Windows 8.
- Procesar fácilmente una fuente de Internet para su aplicación.
- Utilizar en su aplicación datos de usuario guardados en la nube de Microsoft.

Para desarrollar los ejemplos de este capítulo, puede optar por introducir manualmente el código o utilizar los archivos de código fuente que acompañan al libro como se indica en la Introducción.

Las aplicaciones no son islas. Viven en un ecosistema que las conecta a otras aplicaciones y servicios, algunas veces a través del sistema operativo y otras a través de Internet. Es importante saber cómo conseguir que sus aplicaciones estilo Windows 8 utilicen las opciones proporcionadas por el sistema operativo para acceder a determinados recursos o para acceder a datos y servicios proporcionados por otras aplicaciones estilo Windows 8. En este capítulo conocerá estas relevantes opciones de integración.

Además, aprenderá las diversas opciones de redes en las aplicaciones estilo Windows 8. Tras la lectura de este capítulo, podrá incorporar el procesamiento de la información de red en sus aplicaciones y trabajar con fuentes de sindicación.

Integración con el sistema operativo y con otras aplicaciones

Windows es un entorno que proporciona opciones que le permiten utilizar su equipo o tableta. Este es el propósito de un sistema operativo. Puede personalizarlo hasta cierto punto, pero lo que realmente hace que su equipo sea suyo y que sea productivo cuando trabaja en él son las aplicaciones que utiliza. Las aplicaciones suministran las opciones que necesita: puede leer fuentes de noticias con un lector RSS, leer y crear documentos con un procesador de textos, y así sucesivamente. Pero existen dos inconvenientes cuando determinadas opciones se encuentran en aplicaciones diferentes.

> **Nota:** RSS es el acrónimo de Sindicación realmente simple (*Really Simple Syndication*). En realidad es un estándar que le permite crear fuentes de determinados recursos, como entradas en un registro Web (o blog), de forma que otras personas pueden suscribirse a él para recibir actualizaciones. Más adelante en el capítulo aprenderá a utilizar RSS.

En primer lugar, al menos algunas de estas aplicaciones seguramente las han creado diferentes empresas y se han diseñado con distintas arquitecturas de interfaz de usuario (UI, *User Interface*). Por consiguiente, sus UI son diversas por naturaleza, algo que a su vez podría causar confusión a un usuario cuando dos aplicaciones intentan presentar la misma funcionalidad principal (como abrir o guardar un archivo) de distintas formas.

En segundo lugar, las aplicaciones suelen comportarse como islas: viven en la misma máquina pero están separadas y no contactan (o no pueden hacerlo) entre sí. En general, ni siquiera saben nada la una de la otra. Imagine las posibilidades de tener un mismo mecanismo que permita a las aplicaciones trabajar juntas. Su equipo podría proporcionar más que una simple suma de sus partes, y esas partes podrían trabajar independientemente entre sí.

Sin embargo, existe una seria dificultad de arquitectura cuando una aplicación intenta contactar con otras aplicaciones. ¿Cómo puede conocer todas las interfaces a las que puede llamar públicamente entre un número arbitrario de otras aplicaciones? La única forma de resolver este problema es crear una interfaz que cada aplicación pueda optar por admitir y cuando lo haga, convertirse en accesible para el resto de aplicaciones.

Los arquitectos de Windows 8 identificaron estos problemas enseguida por lo que crearon selectores y contratos para resolverlos.

Selectores: Diseño unificado para acceder a los datos

Son muchas las aplicaciones que necesitan acceder a archivos, bien para guardar sus propios datos o bien para acceder a los archivos del usuario y utilizarlos. Resolver la primera situación puede ser muy fácil. Su aplicación puede crear, modificar y eliminar archivos en su almacén aislado. Ninguna otra aplicación Windows 8 puede llegar al almacén aislado de otra aplicación, por lo que la interferencia está fuera de duda. Pero esto sólo funciona cuando su aplicación necesita acceder a los archivos personales del usuario.

Por razones evidentes de seguridad, ninguna aplicación estilo Windows 8 puede utilizar estos archivos sin el permiso del usuario. Este tiene que autorizar a una aplicación para que pueda abrir un archivo en su biblioteca Documentos o en otras ubicaciones que pudieran contener datos privados.

Lo mismo se aplica a otros recursos, como la información de contacto. Nadie quiere que una aplicación pueda eliminar o incluso leer sus contactos sin preguntar primero. Se debe regular la aplicación y el usuario tiene que saber siempre qué está pasando con sus datos.

Por este motivo, Microsoft requiere que todas las aplicaciones pidan permiso para acceder a información personal a través de los contratos (que se analizarán más adelante en el capítulo) o acceder a través de selectores.

Los selectores podrían considerarse descendientes de las ventanas de cuadro de diálogo de antiguas versiones de las API Windows o .NET. En lugar del antiguo `OpenFileDialog` de .NET, puede abrir archivos utilizando una clase denominada `FileOpenPicker`. Si está familiarizado con `OpenFileDialog`, enseguida entenderá los selectores correspondientes. Sin embargo, estos difieren de los antiguos cuadros de diálogo. No aparecen en una ventana, sino que ocupan toda la pantalla para presentar los datos. Aprovechándose de esta oportunidad de tener una gran cantidad de espacio, los actuales selectores de UI están optimizados para las pantallas táctiles.

Otra extraordinaria adición a las ventanas de cuadro de diálogo comunes es que las aplicaciones pueden indicar mediante un contrato que proporcionan alguna funcionalidad que puede utilizar el propio selector para extenderse. Puede leer más sobre esta funcionalidad más adelante en el capítulo.

Por último, aunque no menos importante, los selectores son consistentes en el acceso a los recursos restringidos. Cuando una aplicación difiere la apertura de un archivo o la selección de un contacto a un selector, es siempre lo mismo: todas las aplicaciones presentan la misma UI conocida.

En este capítulo vamos a explicar cuatro selectores que necesita conocer: `FileOpenPicker`, `FileSavePicker`, `FolderPicker` y `ContactPicker`. Los tres primeros los puede encontrar en el espacio de nombres `Windows.Storage.Pickers` y el último en el espacio de nombres `Windows.ApplicationModel.Contacts`. Se puede crear una instancia de todos ellos simplemente utilizando la palabra clave `new` y proporcionan métodos asíncronos para realizar su tarea.

El siguiente código de ejemplo demuestra lo fácil que es abrir un archivo y cargar su contenido en un objeto `StorageFile` utilizando un `FileOpenPicker`:

```
async void OpenFile(object sender, RoutedEventArgs e)
{
   FileOpenPicker foPicker = new FileOpenPicker();

   StorageFile file = await foPicker.PickSingleFileAsync();
```

```
    if (file != null)
    {
        //hacer algo con el archivo
    }
}
```

`FileOpenPicker` se utiliza para abrir uno o varios archivos (incluso desde ubicaciones que se encuentran fuera del alcance de la aplicación debido a las reglas de seguridad). La tabla 11.1 recoge la descripción de las propiedades principales de `FileOpenPicker`. Algunas de ellas se comparten con la clase `FileSavePicker`.

Tabla 11.1. Propiedades importantes de la clase FileOpenPicker.

Propiedad	Descripción
`ViewMode`	Define cómo muestra los archivos el selector. Puede establecerla en `Thumbnail` o en `List`.
`FileTypeFilter`	Establece los tipos de archivos disponibles para el usuario cuando quiere filtrar los archivos.
`SuggestedStartLocation`	Esta es la ubicación que abrirá el selector cuando se inicie. Puede utilizar solo ubicaciones bien conocidas (como el escritorio, la biblioteca de documentos, la de imágenes o la de vídeos).

Tras establecer sus propiedades en los valores deseados, debe llamar a uno de los dos métodos que consiguen que se abra el selector. `PickSingleFileAsync` se utiliza para abrir un solo archivo. El tipo devuelto por el método es `IAsyncOperation<StorageFile>`, pero si utiliza la palabra clave `await`, devolverá un objeto `StorageFile`, para que no tenga que esperar en su código a que finalice el proceso en segundo plano (`IAsyncOperation`), y después, extraer el resultado de la operación (`StorageFile`) manualmente. Esta instancia de la clase `StorageFile` se puede utilizar para leer y manipular propiedades y contenido del archivo elegido por el usuario, pero tenga en cuenta que si una aplicación ha abierto un archivo con `FileOpenPicker` desde una ubicación que debería estar restringida, en caso contrario no podrá guardar los cambios efectuados en ese archivo sin utilizar un `FileSavePicker`.

La otra forma de mostrar el `FileOpenPicker` es a través de una llamada al método `PickMultipleFileAsync`. Cuando utiliza la palabra clave `await` se devuelve una lista de solo lectura de objetos `StorageFile`. Esta lista contiene todos los archivos elegidos por el usuario, como objetos `StorageFile`. En la figura 11.1 puede ver `FileOpenPicker` en acción.

Puede utilizar `FileSavePicker` para guardar un archivo en una ubicación y con un nombre elegido por el usuario. Entre otras, comparte la propiedad `SuggestedStartLocation` con la clase `FileOpenPicker`. La tabla 11.2 recoge otras propiedades importantes de `FileSavePicker`.

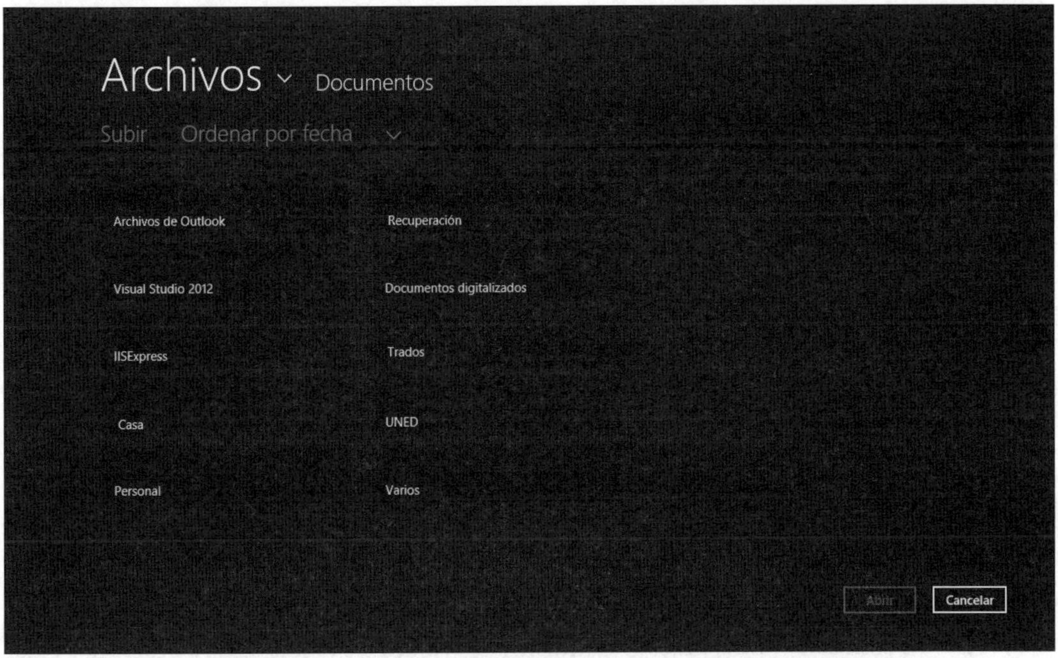

Figura 11.1. FileOpenPicker abierto por la aplicación Lector.

Tabla 11.2. Propiedades importantes de la clase FileSavePicker.

Propiedad	Descripción
`DefaultFileExtension`	La cadena de extensión predeterminada que agrega `FileSavePicker` al nombre del archivo cuando lo guarda.
`FileTypeChoices`	Una lista que contiene las posibles opciones del tipo de archivo y su extensión.
`SuggestedFileName`	Un nombre de archivo predeterminado que el usuario puede sobrescribir después de abrir el selector.
`SuggestedSaveFile`	Con esta propiedad puede permitir que el selector sugiera al usuario no solo un nombre y una extensión de archivo sino un archivo existente.

El uso de este selector es muy sencillo. Tras crear un `FileSavePicker` y establecer sus propiedades, solo tiene que llamar al método `PickSaveFileAsync`. Si utiliza la palabra clave `await`, devolverá un objeto `StorageFile`. Modifique libremente el contenido del archivo ya que todas las modificaciones se podrán guardar. Para agregar contenido a un `StorageFile`, puede utilizar la clase `FileIO`, que puede encontrar en el espacio de nombres `Windows.Storage`.

Casi cualquier aplicación puede ver los archivos que se encuentran fuera de un almacén aislado, bien mediante el uso de contratos o a través de un selector. Esto significa que existe una posibilidad de que más de una aplicación intente actualizar un archivo al mismo tiempo. Para evitar conflictos, debe indicarle a su sistema operativo que no debe actualizar el archivo hasta que su aplicación no termine de trabajar en él. Al trabajar con archivos que se encuentran fuera de un almacén aislado de una aplicación estilo Windows 8, debe utilizar la clase `CachedFileManager` (en el espacio de nombres `Windows.Storage`) para indicarle al sistema operativo cuándo no debe actualizar un archivo.

La tercera clase de selector que merece la pena mencionar es `FolderPicker`. Con ella, puede permitir al usuario seleccionar no solo archivos, sino también carpetas completas. Puede encontrar todas sus propiedades importantes en las dos clases de selectores mencionadas anteriormente. Para utilizarla, después de crear un objeto `FolderPicker` y establecer sus propiedades, llame al método `PickSingleFolderAsync`. Cuando utiliza la palabra clave `await`, devolverá un objeto `StorageFolder`. Puede utilizar esta opción para acceder a todos los datos, atributos y, evidentemente, archivos que contiene.

El último selector es `ContactPicker`, algo distinto de los tres anteriores. Le permite a su aplicación acceder a los contactos del usuario actual. Cuando una aplicación utiliza un `ContactPicker` puede presentar su propia UI al usuario para que escoja entre los contactos o dirigir al usuario a otra aplicación (en la que pueda leer contactos y, por tanto, actuar como un selector de contactos). La aplicación Contactos de Windows 8 preinstalada en todos los equipos Windows 8 es la aplicación de selector de contactos predeterminada. Si no quiere crear una UI personalizada para escoger contactos, puede confiar en esta aplicación.

Utilizar `ContactPicker` es incluso más sencillo que utilizar un selector de archivos o carpetas. Tras crear un objeto `ContactPicker` y establecer sus propiedades, tiene que llamar al método `PickSingleContactAsync` o al método `PickMultipleContactsAsync`. Si utiliza la palabra clave `await`, el primer método devuelve un objeto `ContactInformation` que representa el contacto elegido por el usuario. El último método devuelve una lista aleatoria de objetos `ContactInformation`.

Las dos propiedades importantes de `ContactPicker` son `SelectionMode` y `DesiredFields`. `SelectionMode` controla si el selector muestra los contactos como objetos independientes o como una colección de los campos que contienen. `DesiredFields` indica la parte de información de contactos en la que está interesada su aplicación.

En el siguiente ejercicio va a escribir una aplicación que puede abrir uno o más contactos y después va a guardar los nombres de dichos contactos en un archivo de texto, fuera del almacén aislado de la aplicación.

Ejercicio: Utilizar selectores

Para aprender a utilizar los selectores con el fin de abrir contactos y guardar archivos, siga estos pasos:

1. Abra la solución del directorio `PickerSample\Begin` en el código fuente descargado para el capítulo. Familiarícese con la UI.

2. Abra **MainPage.xaml.cs** haciendo doble clic sobre su nombre en el **Explorador de soluciones**. Inserte el siguiente código de directivas `using` debajo de las existentes en la parte superior del archivo:

```
using Windows.ApplicationModel.Contacts;
using Windows.Storage;
using Windows.Storage.Pickers;
using Windows.Storage.Provider;
using Windows.UI.Popups;
```

3. Agregue una lista de objetos `ContactInformation` a la clase `MainPage`, como muestra el código resaltado en negrita en el siguiente ejemplo:

```
public sealed partial class MainPage : Page {
  List<ContactInformation> contacts = null;
public MainPage() {
...
```

4. En `MainPage.xaml`, localice la declaración de dos botones y agregue la siguiente suscripción de controlador de eventos a sus dos eventos `Click`. El marcado que necesita añadir está resaltado en negrita en el siguiente código:

```
<Button Click="OpenContacts">Open Contacts</Button>
<Button Click="SaveContactsToFile">Save to file</Button>
```

5. Cree el método `OpenContacts` en `MainPage.xaml.cs` como se muestra a continuación:

```
async void OpenContacts(object sender, RoutedEventArgs e)
{
  ContactPicker cp = new ContactPicker();
  var res = await cp.PickMultipleContactsAsync();
  if (res.Count > 0)
  {
     contacts = new List<ContactInformation>(res);
     lbxFiles.Items.Clear();
     foreach (var item in contacts) lbxFiles.Items.Add(item);
     tbkStatus.Text = string.Format("{0} contacts selected", res.Count);
  }
}
```

6. Cree el método `SaveContactsToFile`. En este momento debería seguir vacío.

```
async void SaveContactsToFile(object sender, RoutedEventArgs e)
{
}
```

7. Cree la aplicación pulsando **F6** o seleccionando **Compilar>Compilar solución** en el menú principal de Visual Studio. Si se abre una ventana de error indicando que hay errores en el código, pruebe a resolverlos siguiendo las sugerencias mencionadas en la ventana. Si no puede resolver un error, abra la solución `PickerSample\End` del código fuente descargado para el capítulo y compare su código con el de la solución en la que está trabajando. Abra la aplicación y compruebe que el primer botón funciona como debería. Haga clic en él o tóquelo, seleccione algunos contactos y haga clic en el botón **Aceptar** o tóquelo. La figura 11.2 muestra la apariencia de la aplicación tras elegir dos contactos.

Figura 11.2. Se han seleccionado dos contactos.

8. Agregue código al método `SaveContactsToFile` creado anteriormente. La diferencia se resalta en negritas en el siguiente código:

```
async void SaveContactsToFile(object sender, RoutedEventArgs e)
{
   if (contacts != null)
   {
      FileSavePicker fsp = new FileSavePicker { SuggestedFileName = "contacts",
         DefaultFileExtension = ".txt" };
      fsp.SuggestedStartLocation = PickerLocationId.Desktop;
      fsp.FileTypeChoices.Add("Plain text", new List<string>() { ".txt" });
      StorageFile sf = await fsp.PickSaveFileAsync();
   }
   else await new MessageDialog("No contacts selected.", "Error").ShowAsync();
}
```

9. Modifique el código del método `SaveContactsToFile` para ejecutar la escritura real en el archivo. El código que tiene que añadir está resaltado en negrita:

```
async void SaveContactsToFile(object sender, RoutedEventArgs e)
{
   if (contacts != null)
   {
      FileSavePicker fsp = new FileSavePicker { SuggestedFileName = "contacts",
         DefaultFileExtension = ".txt" };
      fsp.SuggestedStartLocation = PickerLocationId.Desktop;
      fsp.FileTypeChoices.Add("Plain text", new List<string>() { ".txt" });
      StorageFile sf = await fsp.PickSaveFileAsync();
```

```
        if (sf != null)
        {
            CachedFileManager.DeferUpdates(sf);
            await FileIO.WriteLinesAsync(sf, contacts.Select(c => c.Name));
            if (await CachedFileManager.CompleteUpdatesAsync(sf) ==
                    FileUpdateStatus.Complete)
                tbkStatus.Text = sf.Name + " was saved";
            else await new MessageDialog("Error while saving file",
                "Error").ShowAsync();
        }
        else await new MessageDialog("No file selected.", "Error").ShowAsync();
    }
    else await new MessageDialog("No contacts selected.", "Error").ShowAsync();
}
```

10. Cree la aplicación pulsando **F6** o seleccionando Compilar>Compilar solución en el menú principal de Visual Studio. Si se abre una ventana de error indicando que hay errores en el código, pruebe a resolverlos siguiendo las sugerencias mencionadas en la ventana. Si no puede resolver un error, abra la solución `PickerSample\End` del código fuente descargado para el capítulo y compare su código con el de la solución en la que está trabajando.

11. Ejecute la aplicación pulsando **F5** o seleccionando Depurar>Iniciar sin depurar, seleccione algunos contactos como hizo en el paso 7 y haga clic en el botón **Save to file** (Guardar en archivo) o tóquelo. La vista exacta dependerá del contenido de su escritorio, pero la figura 11.3 muestra aproximadamente lo que puede ver. Preste atención a la parte inferior del `FileSavePicker`.

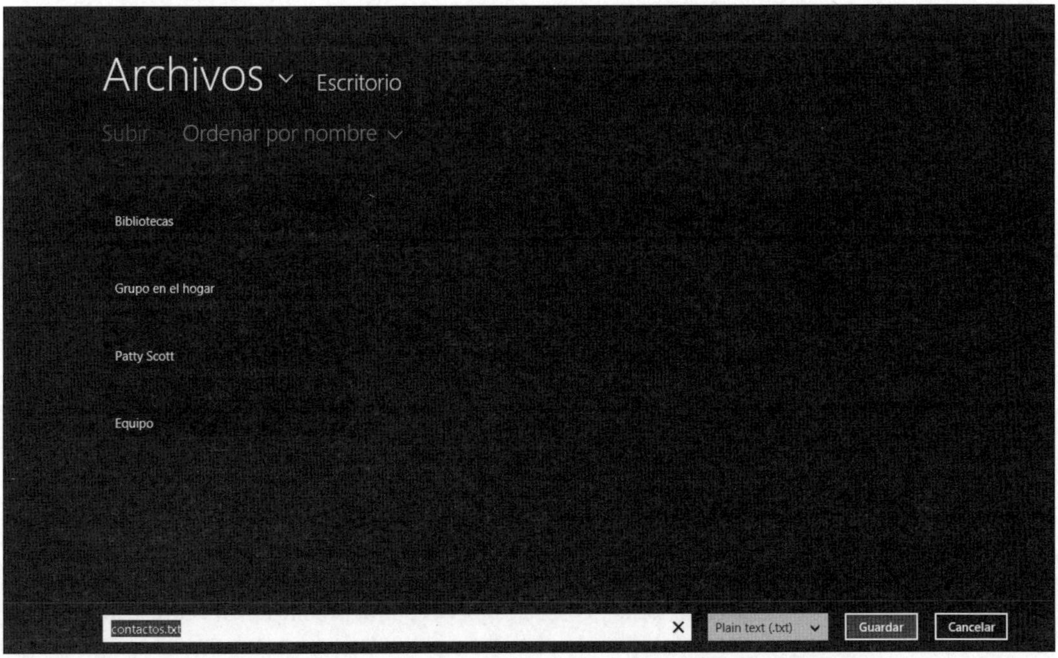

Figura 11.3. FileSavePicker mostrando el contenido del escritorio.

Ahí puede establecer el nombre y el tipo del archivo que quiere guardar. Guarde el archivo y compruebe que se ha creado en la ubicación elegida.

Como funciona

El espacio de nombres `Windows.ApplicationModel.Contacts` que ha agregado a `MainPage.xaml.cs` en el paso 2 contiene la clase `ContactPicker` utilizada en el método `OpenContacts` del paso 5. Después de llamar al método `PickMultipleContactsAsync` en dicho paso, el resultado (`res`) se ha guardado en el campo `contacts` y se ha agregado a `ListBox`.

Guardar los nombres de los contactos en un archivo es una operación más compleja. En el paso 8 ha creado un `FileSavePicker`, lo ha establecido para mostrar el escritorio del usuario al abrirse y ha creado el nombre de archivo `contacts` predeterminado. También en el paso 8 ha establecido la extensión predeterminada del archivo que se va a agregar al nombre del archivo (`txt`) y ha filtrado la vista para mostrar solo los archivos de texto plano. Después, ha llamado al método `PickSaveFileAsync` para mostrar el `FileSavePicker` al usuario.

El código agregado en el paso 9 es el responsable de escribir en el archivo que ha seleccionado el usuario con `FileSavePicker`. `WriteLinesAsync` recibe un objeto `StorageFile` en el que escribir y un objeto enumerable (una lista o matriz) de cadenas. Las dos llamadas en el paso 9 para la clase `CachedFileManager` que rodea a `WriteLinesAsync` (`DeferUpdates` y `CompleteUpdatesAsync`) son necesarias para asegurarse de que no habrá ningún conflicto por múltiples actualizaciones simultáneas del archivo.

Conocer el concepto de contratos

Windows 8 se crea principalmente sobre las aplicaciones estilo Windows 8 que se ejecutan en un tipo de sistema de aislamiento de procesos (*sandbox*). Este entorno no es tan restrictivo como el de las aplicaciones de teléfonos móviles de Microsoft, pero se parecen mucho. Para liberar la capacidad de la comunicación entre las aplicaciones, Windows 8 rompe definitivamente el esquema de administración de aplicaciones aisladas y les permite contactar entre sí de una manera fácil y limpia.

Además, las aplicaciones pueden ejecutar algunas acciones seleccionadas solo después de obtener permiso del sistema y a petición del usuario. Estas acciones incluyen la ejecución de tareas de segundo plano, acceso a recursos restringidos del sistema (como la impresora o impresoras) y el registro que se va a asociar con determinados tipos de archivos y protocolos.

La noción de los contratos (*contracts*) es que las aplicaciones siguen separadas mientras que contactan entre sí o cuando contactan con el sistema operativo para utilizar opciones seleccionadas del mismo. Cuando una aplicación intenta enviar o recibir algunos datos hacia o desde otra aplicación, no tiene por qué tener un conocimiento profundo sobre el funcionamiento interno de la otra aplicación. Para poder conocerse entre sí, una aplicación tiene que conocer un punto de conexión global proporcionado por el sistema operativo. De este modo, todas las aplicaciones pueden funcionar juntas, no solo las que están progamadas para conocer a otras aplicaciones.

Cuando una aplicación intenta integrarse con el sistema operativo, debe hacerlo de una manera administrada (es decir, sin basarse en técnicas como P/Invoke) a través de un punto de conexión global unificado y debe señalar su intento de conexión de antemano al sistema operativo y al usuario (al usuario se le notificará inmediatamente del intento antes de instalar la aplicación).

Existen muchos de estos puntos de conexión global, teniendo cada uno de ellos su correspondiente contrato al que debe adherirse se aplicación para poder intercambiar datos, archivos, etc.

Por ejemplo, si se puede utilizar una aplicación como SkyDrive para acceder a archivos, este declara esta opción y cuando otra aplicación utiliza `FileOpenPicker` para acceder a un archivo, el selector presentará a SkyDrive como posible origen para abrirlo. La otra aplicación no tiene que saber nada sobre SkyDrive porque ambas contactan entre sí solamente a través de la API proporcionada por Windows Runtime.

Otro ejemplo es compartir. Cuando una aplicación puede utilizar determinados tipos de datos (texto plano, URL, etc.) y quiere indicar que estos datos pueden provenir de otras aplicaciones, al utilizar un contrato permite al sistema operativo conectar esta aplicación con el resto que pueda proporcionar los datos.

Hay muchos contratos disponibles, siendo algunos más fáciles de usar y otros realmente complejos. En las siguientes secciones va a aprender a utilizar contratos en general y algunos algo más específicos.

Utilizar contratos

Puede conseguir que cualquier aplicación utilice un contrato siguiendo algunos pasos.

Primero tiene que indicar al sistema operativo que a su aplicación le gustaría participar en la comunicación con otras aplicaciones o con el propio sistema operativo, algo que puede hacer editando el archivo `Package.appxmanifest` que tiene cualquier aplicación estilo Windows 8 de forma predeterminada. En la ficha Declaraciones puede declarar los contratos que quiere utilizar la aplicación.

Tras declarar que la aplicación puede participar en los datos o intercambiar opciones descritas por un determinado contrato, tiene que responder a eventos específicos del ciclo de vida de la aplicación o expandirla con nuevos elementos correspondientes al contrato. Por ejemplo, si establece que su aplicación puede trabajar como un selector de contactos, tiene que añadirle una página de selector de contactos que muestre a cualquier aplicación que intente seleccionar un contacto utilizando la suya.

La figura 11.4 muestra la ficha Declaraciones de una aplicación estilo Windows 8. Puede elegir agregar declaraciones desde Declaraciones disponibles y puede utilizar algunas aplicaciones en una aplicación solo una vez; algunas de ellas pueden añadirse múltiples veces con distintas configuraciones. Puede ver, editar y eliminar las declaraciones agregadas desde la lista **Declaraciones admitidas**. La aplicación mostrada en la figura 11.4 declara que se adhiere al contrato **Selector para guardar archivos**. Esto significa que la aplicación se adhiere a los requerimientos que especifica el contrato y que aparece en otras aplicaciones estilo Windows 8 cuando intentan guardar un archivo a través de un `FileSavePicker`.

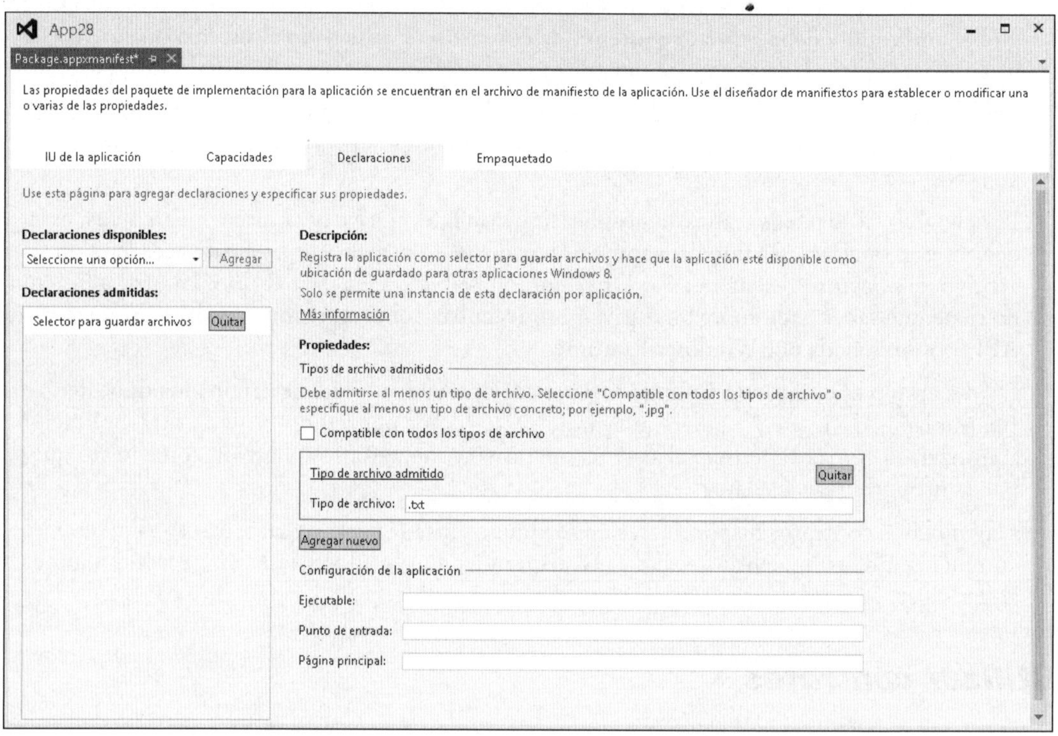

Figura 11.4. Declaración de adherencia a contratos.

Tras guardar en un sistema de Windows 8 una aplicación declarada como selector para guardar archivos, aparecerá en las UI del `FileSavePicker` de cualquier aplicación. Puede intercambiar entre las distintas aplicaciones para guardar el archivo haciendo clic en el nombre de la aplicación que guarda los archivos. La figura muestra que la aplicación SkyDrive aparece como una posible "ubicación de guardado" porque se ha declarado al sistema que los archivos se pueden guardar con esta aplicación. Las siguientes secciones examinan dos contratos que probablemente use con frecuencia: Buscar y Compartir.

Contrato Buscar

La adhesión al contrato de búsqueda establece que su aplicación tiene una funcionalidad de búsqueda que le gustaría integrar con la propia función de búsqueda del sistema operativo. A un nivel alto, esto significa que puede crear la búsqueda en su aplicación sin necesidad de crear una UI para la función, ya que será accesible a través del botón **Buscar** de la barra de accesos.

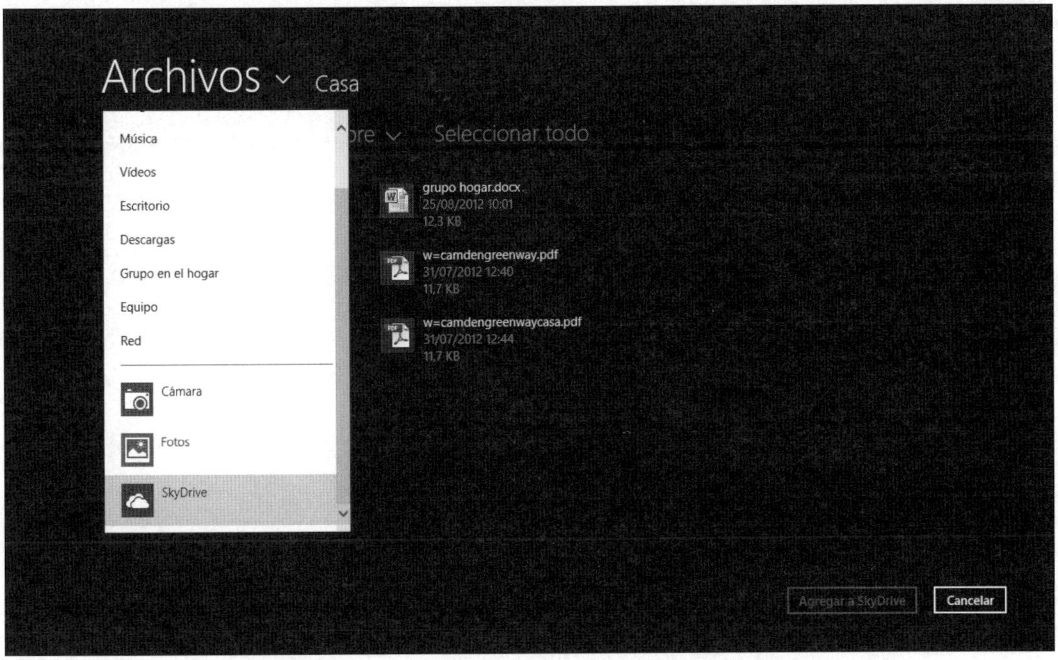

Figura 11.5. Aplicación SkyDrive mostrando una UI de FileSavePicker.

Pero en este contrato hay algo más. Por ejemplo, su aplicación aparecerá listada como proveedor de búsqueda cuando el usuario busque algo. Así, el usuario puede buscar el contenido de su aplicación desde fuera de la aplicación, al menos técnicamente ya que la búsqueda real se delega a su código, por supuesto. Asimismo, la aplicación puede proporcionar sugerencias de búsqueda útiles para el usuario a medida que este escribe en el cuadro de búsqueda. La base de la integración con una funcionalidad de búsqueda es relativamente sencilla. Después de declarar que su aplicación utiliza el contrato Buscar, tiene que responder al evento del ciclo de vida correspondiente al evento del usuario que está buscando algo en Windows. Para ello, debe sobrescribir el método `OnSearchActivated` de la clase `Application`. Para acceder a funciones de nivel más alto del contrato de búsqueda, puede utilizar la clase `SearchPane`. En el siguiente ejercicio aprenderá a añadir funcionalidad de búsqueda a una aplicación mediante la implementación del contrato Buscar.

Ejercicio: Utilizar el contrato Buscar

1. Abra la aplicación `ContractsSample\Begin` del código fuente descargado para el capítulo. Familiarícese con la UI y observe que algunas funciones (como la adición o eliminación de notas) no se han implementado. No intente compilar ni ejecutar el proyecto sin ninguna razón ya que no funcionará hasta haber ejecutado los pasos de este ejercicio.

2. Haga doble clic en el archivo **Package.appxmanifest** dentro del **Explorador de soluciones.** En la ventana del editor, haga clic en la ficha **Declaraciones** y agregue el contrato Buscar a la lista de **Declaraciones admitidas.** Guarde el proyecto y cierre la ventana del editor.

3. Abra MainPage.xaml.cs ya agregue la siguiente directiva `using` debajo del resto de directivas:

```
using Windows.ApplicationModel.Search;
```

4. Cree dos campos en la clase `MainPage`, un `SearchPane` y una lista `NoteItems`. Para ello, agregue el siguiente código resaltado en negrita:

```
public sealed partial class MainPage : Page
{
   SearchPane sp = null;
   List<NoteItem> notes = null;

   public MainPage()
   {
...
```

5. Cree una instancia de `SearchPane` en el constructor. Solo tiene que añadir el siguiente código resaltado en negrita:

```
public MainPage()
{
   this.InitializeComponent();
   ...

   sp = SearchPane.GetForCurrentView();
}
```

6. Abra App.xaml.cs y agregue el siguiente método a la clase:

```
protected override void OnSearchActivated(SearchActivatedEventArgs args)
{
   ActivateMainPage(args);
   Page.ShowSearchResults(args.QueryText);
}
```

7. Cierre el archivo después de guardarlo y vuelva a MainPage.xaml.cs. Implemente el método que ha llamado en el paso anterior mediante la adición del siguiente código a la clase `MainPage`:

```
internal void ShowSearchResults(string searchText)
{
   tbkFilter.Text = "Filtered to notes containing " + searchText;
   lbxNotes.Items.Clear();
   foreach (var n in notes)
   {
      if (n.Title.ContainsSubstring(searchText))
         lbxNotes.Items.Add(n);
   }
   btnRemoveFilter.IsEnabled = true;
}
```

8. Localice el botón denominado `btnRemoveFilter` en Mainpage.xaml.cs y agregue una suscripción a su evento `Click` añadiendo la siguiente marca resaltada en negrita:

```
<Button Name="btnRemoveFilter" HorizontalAlignment="Stretch" IsEnabled="False"
     Click="RemoveFilter">Remove filter</Button>
```

9. Vuelva a MainPage.xaml.cs y cree el método `RemoveFilter` añadiendo el siguiente código a la clase:

```
void RemoveFilter(object sender, RoutedEventArgs e)
{
  btnRemoveFilter.IsEnabled = false;
  tbkFilter.Text = string.Empty;
  lbxNotes.Items.Clear();
  foreach (var n in notes) lbxNotes.Items.Add(n);
}
```

10. Sobrescriba los métodos `OnNavigatedTo` y `OnNavigatedFrom` de la clase `MainPage` agregando el siguiente código:

```
protected override void OnNavigatedTo(NavigationEventArgs e)
{
  base.OnNavigatedTo(e);
  sp.SuggestionsRequested += sp_SuggestionsRequested;
}

protected override void OnNavigatedFrom(NavigationEventArgs e)
{
  base.OnNavigatedFrom(e);
  sp.SuggestionsRequested -= sp_SuggestionsRequested;
}
```

11. Agregue el método `sp_SuggestionsRequested` para completar la clase, como se muestra a continuación:

```
void sp_SuggestionsRequested(SearchPane sender,
  SearchPaneSuggestionsRequestedEventArgs args)
{

  foreach (var s in lbxNotes.Items.OfType<NoteItem>().Select(n => n.Title))
  {
     if (s.ContainsSubstring(args.QueryText) &&
        args.Request.SearchSuggestionCollection.Size < 5)
        args.Request.SearchSuggestionCollection.AppendQuerySuggestion(s);
  }
}
```

12. Cree la aplicación pulsando **F6** o seleccionando Compilar>Compilar solución en el menú principal de Visual Studio. Si se abre una ventana de error indicando que hay errores en el código, pruebe a resolverlos siguiendo las sugerencias mencionadas en la ventana. Si no puede resolver un error, abra la solución `ContractSample\SearchEnd` del código fuente descargado para el capítulo y compare su código con el de la solución en la que está trabajando.

13. Ejecute la aplicación pulsando **F5** o seleccionando Depurar>Iniciar sin depurar. Abra la barra de accesos y haga clic o toque el botón **Buscar**, como muestra la figura 11.6.

14. Empiece a escribir **note** en el cuadro de búsqueda. Observe que aparecen los títulos de `NoteItems` de la aplicación como sugerencias debajo del cuadro de búsqueda (véase la figura 11.7).

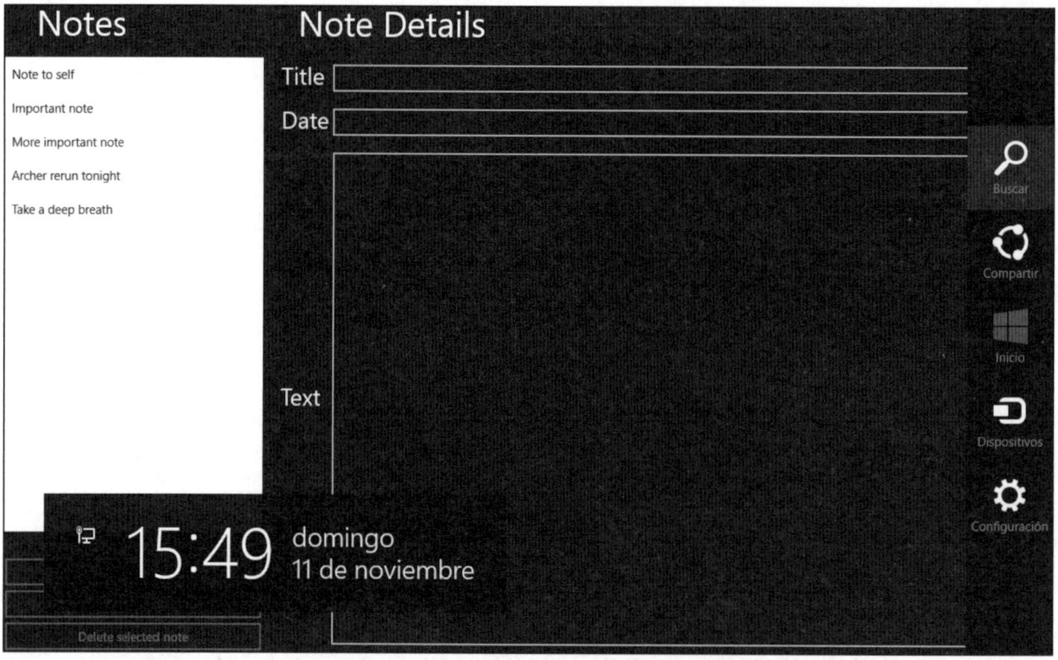

Figura 11.6. Abrir el panel de búsqueda cuando se está ejecutando la aplicación.

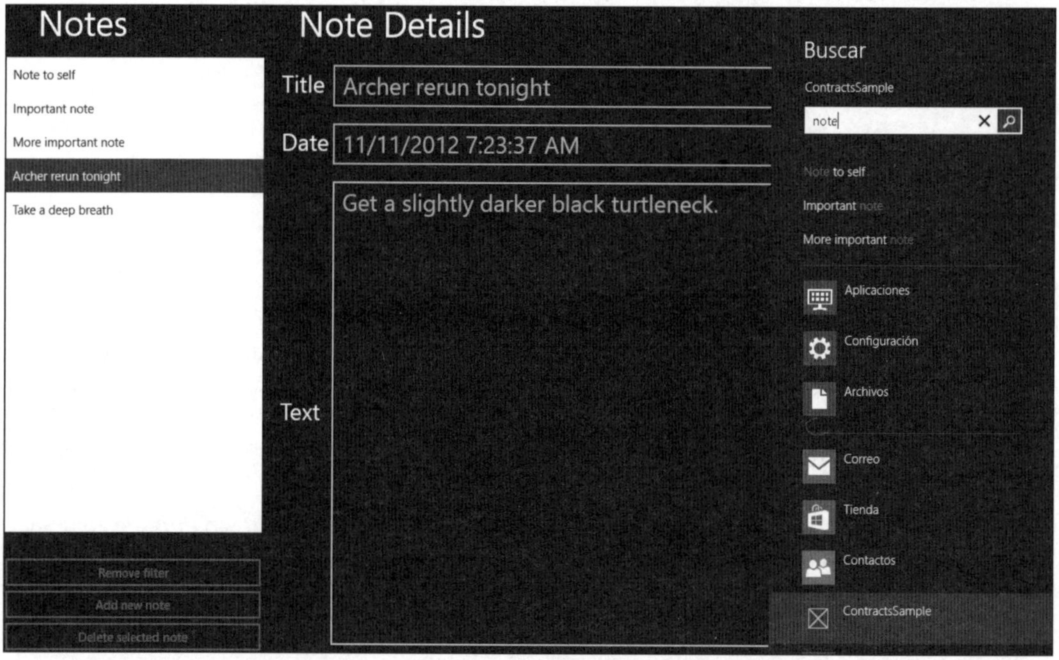

Figura 11.7. Sugerencias de búsqueda de la aplicación mostradas en el panel Buscar.

15. Tras pulsar **Intro** (o hacer clic en el icono de la lupa o tocarlo), se filtra el contenido de `ListBox` a los `NoteItems` que tienen el texto consultado en su título, como puede ver en la figura 11.8. Al hacer clic en el botón **Remove filter** (Eliminar filtro) se anula el efecto de la búsqueda.

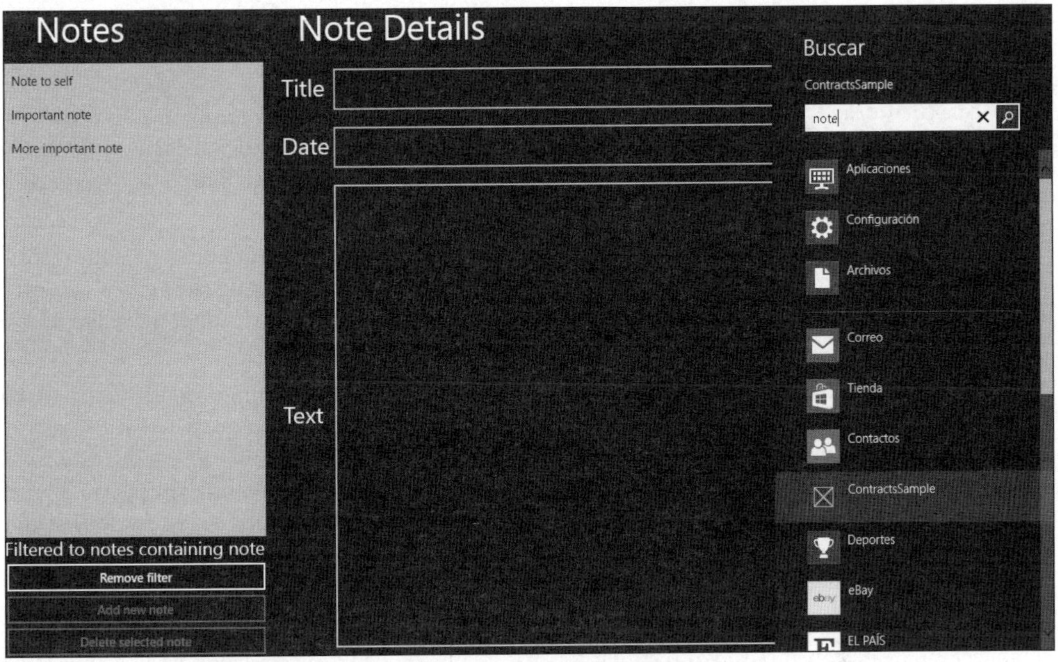

Figura 11.8. ListBox en la aplicación mostrando contenido filtrado.

16. Guarde el proyecto; lo necesitará en el siguiente ejercicio.

Cómo funciona

Con las acciones del paso 2 ha hecho que su aplicación indique al sistema operativo que le gustaría integrar en ella la búsqueda. Cuando se implementa la aplicación, Windows 8 reconoce este intento y muestra el icono de la aplicación cuando el usuario busca utilizando la barra de accesos.

En el paso 6 ha suscrito la aplicación al evento de ciclo de vida de la aplicación abierta por la opción Buscar de Windows. Este método (`OnSearchActivated`) se invoca cuando el usuario hace clic en el icono de su aplicación (o lo toca) mientras está buscando algo en la barra de accesos. El contenido actual del método hace que la aplicación filtre el contenido de `ListBox`. Este es el propósito del método `ShowSearchResults` añadido en el paso 7.

En los pasos 4 y 5 ha creado el objeto `SearchPane` que le permite acceder a la opción Buscar del sistema desde su aplicación. Este objeto se ha utilizado posteriormente para enlazar un método de controlador al evento cuando la aplicación puede proporcionar sugerencias de búsqueda (paso 10). Cuando el usuario utiliza la función de búsqueda de Windows y selecciona su aplicación, enviará cinco sugerencias a la mayoría de los sistemas operativos (incluida `NoteItems` con un título que contiene el texto escrito por el usuario en el cuadro de búsqueda), algo que ha agregado en el paso 11.

Contrato Compartir destino

Normalmente las aplicaciones trabajan con datos que pueden ser útiles también para otras aplicaciones. Por ejemplo, si abre un sitio Web en Internet Explorer, otra aplicación podría utilizar la dirección de ese sitio Web para descargar todas sus imágenes o simplemente enviar la dirección a sus amigos con sus comentarios sobre el sitio.

Las aplicaciones estilo Windows 8 pueden compartir datos utilizando un punto de conexión global en Windows Runtime. Cuando una aplicación intenta compartir algunos datos con otras, Windows busca esas otras aplicaciones estilo Windows 8 que declaran su adherencia al contrato Buscar destino.

Conseguir que una aplicación comparta un destino es relativamente simple ya que Visual Studio proporciona una plantilla que se puede usar para añadir todos los elementos necesarios para una aplicación. Un punto clave es sobrescribir el método `OnShareTargetActivated` de la clase `Application`. Este método lo invoca Windows Runtime cuando una aplicación intenta compartir información con su aplicación. Puede obtener los datos compartidos desde el segundo argumento del método, que es una instancia de `ShareTargetActivatedEventArgs`. Después puede hacer lo que quiera con estos datos.

Es importante que la tarea de compartir se produzca sin dejar que el usuario comparta la aplicación de origen (no es como copiar y pegar cuando el usuario copia algo en una aplicación, cambia a otra y pega los datos).

En el siguiente ejercicio aprenderá a crear una aplicación que comparte un destino.

Ejercicio: Utilizar el contrato Compartir destino

Para aprender a utilizar el contrato Compartir destino con el fin de que su aplicación pueda recibir y procesar datos de otras aplicaciones utilizando la barra de accesos Compartir de Windows 8, siga estos pasos:

1. Abra la aplicación ContractsSample desarrollada en el ejercicio anterior. Si no lo ha terminado, puede simplemente abrir la solución que se encuentra en el directorio `ContractsSample\SearchEnd` del código fuente descargado para el capítulo.
2. Haga clic con el botón derecho del ratón en el nodo del proyecto (`ContractsSample`) en el Explorador de soluciones y seleccione Agregar>Nuevo elemento. En la ventana Agregar nuevo elemento, seleccione la plantilla Contrato de Compartir destino. Escriba el nombre **ShareTargetPage.xaml** en el cuadro de texto Nombre, como puede ver en la figura 11.9. Haga clic en el botón **Agregar** y deje que Visual Studio añada los archivos y referencias

adicionales que va a necesitar la aplicación. Tras añadir el archivo, puede abrir el **Package.appxmanifest** del proyecto. Como puede ver, Visual Studio ya ha agregado el contrato **Compartir destino** a las declaraciones.

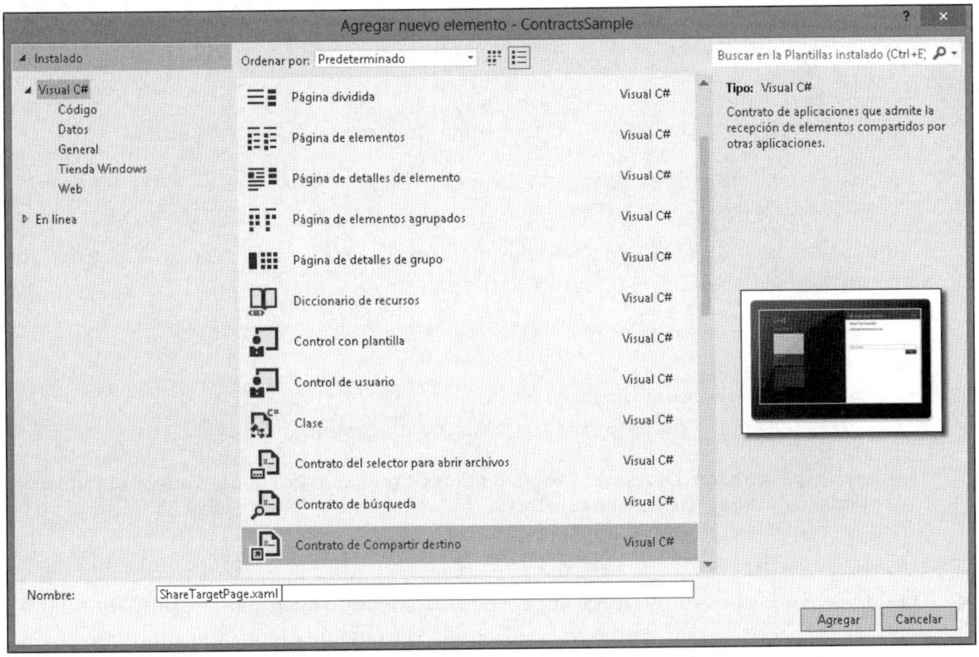

Figura 11.9. Agregar el contrato Compartir destino a una aplicación.

3. Abra **MainPage.xaml.cs** y agregue un método denominado `AddNote` que puede crear un nuevo `NoteItem` y añádalo a la colección de notas existente. Inserte el siguiente código en la clase:

```
public async void AddNote(string title, DateTime createdAt, string text)
{
   if (Dispatcher.HasThreadAccess)
   {
      notes.Add(new NoteItem { Title = title, TakenAt = createdAt, Text = text });
      lbxNotes.Items.Clear();
      foreach (var n in notes) lbxNotes.Items.Add(n);
   }
   else
   {
      await Dispatcher.RunAsync(Windows.UI.Core.CoreDispatcherPriority.High,
      new Windows.UI.Core.DispatchedHandler(() => {
         notes.Add(new NoteItem { Title = title, TakenAt = createdAt, Text =
            text });
         lbxNotes.Items.Clear();
         foreach (var n in notes) lbxNotes.Items.Add(n);
      }));
   }
}
```

4. Abra el archivo ShareTargetPage.xaml recién añadido y localice el único cuadro de texto que contiene la plantilla. Establezca el modo `Binding` en `TwoWay` de su propiedad `Text` mediante la modificación del código tal como se resalta en negrita a continuación:

```
<TextBox
  Grid.Row="1"
  Grid.ColumnSpan="2"
  Margin="0,0,0,27"
  Text="{Binding Comment , Mode=TwoWay }"
  Visibility="{Binding SupportsComment, Converter={StaticResource
     BooleanToVisibilityConverter}}"
  IsEnabled="{Binding Sharing, Converter={StaticResource
     BooleanNegationConverter}}"/>
```

5. Cambie al archivo de código de respaldo (`ShareTargetPage.xaml.cs`) e inserte el siguiente código resaltado en negrita al método `ShareButton_Click`:

```
async void ShareButton_Click(object sender, RoutedEventArgs e)
{
  this.DefaultViewModel["Sharing"] = true;
  this._shareOperation.ReportStarted();
  var url = await _shareOperation.Data.GetUriAsync();

  ((App)Application.Current).Page.AddNote((string)DefaultViewModel["Comment"],
     DateTime.Now, url.AbsoluteUri);
  this._shareOperation.ReportCompleted();
}
```

6. ¡Ya está! Cree la aplicación pulsando **F6** o seleccionando Compilar>Compilar solución en el menú principal de Visual Studio. Si se abre una ventana de error indicando que hay errores en el código, pruebe a resolverlos siguiendo las sugerencias mencionadas en la ventana. Si no puede resolver un error, abra la solución `ContractSample\ShareEnd` del código fuente descargado para el capítulo y compare su código con el de la solución en la que está trabajando. Empiece a probar la aplicación iniciándola primero, cambiando a la pantalla Inicio y abriendo Internet Explorer. Busque una página en Internet Explorer y abra la barra de accesos. Haga clic en el botón **Compartir** o tóquelo. Su aplicación debería aparecer como posible destino para compartir, tal como puede comprobar en la figura 11.10.
7. Elija la aplicación ContactsSample como destino. En la página que se abre (véase la figura 11.11) escriba un título para la nueva nota y haga clic en **Share** (Compartir).
8. Vuelva a la aplicación ContactsSample desde Internet Explorer y asegúrese de que se ha agregado la nueva nota, como en la figura 11.12.

Cómo funciona

En el paso 2 ha agregado una página a su aplicación. Esta, a su vez, ha agregado algunos archivos adicionales con recursos y, más importante aún, ha indicado al sistema operativo que su aplicación puede recibir determinados tipos de datos a través de la opción **Compartir**. Como resultado, la aplicación aparece como destino a compartir cuando el usuario quiere compartir algo desde otra aplicación. Puede ver (y modificar) los formatos de datos aceptados abriendo el editor del manifiesto y haciendo clic en la ficha Declaraciones.

Figura 11.10. Compartir destinos en el panel Compartir.

Figura 11.11. ShareTargetPage en acción.

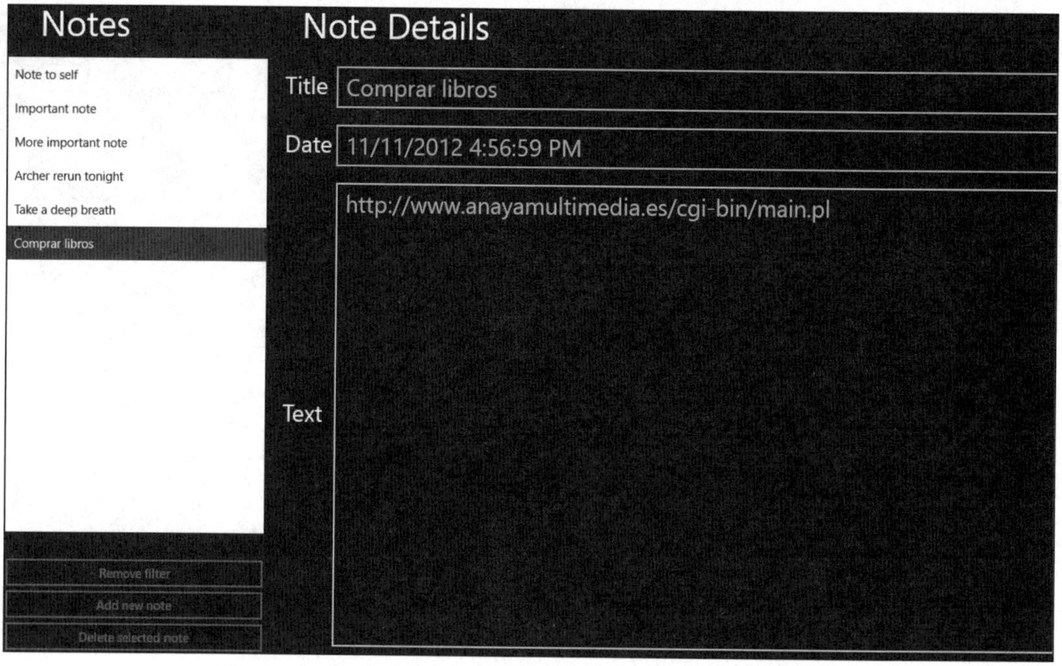

Figura 11.12. Nueva nota en la aplicación ContactsSample.

La modificación del enlace del `TextBox` por `TwoWay` en el paso 4 es importante ya que así puede guardar el texto que va a introducir el usuario en el cuadro de texto cuando comparta algo. El enlace de dos direcciones consigue que el cuadro de texto actualice el objeto que controla y, en este caso, guarda los datos (esto se denomina `ViewModel`).

Las pocas líneas de código añadidas al método `ShareButton_Click` en el paso 5 son las responsables de obtener los datos de Windows (que, a su vez, recoge los datos de la aplicación de origen compartida) y enviarlos a otra parte de la aplicación para su procesamiento mediante una llamada al método `AddNote`. Aquí se da por hecho que los datos son un URI. Esta es la razón que se esconde detrás de la llamada a `GetUriAsync`. Las aplicaciones pueden compartir muchos otros tipos de datos, por lo que es bueno acostumbrarse a obtener no solo un formato, sino comprobar que está en el formato correcto.

El método `AddNote` añadido en el paso 3 puede aceptar tres partes que configuran un `NoteItem`. Después, agrega el nuevo `NoteItem` a la colección y al `ListBox`. Como este método puede invocarse desde fuera del proceso de la UI de `Page`, y realiza modificaciones en la UI, es importante asegurarse de que va a tener éxito. Para ello, se comprueba su acceso a la UI (`HasThreadAccess`), y en caso contrario, ejecuta el código a través del `Dispatcher`.

Acceder a Internet

Las aplicaciones estilo Windows 8 pueden conectarse al sistema operativo subyacente y a otras aplicaciones, pero algunas requieren "salir" del dispositivo y llegar a los sitios Web, servicios en línea y bases de datos en Internet. Windows Runtime proporciona clases para ejecutar esta tarea. Puede crear aplicaciones que se pueden comunicar con cualquier sitio Web o servicio y acceder a bases en línea.

En las siguientes secciones aprenderá a controlar los cambios de conectividad de un dispositivo y a crear una aplicación que procese las fuentes sindicadas.

Detectar los cambios de conectividad de Internet

Cuando se crea una aplicación que necesita utilizar Internet, la primera tarea y más importante es conseguir que la aplicación detecte si el dispositivo está en línea o no, y que la aplicación reconozca los cambios en el estado de la conexión de Internet.

Windows Runtime consigue que se pueda acceder a la información básica sobre el estado de la conexión actual (o su carencia) a través de una clase estática denominada `NetworkInformation`. Este tipo se encuentra en el espacio de nombres `Windows.Networking.Connectivity`.

Mediante la suscripción al único evento de esta clase, `NetworkStatusChanged`, puede obtener actualizaciones automáticas cuando cambia la conectividad de la red. Sin embargo, el propio evento no envía ningún tipo de información sobre el estado o las propiedades de la red. Puede obtener la información actual de la red consultando al perfil de la red actual mediante una llamada al método `GetInternetConnectionProfile` en la misma clase. Así se devolverá un objeto `ConnectionProfile`. El valor devuelto será `null` si no existe una conexión activa.

Los objetos `ConnectionProfile` le permiten adquirir los detalles de la conexión de la red actual. Por ejemplo, puede identificar las redes u obtener el nivel de conectividad de las mismas, y consultar las configuraciones de seguridad de la red (o de las redes).

En el siguiente ejercicio aprenderá a leer la información de conectividad en sus aplicaciones estilo Windows 8.

Ejercicio: Adquirir información sobre la red

Para aprender a utilizar la API de información de la red con el fin de leer la información sobre la conectividad actual y asegurarse de que su aplicación se va a actualizar cuando cambie el estado de la red, siga estos pasos:

1. Abra la solución `NetworkSample\NetInfoBegin` del código fuente descargado para el capítulo. Familiarícese con la UI. Utilizará también esta aplicación en el siguiente ejercicio. En realidad, el único elemento de la UI que va a utilizar en este ejercicio es el cuadro de texto de la esquina inferior izquierda de la aplicación, denominado `tbkNetStatus`.

2. Abra `MainPage.xaml.cs` y agregue las siguientes instrucciones `using` al código, debajo de las que ya contiene el código:

```
using Windows.Networking.Connectivity;
using System.Text;
```

3. Sobrescriba los métodos `OnNavigatedTo` y `OnNavigatedFrom` agregando el siguiente código a la clase `MainPage`:

```
protected override void OnNavigatedTo(NavigationEventArgs e)
{
   NetworkInformation.NetworkStatusChanged +=
      NetworkInformation_NetworkStatusChanged;
   RefreshNetworkInfo();
}
protected override void OnNavigatedFrom(NavigationEventArgs e)
{
   NetworkInformation.NetworkStatusChanged -=
      NetworkInformation_NetworkStatusChanged;
}
```

4. Cree el método `NetworkInformation_NetworkStatusChanged` utilizado en el paso anterior:

```
void NetworkInformation_NetworkStatusChanged(object sender)
{
   RefreshNetworkInfo();
}
```

5. Cree el método `RefreshNetworkInfo` agregando el siguiente código a la clase:

```
async void RefreshNetworkInfo()
{
   ConnectionProfile profile = NetworkInformation.GetInternetConnectionProfile();
   StringBuilder sb = new StringBuilder();

   if (profile != null)
   {
      sb.Append("Connected to ");
      sb.Append(profile.GetNetworkNames()[0]);
      sb.Append(". Connectivity level is ");
      sb.Append(profile.GetNetworkConnectivityLevel().ToString());
      sb.Append(".");
   }
   else sb.Append("Disconnected.");

   await Dispatcher.RunAsync(Windows.UI.Core.CoreDispatcherPriority.Normal,
      () => tbkNetStatus.Text = sb.ToString());
}
```

6. Cree la aplicación pulsando **F6** o seleccionando Compilar>Compilar solución en el menú principal de Visual Studio. Si se abre una ventana de error indicando que hay errores en el código, pruebe a resolverlos siguiendo las sugerencias mencionadas en la ventana. Si no puede resolver un error, abra la solución `NetworkSample\NetInfoEnd` del código fuente descargado para el capítulo y compare su código con el de la solución en la que está trabajando.

7. Ejecute la aplicación. Observe que en la esquina inferior izquierda aparece el estado de la red, justo después de abrir la página. La figura 11.13 muestra un estado cuando el dispositivo está conectado a la red denominado `SubCommSatFour` y se puede acceder a Internet (evidentemente, no habrá conexión a Internet si el dispositivo no tiene conectividad de red).

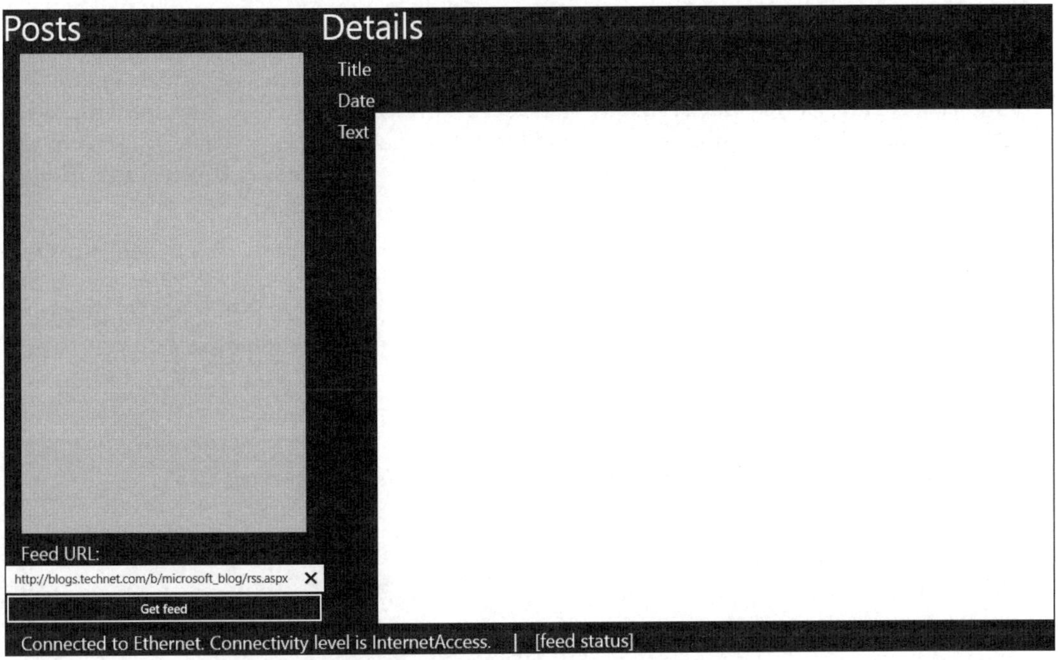

Figura 11.13. Información de la conexión.

8. Pruebe a desconectar y a conectar la conexión para ver cómo se ajusta en consecuencia la UI.
9. Guarde el proyecto `NetworkSample`; va a necesitarlo para el próximo ejercicio.

Cómo funciona

El método que hace casi todo el trabajo es el añadido en el paso 6: `RefreshNetworkInfo`. Al llamarlo, obtiene la información de perfil de la red actual mediante una llamada al método `GetInternetConnectionProfile`. Si es `null`, significa que no existe ninguna conexión activa. Si existe una, el método consulta su nombre y nivel de conectividad (si tiene acceso o no a Internet). El registro al evento `NetworkStatusChanged` en el paso 3 es necesario para obtener actualizaciones automáticas de estado cuando existe un cambio en la conectividad. El método suscrito (`NetworkInformation_NetworkStatusChanged`) simplemente llama al método `RefreshNetworkInfo`, pero como esto es algo que actualizaría la UI (mostraría la información) solo si existe un cambio, tiene que llamar al método `RefreshNetworkInfo` cuando Page está preparado (esta es la razón que se esconde detrás de la llamada adicional al método en `OnNavigatedTo`).

Utilizar fuentes

Si alguna vez ha querido estar actualizado sobre un blog, un canal de noticias o algún tema en un foro de Internet, probablemente se haya suscrito a una fuente.

Las fuentes se pueden describir básicamente como listas de elementos que contienen información sobre un tema. El propio tema, así como el contenido exacto de los elementos de fuente, puede ser amplio. Algunas fuentes contienen texto plano, otras se formatean utilizando etiquetas HTML y otras muchas incluyen imágenes o videos incrustados. Sin embargo, cada elemento de la fuente (la publicación en un blog o una nueva respuesta al hilo de un foro) tiene cargas de metadatos adicionales (como la información sobre los autores, una fecha en la que se ha publicado un tema, palabras clave, enlaces u otros identificadores).

Enseguida se crearon estándares para regular el formato de las fuentes y de sus elementos. Hoy en día, los más importantes son la Sindicación realmente simple (RSS, *Really Simple Syndication*) y Atom. Estos dos estándares se basan en el lenguaje de marcado extensible (XML, *Extensible Markup Language*), por lo que básicamente las fuentes creadas para adherirse a uno de estos formatos son cadenas de texto.

Formatos de sindicación

Es recomendable conocer la apariencia de los documentos RSS o Atom cuando trabaja con ellos. Debido a su naturaleza relativamente simple, la forma más fácil de conocerlos es seguir un proceso de ingeniería inversa (*reverse engineering*). Abra una fuente en su explorador Web favorito y mire el marcado (la estructura le parecerá muy evidente en muy poco tiempo). Si el explorador procesa y presenta la fuente de forma explícita y no muestra el marcado XML que se encuentra detrás de ella, haga clic con el botón derecho del ratón sobre el documento y seleccione Origen o Ver origen. Si quiere aprender más leyendo documentos y ejemplos detallados, estos son algunos enlaces que puede visitar:

- RSS: `http://www.rssboard.org/rss-specification/`
- Atom: `http://www.atomenabled.org/developers/syndication/`

Antes, cuando se creaba una aplicación que tenía que trabajar con las fuentes, era necesario conocer estos formatos de estándares y codificar un motor de análisis sintáctico para transformar el XML en sus propios objetos, o crear un software propio en uno de los motores de análisis sintáctico disponibles (gratuitos o de pago). Como las fuentes son cada día más comunes, la necesidad de controlarlas se convierte también en algo común. Para aliviar la tarea de crear un motor de análisis sintáctico robusto y rápido y su infraestructura de software correspondiente, Windows Runtime integra el suyo.

El espacio de nombres `Windows.Web.Syndication` contiene tipos relevantes cuando trata de incrustar compatibilidad con las fuentes en su aplicación. Este espacio de nombres contiene muchos tipos si quiere aprovechar todas las pequeñas funciones de las fuentes, pero la clase más importante es `SyndicationClient`.

Este tipo es el responsable de contactar con el servidor, recuperar la fuente requerida y procesarla. Aquí, procesamiento significa análisis sintáctico (transformar el XML recuperado en objetos que se puedan administrar). Para ello, puede utilizar el método `RetrieveFeedAsync` de `SyndicationClient`. Al utilizar la palabra clave `await` (es decir, utilizar la palabra `await` delante de la llamada al método), este método devuelve un objeto `SyndicationFeed`. Este objeto contiene todos los datos de la fuente RSS o Atom, incluido el título, una lista de autores y, evidentemente, los elementos.

Para acceder a los elementos de las fuentes utilice la propiedad `Items`. La lista contiene instancias de `FeedItem`. Cada uno de estos objetos corresponde a la publicación de un blog o de un foro, dependiendo del tema de la fuente. Para acceder al contenido del elemento, puede utilizar las propiedades de `FeedItem`, como `Authors`, `Title`, `PublishedDate` o `Content`. Tenga en cuenta que algunas de ellas no son objetos principales (como `string`, `int`, `DateTime`, entre otros), por lo que tendrá que ejecutar un procesamiento adicional.

Contactar con servidores y descargar datos se considera una acción que el usuario tiene que conocer, por lo que cuando cree una aplicación que va a trabajar con fuentes de sindicación, asegúrese siempre de que la función Internet (cliente) está habilitada en las Capacidades del archivo `Package.appxmanifest`.

En el siguiente ejercicio va a expandir la aplicación con la que ha trabajado en el ejercicio anterior añadiendo opciones de lectura de fuentes.

Ejercicio: Utilizar fuentes

Para aprender a utilizar la API de sindicación para enriquecer su aplicación con compatibilidad para fuentes RSS y Atom, siga estos pasos:

1. Abra la solución `NetworkSample` del ejercicio anterior. Si todavía no la ha terminado, puede abrir la solución de la carpeta `NetworkSample\NetInfoEnd` del código fuente descargado para el capítulo.

2. Haga doble clic en el archivo Package.appxmanifest dentro del Explorador de soluciones para abrir el editor del manifiesto. Haga clic en la ficha Capacidades y asegúrese de seleccionar la opción Internet (cliente), como puede ver en la figura 11.14. Guarde el archivo y cierre el editor.

3. Abra MainPage.xaml.cs y agregue las siguientes directivas `using` después de las ya presentes en el archivo:

```
using Windows.Web.Syndication;
using Windows.UI.Popups;
```

4. Cambie a MainPage.xaml. Localice el `Button` con el contenido `"Get feed"` y agregue un controlador de evento a su evento `Click` insertando el siguiente marcado resaltado en negrita:

```
<Button Click="GetFeed" HorizontalAlignment="Stretch" Content="Get feed" />
```

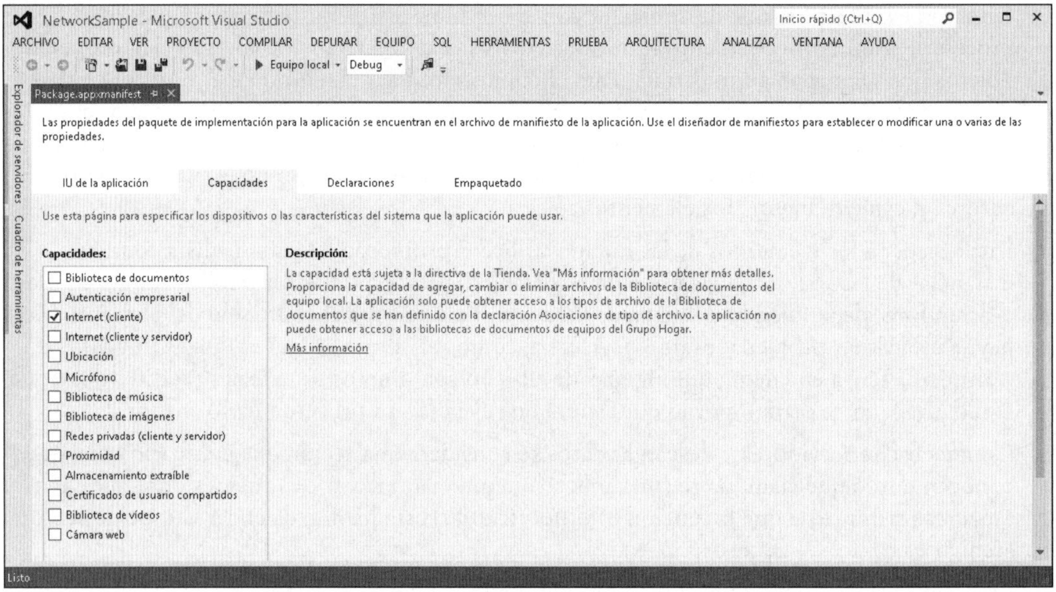

Figura 11.14. Panel Capacidades del editor del manifiesto.

5. Vuelva a **MainPage.xaml.cs** y cree el método `GetFeed` añadiendo el siguiente código a la clase:

```
async void GetFeed(object sender, RoutedEventArgs e)
{
      if (!string.IsNullOrWhiteSpace(tbFeedUrl.Text) &&
         Uri.IsWellFormedUriString(tbFeedUrl.Text.Trim(), UriKind.Absolute))
      {
         SyndicationClient client = new SyndicationClient();
      try
      {
         tbkFeedStatus.Text = "Downloading feed";
         var feed = await client.RetrieveFeedAsync(new Uri(
            tbFeedUrl.Text.Trim(), UriKind.Absolute));
         tbkFeedStatus.Text = "Feed downloaded";
         lbxPosts.Items.Clear();
         foreach (var item in feed.Items) lbxPosts.Items.Add(item);
      }
      catch (Exception ex)
      {
         tbkFeedStatus.Text = "Error: " + ex.Message;
      }
   }
}
```

6. Cambie a **MainPage.xaml**. Localice el `ListBox` en el archivo y suscriba un método de controlador a su evento `SelectionChanged`. Inserte el siguiente código resaltado en negrita en el marcado:

```
<ListBox Grid.Row="1" Name="lbxPosts" DisplayMemberPath="Title.Text" MaxWidth="350"
   SelectionChanged="lbxPosts_SelectionChanged" />
```

7. Vuelva a MainPage.xaml.cs y cree el método `lbxPosts_SelectionChanged` añadiendo el siguiente código a la clase:

```
void lbxPosts_SelectionChanged(object sender, SelectionChangedEventArgs e)
{
   if (lbxPosts.SelectedIndex > -1)
   {
      SyndicationItem post = lbxPosts.SelectedItem as SyndicationItem;
      tbkTitle.Text = post.Title.Text;
      tbkPublishedDate.Text = post.PublishedDate.ToString();
      wvSummary.NavigateToString(post.Summary.Text);
   }
}
```

8. Cree la aplicación pulsando **F6** o seleccionando Compilar>Compilar solución en el menú principal de Visual Studio. Si se abre una ventana de error indicando que hay errores en el código, pruebe a resolverlos siguiendo las sugerencias mencionadas en la ventana. Si no puede resolver un error, abra la solución `NetworkSample\FeedEnd` del código fuente descargado para el capítulo y compare su código con el de la solución en la que está trabajando.

9. Ejecute y pruebe la aplicación. Escriba la dirección de una fuente en el cuadro de texto (o utilice la predeterminada) y haga clic en el botón **Get Feed** (Obtener fuente) o tóquelo. Observe que la aplicación informa en uno de los cuadros de texto en la parte inferior de la UI que se ha iniciado y, posteriormente, completado la descarga de la fuente. Asimismo, cuando se completa la descarga, los elementos de la fuente (sus títulos para ser precisos) aparecen en el cuadro de lista. Si hace clic sobre uno de ellos o lo toca, su contenido se muestra a la derecha de la aplicación, como puede ver en la figura 11.15.

Cómo funciona

La selección de la capacidad Internet (cliente) en el paso 2 normalmente no es necesaria ya que las aplicaciones estilo Windows 8 la seleccionan de forma predeterminada.

El método `GetFeed` creado en el paso 5 (al que se llama cuando el usuario hace clic sobre el botón correspondiente o lo toca) es el responsable de contactar con el servidor, procesando la fuente y mostrándola en la UI. El método `RetrieveFeedAsync` de `SyndicationClient` contacta con el servidor (especificado por el URI que necesita como argumento) y devuelve los datos XML a `SyndicationFeed`, denominado fuente. Este es el método asíncrono por lo que el uso de la palabra `await` es una buena práctica si quiere que su UI siga respondiendo durante el procesamiento del XML en segundo plano. Cuando se han analizado sintácticamente todos los datos, el método `GetFeed` simplemente recorre todos los elementos de la colección Items de la fuente y empuja cada uno de ellos al `ListBox`.

El registro del evento `SelectionChanged` del `ListBox` en el paso 7 es necesario para actualizar el panel de detalles (la parte derecha de la aplicación) con el contenido del elemento seleccionado de la fuente. El método suscrito simplemente acepta el elemento seleccionado del `ListBox` y establece el contenido de los tres controles. El control `WebView` (`wvSummary`) es particularmente útil aquí ya que el `Summary` del `FeedItem` tiende a contener texto formateado, no plano. `WebView` puede mostrar este contenido enriquecido sin ningún problema.

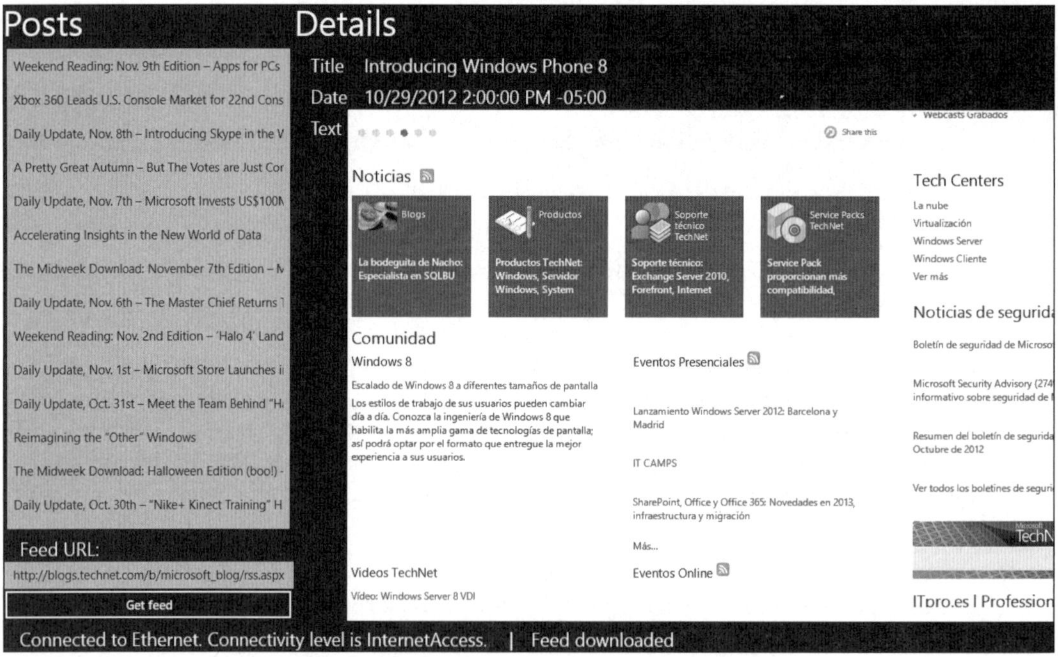

Figura 11.15. La aplicación mostrando una fuente.

Merece la pena tener en cuenta un par de cosas cuando se trabaja con `SyndicationClient`. En primer lugar, se puede utilizar `SyndicationClient` como la caché local. Por consiguiente, cuando un usuario intenta obtener una fuente, existe la posibilidad de que el objeto `SyndicationClient` no devuelva la fuente real (si la encuentra en la caché local, la devolverá desde ahí). Normalmente esto no supone ningún problema, pero si quiere controlar este comportamiento, establezca la propiedad `BypassCacheOnRetrieve` del cliente en `false`. En segundo lugar, algunos servidores proporcionan fuentes diferentes para clientes diferentes. Los exploradores tienden a interpretar y mostrar de forma distinta algunos elementos de datos; por lo tanto, si un servidor puede identificar el motor del cliente, puede enviar una fuente para ese cliente en concreto. En general, esto tampoco supone un problema por lo que no tiene que preocuparse sobre él. Sin embargo, si un servidor se niega a enviar la fuente a su aplicación porque no especifica su tipo, utilice el método `SetRequestHeader` para hacerlo. El primer parámetro que se pasa a este método es la cadena `"User-Agent"` y el segundo es un identificador de un motor del explorador.

> **Nota:** Los tipos del espacio de nombres `Windows.Web.Syndication` se crearon para la lectura de fuentes. No obstante, si el sitio Web que administra la fuente admite el protocolo de publicación Atom, puede crear aplicaciones que no solo recuperen y muestren las fuentes, sino que además envíen nuevos elementos y modifiquen o eliminen los existentes. Los tipos para este propósito se encuentran en el espacio de nombre `Windows.Web.AtomPub`.

Acceder a Windows Live

Windows Live es una marca de Microsoft que identifica los servicios públicos en línea y las aplicaciones Web que proporciona la empresa gratuitamente. Entre otros, los servicios incluyen funciones como correo electrónico (Hotmail), mensajería instantánea (Messenger), almacenamiento, sincronización y compartir archivos (SkyDrive) y programación de tareas (Calendario).

Es innecesario decir que todos ellos se conectan entre sí. Por ejemplo, cuando se adjuntan imágenes u otros archivos a un mensaje de correo electrónico, puede elegir enviarlos a través de SkyDrive en su lugar, de forma que el receptor no tenga que descargar un archivo potencialmente grande. Dicho usuario recibirá un enlace a su almacenamiento en línea y podrá recuperar el archivo desde ahí con cualquier explorador Web.

Aparte de estos servicios, en el paquete Windows Live Essentials se pueden descargar una serie de aplicaciones de cliente nativas y muy útiles que se descargan de forma colectiva. Con Windows 8, algunas de estas aplicaciones son redundantes (por ejemplo, no necesita descargar Live Messenger porque puede conectarse a la mensajería instantánea con la aplicación Mensajes integrada) y algunas de ellas siguen siendo tan útiles como en el pasado (como Movie Maker).

Nota: Estos servicios y aplicaciones se encuentran disponibles para cualquier persona que disponga de una cuenta de Microsoft (anteriormente denominada Live ID). Puede crear una (o más) de forma gratuita en `http://live.com`.

La importancia de los servicios de Windows Live es evidente cuando empieza a utilizar Windows 8 con una cuenta de Microsoft. El sistema operativo le conecta a estos servicios inmediatamente cuando inicia la sesión. La aplicación Correo descarga sus mensajes de correo electrónico, Mensajes le conecta a su cuenta de mensajería instantánea, y así sucesivamente.

Microsoft creó estas aplicaciones por lo que la integración con los servicios en línea de Microsoft es evidente, igual que la ventaja para el usuario. Pero afortunadamente, Microsoft le permite integrar sus propias aplicaciones Windows Live como si fueran aplicaciones propias. La empresa proporciona los medios para integrar aplicaciones con Windows Live en un paquete denominado SDK de Live (*Software Development Kit* o Kit de desarrollo de software).

Mejorar su aplicación con la integración de Windows Live empieza con la descarga de SDK de Live desde el Centro de desarrolladores de Live Connect, e instalar el paquete. Después puede agregar una referencia de la biblioteca de enlaces dinámicos (DLL, *Dynamic Link Library*) SDK a su aplicación. Posteriormente, podrá utilizar todos los tipos que facilitan el acceso prácticamente a todo lo que tiene el usuario en Windows Live.

Evidentemente estos recursos pueden ser privados o estar restringidos (algo que el usuario no deseará compartir con una aplicación). La autorización a estos recursos consiste en dos pasos.

Primero, tiene que registrar su aplicación en Windows Live. Obtendrá un identificador que va a utilizar Windows Live para reconocer con qué aplicación intenta contactar. Puede registrar su aplicación desde `https://manage.dev.live.com/`, haciendo clic en el enlace Mis aplicaciones dentro de su cuenta de Microsoft y creando una aplicación. A continuación, puede solicitar un identificador para que su aplicación pueda contactar con el servicio Live Connect. El identificador es un nombre de paquete que tiene que intercambiar con el original que aparece en el archivo `Package.appxmanifest` de su aplicación.

El segundo paso de la autorización lo lleva a cabo el usuario. Cuando crea una aplicación que tiene que conectarse a Windows Live, debe especificar qué elementos de los datos de usuario quiere que use su aplicación (contactos, archivos, calendario, etc.). Cuando el usuario inicia la aplicación por primera vez y se conecta a Windows Live, éste le pedirá que confirme que la aplicación puede acceder a los recursos que quiere utilizar. Si el usuario acepta, no habrá ninguna otra firma ni confirmación. La próxima vez, Windows Live sabrá que ese usuario en concreto ha habilitado a esa determinada aplicación a acceder a un determinado conjunto de recursos. El usuario puede revocar los derechos de acceso en cualquier momento, por supuesto.

SDK de Live para aplicaciones estilo Windows 8 incluye un solo control denominado `SignInButton`, el cual se puede colocar en la UI de la aplicación para permitir que el usuario inicie la sesión o salga de los servicios en línea de Microsoft. Los ámbitos (los elementos del perfil Live a los que quiere acceder la aplicación) se pueden administrar con este botón. Asimismo, su evento `SessionChanged` puede señalar a la aplicación que el usuario ha elegido iniciar la sesión o salir de ella.

Cuando el usuario se conecta, la aplicación puede crear un `LiveConnectClient`, que se puede utilizar para administrar la sesión y recuperar o modificar datos y archivos en el servicio Live. Estas manipulaciones se producen con el consentimiento del usuario. Windows Live solo le pregunta al usuario una vez (la primera vez que intenta conectarse a los servicios en línea de Microsoft) para permitir que la aplicación funcione.

Resumen

En este capítulo ha aprendido a conectar e integrar su aplicación al ecosistema que le rodea.

Primero ha conocido el concepto de los selectores. Con estas clases, todas las aplicaciones pueden mantener un diseño y una UI unificados cuando el usuario intenta acceder a recursos (por ejemplo, abrir un archivo o contacto, guardar una imagen, utilizar la cámara, etc.).

Los contratos se necesitan para que Windows 8 pueda conocer información importante sobre una aplicación, como la necesidad de acceder a determinadas carpetas del usuario (Documentos, Música, etc.) de forma programática, ejecutar tareas en segundo plano o asociarse a esos tipos de archivo. Además, los contratos declaran la integración con el sistema operativo y otras aplicaciones (por ejemplo, una aplicación se puede mostrar en el panel de búsqueda de Windows 8, puede ser una fuente o destino compartido y puede proporcionar otras aplicaciones con sus opciones de apertura o guardado a través de los mencionados selectores y sus correspondientes declaraciones de contrato.

Después de integrarse con Windows, ha aprendido a controlar la entrada desde Internet. Primero ha adquirido información de la red y sus cambios. Después ha conocido las fuentes de noticias y ha aprendido a procesarlas con la API de sindicación.

En la última parte del capítulo ha aprendido a lo que es SDK de Live. Con la descarga de esta extensión, puede integrar sus aplicaciones en un ecosistema en línea de Microsoft y su aplicación puede utilizar los datos guardados por el usuario en la nube e incluso puede manipular los datos.

En el capítulo 12 aprenderá a crear aplicaciones que pueden adquirir la posición del usuario y a mejorar sus aplicaciones para controlar la entrada desde diversos sensores de un dispositivo de tableta.

Ejercicios

1. ¿Cuál es la finalidad de los selectores?
2. ¿Cómo puede crear fácilmente una funcionalidad de búsqueda accesible en una aplicación?
3. ¿Cuál es la forma más simple de preparar su aplicación como destino compartido?
4. ¿Cómo puede transformar sus fuentes de Internet en objetos comerciales?
5. ¿Cómo puede su aplicación pedir permiso a Windows Live para acceder a los datos del usuario de la aplicación en los servicios de Windows Live?

Nota: Las respuestas a los ejercicios se encuentran en el apéndice A del libro.

Qué ha aprendido en este capítulo

- **Selector:** Este es un tipo de clase que permite a las aplicaciones acceder a un determinado conjunto de recursos (como archivos o contactos) con el conocimiento y el permiso del usuario.
- **Contrato:** Un contrato declara que la aplicación desea utilizar determinadas opciones del sistema operativo y que se adhiere a los requerimientos que se especifican. Cuando un usuario instala una aplicación, se le notificará sobre ello.
- **Fuente:** Una fuente es una representación basada en XML de objetos de datos coherentes. Los tipos de fuentes más conocidos son RSS y Atom.
- **Windows Live:** Este es el nombre de los servicios en línea gratuitos de Microsoft, que incluyen correo, mensajería instantánea, calendario y almacenamiento de archivos en la nube.
- **SDK de Live:** Se trata de una extensión de descarga gratuita para su aplicación que permite contactar dicha aplicación con Windows Live, recuperar y procesar datos del usuario o cargar (o modificar) los datos.

12

Mejorar las opciones de tableta

En este capítulo aprenderá a:

- Conocer las diferencias entre las tabletas y los equipos tradicionales de escritorio o portátiles.
- Comunicarse con otras aplicaciones estilo Windows 8.
- Incorporar la detección de ubicación, el movimiento y la postura del dispositivo en sus aplicaciones.
- Utilizar las API de Windows Runtime para mejorar la interacción del usuario con una entrada sensorial.

Para desarrollar los ejemplos de este capítulo, puede optar por introducir manualmente el código o utilizar los archivos de código fuente que acompañan al libro como se indica en la Introducción.

Los equipos que ejecutan un sistema operativo Windows son tradicionalmente dispositivos de escritorio o portátiles con un ratón y un teclado. Por esta razón, toda aplicación escrita para ejecutarse en Windows se ha optimizado para este tipo de dispositivos de entrada.

Ahora, Windows se ha abierto también al factor de forma de la tableta, atrayendo a muchos usuarios nuevos (sus clientes potenciales). Pero estos esperan más de una aplicación de tableta en cuanto a la introducción de datos que una simple compatibilidad con pantallas táctiles. Los usuarios de tabletas normalmente sujetan sus dispositivos entre sus manos mientras los utilizan. Gracias a los medios descritos en este capítulo, puede utilizar la postura del dispositivo e información del movimiento para crear aplicaciones más atractivas que respondan a los cambios de estas propiedades e incluso permitan a los usuarios controlar las aplicaciones moviendo la tableta.

Asimismo, en este capítulo aprenderá a acceder y a utilizar información sobre la ubicación proporcionada por un dispositivo de tableta. Ésta normalmente incluye un Sistema de posicionamiento global (GPS, *Global Positioning System*) que puede señalar su ubicación en la Tierra. Pero, tal como comprobará enseguida, la API de ubicación en Windows 8 puede hacer algo más que simplemente canalizar datos del GPS. Al incorporar los datos de la ubicación en su aplicación, puede crear una mejor interacción para el usuario personalizada para su ubicación actual.

Acomodar los dispositivos de tableta

Aparte del hecho de que ahora comparten el mismo sistema operativo, los dispositivos de tableta son muy distintos a los equipos de escritorio e incluso a los equipos portátiles. Las tabletas de hoy en día se crearon con el propósito de ser distintos a los equipos tradicionales. Las tabletas se consideran principalmente dispositivos para consumo de contenido, lo que significa que su propósito es el de permitir al usuario explorar la Web, leer documentos, ver vídeos y consumir contenido de una manera fácil, natural y divertida.

Generalmente, el consumo de contenido con una tableta implica una actividad informal por parte del usuario. A éste le gusta consumir contenido (y, por tanto, utilizar tabletas) en situaciones que nada tienen que ver con el entorno del trabajo (por ejemplo, cuando está descansando en su cama o utiliza el transporte público). A nivel de hardware, las tabletas se diseñaron para su uso informal en estas situaciones. Son dispositivos ligeros, se pueden sostener incluso con una sola mano. Sus pantallas son relativamente pequeñas, pero como carecen de un teclado de hardware (al menos en su mayoría), sus pantallas táctiles de entre 7 y 10 pulgadas les proporcionan los medios principales de interacción entre el usuario y la tableta.

Las limitaciones inherentes a los periféricos para una interacción externa del usuario conducirían a un control difícil de estos dispositivos, si el sistema operativo y las aplicaciones no admitieran estos nuevos medios de interacción. Pero el sistema operativo puede conseguir esto solo junto con un hardware adicional. Esta es la razón por la que las pantallas y entradas táctiles son tan importantes y también la razón de tener que incorporar compatibilidad con los gestos multitáctiles en sus aplicaciones, cuando sea apropiado. Aunque el control de eventos táctiles es obligatorio en las aplicaciones estilo Windows 8, los dispositivos de tableta incluyen mucho hardware adicional integrado que puede utilizar un desarrollador para habilitar formas nuevas y enriquecidas de interacción con el usuario. Esto es lo que se conoce como sensor.

Normalmente creará aplicaciones sin tener que preocuparse por los sensores, pero a veces (situaciones diarias) el procesado de datos de sensores hará que su aplicación sea más fácil de usar o incluso más divertida. Recuerde que no todas las aplicaciones estilo Windows 8 van a ser aplicaciones relacionadas con el trabajo y los usuarios que no hayan pagado por su aplicación no la utilizarán si no es fácil de usar y buscarán otra mejor en la Tienda de Windows. Independientemente de su propósito, cuanta más comodidad ofrezca una aplicación, más probabilidades tendrá de que un usuario pague por ella.

En cuanto a los sensores, cuando escriba aplicaciones para dispositivos de tableta diseñadas para Windows 8 (o Windows RT, la versión ARM de Windows 8), tendrá a su disposición los datos de los sensores de un acelerómetro, un giroscopio, un magnetómetro y de luz solar. Aparte de utilizar los sensores, puede acceder también a las lecturas de ubicación geográfica de su dispositivo. Así podrá crear aplicaciones que (si el usuario lo permite) pueden implantar y personalizar sus servicios según la ubicación actual del usuario. Cada dispositivo de tableta diseñado para Windows 8 tiene un receptor GPS asistido.

Normalmente los equipos portátiles y de escritorio no tienen sensores, aunque algunos sí. Por consiguiente, cuando cree una aplicación, debe proporcionar siempre acceso a todas las funciones sin sensores.

Crear aplicaciones que conozcan la ubicación

Tal como hemos mencionado, los equipos y dispositivos Windows 8 pueden proporcionar un medio para acceder a la información de la ubicación geográfica. La API de Windows Runtime le permite probar si se encuentra instalado el hardware apropiado para utilizar sus datos.

En Windows, el concepto de determinar la ubicación de un dispositivo se conoce como localización (o ubicación geográfica). Y esto es así porque la ubicación se puede determinar a través de medios diferentes. Cuando la precisión no es realmente importante, el dispositivo o el equipo pueden determinar su posición utilizando la ubicación de una dirección IP o mediante puntos de acceso (*hotspot*) Wi-Fi. Esta solución consume mucha menos energía y tiempo que la activación de un chip GPS que espera a las señales de un satélite, y después calcula la posición. Es más, las señales GPS no pueden atravesar paredes ni techos, pero una señal Wi-Fi sí, por lo que un GPS no puede adquirir información dentro de un edificio. Si no se conocen bien los puntos de acceso Wi-Fi registrados en la zona pero el dispositivo tiene una conexión de red celular, la API de ubicación geográfica puede utilizar las torres de repetición cercanas para triangular la posición del dispositivo. Aunque la localización Wi-Fi no sea muy precisa, ofrece una solución perfecta para muchas situaciones.

Windows 8 activa el chip del GPS en dos situaciones (siempre que exista en el dispositivo, por supuesto):

- ❑ Cuando no existen puntos de acceso Wi-Fi conocidos y no hay suficientes torres celulares cerca.
- ❑ Cuando una aplicación pide información más precisa sobre la posición que la ofrecida por las técnicas de localización mencionadas anteriormente.

Si su aplicación establece que es importante la precisión, la API de ubicación geográfica utiliza el GPS para localizar la posición del dispositivo.

La API de ubicación geográfica de Windows Runtime se creó para proporcionar información sobre la posición basada en una de estas tecnologías sin que el desarrollador se tenga que preocupar por controlar los distintos datos de hardware y localización, ya que obtiene una interfaz de programación limpia y clara para establecer el entorno de sus necesidades (como especificar la precisión deseada) y obtener la información de localización.

Recuerde que su aplicación tiene que indicar en su archivo manifiesto que requiere acceso a la información de ubicación geográfica y, cuando lo hace, el usuario también tiene que habilitar dicha opción. La primera vez que la aplicación quiera acceder a los datos de ubicación, el sistema operativo le pedirá automáticamente permiso al usuario. La figura 12.1 muestra el cuadro de diálogo predeterminado para pedir permiso al usuario cuando una aplicación intenta leer por primera vez la información de la ubicación del dispositivo.

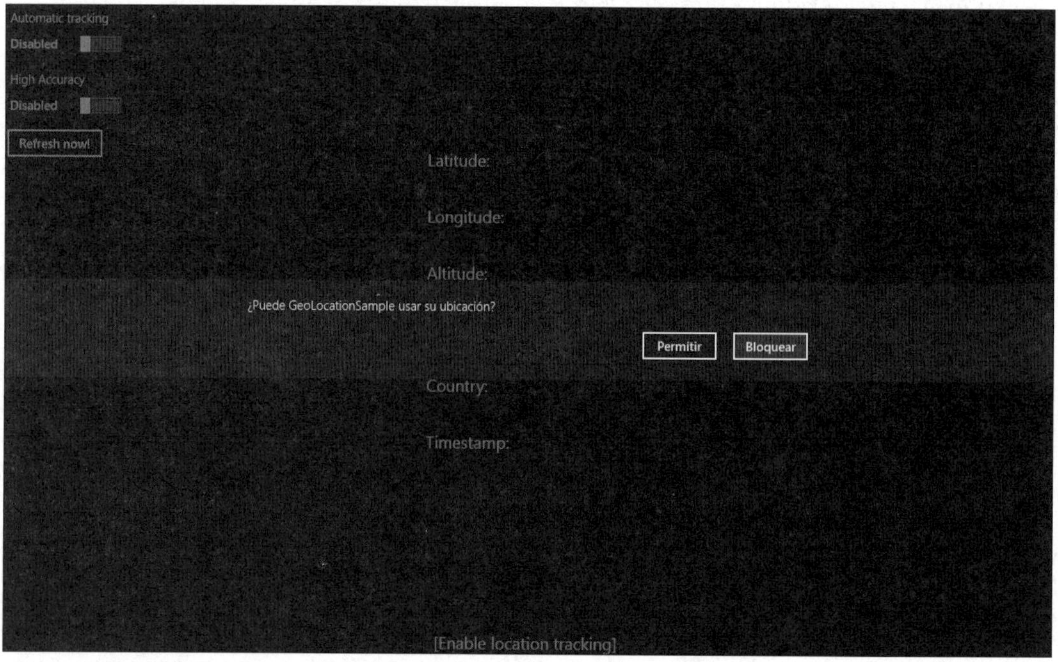

Figura 12.1. Una aplicación pidiendo permiso para leer información de localización.

Utilizar el reconocimiento o detección de ubicación geográfica

Crear aplicaciones que utilicen la API de ubicación geográfica de Windows Runtime es muy sencillo. Todos los tipos que pertenecen a esta API se encuentran en el espacio de nombres `Windows.Devices.Geolocation`. En su aplicación debe crear una instancia de la clase `Geolocator` y suscribirla a su evento `PositionChanged`. Este evento se activa cuando el dispositivo tiene nuevos datos para su aplicación. En el método controlador de evento puede examinar los argumentos del mismo (es decir, una instancia de

PositionChangedEventArgs) y procesar los datos acumulados en la propiedad Position (es decir, una instancia de la clase Geoposition). Alternativamente, si no quiere registrar continuamente la ubicación del usuario, puede llamar al método GetGeopositionAsync en el localizador geográfico. Este método devuelve una instancia de la clase Geoposition. La clase mencionada contiene dos propiedades importantes: Coordinate y CivicAddress. La primera es una instancia de la clase Geocoordinate y contiene las propiedades descritas en la tabla 12.1.

Tabla 12.1. Propiedades de instancia de la clase Geocoordinate.

Nombre	Tipo	Descripción
Latitude	double	Obtiene la latitud de las coordenadas, en grados.
Longitude	double	Obtiene la longitud de las coordenadas, en grados.
Accuracy	double	Obtiene el error máximo de la longitud y de la latitud, en metros.
Altitude	double?	Si está presente, obtiene la altitud de la posición, en metros.
AltitudeAccuracy	double?	Obtiene el error máximo de la lectura de la altitud, en metros.
Heading	double?	Representa la dirección al Polo Norte geográfico, en grados.
Speed	double?	Si está presente, obtiene la velocidad del dispositivo, en metros por segundo.
Timestamp	DateTimeOffset	Obtiene la fecha y la hora cuando se ha calculado la ubicación.

Nota: En la tabla 12.1 se ha presentado un tipo denominado double y otro denominado double?. Tenga en cuenta que son tipos distintos. El valor double es un valor de punto flotante de doble precisión, lo que significa que puede contener cualquier número (entero o fracción) dentro de un rango muy amplio. Cuando se muestra un tipo de valor cuyo nombre termina con un signo de interrogación de cierre, se trata de un tipo que acepta un valor null. Las instancias de un tipo que acepta el valor null pueden contener cualquier valor que tenga el tipo original, pero además se pueden asignar también como null, indicando que no tienen ningún valor definido. Las instancias de tipos de valores planos como double no pueden ser null; tienen que tener siempre un valor. Puede aprender más sobre los tipos que aceptan valores null en http://msdn.microsoft.com/es-ES/library/1t3y8s4s(v=vs.110).aspx.

La clase `CivicAddress`, que es el tipo de la propiedad `CivicAddress`, contiene una instancia de `Timestamp` (una instancia de `DateTimeOffset` con el mismo propósito que la instancia de `Timestamp` en la clase `Geocoordinate`) y cuatro cadenas. Estas tienen nombres como `City`, `Country`, `PostalCode` y `State` bastante auto-descriptivos (ciudad, país, código postal y estado, respectivamente).

> **Nota:** Actualmente, Microsoft no proporciona una dirección civil a través de la API de ubicación porque siempre habrá cadenas vacías. Más adelante se podrán incluir estas direcciones civiles, pero hasta ese momento, si quiere utilizar una dirección civil en su aplicación, debe utilizar un servicio de terceros para calcular la dirección a partir de las coordenadas.

En el siguiente ejercicio aprenderá a utilizar la API de ubicación geográfica y el simulador de Windows a la vez para crear y probar aplicaciones con reconocimiento de ubicación geográfica. Sin embargo, el simulador actual de Windows tiene algunas opciones limitadas en cuanto a simulación del cambio de ubicación se refiere por lo que, si es posible, pruebe las aplicaciones con reconocimiento de ubicación en un dispositivo de tableta real antes de enviarlas a la Tienda Windows.

Ejercicio: Utilizar la API de ubicación

Para aprender a utilizar la API de ubicación con el fin de incorporar la detección de ubicación geográfica en una aplicación estilo Windows 8, siga estos pasos:

1. Abra el proyecto `Ch12-GeoLoc-Begin` del código fuente descargado para el capítulo. Familiarícese con la interfaz de usuario (UI, *User Interface*) de la aplicación. Esta es la estructura base a la que va a agregar distintas funciones.
2. Haga doble clic en el archivo Package.appxmanifest dentro del Explorador de soluciones para abrir la ventana del editor del manifiesto. Si no puede ver el Explorador de soluciones, ábralo desde el menú Ver. En la figura 12.2 puede ver el Explorador de soluciones.

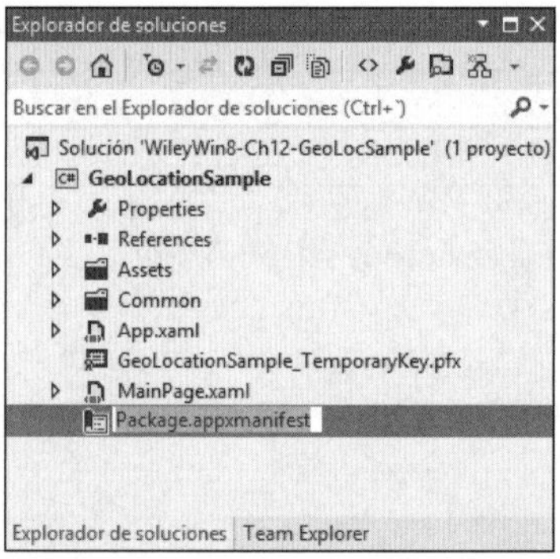

Figura 12.2. Archivo Package.appxmanifest en el Explorador de soluciones.

3. En la ventana del editor del manifiesto cambie a la ficha **Capacidades** y asegúrese de que está seleccionada la opción **Ubicación** en el cuadro de lista **Capacidades**, como puede ver en la figura 12.3.

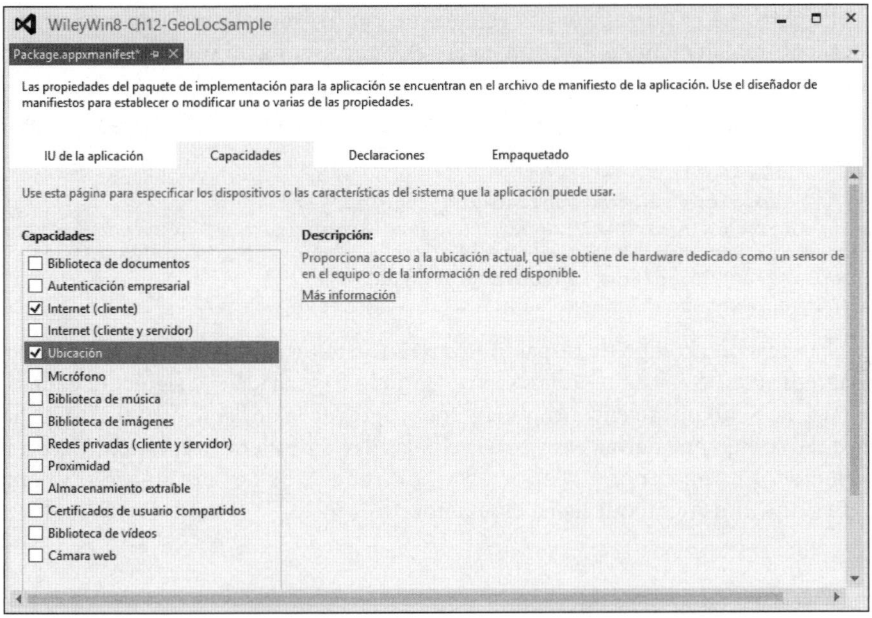

Figura 12.3. Edición de capacidades.

4. Abra el archivo **MainPage.xaml.cs** para ver el código C# de respaldo. Agregue las siguientes líneas debajo de las instrucciones `using` presentes ya en la parte superior del archivo:

```
using Windows.Devices.Geolocation;
using Windows.UI.Core;
using System.Threading.Tasks;
```

5. Agregue la siguiente línea directamente debajo de la llave de inicio de la declaración de la clase `MainPage`:

```
Geolocator locator = null;
```

6. Agregue las siguientes líneas al constructor, después de llamar a `InitializeComponent()`:

```
locator = new Geolocator();
locator.StatusChanged += locator_StatusChanged;
```

7. Agregue el siguiente método a la clase:

```
async void locator_StatusChanged(Geolocator sender, StatusChangedEventArgs args)
{
   await Dispatcher.RunAsync(CoreDispatcherPriority.Normal,
      new DispatchedHandler(() =>
```

```
            tbkStatus.Text = "Geolocation service is " + args.Status.ToString()
      ));
}
```

8. Busque los dos `ToggleSwitches` denominados `tsLocationTracking` y `tsAccuracy` en el archivo `MainPage.xaml` y agregue un controlador de evento a sus eventos `Toggled`. Localice también el único `Button` en el XAML. Suscriba un método a su evento `Click`. El marcado que tiene que añadir se ha resaltado en negrita.

```
<ToggleSwitch x:Name="tsLocationTracking" Header="Automatic tracking"
        HorizontalAlignment="Left"
        VerticalAlignment="Top" OffContent="Disabled" OnContent="Enabled"
        Toggled="tsLocationTracking_Toggled" />
<ToggleSwitch x:Name="tsAccuracy" Header="High Accuracy" HorizontalAlignment="Left"
  VerticalAlignment="Top" OffContent="Disabled" OnContent="Enabled"
  IsOn="True" Toggled="tsAccuracy_Toggled" />
  <Button Content="Refresh now!" Click="RefreshData" />
```

9. En el archivo del código de respaldo (`MainPage.xaml.cs`), localice el método que acaba de agregar (`tsLocation-Tracking_Toggled`) y añádale el siguiente código resaltado en negrita. Si no puede encontrar el método, agregue la declaración del mismo (la primera línea del código que define el método) con las llaves de cierre y apertura. Cree además los métodos `tsAccuracy_Toggled` y `locator_PositionChanged` y el método `refreshUIAsync` al que llama el segundo.

```
void tsLocationTracking_Toggled(object sender, RoutedEventArgs e)
{
  if (tsLocationTracking.IsOn)
     locator.PositionChanged += locator_PositionChanged;
  else locator.PositionChanged -= locator_PositionChanged;
}

void tsAccuracy_Toggled(object sender, RoutedEventArgs e)
{
  if (locator != null)
  {
     locator.DesiredAccuracy = tsAccuracy.IsOn ?
        PositionAccuracy.High : PositionAccuracy.Default;
  }
}

async void locator_PositionChanged(Geolocator sender, PositionChangedEventArgs args)
{

  await refreshUIAsync(args.Position);
}

async Task refreshUIAsync(Geoposition pos)
{
  if (!Dispatcher.HasThreadAccess)
  {
     await Dispatcher.RunAsync(CoreDispatcherPriority.Normal,
        async () => await refreshUIAsync(pos));
  }
  else
```

```
        {
            tbkLat.Text = pos.Coordinate.Latitude.ToString();
            tbkLong.Text = pos.Coordinate.Longitude.ToString();
            tbkAlt.Text = pos.Coordinate.Altitude + " m";
            tbkAccuracy.Text = pos.Coordinate.Accuracy + "m";
            tbkCountry.Text = pos.CivicAddress.Country;
            tbkTimestamp.Text = pos.Coordinate.Timestamp.ToString("T");
        }
    }
```

10. Agregue el método `RefreshData` al final de la clase `MainPage` como se muestra aquí:

```
async void RefreshData(object sender, RoutedEventArgs e)
{
    if (tsLocationTracking.IsOn)
        await refreshUIAsync(await locator.GetGeopositionAsync());
}
```

El archivo del código de respaldo (`MainPage.xaml.cs`) debería ser como el siguiente (tenga en cuenta que el orden exacto de los métodos no es importante):

```
using System;
using Windows.UI.Xaml;
using Windows.UI.Xaml.Controls;
using Windows.Devices.Geolocation;
using Windows.UI.Core;
using System.Threading.Tasks;

namespace GeoLocationSample
{
    public sealed partial class MainPage : Page
    {
        Geolocator locator = null;

        public MainPage()
        {
            this.InitializeComponent();
            locator = new Geolocator();
            locator.StatusChanged += locator_StatusChanged;
        }

        async void locator_StatusChanged(Geolocator sender,
            StatusChangedEventArgs args)
        {
            await Dispatcher.RunAsync(CoreDispatcherPriority.Normal,
                new DispatchedHandler(() =>
                    tbkStatus.Text = "Geolocation service is " +
                        args.Status.ToString()
            ));
        }

        void tsAccuracy_Toggled(object sender, RoutedEventArgs e)
        {
            if (locator != null)
            {
                locator.DesiredAccuracy = tsAccuracy.IsOn ?
                PositionAccuracy.High : PositionAccuracy.Default;
```

```
            }
        }

        void tsLocationTracking_Toggled(object sender, RoutedEventArgs e)
        {

            if (tsLocationTracking.IsOn)
                locator.PositionChanged += locator_PositionChanged;
            else locator.PositionChanged -= locator_PositionChanged;
        }

        async Task refreshUIAsync(Geoposition pos)
        {
            if (!Dispatcher.HasThreadAccess)
            {
                await Dispatcher.RunAsync(CoreDispatcherPriority.Normal,
                    async () => await refreshUIAsync(pos));
            }
            else
            {
                tbkLat.Text = pos.Coordinate.Latitude.ToString();
                tbkLong.Text = pos.Coordinate.Longitude.ToString();
                tbkAlt.Text = pos.Coordinate.Altitude + " m";
                tbkAccuracy.Text = pos.Coordinate.Accuracy + "m";
                tbkCountry.Text = pos.CivicAddress.Country;
                tbkTimestamp.Text = pos.Coordinate.Timestamp.ToString("T");
            }
        }

        async void locator_PositionChanged(Geolocator sender,
            PositionChangedEventArgs args)
        {
            await refreshUIAsync(args.Position);
            }

        async void RefreshData(object sender, RoutedEventArgs e)
        {
            if (tsLocationTracking.IsOn)
                await refreshUIAsync(await locator.GetGeopositionAsync());
        }
    }
}
```

11. Cree la aplicación pulsando **F6** o seleccionando Compilar>Compilar solución en el menú principal de Visual Studio. Si se abre una ventana de error indicando que hay errores en el código, pruebe a resolverlos siguiendo las sugerencias mencionadas en la ventana. Si no puede resolver un error, abra la solución `GeoLocSample\End` del código fuente descargado para el capítulo y compare su código con el de la solución en la que está trabajando.

12. Ejecute la aplicación. Al habilitar la opción Automatic tracking (Registro automático), la aplicación actualiza la pantalla automáticamente (o, si no la mueve, se actualiza cada 60 segundos). Si desactiva la opción High Accuracy (Alta precisión), puede que necesite mover más su posición. Asimismo, recuerde que si ejecuta la aplicación en el simulador para

Windows, puede obtener datos de ubicación simulados sin tener que moverse. La aplicación debería parecerse a la mostrada en la figura 12. 4. Tenga en cuenta que sin GPS, la precisión es bastante limitada.

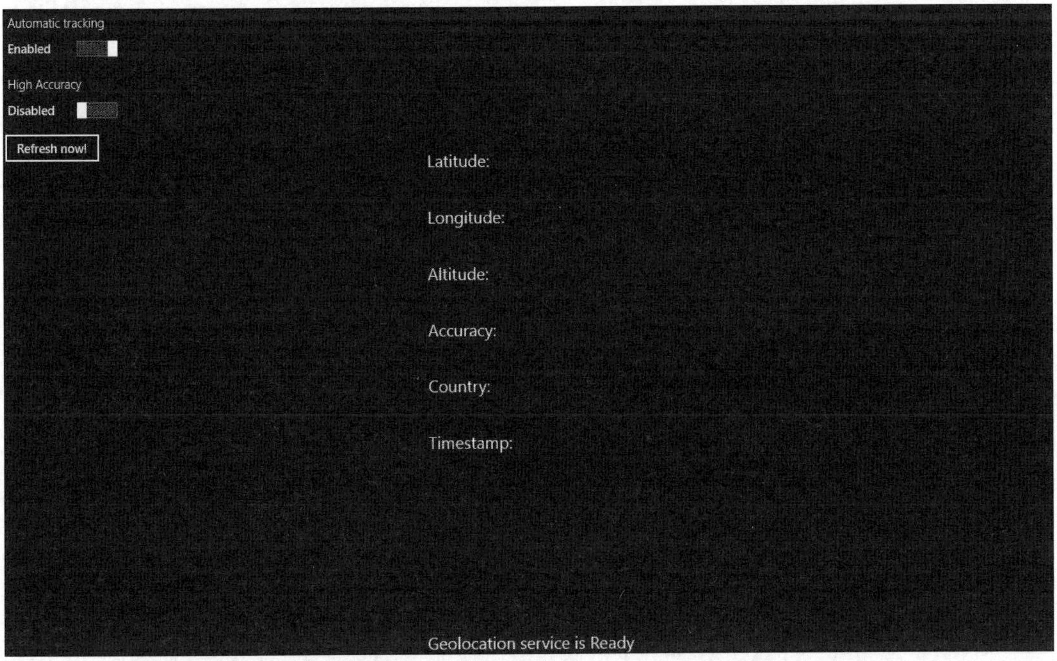

Figura 12.4. Ejecución de la aplicación de reconocimiento de ubicación.

Cómo funciona

En el paso 3, primero ha indicado que a su aplicación le gustaría recibir datos en la ubicación del dispositivo desde el sistema operativo. Esto es importante ya que la aplicación no se ejecutaría correctamente sin estos datos. Después de agregar los espacios de nombres necesarios y crear un campo de tipo `Geolocator` a la clase en los pasos 4 y 5, ha creado una instancia de un `Geolocator` en el paso 6 y la ha suscrito a su evento `StatusChanged`. El método del controlador de eventos añadido en el paso 7 escribe el estado actual del servicio de localización en la parte inferior de la página. En el paso 8 ha realizado una suscripción a dos métodos controladores de eventos en los dos eventos `Toggled` del control `ToggleSwitch`. El código que ha agregado al primer controlador de evento `ToggleSwitch` (`tsLocationTracking_Toggled`) en el paso 9 hace que los `TextBlock` en mitad de la página actualicen su contenido cada vez que el servicio de localización informa sobre la ubicación geográfica actual. Las últimas líneas de código añadidas en el paso 10 hacen que el botón **Refresh now!** (Actualizar ahora) actualice el contenido en la pantalla al hacer clic sobre ella o al tocarla, mediante una llamada al método `GetGeopositionAsync` del `Geolocator`. Con esta acción no se vuelve a leer desde el servicio de ubicación geográfica; simplemente se recibe la última lectura.

> **Nota:** Aunque la API de ubicación geográfica es muy sencilla y fácil de usar, debe considerar un consejo que tiene Microsoft y que puede leer en `http://msdn.microsoft.com/es-ES/library/windows/apps/xaml/hh465127.aspx`.

Utilizar sensores

Es muy probable que los usuarios tengan en sus manos un dispositivo de tableta (e incluso algunos portátiles). Eso les proporciona a los desarrolladores de aplicaciones una gran oportunidad para introducir mecanismos de control nuevos, naturales e intuitivos que aprovechan la postura y el movimiento de la tableta.

Sólo tiene que penar en las aplicaciones actuales para teléfonos móviles con la opción de sacudir para actualizar. Al sacudir el teléfono, la aplicación empieza a descargar nueva información y actualiza automáticamente su UI. O considere las aplicaciones que se integran con dos esquemas de color, uno claro que se ajusta para entornos con brillo y otro oscuro que ofrece un descanso a sus ojos cuando se utiliza la aplicación en un entorno tenue. Si un dispositivo siente la fuerza de la luz ambiental en sus alrededores, las aplicaciones pueden adaptarse automáticamente a esas condiciones de luz cambiando los temas de su UI para proporcionar una mejor vista.

En el pasado solo algunos de los equipos *mainstream* tenían sensores integrados, por lo que las versiones anteriores de Windows no tenían (o limitaban) la funcionalidad para proporcionar datos de sensores a sus aplicaciones de una forma administrada y unificada; es decir, no había mucha necesidad para hacerlo. Tras la llegada de los dispositivos de tabletas, el mundo de los equipos de sobremesa necesitaba incluir compatibilidad de hardware y software para leer y utilizar datos tratando con los sensores.

Windows 8 se basa en los dispositivos de tableta. Ahora es más importante que nunca canalizar las entradas de sensores para las aplicaciones. Por consiguiente, Windows 8 tiene una API de sensor simple, pero muy eficaz, que entenderá en unos minutos si está acostumbrado a utilizarla en Windows Phone 7 y en solo una hora si no es así.

Existen dos métodos para controlar la entrada sensorial:

- Acceder a los datos sin procesar que provienen del hardware de un sensor real del dispositivo.
- Confiar en los sensores lógicos que proporciona la API de sensor. Estos sensores lógicos calculan los datos a partir de lecturas reales, incorporando dichas lecturas en un agregado simple con el fin de proporcionarle una forma más fácil de procesar orientaciones complejas.

> **Nota:** Tenga en cuenta que podría no ser capaz de ver las aplicaciones sensoriales en acción. En el simulador actual de Windows no se proporciona una entrada sensorial a sus aplicaciones. Por consiguiente, las aplicaciones descritas en las siguientes secciones solo se pueden probar correctamente utilizando un dispositivo real equipado con sensores.

Utilizar datos del sensor sin procesar

Como hemos mencionado anteriormente, Windows Runtime le permite acceder a los sensores reales directamente a través de la API de sensor administrada. A través de dicha API podrá acceder a tres sensores:

- El acelerómetro.
- El giroscopio.
- El sensor de luz ambiental.

Hay un sensor de hardware al que no podrá acceder directamente: el magnetómetro. Este sensor solo es accesible a través de la API de fusión de datos del sensor, que conocerá más adelante en este capítulo.

Utilizar el acelerómetro

El acelerómetro proporciona información sobre el cambio del dispositivo en movimiento en el espacio tridimensional (3-D).

Como puede ver en la figura 12.5, la lectura se divide en tres valores para representar la fuerza en tres ejes: X, Y y Z (relativos al dispositivo). Los ejes X e Y son iguales a los ejes X e Y de la pantalla. El eje X del acelerómetro se superpone sobre la parte horizontal de una tableta en posición. El eje Y se superpone sobre la parte vertical de la pantalla. El tercer eje (Z) apunta al usuario si este mantiene la tableta en posición vertical y apunta hacia arriba cuando la tableta se encuentra sobre una superficie horizontal.

Figura 12.5. Ejes de un acelerómetro.

Estos valores se normalizan con respecto a la gravedad de la Tierra, por lo que si coloca el dispositivo sobre una superficie horizontal plana, los tres valores le indicarán en qué dirección se encuentra el suelo (es decir, aproximadamente -1 sobre el eje Z y `0` en los otros dos ejes).

Puede utilizar el acelerómetro a través de la clase `Accelerometer` que reside en el espacio de nombres `Windows.Devices.Sensors`. No puede crear una instancia, pero tiene un método estático denominado `GetDefault`. Este método devuelve una instancia de un `Accelerometer`. Si no existe ningún hardware de este tipo, el método devolverá `null`.

El objeto `Accelerometer` tiene dos propiedades:

- `ReportInterval` le permite establecer (u obtener) el intervalo de actualización de la lectura en milésimas de segundo. El acelerómetro informará sobre los cambios de aceleración en esta frecuencia (si se ha producido alguno). Si no quiere supervisar movimientos amplios (donde la precisión no es importante), establezca esta propiedad con un valor mayor. Cuando quiera analizar los cambios de aceleración con más precisión, establezca `ReportInterval` en un número menor.
- `MinimumReportInterval` indica el tiempo mínimo (en milésimas de segundo) que puede admitir el hardware entre dos actualizaciones de estado, por lo que no debe establecer `ReportInterval` en un número inferior al admitido por el hardware.

Para obtener las lecturas de aceleración existen dos métodos:

- Suscribirse al evento `ReadingChanged` si quiere mantenerse informado sobre cualquier cambio de aceleración en el dispositivo.
- Llamar en cualquier momento al método `GetCurrentReading` si quiere conocer la aceleración del dispositivo en determinados momentos. Evidentemente, si el tiempo entre dos llamadas es menor que el valor establecido para `MinimumReportInterval`, no podrá ver ningún cambio en los datos.

Tanto el evento como el método le proporcionan un objeto `AccelerometerReading`. Este objeto contiene tres valores `double` que especifican la aceleración actual del dispositivo: `AccelerationX`, `AccelerationY` y `AccelerationZ`. Además, este objeto contiene una propiedad denominada `Timestamp` (una instancia de la clase `DateTimeOffset`) que indica el momento exacto en el que ha tenido lugar la lectura.

`Accelerometer` proporciona otro evento denominado `Shaken`. Al realizar su suscripción puede controlar el evento del usuario que mueve rápidamente el dispositivo mientras cambia direcciones. En el método controlador del evento, todos los parámetros que coloque fuera del objeto del emisor (el `Accelerometer`) son instancias `AccelerometerShakenEventArgs` que le pueden indicar exactamente el momento en que se ha sacudido el dispositivo (la propiedad `Timestamp` normal). Controlar este evento es muy fácil ya que no existe ninguna información adicional en los argumentos del evento sobre cómo se ha sacudido el dispositivo. Por tanto, no tiene que (y de hecho no puede) procesar ningún dato más preciso. En el siguiente ejercicio va a aprender a utilizar el acelerómetro de un equipo de escritorio o de un dispositivo de tableta.

Ejercicio: Utilizar el acelerómetro

Para aprender a utilizar el acelerómetro para que una aplicación estilo Windows 8 escuche y responda a los cambios de aceleración del dispositivo, siga estos pasos:

1. Abra la solución `AccelGyroSample\BeginAccelerometer` del código descargado para el capítulo. Esta es la aplicación que va a desarrollar para probar tanto las opciones del acelerómetro como del giroscopio.

2. Abra el archivo de marcado (**MainPage.xaml**) y localice los dos primeros botones. Modifique su marcado añadiendo las siguientes suscripciones de evento resaltadas en negrita a los dos botones:

```
<Button Name="btnEnableDisableAccelerometer"
  Click="btnEnableDisableAccelerometer_Click"
  >Enable accelerometer</Button>
<Button Name="btnReadAccelerometer" Click="btnReadAccelerometer_Click"
  IsEnabled="{Binding ElementName=w, Path=AcmEnabled}"
  >Current accelerometer readings</Button>
```

3. Abra **MainPage.xaml.cs** haciendo doble clic en su nombre dentro de la ventana **Explorador de soluciones**. Agregue las siguientes directivas `using` debajo de las ya existentes en la parte superior del archivo:

```
using Windows.Devices.Sensors;
using System;
using System.Threading.Tasks;
using Windows.UI.Popups;
```

4. Cree un campo `Accelerometer` en la clase `MainPage` agregando el siguiente código a la definición de la clase:

```
public sealed partial class MainPage : Page
{
  Accelerometer acm = null;
...
```

5. Agregue el siguiente código resaltado en negrita al constructor, debajo de la llamada a `InitializeComponent`:

```
public MainPage()
{
  this.InitializeComponent();
  acm = Accelerometer.GetDefault();
  if (acm != null) tbkAccelerometer.Text = "Accelerometer ready.";
  else tbkAccelerometer.Text = "Accelerometer not found.";
}
```

6. Agregue los siguientes dos métodos para satisfacer las suscripciones de evento del paso 2:

```
async void btnEnableDisableAccelerometer_Click(object sender, RoutedEventArgs e)
{
  if (acm != null)
  {
     if (!AcmEnabled)
     {
        acm.ReadingChanged += acm_ReadingChanged;
        AcmEnabled = true;
        btnEnableDisableAccelerometer.Content = "Disable Accelerometer";
     }
     else
     {
        acm.ReadingChanged -= acm_ReadingChanged;
        AcmEnabled = false;
        btnEnableDisableAccelerometer.Content = "Enable Accelerometer";
     }
```

```
      }
      else
      {
         await new MessageDialog("No accelerometer present.", "Error").ShowAsync();
      }
   }

   async void btnReadAccelerometer_Click(object sender, RoutedEventArgs e)
   {
      await Task.Delay(1000).ContinueWith(async t =>
   {
      var reading = acm.GetCurrentReading();
      await Dispatcher.RunAsync(Windows.UI.Core.CoreDispatcherPriority.High, () =>
       {
         tbkAccelerometer.Text = string.Format("X: {0}, Y: {1}, Z: {2} @ {3}",
            reading.AccelerationX, reading.AccelerationY, reading.AccelerationZ,
            reading.Timestamp.Minute + ":" + reading.Timestamp.Second);
       });
      });
   }
```

7. Agregue un tercer método después de los dos anteriores:

```
async void acm_ReadingChanged(Accelerometer sender,
      AccelerometerReadingChangedEventArgs args)
{
   await Dispatcher.RunAsync(Windows.UI.Core.CoreDispatcherPriority.Normal, () =>
   {
      var r = args.Reading;
      rectAcm.Width = 100 + Math.Abs(50 * r.AccelerationX);
      rectAcm.Height = 100 + Math.Abs(50 * r.AccelerationY);
      byte rgb = (byte)Math.Max(0, Math.Min(255, 128 + 10 * r.AccelerationZ));
      rectAcm.Fill = new SolidColorBrush(Color.FromArgb(255, rgb, rgb, rgb));
   });
}
```

El contenido de `MainPage.xaml.cs` debería ser ahora como el siguiente:

```
using Windows.UI;
using Windows.UI.Xaml;
using Windows.UI.Xaml.Controls;
using Windows.UI.Xaml.Media;
using Windows.Devices.Sensors;
using System;
using System.Threading.Tasks;
using Windows.UI.Popups;

namespace AccelGyroSample
{
   public sealed partial class MainPage : Page
   {
      #region DependencyProperties
      public bool AcmEnabled
      {
         get { return (bool)GetValue(AcmEnabledProperty); }
         set { SetValue(AcmEnabledProperty, value); }
      }
```

```
public static readonly DependencyProperty AcmEnabledProperty =
   DependencyProperty.Register("AcmEnabled", typeof(bool),
   typeof(MainPage), new PropertyMetadata(false));

public bool GyroEnabled
{
   get { return (bool)GetValue(GyroEnabledProperty); }
   set { SetValue(GyroEnabledProperty, value); }
}
public static readonly DependencyProperty GyroEnabledProperty =
   DependencyProperty.Register("GyroEnabled", typeof(bool),
   typeof(MainPage), new PropertyMetadata(false));
#endregion

Accelerometer acm = null;

public MainPage()
{
   this.InitializeComponent();

   acm = Accelerometer.GetDefault();
   if (acm != null) tbkAccelerometer.Text = "Accelerometer ready.";
   else tbkAccelerometer.Text = "Accelerometer not found.";
}

async void btnEnableDisableAccelerometer_Click(object sender,
   RoutedEventArgs e)
{
   if (acm != null)
   {
      if (!AcmEnabled)
      {
         acm.ReadingChanged += acm_ReadingChanged;
         AcmEnabled = true;
         btnEnableDisableAccelerometer.Content = "Disable Accelerometer";
      }
      else
      {
         acm.ReadingChanged -= acm_ReadingChanged;
         AcmEnabled = false;
         btnEnableDisableAccelerometer.Content = "Enable Accelerometer";
      }
   }
   else
   {
      await new MessageDialog("No accelerometer present.",
         "Error").ShowAsync();
   }
}

async void btnReadAccelerometer_Click(object sender, RoutedEventArgs e)
{
   await Task.Delay(1000).ContinueWith(async t =>
{
   var reading = acm.GetCurrentReading();
   await Dispatcher.RunAsync(Windows.UI.Core.CoreDispatcherPriority.High,
```

```
                () =>
                {
                tbkAccelerometer.Text = string.Format("X: {0}, Y: {1}, Z: {2} @
                   {3}",
                   reading.AccelerationX, reading.AccelerationY,
                      reading.AccelerationZ,
                   reading.Timestamp.Minute + ":" + reading.Timestamp.Second);
                });
            });
            }

            async void acm_ReadingChanged(Accelerometer sender,
               AccelerometerReadingChangedEventArgs args)
            {
               await Dispatcher.RunAsync(Windows.UI.Core.CoreDispatcherPriority.Normal,
               () =>
               {
                  var r = args.Reading;
                  rectAcm.Width = 100 + Math.Abs(50 * r.AccelerationX);
                  rectAcm.Height = 100 + Math.Abs(50 * r.AccelerationY);
                  byte rgb = (byte)Math.Max(0, Math.Min(255, 128 + 10 *
                     r.AccelerationZ));
                  rectAcm.Fill = new SolidColorBrush(Color.FromArgb(255, rgb, rgb,
                     rgb));
               });
            }
        }
    }
```

8. Cree la aplicación pulsando **F6** o seleccionando Compilar>Compilar solución en el menú principal de Visual Studio. Si se abre una ventana de error indicando que hay errores en el código, pruebe a resolverlos siguiendo las sugerencias mencionadas en la ventana. Si no puede resolver un error, abra la solución `AccelGyroSample\EndAccelerometer` del código fuente descargado para el capítulo y compare su código con el de la solución en la que está trabajando.

9. Ejecute la aplicación en un dispositivo de tableta, haga clic o toque sobre el botón que habilita el registro de aceleración y mueva el dispositivo para ver cómo se redimensiona el cuadrado de la izquierda basándose en el movimiento actual sobre los tres ejes. La figura 12.6 muestra lo que debería ver.

10. Guarde la solución finalizada; la necesitará para el siguiente ejercicio.

Cómo funciona

En los pasos 3 al 5 ha creado la infraestructura básica para utilizar el acelerómetro.

El primero método añadido en el paso 6 (`btnEnableDisableAccelerometer_Click`) comprueba si existe un acelerómetro en el equipo y, si es así, suscribe el método agregado en el paso 7 a su evento `ReadingChanged`. Este evento se activará (y por tanto, la pantalla se actualizará) cada vez que el dispositivo cambie su aceleración en alguna dirección.

La aceleración sobre el eje X redimensiona el cuadrado horizontalmente. La que se encuentra sobre el eje Y redimensiona el cuadrado verticalmente y la del eje Z cambia su color.

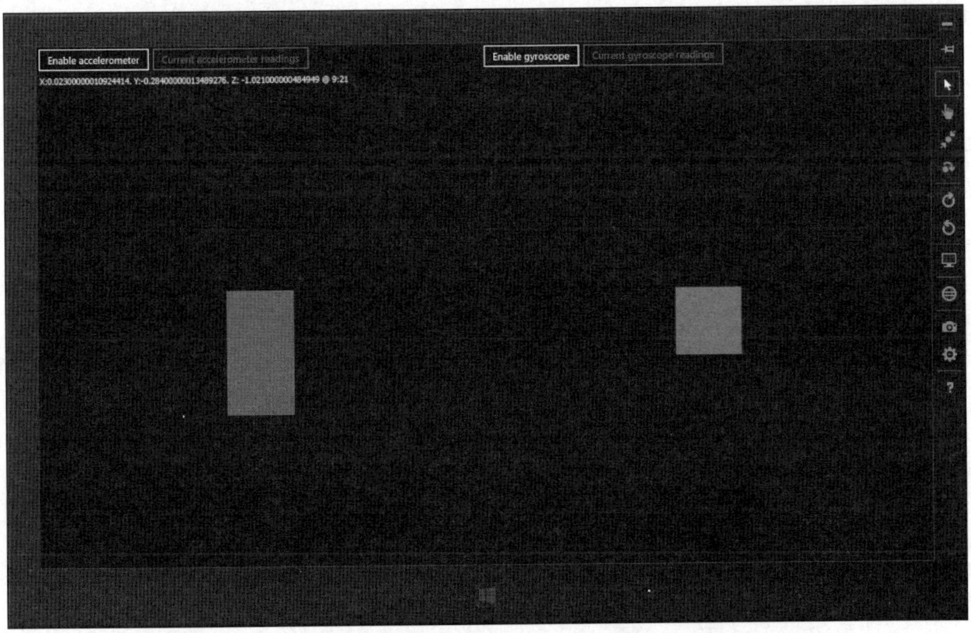

Figura 12.6. Lectura de datos de un acelerómetro sobre una tableta.

Tenga en cuenta que en `acm_ReadingChanged` debe ejecutar el código real a través de `Dispatcher`. Esto es algo necesario porque este método se invocará en un subproceso de segundo plano y cambiar la UI desde dicho subproceso no es una acción permitida. `Dispatcher` es el responsable de ejecutar el código en el subproceso para evitar dichos errores.

El segundo método añadido en el paso 6 (`btnReadAccelerometer_Click`) se invoca al hacer clic o tocar sobre el segundo botón. Espera durante un segundo y después captura las lecturas actuales del acelerómetro (así no tiene que hacer clic o tocar sobre el botón mientras sacude el dispositivo).

Utilizar el giroscopio

Aunque el acelerómetro puede indicar el cambio de movimiento de un dispositivo en cuanto al espacio capturando el sensor las fuerzas de movimiento que se están efectuando en la tableta, no puede decirle si el dispositivo se ha girado. Un movimiento informado por el acelerómetro en el eje X puede significar que el dispositivo se ha movido de la mesa o que se ha caído, dependiendo de la rotación. La velocidad de rotación podría ser aproximada a partir de una lectura y procesamiento continuo de los datos del acelerómetro, pero es un cálculo bastante complicado y es mejor no basarse en su precisión. Los dispositivos de tableta incluyen un hardware sensorial denominado giroscopio (a veces abreviado como giro), que le indica la velocidad de rotación exacta del dispositivo en el espacio tridimensional.

El uso de un giroscopio es parecido al de un acelerómetro ya que sus API son bastantes similares. Puede acceder al giroscopio a través de la clase `Gyrometer` del espacio de nombres `Windows.Devices.Sensors`. No se permite la creación de instancias, pero puede obtener un objeto `Gyrometer` llamando al método estático `GetDefault` en la clase. Pruebe los resultados de `null` para comprobar si el dispositivo incluye un giroscopio.

Cuando tiene el objeto `Gyrometer` puede utilizar la propiedad `ReportInterval` para establecer el intervalo mínimo (en milésimas de segundo) entre dos lecturas. La propiedad `MinimumReportInterval` le indica el intervalo mínimo absoluto que puede admitir el giroscopio entre dos lecturas.

Para leer la velocidad de rotación puede efectuar una suscripción al evento `ReadingChanged` (que se actualiza continuamente cuando el giroscopio tiene nuevas lecturas) o llamar al método `GetCurrentReading` (que le proporciona la velocidad de rotación actual).

El evento tiene un parámetro de tipo `GyrometerReadingChangedEventArgs` que contiene un objeto `GyrometerReading` denominado `Reading`. Este es el mismo tipo de objeto que obtiene al llamar al método `GetCurrentReading`.

`GyrometerReading` contiene cuatro propiedades. `Timestamp` es una instancia de `DateTimeOffset` y obtiene el momento cuando el giroscopio informó sobre la lectura actual. Las otras tres propiedades son `AngularVelocityX`, `AngularVelocityY` y `AngularVelocityZ`. Estos tres valores `double` le indican la velocidad de rotación sobre los tres ejes, en radianes por segundo. Si el dispositivo está en reposo (no se está moviendo), todos estos valores deben leer cero.

En el siguiente ejercicio aprenderá a utilizar el giroscopio continuando con la aplicación del ejercicio anterior. Una vez más, tenga en cuenta que el simulador actual de Windows puede que no tenga las lecturas de un sensor sintético para sus aplicaciones por lo que debe comprobar si el ejemplo funciona y probarlo en un dispositivo real con sensores.

Ejercicio: Utilizar el giroscopio

Para aprender a utilizar el giroscopio para que sus aplicaciones estilo Windows 8 escuchen y respondan a los cambios velocidad de rotación del dispositivo, siga estos pasos:

1. Abra el ejemplo `AccelGyroSample` del ejercicio anterior. Si todavía no lo ha terminado, puede abrir la solución `AccelGyroSample\EndAccelerometer` del código fuente descargado para el capítulo.

2. Abra MainPage.xaml y localice los dos botones asociados al giroscopio (`btnEnableDisable-Gyroscope` y `btnReadGyro`). Añada controladores de eventos a los eventos `Click` de ambos botones, como se muestra en el siguiente código resaltado en negrita:

```
<Button Name="btnEnableDisableGyroscope"
  Click="btnEnableDisableGyroscope_Click" >Enable gyroscope</Button>
<Button Name="btnReadGyro" Click="btnReadGyro_Click" IsEnabled="{Binding
  ElementName=w, Path=GyroEnabled}">Current gyroscope readings</Button>
```

3. Abra el archivo **MainPage.xaml.cs** y agregue un campo `Gyrometer` (resaltado en negrita) a la definición de la clase de `MainPage`, debajo del campo `Accelerometer`:

```
public sealed partial class MainPage : Page {
...
  Accelerometer acm = null;

  Gyrometer gyro = null;

  public MainPage() {
     this.InitializeComponent();
...
```

4. Agregue el siguiente código resaltado en negrita al constructor:

```
public sealed partial class MainPage : Page
{
...
Gyrometer gyro = null;

public MainPage()
{
  this.InitializeComponent();

  acm = Accelerometer.GetDefault();
  if (acm != null) tbkAccelerometer.Text = "Accelerometer ready.";
  else tbkAccelerometer.Text = "Accelerometer not found.";

  gyro = Gyrometer.GetDefault();
  if (gyro != null) tbkGyro.Text = "Gyroscope ready";
  else tbkGyro.Text = "Gyroscope not found";
}
```

5. Agregue los dos métodos controladores de eventos para los que ha creado suscripciones en el paso 2, tal como se muestra a continuación:

```
async void btnEnableDisableGyroscope_Click(object sender, RoutedEventArgs e)
{
  if (gyro != null)
  {
     if (!GyroEnabled)
     {
        gyro.ReadingChanged += gyro_ReadingChanged;
        GyroEnabled = true;
        btnEnableDisableGyroscope.Content = "Gyro enabled";
     }
     else
     {
        gyro.ReadingChanged -= gyro_ReadingChanged;
        GyroEnabled = false;
        btnEnableDisableGyroscope.Content = "Gyro disabled";
     }
  }
  else
  {
     await new MessageDialog("No gyroscope present.", "Error").ShowAsync();
  }
```

```
}

async void btnReadGyro_Click(object sender, RoutedEventArgs e)
{
  await Task.Delay(1000).ContinueWith(async t =>
{
  var r = gyro.GetCurrentReading();
  await Dispatcher.RunAsync(Windows.UI.Core.CoreDispatcherPriority.High, () =>
  {
     tbkGyro.Text = string.Format("X: {0}, Y: {1}, Z: {2} @ {3}",
     r.AngularVelocityX, r.AngularVelocityY, r.AngularVelocityZ,
     r.Timestamp.Minute + ":" + r.Timestamp.Second);
  });
 });
}
```

6. Agregue un tercer método después de los dos anteriores, como se muestra aquí:

```
async void gyro_ReadingChanged(Gyrometer sender, GyrometerReadingChangedEventArgs
args)
{
  await Dispatcher.RunAsync(Windows.UI.Core.CoreDispatcherPriority.High, () =>
  {
     var r = args.Reading;
     rectGyro.Width = 100 + Math.Abs(r.AngularVelocityX);
     rectGyro.Height = 100 + Math.Abs(r.AngularVelocityY);
     byte rgb = (byte)Math.Max(0, Math.Min(255, 128 + 15 * r.AngularVelocityZ));
     rectGyro.Fill = new SolidColorBrush(Color.FromArgb(255, rgb, rgb, rgb));
  });
}
```

El contenido de `MainPage.xaml.cs` debe ser como el siguiente:

```
using Windows.UI;
using Windows.UI.Xaml;
using Windows.UI.Xaml.Controls;
using Windows.UI.Xaml.Media;
using Windows.Devices.Sensors;
using System;
using System.Threading.Tasks;
using Windows.UI.Popups;

namespace AccelGyroSample
{
  public sealed partial class MainPage : Page
  {
     #region DependencyProperties
     public bool AcmEnabled
     {
        get { return (bool)GetValue(AcmEnabledProperty); }
        set { SetValue(AcmEnabledProperty, value); }
     }
     public static readonly DependencyProperty AcmEnabledProperty =
        DependencyProperty.Register("AcmEnabled", typeof(bool),
        typeof(MainPage), new PropertyMetadata(false));

     public bool GyroEnabled
     {
```

```
    get { return (bool)GetValue(GyroEnabledProperty); }
    set { SetValue(GyroEnabledProperty, value); }
}
public static readonly DependencyProperty GyroEnabledProperty =
    DependencyProperty.Register("GyroEnabled", typeof(bool),
    typeof(MainPage), new PropertyMetadata(false));

#endregion

Accelerometer acm = null;

Gyrometer gyro = null;

public MainPage()
{
    this.InitializeComponent();

    acm = Accelerometer.GetDefault();
    if (acm != null) tbkAccelerometer.Text = "Accelerometer ready.";
    else tbkAccelerometer.Text = "Accelerometer not found.";

    gyro = Gyrometer.GetDefault();
    if (gyro != null) tbkGyro.Text = "Gyroscope ready";
    else tbkGyro.Text = "Gyroscope not found";
}

private async void btnEnableDisableAccelerometer_Click(object
sender, RoutedEventArgs e)
{
    if (acm != null)
    {
        if (!AcmEnabled)
        {
            acm.ReadingChanged += acm_ReadingChanged;
            AcmEnabled = true;
            btnEnableDisableAccelerometer.Content = "Disable Accelerometer";
        }
        else
        {
            acm.ReadingChanged -= acm_ReadingChanged;
            AcmEnabled = false;
            btnEnableDisableAccelerometer.Content = "Enable Accelerometer";
        }
    }
    else
    {
        await new MessageDialog("No accelerometer present.", "Error").ShowAsync();
    }
}

async void btnReadAccelerometer_Click(object sender, RoutedEventArgs e)
{
    await Task.Delay(1000).ContinueWith(async t =>
{
    var reading = acm.GetCurrentReading();
    await Dispatcher.RunAsync(Windows.UI.Core.CoreDispatcherPriority.High, () =>
    {
```

```
        tbkAccelerometer.Text = string.Format("X: {0}, Y: {1}, Z: {2} @ {3}",
            reading.AccelerationX, reading.AccelerationY, reading.AccelerationZ,
            reading.Timestamp.Minute + ":" + reading.Timestamp.Second);
    });
});
}

async void acm_ReadingChanged(Accelerometer sender,
AccelerometerReadingChangedEventArgs args)
{
    await Dispatcher.RunAsync(Windows.UI.Core.CoreDispatcherPriority.Normal, () =>
    {
        var r = args.Reading;
        rectAcm.Width = 100 + Math.Abs(50 * r.AccelerationX);
        rectAcm.Height = 100 + Math.Abs(50 * r.AccelerationY);
        byte rgb = (byte)Math.Max(0, Math.Min(255, 128 + 10 * r.AccelerationZ));
        rectAcm.Fill = new SolidColorBrush(Color.FromArgb(255, rgb, rgb, rgb));
    });
}

async void btnEnableDisableGyroscope_Click(object sender, RoutedEventArgs e)
{
    if (gyro != null)
    {
        if (!GyroEnabled)
        {
            gyro.ReadingChanged += gyro_ReadingChanged;
            GyroEnabled = true;
            btnEnableDisableGyroscope.Content = "Gyro enabled";
        }
        else
        {
            gyro.ReadingChanged -= gyro_ReadingChanged;
            GyroEnabled = false;
            btnEnableDisableGyroscope.Content = "Gyro disabled";
        }
    }
    else
    {
        await new MessageDialog("No gyroscope present.", "Error").ShowAsync();
    }
}

async void btnReadGyro_Click(object sender, RoutedEventArgs e)
{
    await Task.Delay(1000).ContinueWith(async t =>
{
    var r = gyro.GetCurrentReading();
    await Dispatcher.RunAsync(Windows.UI.Core.CoreDispatcherPriority.High, () =>
    {
        tbkGyro.Text = string.Format("X: {0}, Y: {1}, Z: {2} @ {3}",
            r.AngularVelocityX, r.AngularVelocityY, r.AngularVelocityZ,
            r.Timestamp.Minute + ":" + r.Timestamp.Second);
    });
});
}
```

```
      async void gyro_ReadingChanged(Gyrometer sender,
GyrometerReadingChangedEventArgs args)
      {
         await Dispatcher.RunAsync(Windows.UI.Core.CoreDispatcherPriority.High, () =>
         {
            var r = args.Reading;
            rectGyro.Width = 100 + Math.Abs(r.AngularVelocityX);
            rectGyro.Height = 100 + Math.Abs(r.AngularVelocityY);
            byte rgb = (byte)Math.Max(0, Math.Min(255, 128 + 15 * r.AngularVelocityZ));
            rectGyro.Fill = new SolidColorBrush(Color.FromArgb(255, rgb, rgb, rgb));
         });
      }
   }
}
```

7. Cree la aplicación pulsando **F6** o seleccionando Compilar>Compilar solución en el menú principal de Visual Studio. Si se abre una ventana de error indicando que hay errores en el código, pruebe a resolverlos siguiendo las sugerencias mencionadas en la ventana. Si no puede resolver un error, abra la solución `AccelGyroSample\EndGyroscope` del código fuente descargado para el capítulo y compare su código con el de la solución en la que está trabajando.
8. Ejecute la aplicación en el dispositivo de tableta y gírelo para ver que el cuadrado de la derecha cambia su tamaño (y color) según la rotación actual alrededor de sus tres ejes. Haga clic (o toque) el botón **Current gyroscope readings** (Lecturas actuales del giroscopio) para ver los datos de la lectura actual. Las figura 12.7 y 12.8 muestran el cambio en la interfaz de usuario que debería ver. Observe la diferencia en el tamaño del rectángulo de la derecha.

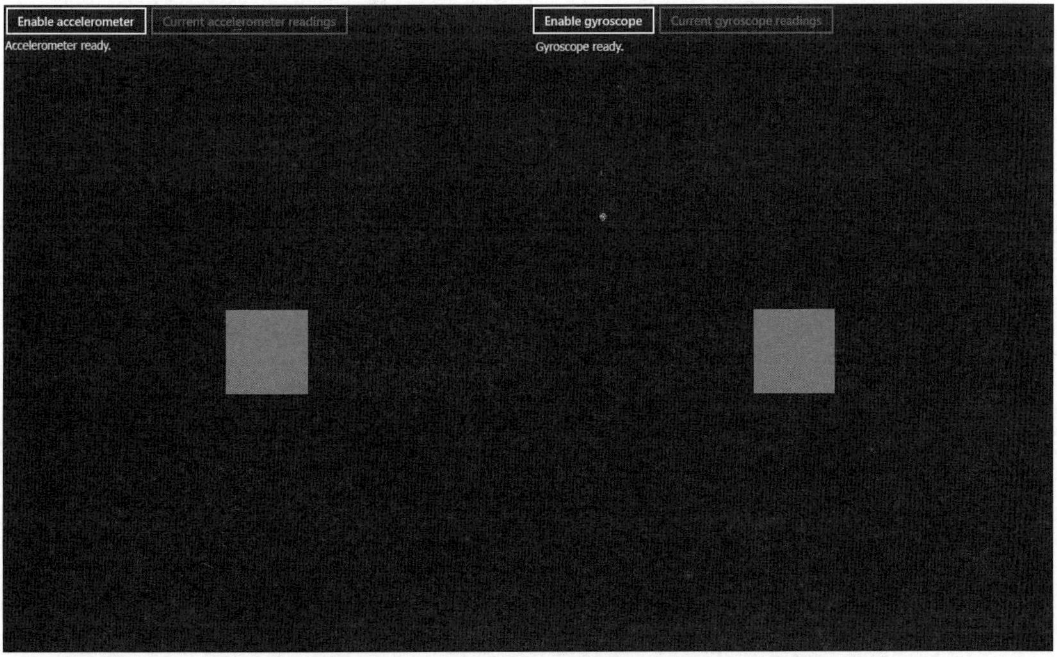

Figura 12.7. UI de la aplicación cuando no hay movimiento.

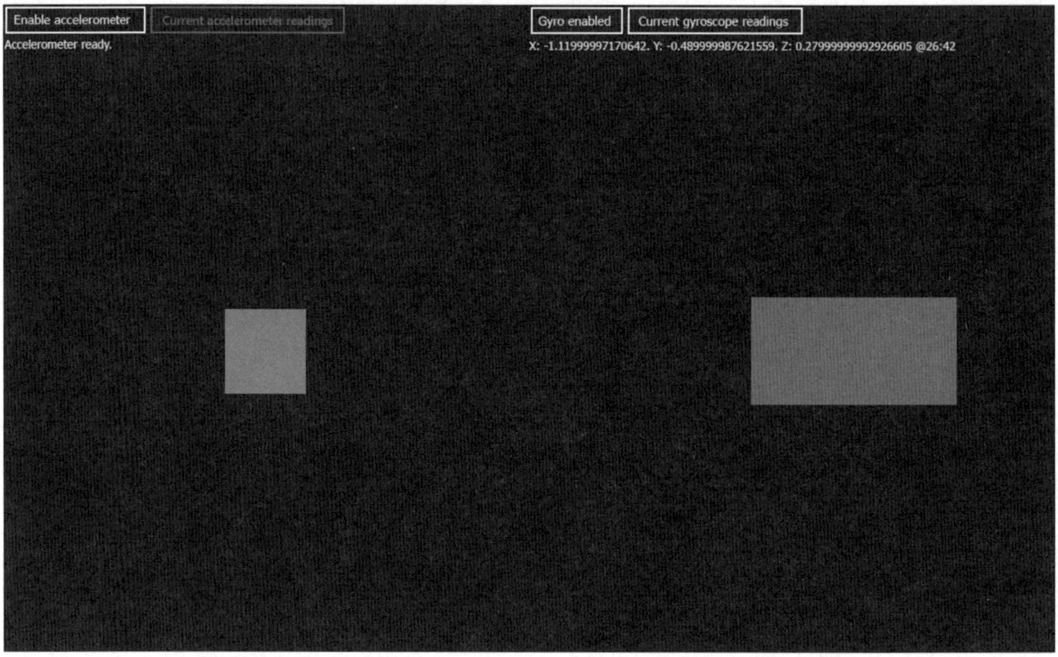

Figura 12.8. Lectura de los datos del giroscopio en una tableta.

Cómo funciona

En el ejercicio anterior a este insertó las directivas `using` necesarias. En el paso 3 y 5 de este ejercicio, añadió y creó una instancia de `Gyrometer` que le permite utilizar los datos que provienen del hardware del giroscopio. En el paso 5 ha añadido la funcionalidad necesaria para dos botones.

El primer método, (`btnEnableDisableGyroscope_Click`) comprueba si existe o no un giroscopio en el dispositivo y si es así, se suscribe a su evento `ReadingChanged` (y anula la suscripción cuando se hace clic de nuevo en el botón o se toca otra vez).

El método que se ejecuta cuando el giroscopio tiene datos nuevos es el añadido en el paso 6. Si hay una rotación alrededor del eje X del dispositivo, aparecerá en el tamaño horizontal del cuadrado. La rotación sobre el eje Y redimensiona la altura del rectángulo y la rotación alrededor del eje Z cambia el color del mismo.

El segundo método añadido en el paso 5 (`btnReadGyro_Click`) espera durante un segundo (así no tiene que hacer clic en el botón o tocarlo mientras gira el dispositivo) y después escribe las lecturas actuales del giroscopio en `TextBlock`, debajo de los botones.

Utilizar el sensor de luz ambiental

Los dispositivos de tableta pueden determinar la luminosidad promedio de sus entornos con un hardware de sensor de luz ambiental. Windows Runtime tiene una clase correspondiente para este sensor, que puede utilizar para que sus aplicaciones detecten y respondan a las condiciones de luz. Por ejemplo, si su aplicación procesa la lectura de un sensor de luz ambiental, puede cambiar automáticamente a un tema más oscuro cuando cambia la iluminación del entorno.

Como a Microsoft le gusta mantener sus API simples y consistentes, el sensor de luz se puede programar con la misma facilidad que los dos sensores anteriores.

Para acceder al sensor de luz, llame al método `GetDefault` en la clase `LightSensor` en el espacio de nombres `Windows.Devices.Sensors`. Si devuelve `null`, en el dispositivo no hay ningún hardware de sensor de luz.

En el objeto `LightSensor` encontrará una propiedad `double` denominada `ReportInterval`, que puede utilizar para indicarle al sensor el intervalo mínimo, en milésimas de segundos, en el que le gustaría ver las actualizaciones de estado sobre las condiciones de iluminación. `MinimumReportInterval` es una propiedad de solo lectura que le proporciona el mínimo intervalo de información admitido por el hardware.

Puede acceder a las lecturas a través de dos métodos: creando una suscripción al evento `ReadingChanged` y llamando al método `GetCurrentReading`. Si crea una suscripción al evento, el segundo argumento del mismo será una instancia de `LightSensorReadingChangedEventArgs`, que contiene una propiedad `Reading`, una instancia de `LightSensorReading`. `GetCurrentReading` también devuelve una instancia de esta clase. `LightSensorReading` contiene el `Timestamp` usual (un `DateTimeOffset` que le indica cuándo ha tenido lugar la lectura) y una propiedad de tipo flotante denominada `LuminanceInLux` (el tipo flotante `float` es como el tipo doble `double` utilizado en el primer ejercicio de este capítulo; la única diferencia es que es menos preciso). Este número le indica la fuerza de la luz ambiental detectada por los sensores. Puede encontrar fácilmente los valores de iluminación específicos al entorno correspondiente, pero estas son algunas estimaciones para empezar:

- Este valor está por encima de los 25.000 si el dispositivo está expuesto directamente a la luz del sol.
- El valor se encuentra entre 1.000 y 25.000 si está expuesto a la luz del día (nublado en su límite inferior), pero no directamente.
- Cuando el dispositivo está fuera, una lectura menor que 100 significa que es de noche.
- En un edificio, la luz puede variar entre 50 y 500 cuando las luces están encendidas.

> **Nota:** La clase `LightSensor` devuelve valores en unidades lux, la unidad de intensidad de iluminación. No tiene que saber nada sobre el nivel de iluminación para poder utilizar este sensor, pero si está interesado puede visitar `http://es.wikipedia.org/wiki/Lux`.

Utilizar los datos de fusión del sensor

Los sensores de movimiento de hardware (el acelerómetro y el giroscopio) son útiles si necesita detectar información sobre la aceleración o la rotación de un dispositivo, pero normalmente no será necesario darle al usuario esta información; lo único que necesita saber es cómo sujeta el dispositivo. El cálculo de estos datos tan simples desde las lecturas de múltiples sensores de movimiento puede complicarse. Por ello, Microsoft ha creado una capa de abstracción de nivel superior en las API de sensores que puede responder a preguntas comunes sobre la orientación y postura del dispositivo. Esta es la denominada API de fusión de datos del sensor.

Esta API define nuevos sensores lógicos (no están unidos a ningún sensor de hardware como los descritos anteriormente). Los sensores de fusión calculan sus lecturas utilizando múltiples sensores de hardware. La API define cuatro sensores lógicos:

- El compás.
- El inclinómetro.
- Dos sensores de orientación del dispositivo.

Utilizar el magnetómetro a través del compás

Algunas aplicaciones necesitan información sobre la dirección en la que se encuentra en Polo Norte. Por ejemplo, si crea una aplicación que contiene un mapa, puede presentárselo al usuario de forma que siempre apunte el norte; así, podrá saber hacia dónde se dirige mientras sigue las direcciones del mapa. Para este fin, los dispositivos de tableta contienen un sensor magnetómetro que puede indicar la fuerza de los campos magnéticos alrededor del dispositivo.

El magnetómetro no tiene una API de bajo nivel como el acelerómetro y el giroscopio, por lo que no puede utilizarlo para medir realmente la potencia de esos campos magnéticos. Sin embargo, la API de fusión de datos del sensor le permite utilizar la clase `Compass`. Con esta clase, puede leer la dirección al Polo Norte magnético y geográfico, calculado a partir de las lecturas de todos los sensores de hardware necesarios.

Utilizar `Compass` es muy sencillo, después de familiarizarse con las API del acelerómetro y del giroscopio. Puede acceder a `Compass` llamando al método `GetDefault` de la clase `Compass`. Si devuelve un valor `null` significa que el dispositivo no tiene ningún compás.

Tras tener `Compass`, puede establecer el `ReportInterval` que indica la frecuencia con la que quiere información sobre los cambios de la dirección del Polo Norte. `MinimumReportInterval` le indica el valor mínimo en milésimas de segundo.

Si crea una suscripción al evento `ReadingChanged`, obtendrá notificaciones cada vez que el compás tenga nuevas lecturas. Si llama al método `GetCurrentReadings`, obtendrá las direcciones actuales en el momento de la llamada del método. `ReadingChanged` tiene un argumento del evento de clase `CompassReadingChangedEventArgs` que contiene un objeto `CompassReading` en la propiedad `Reading`. `GetCurrentReadings` también le proporciona un `CompassReading` como valor devuelto.

`CompassReading` especifica tres propiedades muy útiles. Una es la usual `Timestamp`, que le proporciona el momento exacto en el que se tomó la lectura. Las otras dos contienen los datos reales del compás. `HeadingMagneticNorth` es un valor `double` que proporciona el ángulo del dispositivo con relación al Polo Norte magnético. `HeadingTrueNorth` es un valor `double` que puede devolver `null` y que le proporciona el ángulo del dispositivo con relación al Polo Norte geográfico. Si la API de fusión de datos del sensor no puede determinar la ubicación del Polo Norte geográfico, esta propiedad será `null`.

Utilizar el inclinómetro

El inclinómetro puede indicarle la forma en que sujeta el usuario el dispositivo mediante el cálculo del desplazamiento angular sobre cada eje. Los valores se conocen como dirección (`pitch`), inclinación (`roll`) y balanceo (`yaw`). La mejor forma de visualizar y recordar lo que significan estas tres propiedades es imaginar un avión:

- La dirección le indica la fuerza con la que la nariz del avión apunta hacia arriba o hacia abajo para subir o perder altitud.
- La inclinación es la propia inclinación del avión hacia uno de sus lados (es decir, la diferencia en altitud entre los extremos de sus alas).
- El balanceo le indica cuánto se tuerce el avión hacia la derecha o hacia la izquierda, basándose en su dirección original.

En un dispositivo de tableta, si estos valores fuesen todos `0`, indicaría que la tableta está sobre una superficie plana, con su pantalla hacia arriba. Tal como muestra la figura 12.9, la dirección representa la inclinación sobre el eje X de la pantalla, la inclinación representa el desplazamiento angular sobre el eje Y y el balanceo es el desplazamiento angular sobre el eje Z. Evidentemente, estos valores se representan en grados (de `0` a `360`) como números de punto flotante de una sola precisión.

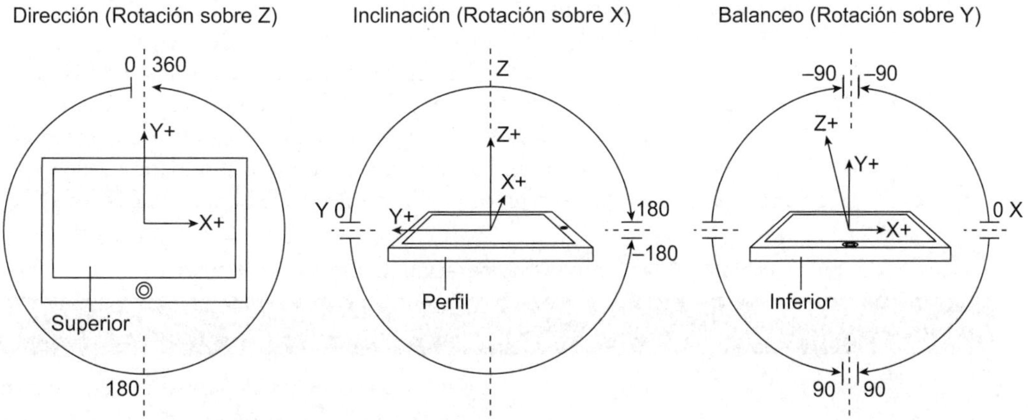

Figura 12.9. Dirección, inclinación y balanceo en un dispositivo de tableta.

Utilizar el inclinómetro es similar a procesar datos del sensor, pero los datos se pueden convertir en algo más útil. Puede obtener el objeto `Inclinometer` llamando a `GetDefault` en la clase `Inclinometer`. Para especificar el intervalo mínimo en el que le gustaría obtener actualizaciones de estado, establezca la propiedad `ReportInterval` en la cantidad de milésimas de segundo deseada. La otra propiedad de tipo `double`, `MinimumReportInterval`, le proporciona el mínimo absoluto al que puede establecer `ReportInterval`. El establecimiento de `ReportInterval` en otros sensores como el acelerómetro no tiene ningún efecto sobre el inclinómetro. La suscripción al evento `ReadingChanged` le ofrece la opción de recibir actualizaciones automáticas cuando hay un cambio en la posición del dispositivo. Los métodos controladores para este evento tienen un parámetro de método del tipo `InclinometerReadingChangedEventArgs`. Las instancias de este tipo contienen un objeto `InclinometerReading` en la propiedad `Reading` que contiene los datos de valor. La otra forma de obtener un objeto `InclinometerReading` es llamar al `GetCurrentReading` de la instancia del `Inclinometer` en cualquier momento, que devuelve un `InclinometerReading` con cuatro propiedades. `PitchDegrees`, `RollDegrees` y `YawDegrees` indican el desplazamiento angular del dispositivo sobre los tres ejes (X, Y y Z, respectivamente). `Timestamp` es un `DateTimeOffset` que contiene el momento en que se ha tomado la lectura.

Detectar con facilidad la orientación de un dispositivo

Un inclinómetro puede simplificar radicalmente su trabajo cuando se trata de calcular la posición del dispositivo, pero son muchas las aplicaciones que necesitan incluso mucha menos información precisa y detallada. Cuando solo quiere saber si el dispositivo mira hacia arriba o hacia abajo (es decir, sobre su parte posterior o su pantalla), el procesamiento de todos los datos del inclinómetro es una exageración. Para acomodar a las aplicaciones en esta situación, Microsoft ha creado otro sensor lógico denominado sensor de orientación simple. La clase `SimpleOrientationSensor` se encuentra en el espacio de nombres `Windows.Devices.Sensors`. Puede obtener una instancia de la clase llamando a su método `GetDefault`. Posteriormente, puede suscribirla al evento `OrientationChanged` o llamar al método `GetCurrentOrientation`. El segundo argumento del controlador de evento será una instancia de `SimpleOrientationSensorOrientationChangedEventArgs` (no, este no es el nombre de clase más largo en Windows Runtime). Este objeto contiene un `Timestamp`, el usual `DateTimeOffset` que especifica el momento exacto en que ha cambiado la orientación, y una propiedad denominada `Orientation`. Su tipo es una enumeración, denominada `SimpleOrientation`. La tabla 12.2 recoge los posibles valores de `SimpleOrientation`.

Tabla 12.2. Valores de enumeración de SimpleOrientation.

Valor	Descripción
`NotRotated`	El usuario sujeta el dispositivo en sus manos en vertical (el borde más corto de la pantalla se encuentra paralelo al suelo).

Valor	Descripción
`Faceup`	El dispositivo descansa en horizontal sobre una superficie plana con su pantalla hacia arriba.
`Facedown`	El dispositivo descansa en horizontal sobre una superficie plana con su pantalla hacia abajo (el usuario no puede verla).
`Rotated90DegreesCounterclockwise`	El usuario sujeta el dispositivo de forma que su borde más largo se encuentra en paralelo al suelo. La parte inferior original del dispositivo (definido por el modo `NotRotated`) está hacia la izquierda.
`Rotated180DegreesCounterclockwise`	El usuario sujeta el dispositivo en vertical, con su borde más corto en paralelo al suelo pero boca abajo.
`Rotated270DegreesCounterclockwise`	El usuario sujeta el dispositivo con su borde más largo situado en paralelo al suelo. La parte inferior original del dispositivo (definido por el modo `NotRotated`) está hacia la derecha.

Otras opciones para detectar la orientación del dispositivo

Las lecturas de un sensor de orientación simple y del inclinómetro son más que suficientes la mayoría de las veces. No obstante, algunas aplicaciones requieren una representación más exacta y completa de la posición, orientación y ubicación del dispositivo.

Puede haberse encontrado en esta situación con algunas aplicaciones de realidad aumentada (AR, *Augmented Reality*) al utilizar un teléfono inteligente, incluso aunque no conociera la existencia de esta categoría de aplicaciones. Las aplicaciones de AR utilizan su entorno como base de la representación y después añaden información adicional a dicha representación. En general, esto significa que la aplicación canaliza la obtención de la imagen (alterada u original) desde la cámara del dispositivo hasta la pantalla y, en el proceso, reconoce los objetos sobre la imagen y los decora con información adicional.

El reconocimiento de una imagen real en dispositivos de mano pequeños puede ser realmente lento (no lo suficientemente rápido para una aplicación en tiempo real), por lo que estas aplicaciones se basan en los datos de sensor de varios sensores para calcular lo que ve en realidad el usuario. El GPS puede decirle en qué calle se encuentra, el compás (o el magnetómetro), la dirección que busca y el inclinómetro, a qué edificio está apuntando su cámara. A partir de estos pequeños fragmentos de datos, un software de servidor puede indicarle qué edificio debería ver en pantalla y dibujar información adicional sobre dicho edificio (como cuándo se construyó, quién lo hizo, etc.).

Otro ejemplo podrían ser numerosas aplicaciones de mapas estelares (*Skymaps*). Apunta con su teléfono hacia el cielo nocturno (o, en este caso, apunta con su tableta) y la aplicación dibuja las formaciones de estrellas conocidas en la pantalla del dispositivo, por lo que así sabrá qué es lo que está viendo. Y, evidentemente, existen otros muchos tipos de realidad aumentada.

La creación de aplicaciones AR en tiempo real puede ser muy complicada, por lo que Windows Runtime intenta aliviar parte del trabajo proporcionándole un sensor lógico que acumula datos de todos los sensores de hardware y presenta uno en un formato universal en un sensor denominado de orientación. Este sensor recopila información del acelerómetro, el giroscopio y el magnetómetro y con dicha información puede colocar el dispositivo en el espacio tridimensional. Lo único que tiene que añadir a esta mezcla es la información de ubicación geográfica y podrá saber qué es lo que está mirando el usuario cuando apunta con la cámara del dispositivo hacia algo (evidentemente necesitará una base de datos para saber lo que es).

Puede acceder al sensor de orientación a través de la clase `OrientationSensor` en el espacio de nombres `Windows.Devices.Sensors`. Su API se parece mucho a las del resto de sensores sobre los que ha aprendido en este capítulo.

Una vez más, este sensor es muy útil cuando se crean aplicaciones AR, algo que se encuentra más allá de los límites de un libro para principiantes. Por esta razón no examinamos con más detalle este sensor, pero merece la pena que sepa que cuando necesite una matriz cuaternaria y de rotación, existe un sensor que le puede proporcionar todos estos datos sin tener que calcularlos por su cuenta utilizando las API de sensores de nivel inferior.

Resumen

En este capítulo ha conocido las ventajas de desarrollar aplicaciones para dispositivos de tableta. Las tabletas se utilizan de forma diferente a los equipos de escritorio o portátiles tradicionales ya que los usuarios las sujetan entre sus manos. Con la presencia de un hardware de sensor en estos dispositivos, existe la oportunidad de habilitar métodos adicionales de control natural en sus aplicaciones. Evidentemente, no todos los dispositivos de tableta incluyen estos sensores, pero es muy probable que así sea.

La API de ubicación geográfica puede determinar la ubicación de un dispositivo mediante su dirección IP, triangulando la distancia de las torres celulares o a través de puntos de acceso Wi-Fi conocidos. Se activa en el receptor GPS solo cuando se necesita más precisión o cuando fallan los otros métodos.

Las tabletas incorporan elementos de hardware nuevos que se denominan sensores. El acelerómetro, el giroscopio y el sensor de luz son accesibles de forma directa, por lo que puede determinar con facilidad la medida de las fuerzas actuales que tienen efecto sobre el dispositivo y la fuerza de la luz ambiental. Windows Runtime también proporciona una API para los sensores lógicos, como el compás, el inclinómetro y los sensores de orientación del dispositivo. Estos acumulan datos de múltiples sensores físicos y filtran dichos datos para que sean más útiles en escenarios comunes. En el capítulo 13 aprenderá a crear aplicaciones Windows 8 con C++. Con el uso de este lenguaje algo más complejo puede acceder a más funciones de la estructura subyacente a las que no puede acceder utilizando simplemente C#, Visual Basic o JavaScript.

Ejercicios

1. ¿Por qué es tan importante incorporar la entrada sensorial en sus aplicaciones cuando están destinadas para dispositivos de tableta?
2. ¿Cuáles son las opciones de configuración posibles en el localizador geográfico y cuál es el resultado de utilizar cualquiera de ellas?
3. ¿Cuál es la diferencia entre un acelerómetro y un giroscopio?
4. ¿Por qué se necesitan los sensores lógicos (además de los sensores físicos)?
5. ¿Cuándo debería utilizar SimpleOrientationSensor?

> **Nota:** Las respuestas a los ejercicios se encuentran en el apéndice A del libro.

Qué ha aprendido en este capítulo

- **Localización o ubicación geográfica:** Este es el concepto de determinar la posición de un dispositivo mediante el uso de múltiples técnicas, como localizar la dirección IP, la triangulación desde las distancias a las torres celulares, puntos de acceso Wi-Fi o GPS.
- **Aplicaciones con reconocimiento de ubicación:** Se trata de aplicaciones que utilizan la API de ubicación geográfica para obtener datos sobre la ubicación actual del dispositivo y personalizar sus servicios en consecuencia.
- **Sensores:** Son elementos de hardware de un equipo de sobremesa, portátil o tableta que obtiene datos del entorno del dispositivo (como condiciones de iluminación, fuerza del campo magnético, movimiento y posición u orientación).
- **Datos de sensor sin procesar:** Son los datos que provienen de los sensores físicos. En Windows Runtime, estos sensores físicos son el acelerómetro, el giroscopio y el sensor de luz ambiental.
- **API de fusión de datos de sensores:** Esta interfaz de programación de aplicaciones define los sensores lógicos y le permite acceder a los datos provenientes de ellos. Estos sensores lógicos calculan sus lecturas a partir de los datos que provienen de los sensores físicos y presentan dichos datos de forma diferente para ahorrarle tener que escribir algoritmos para realizar la tarea.

Parte III. Creación profesional de aplicaciones Windows 8

13

Crear aplicaciones estilo Windows 8 con C++

En este capítulo aprenderá a:

- Conocer los escenarios donde el lenguaje de programación C++ es la mejor elección.
- Familiarizarse con las mejoras recientes más importantes en el lenguaje C++.
- Familiarizarse con las nuevas opciones que hacen posible escribir aplicaciones estilo Windows 8 en C++.

Para desarrollar los ejemplos de este capítulo, puede optar por introducir manualmente el código o utilizar los archivos de código fuente que acompañan al libro como se indica en la Introducción.

Aunque el título de este capítulo pueda sugerir que es solo para desarrolladores C++, en realidad no es así. En este capítulo, si es un desarrollador de C#, Visual Basic o JavaScript, aprenderá cuáles son los escenarios en los que C++ es la mejor elección de los lenguajes Windows 8 disponibles. Si ha tenido alguna experiencia en el pasado con C++ (incluso aunque haya sido frustrante), este capítulo demuestra que C++ se ha convertido en un lenguaje moderno, rápido, limpio y seguro así como importante en el desarrollo de aplicaciones estilo Windows 8.

Primero conocerá el renacimiento de C++ y después se le presentará un resumen de las mejoras recientes en el lenguaje de programación. En gran parte del capítulo, aprenderá las nuevas opciones añadidas por Microsoft a su implementación de C++ en Visual Studio 2012, adiciones compatibles con el desarrollo de aplicaciones estilo Windows 8 y su integración con Windows Runtime. Posteriormente, trabajará con una pequeña aplicación de ejemplo para comprobar cómo funciona la teoría en la práctica.

Nota: Enseñarle el lenguaje de programación C++ se encuentra fuera del ámbito de este libro. Si está interesado en aprender más, un buen punto de partida es leer sobre el tema. Si quiere obtener más información de referencia acerca de los elementos o bibliotecas estándares del lenguaje, visite `http://cppreference.com`.

Microsoft y el lenguaje C++

Aunque las circunstancias puedan mostrar que los lenguajes .NET (C# y Visual Basic) son los lenguajes de programación estándares para Microsoft (y, por tanto, se utilizan en la mayoría de sus productos), en realidad no es así. La mayor parte del desarrollo de productos en Microsoft sigue realizándose con C++ y parece que este desarrollo va a seguir utilizando este lenguaje durante mucho tiempo.

¿Cuál es la razón? ¿Microsoft no cree en su propio entorno en tiempo de ejecución administrado (.NET Framework) y por eso no lo utiliza? ¿Microsoft no quiere (o no puede) aprovechar al máximo las ventajas de productividad de .NET? ¡No! C++ proporciona dos elementos que desafían a los lenguajes de programación administrados: rendimiento y control detallado sobre los recursos del sistema.

Cuando trabaja con los lenguajes administrados de .NET Framework, el compilador crea programas ejecutables que contienen código del Lenguaje intermedio de Microsoft (MSIL, *Microsoft Intermediate Language*) o instrucciones desde un lenguaje intermedio. Cuando se ejecuta este programa, se compilan las instrucciones MSIL para instrucciones específicas de la CPU en el momento con un compilador en el momento justo (JIT, *just-in-time*) y posteriormente se ejecuta este código específico de la CPU. Aunque los lenguajes administrados y MSIL tienen construcciones que hacen que el desarrollo de software sea realmente productivo, es complicado describir instrucciones de bajo nivel (como operaciones de nivel de bit) que son fáciles de declarar con instrucciones específicas de la CPU. Por tanto, aunque el rendimiento de un algoritmo se beneficia significativamente de las construcciones de nivel bajo, los lenguajes administrados tienen varios desafíos.

Evidentemente, el uso de lenguajes nativos (incluido C++) tiene sus inconvenientes. Al controlar todos los detalles para conseguir el rendimiento, normalmente tiene que tratar con muchos elementos sutiles. Por ejemplo, si quiere tener un control total sobre el consumo de memoria, tiene que asignar y disponer de los recursos de forma explícita. Esta actividad requiere tener mucho cuidado para evitar fugas de memoria o para disponer de recursos que ya no se utilizan.

Anteriormente aprendió que al principio Windows era una programación C y C++. En aquel momento, la productividad de los desarrolladores era muy baja en comparación con la productividad conseguida mediante el uso de los lenguajes administrados que surgieron en 2002 con .NET. Estos lenguajes administrados siempre han tenido que pagar un precio de rendimiento por esa productividad. Durante mucho tiempo, con un hardware extraordinario (especialmente en la parte del servidor), mereció la pena pagar el precio ya que comprar hardware con aproximadamente un 20 por ciento más de rendimiento era más barato que ajustar la aplicación durante algunos meses más.

Los teléfonos inteligentes, las tabletas de nueva generación y los dispositivos ultra-móviles cambiaron totalmente las reglas del juego. Las CPU en estos dispositivos generalmente son menos potentes que las de un equipo de escritorio tradicional, por lo que los mismos algoritmos pueden ejecutarse durante más tiempo en ellas. Para mantener bajo el peso del dispositivo, se utilizan baterías que tienen una capacidad limitada. Cuanto más utilice el dispositivo, más rápidamente se consumirá la batería. Es más, los consumidores quieren tener una interacción extraordinaria con estos dispositivos por lo que prefieren interfaces de usuario (UI, *User Interface*) con capacidad de respuesta y no solo con algunas bonitas animaciones.

La clave para escribir aplicaciones con un buen comportamiento para estos dispositivos móviles es la eficiencia. Las aplicaciones tienen que ejecutar muchas actividades en un breve periodo de tiempo con el menor uso posible de la CPU. Tienen que ser frugales en memoria y en otros recursos de hardware. Este es el punto en el que la codificación nativa puede entrar en escena ya que estos requerimientos son exactamente en los que se ejecutan mejor los lenguajes de programación nativos (incluido C++).

Por tanto, no es sorprendente que Microsoft quisiera incluir el lenguaje C++ en el desarrollo de aplicaciones estilo Windows 8. Microsoft no solo ha resuelto el desarrollo de estas aplicaciones sino también ha modernizado el lenguaje convirtiéndolo en un lenguaje limpio y seguro.

Limpieza y seguridad

A la mayoría de los programadores les encanta o detestan C++. No hay ni uno solo de ellos que diga que le gusta un poco, o que está bien pero que no le gusta esa o aquella opción. A quienes les encanta C++, les gusta el control total proporcionado por este lenguaje sobre la ejecución de la aplicación. Es excitante conocer con anticipación qué instrucciones se van a ejecutar sobre la CPU como resultado de una determinada construcción de programación C++. A los que detestan C++ no les gustan las construcciones de bajo nivel ni los fallos comunes que provienen de ellas.

Con la implementación más moderna de C++ (la que se puede encontrar en Visual Studio 2012), Microsoft ha invertido mucho para conseguir que C++ sea un lenguaje moderno a través de la productividad, a la vez que mantiene la oportunidad de tener un control total sobre la ejecución de la aplicación. Microsoft ha implementado varias opciones nuevas en C++11. Es más, Microsoft ha extendido el lenguaje para que sea compatible con aplicaciones estilo Windows 8 y su integración con Windows Runtime.

Nota: Bjarne Stroustrup fue el responsable de desarrollar el lenguaje de programación C++ en 1979 para Bell Labs. En ese momento, se denominó C con clases. El lenguaje siguió su primer proceso de estandarización en 1998 (C++98), y después en 2003 (C++03). La última revisión importante del estándar es C++11, aprobado por la Organización internacional de estandarización/Comisión internacional electromecánica (ISO/IEC, *International Standardization Organization/International Electrotechnical Commission*) el 12 de agosto de 2011.

Para conocer el tipo de opciones que hacen de C++ un lenguaje más productivo que antes, vamos a echar un vistazo a un código de ejemplo escrito con C++03 (la revisión anterior del estándar C++), mostrado en el listado 13.1.

Listado 13.1. Un programa C++ simple con el estilo antiguo.

```
// --- Crear un vector de 10 rectángulos
   vector<rectangle *> shapes;
   for (int i = 1; i <= 10; i++)
   {
      shapes.push_back(new rectangle(i * 100, i * 200));
   }

   // --- Este es el rectángulo que estamos buscando
   rectangle* searchFor = new rectangle(300, 600);

   // --- Recorrer todos los rectángulos
   for (vector<rectangle*>::iterator i = shapes.begin(); i != shapes.end(); i++)
   {
      (*i)->draw();
      if (*i && **i == *searchFor)
      {
         std::cout << "*** Rectangle found." << std::endl;
      }
   }

   // --- Disponer de los recursos retenidos por este programa
   for (vector<rectangle*>::iterator i = shapes.begin(); i != shapes.end(); i++)
   {
      delete *i;
   }
   delete searchFor;
```

Este programa crea un `vector` de diez objetos `rectangle` (guardados en `shapes`), y después los coloca en un bucle `for` y comprueba si alguno de estos rectángulos coincide con el guardado en la variable `searchFor`. Existen algunos puntos que añaden complejidad a esta simple tarea:

- La variable `shapes` es un vector de apuntadores a los objetos `rectangle`. El primer bucle `for` que va de 1 a 10 crea objetos `rectangle` y los agrega a `shapes`. El programador tiene que tener en cuenta que en algún momento del programa se van a eliminar estos objetos. El último bucle `for` con el cuerpo `delete i` ejecuta esta limpieza.

- La variable `searchFor` contiene un apuntador a un objeto `rectangle`. Este objeto se elimina con la instrucción `delete searchFor` de la última línea.
- Los dos bucles utilizan un objeto `iterator` que recorre los elementos del vector. Aunque la intención de este ciclo es en realidad limpiar, el código que lo expresa parece un poco largo.
- La expresión condicional `* i && **i == *searchFor` es simple, pero sigue siendo difícil de descodificar. En esta expresión, `i` es un iterador e `*i` representa el apuntador a un objeto `rectangle` al que se está refiriendo actualmente el iterador. La expresión `**i` es el rectángulo al que apunta el iterador y `*searchFor` el objeto `rectangle` que está buscando el ciclo. Esta condición dice que si el iterador está apuntando a un objeto `rectangle` y este tiene el mismo valor que el buscado, habrá una coincidencia. Aunque el significado sea poco importante para desarrolladores experimentados de C++, sigue siendo difícil de leer.

Un fallo potencial con este tipo de programa es que el programador ha optado por tomar el control total de la pila en la que se guardan los objetos `rectangle`. No siempre está claro quién es el responsable de administrar los objetos `rectangle` guardados en `shapes`. En el listado 13.1 está muy claro ya que el código dispone de ellos. Pero si solo ve la asignación del bucle `for` de estos objetos, la intención no es trivial.

Con el nuevo lenguaje C++ disponible ahora en Visual Studio 2012, este programa se puede escribir de una forma más elegante, como puede ver en el listado 13.2.

Listado 13.2. Un programa C++ simple con el estilo nuevo.

```
// --- Crear un vector de 10 rectángulos
   vector<shared_ptr<rectangle>> shapes;
   for (int i = 1; i <= 10; i++)
   {
      shapes.push_back(shared_ptr<rectangle>(
         new rectangle(i * 100, i * 200)));
   }

   // --- Este es el rectángulo que estamos buscando
   auto searchFor = make_shared<rectangle>(300, 600);

   // --- Recorrer todos los rectángulos
   for_each(begin(shapes), end(shapes), [&](shared_ptr<rectangle>& rect)
   {
      rect->draw();
      if (rect && *rect == *searchFor)
      {
         cout << "*** Rectangle found." << endl;
      }
   });
```

Este programa contiene algunos elementos que resuelven los problemas anotados en el listado 13.1:

- El vector shapes contiene objetos rectangle de referencia contados (tal como indica shared_ptr). Uno o más objetos pueden contener un apuntador a un rectángulo. Cuando el último objeto se destruye (el propietario del apuntador), el rectángulo se libera.
- La palabra clave auto antes de la declaración de variable searchFor infiere el tipo de esta variable a partir de su expresión de inicialización. Si no hubiera utilizado auto, debe saber que make_shared<rectangle> crea un shared_ptr<rectangle> y utiliza este tipo en lugar de la palabra clave auto.
- El método for_each le indica con claridad que es un bucle que recorre los elementos del vector shapes. Los dos primeros argumentos del método son begin(shapes) y end(shapes), respectivamente, aclarando que el bucle recorre desde el primer elemento hasta el último. El tercer argumento es una expresión lambda (una nueva opción en C++11) que dibuja el rectángulo y comprueba si existe alguna coincidencia. Si compara el cuerpo de una expresión lambda con el listado 13.1, podrá ver que ahí rect es una referencia a un rectángulo, y por tanto *rect == *searchFor es más fácil de entender que **i == *searchFor.

El listado 13.2 no contiene ninguna instrucción para disponer explícitamente de la memoria retenida por los rectángulos en shapes. Este comportamiento de shared_ptr type reclama la memoria automáticamente; los desarrolladores no tienen que hacerlo de forma explícita.

Este pequeño fragmento de código es tan solo uno de los ejemplos de los cambios de C++ que lo convierten en un lenguaje moderno y productivo. Microsoft también ha implementado numerosas opciones en su compilador C++, según el estándar C++11.

> **Nota:** Ha pasado mucho tiempo desde que se revisó el estándar C++03 (lanzado en 2003) y el nuevo estándar C++11 se aprobó en agosto de 2011. El mundo del desarrollo de software había cambiado mucho desde entonces y C++ tuvo que adaptarse a dichos cambios. Aunque Microsoft no ha implementado todas las opciones C++11 en Visual Studio, puede utilizar las que ofrecen las mejoras más importantes en productividad. Encontrará más información sobre estas opciones en el blog del equipo de Visual C++ en MSDN (http://blogs.msdn.com/b/vcblog/archive/2011/09/12/10209291.aspx/).

C++ y las aplicaciones Windows 8

En el capítulo 3 aprendió que a través de la creación de una pila independiente de elementos en capas para aplicaciones estilo Windows 8, Microsoft introdujo un nuevo concepto que reinventa la idea de la API de Windows. Como puede ver en la figura 13.1, estos componentes permiten a C++, C#, Visual Basic y a la pila de tecnología HTML5/CSS3/JavaScript estar dentro de los lenguajes de programación para las aplicaciones Windows 8.

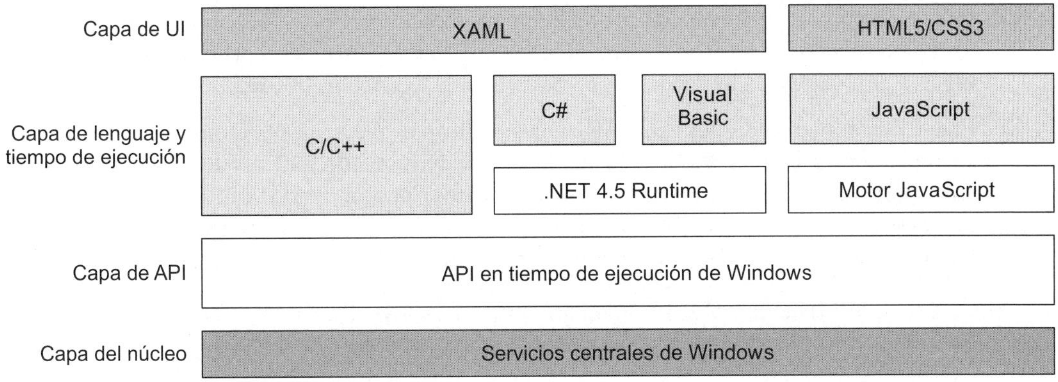

Figura 13.1. Capas de tecnología de una aplicación estilo Windows 8.

Vamos a entrar en los detalles de esta figura y comprobar qué tipos de aplicaciones Windows 8 se pueden implementar con la utilización, directa o indirecta, de C++.

Privilegios de C++ en aplicaciones Windows 8

La figura 13.1 muestra los cuatro lenguajes de programación (C/C++, C#, Visual Basic y JavaScript/HTML/CSS3) como si fuesen iguales, pero en realidad C++ es "más igual" que otros. El lenguaje C++ tiene algunos privilegios en cuanto al acceso de recursos del sistema Windows 8 se refiere que no se encuentran disponibles en otros lenguajes de programación:

- Todavía puede seguir utilizando un pequeño conjunto de servicios API Win32 (servicios centrales de Windows) desde C++. Estos no se utilizan a través de Windows Runtime. Se encuentran disponibles a través de las bibliotecas de enlace dinámico (DLL, *Dynamic Link Libraries*) del sistema.
- Puede utilizar fácilmente tecnologías de DirectX (Direct2D, Direct3D, DirectWrite, XAudio2, etc.) desde C++. Éstas utilizan la unidad de procesamiento gráfico (GPU, *Graphics Processing Unit*) y dispositivos de sonido directamente con un rendimiento increíble.
- Una tecnología nueva, el paralelismo masivo acelerado de C++ (C++ AMP, *C++Accelerated Massive Parallelism*) le permite utilizar el hardware actual en paralelo de forma masiva, es decir, las GPU y las unidades de procesamiento de audio (APU, *Audio Processing Units*). C++ AMP le permite ejecutar partes de su programa C++ en la GPU de su equipo.

Como se puede deducir a partir de la figura 13.1, puede utilizar C++ para escribir una aplicación completa de Windows 8 con la UI de XAML. No obstante, existen otros escenarios donde C++ es también una elección acertada:

- Puede escribir juegos estilo Windows 8 que utilicen DirectX y C++. Como la mayoría de los juegos necesitan reducir al máximo el rendimiento que pueden proporcionar la CPU y la GPU, C++ parece la herramienta perfecta para el desarrollo de juegos.
- Puede escribir aplicaciones estilo Windows 8 híbridas que utilicen elementos C++ pero que se implementen bien en C#, en Visual Basic (evidentemente, utilizando .NET Framework en segundo plano y XAML para la UI) o en JavaScript con una UI HTML5/CSS3. En este caso, los componentes de C++ pueden ejecutar las tareas que requieren el acceso directo a los recursos del sistema y/o un rendimiento sólido.

Vamos a echar un vistazo a cómo funcionan juntos Windows Runtime y C++.

Windows Runtime y C++

Casi todos los capítulos de este libro mencionan a Windows Runtime, y sería difícil evitar utilizar sus objetos y operaciones. Como ya sabe, los objetos de Windows Runtime se han implementado en el código nativo (C++ y ensamblados). Sin embargo, se ha mencionado pocas veces que estos objetos utilizan una nueva versión del antiguo modelo de objetos de componentes (COM, *Component Object Model*). COM es un estándar de interfaz binaria que tiene casi 20 años y que fue desarrollado por Microsoft en 1993. Su objetivo original era permitir que una amplia variedad de lenguajes de programación crearan sus propios objetos dinámicos y los propusieran a otros procesos (escritos incluso en distintos lenguajes de programación). El propio COM se convirtió en un término general que abarca otras tecnologías relacionadas, como el modelo de objetos de componentes distribuidos (DCOM, *Distributed Component Object Model*), el enlace e incrustación de objetos (OLE, *Object Linking and Embedding*), OLE automatizado, COM+ y ActiveX.

Aunque este estándar binario sea extraordinario técnicamente, su uso es complicado, especialmente desde C++:

- Los objetos y sus interfaces tienen que registrarse en el Registro del sistema de Windows, una fuente principal de problemas de desarrollo.
- La administración del tiempo de vida de los objetos COM se basa sobre la cuenta de referencias. Cuando se asigna la dirección de un objeto a una nueva variable, se tiene que incrementar manualmente un contador de referencias. Cuando el objeto se elimina de esta variable, o la variable lo elimina directamente, este contador tiene que disminuirse. Cuando el contador llega a cero, el objeto COM se elimina automáticamente. ¡Puede imaginarse la confusión producida si se utiliza esta cuenta de referencias de forma incorrecta!
- Las excepciones se controlan a través de valores `HRESULT` (enteros de 32 bits), recuperados a partir de las llamadas al método. Las operaciones de llamada a COM siempre tienen que comprobar estos valores para asegurase de que las operaciones hayan tenido éxito.

Ahora, Windows Runtime utiliza una nueva versión de COM que no requiere interfaz ni registro de objetos y proporciona un medio transparente de administrar la cuenta de referencias (tal como aprenderá en la siguiente sección).

Administrar objetos de Windows Runtime en C++

En Visual Studio 2012, Microsoft ha añadido nuevas opciones a C++ para administrar objetos de Windows Runtime. Con la misma facilidad con la que los desarrolladores administran los objetos .NET Framework en C# y Visual Basic. Este conjunto de nuevas extensiones del lenguaje se denomina C++ para Windows Runtime.

Los objetos de Windows Runtime se crean con tipos e implementan una cuenta de referencia automática. En lugar de valores `HRESULT` puede utilizar el control estructurado de excepciones para capturar y administrar los fallos de las operaciones. Los objetos de Windows Runtime están integrados en STL, por lo que todas las funciones, colecciones y algoritmos implementados en la biblioteca de plantillas estándar (STL, *Standard Template Library*) de C++ funcionan con tipos Windows Runtime. Existe un límite entre Windows Runtime y el mundo externo; la nueva versión de COM es un contrato binario bien definido entre estos dos dominios. Con esto surgen algunas preguntas evidentes.

¿Cuándo y cómo deben utilizar los programadores de C++ estas extensiones del lenguaje? ¿Deben utilizar estos nuevos tipos para todas las aplicaciones Windows 8? ¿Cómo se pueden utilizar los antiguos tipos de C++ y STL?

La respuesta a estas preguntas es realmente simple. Debe utilizar los tipos de Windows Runtime cuando necesite cruzar este límite, es decir, cuando quiera llamar a operaciones Windows Runtime o cuando quiera proporcionar servicios para otros lenguajes. La figura 13.2 muestra el estilo de programación que necesita seguir.

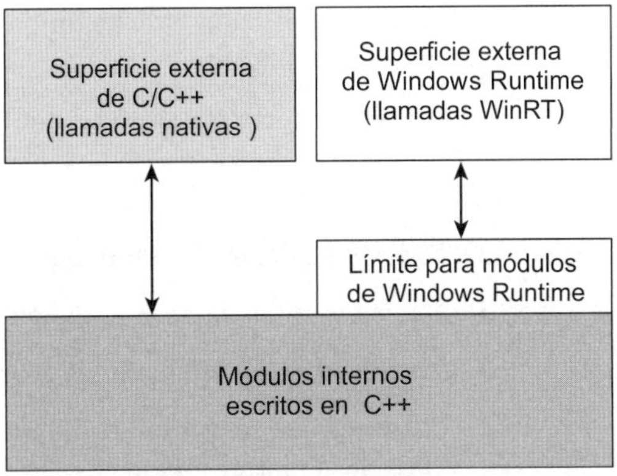

Figura 13.2. Utilizar C++ con objetos Windows Runtime.

Por tanto, puede escribir un módulo C++ (suponiendo que ya es un programador C++) igual que lo ha estado haciendo hasta ahora y dichos módulos se consumirán directamente mediante quienes llaman o reciben la llamada desde un código C o C++ nativo. El mismo módulo puede consumir objetos Windows Runtime u ofrecer operaciones a otros objetos Windows Runtime o a otros lenguajes a través de una fina capa límite que pasa todos los datos hacia y desde los objetos compatibles con Windows Runtime.

Para permitir este tipo de cruce del límite, C++ incluye extensiones de componentes (C++/CX) que proporcionan enlaces a sistemas de extraños de tipos, como los utilizados por .NET o el motor de JavaScript. La tabla 13.1 recoge los nuevos tipos de datos en C++/CX.

Tabla 13.1. Nuevos tipos de datos de extensiones de componentes C++.

Tipo	Descripción
Tipos de valor	Las instancias de los tipos de valor siempre se guardan en la pila de llamadas o en los datos estáticos de una aplicación. Las estructuras de valor (declaradas con la palabra clave `value struct`) contienen solo campos de datos públicos. Las clases de valor (declaradas con la palabra clave `value class`), que se utilizan con menos frecuencia, contiene solo campos y métodos de datos públicos.
Tipos de referencia	Las instancias de los tipos de referencia siempre se asignan de forma dinámica (y cuando se dispone de ellas) en el espacio de memoria de la aplicación. Una clase de referencia se puede declarar con la palabra clave `ref class` y puede contener miembros de funciones públicas, protegidas y privadas, miembros de datos e incluso clases anidadas. Una estructura de referencia se indica con la palabra clave `ref struct`. Es igual que una clase de referencia, pero `ref class` declara una clase en tiempo de ejecución que, de forma predeterminada, tiene una accesibilidad pública.
Clases de interfaz	Las clases de interfaz (declaradas con la palabra clave `interface class`) son muy similares a las interfaces nativas de C++. Sin embargo, tienen diversas especialidades: ❑ Todos los miembros son públicos de forma implícita. ❑ No se permiten campos ni miembros estáticos. ❑ Sus miembros pueden incluir propiedades, métodos y eventos. ❑ Los tipos que se utilizan como parámetros solo pueden ser tipos de Windows Runtime.
Tipos genéricos	Ahora puede utilizar clases de interfaces genéricas en C++ que siguen la misma semántica que los tipos genéricos de .NET Framework. Se declaran con la construcción generic<typename T1, ..., typename Tn> interface class. Las interfaces genéricas se pueden implementar también con definiciones de plantillas C++. Sin embargo, estas plantillas pueden utilizar solo parámetros `typename`. No se admiten parámetros sin tipo.

Tipo	Descripción
Propiedades	El estándar C++ no admite propiedades. Con la palabra clave `property` de C++/CX, ahora puede definir una propiedad con la misma semántica de `GET/SET` utilizada por los lenguajes .NET.
Delegados	Los delegados declaran apuntadores de función de tipo seguro y por tanto son similares a una declaración de función, pero el tipo es un delegado. Se declaran con la palabra clave `delegate`.
Eventos	Los eventos son tipos especiales (podríamos denominarlos "propiedades delegadas") que tienen la semántica `add/remove` que los eventos de .NET. Se declaran con la palabra clave `event`. Además de la semántica mencionada, contiene un acceso a un método `raise` que define la forma en que se firma el evento.

Ya hemos mencionado que los tipos Windows Runtime son tipos COM y por tanto tienen una cuenta de referencia inherente. Para evitar el trabajo manual de administrar los contadores de referencia, existe una notación especial para los apuntadores que hacen referencia a los tipos de Windows Runtime. Estos utilizan el carácter ^ para señalar que se trata de una cuenta de referencias y tienen que asignarse con la palabra clave `ref new`, como en el siguiente fragmento de código de ejemplo:

```
Map<String^, int>^ MainPage::CreateMap()
{
   map<String^, int> myMap;
   myMap.insert(pair<String^, int>("One", 1));
   myMap.insert(pair<String^, int>("Two", 2));
   myMap.insert(pair<String^, int>("Three", 3));
   return ref new Map<String^, int>(move(myMap));
}
```

Aquí, el método `CreateMap()` crea un diccionario de asociaciones de valores enteros con claves de cadena. Tanto `Map` como `String` son tipos de Windows Runtime. El método devuelve un apuntador de cuenta de referencias a un `Map`, por lo que se utiliza el operador `ref new` y el valor devuelto tiene la notación ^. Además, las claves del mapa utilizan apuntadores de cuenta de referencias a un `String`, por que se declaran como `String^`.

> **Nota:** La notación ^ y la palabra clave `ref new` son simples trucos del compilador. Sin estas notaciones, el programador tendría que incrementar y disminuir la cuenta de referencias de los objetos COM (Windows Runtime). Ahora, con estas extensiones, el compilador se hace cargo de todo y genera el código apropiado. Tenga en cuenta que no puede utilizar la notación * (apuntador) con un objeto Windows Runtime. Si lo intenta, el compilador lanzará un mensaje de error.

Definir clases en tiempo de ejecución

Cuando se escriben aplicaciones Windows 8 en C++, además de consumir objetos Windows Runtime, crea tipos de Windows Runtime. Por ejemplo, la aplicación y sus páginas también se representan con estas clases en tiempo de ejecución. Desde el punto de vista de la implementación, se deben ser clases de referencia con algunas restricciones, como en el siguiente fragmento de código:

```
public ref class Customer sealed
{
public:
   Customer(String^ firstName, String^ LastName);
   Customer(String^ lastName);
   property String^ FullName
   {
      String^ get();
   }
   void MarkAsKeyAccount();
   ~Customer();
private:
   std::wstring m_firstName;
   std::wstring m_LastName;
};
```

Las clases en tiempo de ejecución tienen que marcarse con el modificador `public` para que otras aplicaciones y lenguajes externos puedan consumirlas. Aunque los parámetros y valores de devolución de los miembros de una función pueden ser tipos C++ arbitrarios, los miembros públicos solo pueden utilizar tipos de Windows Runtime. También tiene que aplicar la palabra clave `sealed` para evitar la derivación desde estas clases.

Nota: La palabra clave `public` en la definición de la clase también obliga al compilador a colocar los metadatos (sobre funciones públicas y miembros de datos) en el archivo `.winmd` expuesto al mundo exterior. Si no recuerda lo que es un archivo `.winmd` puede consultar el capítulo 3 para refrescar su memoria. En el capítulo 14 aprenderá a crear y a consumir archivos `.winmd`. Puede omitir el modificador `sealed`, pero en este caso, el compilador emitirá un aviso indicándole que no se podrá consumir el tipo en tiempo de ejecución desde JavaScript ya que no se ha marcado con `sealed`.

Puede crear una instancia de su propia clase en tiempo de ejecución con el operador `ref new` igual que para cualquier otra clase de Windows Runtime:

```
Customer^ myCustomer = ref new Customer("John", "Doe");
```

Si utiliza una clase en tiempo de ejecución como una simple variable local también proporcionará una administración automática del ciclo de vida:

```
{
   Customer myOtherCustomer("Jane", "Doe");
   myOtherCustomer.MarkAsKeyAccount();
   // ...
```

```
    // Procesar datos del cliente, como query it, modify it, etc.
    // ...
}   // ~Customer() se invoca automáticamente
```

En este fragmento de código, `myOtherCustomer` es una variable local. El compilador administra su ciclo de vida y lo destruye automáticamente en cuanto la variable sale de su ámbito. En este caso, se llama al destructor `~Customer()` cuando el flujo de control de la aplicación deja el bloque de la declaración.

Excepciones

La administración de excepciones COM era una tarea laboriosa ya que las operaciones COM devolvían códigos de error `HRESULT`. Por ejemplo, cuando se pasaba un argumento a una operación, se recuperaba un valor `HRESULT` con un código `E_INVALIDARG`. Si no se comprobaba el valor devuelto para este código y se permitía al programa seguir adelante, tarde o temprano la aplicación dejaba de funcionar. Windows Runtime sigue utilizando COM, pero ahora también permite el control estructurado de las excepciones. En lugar de tratar directamente con códigos `HRESULT`, ahora se pueden capturar y controlar las excepciones que representan a los códigos `HRESULT`. La tabla 13.2 recoge estos tipos de excepción específicos de COM con los códigos `HRESULT` que representan.

Tabla 13.2. Excepciones de Windows Runtime con sus códigos HRESULT relacionados.

Tipo de excepción	Código HRESULT
`InvalidArgumentException`	`E_INVALIDARG`
`NotImplementedException`	`E_NOTIMPL`
`AccessDeniedException`	`E_ACCESSDENIED`
`NullReferenceException`	`E_POINTER`
`InvalidCastException`	`E_NOINTERFACE`
`FailureException`	`E_FAIL`
`OutOfBoundsException`	`E_BOUNDS`
`ChangedStateException`	`E_CHANGED_STATE`
`ClassNotRegisteredException`	`REGBD_E_CLASSNOTREG`
`DisconnectedException`	`E_DISCONNECTED`
`OperationCanceledException`	`E_ABORT`
`OutOfMemoryException`	`E_OUTOFMEMORY`

Nota: Encontrará todas estas excepciones en el espacio de nombre `Platform`.

No tiene que preocuparse por cómo se envuelven los códigos `HRESULT` en las excepciones ya que el entorno en tiempo de ejecución es quien se hace cargo. Si quiere controlar problemas potenciales en el uso de objetos de Windows Runtime puede seguir este patrón:

```
void MyWIndowsRTOperation(String^ parameter1, int parameter2)
{
   OtherRuntimeObject^ otherObj = ref new OtherObj();
   try
   {
      otherObj->SimpleOperation(parameter1);
      // ...
      otherObj->AnotherOperation(parameter2);
      // ...
      otherObj->CompountOperation(parameter1, parameter2)
      // ...
   }
   catch (NotImpelentedException^ ex)
   {
      // Responder a problemas cuando no se implementa una operación
   }
   catch (InvalidArgumentException^ ex)
   {
      // Registrar que la operación no ha sido válida
      throw ex;
   }
   catch (COMException^ ex)
   {
      // Examinar los valores ex->HResult y decidir qué hacer
   }
   catch (...)
   {
      // Decidir qué hacer con cualquier otra excepción
   }
}
```

Los dos primeros bloques `catch` controlan una excepción específica de COM. El tercero acepta un apuntador a una instancia `COMException`. Como todos los tipos de excepción de la tabla 13.2. derivan de `COMException`, este bloque captura todos ellos, excepto `NotImplementedException` y `InvalidArgumentException`, ya que estos dos se controlan con los bloques `catch` anteriores. En este bloque puede examinar la propiedad `HResult` de la instancia de la excepción para decidir cómo seguir adelante. El cuarto bloque `catch` atrapa cualquier otra excepción. En este patrón puede ver que las excepciones más específicas siempre se capturan en primer lugar y las menos específicas se dejan para el final.

Como estas excepciones derivan de `COMException`, podría tentarle la creación de su propia excepción COM específica con su propio código de fallo mediante la herencia a una nueva clase a partir de `COMException`. Bueno, debido a los detalles internos de la implementación, esto no funcionará. En este caso, tiene que activar una excepción `COMException` y pasar el código `HRESULT` al constructor, como en el siguiente fragmento de código:

```
void MyOperation(int param)
{
   if (param == 0)
```

```
        {
            lanzar ref new COMException(MY_ERROR_CODE);
        }
            // ...
    }
    // ...

    try
    {
        // ...
        MyOperation(0);
        // ...
    }
    catch (COMException^ ex)
    {
        if (ex->HResult == MY_ERROR_CODE)
        {
            // Controlar su propio código de error
        }
        // ...
    }
```

La instancia de `COMException` solo se puede capturar en la rama `catch (COMException^ ex)`. Incluso aunque lance una instancia `COMException` con un código de fallo conocido que tenga una clase de excepción correspondiente en la tabla 13.2, no podrá capturar dicha excepción. Solo podrá hacerlo con `COMException`:

```
try
{
    // ...
    lanzar ref new COMException(E_FAIL)
    // ...
}
catch (FailureException^ ex)
{
    // La excepción COMException anterior no se puede capturar aquí
}
catch (COMException^ ex)
{
    if (ex->HResult == E_FAIL)
    {
        // Aquí es donde puede controlar la excepción COMException anterior
    }
}
```

Ya ha aprendido suficiente sobre C++ y las aplicaciones Windows 8. Ahora es el momento de probar estas opciones con Visual Studio.

Descubrir opciones C++ con Visual Studio

Visual Studio proporciona un extraordinario suporte para aplicaciones C++. Puede encontrar todas las herramientas mejoradas e importantes para la productividad en el IDE, igual que sucede en cualquier otro lenguaje de programación. En esta sección aprenderá algunas cosas sobre la creación y edición de aplicaciones C++. También conocerá algunas opciones de C++ nuevas. En los capítulos anteriores aprendió algunas opciones y elementos importantes para la creación de una UI de aplicación Windows 8, así que en esta sección va a empezar con un ejemplo preparado y va a añadir nuevos fragmentos de código a dicha aplicación en cada uno de los ejercicios. Antes de empezar a jugar con el ejemplo, vamos a echar un vistazo a la creación de proyectos C++.

Creación de proyectos C++

Puede crear programas C++ en Visual Studio con el comando Archivo>Nuevo>Proyecto (**Control-Mayús-N**) igual que ha hecho hasta ahora. Evidentemente, tendrá que seleccionar el nodo Visual C++ de Plantillas>Otros lenguajes, como muestra la figura 13.3. En el centro de la figura puede ver los tipos de plantillas estilo Windows 8 admitidas por C++ en Visual Studio 2012.

Figura 13.3. Plantillas estilo Windows 8 para el lenguaje de programación C++.

C++ admite las mismas plantillas de aplicaciones de Windows 8 estándares y de otros lenguajes (Aplicación vacía, Aplicación de cuadrícula y Aplicación dividida) y algunas adicionales, que se describen a continuación:

- **DLL (aplicaciones de la Tienda Windows):** Utilice este tipo de proyecto para crear una biblioteca que se compile en un archivo `.dll`. Aunque esta biblioteca tiene la misma extensión que los ensamblajes de la biblioteca de componentes de .NET, tiene un código nativo, por lo que no puede hacer referencia a ella desde proyectos C# o Visual Basic.

- **Biblioteca estática (aplicaciones de la Tienda Windows):** Con este tipo de proyecto puede compilar bibliotecas con una extensión `.lib` y enlazarlas de forma estática a archivos ejecutables de sus otros proyectos.
- **Biblioteca de pruebas unitarias (aplicaciones de la Tienda de Windows):** Tal como sugiere el nombre de esta plantilla, puede crear proyectos de pruebas unitarias para sus aplicaciones y bibliotecas C++.
- **Componente de Windows en tiempo de ejecución:** Este tipo de proyecto le permite crear componentes de Windows Runtime nativos a los que puede hacer referencia desde cualquier otro lenguaje. Además de la biblioteca de componentes, este proyecto crea un archivo `.winmd` que contiene información de metadatos sobre sus clases públicas.
- **Aplicación Direct2D y Aplicación Direct3D:** Estas plantillas le ayudan a empezar a crear aplicaciones con las tecnologías Direct2D y Direct3D, respetivamente.

Para especificar los atributos de sus proyectos, el cuadro de diálogo Nuevo proyecto le proporciona las mismas opciones (por ejemplo, nombre de solución y aplicación y modo de creación de la solución) que en el resto de lenguajes de programación.

Elementos de un proyecto C++

Para examinar los elementos de un proyecto, utilice la solución `CppDemo Start` del código fuente descargado para el capítulo. La estructura de un proyecto C++ es muy similar a la creada con otros lenguajes de programación. Sin embargo, existen ligeras diferencias que conocerá en el siguiente ejercicio.

Ejercicio: Examinar los elementos de un proyecto C++

Para examinar la estructura de un proyecto C++ simple, siga estos pasos:

1. Abra el archivo `CppDemo.sln` desde la carpeta `CppDemo Start` del código fuente descargado para este capítulo utilizando Archivo>Abrir proyecto (**Control-Mayús-O**). En unos segundos, la solución se carga en el IDE y su estructura se muestra en el Explorador de soluciones, que puede ver en la figura 13.4.
2. Debajo del nodo Solución 'CppDemo' encontrará el nodo del proyecto CppDemo (esta solución solo contiene un proyecto). Haga clic en el pequeño triángulo a la izquierda de la carpeta Assets para expandir su contenido. Verá cuatro archivos de imagen que representan el logotipo y la pantalla de bienvenida de la aplicación en diferentes tamaños.
3. Expanda la carpeta Common. Esta contiene diversos archivos C++ y de encabezados que forman parte de la estructura de su aplicación Windows 8. Hay un archivo StandardStyles.xaml que contiene los recursos XAML principales utilizados en la aplicación.
4. Expanda el nodo Dependencias externas. Contiene más de cien nodos, que incluyen los archivos de encabezado y las referencias a los archivos `.winmd` en su proyecto. Contraiga este nodo.

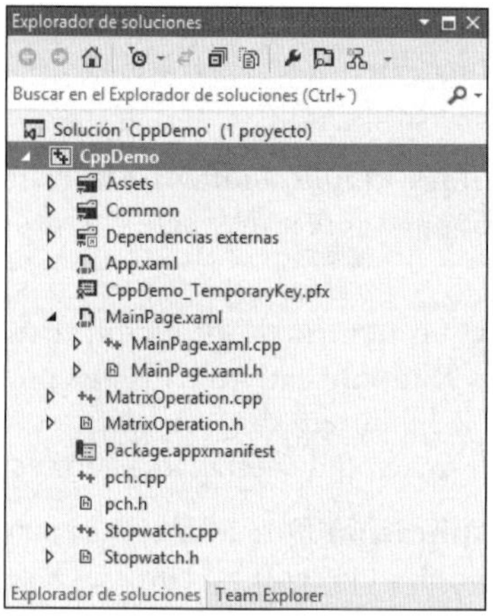

Figura 13.4. Proyecto CppDemo en el Explorador de soluciones.

5. Expanda el archivo MainPage.xaml. Del mismo modo que en otros lenguajes de programación, este archivo XAML anida un archivo de código de respaldo, MainPage.xaml.cpp, donde la extensión `.cpp` sugiere que está escrito en C++. Aquí hay otro archivo anidado, MainPage.xaml.h, que contiene los tipos de definición en MainPage.xaml.cpp.
6. Haga doble clic en el archivo MainPage.xaml.cpp para abrirlo. En el editor de código, desplácese hasta el final del archivo, donde puede ver varios métodos con un cuerpo vacío y una línea de comentarios que empieza por `Feature`. Estos son los marcadores de posición de lo que va a escribir en los siguientes ejercicios.
7. Haga doble clic en el archivo MainPage.xaml.h para abrirlo. En el editor de código, haga clic en la línea `#include "MainPage.g.h"` y pulse **Control-Mayús-G**. Se abre el archivo `MainPage.g.h` mostrando la definición de los objetos descritos en el archivo `MainPage.xaml`.
8. Utilice el comendo Depurar>Iniciar sin depurar (**Control-F5**) para compilar e iniciar inmediatamente la aplicación. Tardará unos segundos en compilarse y en enlazar los archivos del proyecto y después se abrirá la aplicación con la pantalla mostrada en la figura 13.5.
9. Ahora puede utilizar un elemento desde la lista de opciones para mostrar el panel de entrada del escenario especificado a la derecha de la lista. En esta versión inicial del proyecto, no funciona ninguno de los botones.
10. Cierre la aplicación pulsando **Alt-F4** o arrastrándola desde su parte superior hacia abajo.

Cómo funciona

Mientras examinaba la estructura del proyecto `CppDemo`, quizá se haya dado cuenta de que es muy similar a la de los proyectos creados con otros lenguajes de programación, aunque las carpetas tienen nombres diferentes.

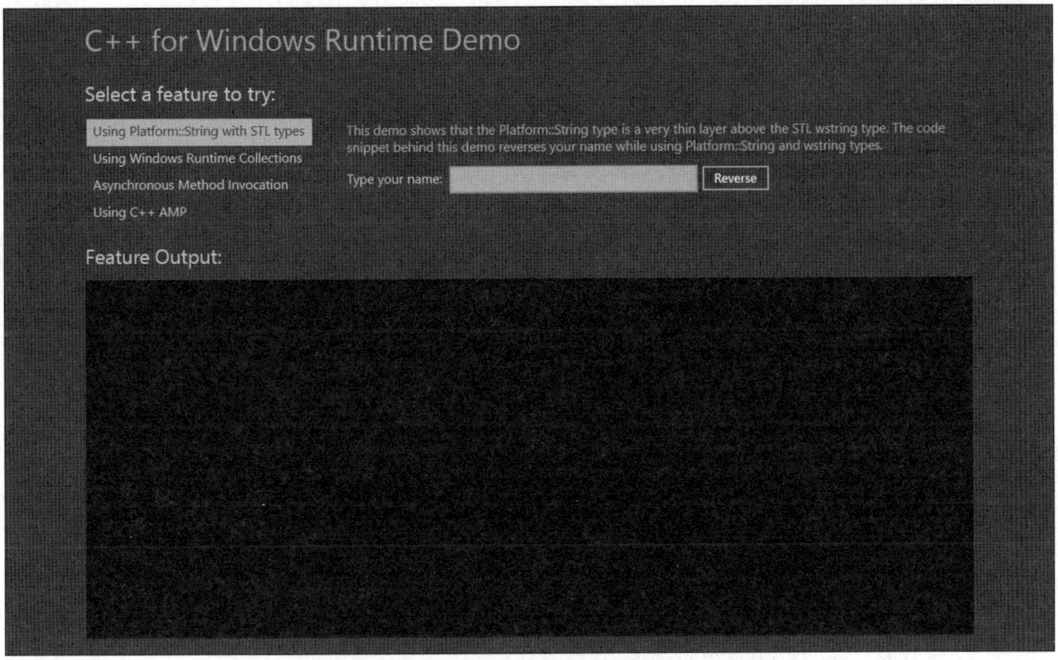

Figura 13.5. Aplicación CppDemo en acción.

C++ está integrado con XAML. Tal como ha descubierto en el paso 5, `MainPage.xaml` tiene archivos de código de respaldo. El archivo `MainPage.xaml.cpp` es donde se crea el código y el archivo `MainPage.g.h` se genera automáticamente cada vez que modifica y guarda el archivo `MainPage.xaml`. El IDE genera en segundo plano un archivo `MainPage.xaml.hpp` que inicializa sus componentes cuando se compila el objeto `MainPage`.

Al iniciar la aplicación `CppDemo` en el paso 9 tras su compilación, el IDE también ha creado el paquete de implementación de la aplicación (utilizando el archivo `Pakage.appmanifest`) y lo ha instalado, igual que ha experimentado con otras aplicaciones en los ejercicios de capítulos anteriores.

Ahora ya está preparado para modificar esta simple aplicación C++.

Utilizar el tipo Platform::String

Para proporcionar un método para pasar cadenas de caracteres a componentes Windows Runtime y para recuperar cadenas a partir de operaciones Windows Runtime, Microsoft ha creado un nuevo tipo `String` localizado en el espacio de nombres `Platform`. Este nuevo tipo es un tipo de envolvente ligero que permite la construcción de objetos de cadena inmutables con algunas operaciones. Lo bueno de este tipo es que coopera totalmente con el tipo `wstring` de STL, tal como aprenderá en el siguiente ejercicio.

> **Nota:** Si no es un programador de C++, debe saber que utiliza el operador de resolución de ámbito `::` para separar el espacio de nombres y los elementos de tipo. Así, el nombre de tipo cualificado de la clase `String` de Windows Runtime es `Platform::String`, ya que se declara en el espacio de nombres `Platform`.

Ejercicio: Utilizar el tipo Platform::String

Para empezar a familiarizarse con el tipo `Platform::String`, siga estos pasos:

1. Abra la solución `CppDemo` del archivo `CppDemo Start` , si no la tiene todavía abierta en el IDE de Visual Studio.
2. Haga doble clic en el archivo MainPage.xaml.cpp dentro del Explorador de soluciones (si está contraído el nodo MainPage.xaml expándalo para encontrar dicho archivo) y localice el método `ReverseStringButton_Tapped` que tiene un cuerpo vacío.
3. Inserte en el cuerpo el siguiente código resaltado en negrita:

C++

```
void MainPage::ReverseStringButton_Tapped(Object^ sender, TappedRoutedEventArgs^ e)
{
   String^ yourName = YourName->Text;
   Feature1OutputText->Text += "Your name: " + yourName + "\n";
   wstring inputString(yourName->Data());
   wstring reverseString(inputString.rbegin(), inputString.rend());
   String^ yourReversedName = ref new String(reverseString.c_str());
   Feature1OutputText->Text += "Reversed: " + yourReversedName + "\n";
}
```

   En este código, `yourName` es un apuntador de cuenta de referencias (como indica el símbolo `^`) que se establece en el contenido del cuadro de texto `YourName`. Puede utilizar esta variable para concatenar literales de cadena con operadores + declarados por la clase `String`, y establecer la propiedad `Text` del bloque `Feature1OutputText`.

4. Ejecute la aplicación pulsando **Control-F5** o seleccionando Depurar>Iniciar sin depurar. En la lista de opciones aparece seleccionado el primer elemento. Escriba su nombre (o cualquier texto) en el cuadro de texto y haga clic en el botón **Reverse** (Invertir). La opción Feature Output (Resultado de la opción) escribe el texto en orden inverso. Por ejemplo:

```
Your name: My nickame is DeepDiver
Reversed: reviDpeeD si emankcin yM
```

5. Cierre la aplicación.

Cómo funciona

Puede utilizar el tipo `String` directamente con otros tipos de Windows Runtime, incluidos los controles XAML. Así es cómo establece en el fragmento de código el contenido de la variable `Feature1OutputText`. Sin embargo, `String` implementa solo algunas operaciones. Siempre que quiera ejecutar operaciones más complejas, puede utilizar el tipo `wstring` de STL junto con `String`. Para establecer el contenido inicial, `inputString` en el fragmento de código anterior (un `wstring`) utiliza el método `String::Data()` para obtener un apuntador a una cadena `null-terminated` de C++.

En la siguiente línea, `reverseString` utiliza el constructor `wstring` que recorre una variedad de caracteres para crear su contenido. Gracias a los métodos `rbegin()` y `rend()`, este iterador recorre desde el último carácter de la cadena hasta el primero, por lo que construye la cadena inversa a la original. Para escribir de nuevo la cadena inversa a la del resultado, necesita una instancia de `String^`. La variable `yourReversedName` crea una nueva instancia de `String` (con el operador `ref new`) y utiliza el método `c_str()` para obtener el contenido de la variable `reverseString`.

Este tipo de cooperación entre los tipos de Windows Runtime y los de STL es un patrón común. Puede utilizar colecciones de Windows Runtime junto con colecciones STL de una forma similar, tal como aprenderá en el siguiente ejercicio.

Utilizar colecciones en tiempo de ejecución

STL de C++ define diversas colecciones con muchas operaciones relacionadas. Es más, tal como aprendió a partir de la tabla 13.1, C++11 añade tipos de colección nuevos a STL. Puede utilizar las colecciones STL en cualquier parte, pero no puede pasarlas directamente a los objetos de Windows Runtime. La solución es utilizar las colecciones de Windows Runtime que se encuentran en el espacio de nombres `Platform::Collections`. En el siguiente ejercicio aprenderá a utilizarlas colecciones `Vector` y `VectorView`.

Ejercicio: Utilizar las colecciones Vector y VectorView

Para aprender a utilizar estas clases de colecciones, siga estos pasos:

1. Abra `CppDemo` desde la carpeta `CppDemo Start` del código fuente descargado para el capítulo, a no ser que ya tenga abierta la solución en el IDE de Visual Studio.
2. En el **Explorador de soluciones**, haga doble clic en el archivo **MainPage.xaml.cpp** y localice el método `CreateRandomVector()` que devuelve `nullptr`.
3. Inserte el siguiente código resaltado en negrita dentro del cuerpo del método:

C++

```
col::Vector<int>^ MainPage::CreateRandomVector()
{
   vector<int> myNumbers;
   srand((unsigned)time(0));
   for (int i = 0; i < 10; i++)
   {
      myNumbers.push_back(rand()%100 + 1);
   }
   return ref new col::Vector<int>(move(myNumbers));
}
```

Este método utiliza un bucle for para establecer una colección vector<int> collection (se declara en la STL) con números aleatorios. La declaración devuelta en la última línea de código crea una nueva colección Vector<int> que utiliza el método move para hacerse cargo de la propiedad del vector aleatorio.

4. Localice el método SumAVectorButton_Tapped y copie el siguiente código resaltado en negrita a su cuerpo:

```
void MainPage::SumAVectorButton_Tapped(Object^ sender, TappedRoutedEventArgs^ e)
{
  wstringstream streamVal;
  WFC::IVectorView<int>^ vv = CreateRandomVector()->GetView();
  int sum = 0;
  int index = 0;
  for_each(begin(vv), end(vv), [&](int value)
  {
     streamVal << "Number " << ++index << " is " << value << endl;
     sum += value;
  });
  streamVal << "Sum of these values is " << sum;
  Feature2OutputText->Text = ref new String(streamVal.str().c_str());
}
```

Este método invoca CreateRandomVector() y utiliza su método GetView() para crear una captura de imagen del vector aleatorio. El bucle for suma los elementos de esta vista y los escribe en el flujo streamVal. Cuando se ha calculado la suma, el contenido del flujo se envía al bloque FeatureOutput2Text que muestra el resultado de este ejercicio.

5. Ejecute la aplicación con **Control-F5** o seleccionando Depurar>Iniciar sin depurar. En la lista de opciones, seleccione el elemento Using Windows Runtime Collections (Utilizar colecciones de Windows Runtime) y luego haga clic o toque sobre el botón **Sum Up a Vector** (Sumar un vector).

6. En el panel de resultados, el programa muestra un vector aleatorio y la suma de sus elementos. Cierre la aplicación.

Cómo funciona

La operación CreateRandomVector() utiliza la clase vector de STL para generar sus valores y los envuelve en un objeto Vector solo cuando está devolviendo los valores. El método SumAVectorButton_Tapped quiere leer los valores de este vector sin cambiarlos, por lo que utiliza un objeto VectorView (que implementa la interfaz IVectorView). El identificador WFC es un alias del espacio de nombres Windows::Foundation::Collections definido al principio del archivo MainPage.xaml.cpp.

En la última línea del código, también puede ver un buen ejemplo de utilizar la clase String. Todo el resultado de este ejercicio se ha escrito en el flujo de la cadena streamVal. En la última línea, se ha convertido en String para poderse asignar al bloque de texto del resultado.

Nota: Windows Runtime define un conjunto relativamente pequeño de clases de colecciones, que viven y actúan junto con las clases de colecciones STL. Puede encontrar una lista de estas colecciones en la página web de MSDN en `http://msdn.microsoft.com/es-ES/library/windows/apps/hh710418(v=vs.110).aspx`.

Utilizar operaciones asíncronas

En capítulos anteriores ha visto muchos ejemplos que utilizan llamadas asíncronas de métodos. En C#, las nuevas palabras clave `async` y `await` son las encargadas de trabajar con el compilador y le permiten consumir métodos asíncronos como si fueran sincrónicos (a la vez que mantienen la capacidad de respuesta de la UI). En JavaScript puede utilizar el patrón de promesas comunes de JavaScript, tal como se explica en el capítulo 5.

Pues bien, C++ no tiene un truco de compilador parecido al de C#, pero sí un componente extraordinario: la biblioteca de patrones de procesamiento paralelo (PPL, *Parallel Pattern Library*), que le ayuda a invocar operaciones asíncronas con un patrón relativamente simple, tal como aprenderá en el siguiente ejercicio.

Ejercicio: Escritura asíncrona de un archivo

Para crear de forma asíncrona un simple archivo de texto con un texto corto, siga estos pasos:

1. Abra la solución `CppDemo` de la carpeta `CppDemo Start` del código fuente descargado para el capítulo, a no ser que ya tenga abierta la solución en el IDE de Visual Studio.
2. Haga doble clic en el archivo MainPage.xaml.cpp en el Explorador de soluciones y localice el método `WriteFileButton_Tapped`.
3. Inserte el siguiente código resaltado en negrita dentro del cuerpo del método:

C++

```
void MainPage::WriteFileButton_Tapped(Object^ sender, TappedRoutedEventArgs^ e)
{
  Feature3OutputText->Text += "File creation has been started.\n";
  StorageFolder^ documentsFolder = KnownFolders::DocumentsLibrary;

  // -- - Iniciar la creación del archivo
  task<StorageFile^> createTask(documentsFolder->CreateFileAsync(
     "MySample.txt", CreationCollisionOption::ReplaceExisting));
  createTask.then([this](StorageFile^ file)
  {
     Feature3OutputText->Text += "File " + file->Name + " has been created.\n";
     // -- - Iniciar la escritura en el archivo
     task<void> writeTask(FileIO::WriteTextAsync(file, YourMessage->Text));
     writeTask.then([this](void)
```

```
        {
            Feature3OutputText->Text += "Text '" + YourMessage->Text +
                "' has been written to the file.\n";
        });
    });
}
```

Este fragmento de código encadena dos operaciones asíncronas: `createTask`, que crea el archivo `MySample.txt`, y `writeTask`, cuyo resultado es el mensaje especificado por el usuario. Cada tarea utiliza su método `then` con una expresión lambda para definir la continuación de la tarea en cuestión.

4. Ejecute la aplicación pulsando **Control-F5** o seleccionando Depurar>Iniciar sin depurar. En la lista de opciones, seleccione el elemento Asynchronous Method Invocation (Invoca un método asíncrono). Escriba un mensaje en el cuadro de texto y haga clic (o toque) sobre el botón **Write Message to File** (Escribir mensaje en archivo).
6. En el panel de resultados, el programa muestra algunas líneas de salida que le indican que se ha creado el archivo y que se ha escrito el mensaje.
7. Abra el Explorador de archivos y seleccione el nodo **Documentos** de Bibliotecas. Localice el archivo MySample.txt y haga doble clic sobre él para abrirlo. Puede comprobar que el mensaje se ha escrito ahí correctamente.
8. Vuelva a la ejecución de la aplicación `CppDemo` y ciérrela.

Cómo funciona

El código de este ejercicio utiliza la plantilla `task<TResult>` para crear e iniciar una tarea asíncrona, siendo `TResult` el tipo del resultado que la tarea espera recuperar. El argumento de la tarea es un objeto que implementa la interfaz `IAsyncOperation<TResult>`.

`createTask` utiliza la operación `CreateFileAsync`, que recupera un objeto `StorageFile^`. `writeTask` invoca la operación `WriteTextSAsync`, que no recupera ningún objeto. Estas tareas se encadenan: la continuación de `createTask` (el método `then`) crea una instancia de `writeTask` con el resultado de `createTask`.

Puede comprobar que las expresiones lambda en los métodos de continuación capturan el apuntador `this` y por tanto acceden a todos los elementos de la UI. Así es como estos métodos escriben mensajes en el panel de resultados.

> **Nota:** Con C++ puede utilizar diversos patrones asíncronos. Para obtener más información, consulte `http://msdn.microsoft.com/es-ES/library/windows/apps/hh780559.aspx`.

Utilizar el paralelismo masivo acelerado

La mayoría de los equipos no solo contienen una CPU sino también una GPU de alto rendimiento y otras unidades de procesamiento (como las APU). Muchas operaciones se pueden ejecutar más rápidamente en estas unidades ya que tienen una arquitectura especial que admite un alto nivel de concurrencia de operaciones especiales. El paralelismo masivo acelerado (AMP, *Accelerated Massive Parallelism*) C++ de Microsoft es una especificación abierta para implementar el paralelismo de datos directamente en C++.

Las tecnologías Direct2D y Direct3D utilizan la GPU para reproducir gráficos complejos. Estas GPU tienen una arquitectura que puede procesar píxeles y vectores de una forma muy rápida. Pueden ejecutar muchas operaciones de forma simultánea. Esta capacidad puede utilizarse no solo para dibujar gráficos sino también para procesar datos. C++ AMP es una tecnología que extiende C++ con su propia biblioteca y compilador, que puede generar un código que se ejecuta en las GPU y otras unidades de aceleración.

> **Nota:** Analizar C++ AMP con detalle se encuentra fuera del ámbito de este libro. Si está interesado, puede encontrar más información en MSDN. Empiece su descubrimiento en `http://msdn.microsoft.com/es-ES/library/hh265137(v=vs.110)`.

En las aplicaciones Windows 8 puede utilizar C++ AMP, tal como aprenderá en el siguiente ejercicio, donde va a multiplicar matrices de números flotantes con 1.000 filas y 1.000 líneas. Esta es una operación compleja debido al tamaño de las matrices. Para calcular el millón de celdas, esta operación requiere 1.000 multiplicaciones de pares de números flotantes y después sumar el resultado de estas multiplicaciones. En total, el resultado es 2 mil millones de operaciones.

En el siguiente ejercicio va a implementar esta operación tanto con el algoritmo secuencial tradicional como con C++ AMP.

> **Nota:** Puede refrescar sus conocimientos sobre la multiplicación de matrices leyendo el artículo de `http://es.wikipedia.org/wiki/Matrix_multiplication`.

Ejercicio: Utilizar C++ AMP en aplicaciones Windows 8

Para comparar la multiplicación de matrices secuencial y de C++AMP, siga estos pasos:

1. Abra la solución `CppDemo` de la carpeta `CppDemo Start` del código fuente descargado para el capítulo, a no ser que ya la tenga abierta en Visual Studio.
2. En el Explorador de soluciones, haga doble clic en el archivo MainPage.xaml.cpp y rellene el cuerpo del método `CalculateSerialButton_Tapped` con el siguiente código resaltado en negrita:

C++

```
void MainPage::CalculateSerialButton_Tapped(Object^ sender,
  TappedRoutedEventArgs^ e)
{
  Feature4OutputText->Text += "Sequential matrix multiplication started...\n";
  CalculateSerialButton->IsEnabled = false;
  MatrixOperation matrixOp;
  task<unsigned long long> matrixTask (matrixOp.MultiplyMatrixSeriallyAsync());
  matrixTask.then([this](unsigned long long elapsed)
  {
    CalculateSerialButton->IsEnabled = true;
    wstringstream streamVal;
    streamVal << "Sequential operation executed in " << elapsed << "ms.\n";
    Feature4OutputText->Text += ref new String(streamVal.str().c_str());
  });
}
```

3. Copie el siguiente código resaltado en negrita en el cuerpo del método `CalculateWithAMPButton`:

C++

```
void MainPage::CalculateWithAMPButton_Tapped(Object^ sender,
  TappedRoutedEventArgs^ e)
{
  Feature4OutputText->Text += "AMP matrix multiplication started...\n";
  CalculateWithAmpButton->IsEnabled = false;
  MatrixOperation matrixOp;
  task<unsigned long long> matrixTask (matrixOp.MultiplyMatrixWithAMPAsync());
  matrixTask.then([this](unsigned long long elapsed)
  {
    CalculateWithAmpButton->IsEnabled = true;
    wstringstream streamVal;
    streamVal << "AMP operation executed in " << elapsed << "ms.\n";
    Feature4OutputText->Text += ref new String(streamVal.str().c_str());
  });
}
```

4. Haga doble clic en el archivo MatrixOperation.cpp dentro del Explorador de soluciones y escriba el cuerpo del método `MultiplySequential` con el siguiente código resaltado en negrita que utiliza una solución secuencial:

C++

```
void MatrixOperation::MultiplySequential(vector<float>& vC,
  const vector<float>& vA, const vector<float>& vB,
  int M, int N, int W)
{
  for (int row = 0; row < M; row++)
  {
    for (int col = 0; col < N; col++)
    {
      float sum = 0.0f;
      for(int i = 0; i < W; i++)
        sum += vA[row * W + i] * vB[i * N + col];
      vC[row * N + col] = sum;
    }
  }
}
```

5. Copie el siguiente código resaltado en negrita en el cuerpo del método `MultiplyAMP`:

C++
```
void MatrixOperation::MultiplyAMP(vector<float>& vC,
  const vector<float>& vA, const vector<float>& vB,
  int M, int N, int W)
{
  concurrency::array_view<const float,2> a(M, W, vA);
  concurrency::array_view<const float,2> b(W, N, vB);
  concurrency::array_view<float,2> c(M, N, vC);
  c.discard_data();
  concurrency::parallel_for_each(c.extent,
  [=](concurrency::index<2> idx) restrict(amp) {
     int row = idx[0]; int col = idx[1];
     float sum = 0.0f;
     for(int i = 0; i < W; i++)
        sum += a(row, i) * b(i, col);
     c[idx] = sum;
  });
}
```

6. Compile e inicie la aplicación pulsando **Control-F5** o seleccionando Depurar>Iniciar depuración. En la lista de opciones, seleccione el elemento Using C++ AMP (Utilizar C++ AMP) y haga clic en el botón **Multiply Matrices Sequentially** (Multiplicar matrices secuencialmente) o tóquelo. Dependiendo del rendimiento de su equipo, tardará entre 5 a 20 segundos en obtener un mensaje sobre el éxito de la operación, indicando el tiempo de ejecución.

7. Ahora haga clic en el botón **Multiply Matrices with C++ AMP** (Multiplicar matrices con C++AMP) o tóquelo. Esta operación tardará menos tiempo, como puede comprobar a partir del mensaje. Dependiendo de su equipo y GPU, debería ser entre 10 a 25 veces más rápida que la ejecución secuencial.

8. Cierre la aplicación

Cómo funciona

El código creado en los pasos 2 y 3 es muy simple (con relación a las técnicas aprendidas en ejercicios anteriores). Estos fragmentos de código llaman a la multiplicación de matrices secuencial y AMP de una forma asíncrona. El trabajo lo llevan a cabo los métodos `MultiplySequential` y `MultiplyAMP` de la clase `MatrixOperation` creados en los pasos 4 y 5. Ambos métodos representan a las matrices con vectores planos. El método `MultiplySequential` funciona según el algoritmo de multiplicación de matrices simples y no requiere más explicación.

Sin embargo, `MultiplyAMP` es algo diferente. En realidad no es muy fácil a simple vista. Las tres primeras líneas definen que se tienen que administrar los vectores `vA`, `vB` y `vC` de la GPU como dos matrices flotantes de dos dimensiones a través de las variables `a`, `b` y `c`, respectivamente:

```
concurrency::array_view<const float,2> a(M, W, vA);
concurrency::array_view<const float,2> b(W, N, vB);
concurrency::array_view<float,2> c(M, N, vC);
```

El tipo `array_view` es el responsable de administrar el movimiento de datos entre la CPU y la GPU. El método `c.discard_data()` declara que la matriz `c` de la GPU no se debe copiar de nuevo al vector `vC`. Las dos líneas siguientes declaran la construcción `parallel_for_each` que se va a ejecutar en la GPU con una expresión lambda:

```
concurrency::parallel_for_each(c.extent,
[=](concurrency::index<2> idx) restrict(amp) {
```

Este código declara que este bucle paralelo debe recorrer todas las celdas de la matriz `c` (`c.extent`), y dentro del cuerpo del bucle de la celda actual, se identifica con el índice `idx` que tiene dos dimensiones (el índice de la fila y de la columna de una celda de matriz). La cláusula `restrict(amp)` le indica al compilador dos cosas. En primer lugar, el cuerpo del bucle se tiene que compilar a un código que pueda ejecutarse en un hardware compatible con AMP (por ejemplo, una GPU con un controlador DirectX11). En segundo lugar, solo se permiten en el cuerpo en el que va a administrar AMP esas declaraciones y construcciones. Por ejemplo, no puede abrir archivos en el cuerpo del bucle porque no es una operación viable en la GPU. Este cuerpo simplemente calcula el valor de las celdas al que se hace referencia con `idx`.

Lo bueno de esta construcción en paralelo es que permite al controlador DirectX11 y a la GPU decidir el nivel de concurrencia. Por ejemplo, si la GPU admite 128 canales independientes de procesamiento, se pueden calcular simultáneamente 128 valores de celda.

Resumen

C++ es un lenguaje de programación igualable al resto de lenguajes (C#, Visual Basic y JavaScript) en la creación de aplicaciones Windows 8. Debido a la aparición de nuevos dispositivos, como tabletas, teléfonos inteligentes y equipos ultra-móviles, C++ ha experimentado un renacimiento (por decirlo de alguna manera). Estos dispositivos tienen CPU y GPU menos potentes que las de los equipos de escritorio y tienen que ser frugales en su uso de la batería, a la vez que las expectativas del usuario son muy altas (y más importante aún, la capacidad de respuesta de sus UI). El rendimiento de la aplicación es clave en estos dispositivos. Las construcciones de nivel inferior de C++ y su capacidad subyacente de aprovechamiento directo de las opciones del hardware, hacen de C++ el mejor lenguaje de programación para estos nuevos dispositivos.

En el pasado, C++ nunca había tenido una productividad superior (especialmente administrada) al resto de lenguajes. Sin embargo, el estándar C++11 añadió algunas nuevas opciones al lenguaje que lo hicieron más limpio, más rápido y más robusto. Para adecuarlo al desarrollo de aplicaciones Windows 8, Microsoft extendió el lenguaje con nuevas opciones. Estas proporcionan una integración perfecta con Windows Runtime, además de nuevas construcciones (como genéricos, valores, tipos de referencia, etc.) que hacen de C++ un lenguaje de programación tan sólido como el resto.

C++ tiene algunas características únicas en el desarrollo de aplicaciones Windows 8. Puede utilizar tecnologías DirectX y crear aplicaciones Windows 8 que aprovechan, entre otros, Direct2D, Direct3D, DirectWrite y XAudio2. Microsoft ha creado una nueva tecnología para aprovechar al máximo los dispositivos de aceleración de hardware, como las GPU y APU, denominada C++ AMP, a la que se puede acceder solo desde C++.

En el capítulo 14 aprenderá técnicas más avanzadas que le ayudarán a crear aplicaciones híbridas (aplicaciones con lenguajes mixtos de programación) y a ejecutar tareas utilizadas con más frecuencia, como la ejecución de tareas en segundo plano o la administración de los cambios de estado de una red.

Ejercicios

1. ¿Por qué el lenguaje de programación C++ tiene un papel tan importante en el desarrollo de aplicaciones móviles estilo Windows 8?
2. ¿Cuáles son las nuevas opciones de C++ que permiten convertir objetos de función en funciones anónimas con administración de estado?
3. ¿Cuál es el papel del operador ^?
4. ¿Qué operador puede utilizar para crear tipos de Windows Runtime con cuenta de referencias?
5. ¿Cómo puede mezclar los tipos declarados en la STL de C++ con tipos de Windows Runtime?
6. ¿Qué tecnología tendría que utilizar para crear una función C++ realmente rápida para invertir los colores de un mapa de bits grande?

> **Nota:** Las respuestas a los ejercicios se encuentran en el apéndice A del libro.

Qué ha aprendido en este capítulo

- **C++11:** La última revisión más importante del estándar C++ es C++11, aprobado por ISO/IEC el 12 de agosto de 2011.
- **Palabra clave auto:** Esta nueva opción de C++11 implementa una deducción automática de tipo, siempre que se proporcione un inicializador explícito. El compilador infiere el tipo de la variable a partir del valor de inicialización.
- **Apuntadores inteligentes en C++11:** C++11 deja de utilizar `auto_ptr` , e introduce tres nuevos apuntadores inteligentes: `unique_ptr` (pertenencia única de un objeto), `shared_ptr` (pertenencia compartida de un objeto) y `weak_ptr` (referencia a un objeto sin pertenencia).

- **Referencias Rvalue:** C++11 utiliza la notación `&&` para enlazar referencias `rvalue` (valores en la parte derecha) a identificadores.
- **Semántica de movimiento:** C++11 introduce la semántica de movimiento para mejorar el rendimiento en muchas situaciones en las que se deben copiar grandes cantidades de datos entre los métodos de llamada y los que reciben la llamada. Esta semántica permite mover la pertenencia de los datos en lugar de los propios datos.
- **Funciones lambda:** Estas funciones son anónimas y permiten capturar variables del ámbito encerrado de la expresión.
- **C++ para Windows Runtime:** En Visual Studio 2012, Microsoft ha añadido dos nuevas opciones para C++ con el fin de administrar objetos Windows Runtime con facilidad y que pueden utilizar los desarrolladores en .NET Framework. Este conjunto de nuevas extensiones del lenguaje se denomina C++ para Windows Runtime.
- **Extensiones de componentes de C++:** Microsoft proporciona estas extensiones (C++/CX) para crear enlaces a sistemas de tipo externo, como los utilizados por .NET o por el motor de JavaScript.
- **Administración del contador de referencias:** Los tipos de Windows Runtime son tipos COM y por tanto tienen una cuenta de referencias inherente. Existe una notación especial para los apuntadores que hacen referencia a tipos de Windows Runtime. El carácter ^ significa que se trata de referencias contadas y que se tienen que asignar con la palabra clave `ref new`. El uso de estas notaciones hace que el compilador se haga responsable de administrar la cuenta de referencias y de la disposición automática de los objetos.
- **Excepciones COM:** Windows Runtime sigue utilizando COM, pero ahora también permite el control estructurado de las excepciones. En lugar de tratar directamente con códigos `HRESULT`, ahora puede capturar y controlar excepciones que representan dichos códigos `HRESULT`.
- **Creación de proyectos C++ en Visual Studio:** Con el comando Archivo>Nuevo>Proyecto (**Control-Mayús-N**) y la selección del nodo de C++ en Plantillas, podrá ver una lista de las plantillas disponibles para C++. Establezca las propiedades de la solución y haga clic en **Aceptar** para crear el proyecto elegido.
- **Platform::String:** Este tipo de Windows Runtime es un envolvente muy ligero alrededor del tipo `wstring` de STL y se utiliza para pasar valores de cadenas inmutables con cuenta de referencia a través del límite de Windows Runtime.
- **Colecciones de Windows Runtime:** Puede utilizar estos tipos para pasar las colecciones de cuenta de referencia a través del límite de Windows Runtime. Se pueden utilizar junto con los tipos de colección estándar de STL.
- **Biblioteca de patrones de procesamiento paralelo:** Esta biblioteca proporciona tipos útiles para implementar operaciones asíncronas en C++ utilizando el patrón de la tarea con continuaciones.
- **Paralelismo masivo acelerado de C++:** El AMP es una opción única de C++. Se encuentra disponible para su uso en dispositivos de aceleración de hardware (como las GPU y las APU) para ejecutar programas escritos en C++. Puede ofrecer una aceleración de rendimiento extraordinaria para métodos que se ejecutan en dichos dispositivos.

14

Conceptos avanzados de programación

En este capítulo aprenderá a:

- Conocer los escenarios donde las soluciones utilizan más de un lenguaje de programación (soluciones híbridas).
- Familiarizarse con el papel y la implementación de las tareas en segundo plano en Windows 8.
- Aprender a consultar las opciones de los dispositivos de entrada internos y externos conectados a su equipo.

Para desarrollar los ejemplos de este capítulo, puede optar por introducir manualmente el código o utilizar los archivos de código fuente que acompañan al libro como se indica en la Introducción.

Tal como sugiere su título, en este capítulo va a aprender diversos conceptos que le permiten desarrollar aplicaciones Windows 8 más avanzadas. Ahora debería estar familiarizado con los cuatro lenguajes de Windows 8 (C++, C#, Visual Basic y JavaScript). En los capítulos anteriores, los ha utilizado como opciones exclusivas para implementar aplicaciones. Aquí va a aprender a mezclar estos lenguajes para proporcionar una solución óptima en cuanto a productividad, interacción del usuario y rendimiento se refiere.

En Windows, con la finalidad de proporcionar al usuario la mejor interacción, solo la aplicación en primer plano recibe recursos del sistema. Las aplicaciones en segundo plano (es decir, aplicaciones suspendidas) no pueden ejecutar código. Sin embargo, algunas veces, incluso las aplicaciones suspendidas deben tener una conexión con el mundo externo, como comprobar nuevos mensajes de correo electrónico, descargar información de Internet, etc. Windows 8 proporciona el concepto de tareas en segundo plano que vamos a describir en este capítulo.

Windows 8 admite muchos dispositivos de entrada. Una buena aplicación está preparada para utilizar diversos dispositivos de entrada dependiendo de la disponibilidad, opciones del dispositivo y la elección del usuario. En este capítulo va a aprender a consultar las opciones del dispositivo de entrada para poder proporcionar al usuario la mejor interactividad con sus aplicaciones.

Crear soluciones con múltiples lenguajes

En los capítulos anteriores aprendió las peculiaridades de cada lenguaje de programación de Windows 8. Ya sabe que HTML y JavaScript son extraordinarios para utilizar sus conocimientos existentes sobre programación Web. C# y Visual Basic son maravillosos con XAML, especialmente si ya tiene experiencia con Silverlight y/o con la Fundación de presentación de Windows (WPF, *Presentation Foundation*). C++ es bueno para el rendimiento y el acceso directo a los recursos de su sistema.

Cuando está a punto de diseñar una aplicación y preparar el proyecto de desarrollo, una de las decisiones más importantes es la elección del lenguaje de programación. Normalmente es difícil elegir el mejor equilibrio cuando se selecciona el lenguaje apropiado para una determinada aplicación ya que dispone de varias opciones. Por ejemplo, supongamos que le gustaría crear una aplicación parecida a una página Web y utilizar sus conocimientos de HTML/JavaScript, pero sigue teniendo que escribir una gran cantidad de código en C#. O supongamos que tiene que crear un algoritmo realmente rápido con una extraordinaria interfaz de usuario (UI, *User Interface*) y conoce C# y XAML, pero cree que el paralelismo masivo acelerado de C++ (C++ AMP, *C++Accelerated Massive Parallelism*) le proporcionaría la mejor solución.

Bien, pues sepa que no es necesario que utilice un solo lenguaje de programación cuando crea aplicaciones Windows 8. Puede crear soluciones que le permiten mezclar lenguajes de programación. Si ya tiene un código base existente, puede reutilizarlo con un mínimo esfuerzo. Puede descomponer sus aplicaciones en sus componentes y utilizar un lenguaje de programación diferente para cada uno de ellos. Visual Studio 2012 admite el modelo de lenguajes mixtos.

Soluciones híbridas

Las soluciones que utilizan varios lenguajes de programación se denominan soluciones híbridas. Una solución híbrida de Visual Studio contiene al menos dos proyectos con dos lenguajes de programación diferentes. Evidentemente, un solo proyecto Visual Studio puede utilizar solo un lenguaje de programación ya que el proyecto es la unidad de compilación física más pequeña. Sin embargo, cada proyecto puede utilizar componentes binarios integrados que se pueden crear con otros lenguajes.

Generalmente, una aplicación se puede descomponer en capas de software. Esta sería una posible descomposición:

- **Capa UI de la aplicación:** Esta capa es la responsable de reproducir y mostrar la UI y de permitir la interacción del usuario (incluida la navegación).
- **Capa lógica de la aplicación:** Aquí se implementa la lógica (flujos de trabajo, algoritmos y reglas) de su aplicación, generalmente utilizando un modelo de componentes más detallado.
- **Capa de acceso a datos y servicios:** Esta capa proporciona acceso a los datos y servicios utilizados por su aplicación. Los datos o los servicios pueden pertenecer a su aplicación o pueden proporcionarse a través de terceros.
- **Capa de acceso al dispositivo:** En determinadas ocasiones, tendrá que acceder a dispositivos especiales (como lectores de códigos de barras, dispositivos de seguridad, hardware especial, etc.) desde su aplicación.

Puede elegir un lenguaje de programación para cada capa de software. Es más, si tiene más de un componente físico en una capa, puede implementar cada componente en su propio lenguaje de programación.

Si utiliza mucho .NET Framework, ya sabe que los ensamblajes escritos en lenguajes .NET separados pueden hacer referencia entre sí fácilmente. En una solución Visual Studio, puede agregar un proyecto (escrito en Visual Basic) como uno que hace referencia a otro (escrito en C#), y de este modo se puede hacer referencia a los tipos y operaciones en el proyecto de referencia dentro del proyecto que lo alberga. Por ejemplo, un proyecto C# puede invocar una operación implementada en un proyecto Visual Basic.

Los lenguajes de programación de Windows 8 son más diversos. C++ se compila para un código específico de la CPU. Los lenguajes .NET utilizan un lenguaje intermedio que se compila para las instrucciones de la máquina solo cuando se ejecuta la aplicación. JavaScript proporciona una tercera solución, ya que tiene su propio motor en tiempo de ejecución. ¿Cómo es posible que tantos lenguajes distintos puedan cooperar y acceder a los objetos y operaciones del resto?

La respuesta es Windows Runtime. Cada uno de los lenguajes de programación puede consumir objetos de Windows Runtime. Si quiere utilizar un componente de cualquier otro lenguaje, exponga la funcionalidad a través de los objetos de Windows Runtime. Con Visual Studio, es una tarea muy fácil. Crear una solución híbrida con proyectos C# y C++

Para aprender a trabajar con soluciones híbridas, vamos a crear una aplicación Windows 8 muy simple que muestra los números primos comprendidos entre 1 y 5.000. Se supone que tiene que crear una aplicación con un gran rendimiento y que a la vez utilice poca memoria. Vamos a suponer que quiere utilizar la Criba de Eratosthenes para recoger los números primos comprendidos entre 2 y un valor límite superior especificado por el usuario. Si dicho valor es n, este algoritmo utiliza una matriz de valores booleanos. Seguimos suponiendo que elige C++ porque proporciona el mejor rendimiento y también puede ser frugal en cuanto al uso de memoria que representa ochos indicadores en un solo byte. Sin embargo, suponemos que como es un desarrollador experimentado de C#, decide crear la UI de esta aplicación Windows 8 en dicho lenguaje.

> **Nota:** Para refrescar sus conocimientos sobre la Criba de Eratosthenes, visite `http://es.wikipedia.org/wiki/Criba_de_Erat%C3%B3stenes`.

En el siguiente ejercicio va a empezar con un ejemplo ya preparado, que puede encontrar en la carpeta `CSharpHybrid-Start` dentro del código fuente descargado para el capítulo. Este proyecto contiene la estructura de la UI y lo va a extender con un proyecto C++ que implementa la Criba de Eratosthenes.

Ejercicio: Crear una solución híbrida con proyectos C# y C++

Para extender la solución C # preparada con un nuevo proyecto C++, siga estos pasos:

1. Abra la solución `CSharpHybrid Start` en Visual Studio. En el Explorador de soluciones puede comprobar que hay un solo proyecto C# denominado CSharpHybrid. Esta solución se ha creado con la plantilla Aplicación vacía de C # y se ha expandido con algunos estilos personalizados.
2. En el Explorador de soluciones, seleccione el nodo raíz de la solución. Seleccione el comando Archivo>Agregar>Nuevo proyecto. Cuando se abra el cuadro de diálogo Agregar nuevo proyecto, seleccione el nodo Visual C++ debajo de Instalado>Otros lenguajes y haga clic sobre la plantilla Componente de Windows en tiempo de ejecución, como puede ver en la figura 14.1.
3. Escriba **PrimeNumbers** en el cuadro de nombre del proyecto y haga clic en **Aceptar**. El IDE añade este nuevo proyecto a la solución, que ahora contiene dos proyectos, uno en C# y otro en C++. Estos proyectos son independientes entre sí.
4. Expanda el nodo del proyecto CSharpHybrid (C#) en el Explorador de soluciones y haga clic con el botón derecho del ratón sobre References. Seleccione Agregar referencia del menú contextual para abrir el cuadro de diálogo Administrador de referencias.
5. Seleccione Solución en el cuadro de diálogo y marque el proyecto PrimeNumbers como puede ver en la figura 14.2. Haga clic en **Aceptar** para agregar esta referencia a CSharpHybrid. El proyecto PrimeNumbers aparece inmediatamente debajo de References en CSharpHybrid, como puede ver en la figura 14.3.
6. Compile la solución pulsando **F6** o seleccionando Compilar>Solución.
7. Haga clic con el botón derecho del ratón sobre la solución en el Explorador de soluciones y seleccione Abrir carpeta en Explorador de archivos. Cuando se abra el cuadro de diálogo, busque la carpeta `Debug\PrimeNumbers`. Dentro de ella encontrará el archivo `PrimeNumbers.winmd` con los metadatos de Windows Runtime del proyecto C++ y el archivo `PrimeNumbers.dll`, como puede ver en la figura 14.4.

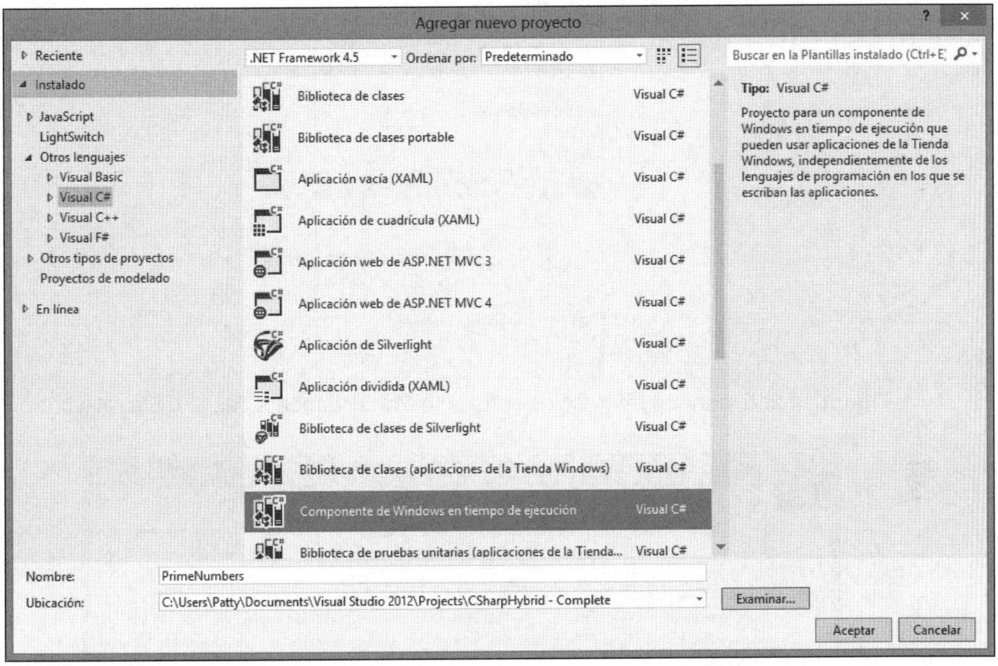

Figura 14.1. Creación de un nuevo proyecto con la plantilla Componente de Windows en tiempo de ejecución.

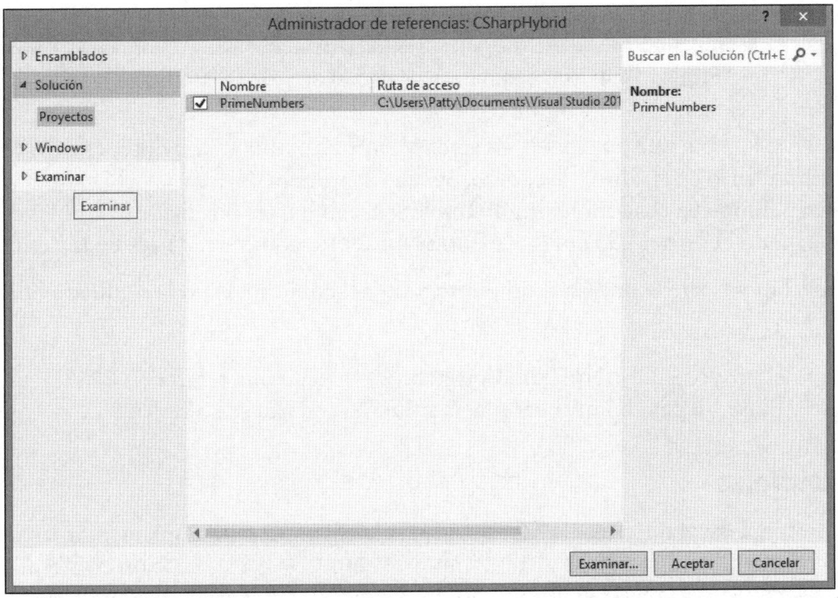

Figura 14.2. Referenciar el proyecto PrimeNumbers desde CSharpHybrid.

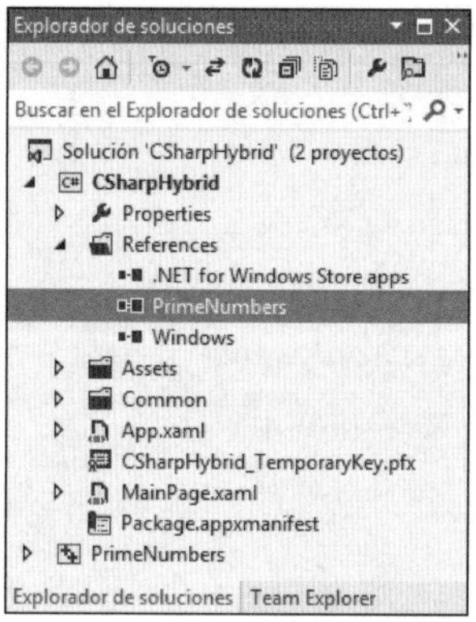

Figura 14.3. Crear una referencia al proyecto PrimeNumbers desde CSharpHybrid.

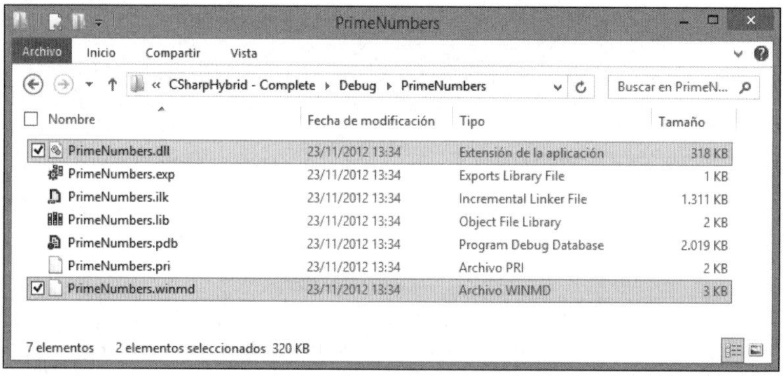

Figura 14.4. PrimeNumbers.dll con el archivo .winmd relacionado.

8. En el Explorador de soluciones, expanda MainPage.xaml y haga doble clic en MainPage.xaml.cs para abrirlo en el editor de código, busque la primera línea vacía debajo de la última directiva `using`. Empiece a escribir **using P**. IntelliSense mostrará una lista de posibles continuaciones, incluyendo el espacio de nombres PrimeNumbers, como puede ver en la figura 14.5.

9. Pulse **Tab** y cierre la línea con un punto y coma, como muestra la siguiente línea de código:

```
using PrimeNumbers;
```

10. Ahora el proyecto CSharpHybrid project (C#) tiene una referencia válida a un proyecto C++. Pulse **F6** para comprobar que la solución todavía se compila.

Cómo funciona

La solución que ha abierto en el paso 1 contenía la capa UI. Para implementar la Criba de Eratosthenes, en el paso 2 ha añadido un proyecto C++ a la solución con la plantilla Componente de Windows en tiempo de ejecución. Esta plantilla se compila a un componente de Windows Runtime con un archivo de metadatos, que ha podido ver en la figura 14.4.

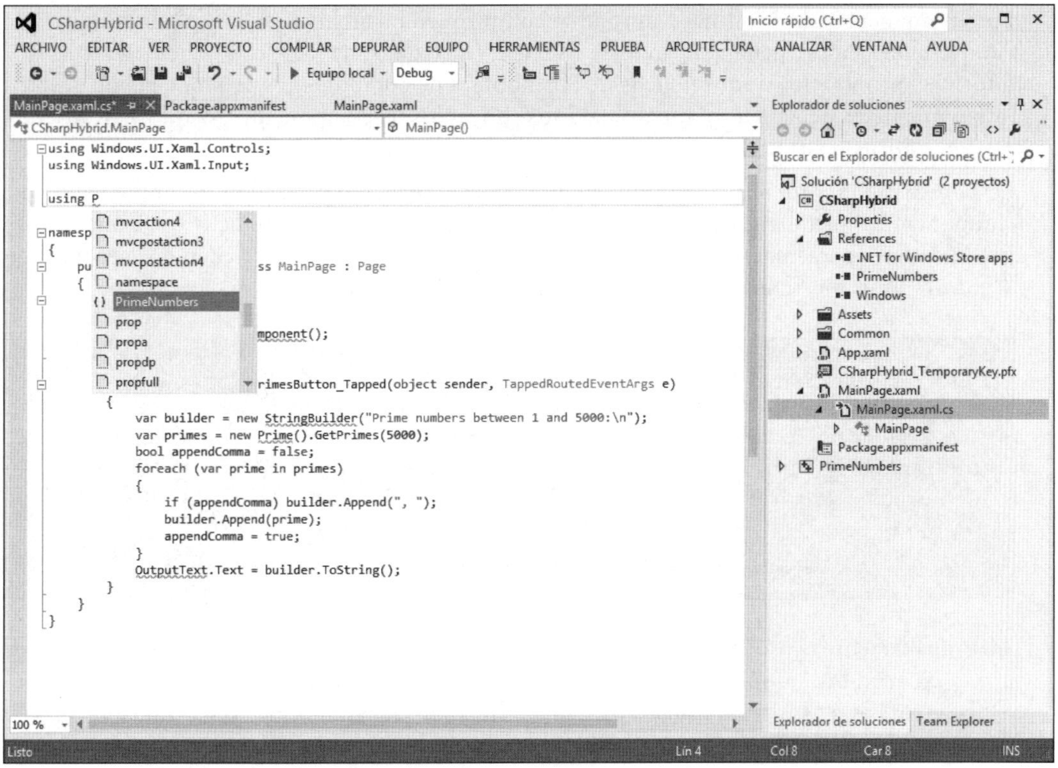

Figura 14.5. IntelliSense ofrece la continuación PrimeNumbers.dll.

Para utilizar el componente `PrimeNumbers`, ha creado una referencia a él desde el proyecto `CSharpHybrid`. Después de compilar la solución en el paso 7, los metadatos han quedado disponibles en la IDE. Ha utilizado IntelliSense en el paso 8 que le ha ofrecido la continuación de la directiva `using` correspondiente.

El esqueleto de su proyecto híbrido está preparado, pero tiene que implementar el algoritmo de la colección de números primos e integrarlo en la UI.

Crear y consumir componentes de Windows Runtime

Los componentes de Windows Runtime pueden consumirse desde cualquier lenguaje de Windows 8. Por tanto, si quiere crear elementos reutilizables que se puedan usar desde cualquier aplicación de Windows 8, independientemente del lenguaje de programación que implementa una determinada aplicación, impleméntelos como componentes Windows Runtime. Para ello puede utilizar C++, C# y Visual Basic, pero debido a su naturaleza, no puede crear estos componentes en JavaScript.

Los componentes de Windows Runtime se compilan en un archivo `.dll` y el proceso de compilación siempre genera un archivo `.winmd` (metadatos de Windows) que expone la información sobre los tipos públicos de la biblioteca de componentes. Aunque puede utilizarla internamente en cualquier momento para sus proyectos de componentes Windows Runtime, existen algunas restricciones sobre los tipos y miembros que pretende publicar.

Estas restricciones son específicas al lenguaje de programación utilizado para implementar el componente. Sin embargo, la regla más importante es que los tipos públicos y sus miembros (incluidas las operaciones, los parámetros y los valores de devolución) tienen que ser tipos de Windows Runtime, independientemente del lenguaje utilizado.

> **Nota:** Las reglas y restricciones sobre la creación de componentes de Windows Runtime en C++ se detallan en la biblioteca MSDN en `http://msdn.microsoft.com/es-ES/library/windows/apps/hh441569(v=vs.110).aspx`. También puede utilizar C# y Visual Basic. Estos lenguajes tienen otras restricciones porque los sistemas de tipos de .NET y Windows Runtime son diferentes. Para obtener más información, visite `http://msdn.microsoft.com/es-ES/library/windows/apps/br230301(v=vs.110).aspx`.

Afortunadamente el proceso de compilación siempre activa un error cuando reintenta exponer un tipo o miembro no válido en la interfaz pública de un componente Windows Runtime. Si recibe errores y avisos poco usuales para un código que en caso contrario (compilado como un componente que no sea de Windows Runtime) no recibiría, es muy probable que haya infringido una restricción.

En el siguiente ejercicio va a implementar el componente `PrimeNumbers` preparado en el ejercicio anterior.

Ejercicio: Implementar un componente de Windows Runtime en C++

Para implementar el componente `PrimeNumbers` en C++, siga estos pasos:

1. Abra la solución `CSharpHybrid-Start` en Visual Studio, a no ser que todavía la tenga abierta.
2. Expanda el nodo **PrimeNumbers** en el **Explorador de soluciones** y haga doble clic en el archivo `WinRTComponent.h` para abrirlo. En el editor de código, escriba el siguiente código resaltado en negrita para crear la definición del algoritmo de la colección de números primos:

C++

```
#pragma once

#include <collection.h>

namespace PrimeNumbers
{
   public ref class Prime sealed
```

```
    {
    public:
        Prime();
        Windows::Foundation::Collections::IVectorView<unsigned long long>^
            GetPrimes(int upperBound);
    };
}
```

3. Abra el archivo WinRTComponent.cpp. Elimine su contenido y escriba el siguiente código para implementar el algoritmo:

C++

```
#include "pch.h"
#include "WinRTComponent.h"
#include <cmath>

using namespace PrimeNumbers;

Prime::Prime() {}

Windows::Foundation::Collections::IVectorView<unsigned long long>^
  Prime::GetPrimes(int upperBound)
{
  // ~DH- Crear una matriz de bits e inicializarlos a 1
  int length = upperBound/8 + 1;
  char* numberFlags = new char[length];
  for (int i = 0; i < length; i++) numberFlags[i] = (char)0xff;

  // ~DH- Usar Criba de Eratosthenes
  int seekLimit = (int)sqrt(upperBound);
  for (int i = 2; i <= seekLimit; i++)
  {
     if (numberFlags[i>>3] & (0x80 >> i % 8))
     {
        for (int j = i + i; j < upperBound; j += i)
        {
           numberFlags[j>>3] &= ~(0x80 >> j % 8);
        }
     }
  }

  // ~DH- Recopilar números primos
  std::vector<unsigned long long> primeNumbers;
  for (int i = 2; i < upperBound; i++)
  {
     if (numberFlags[i>>3] & (0x80 >> i % 8)) primeNumbers.push_back(i);
  }
  return (ref new Platform::Collections::
  Vector<unsigned long long>(move(primeNumbers)))->GetView();
}
```

4. Compile la solución con **F6**. Ahora, el componente `PrimeNumbers` de Windows Runtime está preparado para su consumo.

5. Expanda el proyecto CSharpHybrid en el Explorador de soluciones y abra el archivo MainPage.xaml.cs. En el editor de código, escriba el siguiente código resaltado en negrita:

```
using Windows.UI.Xaml.Controls;
using Windows.UI.Xaml.Input;
using System.Text;
using PrimeNumbers;

namespace CSharpHybrid
{
   public sealed partial class MainPage : Page
   {
      public MainPage()
      {
         this.InitializeComponent();
      }

      private void DisplayPrimesButton_Tapped(object sender,
         TappedRoutedEventArgs e)
      {
         var builder = new StringBuilder("Prime numbers between 1 and 5000:\n");
         var primes = new Prime().GetPrimes(5000);
         bool appendComma = false;
         foreach (var prime in primes)
         {
            if (appendComma) builder.Append(", ");
            builder.Append(prime);
            appendComma = true;
         }
         OutputText.Text = builder.ToString();
      }
   }
}
```

6. Depure y ejecute el proyecto pulsando **Control-F5** o seleccionando Depurar>Iniciar sin depurar. Haga clic en el botón **Display Prime Numbers** (Mostrar números primos) o tóquelo para ver los resultados, como muestra la figura 14.6.
7. Cierre la aplicación.

Cómo funciona

En el paso 2 ha declarado la clase que implementa el algoritmo de la colección de números primos como `public ref class Prime sealed`. En esta declaración, `public ref class` le indica al compilador que esta clase de referencia debe exponerse en la interfaz de componentes. El modificador `sealed` es un elemento requerido para poder utilizar también el componente desde el código JavaScript.

El método `GetPrimes` acepta un argumento `int`, que no es un tipo de Windows Runtime pero el compilador de C++ lo envuelve automáticamente en la representación de Windows Runtime de un entero de 32 bits. El método se devuelve con un `IVectorView<usingned long long>`, un tipo apropiado para cruzar el límite de Windows Runtime.

El algoritmo especificado en el paso 3 utiliza una matriz `char`, donde cada bit representa a un número. La Criba de Eratosthenes utiliza esta matriz y al final transforma los números en un vector y recupera el objeto `IVectorView` relacionado, con el método `GetView`.

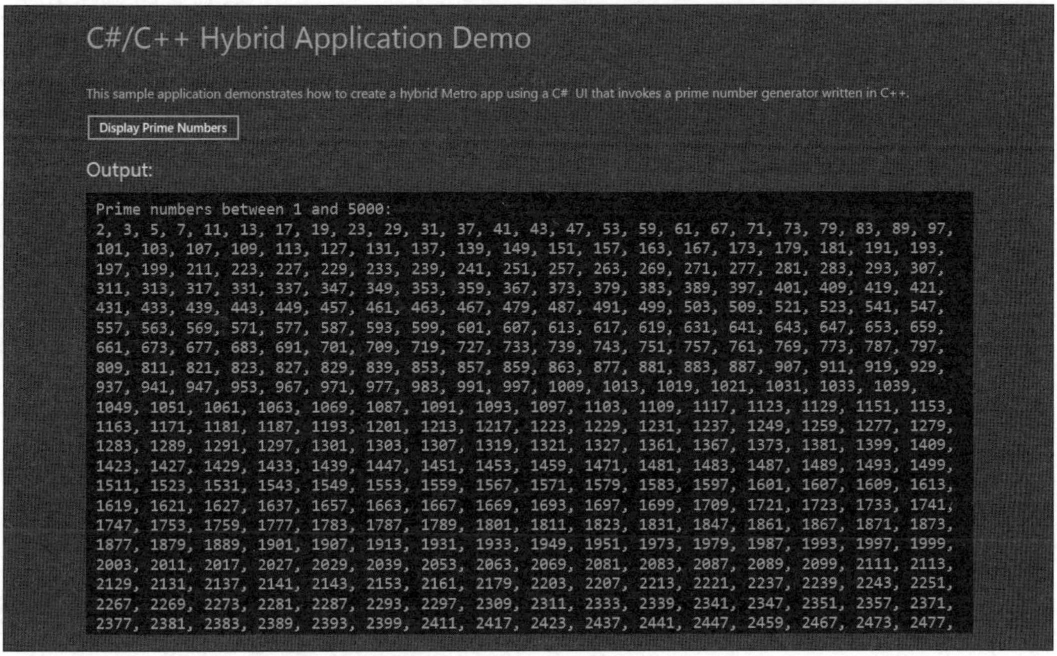

Figura 14.6. El proyecto CSharpHybrid en acción.

El método `DisplayPrimesButton_Tapped` utiliza un objeto `StringBuilder` y recorre los resultados para mostrar cada uno de los números recopilados por el algoritmo.

Las soluciones híbridas son muy útiles porque proporcionan una forma de combinar las mejores opciones de los lenguajes de programación de Windows 8 con una aplicación extraordinaria. En esta sección va a aprender a incluir en su aplicación tareas de segundo plano que se pueden ejecutar de forma automática, incluso aunque su aplicación no se encuentre en primer plano.

Tareas de segundo plano

Tal como aprendió en el capítulo 9, Windows 8 introduce un nuevo modelo de comportamiento de la aplicación. Las aplicaciones estilo Windows 8 se ejecutan en primer plano mientras el usuario interactúa con ellas y obtienen los recursos del sistema para ofrecerle al usuario una interactividad con una capacidad de respuesta continua. Sin embargo, cuando una aplicación no está en primer plano, se suspende y no puede ejecutar ningún código. Cuando el usuario trae de nuevo la aplicación al primer plano, puede continuar su trabajo. Algunas veces, una aplicación suspendida se cierra debido a la limitación de los recursos del sistema. Este modelo asegura que la interacción del usuario no se ve impactada por retardos o esperas ya que las aplicaciones que se están ejecutando en alguna parte en segundo plano no pueden utilizar recursos.

Sin embargo, algunas veces las aplicaciones suspendidas tienen que comunicarse con el mundo exterior. Por ejemplo, una aplicación de correo tiene que comprobar la bandeja de entrada, incluso aunque no se esté ejecutando en primer plano. Es más, esta aplicación de correo debería ser capaz de mostrar la cantidad de mensajes al ver la pantalla de bloqueo de Windows 8, sin tener que iniciar de forma explícita dicha aplicación.

> **Nota:** La pantalla de bloqueo es aquella que puede ver inmediatamente después de iniciar Windows (antes de iniciar la sesión) o cuando bloquea su dispositivo utilizando la combinación de teclas **Windows-L** o pulsando **Control-Alt-Supr** y seleccionando Bloquear.

En Windows 8 existen diversos mecanismos para que una aplicación actualice su contenido aunque no se esté ejecutando en primero plano (es decir, cuando está suspendida):

- Puede reproducir audio en segundo plano con el Administrador de reproducción (para obtener más información sobre el desarrollo de aplicaciones de audio y el uso del Administrador de reproducción, consulte `http://msdn.microsoft.com/es-ES/library/windows/apps/hh452724.aspx`).
- Con la API de transferencia de datos en segundo plano, puede descargar y cargar archivos en segundo plano (consulte el artículo de MSDN en `http://msdn.microsoft.com/es-ES/library/windows/apps/hh452979.aspx` para obtener más ayuda con esta opción).
- Puede mantener actualizados los mosaicos dinámicos con notificaciones directas, tal como ha aprendido en el capítulo 9.

Estos mecanismos se han optimizado para el rendimiento del sistema y de la vida de la batería, pero se han especializado para un tipo de tarea determinado. Windows 8 también ofrece la capacidad de crear tareas en segundo plano. Con ellas, las aplicaciones suspendidas pueden ejecutar su propio código para ejecutar tareas y mantener actualizado el contenido de la aplicación suspendida.

Conocer las tareas en segundo plano

La mayoría de desarrolladores saben que el sistema operativo Windows tiene un concepto denominado servicios para ejecutar tareas en segundo plano. Muchos componentes del sistema operativo se ejecutan en servicios de Windows y son muchos los programadores que desarrollan servicios de Windows como parte de sus sistemas. Pues bien, los servicios de Windows siguen estando disponibles en Windows 8 y siguen siendo una parte fundamental del sistema operativo. Por tanto, la pregunta obvia es, ¿por qué Windows 8 tiene un concepto independiente para las tareas en segundo plano?

Los servicios de Windows son los reyes en sus propios reinos y aunque el sistema operativo tiene control total sobre ellos, pueden devorar los recursos del sistema. Su misión es implementar tareas pesadas de procesamiento en segundo plano, como analizar sintácticamente y ejecutar consultas SQL, comprimir archivos, proporcionar un servidor Web, etc.

Al contrario que los servicios de Windows, las tareas en segundo plano son construcciones ligeras que utilizan una limitada cantidad de recursos del sistema para ejecutar una labor determinada. Se diseñaron principalmente para aplicaciones de clase en tiempo real, como las salas de conversación, el correo electrónico, voz sobre IP (VOIP, *Voice Over IP*), presentaciones de datos financieros o de información sobre el tiempo, etc.

Tareas en segundo plano y los recursos del sistema

Debido a la limitada cantidad de recursos del sistema, debe utilizar tareas en segundo plano para elementos pequeños de tareas que no requieren la interacción del usuario y proporcionan solo el esfuerzo mínimo para mantener actualizada una aplicación (como descargar nuevos mensajes de correo electrónico, enviar un mensaje escrito por el usuario en una sala de conversación o descargar información sobre el mercado bursátil). Comprimir una imagen tomada por la cámara de una tableta o ejecutar operaciones matemáticas que tardan tiempo en completarse no son definitivamente operaciones para las tareas en segundo plano.

Las tareas en segundo plano pueden interactuar con la pantalla de bloqueo de Windows 8. Esto es muy importante desde el punto de vista del usuario ya que esta pantalla es el lugar perfecto para captar la atención del usuario. Por ejemplo, mostrar la cantidad de mensajes de correo electrónico sin leer, mensajes de salas de conversación entrantes, solicitudes de amigos para entrar en un portal social, etc. puede llamar inmediatamente la atención del usuario hacia la aplicación en cuestión sin tener que explorar las aplicaciones una a una para ver lo que hay de nuevo en ellas.

Cómo funcionan las tareas en segundo plano

Una tarea en segundo plano se puede ejecutar mientras la aplicación está suspendida, pero si no es así, no puede ejecutar ningún código. Por tanto, ¿cómo puede saber una tarea en segundo plano cuándo se tiene que ejecutar? Evidentemente, la aplicación suspendida no puede iniciarla. Las tareas en segundo plano se ejecutan mediante el sistema operativo. Están ligadas a un activador que señala la tarea a ejecutar y se pueden unir también a un conjunto de condiciones opcionales.

Por ejemplo, existe un activador denominado `UserPresent`. Este activador representa al evento cuando un usuario inicia la sesión en su equipo o vuelve tras un tiempo de inactividad en el mismo. Junto a este activador, la condición `InternetAvailable` significa que la tarea en segundo plano se va a activar en cuanto un usuario esté presente e Internet disponible. Si el usuario vuelve al equipo pero no hay señal de Internet, la tarea en segundo plano no se iniciará.

Evidentemente el sistema operativo tiene que saber que una aplicación tiene una o más tareas en segundo plano y también tiene que conocer el activador y las tareas específicas enlazadas a ella. La propia aplicación es la responsable de negociar con el sistema operativo los escenarios correspondientes a sus tareas en segundo plano. Como puede comprobar a partir de la figura 14.7, todo el proceso sigue los siguientes pasos:

1. La aplicación que contiene la tarea en segundo plano registra los detalles sobre el activador que debe lanzar dicha tarea al segundo plano. En este caso en concreto, la aplicación se registra con el activador `UserPresent`, que es un activador de evento del sistema.

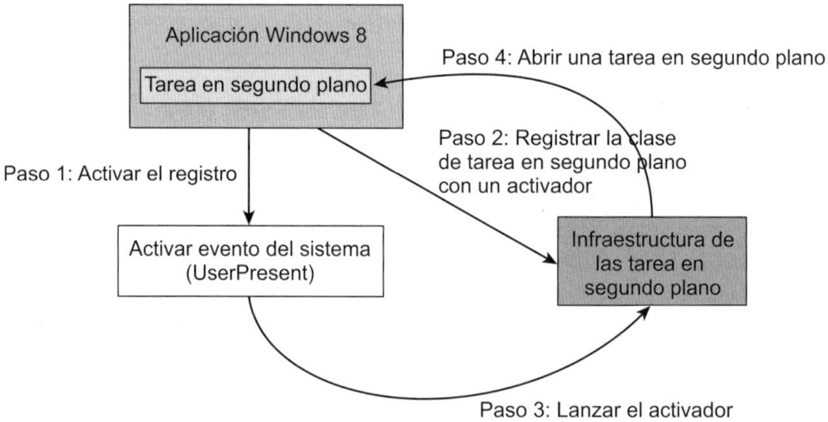

Figura 14.7. Registro y activación de una tarea en segundo plano.

2. La aplicación se registra con la clase de infraestructura del sistema que implementa la tarea en segundo plano. En esta fase, la aplicación pasa los detalles sobre el activador especificado en el paso anterior.
3. Cuando se lanza el evento (en este caso, el evento `UserPresent`), el sistema notifica la infraestructura de la tarea en segundo plano.
4. La infraestructura conoce todas las clases en segundo plano que se deben lanzar en caso de que se produzca un evento específico (debido al registro) y lanza la tarea apropiada mediante la creación de una instancia de la clase de la tarea en segundo plano especificada.

Eventos del activador y condiciones de tareas

La infraestructura de tareas en segundo plano de Windows 8 define más de una docena de activadores de eventos. Estos son algunos de ellos:

- `UserAway`: El usuario está fuera (por ejemplo, ha dejado su equipo para tomarse un café).
- `UserPresent`: El usuario está presente (por ejemplo, ha vuelto de tomar su café, ha desbloqueado el dispositivo y ha reanudado su trabajo).
- `TimeZoneChange`: La zona horaria cambia en el dispositivo (por ejemplo, cuando el sistema ajusta el reloj para el ahorro de luz o el usuario cambia la zona horaria actual en el Panel de control).
- `NetworkStatusChange`: Se produce un cambio en la red como un cambio en su coste (por ejemplo, cuando se cambia de una red inalámbrica a una red de teléfono móvil de pago), o la conectividad (por ejemplo, Internet no se encuentra disponible).

Nota: Puede obtener la lista completa de activadores de eventos del sistema admitidos por Windows 8 en `http://msdn.microsoft.com/es-ES/library/windows/apps/windows.applicationmodel.background.systemtriggertype.aspx`.

La tabla 14.1 recoge un resumen de las funciones de algunos otros eventos de activación.

Tabla 14.1. Eventos de activación especiales.

Nombre del activador	Descripción
`TimeTrigger`	Representa un evento de fecha y hora que activa el inicio de una tarea en segundo plano. `PushNotificationTrigger` Representa un evento que invoca un elemento de tarea en segundo plano de la aplicación como respuesta a la recepción de alguna notificación (es decir, una notificación inmediata que no implica a la UI).
`ControlChannelTrigger`	Habilita la comunicación en tiempo real que se va a recibir en segundo plano para diversos transportes de red, principalmente los del espacio de nombre `Windows.Networking.Sockets`.
`MaintenanceTrigger`	El sistema operativo ejecuta periódicamente tareas de mantenimiento, siempre que el sistema esté encendido. Este evento se lanza cuando dichas tareas en segundo plano tienen que abrirse.

Cuando registra un activador, puede añadir condiciones opcionalmente, como se recoge en la tabla 14.2.

Tabla 14.2. Condiciones de tareas en segundo plano.

Nombre de la condición	Se activa cuando
`InternetAvailable`	Internet está disponible.
`InternetNotAvailable`	Internet no está disponible.
`SessionConnected`	Se ha conectado la sesión.
`SessionDisconnected`	Se ha desconectado la sesión.
`UserNotPresent`	El usuario no está presente.
`UserPresent`	El usuario está presente.

Pantalla de bloqueo y tareas en segundo plano

Los usuarios pueden agregar aplicaciones a la pantalla de bloqueo y dichas aplicaciones pueden mostrar importante información de estado (como la cantidad de mensajes de correo electrónico sin leer, la cantidad de amigos conectados, etc.). Al colocar estas aplicaciones en la pantalla de bloqueo, el usuario indica a dichas aplicaciones que realmente son importantes para él.

Las tareas en segundo plano son claves para la comunicación entre la pantalla de bloqueo y las aplicaciones. La aplicación para la que se muestra una información de estado determinada puede no ejecutarse cuando el usuario ve la pantalla de bloqueo por lo que añadir la tarea en segundo plano a la pantalla de bloqueo es la forma de mostrar información actualizada en tiempo real.

Determinados activadores restringen las aplicaciones que se encuentran en la pantalla de bloqueo. Si una aplicación que no está en dicha pantalla intenta utilizar un determinado activador, la tarea en segundo plano no se iniciará, incluso aunque el evento se haya activado. Todos los activadores, exceptuando a `SystemTrigger` y `MaintenanceTrigger`, requieren que la aplicación se agregue a la pantalla de bloqueo. Esto significa, por ejemplo, que no puede utilizar un activador `TimeTrigger` para ejecutar una tarea en segundo plano de forma periódica a no ser que la aplicación se haya asignado a la pantalla de bloqueo.

> **Nota:** Uno de los tipos de `SystemTrigger`, `SessionStart`, no necesita que la aplicación esté en la pantalla de bloqueo.

El programa BackgroundTaskHost.exe

Tal como hemos mencionado anteriormente, las tareas en segundo plano se pueden activar incluso cuando la aplicación que las alberga no se esté ejecutando. Esto significa que estas tareas deben alojarse de forma que el sistema operativo pueda administrarlas de forma independiente a la aplicación a la que pertenecen (es decir, de la aplicación para la que las tareas proporcionan servicio).

Las tareas en segundo plano se implementan en una biblioteca de clases, y esta puede ejecutarse dentro de su aplicación principal o en un ejecutable proporcionado por el sistema, `BackgroundTaskHost.exe`. Cuando crea su aplicación, tiene que declarar en el archivo del manifiesto del paquete que la aplicación propietaria va a permitir al sistema conocer su intención. Sin embargo, existen algunas reglas para los tipos de activador de tareas en segundo plano y los procesos de la aplicación propietaria:

- Las tareas registradas con `TimeTrigger`, `SystemTrigger` o `MaintenanceTrigger` tienen que alojarse en `BackgroundTaskHost.exe`.
- Las tareas que escuchan con `ControlChannelTrigger` solo se pueden ejecutar en la aplicación que las aloja.
- Las tareas en segundo plano que trabajan con eventos `PushNotificationTrigger` se pueden alojar en la aplicación principal o en `BackgroundTaskHost.exe`.

> **Nota:** Como regla general, debe alojar sus tareas dentro de `BackgroundTaskHost.exe`, a no ser que la aplicación no requiera alojarlas directamente.

Comunicación entre aplicaciones en primer plano y tareas en segundo plano

Las tareas en segundo plano se pueden comunicar con la aplicación principal de dos formas:

- Se puede informar a la aplicación sobre el progreso de la tarea en segundo plano.
- Se puede notificar a la aplicación sobre la finalización de tareas.

Ambos mecanismos suponen que la aplicación principal se está ejecutando en primer plano; en caso contrario, las notificaciones provienen de tareas en segundo plano que no puede capturar la aplicación principal. Estas notificaciones se implementan como eventos, por lo que se tienen que utilizar controladores de eventos en la aplicación en primer plano para responder a ellos. Estos controladores de eventos generalmente se utilizan para actualizar la UI.

Como las tareas en segundo plano se pueden ejecutar incluso cuando se termina la aplicación en primer plano, existe un mecanismo para reconstruir los controladores de eventos cuando se inicia la aplicación principal. La aplicación en primer plano puede consultar sus propias tareas en segundo plano y volver a asociar los controladores de eventos de finalización y progreso.

Cancelar tareas en segundo plano

En ocasiones (como cuando hay un nivel bajo de batería, una red desconectada, etc.) el sistema puede cancelar una tarea en segundo plano. Para ahorrar batería y ancho de banda de la CPU, las tareas canceladas primero deben finalizar su trabajo en cuanto sea posible y también tendrán la oportunidad de guardar su estado. Para recibir notificaciones de cancelación, las tareas en segundo plano tienen que registrar un controlador de evento de cancelación. La tarea tiene que responder a esta notificación de cancelación (y volver desde el controlador) en cinco segundos. En caso contrario, la aplicación se termina. Una aplicación con un buen comportamiento utiliza la notificación de cancelación para guardar su estado para que después, cuando se lance de nuevo la tarea en segundo plano, pueda continuar desde su estado guardado.

Actualizaciones de la aplicación

Las tareas en segundo plano se registran en el sistema para que puedan persistir a través de las distintas actualizaciones de la aplicación. Este registro contiene los puntos de entrada de estas tareas por medio de un nombre completo de una clase de Windows Runtime responsable de servir la tarea. Sin embargo, cuando se actualiza una aplicación, no existe ninguna garantía de que la tarea en segundo plano que existía en la versión anterior siga existiendo también en la versión actualizada.

Las aplicaciones pueden registrar una tarea en segundo plano para notificar al activador `ServicingComplete` (un tipo de `SystemTrigger`) cuándo se actualiza la aplicación. En el momento en que llega la notificación, la aplicación puede anular el registro de esas tareas en segundo plano que no son válidas en la nueva versión de la aplicación.

Ahora que ya conoce los elementos básicos requeridos para crear tareas en segundo plano, la mejor forma de proceder con este conocimiento es probarlo en algunos ejercicios.

Implementar tareas en segundo plano

Una tarea en segundo plano es un objeto de Windows Runtime que implementa la interfaz `IBackground` localizada en el espacio de nombres `Windows.ApplicationModel.Background`. Las tareas en segundo plano se declaran en el manifiesto de la aplicación, donde se pasa el nombre completo del tipo de Windows Runtime como punto de entrada de la tarea. Una tarea se registra con su punto de entrada y, a partir de este registro, el sistema sabe exactamente dónde encontrar y abrir esa tarea.

Creación de una tarea en segundo plano simple

En el siguiente ejercicio aprenderá los pasos básicos a seguir para la creación y el uso de una tarea en segundo plano. Creará una tarea que se va activar cuando la conexión a Internet esté disponible e informará a la aplicación en primer plano. Para implementar esta tarea, utilice la solución `InternetStatusTaskSample -Start` del código fuente descargado para este capítulo.

Ejercicio: Crear una tarea en segundo plano

Para crear una tarea en segundo plano que se comunique con la aplicación principal, siga estos pasos:

1. Abra la solución `InternetStatusTaskSample.sln` del archivo `InternetStatusTaskSample - Start` del código fuente descargado para el capítulo seleccionando Archivo>Abrir proyecto o solución (**Control-Mayús-O**). En unos segundos, la solución se carga en el IDE.
2. Seleccione el nodo de la solución en el Explorador de soluciones y seleccione Archivo>Agregar nuevo proyecto para añadir un proyecto de Componentes de Windows en tiempo de ejecución de C# Windows Runtime. Escriba **InternetStatusTask** como nombre del proyecto.
3. Expanda el nodo InternetStatusTask y elimine el archivo Class1.cs del proyecto.
4. Haga doble clic en el archivo Package.appxmanifest en el Explorador de soluciones, haga clic en la ficha Declaraciones y seleccione Tareas en segundo plano desde el cuadro combinado de Declaraciones disponibles. Haga clic en el botón **Agregar**.

5. Debajo de Tipos de tareas admitidos, haga clic en la casilla de verificación de Evento del sistema. Escriba **InternetStatusTask.StatusWatcherTask**, como puede ver en la figura 14.8.

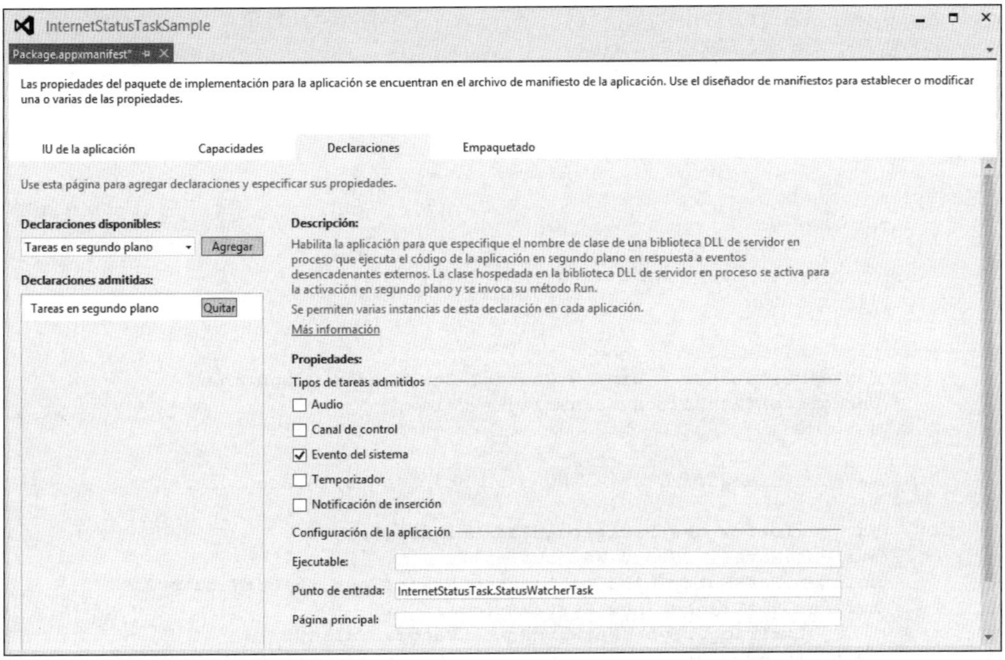

Figura 14.8. Propiedades del manifiesto de Tareas en segundo plano.

6. En el Explorador de soluciones, seleccione el proyecto InternetStatusTaskSample y agregue una referencia al proyecto InternetStatusTask.

7. Agregue un nuevo archivo de código al proyecto InternetStatusTask y denomínelo **StatusWatcherTask.cs**. Dentro de este archivo, escriba el siguiente código:

C#

```
using System;
using System.Diagnostics;
using Windows.ApplicationModel.Background;
using Windows.Storage;

namespace InternetStatusTask
{
   public sealed class StatusWatcherTask : IBackgroundTask
   {
      public void Run(IBackgroundTaskInstance taskInstance)
      {
         var settings = ApplicationData.Current.LocalSettings;
         var key = taskInstance.Task.TaskId.ToString();
         settings.Values[key] = string.Format(
            "StatusWatcherTask invoked at {0}", DateTime.Now);
      }
   }
}
```

8. Abra el archivo MainPage.xaml.cs y escriba el siguiente código resaltado en negrita:

C#

```
using System;
using Windows.UI.Core;
using Windows.UI.Xaml;
using Windows.UI.Xaml.Controls;
using Windows.UI.Xaml.Input;
using Windows.ApplicationModel.Background;
using Windows.Storage;

namespace InternetStatusTaskSample
{
   public sealed partial class MainPage : Page
   {
   private CoreDispatcher StatusDispatcher;
   public MainPage()
   {
      this.InitializeComponent();
      StatusDispatcher = Window.Current.CoreWindow.Dispatcher;
      UnregisterTaskButton.IsEnabled = false;
   }

   private void RegisterTask_Tapped(object sender, RoutedEventArgs e)
   {
      var builder = new BackgroundTaskBuilder();
      builder.Name = "StatusWatcherTask";
      builder.TaskEntryPoint = "InternetStatusTask.StatusWatcherTask";
      builder.SetTrigger(new SystemTrigger(
         SystemTriggerType.NetworkStateChange, false));
      IBackgroundTaskRegistration task = builder.Register();
      task.Completed += OnCompleted;
      RegisterTaskButton.IsEnabled = false;
      UnregisterTaskButton.IsEnabled = true;
      OutputText.Text += "StatusWatcherTask registered.\n";
   }

   private void UnregisterTask_Tapped(object sender, TappedRoutedEventArgs e)
   {
      foreach (var cur in BackgroundTaskRegistration.AllTasks)
      {
         if (cur.Value.Name == "StatusWatcherTask")
         {
            cur.Value.Unregister(true);
            OutputText.Text += "StatusWatcherTask unregistered.\n";
         }
      }
      RegisterTaskButton.IsEnabled = true;
      UnregisterTaskButton.IsEnabled = false;
   }
   private async void OnCompleted(IBackgroundTaskRegistration task,
      BackgroundTaskCompletedEventArgs args)
   {
      await StatusDispatcher.RunAsync(CoreDispatcherPriority.Normal,
         () =>
         {
            try
            {
```

```
                var key = task.TaskId.ToString();
                var settings = ApplicationData.Current.LocalSettings;
                OutputText.Text += settings.Values[key].ToString() + "\n";
            }
            catch (Exception ex)
            {
                OutputText.Text += ex.ToString() + "\n";
            }
        });
    }
  }
}
```

9. Ejecute la aplicación pulsando **Control-F5** o seleccionando Depurar>Iniciar sin depurar. Haga clic en el botón **Register Background Task** (Registrar tarea en segundo plano).
10. Inhabilite el acceso a Internet desconectando el cable de red de su equipo o utilizando la barra de accesos en Windows 8 para desconectar su red inalámbrica. La aplicación muestra un mensaje sobre la pérdida de disponibilidad de Internet.
11. Habilite de nuevo Internet insertando el cable de red a su equipo o conectándose a la red inalámbrica apropiada desde la barra de accesos.
12. Haga clic en el botón **Unregister Background Task** (Anular el registro de la tarea en segundo plano). Su aplicación debería mostrar ahora varios mensajes (véase la figura 14.9).

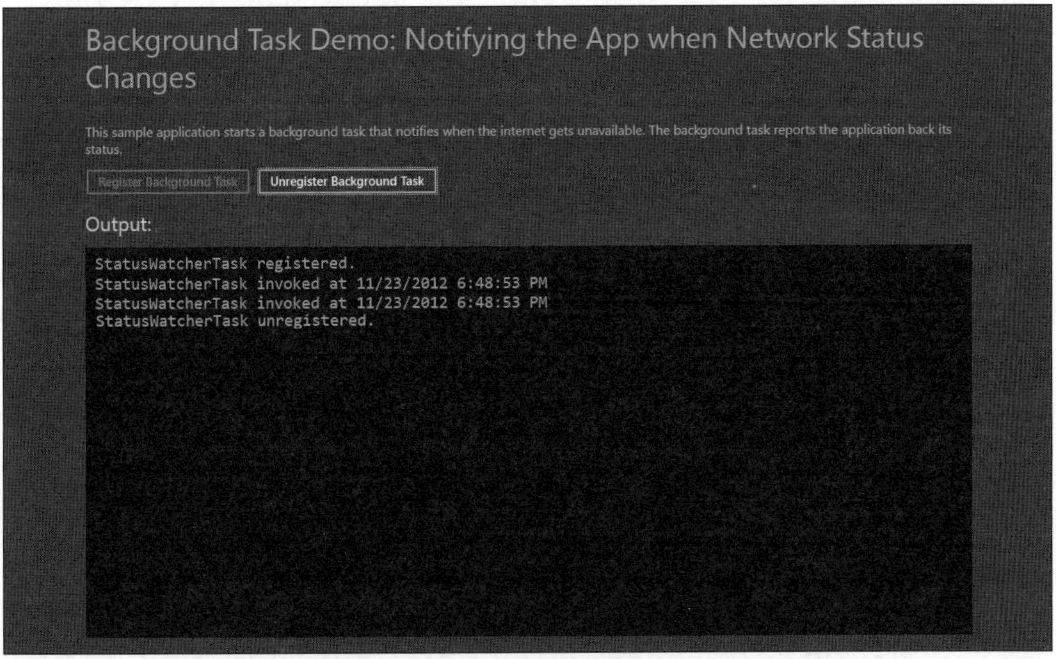

Figura 14.9. Aplicación InternetStatusSample en acción.

13. Cierre la aplicación.

Cómo funciona

Como ya sabe, las tareas en segundo plano se implementan como clases Windows Runtime. En el paso 4, cuando cambió el tipo de salida del proyecto a un archivo WinMD, declaró que quería crear una DLL de Windows Runtime y un archivo `.winmd` relacionado.

El código escrito en el paso 6 ha implementado el método `Run` de la interfaz `IBackgroundTask`. Este método simplemente guarda el hecho de que Internet no estaba disponible en las opciones de configuración de la aplicación.

El registro de la tarea en segundo plano ha requerido algunos pasos:

```
var builder = new BackgroundTaskBuilder();
builder.Name = "StatusWatcherTask";
builder.TaskEntryPoint = "InternetStatusTask.StatusWatcherTask";
builder.SetTrigger(new SystemTrigger(
   SystemTriggerType.NetworkStateChange, false));
IBackgroundTaskRegistration task = builder.Register();
task.Completed += OnCompleted;
```

El componente clave ha sido la clase `BackgroundTaskBuilder`. Ha establecido el nombre, el punto de entrada y la información del activador antes de la llamada al método `Register()` que ha recuperado la instancia del registro de la tarea. En este fragmento de código, ha utilizado el método `SetTrigger()` para asociar la tarea con el evento cuando no se encuentra disponible el acceso a Internet. Para controlar el evento cuando se completa la tarea, ha establecido el evento `Completed`.

Anular el registro de la clase ha requerido la búsqueda de la tarea en segundo plano por su nombre:

```
foreach (var cur in BackgroundTaskRegistration.AllTasks)
{
   if (cur.Value.Name == "StatusWatcherTask")
   {
      cur.Value.Unregister(true);
      OutputText.Text += "StatusWatcherTask unregistered.\n";
   }
}
```

La colección `AllTasks` de `BackgroundTaskRegistration` le ha proporcionado la lista de tareas registradas por su aplicación. El código ha recorrido esta colección y ha eliminado la instancia `StatusWatcherTask`.

El método `OnCompleted` parece ser algo más largo. Sin embargo, no es muy complejo. Lo más importante es que ha utilizado una instancia de `CoreDispatcher` denominada `StatusDispatcher` para invocar el método `RunAsync` con el fin de ejecutar el controlador de evento de forma asíncrona. Esto es algo requerido ya que el subproceso que informa sobre la finalización no es el de la UI y por tanto no puede acceder a sus elementos. `StatusDispatcher` ha ejecutado el método lambda especificado en el subproceso de la UI.

El cuerpo del método lambda ha extraído los parámetros del evento, los ha comprobado y ha obtenido la información sobre el estado guardado por la tarea para establecer el mensaje en la UI:

```
var key = task.TaskId.ToString();
var settings = ApplicationData.Current.LocalSettings;
OutputText.Text += settings.Values[key].ToString() + "\n";
```

Este programa no funcionaría sin el registro de la tarea en segundo plano en el archivo manifiesto de la aplicación, tal como ha hecho en los pasos 8 y 9.

Como ha podido comprobar, tanto la desconexión como la conexión a una red han activado la tarea en segundo plano.

Administrar el progreso y la cancelación de la tarea

La tarea en segundo plano del ejercicio anterior era muy ligera. Simplemente guarda un mensaje. En la vida real, normalmente las tareas en segundo plano son más complejas y, a veces, necesitan varios segundos (o incluso un minuto) para completarse, por lo que es extraordinario tener una función para que sus tareas en segundo plano informen de nuevo a la UI sobre su progreso. Si su tarea se ejecuta durante un largo periodo de tiempo, son susceptibles de cancelación (por ejemplo, la tarea puede dejar de estar registrada). Su tarea puede capturar la notificación de cancelación y detenerse sin esfuerzo.

Ejercicio: Informar sobre el progreso de la tarea en segundo plano y el control de la cancelación

Para añadir información sobre el progreso y la administración de la cancelación a `StatusWatcherTask`, siga estos pasos:

1. Abra la solución `InternetStatusTaskSample` de la carpeta `InternetStatusTaskSample - Start`, a no ser que ya la tenga abierta en el IDE de Visual Studio.
2. Abra el archivo **StatusWatcherTask.cs** y reemplace su código con el siguiente:

C#

```
using System;
using System.Diagnostics;
using Windows.ApplicationModel.Background;
using Windows.Storage;
using Windows.System.Threading;

namespace InternetStatusTask
{
  public sealed class StatusWatcherTask : IBackgroundTask
  {
    private volatile bool _cancelRequested = false;
    private BackgroundTaskDeferral _taskDeferral = null;
    uint _progress = 0;
    ThreadPoolTimer _timer = null;
    IBackgroundTaskInstance _instance;

    public void Run(IBackgroundTaskInstance taskInstance)
```

```
        {
            taskInstance.Canceled +=
                new BackgroundTaskCanceledEventHandler(OnCanceled);
            _taskDeferral = taskInstance.GetDeferral();
            _instance = taskInstance;
            _timer = ThreadPoolTimer.CreatePeriodicTimer(
                new TimerElapsedHandler(TimerCallback),
                TimeSpan.FromMilliseconds(2000));
        }

        private void OnCanceled(IBackgroundTaskInstance sender,
            BackgroundTaskCancellationReason reason)
        {
            _cancelRequested = true;
        }

        private void TimerCallback(ThreadPoolTimer timer)
        {
            if (_cancelRequested == false && _progress < 100)
            {
                _progress += 10;
                _instance.Progress = _progress;
            }
            else
            {
                _timer.Cancel();
                var settings = ApplicationData.Current.LocalSettings;
                var key = _instance.Task.TaskId.ToString();
                settings.Values[key] = _cancelRequested
                    ? "Task cancelled." : "Task completed.";
                _taskDeferral.Complete();
            }
        }
    }
}
```

3. Abra el archivo **MainPage.xaml.cs** y agregue el siguiente código resaltado en negrita al método `RegisterTask_Tapped`:

C#

```
IBackgroundTaskRegistration task = builder.Register();
task.Completed += OnCompleted;
task.Progress += OnProgress;
```

4. Agregue el método `OnProgress` directamente después del método `OnCompleted`:

C#

```
private async void OnProgress(IBackgroundTaskRegistration task,
  BackgroundTaskProgressEventArgs args)
{
  await StatusDispatcher.RunAsync(CoreDispatcherPriority.Normal,
  () =>
  {
     try
     {
        OutputText.Text += String.Format("Background task progress: {0}%\n",
           args.Progress);
     }
     catch (Exception ex)
```

```
        {
            OutputText.Text += ex.ToString() + "\n";
        }
    });
}
```

5. Ejecute la aplicación pulsando **Control-F5** o seleccionando Depurar>Iniciar sin depurar. Haga clic en el botón **Register Background Task**.
6. Desconecte Internet extrayendo el cable de red de su equipo o utilizando la barra de accesos de Windows 8 para desconectarse de su red inalámbrica. La aplicación empieza a mostrar mensajes de progreso cada 2 segundos. Espere hasta que se muestren todos los mensajes de estado (es decir, el progreso alcanza el cien por cien).
7. Haga clic en el botón **Unregister Background Task**. Ahora su aplicación debería mostrar los mensajes mostrados en la figura 14.10.

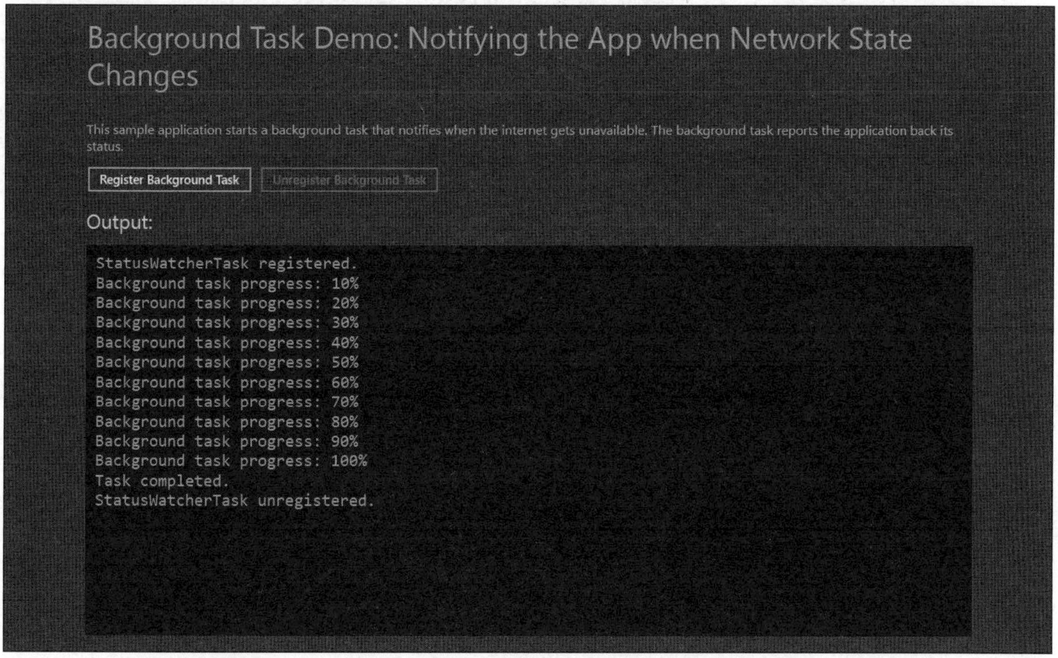

Figura 14.10. La aplicación InternetStatusSample informa sobre su progreso.

8. Conéctese de nuevo a Internet enchufando el cable de red o utilizando la barra de accesos para conectarse a la red inalámbrica apropiada.
9. Haga clic en el botón **Register Background Task** y desconéctese de Internet. Cuando empiecen a mostrarse los mensajes, haga clic en el botón **Unregister Background Task**. En unos segundos, la tarea se cancela, como puede ver en la figura 14.11.
10. Conéctese de nuevo a Internet y cierre la aplicación.

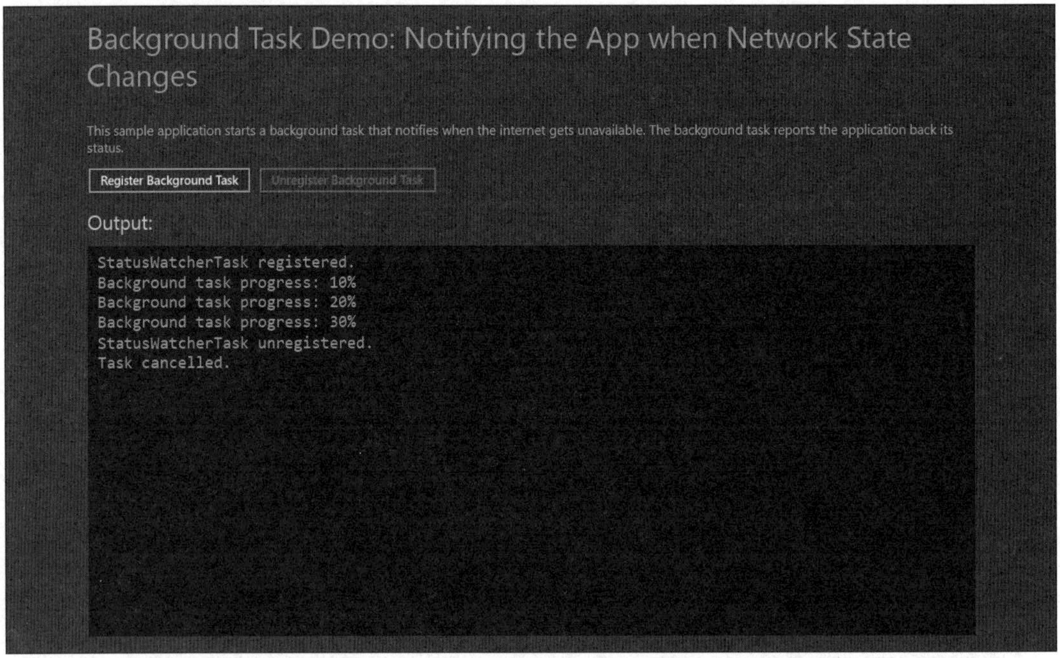

Figura 14.11. Se ha cancelado la tarea en segundo plano.

Cómo funciona

El método `Run()` de `StatusWathcerTask` ha utilizado un objeto para emular una tarea de larga ejecución que utiliza poco la CPU. El cronómetro se ha establecido para invocar el método `TimerCallback` cada 2 segundos (o 2.000 milésimas de segundo):

```
taskInstance.Canceled += new BackgroundTaskCanceledEventHandler
   (OnCanceled);
taskDeferral = taskInstance.GetDeferral();
instance = taskInstance;
timer = ThreadPoolTimer.CreatePeriodicTimer(
   new TimerElapsedHandler(TimerCallback),
   TimeSpan.FromMilliseconds(2000));
```

Sin embargo, antes de activar el cronómetro, se ha establecido el controlador de evento `Cancelled` para obtener las notificaciones de cancelación. Normalmente, una tarea se completa cuando se devuelve el método `Run()`. Pero en este método, `Run ()` se devolvería inmediatamente después de establecer el cronómetro, sin completar la tarea. Para indicar esta situación, el fragmento de código ha obtenido un objeto con el método `GetDeferral()`. Como resultado de esta llamada, se ha aplazado la finalización de la tarea mientras se llamaba al método `Complete()` del objeto `taskDeferral`. El controlador de evento `OnCanceled` simplemente ha establecido el indicador `cancelRequested`. La tarea principal la ha llevado a cabo el método `TimeCallback`, que primero ha comprobado la cancelación o la finalización de la tarea. En ambos casos, la tarea estaba a punto de finalizar. A no ser que esta finalice, incrementará el contador del progreso. Después ha cancelado el cronómetro y ha establecido los mensajes de respuesta dependiendo de si la tarea se ha cancelado o completado. Más importante aún, ha llamado al método `taksDeferral.Complete()` para indicar que la tarea ha finalizado su trabajo:

```
timer.Cancel();
var settings = ApplicationData.Current.LocalSettings;
var key = _instance.Task.TaskId.ToString();
settings.Values[key] = _cancelRequested
   ? "Task cancelled." : "Task completed.";
taskDeferral.Complete();
```

El progreso real de la tarea lo ha controlado el método `OnProgress`. Su estructura es muy similar a la del método `OnCompleted`. Se ha utilizado el objeto `StatusDispatcher` para dirigir las actividades al subproceso de la UI. El progreso se ha actualizado en la UI con una simple instrucción:

```
OutputText.Text += String.Format("Background task progress:
   {0}%\n",
args.Progress);
```

En el paso 6, la primera vez que ha desconectado el equipo de Internet, se ha completado la tarea. Sin embargo, en el paso 9, al desconectarse de Internet por segunda vez, ha anulado el registro de la tarea en segundo plano antes de que se complete y esta anulación de registro ha producido que el sistema cancelase la tarea.

Ahora que ya conoce los procedimientos básicos de una tarea en segundo plano, vamos a hablar sobre los dispositivos de entrada.

Dispositivos de entrada

Cuando crea una aplicación, tiene que estar preparado para diversos dispositivos de entrada. Al contrario que los equipos de escritorio, donde el teclado y el ratón son los dispositivos de entrada esenciales, los dispositivos portátiles y las tabletas tienen lápices digitales o pantallas táctiles. Una aplicación de Windows 8 debe estar preparada para ofrecerle al usuario la mejor interacción posible en un determinado dispositivo. Sin no conoce cuáles son los distintos dispositivos de entrada disponibles para su aplicación, no es fácil seleccionar lo mejor para su usuario. Windows Runtime le proporciona objetos fáciles de usar para enumerar los dispositivos de entrada y su funcionalidad.

Consultar las opciones de los dispositivos de entrada

El espacio de nombres `Windows.Devices.Input` encapsula algunos tipos de objetos que le pueden ayudar para consultar las opciones específicas de un dispositivo. La tabla 14.3 recoge dichos tipos.

Tabla 14.3. Clases de ayuda para consultar opciones de un dispositivo de entrada.

Tipo	Descripción
KeyboardCapabilities	Puede utilizar esta clase para determinar las opciones de cualquier teclado de hardware conectado, incluidos los dispositivos de teclado inalámbricos y con cable.
MouseCapabilities	Esta clase le ayuda a consultar las opciones de cualquier dispositivo de ratón conectado.
TouchCapabilities	Utilice esta clase para determinar las opciones de cualquier digitalizador de toque conectado.

Cada clase tiene un conjunto de propiedades para acceder a la información sobre las opciones del dispositivo. Al utilizar dichas propiedades, puede obtener toda la información sobre los dispositivos de entrada.

Opciones de teclado

La clase `KeyboardCapabilities` tiene una sola propiedad de entero denominada `KeyboardPresent`. Cuando este valor entero es `0`, significa que no hay ningún teclado de hardware conectado al equipo; en caso contrario, hay alguno conectado. Técnicamente puede conectar más de un teclado a su equipo, pero desde el punto de vista de las opciones de entrada, no importa cuántos hay, siempre que al menos esté uno conectado. Este fragmento de código demuestra lo fácil que es trabajar con `KeyboardCapabilities`:

```
var output = new StringBuilder();
// ...
var keyboardCaps = new KeyboardCapabilities();
output.Append(keyboardCaps.KeyboardPresent == 0
   ? "No keyboard device is present.\n"
   : "There is a keyboard device present.\n");
// ...
OutputText.Text = output.ToString();
```

Opciones del ratón

La clase `MouseCapabilities` tiene algunas propiedades, recogidas en la tabla 14.4.

Tabla 14.4. Propiedades de MouseCapabilities.

Tipo	Descripción
MousePresent	Esta propiedad obtiene un valor entero que indica si hay un ratón en el equipo. El valor `0` indica que no hay ninguno conectado, `1` indica que al menos hay uno. El valor no indica el número de ratones presentes.

Tipo	Descripción
NumberOfButtons	Esta propiedad obtiene un valor que representa la cantidad de botones que tiene el ratón. Si hay múltiples ratones, devuelve el número de botones del ratón que tiene la máxima cantidad de ellos. Algunos ratones tienen botones que se pueden programar. Esta propiedad obtiene solo la cantidad de botones informada por el controlador del ratón, que puede variar de la cantidad real de botones físicos.
SwapButtons	Esta propiedad obtiene un valor que indica si cualquiera de los ratones conectados al equipo tiene botones intercambiados a la izquierda y a la derecha. Los usuarios zurdos normalmente utilizan ratones con este tipo de botones.
HorizontalWheelPresent	El valor de esta propiedad indica si el ratón conectado a un equipo tiene una rueda horizontal.
VerticalWheelPresent	El valor de esta propiedad indica si el ratón conectado a un equipo tiene una rueda vertical.

El siguiente fragmento de código muestra un ejemplo del uso de `MouseCapabilities`:

```
var output = new StringBuilder();
// ...
output.Append("\n~DH- Querying mouse capabilities\n");
var mouseCaps = new MouseCapabilities();
output.Append(mouseCaps.MousePresent == 0
   ? "No mouse is present.\n"
   : "There is a mouse present.\n");
output.AppendFormat("The mouse has {0} buttons.\n", mouseCaps.NumberOfButtons);
output.AppendFormat("The user has {0}swapped the mouse buttons.\n",
   mouseCaps.SwapButtons == 0 ? "not " : "");
output.Append(mouseCaps.VerticalWheelPresent == 0
   ? "No vertical mouse wheel is present.\n"
   : "There is a vertical mouse wheel present.\n");
output.Append(mouseCaps.HorizontalWheelPresent == 0
   ? "No horizontal mouse wheel is present.\n"
   : "There is a horizontal mouse wheel present.\n");// ...
// ...
OutputText.Text = output.ToString();
```

Opciones de dispositivos táctiles

La clase `TouchCapabilities` solo tiene dos propiedades, recogidas en la siguiente tabla.

Tabla 14.5. Propiedades de TouchCapabilities.

Nombre de propiedad	Descripción
`TouchPresent`	Esta propiedad indica si el equipo tiene algún dispositivo táctil digitalizador (lápiz o capacidad táctil). Cualquier valor distinto de cero significa que al menos hay un dispositivo táctil digitalizador conectado al equipo.
`Contacts`	Esta propiedad obtiene la cantidad mínima de contactos admitidos por todos los dispositivos táctiles. La propiedad devuelve el valor 1 en la mayoría de los casos, incluso aunque el dispositivo disponga de una pantalla multitáctil ya que, normalmente, también se encuentran habilitados los dispositivos de lápiz, que admiten sólo un contacto.

Este es un fragmento de código que demuestra el uso de `TouchCapabilities`:

```
var output = new StringBuilder();
// ...
output.Append("~DH- Querying touch capabilities\n");
var touchCaps = new TouchCapabilities();
output.Append(touchCaps.TouchPresent == 0
   ? "No touch device is present.\n"
   : "There is a touch device present.\n");
output.AppendFormat("The touch device supports {0} contacts.\n",
   touchCaps.Contacts);
// ...
OutputText.Text = output.ToString();
```

Consultar la información del dispositivo apuntador

Su equipo puede tener uno o más dispositivos apuntadores. En muchas aplicaciones es importante saber qué dispositivos se encuentran disponibles. El espacio de nombres `Windows.Devices.Input` tiene una clase denominada `PointerDevice` que puede utilizar para consultar información sobre el dispositivo apuntador. Para enumerar todos los dispositivos apuntadores instalados en su sistema puede invocar el método estático `GetPointerDevices()`. El uso de esta clase se explica mejor mediante un fragmento de código de ejemplo:

```
var output = new StringBuilder();
// ...
output.Append("\n~DH- Querying pointer device information\n");
var index = 0;
foreach (var device in PointerDevice.GetPointerDevices())
{
   string deviceType;
```

```
        switch (device.PointerDeviceType)
        {
            case PointerDeviceType.Mouse:
                deviceType = "mouse";
                break;
            case PointerDeviceType.Pen:
                deviceType = "pen";
                break;
            case PointerDeviceType.Touch:
                deviceType = "touch";
                break;
            default:
                deviceType = "unknown";
                break;
        }
        output.AppendFormat("Device #{0} is an {1} {2} device with {3} contacts.\n",
            index, device.IsIntegrated ? "internal" : "external",
            deviceType, device.MaxContacts);
        var rect = device.PhysicalDeviceRect;
        output.AppendFormat(
            "Device #{0} supports the [{1},{2}]-[{3},{4}] rectangle.\n",
            index,
            rect.Left, rect.Top, rect.Right, rect.Bottom);
        index++;
    }
    OutputText.Text = output.ToString();
```

Cada dispositivo se representa mediante una instancia de `PointerDevice` y el bucle `foreach` los recorre. La propiedad `PointerDeviceType` indica un tipo de un determinado dispositivo que puede ser cualquier valor `Mouse`, `Pen` o `Touch`. Los dispositivos se pueden integrar en el hardware del equipo o conectarse a la máquina (por ejemplo, a través de un controlador Bluetooth). La propiedad `IsIntegrated` indica si el dispositivo está integrado en el hardware o se trata de uno externo. Los dispositivos táctiles pueden tener diversas cantidades de contactos, como indica su propiedad `MaxContacts`. Un dispositivo de este tipo puede dirigir puntos virtuales en un sistema de coordenadas de dos dimensiones que se puede consultar con la propiedad `PhysicalDeviceRect`.

La consulta de todas estas opciones de dispositivos en un equipo Windows 8 con un teclado y un ratón externos ofrecerá como resultado la información mostrada en la figura 14.12. La ventana de resultados del programa indica algunos hechos importantes:

En el equipo hay un dispositivo apuntador conectado, como puede ver en la parte inferior de la figura 14.12. Se trata de un ratón externo. En la parte superior de la figura se incluyen los dispositivos que contiene el equipo. En la parte inferior, información sobre el dispositivo apuntador.

Otra situación interesante es que los dispositivos apuntadores utilizan mapas de coordenadas diferentes. Mientras que el ratón recupera `[0,0] [1280,768]` (o la resolución exacta de la pantalla), otros dispositivos utilizan valores diferentes, dependiendo de la resolución y sensibilidad de un determinado dispositivo.

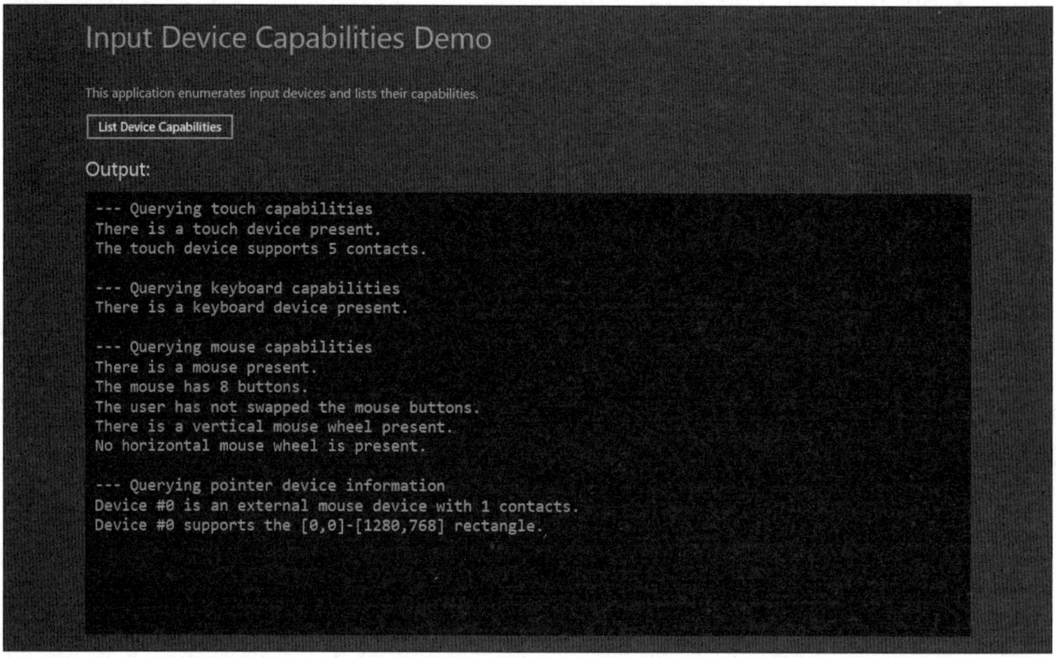

Figura 14.12. Opciones de dispositivo de un equipo de Windows 8.

Resumen

No está limitado a utilizar un solo lenguaje de programación cuando crea aplicaciones Windows 8 ya que, con Visual Studio, puede crear soluciones híbridas que utilizan una mezcla de lenguajes de programación de Windows 8. Si crea proyectos DLL de componentes de Windows Runtime, puede utilizar C++, C# y Visual Basic. A estos proyectos se puede hacer referencia desde cualquier lenguaje de programación, incluido JavaScript. Cada lenguaje tiene sus propias ventajas, por lo que utilizar una mezcla de ellos le permite aprovechar al máximo lo mejor de cada uno y conseguir más productividad.

Aunque las aplicaciones suspendidas en Windows 8 no reciben recursos del sistema operativo, con las tareas en segundo plano puede ejecutar actividades mientras las aplicaciones no se encuentran en primer plano. Las tareas en segundo plano pueden utilizar solo una cantidad limitada de la CPU a la vez y su rendimiento de red está limitado cuando el equipo se ejecuta sobre una batería. Por tanto, son apropiadas para tareas ligeras, como la comprobación de mensajes de correo electrónico, la descarga de pequeños elementos de datos, para administrar mensajes instantáneos, etc. Las tareas más pesadas (como el procesamiento de imágenes en segundo plano o ejecutar cálculos que utilizan en gran medida los recursos de la CPU) no son apropiadas para las tareas en segundo plano de Windows 8. En estos casos debe utilizar los servicios de Windows. Las tareas en segundo plano se asignan a activadores, como cuando el usuario está presente, la conexión de Internet está disponible, ha cambiado la zona horaria, etc.

Cuando registra una tarea en segundo plano, siempre se asocia a un activador con condiciones opcionales. Las tareas en segundo plano se pueden añadir a la pantalla de bloqueo (suponiendo que se asocian con un determinado conjunto de activadores) y estas tareas pueden tener casi el doble de recursos que una tarea en segundo plano que no esté en la pantalla de bloqueo. Las aplicaciones en primer plano pueden suscribirse a los eventos `OnCompleted` y `OnProgress`, para tener una forma de comunicarse con la tarea.

Los equipos de Windows 8 pueden tener muchos dispositivos de entrada (ratón, teclados de hardware, lápices y dispositivos táctiles), dependiendo de sus factores de forma. Para obtener la mejor interacción de usuario, su aplicación debe utilizar el dispositivo de entrada (o una combinación de ellos) que sea más apropiado para una determinada función de la aplicación. El espacio de nombres `Windows.Devices.Input` le proporciona diversas clases para consultar opciones de dispositivos de entrada, como `KeyboardCapabilities`, `MouseCapabilities`, `TouchCapabilities` y `PointerDevice`. En el capítulo 15 aprenderá algunas técnicas útiles de prueba y depuración que son extraordinarias para crear aplicaciones Windows 8 sólidas y que también le ayudan a detectar y resolver problemas.

Ejercicios

1. ¿Cómo establecería una biblioteca de clase C# a la que se pueda hacer referencia desde cualquier proyecto escrito en otros lenguajes de programación?
2. ¿Qué recursos del sistema se limitan cuando utiliza tareas en segundo plano?
3. ¿Cómo pueden comunicarse las tareas en segundo plano con las aplicaciones que se están ejecutando en primer plano?
4. ¿Puede tardar más de un minuto en ejecutarse una tarea en segundo plano?
5. ¿Por qué es importante consultar las opciones de un dispositivo de entrada?

> **Nota:** Las respuestas a los ejercicios se encuentran en el apéndice A del libro.

Qué ha aprendido en este capítulo

- **Soluciones híbridas:** Soluciones en Visual Studio que contienen un conjunto de proyectos que utilizan distintos lenguajes de programación. Por ejemplo, un proyecto de aplicación en primer plano en esta solución puede implementarse en C#, a la vez que implementa la incrustación de un componente en tiempo de ejecución en C++.
- **Componente de Windows en tiempo de ejecución:** Un proyecto que contiene objetos Windows Runtime que se pueden reutilizar. El objetivo principal de esta biblioteca de componentes es producir objetos que se pueden utilizar en aplicaciones Windows 8 independientemente del lenguaje de programación que consumen.

- **Crear bibliotecas de componentes de Windows en tiempo de ejecución en C# y en Visual Basic:** Utilice el comando Archivo>Nuevo proyecto y el cuadro de diálogo Nuevo proyecto, seleccione C# o Visual Basic, y después haga clic en la plantilla Componentes de Windows en tiempo de ejecución.
- **Crear bibliotecas de componentes de Windows en tiempo de ejecución en C++:** Utilice el comando Archivo>Nuevo proyecto y el cuadro de diálogo Nuevo proyecto, seleccione C++ y después haga clic en la plantilla Componentes de Windows en tiempo de ejecución.
- **Tareas en segundo plano:** Windows 8 ofrece el concepto de las tareas en segundo plano para permitir que las aplicaciones suspendidas (o incluso terminadas) ejecuten actividades ligeras en segundo plano (como comprobar mensajes de correo electrónico, descargar pequeños paquetes de datos, etc.). Las tareas en segundo plano pueden utilizar tiempo limitado de la CPU y cuando se ejecutan sobre batería, su rendimiento de red también está limitado.
- **Eventos de activador:** Las tareas en segundo plano se activan en respuesta a los eventos activadores (como cuando el usuario está presente o ausente, la conexión a Internet está disponible o no, ha pasado una determinada cantidad de tiempo, se ha producido un cambio en la zona horaria y mucho más).
- **Condiciones de la tarea:** Las tareas en segundo plano lanzan condiciones además de activadores. Por ejemplo, una tarea puede asignarse a un activador de cambio en la zona horaria con la condición de que Internet esté disponible. La tarea se lanzará solo después de que Internet esté disponible y cuando se cambie la zona horaria.
- **Aplicaciones en pantalla de bloqueo:** Puede asignar aplicaciones a la pantalla de bloqueo. Las tareas en segundo plano de las aplicaciones pueden tener el doble de consumo de recursos que las tareas en segundo plano, que no estén en la pantalla de bloqueo.
- **Comunicación con aplicaciones en primer plano:** Las tareas en segundo plano pueden suscribirse a los eventos `OnCompleted` y `OnProgress` de sus tareas en segundo plano registradas para administrar cuándo se completan las tareas o cuándo deben informar sobre su progreso, respectivamente. Con la ayuda de una instancia de `CoreDispatcher`, se puede actualizar la UI desde estos controladores de eventos.
- **Cancelar tareas en segundo plano:** Las tareas en segundo plano se pueden cancelar mediante el sistema operativo después de su lanzamiento (por ejemplo, cuando su aplicación anula su registro). Las tareas pueden responder a la cancelación suscribiéndose al evento `OnCanceled`.
- **Consultar las opciones de los dispositivos de entrada:** El espacio de nombres `Windows.Devices.Input` define varias clases para consultar las opciones de los dispositivos de entada conectados al equipo, como `KeyboardCapabilities`, `MouseCapabilities` y `TouchCapabilities`.
- **Consultar dispositivos apuntadores:** Con la clase `PointerDevice` del espacio de nombres `Windows.Devices.Input`, puede consultar todos los dispositivos apuntadores conectados al sistema, incluidos los internos y los externos.

15

Probar y depurar aplicaciones estilo Windows 8

En este capítulo aprenderá a:

- Conocer la calidad del software y su importancia.
- Conocer los elementos básicos del proceso de depuración.
- Saber cómo funciona el simulador de Windows y a probar sus aplicaciones con él.
- Conocer la unidad de prueba y utilizarla para crear aplicaciones de alta calidad.

Para desarrollar los ejemplos de este capítulo, puede optar por introducir manualmente el código o utilizar los archivos de código fuente que acompañan al libro como se indica en la Introducción.

En este capítulo aprenderá la importancia de crear un software de alta calidad y cómo conseguirlo. El capítulo examina primero cómo buscar las causas principales de mal funcionamiento en su código. Conocerá las herramientas que puede utilizar para facilitar este proceso y que sea más sencillo. También aprenderá a escribir un código adicional para probar la lógica de sus aplicaciones para asegurarse de que se comporta exactamente como debería. Al final del capítulo, tendrá un conocimiento sólido sobre los principios y las técnicas de mantenimiento de una base de código de alta calidad para sus aplicaciones estilo Windows 8.

La calidad de su software

Cuando se escribe código, es inevitable cometer errores. Todo el mundo los comete, incluso los desarrolladores profesionales con muchos años de experiencia en codificación. La única diferencia es que con experiencia puede reducir la cantidad. Esto significa que no tiene que preocuparse ni sentirse mal si existe algún error en su código. Debe aceptar el hecho de que no hay software sin errores. Debe prepararse para el hecho de que al final cometerá algunos errores de codificación.

En el mundo del desarrollo de aplicaciones empresariales es más fácil escapar de los errores. Los usuarios empresariales (los que normalmente están acostumbrados a utilizar obligatoriamente determinadas aplicaciones) se han acostumbrado a los errores de las aplicaciones. Aceptan el hecho de que lo único que pueden hacer es informar sobre el error y esperar a que se solucione pronto. Pero los usuarios de aplicaciones empresariales no dejan de utilizar el software solo porque tiene errores.

El mundo del consumidor es muy diferente. Nadie obliga a un usuario a utilizar sus aplicaciones. Una mala revisión o una mala valoración del producto pueden asustar a los nuevos usuarios. Los que prueban su aplicación y les resulta difícil o molesto utilizarla debido a la existencia de un mal funcionamiento, dejarán de utilizar su software sin dudarlo. Lo único que harán será valorarlo con una puntuación muy baja y una mala revisión en la Tienda Windows, algo que puede asustar a cualquier nuevo usuario potencial.

Cuando se desarrollan aplicaciones para el mercado del consumidor, crear un software de gran calidad es más importante que nunca.

Familiarizarse con la depuración

Puede que haya escuchado ya la expresión "fallo en el código". Un fallo es un error en el código escrito. Tras descubrir que hay algo mal en el código, tiene que encontrar el problema e identificar su causa.

Los entornos de desarrollo modernos como Visual Studio 2012 ofrecen herramientas extraordinarias para investigar su base de código. Dentro de Visual Studio hay una herramienta denominada Depurador. Puede agregar el Depurador a una instancia de su aplicación que se esté ejecutando y depurar su código. Depurar es el proceso de ir paso a paso por las líneas de código escrito, una a una, mientras se observan los valores de las variables y los objetos y se supervisa la ejecución de su código.

Sin embargo, su base de código puede ser enorme. Incluso un par de cientos de líneas de código pueden ser difíciles de recorrer. Como alternativa, el Depurador se concentra en las partes más importantes. Si ejecuta su aplicación con la depuración habilitada, dicha aplicación se ejecuta exactamente del mismo modo que antes. Sin embargo, puede agregar marcadores a su código para indicarle al Depurador que detenga la ejecución normal del mismo y cambie al modo de depuración cuando encuentre una línea con un marcador.

Este marcador se denomina punto de interrupción y puede añadir todos los puntos de interrupción que quiera a su código haciendo clic en el lateral izquierdo del editor de código (o pulsando **F9**) en la línea seleccionada. En la figura 15.1 puede ver cómo se detiene el Depurador en un punto de interrupción.

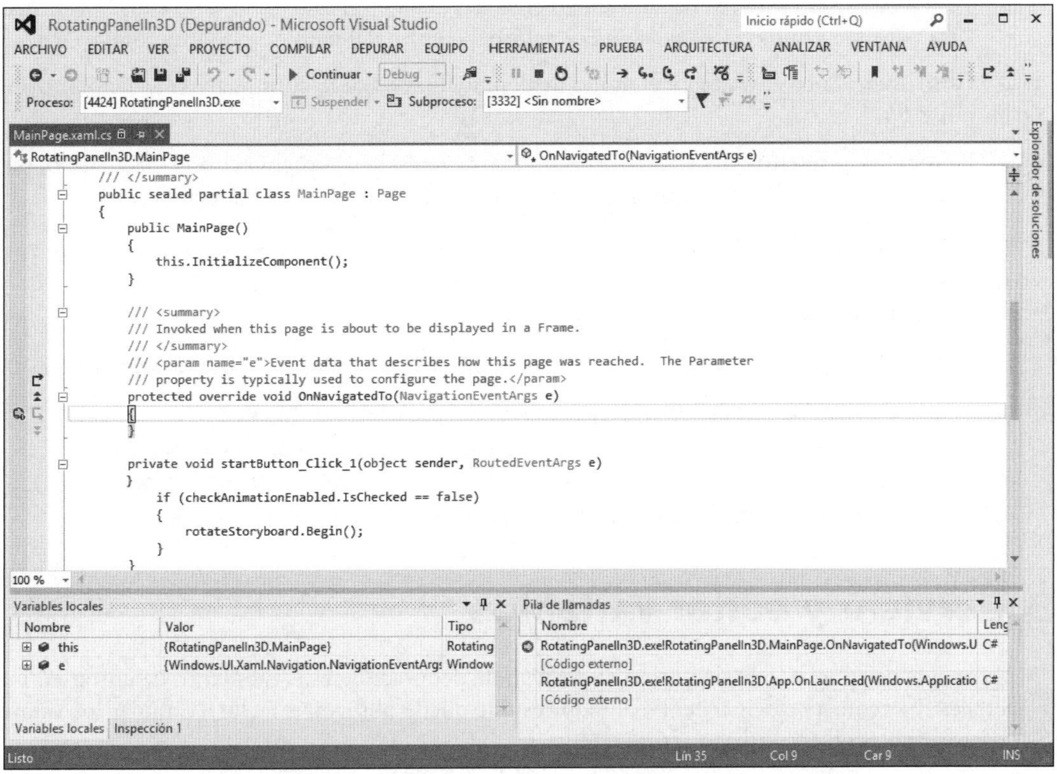

Figura 15.1. Depurador detenido en un punto de interrupción.

Al llegar a un punto de interrupción, el Depurador se hace cargo del flujo del programa y le permite leer y escribir los valores actuales de variables diferentes. Esto es algo muy útil cuando está intentando identificar un fallo.

Controlar el flujo del programa en modo de depuración

Mientras se encuentra en el modo de depuración, puede utilizar diversos comandos para recorrer el código:

- **Paso a paso por procedimientos:** Al hacer clic en este comando el Depurador debe ir a la siguiente línea del código. Cuando la línea en la que está ubicado el Depurador es un método, paso a paso por procedimientos dignifica no entrar en el cuerpo del método, sino pasar sobre él. Puede pulsar **F10** para activar este comando.

- **Paso a paso por instrucciones:** El Depurador debe ir a la siguiente línea de código. Cuando la línea en la que se encuentra es un método, paso a paso por instrucciones significa que debe entrar en el cuerpo del método e investigar también esas líneas de código. Para entrar en el cuerpo de un método puede pulsar **F11**.
- **Paso a paso para salir:** Si ha entrado en el cuerpo de un método y no quiere investigar más sino volver al punto de llamada, puede salir del cuerpo del método pulsando **Mayús-F11**.
- **Continuar:** Si ha entrado en el modo de depuración y quiere continuar la ejecución normal, pulse **F5**.
- **Detener depuración:** Si ha terminado la depuración y su aplicación se está ejecutando, pulse **Mayús-F5** para detener la aplicación y volver al modo de diseño en Visual Studio.

En lugar de utilizar métodos de teclado abreviados, puede utilizar alternativamente los comandos ofrecidos en la barra de herramientas de Visual Studio. En la figura 15.2 puede ver la barra de herramientas del depurador de Visual Studio 2012.

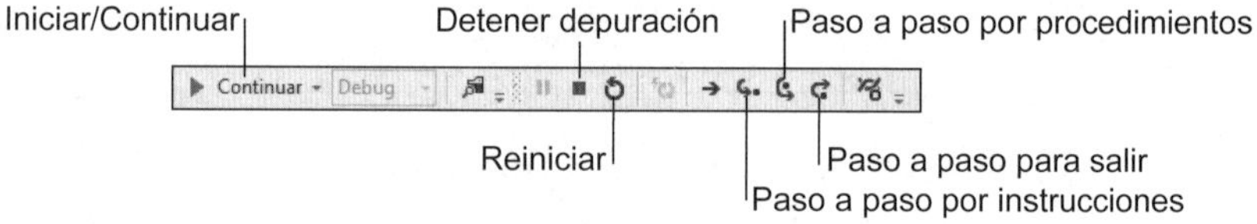

Figura 15.2. Herramientas de depuración en Visual Studio 2012.

Supervisar y editar variables

Ahora que ya conoce lo básico sobre el proceso de depuración, es el momento de entrar en más detalles. La ventaja principal del Depurador es que puede observar e incluso cambiar los valores de las variables en el contexto actual.

Existen diversas ventanas de herramientas que pueden ayudarle a supervisar variables, la pila de llamadas, los distintos subprocesos o a ejecutar el código en el contexto activo. En esta sección conocerá las más importantes.

Ventana Variables locales

La ventana Variables locales mostrada en la figura 15.3 es una de las ventanas de herramientas más útiles para la depuración. Muestra las variables locales en el contexto actual. El contexto depende del cuerpo del método que esté actualmente depurando.

Como puede comprobar, puede ver cualquier variable local en cualquier profundidad deseada. Si una propiedad de un objeto se puede editar, puede incluso sobrescribir su valor actual, cambiando así el flujo de la ejecución del programa.

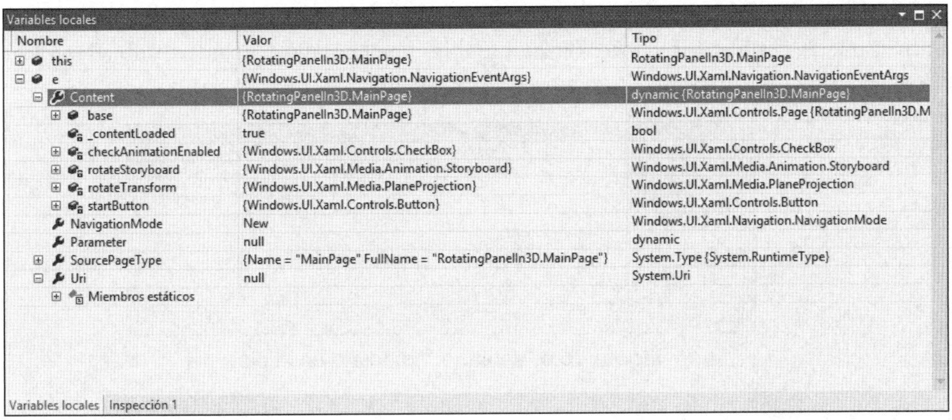

Figura 15.3. Ventana Variables locales en modo de depuración.

Ventana Inspección

La ventana Inspección que puede ver en la figura 15.4 es muy parecida a la anterior, pero tiene un ligera diferencia. La ventana de variables locales muestra todos los valores locales (que pueden ser muchos). Con la ventana Inspección, puede especificar la variable en la que realmente está interesado. Puede obtener la misma funcionalidad con la ventana Inspección que con la ventana Variables locales.

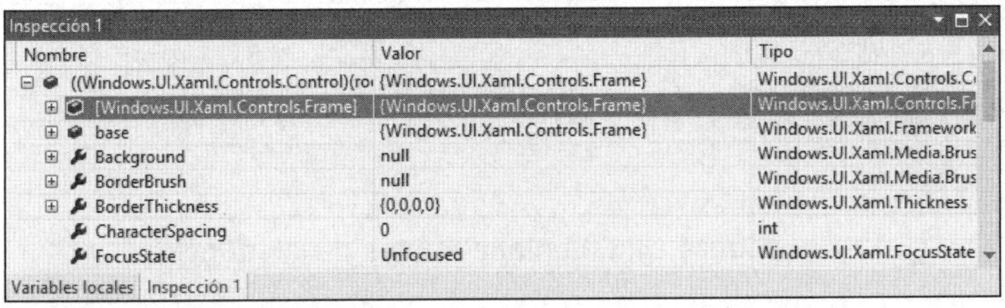

Figura 15.4. Ventana Inspección en modo de depuración.

También puede agregar variables a la ventana Inspección desde el editor de código haciendo clic con el botón derecho del ratón sobre la variable y seleccionando Agregar inspección. También puede utilizar la ventana Variables locales para inspeccionar una variable haciendo clic con el botón derecho del ratón y seleccionando la opción Agregar inspección.

Ventana Inmediato

La Ventana Inmediato mostrada en la figura 15.5 es con mucho la ventana de herramientas más interesante en Visual Studio 2012. Cuando está depurando paso a paso el código, puede decidir detenerse e investigar un poco más el código introduciendo un simple código C# en la Ventana Inmediato. Por ejemplo, si quiere llamar a un método con valores diferentes para ver cómo funcionan o comprobar el valor de un objeto global, puede utilizar esta ventana para hacerlo. También puede cambiar los valores de las variables en el código. Cuando cambia los valores, la aplicación utiliza los nuevos valores mientras se ejecuta.

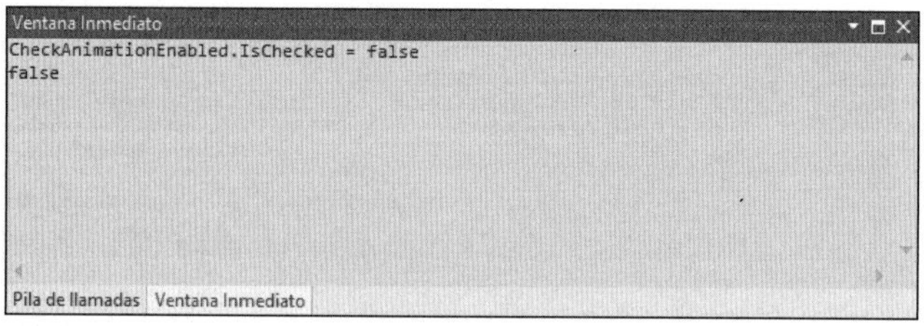

Figura 15.5. Ventana Inmediato en acción.

Ventana Puntos de interrupción

Probablemente tenga que establecer muchos puntos de interrupción en su código, pero sin que el Depurador se detenga en todos ellos y sin querer eliminarlos. En este caso, puede activar la ventana Puntos de interrupción en el modo de depuración seleccionando Depurar>Ventanas>Puntos de interrupción. Puede utilizar esta ventana (que puede ver en la figura 15.6) para ver una lista de todos sus puntos de interrupción y habilitarlos o deshabilitarlos en cualquier momento y además puede entrar en el código relevante. Esta ventana sirve como una vista realmente extraordinaria de los puntos de interrupción que está utilizando.

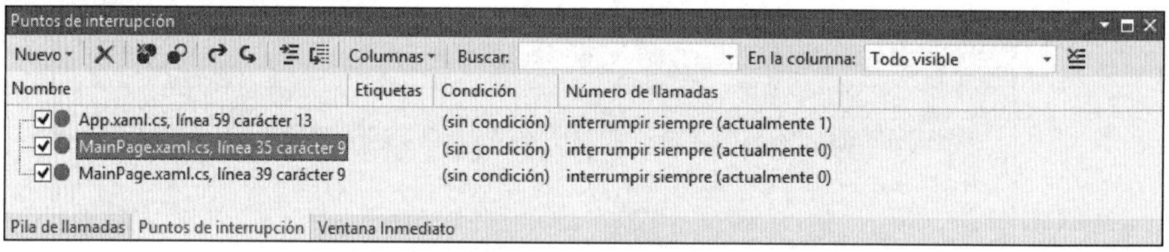

Figura 15.6. Ventana Puntos de interrupción.

En el siguiente ejercicio va a investigar y a solucionar un fallo utilizando el Depurador de Visual Studio 2012.

Ejercicio: Encontrar un fallo con el Depurador

Para utilizar el Depurador para encontrar un error en el código, siga estos pasos:

1. Ejecute Visual Studio 2012 y abra el proyecto `RotatingPanelIn3D` del código fuente descargado para el capítulo.
2. Ejecute el proyecto pulsando **F5** o seleccionando Depurar>Iniciar depuración. Comprobará que si hace clic en el botón **Start Rotation** (Iniciar rotación) sin haber habilitado la casilla de verificación, se ejecuta la animación. Si selecciona dicha casilla, la animación ya no se ejecuta. Este es el comportamiento opuesto al que quiere conseguir. Por tanto, tiene que solucionar este fallo.

3. Abra MainPage.xaml.cs y localice el controlador de evento `startButton_Click_1`.
4. Haga clic en el nombre del método `startButton_Click_1` y pulse **F9** (o haga clic en el lateral gris junto al editor de código). Así se añadirá una elipse roja, que es el símbolo del punto de interrupción.
5. Ejecute de nuevo la aplicación.
6. Haga clic en el botón **Start Rotation** otra vez. El Depurador se detiene en el punto de interrupción.
7. Pulse **F10** o haga clic en el icono **Paso a paso por procedimientos** para que el cursor se sitúe en la instrucción `if` (el cursor es una flecha amarilla en el lateral izquierdo del editor de código).
8. Mueva el cursor de su ratón sobre la propiedad `IsChecked` y lea el valor en la sugerencia de pantalla. Comprobará que el valor es `false`.
9. Seleccione ahora la ventana Variables locales en la parte inferior de Visual Studio 2012.
10. Abra this>checkAnimationEnabled>base>IsChecked. Puede ver que su valor está establecido en false.
11. Haga doble clic en el valor `false` y cámbielo por `true`.
12. Pulse **F5** o el botón **Continuar** en la barra de depuración para permitir que la aplicación se siga ejecutando. Ahora se muestra la animación.
13. Detenga la depuración.
14. Cambie la instrucción `if` por `true` en lugar de `false`.
15. Ejecute de nuevo la aplicación. Ahora debería funcionar bien.

Cómo funciona

En el paso 4 ha agregado un punto de interrupción dentro del controlador de evento del botón. Esto es suficiente para que el Depurador sepa que tiene que parar y entrar en el modo de depuración cuando llegue a este punto de interrupción.

En el paso 8 ha utilizado la ventana Variables locales para investigar los problemas con el código. Resulta que el valor booleano de la propiedad `IsChecked` no es el correcto.

En el paso 11 ha sobrescrito los valores de la propiedad `IsChecked` y ha permitido que la aplicación continuase su ejecución. Ahora ya sabe dónde está el error.

En el paso 14, ha cambiado la instrucción `if` con una lógica contraria, que ha solucionado el problema.

Cambiar el código durante la depuración

Indudablemente, la mejor opción de los depuradores modernos es la capacidad de cambiar el código durante la depuración, algo que se denomina Editar y continuar.

Solo como ejemplo, imagine el siguiente escenario. Se encuentra una excepción durante la ejecución de su aplicación. Puede ver el motivo inmediatamente y lo único que tiene que hacer es solucionar el problema cambiando una pequeña parte del código. Podría después seguir con la ejecución de la aplicación. Podría elegir entre detener la aplicación, solucionar el código y reiniciarlo, pero en algunos casos sería mucho trabajo.

Cuando ejecuta el código con la depuración habilitada, en cuanto obtiene una excepción, Visual Studio le ofrece una opción para intervenir utilizando el Depurador. Se muestra un cuadro de diálogo que proporciona la opción de parar y cambiar al modo de depuración

Después podrá modificar el código como guste. Visual Studio revertirá el programa al estado en el que se producía la excepción y podrá ejecutar su modificación. Tras arreglar el código, puede pulsar **F5** para continuar la ejecución.

> **Nota:** No siempre se puede ejecutar Editar y continuar. Es difícil decir cuándo puede hacerlo exactamente ya que depende del estado actual de la pila de llamadas, el lenguaje y la capacidad del Depurador de cambiar el estado actual sin corromper el proceso. En lugar de analizar si puede o no ejecutarse, simplemente pruébelo.

Escenarios específicos de aplicaciones estilo Windows 8

Las aplicaciones estilo Windows 8 tienen un par de conceptos interesantes que son exclusivos de esta tecnología, como los eventos de ciclo de vida de una aplicación, sensores especiales (como el GPS o el registro de orientación con el giroscopio), elementos específicos de hardware de tableta (como distintas resoluciones y proporciones de aspecto), etc. Esta sección explora las técnicas que pueden ayudarle a probar y depurar estos escenarios.

Depurar eventos del ciclo de vida de una aplicación

Las aplicaciones etilo Windows 8 tienen una administración especial del ciclo de vida. Si inicia la aplicación por primera vez, la activará utilizando el evento `Launched`. Sin embargo, con el intercambio de tareas, no puede estar seguro de si el evento se va a activar de nuevo. La prueba de otros eventos de ciclo de vida como `Suspend` o `Resume` no es tan fácil ya que no determinan que se vayan a ejecutar, lo que hace que la depuración sea realmente difícil.

Afortunadamente, Visual Studio 2012 tiene una opción para activar estos eventos de forma manual para asegurarse de que su aplicación se comporta exactamente como se supone que debe hacerlo.

Para activar esta característica, tiene que asegurarse de que puede ver la barra de herramientas de ubicación de la depuración. Seleccione Ver>Barras de herramientas >Ubicación de depuración para abrir dicha barra. Si ejecuta la aplicación pulsando **F5** o seleccionando Depurar>Iniciar depuración, encontrará el selector de eventos del ciclo de vida en esta barra de herramientas. Al seleccionar uno de estos eventos, lo activará y el evento se lanzará. Después puede iniciar el controlador de evento de la depuración. La figura 5.7 muestra las opciones de la barra de herramientas Ubicación de depuración para suspender una aplicación.

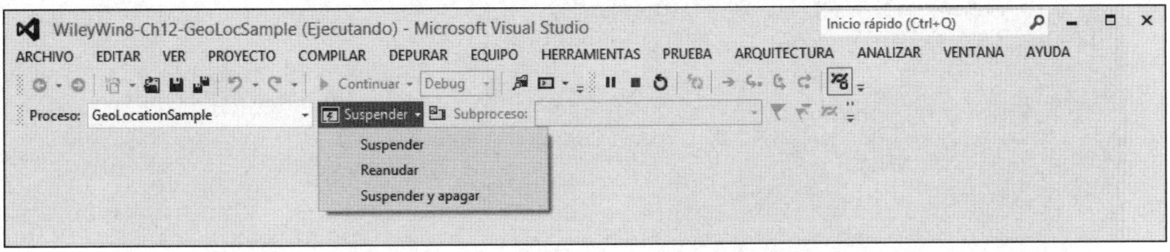

Figura 15.7. Opciones de la barra de herramientas Ubicación de depuración para suspender una aplicación.

Especificar destinos de implementación

Hasta ahora ha ejecutado todas las aplicaciones de forma local utilizando su equipo de Windows 8. Sin embargo, es muy probable que se trate de un equipo de sobremesa y quiera probar su aplicación en una tableta. No obstante, existen muchas tabletas con muchos factores de forma y no puede tenerlas todas. Aun así, tendrá que probar su aplicación con estos factores diferentes.

Visual Studio 2012 le proporciona la opción de ejecutar la aplicación utilizando la opción Simulador. Cuando se ejecuta la aplicación, puede especificar un destino de implementación, que hasta el momento ha sido el equipo local. También puede cambiar al Simulador, que puede ver en la figura 15.8.

El Simulador es una aplicación de escritorio que simula el entorno mientras se ejecuta una aplicación estilo Windows 8. Dentro de la opción Simulador, puede especificar muchos factores de forma:

- **Modo del mouse:** Establece el modo de interacción para los gestos del ratón (como hacer clic, hacer clic con el botón derecho y arrastrar el ratón).
- **Modo táctil básico:** Establece el modo de interacción para un modo táctil de un solo dedo, como tocar, deslizar y arrastrar. Puede simular la entada táctil utilizando su ratón.
- **Modo táctil de acercar/alejar:** Establece el modo de interacción para admitir los gestos de pinchar y zoom. Puede simular la entrada táctil con su ratón. Esta opción es muy útil si no tiene un dispositivo con pantalla táctil.
- **Modo táctil de giro:** Establece el modo de interacción para simular el giro utilizando dos dedos. Puede simular la entrada táctil con su ratón.
- **Girar 90 grados a la derecha o Girar 90 grados a la izquierda:** Estas dos opciones establecen los giros hacia la derecha o hacia la izquierda respectivamente. Es una opción extraordinaria para simular diseños horizontales o verticales.

Figura 15.8. El Simulador en Visual Studio 2012.

- **Cambiar resolución:** Establece las resoluciones y los tamaños de la pantalla. Con esta opción, puede probar su interfaz de usuario y el diseño sobre distintos tamaños y resoluciones de presentación.
- **Establecer ubicación:** Especifica las coordenadas GPS simuladas para la API de localización. Si su dispositivo no tiene un GPS integrado, esta opción es extraordinaria para probar su uso.

Con el Simulador puede probar fácilmente sus aplicaciones estilo Windows 8 para determinar si funcionan correctamente en las tabletas, sin tener que tener el dispositivo real. Sin embargo, el Simulador no es un entorno aislado. Los cambios aplicados al sistema a través de su aplicación afectarán a su entorno de aislamiento Windows estándar. Por tanto, tenga cuidado con lo que hace.

> **Nota:** Hasta el momento ha conocido dos destinos de implementación: un equipo local y el Simulador. Existe una tercera opción: un equipo remoto. Con esta opción puede ejecutar y depurar su aplicación sobre un equipo remoto conectado a su propio equipo a través de un cable o una red. El establecimiento del entorno de depuración remoto se encuentra fuera del alcance de este libro, pero puede aprender más sobre él en `http://msdn.microsoft.com/es-ES/library/windows/apps/hh441469(v=vs.110).aspx`.

Introducción de la prueba de software

Ya sabe lo importante que es producir un software de gran calidad y hasta el momento en este capítulo ha aprendido a solucionar un fallo. Pero su objetivo principal debería ser siempre reducir al máximo el número de fallos. Aquí es donde entran en juego las herramientas y técnicas aplicadas.

La prueba de un software siempre ha formado parte del desarrollo de software profesional. Sin embargo, en los equipos profesionales, existen profesionales de pruebas que se aseguran de que su software sigue siendo de alta calidad mediante la ejecución manual y automática de pruebas. En su caso, seguramente tenga que ejecutar las pruebas por su cuenta. Aunque los profesionales de pruebas trabajan en un entorno muy estricto utilizando planes, secuencias de comandos y diferentes herramientas de prueba, puede que en su caso no necesite todo esto. Una solución "comprobar si funciona" y un par de horas de pruebas manuales y uso de su aplicación podrían funcionar bien, si no se trata de una aplicación grande.

Introducción de las pruebas unitarias

Existe una parte de la prueba y el desarrollo del software que puede resultarle muy útil que se denomina prueba unitaria. Escribir pruebas unitarias no es una tarea de la persona que ejecuta la prueba; es responsabilidad del desarrollador.

Una prueba unitaria es un método que ejecuta parte de su código y observa el resultado de salida y el comportamiento de su código basándose en distintas entradas. Si se ejecuta correctamente, la prueba unitaria ofrece las siguientes ventajas importantes:

- **Mejor calidad de código:** Las pruebas unitarias cubren el uso normal y los casos especiales. Por tanto, ayuda a asegurarse de que su código no va a fallar y trata las entradas inesperadas de forma apropiada.
- **Pruebas de regresión:** Si aplica cambios al código escrito en un primer momento, debe asegurarse de que no se ha roto y que sigue funcionando del mismo modo que cuando introduce un código nuevo. Esto es lo que se denomina prueba de regresión. Sin la existencia de pruebas unitarias no hay forma de asegurar que su código sigue funcionando, pero si tiene una prueba unitaria que cubra esas partes del código, y después de una modificación esas pruebas se siguen ejecutando con éxito, es muy probable que su código no esté roto y siga funcionando bien.
- **Refactorizar:** Cuando quiere que su software se pueda probar, debe concentrarse en crear componentes independientes que se puedan probar como unidades aisladas. Esto es lo que elevará la calidad de su código. Asimismo, cuando cree pruebas unitarias, puede apuntar realmente a los elementos de código que no tienen un gran diseño. Si tienen una API complicada, no se podrán probar con facilidad, o tiene demasiados elementos que dependen entre sí. Esto significa que la prueba unitaria apunta a la necesidad de reconstruir su código. Este proceso se denomina refactorizar.

Como puede ver, las pruebas unitarias ofrecen muchas ventajas a la vez que añaden más trabajo a su proyecto, pero esta carga de trabajo adicional merecerá la pena a largo plazo en el proceso de desarrollo.

Pruebas unitarias de aplicaciones estilo Windows 8

En Visual Studio 2012, existe una nueva plantilla para probar aplicaciones estilo Windows 8. Se denomina Biblioteca de pruebas unitarias (aplicaciones de la Tienda Windows). Este tipo de biblioteca puede contener muchas clases de pruebas, que se marcan con el atributo `TestClass`. Las clases de pruebas contienen métodos de prueba, código de inicialización y código de limpieza.

- **Método de prueba:** Los métodos de prueba se marcan con el atributo `TestMethod` y se ejecutan de forma separada, uno a uno. Cada método tiene un resultado que determina si la prueba ha tenido éxito o ha fallado.
- **Inicialización:** Cada clase de prueba puede tener un solo método decorado con el atributo `TestInitialize`. Este método se ejecuta antes de cada método de prueba para ejecutar la inicialización necesaria. Las pruebas unitarias no deben utilizar datos reales, conexiones de red ni accesos a bases de datos. Si un componente necesita una fuente de datos, es mejor crear una simulada, algo que puede hacer en la fase de inicialización para que puedan utilizarla todos los métodos de prueba.
- **Limpieza:** Todas las clases de prueba pueden tener un solo método decorado con el atributo `TestCleanup`. Este método se ejecuta después de cada método de prueba para limpiar cualquier cambio dejado por ellos. Puede asegurar que todos los métodos de prueba se ejecutan en el mismo entorno y con la misma configuración.

En todos los métodos de prueba debe especificar una condición a utilizar para determinar si la prueba unitaria ha tenido éxito. La estructura de pruebas unitarias utiliza la clase `Assert` para ejecutar esta comprobación. La clase contiene varios métodos para especificar condiciones como `Assert.IsTrue()`, `Assert.AreEqual()`, `Assert.InInstanceOfType()`, etc. Estos métodos aceptan una condición a evaluar y un mensaje para mostrar cuando la prueba falla. El siguiente fragmento de código demuestra el uso de las pruebas unitarias:

```
[TestClass]
public class CalculatorTest
{

   MyTestObject testInstance;

   [TestInitialize]
   public void Initialize()
   {
      testInstance = new MyTestObject();
      //Aquí se puede ejecutar cualquier inicialización adicional
```

```
    }

    [TestMethod]
    public void MyTestMethod()
    {
        double x = 0;
        double y = 1;
        double expected = 1;
        double result = testInstance.MethodZ(x, y);

        //Probar el resultado

        Assert.AreEqual(expected, result, string.Format("Result should be
            {0}!", expected));
    }

    [TestCleanup]
    public void Cleanup()
    {
        //Aquí puede ejecutar la limpieza necesaria
    }
}
```

Puede ejecutar las pruebas utilizando el menú **Prueba>Ejecutar>Todas las pruebas.** En la figura 15.9 puede ver una ventana denominada **Explorador de pruebas** que puede activar utilizando **Prueba>Ventanas>Explorador de pruebas.** Tras crear su aplicación, el **Explorador de pruebas** descubre todas las pruebas unitarias en su proyecto. También puede ejecutar pruebas utilizando esta ventana. Este explorador le proporciona también información adicional, como la agrupación de pruebas superadas y fallidas, tiempos de ejecución y, para cada método de prueba, un enlace a su código de prueba unitaria.

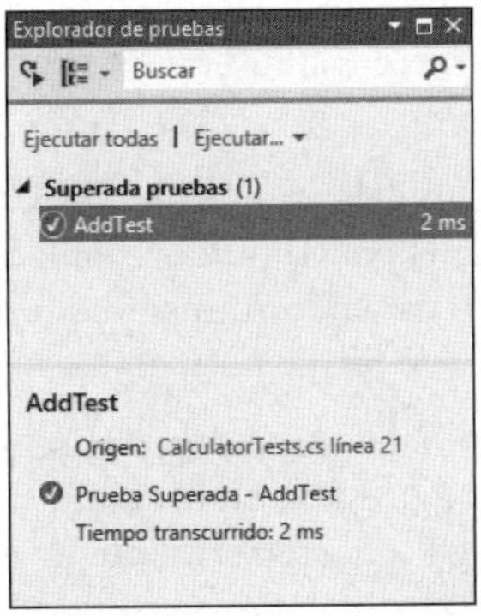

Figura 15.9. Explorador de pruebas con una prueba superada con éxito.

Si la prueba falla, el **Explorador de pruebas** muestra un mensaje de error como el de la figura 15.10.

En el siguiente ejercicio va a crear una prueba unitaria para una clase `Calculator`.

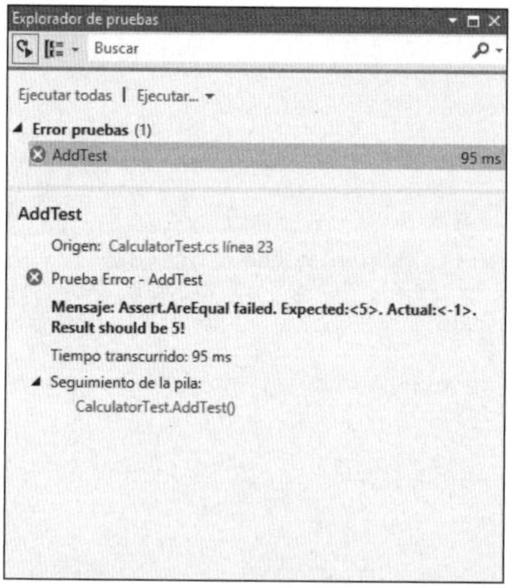

Figura 15.10. Explorador de pruebas con una prueba no superada.

Ejercicio: Prueba unitaria de la clase Calculator

Para crear una prueba unitaria para una clase `Calculator`, siga estos pasos:

1. Abra Visual Studio 2012 y seleccione el proyecto `CalculatorDemo` del código fuente descargado para el capítulo.
2. Haga clic con el botón derecho del ratón sobre el archivo de solución en el Explorador de soluciones y seleccione Agregar>Nuevo>Proyecto.
3. Seleccione la plantilla de proyecto Biblioteca de prueba unitaria y denomínela **CalculatorTests.**
4. Haga clic con el botón derecho del ratón sobre el archivo UnitTest1.cs y seleccione Cambiar nombre. Establezca el nuevo nombre en **CalculatorTest.cs**. Visual Studio 2012 muestra un cuadro de diálogo para determinar si quiere renombrar el nombre de la clase así como en el archivo. Haga clic en **Sí**.
5. Haga clic con el botón derecho del ratón sobre el nodo References del proyecto CalculatorTests y seleccione Agregar referencia. Seleccione Proyectos en el nodo Solución del cuadro de diálogo y posteriormente en el proyecto CalculatorDemo. Haga clic en **Aceptar**.
6. Abra el archivo Open CalculatorTest.cs y busque la clase `CalculatorTest`. Reemplace su código con el siguiente fragmento de código:

```
[TestClass]
public class CalculatorTest
{
  CalculatorDemo.Calculator calculator;
```

```
    [TestInitialize]
    public void Initialize()
    {
       calculator = new CalculatorDemo.Calculator();
       //Aquí puede ejecutar cualquier inicialización adicional
    }

    [TestMethod]
    public void AddTest()
    {
       double a = 2;
       double b = 3;
       double expected = 5;
       double result = calculator.Add(a, b);
       Assert.AreEqual(expected, result, string.Format("Result should be
          {0}!", expected));
    }
}
```

7. Seleccione el elemento de menú Probar>Ventanas>Explorador de pruebas.
8. Compile la solución.
9. Haga clic en Ejecutar todas en el Explorador de pruebas. Comprobará que la prueba ha fallado.
10. Abra Calculator.cs y localice el método `Add`. Cambie la operación entre a y b de resta a suma.
11. Haga clic de nuevo en Ejecutar todas en la ventana del Explorador de pruebas.
12. Esta vez la prueba se supera.

Cómo funciona

En el paso 4 ha creado un nuevo proyecto de prueba unitaria que le permite crear nuevas pruebas. De forma predeterminada, el proyecto no sabe nada sobre el proyecto `CalculatorDemo`. Por eso ha tenido que añadir una referencia a él.

En el paso 6, el código de ejemplo crea un nuevo objeto `Calculator`, que puede utilizar también en pruebas posteriores. Ha llamado al método `Add` con los valores 2 y 3 y con un resultado esperado de 5. El método Assert.AreEqual() ha comprobado si los valores esperados y los resultados reales son iguales. Como no ha sido así, se ha mostrado el mensaje de la cadena.

Tras solucionar el fallo en el paso 10, al ejecutar de nuevo la prueba, esta se supera.

Resumen

Para crear un software de alta calidad es importante utilizar las herramientas y metodologías de prueba y solución de fallos del software.

La herramienta Depurador integrada en Visual Studio 2012 le ofrece muchas opciones para observar y, a veces, cambiar el código durante su ejecución. Al recorrer su código línea a línea es más fácil descubrir y solucionar fallos en su aplicación.

Con los destinos de implementación puede especificar dónde desea ejecutar sus aplicaciones. El Simulador le ofrece una oportunidad extraordinaria para probar sus aplicaciones en tamaños de pantalla diferentes y simular los sensores que puede que su equipo de desarrollo no tenga.

La escritura de pruebas unitarias junto con el desarrollo de su base de código básico es la forma más fiable de decidir si su código funciona y que los cambios no lo rompen. Así se asegura de que su trabajo va a ofrecer como resultado un código de alta calidad bien estructurado. El trabajo adicional merecerá la pena más adelante en las fases críticas del proceso de desarrollo.

En el capítulo 16 conocerá la Tienda Windows. En este momento ya sabe cómo escribir sus propias aplicaciones estilo Windows 8. En ese capítulo aprenderá a crear una cuenta como desarrollador, a publicar su aplicación, los requerimientos principales que deben reunir sus aplicaciones y cómo utilizar los servicios ofrecidos por la Tienda Windows (como pruebas y compras de aplicaciones).

Ejercicios

1. ¿Qué es un punto de interrupción?
2. ¿Cómo puede entrar en un método durante la depuración?
3. ¿Cómo puede leer y escribir valores de variables durante la depuración?
4. ¿Qué es Editar y continuar?
5. ¿Cómo puede probar su aplicación estilo Windows 8 en múltiples dimensiones de pantallas?
6. ¿Cuáles son los componentes principales de una clase de prueba unitaria?

> **Nota:** Las respuestas a los ejercicios se encuentran en el apéndice A del libro.

Qué ha aprendido en este capítulo

- **Depuración:** Es el proceso de ir paso a paso por las líneas de código que ha escrito para observar los valores de las variables y objetos y supervisar la ejecución del código.
- **Depurador:** Es una herramienta que se puede agregar a su aplicación para admitir el proceso de depuración.
- **Punto de interrupción:** Es un marcador para el Depurador que indica que la ejecución normal debe detenerse y que Visual Studio debe cambiar al modo de depuración cuando llega a dicho marcador.

- **Editar y continuar:** Le permite modificar la base del código mientras la aplicación se está ejecutando y está en modo de depuración. Es una forma extraordinaria para recuperarse de excepciones y para solucionar pequeños fallos.
- **Destinos de implementación:** Determinan dónde se debe implementar y ejecutar la aplicación. Puede elegir el equipo local, el Simulador o un equipo remoto como destino de implementación.
- **Simulador:** Es una aplicación de escritorio que simula el entorno de una aplicación estilo Windows 8. Con ella, puede especificar muchos factores diferentes para muchos entornos distintos.
- **Ubicaciones de depuración:** Con esta barra de herramientas puede activar manualmente eventos del ciclo de vida de la aplicación para su depuración.
- **Pruebas unitarias:** Son métodos que se ejecutan aparte de su código y que observan la salida y el comportamiento de su código según diferentes entradas.

16

Introducción a la Tienda Windows

En este capítulo aprenderá a:

- ❑ Conocer qué es la Tienda Windows y cómo utilizarla.
- ❑ Conocer sus opciones sobre cómo hacer dinero con su aplicación.
- ❑ Publicar su aplicación en la Tienda Windows, de principio a fin.

Para desarrollar los ejemplos de este capítulo, puede optar por introducir manualmente el código o utilizar los archivos de código fuente que acompañan al libro como se indica en la Introducción.

En este capítulo va aprender qué es la nueva Tienda Windows, donde puede publicar y descargar aplicaciones estilo Windows 8. El capítulo empieza con un resumen sobre los conceptos más importantes de la Tienda Windows y cómo pueden los clientes conocer sus aplicaciones por primera vez. También aprenderá a hacer dinero utilizando técnicas de compra de aplicaciones de prueba y anuncios. Al final del capítulo, tendrá un sólido conocimiento del proceso de publicación de aplicaciones estilo Windows 8 en la Tienda Windows.

Conocer la tienda Windows

El sueño de todo desarrollador de aplicaciones es que su aplicación tenga éxito, sea muy conocida, reconocida, querida y, más importante aún, que haga mucho dinero con ella. Sin embargo, el proceso de vender una aplicación nunca ha sido fácil.

Vender una aplicación requiere mucho trabajo adicional al de la codificación y, en general, los desarrolladores principiantes no están cualificados para hacerlo. Deben aprender a llegar al mercado global, a anunciar su aplicación, a crear los canales requeridos desde cero para vender su aplicación, a interactuar con sus clientes para que su aplicación sea mejor (o notificar a sus usuarios de la existencia de una nueva versión, mucho mejor y más segura), etc. Como puede ver, tiene muchas cosas por controlar que pueden estar fuera de su zona de comodidad y tiene todavía muchas batallas que pelear en un territorio desconocido.

Hoy en día, este proceso es algo diferente para el mercado del consumidor. Evidentemente esto no significa que no tenga que hacer el trabajo descrito anteriormente. Significa que la mayoría del trabajo está casi hecho. Con la introducción de las tiendas de aplicaciones, a los desarrolladores se les ha dado la oportunidad de publicar sus creaciones en un mercado global donde los consumidores pueden encontrarlas y obtenerlas con facilidad. Apple y Google han demostrado ahora lo viable que puede ser esta solución. Aquí puede encontrar muchas historias increíbles de éxito. Solo un par de ideas simples y extraordinarias con un trabajo sólido han redefinido el éxito y encumbrado a personas (y empresas) a alturas insospechadas. Simples aplicaciones como Angry Birds, Instagram o Cut the Rope han tenido un gran éxito, haciendo a sus desarrolladores millonarios en el proceso.

Windows 8 puede redefinir de nuevo el éxito. Son millones los equipos y usuarios ahí fuera que pueden ejecutar Windows 8 y son muchos más lo que se unirán. Toda esta gente tendrá que acceder a la tienda de aplicaciones de Microsoft, denominada Tienda Windows. Muchos analistas comerciales están de acuerdo en que este mercado va a ser enorme y muchos afirman que sería de locos dejar pasar este tren.

Cómo ven los clientes una aplicación en la Tienda Windows

La Tienda Windows es la tienda privada de aplicaciones de Microsoft donde puede publicar y descargar aplicaciones estilo Windows 8. Este es el canal principal para distribuir sus aplicaciones y actualizaciones para interactuar con sus clientes, vender sus aplicaciones y hacer dinero con ellas. Esta es la razón por lo que es tan importante asegurarse de que el primer encuentro de un cliente potencial con su aplicación debe ser perfecto.

Este primer encuentro no implica el uso de la propia aplicación sino su página de detalles. Todo se decide en esta página. Si a los clientes les gustan los detalles y el resumen general de su aplicación, puede que la descarguen o la compren. Si el resumen general no es convincente para clientes potenciales, saldrán de la página y nunca volverán a ella. Esta es la razón por la que es tan importante crear una buena primera impresión a través de la página de detalles.

Detalles de la aplicación

Cuando envía una aplicación, se le pedirá que proporcione detalles e información sobre ella. Gran parte de esta información se muestra en la página de detalles de la aplicación y es visible para sus clientes. La figura 16.1 muestra esta página de detalles.

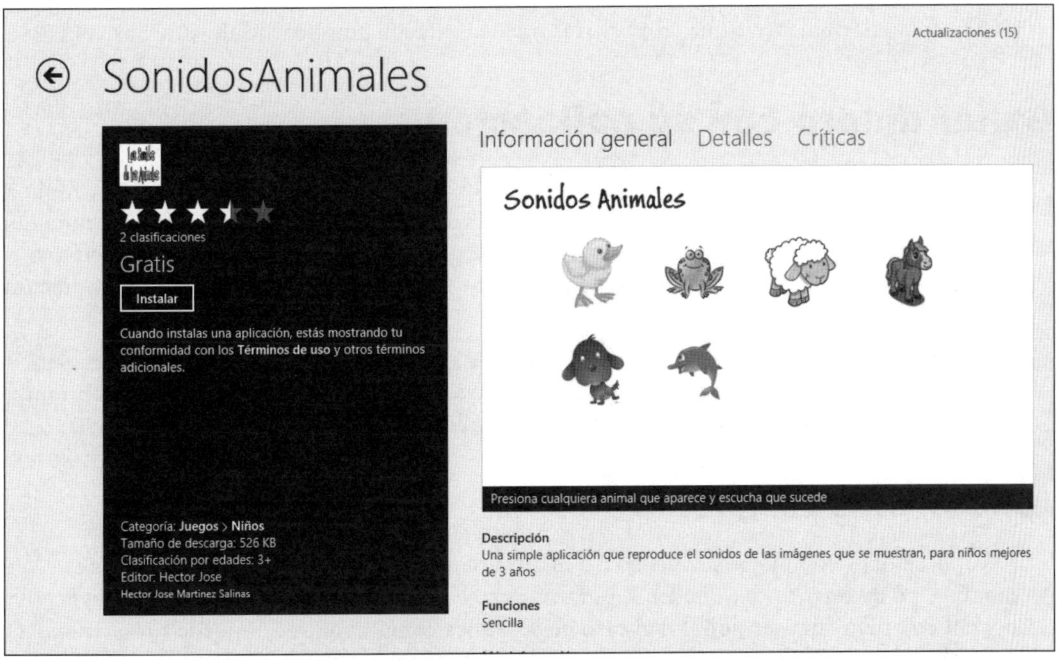

Figura 16.1. Página de detalles de una aplicación.

La página de detalles se divide en dos secciones. La sección izquierda contiene la siguiente información:

- **Clasificaciones:** Esta es la clasificación promedio llevada a cabo por diversos clientes. Esta información es muy importante para un cliente potencial. Si la clasificación es baja, es menos probable que el cliente descargue la aplicación.
- **Precio:** Muestra el precio de la aplicación o el texto Gratis.
- **Información técnica:** Se trata de información adicional sobre el tipo de sensores y opciones utilizados por esta aplicación.

A la derecha en la página de detalles de la aplicación se encuentra una zona con varias fichas que proporcionan información adicional sobre la aplicación. Esta es la información mostrada:

- **Información general:** Esta ficha quizá sea la más importante ya que proporciona a los clientes potenciales una impresión general sobre su aplicación. En la ficha los clientes pueden encontrar capturas de pantalla de su aplicación (que debe elegir minuciosamente para causar una gran primera impresión), una descripción corta y las opciones que proporciona.

- **Detalles:** Contiene información técnica sobre su aplicación, como los tipos de procesadores que admite, lenguajes admitidos, opciones, información sobre accesibilidad, información sobre los términos de uso, información sobre la actualización (si se trata de una actualización) y el hardware recomendado.
- **Críticas:** En esta ficha se encuentran las críticas de los clientes sobre sus aplicaciones. Se trata de una información muy importante. Las malas críticas pueden impactar de forma negativa en su aplicación mientras que las positivas pueden incrementar potencialmente sus ventas.

Ganar dinero con su aplicación

Puede cargar su aplicación como gratuita sin ninguna opción de hacer dinero con ella. Algunas veces puede parecer una tontería trabajar gratis, pero si tiene éxito, una aplicación gratuita puede hacer destacar su nombre. Es mucho más probable que los clientes busquen y compren una aplicación creada por un determinado desarrollador si este se ha ganado una buena reputación con una buena aplicación gratuita.

En algún momento, deseará tener un beneficio por su inversión (en este caso por el trabajo llevado a cabo en el desarrollo de su aplicación). Esta es la razón por la que es tan importante conocer los distintos modelos de ofertas de una aplicación.

Aplicaciones completas

Las aplicaciones completas se pueden descargar con un conjunto completo de funciones y sin ningún tipo de restricción. Pueden ser gratuitas o tener un precio. Para las gratuitas, esta es la opción que tiene más sentido. En el caso de las aplicaciones con precio, puede simplemente crear una aplicación, establecer un precio y venderla.

Aunque definitivamente este modelo funciona, obtendrá considerablemente menos descargas de su aplicación de pago que las que obtendría si fuese una aplicación gratuita. Ahora mismo, probablemente esté pensando que no es ningún problema. Las aplicaciones gratuitas no hacen dinero, por lo que perder esas descargas no es relevante. En realidad esto no es así. Con las aplicaciones de pago también pierde la opción de que un cliente pueda proar y comprar su aplicación. El cliente potencial tiene que decidir si quiere comprar o no la aplicación basándose solamente en las clasificaciones, la página de listados de la aplicación y algunas críticas.

Periodo de prueba gratuita

En el caso de las aplicaciones de pago, los periodos de pruebas gratuitos tienen más sentido. El cliente puede descargar su aplicación y utilizarla con un límite, que puede aplicar de distintas formas:

- **Límite de tiempo:** Los clientes pueden utilizar su aplicación completa hasta llegar a un límite de tiempo. Cuando se llega a este límite, a los clientes se les pide en un mensaje que compren la aplicación para volver a utilizarla de nuevo.

- **Límite de funcionalidad:** Durante el periodo de prueba, los clientes solo pueden utilizar un conjunto limitado de funciones. Si compran la aplicación, se desbloquearán todas las funciones. Por ejemplo, en el caso de un juego, podría habilitar tres mapas para que el cliente pueda jugar durante un periodo de prueba y cuando compre el juego, todos los mapas estarían disponibles y desbloqueados.
- **Límite de funcionalidad habilitada:** Durante el periodo de prueba, el cliente puede utilizar todas las funciones de su aplicación. En cuanto finaliza el periodo de prueba, se restringe el uso de algunas opciones importantes. Si el cliente compra la aplicación, se volverán a eliminar todas las restricciones.

Crear una versión de prueba

El estado de la licencia se guarda en la propiedad `LicenseInformation` del objeto `Windows.ApplicationModel.Store.CurrentApp`. El problema de este objeto durante el desarrollo es que requiere que la aplicación se cargue en la Tienda Windows. Esto dificulta probar y depurar los modos de prueba.

Puede utilizar otra clase en la API para realizar pruebas durante el desarrollo. Se trata del objeto `Windows.ApplicationModel.Store.CurrentAppSimulator`. Básicamente es la misma clase que `CurrentApp`, pero diseñada para pruebas y depuración.

> **Nota:** Recuerde que tiene que cambiar el objeto `CurrentAppSimulator` por el objeto `CurrentApp` antes de publicar en la Tienda Windows ya que en caso contrario su aplicación fallará el proceso de certificación (sobre el que aprenderá más en este capítulo).

La clase `LicenseInformation` proporciona varias propiedades que le van a ayudar a crear aplicaciones de prueba. En la tabla 16.1 se recogen las más importantes.

Tabla 16.1. Propiedades de LicenseInformation.

Nombre de propiedad	Descripción
`ExpirationDate`	Obtiene la fecha en que va a expirar la licencia.
`IsActive`	Indica si la licencia está activa o no.
`IsTrial`	Indica si la licencia es de prueba o no.
`ProductLicenses`	Proporciona una lista de licencias para la función que se puede incluir comprando la aplicación.
`LicenseChanged`	Se activa un evento cuando cambia el estado de la licencia de la aplicación.

El siguiente fragmento de código demuestra el uso de la propiedad `LicenseInformation`:

```
void EvaluateLicense()
{
   var licenseInformation =
      Windows.ApplicationModel.Store.CurrentAppSimulator.LicenseInformation;
   if (licenseInformation.IsTrial && licenseInformation.IsActive)
   {
      // Mostrar las funciones disponibles solo durante el periodo de prueba.
   }
   else if (licenseInformation.IsTrial && !licenseInformation.IsActive)
   {
      // Ha expirado el periodo de prueba.
   }
   else
   {
      // Mostrar las funciones disponibles solo con una licencia completa.
   }
}
```

Utilizar compras en la aplicación

Una de las mejores formas de ganar dinero con su aplicación es utilizar una compra en la propia aplicación. A los usuarios les gusta descargar y utilizar aplicaciones. Hacerles pagar por una puede asustarles, incluso aunque el precio sea menor que el de una taza de café. Utilizar pruebas y restricciones puede crear malestar en los usuarios: tiene un efecto psicológico muy negativo que no les gusta a las personas. En lugar de comprarla, pueden dejarla y buscar otras alternativas.

Sin embargo, con una compra en la aplicación, la psicología y las opciones son muy diferentes. Sugiere que tiene una aplicación con una funcionalidad completa sin ninguna restricción que proporciona todo lo que necesita, pero puede hacer incluso más si paga por ello.

Las soluciones de compra en la aplicación han tenido mucho éxito. Por ejemplo, Instagram le permite hacer fotos y publicarlas en el muro de Instagram. Pero antes de publicar su fotografía, puede editarla aplicando unos bonitos efectos visuales (filtros). Tiene una aplicación completamente funcional con algunos efectos básicos, pero puede hacer muchos más si compra más filtros utilizando las opciones de compra que se encuentran dentro de la aplicación.

Debe tener mucho cuidado cuando combina la compra en la aplicación con las opciones de pago. Aunque esta combinación es posible, podría conducir a un malestar general con su producto. Recuerde que su cliente ya ha pagado por su aplicación. Desbloquear funcionalidades esenciales con una compra dentro de la aplicación puede frustrar al cliente. El uso de compras en la aplicación con aplicaciones gratuitas es definitivamente el camino a seguir.

Implementar una compra en la aplicación

Básicamente las compras en la aplicación son compras de opciones y elementos. Para poder identificar un elemento de compra en la aplicación tiene que establecer un indicador único para cada una de sus opciones. Cree un nombre descriptivo para identificar fácilmente la función mientras la está codificando.

Puede acceder a las licencias de compra en la aplicación a través de la propiedad `ProductLicenses` de la clase `LicenseInformation`. El siguiente fragmento de código demuestra cómo comprobar la licencia de una compra en la aplicación:

```
void CheckInAppPurchaseLicense()
{
   var licenseInformation =
      Windows.ApplicationModel.Store.CurrentAppSimulator.LicenseInformation;
   if (licenseInformation.ProductLicenses["MyFeatureName"].IsActive)
   {
      // El usuario ya ha comprado la opción y puede acceder a ella
   }
   else
   {
      // El cliente todavía no ha comprado la opción y no puede acceder a ella
   }
}
```

Este código de ejemplo comprueba si el usuario ya ha comprado la opción `MyFeatureName` a través de la compra en la aplicación, algo que puede hacer con el uso de la propiedad `IsActive` para la licencia seleccionada.

Ahora vamos a cambiar el código anterior para mostrar el cuadro de diálogo de compra para el usuario que no haya comprado la opción anteriormente. Esto requiere el cambio de la sección `else`, como se muestra a continuación:

```
void CheckInAppPurchaseLicense()
{
   var licenseInformation =
      Windows.ApplicationModel.Store.CurrentAppSimulator.LicenseInformation;
   if (licenseInformation.ProductLicenses["MyFeatureName"].IsActive)

   {
      // El usuario ya ha comprado la opción y puede acceder a ella
   }
   else
   {
      try
         {
            // El usuario no ha comprado la opción anteriormente,
            // mostrar el cuadro de diálogo de la compra.
            await Windows.ApplicationModel.Store.CurrentAppSimulator
               .RequestProductPurchaseAsync("MyFeatureName");

            // La compra ha tenido éxito
      }
      catch (Exception)
      {
         // La compra no se ha podido completar porque el usuario
         // la ha cancelado o se ha producido un error desconocido.
      }
   }
}
```

Desde el punto de vista de la aplicación, ya no tiene nada más que hacer. Cuando envía una aplicación a la Tienda Windows, tiene que asegurarse de configurar cada oferta de la compra en la aplicación dentro de la página de opciones avanzadas de la Tienda Windows. En esta página puede establecer los indicadores para las opciones, el precio de cada una de ellas y el tiempo de vida para la oferta. Tras cargar el paquete de su aplicación, tiene que agregar descripciones para cada opción. Si su aplicación admite más idiomas, tiene que proporcionar las descripciones en cada uno de ellos. La información se mostrará en la página de detalles de su aplicación.

Pedir dinero por la aplicación que ha escrito no es el único modelo en el que se puede basar. Desde que existen los consumidores, la Web y los medios, han existido formas alternativas de obtener beneficios con sus productos.

Mostrar anuncios publicitarios

Una de las formas más fáciles de obtener dinero por una aplicación totalmente funcional y gratuita es utilizar los anuncios publicitarios integrados. Estos modelos son muy simples. El desarrollador obtiene dinero cuando el usuario hace clic en el anuncio publicitario.

Sin embargo, debe tener en cuenta que esos anuncios en realidad tienen un efecto muy negativo sobre el usuario que utiliza sus aplicaciones y la mayoría de ellos los ignoran. En realidad, pueden activar una actitud negativa hacia su aplicación.

Es mejor combinar los anuncios con opciones de pago. Esto significa que si un usuario compra su aplicación, no se mostrará ningún anuncio publicitario, mientras que las versiones gratuitas de la misma emitirán anuncios. Así le proporciona al usuario la opción de eliminar los molestos anuncios y utilizar su aplicación sin ellos, mientras que los usuarios que no quieren pagar por ella seguirán utilizándola pero tendrán que aceptar algunos inconvenientes.

Nota: Puede utilizar cualquier proveedor de plataformas de anuncios publicitarios o el SDK de anuncios de Microsoft. Elija el que quiera, siempre que siga los requerimientos de certificación. Para obtener más información sobre publicidad, consulte `http://advertising.microsoft.com/windowsadvertising/developer`.

Vamos a hablar de dinero

Hay algo más que debería saber y es que el desarrollador obtiene el 70 por ciento del precio de compra de la aplicación y el resto es para Microsoft. Esto significa que si su aplicación cuesta $2,00, obtendrá $1,40 por cada instancia vendida. Si tiene suerte y éxito y su aplicación hace más de $25.000, obtendrá el 80 por ciento de las ganancias a partir de ese momento. Puede vender una aplicación de pago por menos de $1,49 y la cantidad mínima de incrementos es de $0,50.

Para poder registrarse como desarrollador y poder enviar y vender aplicaciones en la Tienda Windows tendrá que pagar una tarifa de registro anual de cuenta. En España esta cuota es de 37€ para personas y de 75€ para empresas. Puede leer más sobre las cuotas de registro en los distintos países en `http://msdn.microsoft.com/es-ES/library/windows/apps/hh694064.aspx`.

En el siguiente ejercicio añadirá un modo de prueba a una aplicación, que agrega algunas restricciones de tiempo. Después incorporará una ayuda para la compra de la aplicación.

Ejercicio: Agregar un modo de prueba y proporcionar ayuda

Para agregar un modo de prueba a su aplicación y proporcionar ayuda para la compra en la aplicación, siga estos pasos:

1. Abra Visual Studio 2012 y el proyecto denominado `LicensingDemo` del código fuente descargado para el capítulo.
2. Cree una nueva carpeta denominada **Data**.
3. Dentro de la carpeta **Data**, agregue un nuevo archivo XML denominado **trial.xml** con el siguiente contenido:

```
<?xml version="1.0" encoding="utf-16" ?>
<CurrentApp>
  <ListingInformation>
    <App>
      <AppId>9fbf66bd-9670-4ba2-809d-843043b5b45c</AppId>
      <LinkUri>http://apps.microsoft.com/app/29fbf66bd-9670-4ba2-809d-
        843043b5b45c</LinkUri>
      <CurrentMarket>en-US</CurrentMarket>
      <AgeRating>3</AgeRating>
      <MarketData xml:lang="en-us">
        <Name>LicenseDemo</Name>
        <Description>Demo app demonstrating license management</Description>
        <Price>1.99</Price>
        <CurrencySymbol>$</CurrencySymbol>
      </MarketData>
    </App>
  </ListingInformation>
  <LicenseInformation>
    <App>
      <IsActive>true</IsActive>
      <IsTrial>true</IsTrial>
      <ExpirationDate>2013-01-01T00:00:00.00Z</ExpirationDate>
    </App>
  </LicenseInformation>
</CurrentApp>
```

4. Abra MainPage.xaml.cs y localice el método `NavigatedTo`.
5. Reemplace el método `OnNavigatedTo` con el siguiente código:

```
protected async override void OnNavigatedTo(NavigationEventArgs e)
{
  //Configurar CurrentAppSimulator con datos simulados
  var proxyDataFolder = await
    Package.Current.InstalledLocation.GetFolderAsync("data");
  var proxyFile = await proxyDataFolder.GetFileAsync("trial.xml");
  await CurrentAppSimulator.ReloadSimulatorAsync(proxyFile);

  //Obtener información de la licencia
```

```
    var licenseInfo = CurrentAppSimulator.LicenseInformation;

    //Actualizar la UI
    RefreshLicenseDisplayInfo(licenseInfo);
}

private void RefreshLicenseDisplayInfo(LicenseInformation licenseInfo)
{
    if (licenseInfo.IsActive && licenseInfo.IsTrial) //Es una prueba
    {
        txtLicenseStatus.Text = "Trial use expires on " +
            CurrentAppSimulator.LicenseInformation.ExpirationDate;
        btnBuyApp.Visibility = Visibility.Visible;
    }
    else if (licenseInfo.IsActive && !licenseInfo.IsTrial) //Es una licencia
completa
    {
        txtLicenseStatus.Text = "Full featured app";
        btnBuyApp.Visibility = Visibility.Collapsed;
    }
    else //Se ha producido un error o el tiempo de prueba ha expirado
    {
        txtLicenseStatus.Text = "Trial expired";
        btnBuyApp.Visibility = Visibility.Visible;
    }
}
```

6. Pulse **F5** o seleccione **Depurar>Iniciar depuración** para ejecutar la aplicación. Como puede ver, aparece un texto indicando que la aplicación está en modo de prueba y que expirará el 01/01/2013.
7. Detenga la aplicación. Abra **MainPage.xaml.cs** y localice el controlador de evento `buttonBuyApp_Click_1`.
8. Reemplace el controlador de evento con el siguiente código:

```
private async void btnBuyApp_Click_1(object sender, RoutedEventArgs e)
{
    await CurrentAppSimulator.RequestAppPurchaseAsync(false);
}
```

9. Localice el método `OnNavigatedTo` y agregue el siguiente código al final del mismo:

```
//Suscripción a los cambios de licencia
licenseInfo.LicenseChanged += () =>
{
    Dispatcher.RunAsync(Windows.UI.Core.CoreDispatcherPriority.Normal, () =>
    {
        RefreshLicenseDisplayInfo(licenseInfo);
    });
};
```

10. Ejecute de nuevo la aplicación. Al hacer clic en el botón **Buy** (Comprar), debe seleccionar la opción S_OK. Haga clic en **Continuar** y después en **Aceptar**. Ahora su aplicación muestra toda su funcionalidad.

Cómo funciona

En el paso 3 ha creado un archivo XML que representa la información sobre la aplicación. Dicha información es la misma que ofrece la Tienda Windows. La sección `ListingInformation` es información básica sobre la aplicación. Aquí, lo más relevante es el elemento `LicensingInformation`. Esta es la parte en la que la Tienda Windows proporciona el estado de licencia de la aplicación. En este caso, se trata de una aplicación de prueba.

Este XML es el que se utilizará para simular la información de la Tienda Windows.

En el paso 5 se lee el archivo XML en memoria y después se carga en `CurrentAppSimualtor` utilizando el método `ReloadSimualtorAsync`. Este método lee los datos del XML con la información de la licencia. A continuación simplemente ha mostrado la información de la licencia en la pantalla.

En el paso 6, cuando ha ejecutado la aplicación, se ha mostrado la información de prueba y también un botón de compra, que ahora mismo no hace nada.

En el paso 8, con el método `RequestPurchaseAsync`, ha enviado una solicitud a la Tienda Windows para comprar esta aplicación. Evidentemente, en este caso está simplemente simulando la compra ya que está utilizando la clase `CurrentAppSimulator`.

En el paso 10, cuando ha ejecutado la aplicación y ha hecho clic en el botón de compra, ha aparecido un cuadro de diálogo. Este cuadro le ayuda con la depuración de la comunicación con la Tienda Windows. En un cuadro de diálogo puede elegir entre diferentes respuestas de la tienda. S_OK representa un escenario en el que la compra ha tenido éxito.

Proceso de registro del desarrollador

Como potencial desarrollador de una aplicación estilo Windows 8, tiene que registrarse en la Tienda Windows para publicar y vender sus aplicaciones a través de ella.

El proceso de registro es simple y directo. Abra el portal de desarrollo de Windows `http://msdn.microsoft.com/es-ES/windows/apps` e inicie la sesión. Durante el proceso de registro tendrá que proporcionar la siguiente información:

- **Información de cuenta:** Puede utilizar su cuenta de Windows (conocida anteriormente como ID de Windows Live) o puede registrarse con una nueva.
- **Nombre del publicador:** Este es el nombre bajo el que aparecerán sus aplicaciones en la Tienda Windows. Los clientes verán este nombre al comprar su aplicación. Asegúrese de que dicho nombre no pertenece a nadie más. Su cuenta se podría cerrar si infringe las leyes sobre una marca comercial o de derechos de autor.
- **Información de cuenta del desarrollador:** Aquí se describen los detalles y la información de contacto del desarrollador de la cuenta. Este contacto recibirá información y notificaciones sobre esta cuenta.

- **Información de cuenta de la empresa:** Si se registra como una empresa, tiene que proporcionar información adicional, como su número de identificación de pago de impuestos y una persona que lo apruebe.
- **Aceptación del acuerdo:** Tiene que leer y aceptar el acuerdo para crear una cuenta de desarrollador.
- **Pagos:** Aquí proporcionará información sobre los detalles del pago.
- **Confirmación:** Puede revisar su pedido y tiene que hacer clic en el botón de compra para confirmar el registro.

En cuanto se crea la cuenta, se deducirá la tarifa anual de registro. La figura 16.2 muestra la pantalla del pago en el proceso de registro.

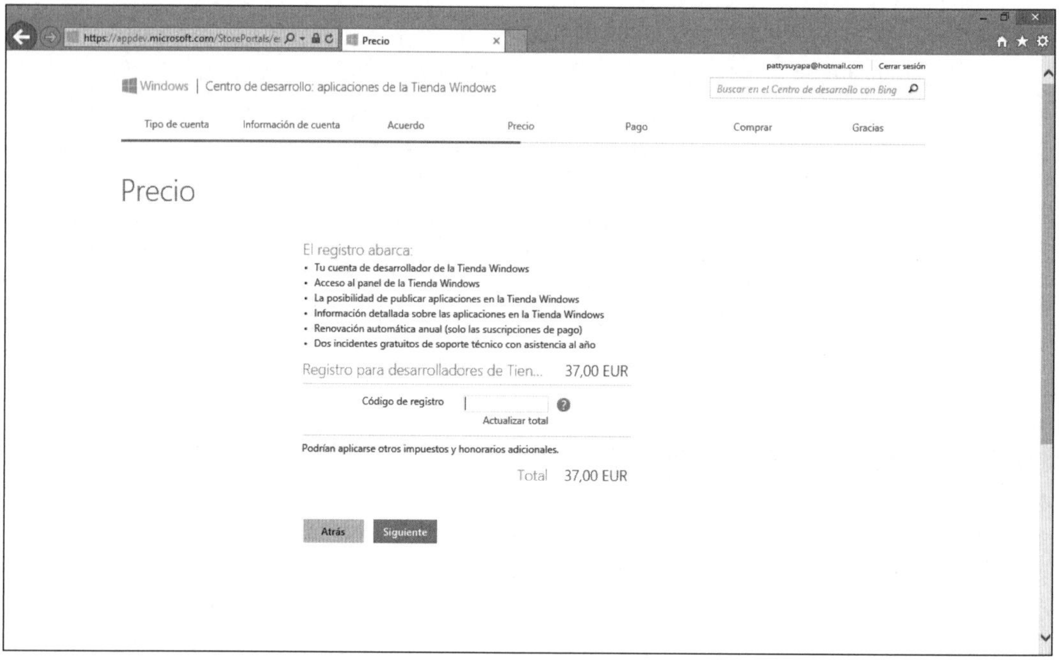

Figura 16.2. Proceso de registro de una cuenta de desarrollador.

Enviar la aplicación

Enviar una aplicación a la Tienda Windows es un proceso muy sencillo. El primer paso antes de enviar su aplicación es comprobar si el nombre que le ha puesto se encuentra disponible. Es probable que alguien más lo haya reservado. También puede reservar nombres utilizando el elemento de menú Proyecto>Tienda>Reservar nombre de aplicación en Visual Studio 2012.

Al seleccionar este elemento de menú, se dirigirá al portal de la Tienda Windows. No entrará directamente en la sección de reserva del nombre, sino a la página general del proceso de envío que le ofrece un resumen de lo que va a necesitar:

- **Nombre:** Aquí es donde puede reservar el nombre de su aplicación.
- **Detalles de la venta:** Puede definir las propiedades de su aplicación, como precio, categoría y detalles de distribución sobre dónde quiere venderla.
- **Funciones avanzadas:** Puede configurar notificaciones directas, Servicios de Live y ofertas en la aplicación.
- **Clasificación por edades y certificados de clasificación:** Puede declarar la edad de la audiencia de su aplicación en esta página.
- **Criptografía:** Para establecer si sus aplicaciones utilizan o no criptografía.
- **Paquetes:** Aquí puede cargar su aplicación.
- **Descripción:** Puede describir su aplicación a clientes potenciales.
- **Nota para los evaluadores:** Su aplicación también la pueden probar evaluadores. Aquí puede incluir un breve resumen para quien va a realizar la evaluación.

La figura 16.3 muestra la página de envío de la aplicación.

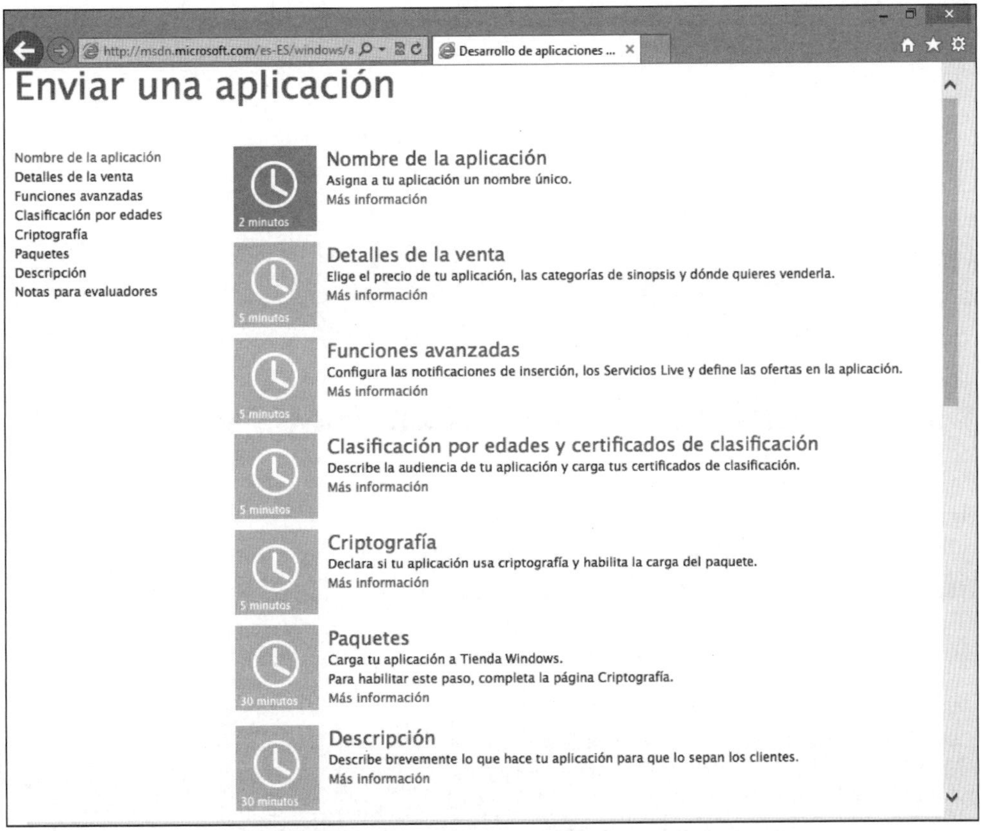

Figura 16.3. Página de envío de una aplicación.

Proceso de certificación de la aplicación

Después de enviar su aplicación, esta sigue el proceso de certificación. Estos son sus pasos:

1. **Preprocesamiento:** En este paso se comprueban todos los detalles que necesitará la Tienda Windows para publicar su aplicación. También se valida la cuenta del desarrollador. Normalmente este paso dura una hora.
2. **Pruebas de seguridad:** Se comprueba su paquete en busca de malware y virus. Este paso normalmente tarda unas tres horas.
3. **Pruebas de cumplimiento de requisitos técnicos:** Microsoft utiliza el Kit para la certificación de aplicaciones en Windows para validar que su paquete cumple con los requisitos técnicos. Este es el mismo paso que puede ejecutar localmente. Normalmente la prueba tarda unas seis horas.
4. **Cumplimiento de los requisitos de contenido:** Un equipo de evaluadores comprueban su aplicación para ver si su contenido cumple con los requisitos de contenido de Microsoft. Este paso puede tardar unos cinco días.
5. **Lanzamiento:** Si ha especificado un día de publicación específico, el proceso se puede detener en este paso hasta que ese día llegue. Si no especifica ningún día para el lanzamiento, el paso es muy rápido.
6. **Firma y publicación:** Su paquete se ha firmado con un certificado de confianza que coincide con los detalles de su cuenta de desarrollador. Después, la aplicación se publica en la Tienda Windows.

> **Nota:** Puede registrar el estado de su aplicación dentro del proceso de certificación utilizando el portal de la Tienda Windows.

Kit para certificación de aplicaciones en Windows

En este capítulo ya hemos mencionado más de un par de veces el proceso de certificación. Sin embargo, gran parte de estos pasos deben validarse antes de enviar la aplicación, que incluye la validación de los requisitos de contenido y técnicos.

Durante el proceso de certificación, su aplicación se valida ante los requisitos de certificación. Dichos requisitos configuran un conjunto de reglas que aseguran la comodidad y los intereses de los clientes y le animan a crear aplicaciones atractivas de alta calidad.

> **Nota:** Puede leer más sobre los requisitos de certificación de una aplicación Windows 8 en `http://msdn.microsoft.com/es-ES/library/windows/apps/hh694083.aspx`. Debe leer detenidamente este documento antes de empezar a desarrollar su aplicación, ya que podría afectar considerablemente a ella misma y a su contenido.

La forma más fácil de asegurarse de que su aplicación cumple los requerimientos de certificación es ejecutar localmente el Kit para certificación de aplicaciones en Windows. Esta es la misma herramienta que se ejecuta en el proceso de envío. Sin embargo, debe tener en cuenta que incluso aunque la prueba se pase localmente, podría fallar en el servidor. La prueba se puede ejecutar con distintas opciones en diferentes circunstancias durante el proceso de envío. No obstante, es recomendable ejecutar las pruebas localmente para reducir la posibilidad de un fallo.

Resumen

Cuando se desarrollan aplicaciones estilo Windows 8, algunos de los objetivos principales son conseguir que su aplicación esté disponible para el máximo posible de clientes potenciales y venderla. La Tienda Windows le ayuda a distribuir sus aplicaciones a una amplia audiencia, administra los pagos y las revisiones y proporciona detalles e información a sus clientes.

Para ganar dinero con sus aplicaciones, puede elegir entre una variedad de modelos de precio. Puede utilizar las pruebas, las compras en la aplicación y los anuncios para obtener lo máximo de su trabajo a la vez que crea un balance entre un producto que pueda gustar y un producto que moleste.

Para enviar su aplicación a la Tienda de Windows tiene que ser un desarrollador registrado. Después de mandarla, esta pasa por un proceso de certificación para comprobar que no infringe ninguna regla de los requisitos de certificación y que funciona como debería. Puede utilizar el Kit para certificación de aplicaciones en Windows para asegurarse de que su aplicación cumple con los requisitos.

Ejercicios

1. ¿Qué es la Tienda Windows?
2. ¿Cuáles son sus opciones para ganar dinero con su aplicación?
3. ¿Cómo puede probar que su aplicación pueda pasar con más posibilidades las pruebas de certificación antes de enviarla?
4. ¿Qué tiene que hacer para admitir compras en la aplicación?
5. ¿Cómo puede probar la información sobre licencias durante el desarrollo?

Nota: Las respuestas a los ejercicios se encuentran en el apéndice A del libro.

Qué ha aprendido en este capítulo

- **Tienda de Windows:** Es la tienda privada de aplicaciones de Microsoft donde puede publicar, vender y descargar aplicaciones estilo Windows 8.
- **Aplicación completamente funcional:** Es una aplicación sin restricciones. Puede ser una aplicación de pago o gratuita.
- **Compra en la aplicación:** Puede utilizar este tipo de compra para vender opciones adicionales para su aplicación.
- **Aplicación de prueba:** En el caso de las aplicaciones de pago, los periodos de prueba gratuita pueden ser la mejor solución. El cliente puede descargar su aplicación y utilizarla con un determinado límite, el cual puede basarse en el tiempo o en las funciones.
- **CurrentAppSimulator**: Si utiliza la clase `CurrentApp`, puede obtener información sobre el estado de la licencia. Sin embargo, solo funciona cuando la aplicación se ha implementado en la Tienda Windows. `CurrentAppSimulator` se ha diseñado para trabajar durante el desarrollo de la aplicación.
- **LicenseInformation:** Con esta clase, puede obtener información detallada sobre el estado de la licencia, la fecha en que expira y los modos de prueba.
- **Requisitos de certificación:** Después de enviar su aplicación a la Tienda Windows, ésta sigue un proceso de certificación. Durante dicho proceso, la aplicación se comprueba para ver si infringe o no los requisitos de certificación, los cuales constituyen un conjunto de reglas que protegen los intereses de los clientes.
- **Kit para la certificación de aplicaciones en Windows:** Con este Kit puede probar su aplicación antes de enviarla a la Tienda Windows.

Parte IV.
Apéndices

A

Respuestas de los ejercicios

Este apéndice proporciona las respuestas a los ejercicios de cada capítulo.

Capítulo 1: Respuestas de los ejercicios

Estas son las respuestas de los ejercicios del capítulo 1.

Respuesta a la pregunta 1

Este sistema operativo fue Windows Phone 7, lanzado en octubre de 2010. Microsoft lo creó para utilizar una interacción de usuario de primera clase (consumidor) sobre cualquier otra opción del sistema operativo.

Respuesta a la pregunta 2

Las aplicaciones estilo Windows 8 ocupan la pantalla completa, permitiendo al usuario concentrarse en un aplicación a la vez. Debido a esta solución, no hay necesidad de redimensionar la ventana o sus bordes. Una aplicación estilo Windows 8 no utiliza ningún accesorio (cromo) para administrar la posición de la ventana de la aplicación.

Respuesta a la pregunta 3

Estos son los lenguajes de programación más utilizados en Windows:

- C, C++.
- Visual Basic.
- C#, Visual Basic .NET.
- Delphi (Pascal).

Evidentemente existen muchos otros lenguajes de programación utilizados para crear aplicaciones Windows, pero no se utilizan con tanta frecuencia como los relacionados. Otros lenguajes son F#, Python, Ruby, Perl, COBOL, FORTRAN y más.

Respuesta a la pregunta 4

Los desarrolladores Web pueden utilizar HTML5 y sus eficaces accesorios, como las hojas de estilo en cascada 3 (CSS3, *Cascading Style Sheets 3*) y JavaScript para crear aplicaciones estilo Windows 8. Pueden utilizar las mismas API que el resto de lenguajes por lo que la pila de lenguajes de HTML5 puede coexistir con el resto.

Capítulo 2: Respuestas de los ejercicios

Estas son las respuestas de los ejercicios del capítulo 2.

Respuesta a la pregunta 1

Para volver a la aplicación anterior, utilice el gesto de deslizamiento para ir al borde izquierdo de la pantalla.

Respuesta a la pregunta 2

Abra la barra de accesos y haga clic en el botón **Buscar** (o tóquelo) y empiece a escribir. Alternativamente, puede simplemente abrir la pantalla Inicio y empezar a escribir en su teclado.

Respuesta a la pregunta 3

Marque el mosaico dinámico (es decir, haga clic con el botón derecho del ratón sobre él o deslícelo) y seleccione **Desactivar el icono dinámico** en la barra de menús contextual.

Respuesta a la pregunta 4

Sitúese en la parte superior de la aplicación y haga clic y mantenga pulsado el botón del ratón, o toque y mantenga pulsado con un dedo. Después, mueva el cursor o el dedo hasta el borde inferior de la pantalla y suéltelo.

Respuesta a la pregunta 5

Tanto las aplicaciones de origen y destino compartido tienen que participar en el proceso de compartir. Mientras se ejecuta la aplicación de origen, abra la barra de accesos y haga clic en el botón **Compartir** (o tóquelo). Seleccione la aplicación de destino de la lista.

Respuesta a la pregunta 6

Para cambiar al escritorio, haga clic en el mosaico dinámico **Escritorio** o tóquelo dentro de la pantalla Inicio. Si no lo encuentra en esta pantalla, puede utilizar la opción de búsqueda de aplicaciones. Alternativamente, si quiere abrir cualquier aplicación del escritorio, la abrirá alternativamente y cambiará a la aplicación Escritorio.

Capítulo 3: Respuestas de los ejercicios

Estas son las respuestas a los ejercicios del capítulo 3.

Respuesta a la pregunta 1

Los lenguajes de programación son C/C++, C#, Visual Basic y JavaScript.

Respuesta a la pregunta 2

Puede utilizar HTML con CSS cuando ha seleccionado JavaScript como su lenguaje de programación. En C++, C# y Visual Basic puede utilizar XAML para declarar e implementar la UI.

Respuesta a la pregunta 3

Windows Runtime.

Respuesta a la pregunta 4

Mientras la API de Win32 es plana con miles de operaciones, Windows Runtime agrupa operaciones en objetos relevantes y encapsula las estructuras de los datos utilizados por dichas operaciones. Win32 no es auto-descriptivo y no utiliza espacios de nombres mientras que Windows Runtime proporciona objetos de metadatos y grupos en espacios de nombres jerárquicos muy claros.

Respuesta a la pregunta 5

La Tienda Windows es un servicio en línea. Los desarrolladores de aplicaciones pueden cargar sus aplicaciones Windows 8 para ganar dinero con ellas o implementarlas gratuitamente. Los usuarios pueden entrar en la Tienda Windows en busca de aplicaciones para comprarlas o probarlas. Los usuarios no necesitan tener ningún conocimiento previo sobre el proceso de instalación ya que Windows 8 instala y elimina las aplicaciones sin problemas.

Capítulo 4: Respuestas de los ejercicios

Estas son las respuestas a los ejercicios del capítulo 4.

Respuesta a la pregunta 1

Esta herramienta es Visual Studio 2012 Express para Windows 8, una versión gratuita de la familia de Visual Studio 2012. Incluye todas las opciones que necesita para crear aplicaciones Windows 8.

Respuesta a la pregunta 2

Puede descargar aplicaciones desde la galería de muestras de código para el desarrollador de MSDN en `http://code.msdn.microsoft.com/`. Aquí podrá buscar ejemplos de código por tecnología, lenguaje de programación, versiones de Visual Studio y otras. Si está en el IDE de Visual Studio, no necesitar entrar en este sitio ya que estos ejemplos se integran en el cuadro de diálogo Nuevo proyecto. Seleccione simplemente En línea y cuando el IDE le presente la lista de muestras, seleccione Ejemplos para buscar los ejemplos disponibles.

Respuesta a la pregunta 3

En la ventana de herramientas Explorador de soluciones. Es el nodo principal que representa la solución que puede contener cero, uno o más proyectos Visual Studio. Puede utilizar los nodos jerárquicos para filtrar más la estructura del código fuente.

Respuesta a la pregunta 4

Puede iniciar aplicaciones desde Visual Studio con dos comandos. El comando Depurar>Iniciar depuración (**F5**) lanza la aplicación en modo de depuración. En este modo, la aplicación se detiene en cualquier punto de interrupción para poder analizar su ejecución El comando Depurar>Iniciar sin depurar (**Control-F5**) lanza la aplicación fuera del IDE. En este caso, no puede depurarla.

Respuesta a la pregunta 5

Es la opción Inicio rápido. Puede encontrarla en la esquina superior derecha de la ventana principal del IDE. Mientras escribe una expresión, el IDE presenta automáticamente comandos de menú, opciones o documentos que coinciden con la búsqueda. Al seleccionar un elemento en la lista, automáticamente invoca el correspondiente comando, muestra la página de la opción relacionada o cambia al documento elegido. Puede acceder a esta opción con las teclas de método abreviado **Control-Q**.

Respuesta a la pregunta 6

Es el objeto `storyboard`. Con este objeto puede definir los estados en un determinado punto de la línea de tiempo de los guiones. Tiene que describir dichos estados solo en puntos distintos y el motor del guión compondrá una animación fluida interpolando los valores de las propiedades de cada fotograma.

Capítulo 5: Respuestas de los ejercicios

Estas son las respuestas a los ejercicios del capítulo 5.

Respuesta a la pregunta 1

El nuevo lenguaje de diseño de Windows fue diseñado por Microsoft para seguir los principios del diseño de infografía. Aunque cada aplicación tenga su propia apariencia, el lenguaje de destino de Windows 8 define los patrones y temas más comunes que pueden ayudar a los usuarios a conocer y a utilizar las aplicaciones de una forma muy similar.

Respuesta a la pregunta 2

En un sistema plano, todas las páginas residen en el mismo nivel jerárquico. Este patrón es más apropiado para aplicaciones que contienen un pequeño número de páginas y el usuario tiene que cambiar entre ellas con las fichas. Los juegos, los exploradores o las aplicaciones de creación de documentos normalmente entran dentro de esta categoría.

Los patrones jerárquicos son más apropiados para aplicaciones que tienen un gran número de páginas que se pueden agrupar en múltiples secciones.

Respuesta a la pregunta 3

En un modelo de subprocesos, cada tarea se ejecuta en un subproceso independiente. Estos subprocesos se administran a través del sistema operativo subyacente que se hace cargo de declarar una CPU o un número de la CPU para cada subproceso.

En el modelo de programación asíncrona, en un mismo subproceso se ejecutan múltiples tareas. Sin embargo, las tareas que tardan mucho en ejecutarse se dividen en unidades más pequeñas para asegurarse de que no bloquean durante mucho tiempo al subproceso. Aunque con esta solución las tareas no se completarán antes, su aplicación será más agradable para el usuario.

Respuesta a la pregunta 4

C# 5.0 tiene dos nuevas palabras clave, `async` y `await`, que puede utilizar para crear la lógica asíncrona. Con la palabra clave `async`, puede marcar un método como asíncrono y con la palabra clave `await`, puede crear un código asíncrono a la vez que mantiene el flujo de control lineal.

Respuesta a la pregunta 5

Una promesa es un objeto de JavaScript que devuelve un valor en algún momento futuro, igual que las tareas en C#. Todas las API de Windows Runtime asíncronas que se exponen a las aplicaciones estilo Windows 8 se envuelven en objetos de promesa para poder trabajar con ellos de una forma natural en JavaScript.

Capítulo 6: Respuestas de los ejercicios

Estas son las respuestas a los ejercicios del capítulo 6.

Respuesta a la pregunta 1

Puede ordenar los nuevos elementos HTML5 en estas cuatro categorías:

- Elementos semánticos y estructurales.
- Elementos de medios.
- Elementos de formulario y tipos de entrada.
- Dibujos.

Respuesta a la pregunta 2

La Biblioteca de Windows para JavaScript (WinJS, *Windows Library for JavaScript*) es una biblioteca de códigos que permite a los desarrolladores crear aplicaciones estilo Windows 8 de una manera cómoda en JavaScript. WinJS publica varias opciones del nivel del sistema de Windows 8 a través de objetos y funciones JavaScript y también proporciona funciones de ayuda para patrones de codificación comunes en JavaScript.

Respuesta a la pregunta 3

Con el enlace de datos puede conectar estructuras de datos con componentes de la UI de forma que cuando exista un cambio de datos subyacente, los elementos de la UI se actualicen de forma automática. Puede definir y controlar enlaces de datos en el marcado HTML o simplemente utilizando un código JavaScript.

Respuesta a la pregunta 4

Las consultas de medios le permiten crear hojas de estilos dependientes de los medios y destinar sus configuraciones CSS con más precisión para dispositivos de salida específicos in tener que cambiar el contenido ni utilizar código JavaScript. Una consulta de medios contiene expresiones lógicas que se basan en las opciones del dispositivo (como la resolución de la pantalla o la proporción de aspecto) y los exploradores aplican las opciones CSS específicas solo si la condición se resuelve como verdadera.

Respuesta a la pregunta 5

La biblioteca de animaciones de Windows 8 es una parte integrada de WinJS y contiene animaciones clave para las aplicaciones estilo Windows 8. Con estas animaciones integradas, puede proporcionar fácilmente una aplicación estilo Windows 8 natural para los usuarios que utilizan transiciones y animaciones CSS3 estándar y optimizadas para el dispositivo.

Capítulo 7: Respuestas de los ejercicios

Estas son las respuestas a los ejercicios del capítulo 7.

Respuesta a la pregunta 1

Con la colección `Resources` puede colocar un objeto `Brush` en cualquier parte. Para asegurarse de que el recurso se encuentra disponible para toda la aplicación, debe añadir `Brush` a la colección `Application.Resources` para poder hacer referencia a él como `StaticResource` desde cualquier parte.

Respuesta a la pregunta 2

El objeto de origen que contiene la propiedad de origen tiene que implementar la interfaz `INotifyPropertyChanged`. En el establecimiento de la propiedad de origen, tiene que activar siempre el evento `PropertyChanged` de forma que cuando se establezca la propiedad, siempre se notifique al enlace a través de este evento.

Respuesta a la pregunta 3

El panel `Canvas` no tiene una estrategia de diseño automática. En los elementos que contiene, puede establecer las propiedades `Canvas.Left` y `Canvas.Top` para asegurarse de que coloca los elementos en las pociones correctas.

Respuesta a la pregunta 4

`StackPanel` ordena sus elementos horizontal y verticalmente. De forma predeterminada, no hay espacio entre los elementos. Sin embargo, mediante el establecimiento de la propiedad `Margin` puede asegurarse de que va a haber un espacio en blanco entre los elementos. Si la propiedad `Orientation` se establece en `Horizontal`, debe establecer los márgenes izquierdo o derecho; en caso contrario, establecer el margen superior o inferior ejecutará la tarea.

Respuesta a la pregunta 5

Igual que sucede con los objetos simples, las colecciones tienen que notificar a los enlaces acerca de los cambios, algo que puede hacer utilizando la interfaz `INotifyCollectionChanged`. Siempre que cambie la colección, se tiene que activar el evento `CollectionChanged`. Por tanto, tiene que utilizar una colección que implemente esta interfaz. La clase `ObservableCollection` podría ser una buena elección.

Respuesta a la pregunta 6

Al establecer la propiedad `BindingMode` en el propio enlace, puede controlar la dirección del mismo. Si la establece en `TwoWay`, cualquier cambio en cualquier lado se reflejará automáticamente en el otro lado del enlace.

Capítulo 8: Respuestas de los ejercicios

Estas son las respuestas a los ejercicios del capítulo 8.

Respuesta a la pregunta 1

Las animaciones independientes se calculan utilizando la GPU, que asegurará que la animación es uniforme. Las animaciones dependientes se calculan en el subproceso de la UI que se está ejecutando en la CPU, que podría causar una mala interacción del usuario.

Respuesta a la pregunta 2

La biblioteca de animaciones proporciona un conjunto de animaciones y transiciones de temas predefinido. Estas animaciones son independientes y también consistentes con las animaciones utilizadas en Windows 8.

Respuesta a la pregunta 3

Cada `UIElement` tiene una propiedad `RenderTransform` que le permite aplicar cualquier tipo de transformación que desee. Se denomina `RenderTransform` porque el proceso de transformación sucede justo antes de la reproducción y justo después de que se hayan ejecutado los cálculos del diseño. Esto significa que la reproducción de transformaciones no afecta al diseño.

Respuesta a la pregunta 4

En la plantilla de control, puede aplicar `TemplateBinding` para crear un enlace a la propiedad del control con una propiedad definida en la propia plantilla de control.

Respuesta a la pregunta 5

`CollectionViewSource` proporciona una vista sobre una colección de elementos. Esta vista admite la agrupación, la ordenación y el filtrado sin que afecte a la colección subyacente. Es una forma rápida y segura de enlazar su colección a un control complejo.

Respuesta a la pregunta 6

`SemanticZoom` proporciona dos niveles de vista diferentes sobre el mismo conjunto de datos. Con los gestos de zoom y de pinchar, puede intercambiar entre los niveles de zoom.

Capítulo 9: Respuestas de los ejercicios

Estas son las respuestas a los ejercicios del capítulo 9.

Respuesta a la pregunta 1

Si el usuario inicia muchas aplicaciones, las suspendidas pueden reservar mucha memoria y poner en peligro el funcionamiento general y la capacidad de respuesta de la aplicación en primer plano. En este caso, el sistema operativo termina una o más aplicaciones suspendidas y reclama los recursos (como la memoria y los recursos de bloque exclusivo) para asegurarse de que la aplicación en primer plano continúa respondiendo.

Respuesta a la pregunta 2

Puede utilizar las teclas de método abreviado **Windows-Z** para mostrar la barra de la aplicación. En muchas aplicaciones, también aparecerá la barra al hacer clic con el botón derecho del ratón sobre la pantalla de la aplicación. En las pantallas táctiles, puede deslizar sus dedos desde el borde superior o inferior de la pantalla para ver esta barra.

Respuesta a la pregunta 3

Esta es el almacén itinerante de datos de la aplicación. Se guarda en la nube y es un mecanismo de réplica que se ocupa de sincronizar los datos entre sus distintos dispositivos.

Respuesta a la pregunta 4

Este objeto es `TileUpdateManager` que se define en el espacio de nombres `Windows.UI.Notifications`. Utilice el método `TileUpdateManager.CreateTileUpdaterForApplication()` para obtener un objeto que es el responsable de administrar las actualizaciones de notificación del mosaico perteneciente a su aplicación. Utilice el método `Update ()` de este objeto para cambiar las notificaciones del mosaico en la pantalla Inicio.

Capítulo 10: Respuestas de los ejercicios

Estas son las respuestas a los ejercicios del capítulo 10.

Respuesta a la pregunta 1

Este tipo de navegación se denomina navegación jerárquica. En ella se presenta el contenido de forma jerárquica, mostrando las distintas páginas los niveles de la jerarquía. Durante la navegación, puede moverse hacia arriba o hacia abajo entre los distintos nodos de la jerarquía y echar un vistazo al contenido del nodo actual.

Respuesta a la pregunta 2

Esta es la propiedad `Frame`, que contiene una instancia del objeto `Frame`. Este objeto controla el contenido de la página y proporciona operaciones y eventos con respecto a la navegación.

Respuesta a la pregunta 3

Puede llamar al método `Navigate` de la propiedad `Frame` de la página y pasar el tipo de página a la que pretende navegar, como se muestra aquí:

```
Frame.Navigate(typeof(NextPageType))
```

También puede pasar un segundo argumento opcional que puede utilizar en la página de destino, como se muestra aquí:

```
Frame.Navigate(typeof(NextPageType), "Page Title")
```

Respuesta a la pregunta 4

Tiene que sobrescribir el método `OnNavigatingFrom` de la página (o crear una suscripción al evento `NavigatingFrom`). El método (controlador de evento) tiene un argumento de tipo `NavigationCancelEventArgs`. Establezca la propiedad `Cancel` de este argumento en `true` para evitar la navegación fuera de la página actual.

Respuesta a la pregunta 5

Esta es la clase `LayoutAwarePage` (que se encuentra en la carpeta `Common`), la clase base común de las páginas en las plantillas Aplicación dividida y Aplicación de cuadrícula. En cuanto se carga la página (que deriva de `LayoutAwarePage`), se suscribe al evento `SizeChanged` de la ventana. Cuando se activa este evento, `LayoutAwarePage` mueve automáticamente la página al estado visual apropiado.

Capítulo 11: Respuestas de los ejercicios

Estas son las respuestas a los ejercicios del capítulo 11.

Respuesta a la pregunta 1

Los selectores proporcionan una UI unificada para que cada aplicación pueda acceder a recursos que en otro caso estarían restringidos. Asimismo, algunos de ellos admiten la integración con la aplicación. Una aplicación puede incluirse a sí misma en el selector y otras aplicaciones pueden utilizar sus opciones.

Respuesta a la pregunta 2

Implementar la funcionalidad de búsqueda es más o menos una cuestión de programación. Pero puede conseguir que la funcionalidad de búsqueda de su aplicación sea más accesible si integra su aplicación en la función Buscar de Windows 8 mediante la declaración de la adherencia al contrato de búsqueda y la implementación del código necesario.

Respuesta a la pregunta 3

Utilice la plantilla Contrato de compartir destino para agregar el contrato y personalizar la página de compartir de su aplicación.

Respuesta a la pregunta 4

Aunque tiene muchas formas de hacerlo (incluyendo el análisis sintáctico del XML de forma manual), la forma más eficiente y directa de transformar una fuente XLM en objetos es utilizar la clase `SyndicationClient` de la API de sindicación.

Respuesta a la pregunta 5

Su aplicación puede utilizar el SDK de Live. Después, cuando se conecte con los servicios en línea de Microsoft, debe declarar los ámbitos de los datos de usuario que quiere utilizar.

Capítulo 12: Respuestas de los ejercicios

Estas son las respuestas a los ejercicios del capítulo 12.

Respuesta a la pregunta 1

En general, los usuarios sujetan sus tabletas entre sus manos. Los sensores habilitan mecanismos de control adicionales y naturales que mejoran una aplicación. Es mucho más fácil conducir un coche de carreras en un juego girando su tableta que pulsando los botones de la pantalla.

Respuesta a la pregunta 2

Tiene dos opciones: `Default` y `High`. El uso de `Default` hace que el dispositivo intente determinar su ubicación de una forma menos precisa pero más rápida y consumiendo menos batería. Si los métodos de baja energía fallan o ha establecido la precisión en `High`, el dispositivo utiliza el receptor GPS y determina la ubicación de una forma más precisa.

Respuesta a la pregunta 3

El acelerómetro le proporciona la aceleración (cambio de velocidad) actual del dispositivo sobre sus tres ejes de coordenadas. El giroscopio le indica cuánto ha girado el dispositivo sobre esos ejes desde la lectura anterior.

Respuesta a la pregunta 4

En realidad no son necesarios pero son muy prácticos. En general, para utilizar los datos sin procesar de los sensores físicos, tiene que procesarlos mediante la escritura de cálculos muy complejos. Los sensores lógicos recogen los datos de múltiples sensores físicos y los procesan ellos mismos; de este modo, puede concentrarse en la creación de la lógica de su aplicación en lugar de tener que escribir algoritmos largos.

Respuesta a la pregunta 5

Debe utilizar `SimpleOrientationSensor` cuando quiera saber cómo está el usuario sujetando el dispositivo. Utilice esta clase cuando no esté interesado en los grados de altitud exactos sino en saber si el dispositivo está sobre una mesa o en modo horizontal o vertical o si ha girado 90, 180 o 270 grados.

Capítulo 13: Respuestas de los ejercicios

Estas son las respuestas a los ejercicios del capítulo 13.

Respuesta a la pregunta 1

Debido a las CPU y GPU con menos capacidad en los dispositivos móviles y a las altas expectativas del usuario (como la capacidad de respuesta de la UI), el rendimiento de la aplicación es un factor clave. El lenguaje de programación C++ le proporciona el mejor rendimiento posible entre los lenguajes de aplicaciones Windows 8 disponibles.

Respuesta a la pregunta 2

Las expresiones lambda en C++ (una nueva opción en C++11) le proporcionan funciones anónimas que pueden capturar variables desde el ámbito cerrado para administrar el estado. Puede utilizar expresiones lambda en lugar de funciones.

Respuesta a la pregunta 3

El operador ^ marca un apuntador de cuenta de referencias para conservar referencias a los tipos de Windows Runtime. Cuando utiliza este operador, el compilador genera un código que registra automáticamente las referencias al objeto apuntado y dispone de los objetos cuando el contador de la referencia llega a cero.

Respuesta a la pregunta 4

Es el operador `ref new`. Puede utilizarlo para crear una instancia de objetos Windows Runtime que tienen una cuenta de referencias. Puede utilizar esta operación junto con el operador ^ como se muestra a continuación:

```
Vector<int>^ numbers = ref new Vector<int>(myNumbers);
```

Respuesta a la pregunta 5

Puede mezclar tipos de STL y de Windows Runtime en sus aplicaciones C++, pero tiene que utilizar tipos de Windows Runtime para cruzar los límites de Windows Runtime. En la práctica, esto significa que puede utilizar tipos STL en cualquier otra parte, pero tiene que envolverlos dentro de tipos Windows Runtime cuando cruza el límite.

Respuesta a la pregunta 6

La mejor opción de tecnología sería C++ AMP. Esta tecnología le permitiría ejecutar el algoritmo de inversión de color de píxel directamente en la GPU con una escala alta de paralelismo y por tanto será más rápido que la ejecución en la CPU.

Capítulo 14: Respuestas de los ejercicios

Estas son las respuestas a los ejercicios del capítulo 14.

Respuesta a la pregunta 1

Cuando crea el proyecto, debe seleccionar la plantilla Componente de Windows en tiempo de ejecución de C#. Con esta plantilla se asegura de que su proyecto se crea con una biblioteca de componentes Windows Runtime. Esta biblioteca se puede utilizar desde cualquier lenguaje de Windows 8.

Respuesta a la pregunta 2

Las tareas en segundo plano tienen límites de rendimiento de la CPU y de la red. El límite de la CPU es 1 segundo por 13 minutos, o 2 segundos por 2 horas para las aplicaciones estándar y en la pantalla de bloqueo. El rendimiento de la red se limita solo cuando el equipo se ejecuta sobre una batería pero no se limita cuando está conectado a la corriente alterna.

Respuesta a la pregunta 3

Las tareas en primer plano pueden suscribirse a las notificaciones de las tareas en segundo plano. El controlador de evento `OnCompleted` de una tarea en segundo plano registrada se activa cuando se completa una tarea. El controlador de evento `OnProgress` se activa cuando la tarea en segundo plano cambia su valor de progreso. Estos controladores de eventos pueden actualizar la UI de la aplicación en primer plano.

Respuesta a la pregunta 4

Sí, siempre que no consuma más de 1 segundo de tiempo de la CPU mientras se está ejecutando. Por ejemplo, supongamos que descarga 500 piezas de paquetes de datos y tarda aproximadamente 1 milésima de segundo de la CPU en iniciar la descarga de un paquete, pero la tarea tiene que esperar 2 segundos para cada descarga. Al final, la tarea tardará algo más de 1.000 segundos, pero consumirá solo 500 milésimas de segundos de la CPU.

Respuesta a la pregunta 5

Un equipo Windows 8 puede tener diversos dispositivos de entrada, incluidos el ratón, el teclado, un lápiz óptico o la entrada táctil. Conocer los dispositivos de entrada disponibles le ayuda a seleccionar la mejor forma de entrada, en cuanto a la interacción del usuario se refiere. Su aplicación podrá acomodarse a las opciones de los dispositivos disponibles y utilizar el modelo de interacción más apropiado para ella.

Capítulo 15: Respuestas de los ejercicios

Estas son las respuestas a los ejercicios del capítulo 15.

Respuesta a la pregunta 1

Un punto de interrupción es un marcador para el Depurador que indica que la ejecución normal debe detenerse y que Visual Studio debe cambiar al modo de depuración cuando se llegue a este marcador.

Respuesta a la pregunta 2

Puede pulsar **F11** o la opción **Paso a paso por instrucciones** en la barra de depuración.

Respuesta a la pregunta 3

Puede utilizar la ventana de Variables locales para observar el cambio de estas variables. También puede utilizar la Ventana Inspección para ejecutar esas operaciones en variables locales bajo supervisión.

Respuesta a la pregunta 4

Editar y continuar le permite modificar la base del código mientras se está ejecutando la aplicación y está en modo de depuración. Es una forma extraordinaria de recuperarse de las excepciones y solucionar pequeños fallos.

Respuesta a la pregunta 5

Utilice el Simulador para simular el entorno de una aplicación estilo Windows 8. Con el Simulador puede especificar muchos factores diferentes, entre los que se encuentran distintos tamaños y resoluciones de pantalla.

Respuesta a la pregunta 6

Las clases de prueba contienen métodos de prueba, inicialización de código para su ejecución antes de cada método de prueba y un código de limpieza para su ejecución después de cada método de prueba.

Capítulo 16: Respuestas de los ejercicios

Estas son las respuestas a los ejercicios del capítulo 16.

Respuesta a la pregunta 1

La Tienda Windows es la tienda privada de aplicaciones de Microsoft donde puede publicar, vender y descargar aplicaciones estilo Windows 8. Los usuarios pueden ver un resumen de su aplicación, descripciones detalladas y críticas de otros usuarios.

Respuesta a la pregunta 2

Puede publicar aplicaciones totalmente funcionales a un precio establecido. La mejor forma de hacerlo es utilizar los modos de prueba para sus aplicaciones. Las compras en la aplicación también proporcionan un buen método para ganar dinero con su aplicación. Otra alternativa es añadir anuncios publicitarios a su aplicación donde se le pagará cada vez que un usuario abra el anuncio.

Respuesta a la pregunta 3

Antes de enviar una aplicación a la Tienda Windows, debe probarla con el Kit para la certificación de aplicaciones en Windows para asegurarse de que aplicación no infringe ninguna regla de los requisitos de certificación. Sin embargo, no podrá estar seguro de que su aplicación va a pasar el proceso con éxito.

Respuesta a la pregunta 5

Puede utilizar la colección `LicenseInformation.ProductLicenses` para comprobar el estado de las licencias en la aplicación. También tiene que asegurarse de que registra todos los indicadores de compra en la aplicación con descripciones detalladas en el portal de la Tienda Windows durante su envío.

Respuesta a la pregunta 6

Con la clase `CurrentApp` puede obtener información sobre el estado de la licencia. Sin embargo, esta clase solo funciona cuando la aplicación se ha implementado para la Tienda Windows. `CurrentAppSimulator` se ha diseñado para trabajar durante el desarrollo.

B

Enlaces útiles

Hasta el momento en el libro ha aprendido los elementos básicos del desarrollo de aplicaciones estilo Windows 8. Los temas tratados y sus ejercicios relacionados le han proporcionado una visión general de lo que es el nuevo estilo de aplicaciones y ahora debería conocer la esencia de su creación. Puede encontrar muchas formas para ampliar y mejorar sus conocimientos, y este apéndice le ofrece una serie de enlaces útiles a páginas Web y artículos que contiene más detalles sobre el desarrollado de aplicaciones Windows 8.

Códigos de ejemplo

La mejor forma de conocer las API de Windows Runtime y sus técnicas fundamentales es echar un vistazo a algunos ejemplos preparados. La lista siguiente recoge los enlaces dentro de la galería de ejemplos de código del desarrollador en MSDN para su descarga.

- `http://code.msdn.microsoft.com/`: Página principal de Muestras de código para el desarrollador, de MSDN. Aquí puede encontrar ejemplos por plataformas, versiones de Visual Studio, lenguajes de programación, etiquetas y otros atributos.
- `http://code.msdn.microsoft.com/Windows-8-Modern-Style-App-Samples`: Enlace a una descarga de paquetes de todos los ejemplos de aplicaciones estilo Windows 8. Puede descargar los ejemplos de forma separada para su lenguaje de programación favorito, o todos ellos en un paquete.

- `http://code.msdn.microsoft.com/windowsapps/site/search?f%5B0%5D.Type=Technology&f%5B0%5D.Value=XAML&f%5B0%5D.Text=XAML`: Este código de ejemplo demuestra cómo utilizar controles de Windows 8 predefinidos. Puede descargar estos ejemplos de forma separada para su lenguaje de programación favorito o todos ellos en un paquete.

Directrices

Cuando esté preparado para crear sus propias aplicaciones estilo Windows 8, las directrices recogidas a continuación le proporcionan recursos indispensables para empezar.

- `http://msdn.microsoft.com/es-ES/library/windows/apps/hh464920.aspx`: Este artículo ofrece una visión general sobre lo que hace que su aplicación estilo Windows 8 sea sobresaliente. Los principios tratados aquí le ayudarán a entender la esencia del diseño de Windows 8.
- `http://msdn.microsoft.com/es-ES/library/windows/apps/hh465427.aspx`: Este artículo proporciona una directriz que la ayuda a planificar sus aplicaciones estilo Windows 8, desde decidir qué es lo que hace que su aplicación sea extraordinaria hasta validar su diseño.
- `http://msdn.microsoft.com/es-ES/library/windows/apps/hh465424.aspx`: Utilice este enlace como centro inicial para conocer los patrones de interacción del usuario y sus principios. Recoge enlaces a todas las directrices indispensables cuando diseña interfaces de usuario (UI) e interacciones de usuario para sus aplicaciones.
- `http://msdn.microsoft.com/es-ES/library/windows/apps/hh465415.aspx`: Windows 8 se centra en los dispositivos de pantallas táctiles. Este artículo explica los elementos básicos del diseño de interacción táctil.
- `http://msdn.microsoft.com/es-ES/library/windows/apps/Hh452681(v=win.10).aspx`; `http://msdn.microsoft.com/es-ES/library/windows/apps/xaml/Hh452680(v=win.10).aspx`: Estos dos enlaces proporcionan directrices que le ayudan a diseñar e implementar la accesibilidad en sus aplicaciones utilizando HTML/JavaScript y C#/Visual Basic, respectivamente.
- `http://msdn.microsoft.com/es-ES/library/windows/apps/hh465413.aspx`: Este enlace apunta a un índice de notas de producto para aplicaciones estilo Windows 8. Visítelo para obtener directrices prácticas y sugerencias para desarrollar sus aplicaciones.

Windows Runtime

Windows Runtime es la base del desarrollo de aplicaciones estilo Windows 8. Los enlaces recogidos a continuación proporcionan la información más importante que necesita para aprovechar las extraordinarias opciones de este componente funcional.

- `http://msdn.microsoft.com/es-ES/library/windows/apps/br211377.aspx`: Este enlace es el índice de las referencias de la API de Windows Runtime para aplicaciones estilo Windows 8.
- `http://msdn.microsoft.com/es-ES/library/windows/apps/hh441569(v=vs.110).aspx`: Con Visual Studio puede desarrollar sus propios componentes de Windows Runtime. Este enlace la ayuda con el desarrollo de componentes utilizando C++.
- `http://msdn.microsoft.com/es-ES/library/windows/apps/hh464945.aspx`: A partir de este artículo puede aprender las opciones de la API de Windows que puede utilizar en una aplicación estilo Windows 8 y cuáles son las API para utilizar como alternativas.

Referencias de lenguaje

Puede desarrollar aplicaciones estilo Windows 8 con cuatro lenguajes: C++, C#, Visual Basic y JavaScript. En muchas aplicaciones puede mezclarlos para proporcionar una interacción del usuario extraordinaria aprovechando las ventajas que ofrece cada uno individualmente. La tabla B.4 recoge los enlaces de referencias a dichos lenguajes de programación y, adicionalmente, a XAML.

- `http://msdn.microsoft.com/es-ES/library/windows/apps/hh699871.aspx`: Referencia al lenguaje Visual C++ (Extensiones de componentes, C++/CX).
- `http://msdn.microsoft.com/library/618ayhy6(VS.110).aspx`: Referencia de lenguaje C#.
- `http://msdn.microsoft.com/library/25kad608(VS.110).aspx`: Referencia de lenguaje Visual Basic.
- `http://msdn.microsoft.com/es-ES/library/windows/apps/d1et7k7c(v=vs.94).aspx`: Referencia del lenguaje JavaScript.
- `http://msdn.microsoft.com/es-ES/library/windows/apps/hh700351.aspx`: Guía básica de sintaxis de XAML.

Controles

Los controles estilo Windows 8 son muy importantes para la UI de cada aplicación. Los enlaces recogidos a continuación apuntan a información que le ayudará a elegir el control apropiado para una determinada tarea así como a conocer los detalles de su implementación.

- `http://msdn.microsoft.com/es-ES/library/windows/apps/xaml/Hh465351(v=win.10).aspx`; `http://msdn.microsoft.com/es-ES/library/windows/apps/Hh465453(v=win.10).aspx`: Estos dos enlaces presentan una lista de los controles disponibles para el desarrollo de aplicaciones estilo Windows 8. El primero utiliza la notación XAML para los controles (para utilizarse desde C#, Visual Basic o C++). El segundo proporciona una notación HTML (para utilizarse desde JavaScript).
- `http://msdn.microsoft.com/es-ES/library/windows/apps/xaml/Hh465381(v=win.10).aspx`; `http://msdn.microsoft.com/es-ES/library/windows/apps/Hh465498(v=win.10).aspx`: Puede cambiar totalmente el estilo visual de los controles integrados en Windows 8. Estos dos enlaces apuntan a artículos que describen un inicio rápido para aplicaciones C++/C#/Visual Basic y HTML/JavaScript, respectivamente.

Índice alfabético

A

abort, 398
Abrir
  carpeta en el Explorador de archivos, 383
  con, 104-105, 439-440
  proyecto, 146
    o solución, 146
  sitio web, 219, 225
Accelerometer, 501-503, 509
AccelerometerReading, 502
AccelerometerShakenEventArgs, 502
AccelGyroSample, 508
Accuracy double, 493
Activos, 341, 348, 406
Add, 109, 603
AddDeleteThemeTransition, 322, 325, 328
addEventListener, 228, 236
AddNote, 473, 476
Administrador de
  paquetes de biblioteca, 140
  referencias, 185, 558
  tareas, 373-375
Adquiriendo, 126
Agregar
  elemento nuevo, 424
  inspección, 593
  nuevo elemento, 210, 219, 226, 249, 472
  nuevo proyecto, 558
  referencia, 185, 558, 602
align, 213
AllGroups, 360, 447
AllowDrop, 99
AllTasks, 576
Altitude double, 493
AltitudeAccuracy double, 493
Apariencia, 349
Aplicaciones, 62-63, 82, 87
  de Cuadrícula (XAML), 359
  de Windows Forms, 178
  dividida, 418, 440, 540, 634
  vacía, 127, 422, 540, 558
  vacía (XAML), 127, 290, 325, 332, 347
Aplicando, 126
App, 280, 368
AppBar, 351, 362-363, 391
AppBarBackgroundThemeBrush, 297
arc, 265
Archivos, 82
  JavaScript, 226, 249
Arial, 25
array_view, 552
aside, 207
Assets, 127, 280, 541
async, 178, 184-185, 396-397
AsyncCallback, 174
Asynchronous Method Invocation, 548
audio, 207
Authors, 481
Auto, 284, 286-287

Automatic tracking, 498
AutoReverse, 153

B

Back, 428
Background, 293, 297, 336, 347, 349
BackgroundTaskBuilder, 576
BackgroundTaskRegistration, 576
BackgroundWorker, 175
begin(shapes), 530
BeginGetResponse, 174
BeginOperationName, 174
BeginPaint, 38
Behind Green, 134
Biblioteca de
  imágenes, 239, 243, 249
  prueba unitaria, 602
Bibliotecas, 548
big, 213
bigredtext, 216
BindableBase, 442
Binding, 308-309, 312-313, 474
BindingMode, 308, 318, 631
Biography, 316
Black, 278
Bloc de notas, 232
Bloquear, 566
body, 211, 218, 221, 227
boolean, 223
Borde, 299
Border, 300, 333-334
BorderThickness, 300
Bottom, 284, 300
BottomAppBar, 147, 362, 391
BottomLeft, 300
BottomRight, 300
br, 208
Brush, 631
btnAdd, 326
btnReadGyro, 508
btnReadGyro_Click, 514
btnRemove, 326
btnRemoveFilter, 468
btnSearch, 198
btnStart_Click, 180-182, 185, 187, 189
Buscar
  en archivos, 143
  otra aplicación en el equipo, 104
Button, 277, 282, 350, 481
buttonBuyApp_Click_1, 616
ButtonClick, 429
Button_Click, 282
Button_Click_1, 192
BypassCacheOnRetrieve, 484

C

CachedFileManager, 460, 464
Calculator, 601-603
CalculatorDemo, 602-603
CalculatorTests, 602
Calendario, 166
Cambiar
  la configuración de PC, 87
  nombre, 602
Cancel, 189-190, 430, 453, 634
CancelAfter, 189
CancelCommandIndex, 395
CancellationTokenSource, 187, 189-190
cancelRequested, 580
Canvas, 261, 264
Capacidades, 239, 249, 381, 481, 495
capCreateCaptureWindow, 103
Cargando el diseñador, 129
CarouselPanel, 289
Center, 149, 284-285
Change, 311
char, 564
CheckBox, 304
checked, 229
Children, 285, 296, 327
Circle, 107
CircularPanel, 284
City, 494
CivicAddress, 493-494
class, 216-217
ClearAsync, 403
Click, 279, 304, 326
  event handler started, 181
Color, 213-214
Column, 292-293
ColumnDefinitions, 287
Columns, 291
ColumnSpan, 290, 292-294
COMException, 538-539
Commands, 387, 395, 398
Common, 127, 379, 443, 541, 634

CommonStates VisualStateGroup, 339
Compartir destino, 473
Compass, 516
CompassReading, 516-517
CompassReadingChangedEventArgs, 516
Compilar, 461, 463, 506, 513
complete, 199-200
Completed, 194, 576
context, 264
Contrato de compartir destino, 635
Control de cuentas del usuario, 139
Controles
    comunes, 178
    de XAML, 191
ControlTemplate, 335, 364
Convert, 312-313
ConvertBack, 312-313
Converter, 309, 312
Convertir en nuevo recurso, 297-298
Coordinate, 493
CoreDispatcher, 576, 588
CornerRadius, 300
Correo, 485
Country, 494
CppDemo Start, 541, 544-545, 547, 549
Crear
    enlace de datos, 315-316
    paquetes de aplicaciones, 377
    recurso Storyboard, 150
    recursos Brush, 297
CreateFileAsync, 548
createTask, 548
CreateWindow, 38
CSharpHybrid
    project, 560
    Start, 558
css, 196-197, 262, 268
Cuadro de herramientas, 143-144, 290-293, 306
Current, 403
CurrentAppSimulator, 611, 617, 622, 639

D

d:source, 447
data, 240
DataChanged, 403
DataContext, 311, 315-316, 318
DataModel, 170, 360, 446
dataSource, 243
datawin- bind, 243
date, 244
DateTime, 481
DateTimeOffset, 494, 502, 515, 518
DeadLine, 375
Debug_Test, 379
Declaraciones
    admitidas, 466-467
    disponibles, 465, 572
Default, 635
DefaultCommandIndex, 395, 398
DefaultFileExtension, 459
DefaultViewModel, 448
DeferUpdates, 464
define, 255
delegate, 535
Dependencias externas, 541
DependencyObject, 283, 308
DepthButtonTapped, 436
depuración, 597
Depurador, 604
Depurar, 168
Descargar e instalar, 137
Dispositivo, 343
div, 198, 207, 217, 260, 271
DiveLogStart, 424
Divisas, 419
divResult, 198
divStatus, 198
DOCTYPE, 211
Documentos, 457
DOM, 273
Double, 329, 493, 517-518
DoubleAnimation, 329, 334, 339
Download
    completed, 183
    String TaskAsync, 176
DoWork, 179, 181-182, 184, 186
Duration, 330, 334

E

Editar
    plantilla, 347, 350
    una copia, 347, 350
    y continuar, 595-596
Ejecutar todas, 603
El tiempo, 35
Eliminar, 348

else, 613
Empaquetado, 381-382, 406
ended, 183
EndGetResponse, 174
Enlace de plantilla, 349-350
enterContent, 271-272
enterPage, 271
Entrada y salida lenta, 152
EntranceThemeTransition, 321-322, 325, 328
error, 199, 218
errorHandler, 195
errors, 218
Escritorio, 87-88, 137-138, 627
Esquema del documento, 291-292, 315, 423
Estados, 342, 349
Este documento, 297
event, 535
eventhandler, 368
Evento del sistema, 573
eventObj, 246
exitContent, 271-272
Explorador de
 archivos, 60, 202, 257, 383, 548
 pruebas, 601, 603
 soluciones, 127-128, 241-242, 628
 Windows, 60
Extensiones
 en línea, 156
 y actualizaciones, 139-140

F

Facedown, 519
Faceup, 519
FadeInThemeAnimation, 323, 325
FadeOutThemeAnimation, 323, 325
false, 337, 395, 443, 484, 595
FamilyTrips, 448
FamilyTripsGrid, 445
FamilyTripsSplit, 445
Feature Output, 544
FeedItem, 481, 483
figure, 207
file, 236
FileExtensionVector, 109
FileFilterType, 109
FileIO, 231, 236-237, 459
FileOpenPicker, 109, 457-458, 465
files, 243
FileSavePicker, 232, 236, 457-459, 466
FileTypeChoices, 459
FileTypeFilter, 458
Fill, 292, 297-298, 301, 336
fillText, 266
Finanzas, 164, 418-419, 431
FirstName, 307, 309
for, 199, 213, 528-529, 546
Foreground, 311-312
form, 213, 222
Forward, 428
Frame, 281, 427-429, 633-634
FrameworkElement, 294-295, 300, 311, 318
From, 330
fromIndex, 246
fulfilledHandler, 195
function, 223

G

Galería de Visual Studio, 139
game, 387
GameCompleted, 397
GameController, 386-387
Geocoordinate, 493-494
Geolocator, 492, 499
GeoLocSample\End, 498
Geoposition, 493
Get feed, 481
GetCurrentOrientation, 518
GetCurrentReading, 502, 508, 515, 518
GetDefault, 501, 508, 515-516, 518
GetFeed, 482-483
GetGeopositionAsync, 493, 499
GetView, 564
GoBack, 427
GoToState, 325
Graphics, 106
GreetMe, 282
Grid, 279, 282, 334-335, 423
GridLayout, 256
GridView, 322, 351-355, 447-449
GridViewItem, 359
Group, 360
GroupDetailPage, 444
Groups, 360
GroupStyle, 354, 360
Gyrometer, 508-509, 514
GyrometerReading, 508

H

head, 211, 215, 226-227
header, 207
HeaderTextStyle, 355
Heading double, 493
HeadingMagneticNorth, 517
HeadingTrueNorth, 517
Height, 286-287, 293, 347
Hello XAML, 277
Herramientas, 140, 146-150, 350
  Extensiones y actualizaciones, 139, 156
Hidden, 325
hidePanel, 272
HidesIfEmpty, 355
hideStoryboard, 323
High Accuracy, 498
highlight, 216
hits, 199
Hoja de estilos, 219
HResult, 538
HRESULT, 532-533, 537-538, 554
html, 211

I

IAsyncOperation, 194, 458
IAsyncResult, 174
IBackground, 572
IBackgroundTask, 576
id, 213, 216-218, 271
idx, 552
IEnumerable, 176
ILDASM, 103, 105-106
IListDataSource, 243
Image, 299-301, 357, 360
ImageFailed, 300
ImageOpened, 300
images, 257
important, 217-218
Imports, 107-108
Inclinometer, 518
InclinometerReading, 518
InclinometerReadingChangedEventArgs, 518
index, 246
Inicializar
  aquí su aplicación, 233
  la aplicación aquí, 197, 268
Iniciar, 126
Inicio rápido, 144, 156, 628
InitializeComponent, 295, 503
Inline, 301
inline-block, 222
innerText, 236, 240
INotifyCollectionChanged, 313, 317-318, 631
INotifyPropertyChanged, 309, 313, 316-318, 631
input, 213, 222
InputScope, 302
inputString, 545
Inspección, 593
Instalado, 127
Instalar, 124
  ahora, 124
interface class, 534
Internet (cliente), 481, 483
InternetAvailable, 567, 569
InternetNotAvailable, 569
InternetStatusTask, 572-573
InvocationPoint, 440
Invoke, 177
IsActive, 303, 611, 613
IsChecked, 304, 595
ISemanticZoomInformation, 358
IsEnabled, 337, 427
IsIndeterminate, 303
IsIntegrated, 585
IsItemClickEnabled, 360
IsOn, 305
IsOpen, 395
itemGridView, 360
ItemHeight, 289
iteminvoked, 245
itemPromise, 246
Items, 299, 351-352, 447-448
itemsContainer, 325-327
ItemsControl, 299, 305, 356-357, 364
ItemsPage, 444, 448
ItemsPanelTemplate, 289
ItemsPath, 353, 360
ItemsPresenter, 335
ItemsSource, 299, 313, 351-352, 447
itemsViewSource, 447
ItemTemplate, 353, 358, 361
ItemView_ItemClick, 360
ItemWidth, 289
iterator, 529
IValueConverter, 309, 312
IVectorView, 546, 564

J

JavaScript, 137-138
js, 196-197, 262, 268
jss, 242

K

key, 246
KeyboardCapabilities, 582, 587-588
KeyboardPresent, 582
keypress, 228
Kind, 368

L

label, 213, 222
lastCancelled, 431
Latitude double, 493
LauchFileAsynch, 438
LaunchActivatedEventArgs, 368
LaunchFileAsync, 453
LaunchFiles, 438, 440
LaunchUriAsync, 438
layout, 255
Liberar espacio, 402
Library, 240
Licencia de desarrollador, 126
LicenseChanged, 611
LicenseInformation, 611-613
LicensingDemo, 615
LicensingInformation, 617
lightBrush, 298
LightSensor, 515
LightSensorReading, 515
LightSensorReadingChangedEventArgs, 515
Línea del tiempo, 344
LinearGradientBrush, 278
link, 215
List, 313, 458
    string, 109
ListBox, 277, 305-306, 482-483
ListBoxItem, 108
ListLayout, 256
ListView, 242-246, 447-449
ListViewBase, 351, 353, 356
listViewItem, 246
LiveConnectClient, 486
LiveTiles, 414
load, 227-228
LoadState, 447
local, 312
LocalFolder, 403
LocalFrame, 435-436, 438
LocalSettings, 403, 405
Longitude double, 493
LuminanceInLux, 515

M

MainPage, 99, 150, 279, 509, 543
MaintenanceTrigger, 569-570
mandatory, 260
Manifest, 105
Map, 535
Mapa de caracteres, 392
Margin, 284, 292-294, 306, 327, 631
MatrixOperation, 551
MaxContacts, 585
Maximum, 303
MediaElement, 299
Mensajes, 485
Menús, 145
Mesa de trabajo, 146
message, 38
MessageDialog, 237, 395, 398
Mi PC, 85
Minimum, 303
MinimumReportInterval, 502, 508, 515-516, 518
Mis imágenes, 191, 193
Mode, 308, 310
Model, 445, 447
Mouse, 585
MouseCapabilities, 582-583, 587-588
mouseOverEllipse, 339, 349-350
MousePresent, 582
move, 546
Música, 410
MyFeatureName, 613
myOtherCustomer, 537

N

Name, 179, 187, 228, 309
nav, 207
Navegar al controlador de eventos, 386, 393, 425
Navigate, 427-428, 453, 634
NavigatedFrom, 431, 451, 453

NavigatedTo, 431, 451, 615
NetworkSample, 479, 481
NetworkStatusChanged, 477, 479
New, 457
  Game, 386
  GameButton, 389
NewEntryButtonTapped, 436
NewGameButton, 392-393
NewGameButtonTapped, 395-396
Next Button, 332
NextButton, 425
NextButtonClicked, 425
Nombre (clave), 150
non-null, 428
None, 301
Normal, 339
NoteItems, 468-469, 471-472
NotImplementedException, 538
NotRotated, 518-519
Nuevo
  proyecto, 127, 191, 195, 628
  sitio web, 209
NuGet Package Manager, 139-140
null, 236, 271, 508, 515-517
nullptr, 545
number, 223
NumberOfButtons, 583

O

object, 318
Objetos y línea tiempo
  de, 147, 150, 152-153
Objetos y línea del tiempo, 344, 347-350
ObservableCollection, 313, 318, 631
OffContent, 305
offset, 271
On, 305
onBtnHideClicked, 272
onBtnHidePanelClicked, 272
onBtnNextClicked, 271
onBtnShowClicked, 271
onBtnShowPanelClicked, 272
OnCanceled, 580, 588
OnCompleted, 576, 578, 587-588, 637
OnContent, 305
OnDownloadCompleted, 182, 184
OneWay, 310, 318
OnLaunched, 281, 373-374, 437
OnNavigated, 423
OnNavigatedFrom, 430-431, 469, 478
OnNavigatedTo, 326-327, 615-616
OnNavigatingFrom, 430-431, 451, 453, 634
OnNavigatingTo, 453
OnProgress, 578, 581, 587-588, 637
Opacity, 329-330
Opciones, 145-146
OpenContacts, 461, 464
OpenFileDialog, 457
OperationName, 174
OperationNameAsync, 174
option, 213
Orientation, 286, 288-289, 631
OrientationChanged, 518
OrientationSensor, 520
Origen, 480
overflow: auto, 259-260

P

Padding, 284
Page, 297, 325, 451-453, 476
PageRoot, 427
PageType, 429
Page_Loaded, 394, 400
Página
  en blanco, 424, 436
  HTML, 210
  principal, 126, 142
Panel
  de control, 64, 85, 94, 568
  div, 271
parallel_for_each, 552
Parameter, 428-429, 432
Password, 303
PasswordBox, 302-303
PasswordChar, 303
Path, 193, 308
Pegar, 257
Pen, 585
Person, 307-309
PhotoIUrl, 316
PhysicalDeviceRect, 585
Pictures Library, 240
Pincel, 292, 297-298
pitch, 517
PitchDegrees, 518
PlaneProjection, 332-334

Plantillas, 127, 137, 156, 554
Platform, 537, 543-544
Player, 313, 316
PlayerDataSource, 314-316
PlayerName, 315
playerPhoto, 316
Players, 315-316, 353-354
PointerDevice, 584-585, 587-588
PointerDeviceType, 585
PointerOver, 339, 349-350
PointerPressed, 323
PopInThemeAnimation, 323
PopOutThemeAnimation, 324
PopupMenu, 384, 387
Position, 493
PositionChanged, 492
PositionChangedEventArgs, 493
PostalCode, 494
progress, 199
ProgressBar, 303
progressHandler, 195
ProgressRing, 303
Projection, 334
Properties, 127
property, 535
PropertyChanged, 309, 313, 316, 318, 631
Propiedades avanzadas, 298
Proyecto, 144, 156
Public ref class, 564
    Prime sealed, 564
PublishedDate, 481
Puntos de interrupción, 594
PushNotificationTrigger, 569-570
puzzleState, 405
PUZZLE_STATE, 405

Q

quadraticCurveTo, 265

R

rad, 222
RadioButton, 304
raise, 535
readBufferAsync, 231
Reading, 508, 515-516, 518
ReadingChanged, 502, 514-516, 518
readLinesAsync, 232
readTextAsync, 232, 236
Ready, 181
rect, 530
Rectangle, 131, 133, 294
RectangleTapped, 132-133, 135, 154
Recursos
    del pincel, 298
    del sistema Brush, 298
    locales Brush, 298
Redes, 86
RedRectangle, 133
References, 127, 185, 558, 602
Refresh, 428
RefreshData, 497
RefreshNetworkInfo, 478-479
refreshUIAsync, 496
RegisterClass, 38
RegisterTask_Tapped, 578
release, 246
ReleasePaint, 38
ReloadSimualtorAsync, 617
Remove, 405
RemoveFilter, 469
RemovePuzzleState, 405
RenderTransform, 152, 331, 632
RenderTransformOrigin property, 330
ReorderThemeTransition, 322
replaceAll, 110
ReportInterval, 502, 508, 515-516, 518
RepositionThemeTransition, 322, 325, 328
RequestPurchaseAsync, 617
res, 464
ResetGameButton, 393
ResetGameButtonTapped, 395-396
resize, 256
ResolutionScale, 105
Resource, 295-296
ResourceDictionary, 294, 296
Resources, 294-295, 297, 334, 631
Restart, 394
RestorePuzzleState, 405
restrict(amp), 552
Result, 184
Resume, 596
Resuming, 369, 374, 441
RetrieveFeedAsync, 481, 483
reverseString, 545
ReverseStringButton_Tapped, 544
RichTextBlock, 301

RichTextColumns, 443, 449, 451
Right, 284-285, 300
RightTapped, 386
RoamingFolder, 403
RoamingSettings, 403
RoamingStorageQuota, 403
roll, 517
RollDegrees, 518
rootFrame, 281
rotate, 265
rotateStoryboard, 333-334
rotateTransform, 333-334
RotatingPanelIn3D, 594
RotationY, 334
RowDefinitions, 129, 287
Rows, 294
RowSpan, 290, 292-293
RunAsync, 576
Ruta de acceso, 315
rvalue, 554

S

SampleDataCommon, 360, 446-447
SampleDataGroup, 360, 447
SampleDataItem, 360-361, 446-447
SampleDataSource, 170, 360, 447-448
SaveContactsToFile, 461-462
SavePuzzleState, 405
ScaleTransform, 330
script, 227
ScrollBar, 305
Scroller div, 260
ScrollView, 449
ScrollViewer, 305
sealed, 536, 564
searchFor, 528-530
SearchPane, 467-468, 471
section, 213, 222
Seleccionar objeto, 315
select, 177, 213
SelectedItem, 315-316
SelectedText, 302
SelectionChanged, 482-483
SelectionMode, 460
Selector
    de archivos, 191
    para abrir archivos, 382
    para guardar archivos, 466
SemanticZoom, 351, 358, 363, 632
ServicingComplete, 572
SessionChanged, 486
SessionConnected, 569
SessionDisconnected, 569
SessionStart, 570
SetRequestHeader, 484
SettingsCommand, 401
SettingsCommandsRequested, 399, 401
SettingsPane, 399
shadow, 265
Shaken, 502
shapes, 528-530
ShareButton_Click, 474, 476
ShareTargetActivatedEventArgs, 472
ShowAsync, 194, 398
ShowForSelectionAsync, 388
showPanel, 272
ShowSearchResults, 471
ShowWindow, 38
ShuffleCompleted, 395
SimplePuzzle
    Logo, 407
    ManageState, 403, 405
    Settings, 399
    Start, 385, 388
SimpleRectangles, 127, 133, 136-137, 154
Simulador, 597
Sistema de Windows, 62
Sitio web vacío de ASP.NET, 210
SizeChanged, 448, 634
SkewTransform, 330
SlotIndex, 283-284
Smile, 266
snapInterval, 260
SolidColorBrush, 294, 327
Source, 308-309, 316, 352-353, 447
Speed double, 493
Splash Screen Sample (JavaScript), 137
SplashScreenSample, 137-138
SplitPage, 449
StackPanel, 282, 290-294, 391, 631
started, 183
StartNew, 385, 394
StartOpenWithButton, 440
State, 494
StaticResource, 295, 317, 352, 631
StatusChanged, 499
StatusDispatcher, 576, 581

StatusWatcherTask, 576-577
StorageFile, 194, 236, 457-459, 464
StorageFolder, 460
Storyboard, 153, 325, 333-334
Stretch, 284-285, 300
String, 535, 544, 546
StringBuilder, 565
Stroke, 298
strokeText, 266
strong, 208-209
Style, 389, 391-392
style, 214-215, 217
SubCommSatFour, 479
Subtitle, 360
SuggestedFileName, 459
SuggestedSaveFile, 459
Summary, 483
Suspend, 596
Suspending, 368-370, 374-375
SuspendingEventArgs, 368
SuspendingOperation, 375
SuspensionManager, 444, 451
SwapButtons, 583
switch, 38
SyndicationClient, 480-481, 483-484, 635
SyndicationFeed, 481, 483
System32, 102
SystemTrigger, 570, 572
S_OK, 616-617

T

TapDownThemeAnimation, 324
Tapped, 132-133, 393-394
TapUpThemeAnimation, 324
Tareas en segundo plano, 572
targetRectangle, 325, 329
TargetType, 335
Task, 175-178, 194
TaskAsync, 176
TaskCanceledException, 190
taskDeferral, 580
tbkNetStatus, 477
Team, 353
TeamName, 355
Teams, 354
Template, 334-335, 348, 364
TemplateBinding, 336, 632
TemporaryFolder, 403
Terminated, 368
TestClass, 600
TestCleanup, 600
TestInitialize, 600
TestMethod, 600
Text elements, 212
text-align, 214
textarea, 236
TextBlock, 131, 149-150, 499, 514
TextBox IsTextPredictionEnabled, 302
TextBoxOpen, 179
TextChanged, 307
Texto, 149, 347
TextTrimming, 301
TextWrapping, 301
then, 195, 199-200, 271-272
this, 99, 228, 325, 548
This is the Content, 335
Thumbnail, 458
Tienda Windows, 127, 191
TileUpdateManager, 411, 633
TileWideImageAndText01, 410, 412
TileWideText04, 412
TimeCallback, 580
TimerCallback, 580
Timestamp DateTimeOffset, 493
TimeTrigger, 569-570
TimeZoneChange, 568
Tipos de
    enlace, 315
    tareas admitidos, 573
Title, 360, 481
Toggled, 496, 499
ToggleSwitch, 305, 499
Top, 284, 300
Touch, 585
TouchCapabilities, 582-584, 587-588
TouchPresent, 584
track, 207
translate, 265
TranslateTransform, 330
Transparent, 339
TResult, 548
TripDataSource, 448
true, 179, 453, 595, 634
try, 189
try-catch block, 189
tsAccuracy, 496
tsAccuracy_Toggled, 496

tsLocationTracking, 496
TwoWay, 310, 318, 474, 476, 631
txtContent, 316
txtKeyword, 198
txtName, 282
txtTile, 315
type, 213
typename, 534

U

Ubicación de depuración, 597
UI de la aplicación, 381, 406-407, 409
UICommand, 387, 398
UICommandSeparator, 387
UIElement, 299, 330-331, 364, 632
ul, 213
undefined, 224
Uniform, 301
UniformToFill, 301
UniqueId, 360-361
unique_ptr, 553
Uri, 428, 438
url, 244
Usados más recientemente, 145
UserAway, 568
userControl, 361
UserNotPresent, 569
UserPresent, 567-569

V

Value, 303
  class, 534
  struct, 534
var activation, 253
Variables locales, 592-593, 595, 638
VariableSizedWrapGrid, 288-289, 317, 327, 355
Vector, 528, 546
VectorView object, 546
Ventana
  Inmediato, 593
  Inspección, 638
  Restablecer diseño de la ventana, 144
Ver
  código, 279, 380
  origen, 480
Version, 403
Vertical, 286, 289, 306
VerticalAlignment, 282, 286, 292-293, 349
VerticalContentAlignment, 336, 349
VerticalScrollBarVisibility, 305
VerticalWheelPresent, 583
View, 445
ViewModel, 445-447, 476
Visibility, 329, 339, 349, 443, 449
VisibilityGroup, 325
Visible, 325, 339, 349, 443, 449
VisualStateGroup, 324
VisualStateManager, 325
void, 178
VSIX Installer, 139

W

weak_ptr, 553
WebClient, 174, 176, 181-182, 184
WebSite1, 210, 219, 226
WebView, 483
WFC, 546
White, 278
Windows, 103, 106, 281
windowsruntime, 105
WM_PAINT, 38
wnd-Class, 38
WndProc, 38
WrapGrid, 289, 322
Write, 179, 181, 184
writeBufferAsync, 232
writeBytesAsync, 232
WriteFileButton_Tapped, 547
WriteLinesAsync, 464
writeTask, 548
writeTextAsync, 203, 232, 237
wstring, 543-545, 554
wvSummary, 483

X

XAML, 128, 331, 424-425, 436
XmlDocument, 411
xmlns, 278

Y

yaw, 517
YawDegrees, 518